Les portraits dans les récits factuels et fictionnels de l'époque classique

Faux Titre

ÉTUDES DE LANGUE ET LITTÉRATURE FRANÇAISES

Series Editors

Keith Busby
Sjef Houppermans
Paul Pelckmans
Alexander Roose

VOLUME 430

The titles published in this series are listed at *brill.com/faux*

Les portraits dans les récits factuels et fictionnels de l'époque classique

Édité par

Marc Hersant
Catherine Ramond

BRILL
RODOPI

LEIDEN | BOSTON

Illustrations couverture : Hyacinthe Rigaud, Portrait de Charlotte-Élisabeth de Bavière, vers 1713. Château de Versailles. Photo (C) RMN-Grand Palais (Château de Versailles) / Gérard Blot / Christian Jean ; Portrait de Robinson Crusoé, illustration du livre original de Daniel Defoe, 1719.

Library of Congress Cataloging-in-Publication Data

Names: Hersant, Marc, editor. | Ramond, Catherine, editor.
Title: Les portraits dans les récits factuels et fictionnels de l'époque
    classique / édité par Marc Hersant, Catherine Ramond.
Description: Leiden ; Boston : Brill Rodopi, 2019. | Series: Faux titre ;
    volume 430 | Includes bibliographical references and index.
Identifiers: LCCN 2018054483 (print) | LCCN 2018056714 (ebook) | ISBN
    9789004384606 (ebook) | ISBN 9789004384590 (hardback : alk. paper)
Subjects: LCSH: French literature—17th century—History and criticism. |
    Portraits in literature.
Classification: LCC PQ245 (ebook) | LCC PQ245 .P67 2018 (print) | DDC
    840.9/005—dc23
LC record available at https://lccn.loc.gov/2018054483

Typeface for the Latin, Greek, and Cyrillic scripts: "Brill". See and download: brill.com/brill-typeface.

ISSN 0167-9392
ISBN 978-90-04-38459-0 (hardback)
ISBN 978-90-04-38460-6 (e-book)

Copyright 2019 by Koninklijke Brill NV, Leiden, The Netherlands.
Koninklijke Brill NV incorporates the imprints Brill, Brill Hes & De Graaf, Brill Nijhoff, Brill Rodopi, Brill Sense, Hotei Publishing, mentis Verlag, Verlag Ferdinand Schöningh and Wilhelm Fink Verlag.
All rights reserved. No part of this publication may be reproduced, translated, stored in a retrieval system, or transmitted in any form or by any means, electronic, mechanical, photocopying, recording or otherwise, without prior written permission from the publisher.
Authorization to photocopy items for internal or personal use is granted by Koninklijke Brill NV provided that the appropriate fees are paid directly to The Copyright Clearance Center, 222 Rosewood Drive, Suite 910, Danvers, MA 01923, USA. Fees are subject to change.

This book is printed on acid-free paper and produced in a sustainable manner.

Table des matières

Personalia XI

Introduction 1
    Marc Hersant et Catherine Ramond

PREMIÈRE PARTIE
Approches croisées : textes factuels et fictionnels

Le portrait, ou l'émulation des regards 11
    Hélène Merlin-Kajman

Faire taire le désir. Portraits croisés de l'amour (et des amants) dans l'œuvre historique et romanesque de Mme de Lafayette 25
    Patrick Dandrey

La poétique du portrait dans l'*Histoire Amoureuse des Gaules* et dans les *Mémoires* de Bussy-Rabutin 38
    Myriam Tsimbidy

Portraits de Swift 47
    Baudouin Millet

Madame de Staël : Les *Considérations sur la Révolution française* face aux fictions romanesques : entre dit et non dit 62
    Lucia Omacini

DEUXIÈME PARTIE
Le portrait dans les textes historiques

Portraits romanesques d'une figure historique : Charles XII, roi de Suède, vu par Voltaire 75
    Jan Herman

Charlemagne et Muhammad, deux portraits historiques parsemés de faux
et de fiction dans l'œuvre de Boulainvilliers   87
    Camille Pollet

Le portrait d'une reine sans royaume. Les stratégies auctoriales de Prévost
dans l'*Histoire de Marguerite d'Anjou*   99
    Sergine Pelvilain

Portraits de musiciens chez Stendhal   111
    Béatrice Didier

TROISIÈME PARTIE
Le portrait dans la fiction

Urfé « peintre de l'âme » : Les formes éloquentes du portrait dans
L'Astrée   121
    Delphine Denis

« L'Île de portraiture » : Poétique du portrait dans les histoires comiques
du XVIIe siècle   132
    Françoise Poulet

L'usage du portrait moral dans *Les Aventures de Télémaque* (1699)
de Fénelon   144
    Adrien Paschoud

Portraits et portraiture en utopie   155
    François Rosset

L'« Introduction » des *Cent Vingt Journées de Sodome* : portraits en série   165
    Marc Hersant

QUATRIÈME PARTIE
Le portrait dans les textes factuels à la première personne

« Vies des Hommes » et « Discours des Dames » : la construction du genre
dans les portraits de Brantôme (1595–1614)   181
    Anne Duprat

Les portraits de Condé dans les Mémoires : clichés et variantes, les tensions entre portrait et récit   193
    Emmanuèle Lesne-Jaffro

Un cercueil sous le lit, une petite frange au bas d'une robe : portrait du pape Alexandre VII dans les *Mémoires* du cardinal de Retz   208
    Frédéric Briot

Le portrait chez deux voyageurs de la fin du XVIIe siècle   219
    Carole Martin

Saint-Simon/Brienne : le portrait impossible ?   230
    Claire Quaglia

Le portrait par le « trait » ? Les *memorabilia* comme dispositif descriptif   242
    Karine Abiven

Le vrai et le réel dans le portrait de Monsieur par Saint-Simon   255
    Francesco Pigozzo

Enjeux et interférences des modèles dans le portrait du duc de Bourgogne : fiction du réel ou réel de la fiction ?   265
    Annabelle Bolot

L'irréel du portrait dans les *Mémoires* de Saint-Simon   276
    Frédéric Charbonneau

Toutes pour la galerie : la série de portraits de femmes dans « Mon Calendrier » de Rétif   285
    Laurence Mall

Entre réalité et utopie : le portrait de la prostituée chez Rétif de La Bretonne   297
    Ilhem Belkahla

Le portrait du prince par Casanova : entre témoignage et fiction   305
    Malina Stefanovska

Le roi de France et la religieuse de Murano. Réflexion sur les régimes du portrait dans l'*Histoire de ma vie* de Casanova   315
    Jean-Christophe Igalens

CINQUIÈME PARTIE
« Feintises » : romans-mémoires et romans épistolaires

La place du portrait dans la composition romanesque (à propos de Marivaux et *La Vie de Marianne*)   331
    Jean-Paul Sermain

L'histoire dans le portrait. Un paradoxe du roman-mémoires   343
    Lise Charles

Portraits de religieuses dans *La Vie de Marianne*   354
    Sylviane Albertan-Coppola

Portrait d'un ambassadeur   366
    Jean Sgard

La mise en intrigue du portrait dans les *Mémoires d'un honnête homme* de Prévost d'Exiles   375
    Coralie Bournonville

Figures défigurées et cœurs formés : Prévost romancier face aux insuffisances du portrait   386
    Audrey Faulot

Magies douteuses. À propos du portrait de Julie   398
    Paul Pelckmans

Portraits en série, des *Mémoires du comte de Grammont* aux romans de Crébillon fils et de Mme Riccoboni   411
    Marianne Charrier-Vozel

Les portraits libertins : entre littérature morale et fiction comique   423
    Catherine Ramond

SIXIÈME PARTIE
Textes hybrides

Figures du pouvoir : portraits croisés du roi et
de son favori dans la fiction romanesque du premier XVIIe siècle :
les *Polexandre* de Gomberville   437
    Delphine Amstutz

Les portraits dans le « Dom Carlos » de Saint-Réal : Histoire et fiction   448
    Giorgetto Giorgi

« Mignard ne l'a pas mieux fait » : l'art du portrait dans le *Mercure galant*
de Donneau de Visé   458
    Alexandre De Craim

Histoire moralisée et évocation lyrique dans le portrait d'Hippolyte de Seytres
par Vauvenargues : récit et poésie en prose   471
    Camille Guyon-Lecoq

Chamfort et la crise du portrait   483
    Riccardo Campi

À la croisée des genres : Le portrait dans *Les Martyrs* de Chateaubriand   492
    Fabienne Bercegol

Bibliographie théorique et critique   503
Index   521

Personalia

Karine Abiven

est maître de conférences à Sorbonne Université. Elle est l'auteur de *L'Anecdote ou la fabrique du petit fait vrai. Un genre miniature de Tallemant des Réaux à Voltaire* (Paris, Garnier, 2015), et codirectrice de plusieurs ouvrages collectifs, en particulier sur l'écriture de l'histoire et de l'actualité, dont les numéros 78 et 94 de la revue *Littératures classiques*. Elle prépare actuellement une exploration numérique du corpus des libelles de la Fronde.

Sylviane Albertan-Coppola

Professeur à l'Université de Picardie, Sylviane Albertan-Coppola est spécialiste du débat qui oppose les Philosophes des Lumières à leurs adversaires (*L'abbé Bergier. Des Monts-Jura à Versailles, le parcours d'un apologiste du XVIIIe siècle*, 2010 ; *Réponses chrétiennes à la critique des Lumières*, 2013). Auteur d'études littéraires sur *Manon Lescaut* (1995) et sur le *Supplément au Voyage de Bougainville* (2002), elle a aussi publié de nombreux articles sur les romanciers du XVIIIe siècle, qu'elle étudie dans le cadre du Centre d'Études du Roman et du Romanesque (CERCLL) d'Amiens.

Delphine Amstutz

agrégée des Lettres modernes et docteur en littérature française (*La Fable du favori dans la littérature française du premier XVIIe siècle*, 2013, à paraître aux éditions H. Champion), Delphine Amstutz est maître de conférences en littérature française du XVIIe siècle à Sorbonne Université et membre de l'équipe « Jouvences de la Fable » du C.E.L.L.F. 16e-18e (U.M.R. 8599, Paris-Sorbonne/ C.N.R.S.). Elle a notamment participé à l'édition de libelles publiés à l'occasion de la disgrâce de Concini en 1617 : *Le Roi hors de page et autres textes, une anthologie*, Reims, É.P.U.R.E., « Héritages critiques (2) », éd. Bernard Teyssandier.

Ilhem Belkahla

est en 4e année de Doctorat (Faculté des Sciences Humaines et Sociales de Tunis/ Sorbonne Université). Sa thèse porte sur « la représentation des marges sociales dans l'œuvre de Restif de la Bretonne ». Son laboratoire de rattachement : Centre d'étude de la langue et des littératures françaises de l'Université Paris-Sorbonne (CELLF).

Fabienne Bercegol

Ancienne élève de l'ENS de Paris, Fabienne Bercegol est Professeure à l'Université Toulouse Jean Jaurès et directrice de l'équipe de recherche « Patrimoine,

Littérature, Histoire ». Elle a publié de nombreux essais et articles sur Chateaubriand, Senancour, Stendhal, Barbey d'Aurevilly, etc. Elle travaille désormais sur les romancières du début du XIXe siècle (*Les Femmes en mouvement. L'univers sentimental et intellectuel des romancières du début du XIXe siècle*, Frank et Timme, 2017) et sur les usages fictionnels du portrait (direction du n° 176 de *Romantisme*, volume *Portraits dans la littérature de Gustave Flaubert à Marcel Proust*, à paraître chez Garnier).

Annabelle Bolot

agrégée de Lettres modernes, prépare une thèse intitulée « Sentiment religieux et écriture de l'histoire dans l'œuvre de Saint-Simon » sous la direction de Marc Hersant à l'Université de Picardie Jules Verne. Publications : « La mort des impies dans les *Mémoires* de Saint-Simon », *Cahiers Saint-Simon*, n° 43, 2015, p. 47–57. À paraître dans les *Chroniques de Port-Royal* : « "Ainsi, de tous les côtés, je ne suis pas janséniste." Saint-Simon et les paradoxes du courtisan : quelques réflexions sur Port-Royal à partir des *Mémoires* ».

Frédéric Charbonneau

Les travaux de Frédéric Charbonneau, professeur à l'Université McGill, portent sur l'histoire littéraire des XVIIe et XVIIIe siècles français. Il a notamment publié *La Fabrique de la modernité scientifique* (2015) ; *Mémorialistes français du règne de Louis XV* (2011), *L'École de la gourmandise, de Louis XIV à la Révolution* (2008) et *Les Silences de l'Histoire* (2001, 2016). Son plus récent ouvrage, *Ondes de choc. Paysage intérieur de Saint-Simon*, paraît en 2018 aux Éditions Classiques Garnier (Paris).

Coralie Bournonville

enseigne la littérature française à l'Université de Picardie Jules Verne. Elle est membre du CERCLL depuis 2009. Elle a soutenu en 2016 sa thèse intitulée *Mémoires et aventures de l'imagination. Les représentations de l'imagination dans le roman-mémoires des années 1730 et 1740*. Elle s'intéresse plus largement à la poétique du récit à la première personne au XVIIIe siècle et aux rapports entre le roman et les débats d'idées.

Frédéric Briot

est Maître de conférences à l'Université Lille III en littérature française du XVIIe siècle. Ses travaux portent pour partie sur les Mémoires d'Ancien Régime, sur leur(s) dimension(s) autobiographique(s), et sur le geste même du mémorialiste conçu comme forme de performativité.

Riccardo Campi

enseigne la littérature française à l'Université de Bologne en qualité de chercheur ; son principal domaine de recherche est la littérature du XVIIIe siècle, en particulier Voltaire, dont il a procuré l'édition italienne intégrale du *Dictionnaire philosophique* (2013). Il est l'auteur de plusieurs volumes d'essais : *Le conchiglie di Voltaire* (2001), *Citare la tradizione* (2003), *Favole per dialettici* (2005), *Invenzione e oblio* (2005), *Voltaire* (2007), *Gustave Flaubert* (2008) et *Samuel Beckett* (2009).

Lise Charles

est pensionnaire de l'Académie de France à Rome. Elle a soutenu en 2016 une thèse intitulée *Les Promesses du roman. Poétique de la prolepse sous l'Ancien Régime (1600–1750)*, à paraître aux éditions Garnier. Elle a également publié plusieurs articles sur les rapports entre poétique romanesque et esthétique théâtrale, sur les liens entre écriture fictionnelle et écriture factuelle aux XVIIe et XVIIIe siècles, ainsi que sur la question du discours rapporté.

Marianne Charrier-Vozel

est Maître de Conférences à l'Université de Rennes 1 et membre du CECJI (EA 7289). Elle est spécialiste des correspondances et manuels épistolaires du XVIIIe siècle. Elle a publié notamment « L'anecdote dans la correspondance de Mme du Deffand, de Mme de Choiseul et de l'abbé Barthélemy : choses vues choses entendues » dans G. Haroche-Bouzinac, C. Esmein-Sarrazin, G. Rideau, et G. Vickermann-Ribémont (dir.), *L'Anecdote entre Littérature et Histoire à l'époque moderne*, Presses Universitaires de Rennes, Collection « Interférences », 2015, p. 313–322.

Patrick Dandrey

est professeur à l'Université Paris-Sorbonne et membre étranger de la Société Royale du Canada (Académie des arts, lettres et sciences humaines). Il préside la Société des Amis de Jean de La Fontaine et dirige sa revue *Le Fablier*. Spécialiste de la littérature et de la culture du XVIIe siècle français (Molière et La Fontaine notamment) et de l'histoire de l'ancienne médecine (notamment la mélancolie), il leur a consacré une vingtaine d'ouvrages, autant d'éditions savantes et un peu moins de 200 articles.

Alexandre De Craim

Chercheur en lettres, Alexandre De Craim est collaborateur scientifique à l'Université libre de Bruxelles et professeur à l'École supérieure des Arts de

Mons (Arts[2]). Ses travaux portent principalement sur les littératures pastorales des Temps modernes et sur l'histoire de l'opéra. Auprès du Labex OBVIL de l'Université Paris-Sorbonne, il collabore au projet *Mercure galant* consacré à l'un des principaux périodiques français parus sous l'Ancien Régime.

Delphine Denis
est professeur de langue et littérature françaises du XVIIe siècle à l'Université de Paris-Sorbonne (l'UFR de Langue française). Spécialiste de l'histoire des genres et des styles sous l'Ancien Régime, et en particulier de la prose narrative, elle a publié, seule ou en collaboration, une quinzaine d'ouvrages et de collectifs, trois éditions critiques et une soixantaine d'articles. Elle a créé avec Alexandre Gefen (CNRS) le site de référence sur *L'Astrée*, roman d'Honoré d'Urfé (1607–1628) : http://astree.paris-sorbonne.fr/ et dirigé avec une équipe de huit chercheurs l'édition critique de ce roman majeur du XVIIe siècle (H. Champion, 2011 et 2016). Elle prépare également, en collaboration avec l'équipe RARE de Grenoble, une édition critique et en ligne de l'*Élève de rhétorique* du P. Jouvancy, S. J. (1706).

Béatrice Didier
professeur émérite à l'École Normale Supérieure (Ulm), a écrit de nombreux essais et articles sur la littérature française de la fin du XVIIIe siècle et les débuts du Romantisme. Elle s'intéresse tout particulièrement à l'autobiographie, aux rapports entre la littérature et la musique. Parmi ses livres : *La Musique des Lumières, Le Livret d'opéra au XVIIe siècle, Stendhal autobiographe*.

Anne Duprat
est professeur de littérature comparée et traductrice. Spécialiste de théorie de la fiction et des littératures européennes des XVIe et XVIIe siècles, elle dirige le Centre de Recherches sur les Contacts Linguistiques et littéraires (EA 4283-Université de Picardie Jules Verne). Elle est présidente de la Société Française de Littérature Générale et comparée, et co-dirige avec Ph. Antoine la collection Imago Mundi aux Presses de l'Université Paris-Sorbonne. Elle prépare une traduction inédite du théâtre de Cervantès (*Théâtre barbaresque*, avec A. Teulade et F. Madelpuech, Garnier Classiques, à paraître).

Audrey Faulot
Agrégée de Lettres modernes et ancienne élève de l'École Normale Supérieure de Lyon, Audrey Faulot a soutenu en octobre 2016 une thèse sur les questions d'identité dans les romans-mémoires de Prévost à l'Université de Picardie. Elle a codirigé le collectif *Prévost et les débats d'idées de son temps* (Peeters, 2015).

PERSONALIA

Giorgetto Giorgi

a été professeur de littérature française à la Faculté de « Magistero » de l'Université de Turin et à la Faculté des Lettres de l'Université de Pavie. Depuis 2012 il est professeur émérite. Spécialiste du genre narratif en France, aux XVIIe, XIXe et XXe siècles, il s'est particulièrement intéressé aux poétiques du roman de l'âge baroque et de l'âge classique, toujours dans le domaine français. Il a notamment publié : *« L'Astrée » di Honoré d'Urfé tra Barocco e Classicismo* (1974), *Antichità classica e Seicento francese* (1987), *Romanzo e poetiche del romanzo nel Seicento francese* (2005) et en 2016 *Les Poétiques de l'épopée en France au XVIIe siècle*, anthologie publiée chez H. Champion.

Camille Guyon-Lecoq

est Maîtresse de conférences à l'UPJV. Ses recherches portent principalement sur l'histoire des idées morales et esthétiques, au tournant des premières Lumières. Elle étudie la naissance d'une idée moderne de la sensibilité sur la scène lyrique et sa diffusion dans les tragédies de Voltaire et dans la comédie larmoyante, ainsi que l'influence de cette sensibilité lyrique et des formes qui lui sont associées sur les œuvres romanesques, de Challe à Rousseau. Elle travaille sur la pensée de Dubos et sur la naissance de l'esthétique en France.

Jan Herman

est professeur de littérature française à la KU Leuven. Ses réflexions portent sur la poétique du roman du Moyen Âge à la fin de l'Ancien Régime. Il a récemment publié *Le Récit génétique* (Oxford, 2009) et *Lenglet-Dufresnoy, Écrits inédits sur le roman* (Oxford, 2014, avec Jacques Cormier). Ses études plus récentes l'amènent à explorer l'élaboration d'une poétique endogène dans le roman européen avant ses premières théorisations. Il prépare un *Essai de Poétique historique du roman de chevalerie de Wace à Cervantes*.

Marc Hersant

est professeur de littérature française du XVIIIe siècle à l'Université Paris 3 Sorbonne Nouvelle. Ses recherches portent sur les Mémoires, l'écriture de l'histoire, les rapports entre histoire et fiction, la poétique de l'ensemble du champ narratif et le traitement discursif de la question de la vérité. Il a notamment publié *Le Discours de vérité dans les* Mémoires *du duc de Saint-Simon* (Honoré Champion, 2009), *Voltaire : Écriture et vérité* (Peeters, 2015), *Saint-Simon* (Gallimard, 2016, grand prix de l'Académie Française de la biographie littéraire). Avec Catherine Ramond, il dirige le programme « Récit et vérité à l'époque classique ».

Jean-Christophe Igalens

Maître de conférences en Littérature française du XVIIIe siècle à l'Université Paris-Sorbonne, membre permanent du CELLF (UMR 8599, équipe CELLF 16–18), Jean-Christophe Igalens est notamment l'auteur de *Casanova. L'écrivain en ses fictions* (Paris, Classiques Garnier, 2011) et l'éditeur, en collaboration avec Érik Leborgne, de l'*Histoire de ma vie* de Casanova dans la collection « Bouquins » (Paris, Robert Laffont, 3 tomes, 2013–2018).

Emmanuèle Lesne-Jaffro

est Maître de conférences en littérature française de l'Âge classique à l'Université Blaise Pascal-Clermont II, membre de l'IRHIM UMR 5317. Ses recherches portent sur les Mémoires et la littérature de témoignage d'Ancien Régime, différentes formes de dissidences, le récit de prison et la question des frontières entre fiction et témoignage. Elle a publié : *La Poétique des Mémoires (1650–1685)*, H. Champion, 1996.

Laurence Mall

est professeure de langue et de littérature françaises à l'Université de l'Illinois (Urbana-Champaign). Ses travaux portent essentiellement sur le XVIIIe siècle. Elle est l'auteure de deux livres sur Rousseau, *Origines et retraites dans La Nouvelle Héloïse* (Peter Lang, 1997) et *Émile ou les figures de la fiction* (SVEC, 2002). Elle a publié plusieurs articles et chapitres sur divers auteurs, plus particulièrement sur Diderot et Mercier.

Carole Martin

est professeure de français et professeure honoraire d'études internationales à Texas State University. Auteur d'un livre sur les utopies à l'époque de Louis XIV, *Imposture utopique et procès colonial* (Early Modern France, 2000), elle a entre autres publié dans *Studies on Voltaire and the Eighteenth Century, The French Review, Dix-Huitième Siècle, Eighteenth-Century Fiction, Yale French Studies* et *Dix-Septième Siècle*. Ses derniers travaux portent sur Robert Challe, avec « 1713, ou la clé d'une lecture ironique des *Illustres Françaises* », *Paris 1713* (Peeters, 2016), et « Robert Challe et le commerce : escale à Pondichéry », *Bulletin de la société des amis de Robert Challe* (2017).

Hélène Merlin-Kajman

est Professeure à l'Université Sorbonne Nouvelle – Paris 3 (EA 174) et directrice de Transitions (www.mouvement-transitions.fr). Principales publications : *Public et littérature en France au XVIIe siècle*, Belles Lettres, 1994 ; *L'excentricité académique*, Belles Lettres, 2001 ; *L'absolutisme dans les Lettres et la théorie des*

PERSONALIA

Giorgetto Giorgi

a été professeur de littérature française à la Faculté de « Magistero » de l'Université de Turin et à la Faculté des Lettres de l'Université de Pavie. Depuis 2012 il est professeur émérite. Spécialiste du genre narratif en France, aux XVIIe, XIXe et XXe siècles, il s'est particulièrement intéressé aux poétiques du roman de l'âge baroque et de l'âge classique, toujours dans le domaine français. Il a notamment publié : *« L'Astrée » di Honoré d'Urfé tra Barocco e Classicismo* (1974), *Antichità classica e Seicento francese* (1987), *Romanzo e poetiche del romanzo nel Seicento francese* (2005) et en 2016 *Les Poétiques de l'épopée en France au XVIIe siècle*, anthologie publiée chez H. Champion.

Camille Guyon-Lecoq

est Maîtresse de conférences à l'UPJV. Ses recherches portent principalement sur l'histoire des idées morales et esthétiques, au tournant des premières Lumières. Elle étudie la naissance d'une idée moderne de la sensibilité sur la scène lyrique et sa diffusion dans les tragédies de Voltaire et dans la comédie larmoyante, ainsi que l'influence de cette sensibilité lyrique et des formes qui lui sont associées sur les œuvres romanesques, de Challe à Rousseau. Elle travaille sur la pensée de Dubos et sur la naissance de l'esthétique en France.

Jan Herman

est professeur de littérature française à la KU Leuven. Ses réflexions portent sur la poétique du roman du Moyen Âge à la fin de l'Ancien Régime. Il a récemment publié *Le Récit génétique* (Oxford, 2009) et *Lenglet-Dufresnoy, Écrits inédits sur le roman* (Oxford, 2014, avec Jacques Cormier). Ses études plus récentes l'amènent à explorer l'élaboration d'une poétique endogène dans le roman européen avant ses premières théorisations. Il prépare un *Essai de Poétique historique du roman de chevalerie de Wace à Cervantes*.

Marc Hersant

est professeur de littérature française du XVIIIe siècle à l'Université Paris 3 Sorbonne Nouvelle. Ses recherches portent sur les Mémoires, l'écriture de l'histoire, les rapports entre histoire et fiction, la poétique de l'ensemble du champ narratif et le traitement discursif de la question de la vérité. Il a notamment publié *Le Discours de vérité dans les* Mémoires *du duc de Saint-Simon* (Honoré Champion, 2009), *Voltaire : Écriture et vérité* (Peeters, 2015), *Saint-Simon* (Gallimard, 2016, grand prix de l'Académie Française de la biographie littéraire). Avec Catherine Ramond, il dirige le programme « Récit et vérité à l'époque classique ».

Jean-Christophe Igalens
Maître de conférences en Littérature française du XVIIIe siècle à l'Université Paris-Sorbonne, membre permanent du CELLF (UMR 8599, équipe CELLF 16–18), Jean-Christophe Igalens est notamment l'auteur de *Casanova. L'écrivain en ses fictions* (Paris, Classiques Garnier, 2011) et l'éditeur, en collaboration avec Érik Leborgne, de l'*Histoire de ma vie* de Casanova dans la collection « Bouquins » (Paris, Robert Laffont, 3 tomes, 2013–2018).

Emmanuèle Lesne-Jaffro
est Maître de conférences en littérature française de l'Âge classique à l'Université Blaise Pascal-Clermont II, membre de l'IRHIM UMR 5317. Ses recherches portent sur les Mémoires et la littérature de témoignage d'Ancien Régime, différentes formes de dissidences, le récit de prison et la question des frontières entre fiction et témoignage. Elle a publié : *La Poétique des Mémoires (1650–1685)*, H. Champion, 1996.

Laurence Mall
est professeure de langue et de littérature françaises à l'Université de l'Illinois (Urbana-Champaign). Ses travaux portent essentiellement sur le XVIIIe siècle. Elle est l'auteure de deux livres sur Rousseau, *Origines et retraites dans La Nouvelle Héloïse* (Peter Lang, 1997) et *Émile ou les figures de la fiction* (SVEC, 2002). Elle a publié plusieurs articles et chapitres sur divers auteurs, plus particulièrement sur Diderot et Mercier.

Carole Martin
est professeure de français et professeure honoraire d'études internationales à Texas State University. Auteur d'un livre sur les utopies à l'époque de Louis XIV, *Imposture utopique et procès colonial* (Early Modern France, 2000), elle a entre autres publié dans *Studies on Voltaire and the Eighteenth Century, The French Review, Dix-Huitième Siècle, Eighteenth-Century Fiction, Yale French Studies* et *Dix-Septième Siècle*. Ses derniers travaux portent sur Robert Challe, avec « 1713, ou la clé d'une lecture ironique des *Illustres Françaises* », *Paris 1713* (Peeters, 2016), et « Robert Challe et le commerce : escale à Pondichéry », *Bulletin de la société des amis de Robert Challe* (2017).

Hélène Merlin-Kajman
est Professeure à l'Université Sorbonne Nouvelle – Paris 3 (EA 174) et directrice de Transitions (www.mouvement-transitions.fr). Principales publications : *Public et littérature en France au XVIIe siècle*, Belles Lettres, 1994 ; *L'excentricité académique*, Belles Lettres, 2001 ; *L'absolutisme dans les Lettres et la théorie des*

deux corps, Champion, 2001 ; *La langue est-elle fasciste ?* Le Seuil, 2003 ; *Lire dans la gueule du loup*, Gallimard, 2016 ; *L'Animal ensorcelé*, Ithaque, 2016. Elle a récemment coordonné le volume 57-2 de *L'Esprit Créateur* consacré à « La Plainte littéraire », 2017.

Baudouin Millet

est maître de conférences à l'Université Lumière – Lyon 2, où il enseigne la littérature anglaise et la traduction. Il est l'auteur de *« Ceci n'est pas un roman » : L'évolution du statut de la fiction en Angleterre de 1652 à 1754* (Leuven, Paris, Peeters, 2007). Il a publié chez le même éditeur en 2017 *In Praise of Fiction. Prefaces to Romances and Novels, 1650–1760*, et a réalisé pour les Classiques Garnier, collection « Littératures anglo-saxonnes », une traduction du roman de Eliza Haywood, *Love in Excess* (1719–1720).

Lucia Omacini

a été professeur ordinaire à la Faculté de Langues et Littératures étrangères de l'Université de Venise, Ca' Foscari. Elle est spécialiste de littérature française au Tournant des Lumières. Elle a publié *Le Roman épistolaire français au tournant des Lumières* (Champion 2003) et elle a édité des œuvres de Madame de Staël dans les *Œuvres complètes* chez Champion : *Delphine* (2004) et les *Considérations sur les principaux événements de la Révolution française* (2017).

Adrien Paschoud

est Professeur boursier du Fonds National Suisse de la recherche scientifique (FNS) à l'Université de Bâle où il enseigne la littérature du XVIIIe siècle. Ses travaux actuels abordent la question du temps dans l'œuvre fictionnelle et philosophique de Diderot. Ses domaines d'intérêt portent également sur le lien entre religion et littérature à l'âge classique ; il s'intéresse par ailleurs aux rhétoriques scientifiques dans la seconde moitié du XVIIIe siècle.

Paul Pelckmans

est professeur émérite de littérature française et générale à l'Université d'Anvers. Recherches, aux confins de l'histoire des « mentalités », sur le roman d'Ancien Régime. Auteur de plusieurs monographies, dont *Le Problème de l'incroyance au XVIIIe siècle* (Québec, CIERL, 2010) et *La Sociabilité des cœurs. Pour une anthropologie du roman sentimental* (Amsterdam, Rodopi, 2013).

Sergine Pelvilain

est certifiée de Lettres modernes et doctorante à l'Université de Picardie-Jules Verne. Ses recherches portent sur les relations entre l'histoire et le roman au début du XVIIIe siècle, en particulier sur le courant médiéviste qu'elle aborde à partir de l'*Histoire de Marguerite d'Anjou* et l'*Histoire de Guillaume le Conquérant* d'Antoine Prévost.

Francesco Pigozzo

est chercheur en littérature française à l'Université télématique eCampus (Italie), où il est responsable de la Licence en Langues et Cultures Européennes et du reste du Monde. Il est aussi chercheur associé de la Scuola Superiore Sant'Anna de Pise et co-fondateur de sa première société *spin-off* dans le domaine des sciences sociales et humaines, le *International Centre for European and Global Governace* (CesUE). Spécialiste du duc de Saint-Simon, il a publié plusieurs articles et le premier de deux volumes consacrés aux *Mémoires*: *Saint-Simon l'autentico*, Aracne, Roma, 2016.

Camille Pollet

est doctorant contractuel en histoire moderne à l'Université de Nantes. Dirigé par Yann Lignereux (CRHIA) et Dinah Ribard (GRIHL, EHESS), son projet de thèse porte sur les traités nobiliaires anglais, français et espagnols au XVIIe siècle.

Françoise Poulet

est maître de conférences en langue et littérature du XVIIe siècle à l'Université Bordeaux Montaigne. Elle a consacré sa thèse aux représentations de l'extravagance dans le théâtre et le roman des années 1620–1660. Ses recherches portent sur la comédie (Charles Beys, Corneille, Desmarets de Saint-Sorlin) et sur l'histoire comique (Sorel, Du Verdier, Claireville, Scarron).

Claire Quaglia

Professeure agrégée à l'Université Paris-Sud en Culture et communication, Claire Quaglia est aussi chargée de Travaux Dirigés à l'Université Paris-Ouest Nanterre en littérature du XVIIe et XVIIIe siècle. Elle a soutenu une thèse en 2014 qui portait sur l'image de Louis XIV dans quelques Mémoires de la fin du XVIIe et du XVIIIe siècles, notamment chez Saint-Simon. Elle travaille sur la représentation du pouvoir et sur l'écriture de soi sous l'Ancien Régime.

Catherine Ramond

est professeur à l'Université Bordeaux Montaigne, membre de l'EA TELEM et responsable avec Marc Hersant du programme « récit et vérité à l'âge classique ». Ses recherches portent sur les formes de la fiction narrative et dramatique et les relations qu'elles entretiennent aux XVIIe et XVIIIe siècles. Elle a publié *Roman et théâtre au XVIIIe siècle, le dialogue des genres* (Oxford, SVEC,

2012), *La Voix racinienne dans les romans du XVIIIe siècle* (H. Champion, 2014) ; elle co-dirige l'édition du *Théâtre complet* de Destouches pour les Classiques Garnier (t. I, 2018).

François Rosset

professeur de littérature et culture françaises à l'Université de Lausanne. Auteur de plus de 200 publications consacrées principalement aux formes du roman au XVIIIe siècle, aux Lumières helvétiques, à Jean Potocki dont il a publié, avec D. Triaire, les *Œuvres* (6 vol. Peeters, 2004–2006) ainsi qu'une biographie (Flammarion, 2004). Ses derniers ouvrages : le *Dictionnaire critique de l'utopie au temps des Lumières* qu'il a dirigé avec B. Baczko et M. Porret (Georg, 2016), ainsi que *L'Enclos des Lumières. Essai sur la culture littéraire en Suisse romande au XVIIIe siècle* (Georg, 2017).

Jean-Paul Sermain

après celles d'Aix-en-Provence et de Sarrebruck, a enseigné à l'Université Paris 3-Sorbonne Nouvelle dont il est professeur émérite. Il s'intéresse à l'histoire des idées rhétoriques ; aux œuvres canoniques (*Don Quichotte, Cervantès*, 1998, *Les Mille et une nuits entre Orient et Occident*, 2009) ; à Marivaux (*Le Singe de don Quichotte* ; *Marivaux et la mise en scène*, 2013) ; à la formation et à l'interprétation des genres littéraires (*Métafictions (1670–1730)*, 2002 ; *Le Conte de fées du classicisme aux Lumières*, 2005 ; *Le Roman jusqu'à la Révolution française*, 2011).

Jean Sgard

né le 23 janvier 1928 à Paris, a fait ses études à Paris, a soutenu en 1968 à Paris une thèse sur *Prévost romancier*, a été successivement lecteur à l'Université de Göteborg (Suède), maître assistant à Paris-Sorbonne, maître de conférences à Lyon, professeur puis professeur émérite à l'Université de Grenoble 3 (Université Stendhal). Il a consacré la plus grande part de ses recherches au roman et à la presse périodique au XVIIIe siècle. J.S. a été secrétaire, président puis président d'honneur de la Société française d'étude du XVIIIe siècle.

Malina Stefanovska

enseigne à l'Université de Californie, à Los Angeles (UCLA), dans le Département d'Études Françaises et Francophones. Spécialiste des Mémoires de l'ancien régime, elle a notamment publié : *Saint-Simon, un historien dans les marges* (Paris, Honoré Champion, 1998), *La Politique du cardinal de Retz : passions et factions* (Presses Universitaires de Rennes, 2008), *Space and Self in Early Modern European Cultures* (U. of Toronto Press, 2012, textes rassemblés avec D. Sabean), et *Littérature et politique. Factions et dissidences de la Ligue à la*

Fronde (Paris, Garnier, 2015, avec A. Paschoud). Dernièrement, elle s'intéresse aux écrits de Casanova, ainsi qu'aux passions et émotions dans la littérature factuelle du XVIIIe siècle.

Myriam Tsimbidy
est professeure de Littérature du XVIIe siècle à l'Université Bordeaux Montaigne. Elle a publié notamment les ouvrages suivants : *Le cardinal de Retz polémiste*, Université de Saint-Etienne, 2005 ; *Les Pamphlets du cardinal de Retz*, Editions du Sandre, 2009 ; les *Portraits épistolaires du cardinal de Retz*, avec Christophe Blanquie, Classiques Garnier, 2011, et chez le même éditeur *La Mémoire des Lettres*, en 2013. Elle co-publie *Rabutinages* depuis 2014.

Introduction

Marc Hersant et Catherine Ramond

Cet ensemble d'études sur le portrait constitue le troisième volet publié d'un programme intitulé « Récit et vérité à l'âge classique ». Celui-ci a pour principe la rencontre régulière de spécialistes du récit fictionnel et de spécialistes du récit « historique » (au sens le plus large, celui de Ricœur[1]) à l'époque concernée. Il s'agit de confronter, sur le plan des pratiques narratives aussi bien que sur celui des théories les deux grands champs narratifs du « factuel » et du « fictionnel » si l'on reprend cette fois la terminologie de Genette[2] et d'examiner sur quels points et dans quelle mesure ils se distinguent et se rapprochent aux XVIIe et XVIIIe siècles. Chaque rencontre suscite l'attention des chercheurs sur une dimension importante du récit de manière à faire interroger la spécificité éventuelle de sa réalisation du côté des genres de la fiction comme le conte ou le roman aussi bien que du côté du récit historique ou des Mémoires, et à observer le dialogue qu'ils entretiennent.

Les premières journées, organisées à Bordeaux en septembre 2009 et publiées dans le volume *Histoire, histoires*, en 2011, avaient pour objet les « discours rapportés dans les récits fictionnels et historiques des XVIIe et XVIIIe siècles[3] » : c'était une première problématique textuelle permettant d'examiner la frontière entre histoire et fiction, puisque la légitimité des harangues est une préoccupation constante des théoriciens et des praticiens de l'histoire, alors que la fiction semble pouvoir inventer des paroles, moins rapportées que « créées[4] », en tout cas dans le champ de la fiction à la troisième personne, sans avoir à s'en justifier. Si la distinction entre les deux univers narratifs apparaît parfois nettement, les lignes de partage sont plus ambiguës, lorsque les mémorialistes cèdent à la séduction narrative en développant les conversations au risque de susciter le soupçon d'affabulation, ou encore dans des genres plus ou moins hybrides, comme la nouvelle historique ou les romans-Mémoires, qui expérimentent toutes sortes de relations entre parole citante et parole citée, avec un souci très variable de vraisemblance concernant la mémoire

---

[1] Et donc tout simplement de récit « non-fictionnel ».
[2] Dans *Fiction et diction*, Paris, Le Seuil, « Poétique », 1991.
[3] L'ensemble des contributions a été publié dans le volume *Histoire, histoires*, dir. Marc Hersant, Catherine Ramond, François Raviez, Marie-Paule de Weerdt-Pilorge, Presses de l'Université d'Artois, 2011.
[4] C'est la position de Käte Hamburger dans *Logique des genres littéraires*, traduit de l'allemand par Pierre Cadiot, avec une préface de Gérard Genette, Paris, Le Seuil, « Poétique », 1986.

évidemment purement fictive de leurs narrateurs ou « historiens » postiches. La confrontation des théories et des usages du discours rapporté a donc moins mis en évidence une différence absolue que l'obligation pour chaque écrivain de se situer par rapport à un pacte tacite lié au genre pratiqué, obligation dont certains auteurs, tel Voltaire, qui dénonce les harangues comme des « fictions » qui ne devraient plus être « tolérées[5] » en histoire, ont une conscience plus aiguë que d'autres.

Après les discours rapportés, « la représentation de la vie psychique » était tout particulièrement propice à offrir une ligne de partage entre récit historique et récit fictionnel et a fait l'objet du second volet de ce programme[6]. Certains théoriciens de renom comme Käte Hamburger ou Dorrit Cohn, ont en effet envisagé la « transparence intérieure[7] » des personnages dans le régime du récit à la troisième personne comme un signal de fictionnalité : seul le romancier ou le conteur pourrait se permettre d'entrer dans la pensée de ses personnages, et l'accès à l'univers mental de personnages tiers semble au contraire interdit aux historiens, aux mémorialistes et aux autobiographes. Cette question revêt un intérêt tout particulier à l'âge classique, négligé par les théoriciennes mentionnées plus haut, alors qu'on a pu y observer l'émergence de l'individu moderne et que s'y développe la description minutieuse de son intériorité, intériorité qui diffère d'ailleurs selon les régimes, mémorialistes et romanciers n'évoquant pas nécessairement les mêmes aspects de la vie psychique dans leurs ouvrages. Du côté factuel comme du côté fictionnel, les formes à la première personne (récit autobiographique ou roman-Mémoires) plongent dans les abîmes du moi, alors que le récit historique d'un côté, et certains types de fiction, contes ou romans comiques, peuvent rester réfractaires à l'analyse de la vie intérieure. Ces variantes formelles et thématiques concernent aussi la question du portrait.

Contrairement aux deux sujets précédents, qui avaient fait l'objet de peu d'études relatives à l'âge classique, le portrait a déjà été largement étudié[8] car

---

5   *OC*, 46, 1999, p. 404–405.
6   Marc Hersant, Catherine Ramond (dir.), *La Représentation de la vie psychique dans les récits historiques et fictionnels du XVIIe et du XVIIIe siècle*, Amsterdam, Rodopi/Brill, collection « Faux titre », 2015.
7   C'est le titre d'un livre de Dorrit Cohn, *La Transparence intérieure, Modes de représentation de la vie psychique dans le roman*, traduit de l'anglais par Alain Bony, Paris, Le Seuil, « Poétique », 1981.
8   Voir notamment et sans prétendre à l'exhaustivité sur ce sujet important : K. Kupisz, G.-A. Pérouse et J.-Y. Debreuille (dir.), *Le Portrait littéraire*, Lyon, PUL, 1988 ; Jacqueline Plantié, *La Mode du portrait littéraire en France. 1641-1681*, Paris, Honoré Champion, 1994 ; Joanna Woodall (dir.), *Portraiture : Facing the Subject*, Manchester University Press, Manchester, 1997 ; Édouard Pommier, *Théories du portrait de la Renaissance aux Lumières*, Gallimard, 1998 ;

c'est une des formes majeures de la littérature de l'époque qui nous occupe, qu'il soit inséré dans des continuums narratifs ou qu'il se présente de manière isolée ou encore en série dans d'espèces de galeries[9]. Le plaisir du portrait traverse toute l'époque classique et se retrouve dans tous les genres narratifs : récits historiques, Mémoires, autobiographies, contes, romans, épopée, etc. Des portraits de la Grande Mademoiselle à ceux de Bussy-Rabutin, de la galerie des portraits de Retz dont la destinataire est présentée comme « aimant les portraits[10] » aux fameux portraits de Saint-Simon qui en a laissé, à la lettre, des milliers, les portraits de personnes réelles prolifèrent, s'évertuant à épuiser l'impossible singularité du réel individuel ou au contraire écrasant ou enveloppant la réalité sous les légendes et les archétypes. Ils se nourrissent largement d'une rivalité essentielle avec le portrait peint, qui, rappelons-le, représente assez rarement des personnages fictifs – ce qui suggère le caractère premier du portrait factuel, et le caractère second du portrait de fiction. Du côté de la fiction, leur nature peut différer selon qu'ils renvoient en fait à des personnages réels – dans la nouvelle historique, les romans à clé ou les romans-Mémoires – ou à des personnages absolument fictifs, dans les contes de Voltaire ou dans les romans de Sade qui a laissé une des plus impressionnantes galeries de portraits de toute la période dans le prologue des *Cent Vingt Journées de Sodome*. Le statut des personnages entraîne en effet des différences essentielles entre les deux types de récits : du côté du récit historique, des scrupules de parler de personnes réelles[11], et la conscience du risque de la tentation fictionnelle. Du côté de la fiction, une liberté totale, mais aussi un certain manque de nécessité : pourquoi décrire ce qui n'existe pas ? Ne vaut-il pas mieux le laisser imaginer au lecteur, comme l'a fait Prévost avec Manon ? Il semble d'ailleurs

---

Anne-Élisabeth Spica, *Savoir peindre en littérature. La description dans le roman au XVIIe siècle : Georges et Madeleine de Scudéry*, Paris, Champion, 2002 ; Fabienne Bercegol, *La Poétique de Chateaubriand : le portrait dans les* Mémoires d'outre-tombe, Paris, Champion, 1997 ; Fabienne Bercegol (dir.), *Romantisme* 2017-2, *Le Portrait* ; Dirk Van der Cruysse, *Le Portrait dans les « Mémoires » du duc de Saint-Simon*, Paris, Nizet, 1971. Et mentionnons aussi une très belle anthologie récente : Claude Arnaud, *Portraits crachés, un trésor littéraire de Montaigne à Houellebecq*, Robert Laffont, « Bouquins », 2017. La bibliographie sur le portrait peint est également importante : on ne citera ici pour mémoire que l'admirable *Éloge de l'individu, Essai sur la peinture flamande* de Tzvetan Todorov, Paris, Le Seuil, 2004.

9   Particulièrement chez de grands mémorialistes ou chroniqueurs : Brantôme, Tallemant des Réaux, et de manière plus ponctuelle Retz et Saint-Simon. Ou chez certains romanciers comme au début de *La Princesse de Clèves*.

10 Cardinal de Retz, *Mémoires*, éd. Michel Pernot, Paris, Gallimard, « Folio », 2003, p. 214.

11 C'est l'argument que Saint-Simon oppose à la publication de ses *Mémoires* avant que plusieurs dizaines d'années aient passé après sa mort.

que l'intérêt du portrait dans les romans soit venu pour une bonne part du plaisir de « croire y reconnaître des personnes fameuses[12] », comme le disait Desmolets des portraits de Lesage et comme l'exemple des portraits géants « à clé » ou souvent lus comme tels de *La Vie de Marianne* le montre aussi. On peut remarquer de ce point de vue qu'en peinture, à de rarissimes exceptions près, le portrait sert à représenter des personnes réelles – et est donc un genre essentiellement « factuel ». Les illustrations de romans préfèrent les *scènes* illustrant les moments forts de la narration aux portraits.

Il s'agit donc ici de confronter de manière approfondie le traitement des portraits en histoire et en fiction à l'âge classique, sur le plan des théories (ou des réflexions diffuses des historiens ou des romanciers sur ce qu'ils font) et des pratiques d'écriture. Parmi les questions que nous avons voulu poser, et qui sont rencontrées par les contributeurs au fil des articles, en voici quelques-unes : les écrivains ayant pratiqué les deux champs du fictionnel et du factuel, de Mme de Lafayette à Stendhal en passant par Voltaire, Rousseau, Rétif, Chateaubriand ou Mme de Staël, ont-ils une « manière » unique d'écrire leurs portraits ou se sentent-ils obligés d'inventer des styles différents selon qu'ils se situent d'un côté ou de l'autre de la frontière ? Les portraits que nous trouvons dans des genres intermédiaires ou hybrides comme la nouvelle historique ou les pseudo-mémoires singent-ils les pratiques historiques ou s'accordent-ils d'importantes libertés de type fictionnel ? La place accordée au portrait chez les théoriciens du roman et chez les théoriciens de l'histoire est-elle la même ? Y a-t-il des éléments irréductiblement « fictionnels » ou au contraire « factuels » dans certains des portraits que nous a laissés la grande époque classique ?

Une des convictions qui dirige ce travail collectif est en tout cas que les genres narratifs dans la période qui nous intéresse sont travaillés les uns par les autres dans un jeu dialogique incessant, qui peut contribuer dans certains cas à embrouiller la frontière entre fiction et non fiction mais peut aussi parfois la durcir. Par exemple, il peut être difficile d'observer des différences formelles chez Saint Réal entre des textes qu'on situerait, mais avec beaucoup de précaution et de gêne, plutôt du côté de l'histoire ou plutôt du côté de la fiction : traditionnellement, on place *Dom Carlos* du premier côté, la *Conjuration des Espagnols contre la République de Venise* du second, mais la frontière est indécise. Mais au contraire, alors que le Voltaire conteur écrit librement ses portraits, le Voltaire historien se les interdit de plus en plus et théorise même, dans la préface historique et critique de son Pierre le Grand, une ascèse historiographique qui, entre autres éléments formels violemment rejetés, rend le

---

12   Cité par René Démoris, *Le Roman à la première personne du classicisme aux Lumières* [Colin, 1975], Genève, Droz, 2002, p. 346.

portrait « hors-sujet » dans un récit historique digne de ce nom[13]. Sa cible privilégiée est Retz, dont il cite avec mépris le célèbre portrait d'Anne d'Autriche de ses *Mémoires*, exemple parfait de ce qu'un historien, de son point de vue, ne devrait pas se permettre[14].

Les notions d'enjeux, de formes et de motifs peuvent nous aider à examiner de manière plus précise à propos des différents types de portraits envisagés, un certain nombre de questions :
- Enjeux du portrait, d'abord. Il n'est pas question de lister la totalité vertigineuse des possibles, mais si le plaisir du portrait semble universel, les raisons pour lesquelles les historiens, les mémorialistes et les romanciers ou leurs narrateurs les écrivent balaient presque tout le spectre des relations interhumaines. Dans les Mémoires par exemple, un rapport affectif réel entre l'énonciateur et la personne décrite intervient souvent, qui peut aller d'une haine rageusement déformante à une nostalgie délicate, et le portrait peut être le lieu de terribles règlements de compte aussi bien que d'une mélancolique remémoration. Ce rapport « réel » entre le narrateur et les personnages de son récit peut être imité dans le champ du roman-Mémoires, mais n'a *a priori* que peu de sens dans la fiction à la troisième personne – il faut cependant regarder au cas par cas. Et, pour d'autres raisons, il peut être l'objet d'un effacement plus ou moins complet lié à la neutralité affichée de certains récits historiques, le portrait se voulant purement informatif. Les enjeux séducteurs du portrait mondain dont Retz donne une espèce de variante historiographique ne sont pas non plus les mêmes que ceux, apparemment plus émotionnels, des magnifiques portraits qui ponctuent les *Confessions* de Rousseau. Enfin, et ce n'est nullement limitatif, il semble que chez les romanciers la fonction du portrait soit souvent et tout simplement de présenter les personnages au moment de leur première apparition dans le récit. Chez les mémorialistes le fait, qui a été souvent observé, d'une place du portrait beaucoup plus capricieuse dans l'économie du récit, suggère d'autres enjeux : ainsi chez Retz la célèbre galerie n'intervient qu'au bout de plusieurs centaines de pages alors que tous les personnages qui y figurent ont déjà été montrés en action, et chez Saint-Simon des personnages qui ont été évoqués des dizaines de fois dans la chronique n'ont souvent droit à un vrai portrait en forme qu'au moment de leur mort.
- Formes du portrait : des portraits de deux lignes aux enclaves géantes des portraits des personnages féminins de *La Vie de Marianne*, des grandes pièces montées rhétoriques de Mézeray aux mini-portraits caricaturaux du

---

13 Voir sur ce point Marc Hersant, *Voltaire : Écriture et vérité*, Louvain, Peeters, 2015.
14 *OC*, 46, 1999, p. 404.

début de *Candide*, les formes, les formats et les styles du portrait sont infiniment variables, et déterminés évidemment non seulement par la nature fictionnelle ou non du récit, mais par bien d'autres paramètres rhétoriques, stylistiques ou énonciatifs. On peut cependant identifier des divergences, et par exemple des efforts occasionnels du côté de l'histoire pour aller vers plus de prudence et de sobriété, mais aussi des convergences, quand par exemple les mémorialistes ou les autobiographes[15] s'inspirent de Scarron pour écrire leurs portraits comiques. Il n'est donc pas question de formaliser de manière rigide un style factuel et un style fictionnel du portrait, mais d'observer un jeu dialogique de rapprochement et d'éloignement, d'influences assumées et de rejets proclamés. Parfois, un détail dans l'écriture de tel ou tel portrait peut apparaître comme un signal de fiction ou de non fiction, mais il est peut-être vain de chercher à identifier et à lister des éléments formels systématiquement discriminants. Sur ce plan, les études de cas au plus proche d'une analyse minutieuse de l'écriture des textes s'avèrent particulièrement précieuses.

— Motifs des portraits : la question est ici fort simple. Parle-t-on de la même chose dans les portraits factuels et dans les portraits fictionnels ? Par exemple l'anecdote joue-t-elle un rôle comparable dans les régimes fictionnels et non fictionnels du portrait ? Et le portrait prend-il en charge les mêmes domaines de la réalité dans les deux champs ? Pour donner un exemple spectaculaire, on trouve dans les portraits saint-simoniens de vastes digressions généalogiques dont l'équivalent est pour le moins rare dans les portraits de romanciers. Enfin, dans quelle mesure le rapport au réel, au référent, influe-t-il sur le contenu même du portrait ?

Cet ouvrage est composé de six parties :

La première, intitulée « Approches croisées : textes factuels et fictionnels » réunit des contributions qui mettent en regard le portrait fictif et le portrait « réel » et observent le « jeu » de portraits parallèles ou croisés dans la fiction et dans l'histoire : confrontation, par exemple, des portraits d'écrivains ayant écrit à la fois dans le champ fictionnel et dans le champ des Mémoires et de l'Histoire (Mme de Lafayette et quelques autres écrivains du temps pour Hélène Merlin-Kajman et Patrick Dandrey, Bussy-Rabutin pour Myriam Tsimbidy, Swift pour Baudouin Millet, Mme de Staël pour Lucia Omacini). Ces mises en perspective permettent d'observer de manière privilégiée, souvent sous la même plume, la manière dont un écrivain différencie ou non les modalités d'écriture de ses portraits.

---

15 Exemples célèbres : la princesse d'Harcourt de Saint-Simon, le Juge-Mage Simon de Rousseau.

La seconde partie porte sur le récit historique entendu ici, non dans un sens théorique englobant tout récit factuel, mais, dans un sens restreint, celui du récit produit par un historien : l'économie du portrait écrit chez quelques-uns des historiens les plus emblématiques de l'âge classique y est l'objet d'une observation attentive : Voltaire à travers sa première grande œuvre d'histoire, l'*Histoire de Charles XII* (Jan Herman) ; Boulainvilliers et l'image qu'il donne, dans son œuvre historique, de Charlemagne et de Mahomet (Camille Pollet) ; Prévost lorsqu'il se pique d'être, non romancier, mais bien historien (Sergine Pelvilain) ; ou encore Stendhal dont Béatrice Didier analyse les portraits figurant dans ses fameuses *Vies* de musiciens.

La troisième partie se concentre sur la « fiction » au sens de Hamburger, c'est-à-dire à ce qu'il est convenu habituellement d'appeler fiction « à la troisième personne » – dont on rappelle qu'elle est pour la grande théoricienne allemande *sans narrateur*, ce qui reste un riche objet de débat[16]. Quelques-unes des fictions, dans ce sens restreint, les plus emblématiques de la période y sont analysées sur le plan de leur poétique du portrait : *L'Astrée* par Delphine Denis ; les romans comiques de la veine post-rabelaisienne carnavalesque du XVIIe siècle par Françoise Poulet ; le *Télémaque* de Fénelon par Adrien Paschoud ; les grandes constructions utopiques des XVIIe et XVIIIe siècles par François Rosset ; le prologue des *Cent Vingt Journées de Sodome* et ses éprouvantes galeries de portraits par Marc Hersant.

Toujours dans une logique inspirée des catégories de Hamburger, les deux parties suivantes se focalisent sur le récit à la première personne : d'abord « factuel » (dans la quatrième partie : Mémoires, récits de voyage, autobiographies), puis fictionnel (dans la cinquième partie, avec l'exploration des genres cruciaux pour la période, dont la créativité commence à pointer au XVIIe siècle et éclate au XVIIIe siècle où ils deviennent les formes majeures de la création romanesque, du roman-Mémoires et du roman épistolaire). La confrontation notamment des Mémoires et des romans-Mémoires de la période, déjà abordée par René Démoris dans un ouvrage fondamental qui a eu une influence décisive sur notre projet, est évidemment au centre de ces deux parties[17]. La quatrième partie examine successivement les cas de Brantôme (Anne Duprat), Retz (Frédéric Briot), Saint-Simon souvent considéré comme le plus grand portraitiste de toute la période (Claire Quaglia, Francesco Pigozzo, Frédéric

---

16   Sylvie Patron a fait le point sur ce débat essentiel dans *Le Narrateur, Introduction à la théorie narrative*, Paris, Armand Colin, 2009.

17   *Le Roman à la première personne*, Paris, Armand Colin, 1975. Le quatrième volet de « Récit et vérité », à paraître en 2019, porte sur la confrontation des manières dont les auteurs de Mémoires et de romans-Mémoires construisent l'image de leur destinataire.

Charbonneau et Annabelle Bolot), Brienne le Jeune (Claire Quaglia), Rétif de La Bretonne (Laurence Mall et Ilhem Belkahla) et Casanova (Malina Stefanovska et Jean-Christophe Igalens), tandis que l'article d'Emmanuèle Lesne compare les portraits d'une même figure historique (en l'occurrence le Grand Condé) chez plusieurs mémorialistes de la Fronde et que celui de Karine Abiven envisage de manière synthétique la question du portrait dans les anecdotes de l'époque classique. Carole Martin s'attache au genre spécificique du récit de voyage. La cinquième partie se concentre sur le XVIIIe siècle, âge d'or du roman-Mémoires et du roman épistolaire, et met en regard des cas analysés dans la partie précédente ceux, emblématiques, de Marivaux (Jean-Paul Sermain et Lise Charles), Prévost souvent considéré comme le représentant par excellence du genre du roman-Mémoires (Jean Sgard, Lise Charles, Coralie Bournonville et Audrey Faulot), le Diderot de *La Religieuse* (Sylviane Albertan-Coppola), le Rousseau de *La Nouvelle Héloïse* (Paul Pelckmans), ou encore Crébillon à côté d'autres romans-Mémoires du temps (Marianne Charrier-Vozel). Catherine Ramond enfin fait porter sa réflexion sur les romans-Mémoires de la mouvance libertine du XVIIIe siècle français.

Certains textes malgré tout résistent assez bien à la répartition entre fictions et « énoncés » de réalité et, dans une certaine mesure, l'inquiètent et obligent à une approche, sinon sceptique et « panfictionnaliste », du moins nuancée : c'est à ces objets « hybrides », qui n'ont certes pas attendu une postmodernité particulièrement friande de créations de ce genre, que la sixième partie s'intéresse. Pour des raisons différentes les cas de Gomberville (Delphine Amstutz), de Saint-Réal (Giorgetto Giorgi), Donneau de Visé (Alexandre De Craim), Vauvenargues (Camille Guyon-Lecoq), Chamfort (Riccardo Campi) et Chateaubriand (Fabienne Bercegol) peuvent paraître neutraliser ou brouiller la frontière entre les deux champs.

Cet ensemble vise ainsi à une perception affinée du jeu fiction/non-fiction dans la période considérée, et à une prise en considération de textes antérieurs aux domaines d'investigation privilégiés des purs théoriciens, le plus souvent les siècles les plus récents de l'histoire littéraire[18].

---

18 Dans un esprit comparable à l'ouvrage autrefois dirigé par Françoise Lavocat, *Usages et théories de la fiction : le débat contemporain à l'épreuve des textes anciens (XVIe–XVIIIe siècles)*, Presses Universitaires de Rennes, 2004.

PREMIÈRE PARTIE

Approches croisées : textes factuels et fictionnels

Le portrait, ou l'émulation des regards

Hélène Merlin-Kajman

Dans *La Mode du portrait littéraire en France. 1641–1681*, Jacqueline Plantié écrit :

> Ce que la lecture du *Cyrus* nous apprend d'abord, c'est que le portrait littéraire qui nous présente une personne en nous faisant connaître successivement son corps, son esprit et son âme, n'est pour les Scudéry que le résumé fidèle, ou le schéma, si l'on préfère, de la démarche normale selon laquelle un être approche un autre être, le voit, le comprend, sympathise avec lui.

Jacqueline Plantié poursuit alors :

> Cyrus rencontre Mandane à Sinope, Thrasibule aperçoit Alcionide à Cnide. Il suffit du premier regard pour que nous voyions, avec Cyrus, l'habit, la taille, les yeux, la bouche de Mandane, tout ce qui fait de son entrée au temple « une si belle apparition ».[1]

Je ne connais pas suffisamment les romans des Scudéry pour savoir jusqu'à quel point cette remarque de Jacqueline Plantié, qui me paraît pertinente, est également vérifiée. Mais je voudrais, au-delà de leur cas, la radicaliser et la dramatiser, si je puis dire, en lui retirant son apparence d'évidence. Jacqueline Plantié évoque en effet une « démarche normale ». Je voudrais au contraire envisager ici que « voir, comprendre » un autre être « *et sympathiser* » avec lui puissent constituer « une démarche » qui ne va pas de soi, pas plus qu'il ne va de soi qu'elle trouve un débouché « normal » dans la description-déchiffrement d'un visage, d'un corps, d'un caractère individuels. La mode du portrait me paraît témoigner non seulement d'une interrogation et d'une curiosité inédites, et qui n'ont rien de « naturel », à l'égard des signes du visage, des comportements, des émotions, mais aussi d'une émulation ou d'une ébullition causée par cette curiosité, une espèce d'exposition générale de tous à tous sous le rapport du regard. Il ne s'agirait pas seulement d'un jeu littéraire, pas seulement d'une émulation dans l'exercice d'un art littéraire : rivaliser dans le déchiffrement du

---

[1] Jacqueline Plantié, *La Mode du portrait littéraire en France. 1641–1681*, Paris, Honoré Champion, 1994, p. 97.

visage, voici ce qui me paraît en jeu et qui se traduit parfaitement, mais au titre de la conséquence plutôt que de la cause, dans la mode du portrait. Il me semble qu'au XVIIe siècle, le regard porté sur les visages se trouve porteur d'une signification, d'une profondeur, d'une excitation nouvelles, ce qui provoque, c'est mon hypothèse, une sorte d'effervescence, chaque apparence individuelle devenant une énigme, un *cas* inconnu et opaque situé à l'intersection, hautement problématique, non seulement du particulier et du général, mais encore de l'accidentel et du nécessaire : j'appelle ici « accidentel » un signe brutal d'émotion, une perte de contenance, une décomposition. En général, certes, le portrait ne retient précisément pas cet accidentel, il se cantonne dans la régularité, la récurrence de certains traits : le portrait, c'est la synthèse de la personne, ce qui en synthétise sa nécessité ou son essence. Mais il arrive que de l'accidentel soit récurrent, comme la rougeur dans ce portrait de Madame de La Fayette par Donneau de Visé sous le nom d'Hypéride : « Hypéride a la taille agréable et beaucoup d'agréments dans le visage, surtout lorsqu'elle se peut empêcher de rougir[2]. » Cette rougeur apparaît aussi dans un autoportrait attribué à Mme de La Fayette, qui en inverse la valeur esthétique :

> Je suis blanche, et j'ai le teint délié, mais qui n'est pas fort vif. Quand je suis animée, je parais davantage. On me donne de l'agrément lorsqu'on me fait rougir, et cela n'est pas malaisé[3].

La rougeur est d'autre part l'un des signes émotionnels que le XVIIe siècle interroge avec passion, il suffit de se souvenir de celle de Mlle de Chartres, à la fois commentée par cette dernière et par le prince de Clèves lorsqu'il n'est pas encore son mari[4]. Si la rougeur est devenue un détail hautement signifiant, c'est parce qu'il est soudain vu comme un signe opaque, demandant à être déchiffré ...[5]

---

2 Donneau de Visé, *L'Amour échappé* [...], Paris, Jolly, 1669, tome III, p. 6.
3 Madame de La Fayette, « Portrait de Mlle*** fait par elle-même (Attribution incertaine) », dans *Œuvres complètes*, Paris, Gallimard, 2014, p. 7.
4 Voici l'échange entre M. de Clèves se plaignant de l'absence de sentiments de Mlle de Chartres à son égard et celle-ci : « – Vous ne sauriez douter, reprit-elle, que je n'aie de la joie de vous voir, et je rougis si souvent en vous voyant que vous ne sauriez douter aussi que votre vue ne me donne du trouble. – Je ne me trompe pas à votre rougeur, répondit-il ; c'est un sentiment de modestie, et non pas un mouvement de votre cœur » (Mme de La Fayette, *La Princesse de Clèves*, dans *Œuvres complètes, op. cit.*, p. 347–348).
5 Sur cette question de l'opacification des signes émotionnels comme corrélat du développement du territoire du moi, cf. Hélène Merlin-Kajman, « Sentir, ressentir : émotion privée, langage public », *Littératures classiques*, n° 68, 2009/1, p. 335–354.

Que l'observation du visage, et plus généralement, du corps soit investie, et même surinvestie, on le voit autant dans les Mémoires que dans les fictions. Tout le monde connaît la célèbre « scène des diables » dans les *Mémoires* de Retz. Monsieur de Turenne et le Cardinal, qui se sont tous deux avancés vers ceux que la terreur du cocher, des laquais et des femmes a, dans la nuit, pris pour des « diables », et alors qu'eux-mêmes croyaient la chose possible avant de découvrir qu'il s'agissait de capucins noirs revenant d'une baignade, échangent ensuite des réflexions : et ils constatent que leurs attitudes, leur « air », leur regard, les avaient chacun induits en erreur sur ce que ressentait l'autre. « Qui peut donc écrire la vérité que ceux qui l'ont sentie ? » demande Retz en matière de conclusion – ce qui ne va pas l'empêcher de présenter une galerie de portraits où il se donne comme celui qui peut sentir et juger du caractère de tous.

Il ne va pas de soi qu'un visage contienne une énigme, soit, au XVIIe siècle, la tension opaque entre des signes obligatoires et des signes involontaires, c'est-à-dire entre deux sémiologies : une sémiologie sociale régie par le code, une sémiologie individuelle régie par la psychologie. L'énigme du visage, des apparences, présuppose en effet un regard qui l'imagine et l'appréhende – voire la guette, puis la perce – ou s'en affole : un regard qui en connaît non pas la clef, mais qui la cherche.

Tout le roman de Mme de La Fayette, *Zaïde*, doit sa singularité, et son charme, à cette dimension. Un matin, Consalve se promène tôt au bord de la mer et découvre les débris d'une tempête. En s'approchant, il va très progressivement découvrir Zaïde selon le mouvement décrit par Jacqueline Plantié. D'abord, elle n'est même pas un être humain, mais « quelque chose d'éclatant qu'il ne put distinguer [...] et qui lui donna seulement la curiosité de s'en approcher ». Puis « en s'approchant », il voit « une femme magnifiquement habillée, étendue sur le sable et qui semblait y avoir été jetée par la tempête », mais « tournée d'une sorte qu'il ne pouvait voir son visage » :

> Il la releva pour juger si elle était morte ; mais quel fut son étonnement quand il vit, au travers des horreurs de la mort, la plus grande beauté qu'il eût jamais vue ?

Il la ramène évanouie chez lui :

> [...] Consalve revint dans la chambre et regarda cette inconnue avec plus d'attention qu'il n'avait encore fait. Il fut surpris de la proportion de ses traits et de la délicatesse de son visage ; il regarda avec étonnement la beauté de sa bouche et la blancheur de sa gorge [...] Sur le matin, on

> s'aperçut que cette inconnue commençait de revenir : elle ouvrit les yeux et, comme la clarté lui fit d'abord quelque peine, elle les tourna languissamment du côté de Consalve et lui fit voir de grands yeux noirs d'une beauté qui leur était si particulière qu'il semblait qu'ils étaient faits pour donner tout ensemble du respect et de l'amour[6].

Or, la particularité *dramatique* de ce portrait, c'est que, longtemps, Zaïde ne parlant pas la langue de Consalve ni Consalve la langue de Zaïde, « l'esprit » et « l'âme » de cette dernière ne peuvent qu'être *devinés* par Consalve.

> [D]e se trouver tout d'un coup de l'amour et de la jalousie, ne pouvoir entendre celle qu'il aimait, n'en pouvoir être entendu, n'en rien connaître que la beauté, n'envisager qu'une absence éternelle, c'étaient tant de maux à la fois qu'il était impossible d'y résister[7].

La beauté, les traits de Zaïde, sont à la fois totalement transparents et totalement opaques. Qu'ils soient transparents, rien de très notable : la correspondance assez automatique et abstraite entre la beauté et l'esprit est ancienne. Mais qu'ils soient opaques signifie qu'une intimité est mise en réserve, dérobée : il s'agit là d'une évidence particulière – celle de l'inconnu. Ce qui est évident, c'est l'existence de l'intimité. Cette tension entre l'évidence (confinant à la preuve, à ce qui est immédiatement donné à voir, sous les yeux) et l'énigme – presque un oxymore, alimente bien sûr la jalousie de Consalve, sur fond d'une erreur totale d'interprétation.

Car cette conjugaison d'opacité et de transparence se redouble d'une sorte de projection spéculaire dont le lieu est le propre visage de Consalve. Consalve comprend qu'il est amoureux de Zaïde lorsqu'il prend conscience qu'il est jaloux ; et sa jalousie naît d'une attitude particulière et récurrente de Zaïde quand elle voit Consalve : elle le dévisage, semblant reconnaître dans ses traits une ressemblance avec quelqu'un. Consalve a vite fait d'identifier dans ce reflet l'amant de Zaïde, si bien que le propre visage de Consalve devient le « portrait [d'un] rival[8] ». Ce n'est qu'au dénouement que l'on comprendra que le reflet de cet autre homme n'est lui-même qu'un portrait – et pas n'importe quel portrait – le portrait ... de Consalve lui-même – ce que Zaïde ignorait, tout comme Consalve ignorait qu'un tel portrait ait pu arriver jusqu'à Zaïde. Enfin, cette dernière va comprendre qu'il est tombé amoureux d'elle en éprouvant de

---

6 Mme de La Fayette, *Zayde*, dans *Œuvres complètes, op. cit.*, p. 97–98.
7 *Ibid.*, p. 102.
8 *Ibid.*, p. 145.

la jalousie, une jalousie que son propre comportement récurrent à l'égard de ce portrait n'arrête pas d'alimenter.

En somme, Consalve aura été jaloux de sa propre image, et c'est grâce à cette faille entre soi et soi, ce décollement intérieur, que l'amour a pu être reconnu. Figure d'une opacité à soi-même ? On voit bien tous les parti-pris philosophiques ou psychanalytiques que l'on peut tirer de ces remarques. Mais ce n'est pas dans cette direction que je souhaite aller.

Le portrait repose sur un décalage qui n'est pas seulement, comme le voulait Foucault, le décalage ou le redoublement, à l'infini, de la représentation, mais celui d'une capture à double sens : chaque visage étant happé par l'énigme de celui de l'autre, chacun se sent avoir un visage du fait du visage, à la fois ouvert et dérobé, offert à son regard : ceci constitue une ombre non moins qu'un projecteur porté sur le portrait.

Cette importance du regard porté sur le visage est vertigineusement illustrée par le *Portrait de Mme la Marquise de Sévigné par Mme la Comtesse de La Fayette sous le nom d'un inconnu*, le seul texte signé par Madame de La Fayette et paru en 1659 dans le recueil des *Divers portraits* de Mlle de Montpensier.

Madame de La Fayette invente, pour l'écrire, le regard d'un « inconnu » amoureux qui dissimule son nom mais autorise ou fonde sa célébration de l'esprit de la marquise sur la connaissance que lui, du moins, a d'elle :

> Vous pouvez juger, par ce que je viens de vous dire, que si je vous suis inconnu, vous ne m'êtes pas inconnue [...][9]

Il conclut le portrait par un éloge général :

> Enfin vous avez reçu des grâces du Ciel qui n'ont jamais été données qu'à vous, et le monde vous est obligé de lui être venue montrer mille agréables qualités, qui jusques ici lui avaient été inconnues[10].

Ces mots précèdent une dernière pointe galante, l'aveu que ce portraitiste inconnu de la marquise n'a pas l'honneur d'être son amant. Au passage, il a négligemment indiqué : « Vous êtes naturellement tendre et passionnée, mais à la honte de notre sexe, cette tendresse nous a été inutile, et vous l'avez renfermée dans le vôtre en la donnant à Madame de La Fayette ».

---

9   Madame de La Fayette, « Portrait de Mme la Marquise de Sévigné par Mme la Comtesse de La Fayette sous le nom d'un inconnu », dans *Œuvres complètes, op. cit.*, p. 4.
10   *Ibid.*, p. 5.

Ce portrait n'appartient pas aux deux genres sur lesquels les organisateurs du colloque nous ont demandé de nous pencher. Il nous éclaire toutefois sur l'étrange redoublement de la figure de l'*inconnu* : inconnu fictif qui regarde Mme de Sévigné pour faire connaître au monde des qualités inconnues jusque-là, « mille agréables qualités » qui exigeraient, pour être publiées, une intimité ... inconnue de l'Inconnu, mais aussi inconnue de l'amie portraitiste non fictive (Mme de La Fayette) qui ne se connaît pas l'amant (ou ne se reconnaît pas l'amante ?) de Mme de Sévigné. Le jeu à la dérobée, le jeu avec le dérobé et la dérobade, le jeu à trois termes : celui qui est regardé, celui qui regarde, et le monde/le public, – ce jeu est démultiplié – et peut-être est-ce qu'il n'y aurait pas de jeu sans cette démultiplication ...

Tout ceci signifie qu'un portrait révèle toujours, quoiqu'à la dérobée, quelque chose de l'intériorité de celui qui regarde. Je ne veux pas parler de projection inconsciente, mais de projection sur l'autre de son propre rapport à l'intelligibilité de son propre visage.

Soit trois portraits de Conti, empruntés à trois Mémoires, que je vais très rapidement comparer. Tous trois amènent sur le devant de la scène le *je* du mémorialiste-portraitiste, mais de manière très différente. Le premier est dû à Bussy-Rabutin.

> Il avait la tête fort belle, tant pour le visage que pour les cheveux, et c'était un très grand dommage qu'il eût la taille gâtée : car à cela près, c'était un prince accompli. Il avait été destiné à l'Église, mais les traverses de sa maison l'ayant jeté dans les armes, il y avait trouvé tant de goût qu'il n'en était pas revenu ; cependant il avait étudié avec un progrès admirable. Il avait l'esprit vif, net, gai, enclin à la raillerie : il avait un courage invincible ; et s'il y avait quelqu'un au monde aussi brave que le prince de Condé, c'était le prince son frère : jamais homme n'a eu l'âme plus belle sur l'intérêt que lui : il comptait l'argent pour rien : il avait de la bonté et de la tendresse pour ses amis, et comme il était persuadé que je l'aimais fort, il m'honorait d'une affection très particulière[11].

Malgré ses très nombreux détails, ce portrait frappe par l'absence quasi totale des caractéristiques que je viens de présenter : la description est extérieure, ce que l'on voit du prince de Conti est donné sans l'exercice particulier d'un art de lire, d'un déchiffrement. Bussy ne *regarde* pas Conti, mais il recense les qualités *montrées* par ce dernier, des qualités manifestées extérieurement, pour terminer par ce qui « honore » le portraitiste, à savoir des signes d'une amitié

---

11 Bussy-Rabutin, *Mémoires*, Paris, Ludovic Lalanne, 1857, p. 358.

qui, juste au moment où elle pourrait se « psychologiser » (« il avait de la bonté et de la tendresse pour ses amis »), c'est-à-dire être renvoyée à la profondeur d'une psyché singulière, se trouve au contraire rabattue sur des enjeux de réciprocité sociale : l'amitié se joue dans le registre pour ainsi dire rhétorique de la *persuasion*, c'est-à-dire au voisinage, quantifiable et essentiellement extérieur, du pouvoir. Pour que Bussy soit « honoré » de l'amitié de Conti, il faut que Conti soit lui-même honorable : cet honneur mentionné en conclusion motive secrètement le portrait entier, qui échappe totalement aux intimités, aux intériorités. Cette logique a ses propres signes, évidemment : mais ils sont suffisamment codés pour ne pas avoir besoin du présupposé d'une intimité, ni besoin d'un regard fondé sur l'expérience de sa propre opacité intérieure. On est face à des liens d'intérêt, ou de fidélité – pas face à des enjeux de sincérité, de perspicacité, de *pénétration*.

Le portrait de Conti de la plume de La Rochefoucauld, maintenant :

> Conti entrait dans le monde : il voulait réparer par l'impression qu'il y donnerait de son esprit et de ses sentiments, les avantages que la nature avait refusés à sa personne. Il était faible et léger ; mais il dépendait entièrement de Mme de Longueville, et elle me laissait le soin de le conduire[12].

Pour comprendre ce bref portrait, il est utile de se souvenir de la « Réflexion » intitulée « De l'air et des manières », où La Rochefoucauld présente chacun en artiste de soi-même ayant à se composer une apparence adaptée à des données de départ (physiques, statutaires, etc.) imposées, et combinées, par la nature et par la société. Or, à Conti, La Rochefoucauld prête bien une *intention d'apparence*, mais ratée : Conti veut *réparer* sa nature au lieu de chercher un point de convenance entre elle et sa position dans le monde. Nul privilège de « grand », ici : Conti apparaît comme un individu analogue à tous les autres : il est, comme tout le monde, placé devant lui-même comme devant une combinatoire entièrement singulière, même si entrent, dans la combinatoire, des éléments de statut social. Mais – faute d'indépendance peut-être – il échoue à prendre en charge sa propre singularité.

D'autre part, La Rochefoucauld définit rapidement une chaîne de dépendances qui ne sont pas des dépendances *sociales*, mais des dépendances affectives ou psychiques : Mme de Longueville est la sœur de Conti, et La Rochefoucauld l'amant quasi public de Mme de Longueville. Cette fois-ci, fût-ce brièvement, l'opacité des intériorités, et des liens qui les attachent les

---

12   La Rochefoucauld, *Mémoires*, dans *Maximes, Mémoires, Oeuvres diverses*, Paris, Le Livre de Poche/Classiques Garnier, 1992, p. 922.

unes aux autres, est évoquée. Le portraitiste y occupe une place particulière : il est celui qui, en privé, « conduit ». Il se trouve placé au bout du labyrinthe du privé, en somme. Mais un privé stérile, improductif.

Enfin, Retz :

> J'oubliais presque M. le prince de Conti, ce qui est un bon signe pour un chef de parti. Je ne crois pas vous le pouvoir mieux dépeindre, qu'en vous disant que ce chef de parti était un zéro, qui ne multipliait que parce qu'il était prince du sang. Voilà pour le public. Pour ce qui était du particulier, la méchanceté faisait en lui ce que la faiblesse faisait en M. le duc d'Orléans. Elle inondait toutes les autres qualités, qui n'étaient d'ailleurs que médiocres et toutes semées de faiblesses[13].

D'abord, Retz *adresse* ce portrait : à sa destinataire, au lecteur, peu importe – l'essentiel est dans l'adresse. L'ironie n'aurait pas d'enjeu si le portrait n'était pas adressé. Cette ironie signale un regard souverain, un peu cannibale sur les bords : ce portrait évoque un rite de *réduction de tête*. Retz, c'est le moins qu'on puisse dire, n'est pas tendre avec Conti : il l'exécute. Mais il le fait par le détour d'un jugement purement hiérarchique : Retz évalue Conti, comme tous ceux qui apparaissent dans cette galerie, à partir de sa dignité, pour en renverser le degré hiérarchique du point de vue de sa valeur publique : Conti est l'anti-héros par excellence. Mais ce n'est pas, comme pour La Rochefoucauld, une affaire d'art, une affaire d'ajustement raté au cas qui est le sien ; c'est plutôt que Conti constitue un mauvais collage, un désastre ontologique : il n'a aucune qualité publique, aucune qualité morale, aucune *vertu* (et dans ce mot, entre une part dynamique de volonté). Retz mobilise en effet l'opposition du public et du particulier pour décrire Conti de façon ordonnée, c'est-à-dire pour aller de l'extérieur, le statut ou la dignité, un extérieur très stabilisé contrairement à La Rochefoucauld, à une intériorité morale non moins stabilisée. Conti témoigne en creux de l'existence d'un sujet souverain doté d'une intériorité privée (caractéristiques de l'héroïsme de Retz) : en creux, parce que, à ce point d'intersection entre le privé et le public, ce lieu-là est, dans son cas, vide – « *zéro* ».

Voici trois portraits : si on ne savait pas qu'il s'agissait du même individu historique, pourrait-on le reconnaître derrière eux ?

Ces trois portraits trop rapidement présentés constituent trois manières de projeter une intelligibilité sur une personne, une intelligibilité qui ordonne

---

13   Cardinal de Retz, *Mémoires II. 1650-1655*, éd. S. Bertière, Paris, Garnier, 1987, p. 226. (Je souligne).

très différemment la valeur des signes dans leur rapport à l'intérieur. Il s'agit de différences de ... faut-il dire de visagéité ? en tout cas, de partage de modes de subjectivation. À cet égard, c'est le portrait de Bussy-Rabutin qui paraît le plus « ancien », et peut-être celui de La Rochefoucauld le plus « moderne » (si l'on choisit de les penser sur un axe historique orienté).

Je voudrais, pour mieux faire comprendre ces enjeux, remonter plus loin dans le temps et me pencher sur un court passage des *Mémoires* de Marguerite de Valois, Mémoires qui, si je ne m'abuse, *ne contiennent précisément pas de portrait*. Ce détail ne manque pas d'intérêt puisque le texte de Marguerite de Valois se dit motivé par le désir de corriger un portrait d'elle publié par Brantôme. Cependant, même chez Brantôme, il serait facile de montrer qu'on se trouve face à des portraits qui ne prêtent pas d'attention à l'intériorité au sens de l'intimité individualisée. À la place, on trouve chez lui comme chez Marguerite de Valois des descriptions des personnes en cérémonie : ce qui fait sens, c'est l'apparition cérémonielle, ou encore des qualités à fonction publique (la valeur à la guerre par exemple) ou au contraire, des comportements dans des espaces de familiarité, mais codés comme tels.

Marguerite de Valois est la femme d'Henri de Navarre, la sœur d'Henri III alors roi de France, la fille de Catherine de Médicis. Le passage se situe à un moment où Henri III l'a gravement offensée ainsi que leur frère, le duc d'Alençon, très lié à la première. Comme il les soupçonne de comploter contre lui, il les séquestre à la cour comme des « faquins[14] » : outrageant, le soupçon est donc public (et peu importe ici qu'il soit fondé ou pas : *l'honneur ne se mesure pas à la vérité*). Finalement convaincu par Catherine de Médicis qu'il a fait une erreur stratégique à la fois morale et politique, le roi « libère » son frère et sa sœur. Afin que la réconciliation et la réparation d'honneur soient totales et non moins publiques que l'outrage l'avait été, la reine mère exige des deux offensés d'aller, écrit la mémorialiste, « se parer pour nous trouver au souper du roi et au bal », c'est-à-dire « d'aller changer nos habits (qui étaient convenables à la triste condition d'où nous étions présentement sortis) » :

> Elle y fut obéie pour les choses qui se pouvaient dévêtir ou remettre ; mais pour le visage, qui est la vive image de l'âme, la passion du juste mécontentement que nous avions s'y lisait aussi apparente que si elle y avait été imprimée, avec la force et violence du dépit et juste dédain que nous ressentions par l'effet de tous les actes de cette tragi-comédie[15].

---

14   Marguerite de Valois, *Mémoires et Discours*, éd. É. Viennot, Saint-Étienne, Publications de l'Université de Saint-Étienne, 2004, p. 168.
15   *Ibid.*, p. 172–173.

Il s'agit là d'un raisonnement portant sur la vérité d'un mensonge dont on trouve d'autres occurrences dans les Mémoires. D'un côté, on voit que les vêtements sont codifiés : ils signalent des places et des émotions entièrement sociales. Jusqu'au moment du souper et du bal, Marguerite de Valois et son frère arborent des vêtements qui sont analogues à des vêtements de deuil : des vêtements qui ostensiblement sont des vêtements de prisonniers, des vêtements « convenables à la triste condition d'où nous étions présentement sortis » : des vêtements qui traduisent une plainte. Les deux offensés en changent pour obéir à la reine. Mais ils ne changent pas de visage. C'est ici que le raisonnement devient franchement fascinant. Il s'appuie sur une sentence : « le visage est une vive image de l'âme ». Mais la clef de cette « image » n'est pas du tout psychologique : elle n'a rien à voir avec la singularité individuelle de l'un ou l'autre offensé, avec leur caractère : elle est en fait strictement codifiée elle aussi. Et comme elle est strictement codifiée, elle peut être *produite*, en vue d'un décryptage univoque. Pour comprendre ce dont il s'agit, nous pouvons penser au « faire bon visage », ou à la valeur du « visage » dans l'accueil, dans la rencontre avec quelqu'un : sourire, ou ne pas sourire, donneront lieu à une interprétation de la part de celui à qui l'on sourit ou pas, sauf si l'on fournit une explication personnelle purement circonstancielle (et éventuellement circonstanciée !) de la « tête » qu'on fait (et cela, bien sûr, parce que l'intériorité a, de nos jours, une espèce de priorité absolue sur les normes de politesse). Malgré la sentence avancée, malgré « l'âme » alléguée, c'est à partir de l'extérieur, non à partir de l'intérieur, que le visage est produit consciemment : et il l'est, ici, en contradiction manifeste, ostensible, avec la signification non moins codifiée des vêtements.

Les portraits du XVIIe siècle témoignent au contraire d'un nouveau rapport au visage, un rapport individualisé, donc personnel – et même interpersonnel et intersubjectif. Mais ce rapport n'a (encore ?) rien de la naturalité qu'il a, par hypothèse, pour nous. Par *nouveau*, il faut entendre qu'il est perçu comme nouveau (le « moi » n'est-il pas haïssable aux yeux de certains ?), qu'il est encore pris dans l'autre lecture possible, celle des signes statutaires, honorifiques ou familiers, codés. *D'où l'excitation.* Susceptible de plusieurs grilles d'interprétation, les unes simples, les autre instables, le visage produit une attirance, une aimantation. Jacqueline Plantié avait raison : le portrait est aiguillonné par un désir de voir, d'entrer en contact avec une intériorité cachée. Mais cela signifie qu'il y a des entrelacements de désir, ce que le portrait de Mme de Sévigné par Mme de La Fayette sous le nom d'un Inconnu me paraît montrer exemplairement : érotisée par le regard de l'amant inconnu qui l'a (dans la fiction) regardée à la dérobée, la personne de Mme de Sévigné reflète aussi, en creux, un autre visage, lequel devient aussi l'objet de notre désir : celui de cet inconnu, dérobé aussi, sorte de rival invisible soit de Mme de Sévigné, soit du lecteur. À moins plutôt de formuler qu'avec le portrait, ce qui nous est donné, c'est l'intensité d'un lien. Ce qu'un portrait révèle, c'est la structure du lien, le dispositif des connexions interindividuelles : il nous renseigne sur ce qui les informe.

Or, on peut retrouver cette présence d'un *portrait caché dans un portrait* dans au moins trois textes où se rencontre une galerie de portraits : les *Mémoires* de Retz, *La Princesse de Clèves* et l'*Histoire de la mort d'Henriette d'Angleterre* de Mme de La Fayette.

La galerie des portraits des *Mémoires* de Retz a été souvent commentée, et notamment par Marc Hersant qui y montre l'importance du portrait (absent), de Retz[16]. Absent de deux manières : d'une part, parce qu'il existe un portrait de Retz, celui qu'a écrit La Rochefoucauld et que Retz connaissait, et qu'il organise secrètement (triomphalement, dans l'élément de la rivalité) la galerie des portraits au centre de laquelle se trouve en retour le portrait de La Rochefoucauld, comme Marc Hersant l'analyse de façon magistrale ; d'autre part, parce que Retz, qui a ouvert sa galerie avec une emphase spectaculaire, en un véritable théâtre du dévoilement destiné à mettre en scène la perspicacité du portraitiste[17], la clôt par la théâtralisation inverse de sa propre dérobade :

> Le peu de part que j'ai eu dans celles [= affaires] dont il s'agit en ce lieu me pourrait donner la liberté d'ajouter ici mon portrait ; mais outre que l'on ne se connaît jamais assez bien pour se connaître raisonnablement soi-même, je vous confesse que je trouve une satisfaction si sensible à vous soumettre uniquement et absolument le jugement de tout ce qui me regarde, que je ne puis seulement me résoudre à m'en former, dans le plus intérieur de mon esprit, la moindre idée[18].

Derrière tous les portraits se tient celui de Retz, selon l'idée ancienne que le discours constitue le portrait fidèle de l'orateur : portrait inscrit en filigrane dans le discours/regard perspicace tenu/porté sur les portraiturés ; mais aussi, dans l'adresse de ces portraits à sa destinataire dont le jugement (le regard) doit finalement achever le portrait de Retz : pas de portrait sans ces regards croisés, sans cette connivence, sans cette complicité matricielle. Il y a du lien inscrit dans tout portrait, un lien à trois termes …

---

16   Marc Hersant, « Étude littéraire de la galerie de portraits des *Mémoires* du cardinal de Retz », *l'Information littéraire*, n° 1, 2006, p. 30–39.
17   Retz, *Mémoires I. 1613–1649*, éd. S. Bertière, Paris, Garnier, 1987, p. 371.
18   *Ibid.*, p. 377.

On a depuis longtemps remarqué les proximités entre *La Princesse de Clèves* et l'*Histoire de la mort d'Henriette d'Angleterre*. Au début du XVIIIe siècle, Anne Ferrand écrivait : « Les portraits de ces Mémoires sont une mauvaise imitation de ceux que Mme de La Fayette fait, dans *La Princesse de Clèves*, des principales personnes de la cour d'Henri second[19]. » Dans l'*Histoire de la mort d'Henriette d'Angleterre*, on rencontre le même principe que dans les *Mémoires* de Retz : il s'agit de présenter dans une galerie les personnes qui ont eu « part » à « la suite des choses dont nous avons à parler[20] ». Et comme chez Retz, l'ordre de présentation des personnes suit en gros l'ordre hiérarchique. Or, Henriette d'Angleterre n'y figure pas : comme Mme de Clèves (ou plutôt, Mlle de Chartres), elle arrive tard à la cour, épouse Monsieur, et surtout, meurt de façon si extraordinaire, si fulgurante, qu'elle-même se convainc, pendant sa courte agonie, d'avoir été empoisonnée. Mais sa présence est déjà marquée en creux par un trait récurrent dans les trois premiers portraits, la jalousie, qui les réunit en dépit de toutes leurs différences (et peut-être sans nul rapport avec elles).

« La Reine mère » d'abord, caractérisée par une « assez grande indifférence pour toutes choses » :

> Elle était sensible néanmoins à l'amitié de ses enfants ; elle les avait élevés auprès d'elle avec une tendresse qui lui donnait quelque jalousie des personnes avec lesquelles ils cherchaient leur plaisir.

Puis, la « jeune Reine », qu'on « voyait tout occupée d'une violente passion pour le Roi, attachée dans tout le reste de ses actions à la Reine sa belle-mère, sans distinction de personnes ni de divertissement, et sujette à beaucoup de chagrins, à cause de l'extrême jalousie qu'elle avait du Roi ».

Enfin vient Monsieur, futur époux d'Henriette :

> La jalousie dominait en lui ; mais cette jalousie le faisait plus souffrir que personne, la douceur de son humeur le rendant incapable des actions violentes que la grandeur de son rang aurait pu lui permettre.

La jalousie, c'est un regard obsédé par l'autre, pris dans l'attraction obsédante à l'égard de l'autre. Un personnage décrit comme jaloux, c'est un personnage qui

---

19 Anne Ferrand, « Réfutation de Mme de La Fayette », *Autour de l'« Histoire d'Henriette d'Angleterre »*, p. 834, cité par Camille Esmein-Sarrazin, « Notice », dans Mme de La Fayette, *Œuvres complètes, op. cit.*, p. 1372–1373.

20 Mme de La Fayette, *Histoire de la mort d'Henriette d'Angleterre*, dans *Œuvres complètes, op. cit.*, p. 719 (toutes les citations suivantes se trouvent p. 719–720).

regarde, dont le regard est irrésistiblement attiré par les signes incomplets, lacunaires, venus de l'autre. Tout le roman de *Zaïde* s'organise autour de ce jeu, et l'on pourrait montrer comment le portrait de Mme de Sévigné par Mme de La Fayette s'organise autour d'un regard fictivement jaloux. Mais au XVIIe siècle, il ne s'agit pas seulement d'un sentiment personnel : c'est plutôt un sentiment qui se propage en rongeant la subjectivité, un foyer qui organise l'aimantation des regards et l'affolement des liens, un affolement sinon réglé, du moins prévisible et parfois calculé[21]. Il assure le passage de la visagéité fondée sur les statuts et l'honneur à la visagéité fondée sur l'intériorité et les liens intimes. Ici, la jalousie attend Henriette d'Angleterre, si l'on peut dire.

La jalousie révèle, en les enflammant, l'importance des liens qui forment, plus qu'un réseau, une membrane vivante enserrant les personnages quoiqu'elle ne soit faite que de l'entrelacement de leurs regards et désirs. La galerie des portraits de *La Princesse de Clèves* est à cet égard saisissante. En effet, contrairement aux *Mémoires* de Retz ou à l'*Histoire de la mort d'Henriette d'Angleterre*, elle *enchaîne* les personnages *en les comparant* et en décrivant leurs liens, souvent fondés eux-mêmes sur la comparaison (dans le représenté, donc, pas seulement dans la représentation qui nous en est délivrée) : l'attraction réciproque, l'émulation parfois amoureuse, parfois haineuse ou répulsive, pas toujours explicitement reliées à la jalousie mais toujours colorées par elle de par la capillarité des relations, sont à la fois décrites et *disposées* par le narrateur lui-même. Contentons-nous d'un passage :

> [...] Le roi de Navarre attirait le respect de tout le monde par la grandeur de son rang et par celle qui paraissait en sa personne. Il excellait dans la guerre, et le duc de Guise lui donnait une émulation qui l'avait porté plusieurs fois à quitter sa place de général, pour aller combattre auprès de lui comme un simple soldat, dans les lieux les plus périlleux. Il est vrai aussi que ce duc avait donné des marques d'une valeur si admirable et avait eu de si heureux succès qu'il n'y avait point de grand capitaine qui ne dût le regarder avec envie. Sa valeur était soutenue de toutes les autres grandes qualités etc.[22]

---

21 Je suis infiniment redevable, pour ces analyses, au livre de Marcianne Blévis, *La Jalousie. Délices et tourments*, Paris, Seuil, 2006. Il permet en effet de comprendre comment la jalousie, souffrance provenant de liens précocement abîmés (bien antérieurement à tout triangle œdipien), témoigne cependant de la façon dont un sujet se risque quand même dans le lien amoureux : en ce sens, elle *(réa)anime*. Pour une fois, la psychanalyse peut éclairer, sans contorsion conceptuelle, une situation historique particulière.

22 Mme de La Fayette, *La Princesse de Clèves, op. cit.*, p. 332–333.

On a souvent jugé sévèrement cette introduction, dénoncée comme une digression inutile à l'intrigue. Pourtant, ce théâtre dispose un tissu social pour un centre magnétique encore manquant, qui sera le pendant féminin du duc de Nemours. Arriver, comme Henriette d'Angleterre, comme Mlle de Chartres, au cœur d'une structure animée, aimantée par la jalousie, constitue une promesse dramatique, une garantie de déséquilibres, de mises en mouvement, dont il est bien difficile de savoir si le dispositif en est d'abord littéraire (topique, comme on dit) ou d'abord d'anthropologie historique.

Les liens ne sont plus pensés comme des liens simplement hiérarchiques, statutaires (et la jalousie décolle de l'honneur) : voici ce dont témoigne, à mon avis, la mode du portrait littéraire au XVIIe siècle. La jalousie est bien plus qu'une passion ou un trait de caractère : c'est une atmosphère, une rumeur, une puissance diffuse qui jette les êtres les uns contre les autres. C'est elle qui articule étroitement les sentiments intimes et les actions publiques. C'est elle, le moteur des portraits.

Pour conclure, j'aimerais commenter une formule de l'argument présenté à notre réflexion par les organisateurs de ce colloque :

> Utilisé pour rendre compte d'universaux humains ou « caractères » aussi bien que pour évoquer des singularités personnelles, [le portrait] participe au premier chef à une espèce de glorification de l'individu de plus en plus évidente au cours des deux siècles qui nous occupent.

Ce n'est pas exactement ce que j'ai dégagé. Non que ce que j'ai dégagé s'oppose véritablement à cette hypothèse. J'ai plutôt voulu la compléter en la faisant un peu loucher : loucher du côté du lien, du lien jaloux notamment (« jaloux » en un sens large, qui peut comprendre des acceptions positives : on peut veiller jalousement sur un bien – et les liens sont des biens – c'est-à-dire multiplier les attentions à leur égard). Dans *La Princesse de Clèves*, ce qui organise les portraits, ce sont les aimantations entre les personnes, les modifications intérieures que les actions produisent sur elles : chacun est placé en orbite, sous l'injonction de plaire ou de déplaire, et ceci, dans l'émulation et la rivalité. Tout caractère est ainsi situé en équilibre dans un jeu de tensions. L'enchaînement des portraits se présente un peu comme un dispositif expérimental, ce qui n'est pas tout à fait le cas des Mémoires de Retz ni de l'*Histoire de la mort d'Henriette d'Angleterre* : les portraits amorcent et annoncent le renversement de perspective accompli ultérieurement par le roman : ils s'enchaînent et enchaînent les êtres par le trouble, permettant de tout regarder comme à l'envers (à l'envers d'un regard comme celui de Bussy-Rabutin), à partir d'une intériorité cachée – mais une intériorité elle-même très surveillée, très chahutée ...

Faire taire le désir. Portraits croisés de l'amour (et des amants) dans l'œuvre historique et romanesque de Mme de Lafayette

Patrick Dandrey

Les portraits des principaux personnages groupés en galerie à l'entrée d'un récit historique ou romanesque sont en situation de pivot entre écriture et lecture. Anticipant et orientant la découverte du texte par le lecteur, ils constituent pour lui la donne à partir de quoi se jouera la partie. Mais l'auteur, lui, les aura déduits *a posteriori*, au terme de la narration au cours de laquelle les personnages portraiturés auront fait briller les facettes de leurs caractères : sommant l'éparpillement des actions et des réactions, le portrait les parachève en dégageant leur principe[1]. Quoi qu'il en soit, antérieur à la lecture ou postérieur à l'écriture, le portrait donne de toute façon la clef du récit. Mais différemment selon que la narration est historique ou fictionnelle : autre articulation qui croise la distinction entre situation d'écriture et de lecture. En effet, le portrait d'histoire, parce que référentiel, tend à dégager les traits singuliers qui identifient les personnages ; alors que le portrait de roman, parce que fictionnel, tend à les confondre dans une perfection hyperbolique qui amenuise leurs différences si même elle ne les annule. Pourtant, durant la seconde moitié du XVIIe siècle, l'évolution d'une partie des récits historiques en chroniques galantes et d'une partie des romans en « nouvelles historiques » tendit à la confusion des deux veines. On peut en observer l'effet dans un parallèle fortuit qui s'offre comme un cas d'école : celui de l'*Histoire de Madame Henriette d'Angleterre* et de *La Princesse de Clèves*, deux œuvres que Mme de Lafayette aurait composées à moins de dix ans d'intervalle, si elle est bien l'auteur de la première dont on suspecte l'authenticité, et de la seconde, qui s'est masquée d'anonymat[2]. Mais si l'on veut bien lever cette double hypothèque, ce parallèle fortuit offre à l'analyse un cas tout particulier : au lieu du traitement comparé d'un ou plusieurs

---

[1] *Cf.* cette notation du *Journal des Faux-monnayeurs* de Gide : « Coxyde, 6 juillet [1924]. Profitendieu est à redessiner complètement. Je ne le connaissais pas suffisamment, quand il s'est lancé dans mon livre. Il est beaucoup plus intéressant que je ne le savais. » (André Gide, *Journal des Faux-monnayeurs*, Paris, Gallimard, « Nrf », 1927, p. 77).

[2] Pour une suspicion raisonnée sur ces deux attributions, voir Geneviève Mouligneau, *Mme de Lafayette romancière ?* Bruxelles, éd. de l'Université Libre de Bruxelles, 1980 et *Mme de Lafayette historienne ?* Bruxelles, Académie royale de langue et de littérature française de Bruxelles, 1990.

personnages historiques portraiturés par deux auteurs ou selon l'une et l'autre technique, romanesque et historique, on trouve là un couple de protagonistes comparables (une princesse mariée éprise d'un grand seigneur très galant mais se refusant à lui), d'abord dans une chronique en forme d'apologie de Madame, ensuite dans un roman érigeant la conduite de la princesse de Clèves en modèle de vertu sublime.

Cette relation particulière entre les deux textes invite à former l'hypothèse que la passion non consommée entre Mme de Clèves et M. de Nemours, qui fait le sujet d'un roman qualifié d'« Histoire » et paru sans nom d'auteur en 1678, constitue le prolongement, la projection ou pour mieux dire le tombeau des amours de deux personnages historiques, la duchesse d'Orléans (†1670) et le comte de Guiche (†1672) dont l'*Histoire de Madame* avait conté le récit sans doute euphémisé, composé pour l'essentiel entre 1664 et 1665, puis repris en 1669 et complété enfin par le récit de la mort de Madame survenue en 1670[3]. La préface de ce texte, peut-être rédigée après-coup[4], raconte que la

---

3 La première édition en est parue en 1720 seulement à Amsterdam sous le titre : *Histoire de Madame Henriette d'Angleterre : première femme de Philippe de France, duc d'Orléans, par dame Marie de La Vergne, comtesse de La Fayette*, A Amsterdam, chez Michel Charles, Le Cene, M.D.CCXX, un vol. in-8°, url : https://books.google.fr/books?id=d10GAAAAQAAJ). De ce texte incertain, on connaît diverses versions imprimées (voir Harry Ashton, *Mme de Lafayette, sa vie et ses œuvres*, Cambridge, U.P., 1922) et huit manuscrites (voir Marie-Thérèse Hipp, éd. crit. de : Mme de Lafayette, *Vie de la Princesse d'Angleterre*. Texte établi d'après un manuscrit contemporain inédit, avec une introduction et des notes, Genève, Droz, Paris, Minard, « TLF », 1967. Et Camille Esmein-Sarrazin, éd. crit. de : Mme de Lafayette, *Œuvres complètes*, Paris, Gallimard, « Bibliothèque de la Pléiade », 2014, p. 1391-1404). M.-Th. Hipp édite un manuscrit privé (Georges Haumont, Sèvres), C. Esmein un manuscrit de la B.M. de Nîmes. Les attendus du compte rendu sévère de Geneviève Mouligneau sur l'édition Hipp (*Revue belge de philologie et d'histoire*, tome 47, fasc. 1, 1969, p. 118-125.) et la date de 1728 portée par le ms de Nîmes qui, de fait, offre une version de *La Comtesse de Tende* plus proche de sa réédition de 1724 que de son originale imprimée de 1718, nous conduisent à privilégier par sûreté la version imprimée de l'*Histoire de Madame Henriette d'Angleterre* parue en 1720, comme après bien d'autres l'avait fait sagement Roger Duchêne en 1990 pour son édition des *Œuvres complètes* de Mme de Lafayette chez François Bourin.

4 Elle désigne en effet la fille que Madame mit au monde en 1669 sous le titre de « la duchesse de Savoye aujourd'hui regnante » (f° 3 v°) : comme le note l'éd. Charavay (Paris, 1882, préf. Anatole France, repr. Gallic, 1962, note 1, p. 7), Anne-Marie d'Orléans n'étant devenue duchesse de Savoie qu'en 1684 par son mariage avec Victor-Amédée, « si ces mots ... n'ont point été rajoutés au texte, il faut faire descendre la rédaction de cette préface jusques après 1684 ». Ces hésitations de date et de texte ne plaident guère en faveur de l'authenticité du livre. C. Esmein-Sarrazin croit pouvoir la fonder sur le fait que Mme de Lafayette « se nomme elle-même à l'intérieur de son texte » et que « contrairement aux textes de fiction, l'œuvre est véritablement revendiquée par son auteur » (éd. cit., p. 1373). Elle ajoute entre ces deux phrases, sans percevoir quelle fragilité elle donne par là à cette faible preuve : « Ce préambule constitue un aveu étonnant de la part d'un auteur qui n'a jamais signé ni reconnu

princesse aurait « fourni ... de bons mémoires » à Mme de Lafayette sur « tout ce qui [*lui*] est arrivé, et les choses qui y ont relation[5] », dans le cadre de cette idylle qui se trouvait fâcheusement publiée par un pamphlet goguenard dont on connaît plusieurs versions manuscrites ou imprimées[6]. La raison de cette commande aurait donc pu être apologétique, si le texte est bien authentique et si l'on accorde crédit au récit qu'il offre de sa propre genèse. Instruite par la conversation de la princesse qui lui « contoit des choses particuliéres que j'ignorois », écrit la supposée Mme de Lafayette, cette chronique « bientôt » interrompue aurait été reprise en 1669 par l'habile ouvrière : « c'étoit un ouvrage assez difficile que de tourner la vérité, en de certains endroits d'une manière qui la fît connoître, et qui ne fût pas néantmoins offensante ni desagreable à la Princesse », confie-t-elle dans sa Préface[7]. Cette entreprise d'édulcoration et d'idéalisation vraisemblable sinon véridique fut alors menée jusqu'au récit du départ de Guiche pour la Hollande (au printemps 1665). À quoi le codicille contant la mort de Madame aurait été rajouté après le 30 juin 1670, date de son décès prématuré.

Si les choses se sont bel et bien passées ainsi, on peut penser que sur ce premier travail d'édulcoration de la réalité au profit d'une vraisemblance acceptable, le roman des amours impossibles de Mme de Clèves et M. de Nemours a opéré une dizaine d'années plus tard un travail de transposition, de métamorphose et de maquillage, surenchérissant en idéalisation par rapport à l'euphémisation de la chronique : le double objectif de l'*Histoire de Madame* – chroniquer une histoire galante et défendre la réputation de son héroïne – se reconnaît en transparence dans sa métamorphose en un récit romanesque qui se recommande de l'histoire à travers la fiction et promeut la perfection morale du personnage éponyme en modèle de sublimité. La relation d'antériorité probable et, dès lors, de dérivation plausible entre les deux ouvrages transforme leur parallèle en filiation et la filiation en une transfiguration par étapes d'une intrigue galante réelle en une chronique édulcorée, de celle-ci en une peinture de l'amour dominé, en dépit de la cour, des hommes et du désir ; et, par ce biais édifiant, en une image sublimée de la vertu dominant et éteignant la

---

officiellement les œuvres qu'on lui attribue ». De fait, il y a là de quoi s'étonner, et même pire : de quoi soupçonner un faux tardif, trop bruyamment signé pour être vrai. Cela dit, comme nous n'avons pas de preuves à fournir au dossier d'accusation, nous en resterons à la doctrine communément reçue.

5 *Op. cit.* (Amsterdam, 1720), f° 3 v° de la Préface.
6 On verra une version de ce pamphlet, intitulé *Histoire galante de Madame et du comte de Guiche* dans l'éd. C. Esmein-Sarrazin citée des *Œuvres complètes* de Mme de Lafayette (p. 814–828).
7 *Histoire de Madame, op. cit.*, f° 3 v°–4 r°.

passion. Parallèle, filiation et transfiguration se combinent donc dans cette relation complexe et retorse entre les deux couples d'amants sans l'être, inégaux et même doublement inégaux : car l'homme est toujours en retard d'une étape dans la marche vers le portrait idéalisé du sentiment dont la chronique montre la difficile conciliation avec la vertu et les périls auxquels il mène, justifiant dans le roman sa nécessaire sublimation par un renoncement héroïque.

Voilà donc deux couples embarqués dans une métamorphose textuelle et morale (qu'on n'ose dire, par jeu de mots, *sexuelle*). La métamorphose textuelle se déroule en cinq étapes génétiques. C'est d'abord la réalité vécue d'une « galanterie » entre Madame et Guiche qui aura fourni des lettres, billets et autres archives jalousement gardées, étourdiment divulguées ou savamment fabriquées, dont certaines sont livrées dans le récit. Puis seraient venus les mémoires rédigés par Henriette d'Angleterre elle-même pour éclairer cette documentation et la rédaction de son amie et avocate[8] : elles affleurent parfois à la surface de son texte, semble-t-il. S'ensuivit le récit apologétique édulcoré qu'en a tiré Mme de Lafayette. D'où sera sorti le roman épuré qui a nom *La Princesse de Clèves*. Enfin, virtuelle et transparente, une leçon sur l'amour impossible, délivrée par bribes et maximes au fil de ce roman, se projette en point de fuite de ces épures successives et en filigrane de l'écriture romanesque[9]. Quant à la métamorphose morale, elle est figurée par la dénivellation de valeur entre les deux couples et au sein de chacun, laquelle est non seulement enregistrée, mais subtilement annoncée et déjà presque opérée dès les portraits des quatre protagonistes.

À dire vrai, dans la galerie de portraits historiques qui ouvre la chronique portant son nom, celui d'Henriette d'Angleterre fait défaut. C'est qu'elle est le sujet, l'objet mais aussi l'auteur par contumace et par fiction du récit dont Mme de Lafayette est censée ne tenir que la plume. Il n'y a que Montaigne alors

---

8 « Elle prit tant de goût à ce que j'écrivois, que pendant un voyage de deux jours, que je fis à Paris, elle écrivit elle-même ce que j'ai marqué pour être de sa main, et que j'ai encore. » (*ibid*. f° 4 v°) Lesdites marques, si ce récit est vrai, ont été perdues avec le manuscrit original : les éditions non plus que les copies manuscrites n'en portent plus la trace. On analyse parfois comme trace affleurante des « mémoires » fournis par la princesse à Mme de Lafayette cette incise : « Il envoya Montalais de lui dire la vérité, *vous saurez ce détail d'elle* [...] » (*op. cit.*, p. 162, nous soulignons).

9 Que les deux récits procèdent l'un de l'autre, c'est tellement évident par leur structure, leurs thèmes, leurs personnages ou leurs enjeux qu'il ne vaut pas la peine de le montrer en détail. Simplement, selon que l'on considère la chronique historique comme authentique ou apocryphe, l'ordre de préséance entre les deux œuvres s'inverse : dans le premier cas, Mme de Lafayette aura procédé à une démarche par étapes vers la sublimation. Dans le second, un imitateur licencieux aura dégradé la sublimité en réalité plus prosaïque et galante, au sens moderne.

pour s'auto-portraiturer : même Retz ne s'y hasardera pas dans ses *Mémoires* quelque dix ans plus tard[10]. Pourtant, au fil du récit, un remords d'écriture nous apprendra que

> c'étoit principalement ce que la Princesse d'Angleterre possedoit au souverain degré que le don de plaire et ce qu'on appelle grâces, et les charmes étoient répandus en toute sa personne, dans ses actions, et dans son esprit ; et jamais Princesse n'a été si également capable de se faire aimer des hommes, et adorer des dames[11].

Si ce n'est un portrait, c'en est la miniature. Le modèle y semble outrageusement avantagé. Serait-ce que l'idéalisation hyperbolique du roman aurait saturé la singularisation attendue d'un récit d'histoire ? Pas tout à fait. Si court soit ce jugement, l'approbation sans nuances qu'y méritent le charme et la grâce du modèle y est imperceptiblement nuancée par les suggestions que livrent ses attendus : les grâces de son esprit annoncent notamment le penchant de la princesse au badinage et à l'insouciance ; sa capacité de se faire aimer de tous murmure son penchant à la galanterie. En présence de Guiche, au lieu de se laisser aller à de coupables amours, elle badine avec lui sur son mari ridicule : « et ces entreveües si périlleuses se passoient à se moquer de Monsieur et à d'autres plaisanteries semblables, enfin à des choses fort éloignées de la violente passion qui sembloit les faire entreprendre[12] ». En l'absence de Guiche, elle verra sans déplaisir Vardes passer du rôle de confident à celui de soupirant, en vertu du principe tout à fait galant qu'« il est difficile de maltraiter un Confident aimable quand l'Amant est absent[13] ». L'idéalisation romanesque et l'hyperbole des qualificatifs qui auraient pu décolorer tout à fait le portrait contenaient en germe ces deux éléments de caractérisation sous l'apparente fadeur de la perfection hyperbolique. Ils esquissent l'image d'une jeune femme enjouée et joueuse dont la légèreté d'esprit ne suffit pas à faire une femme de mœurs légères.

---

10   « Le peu de part que j'ai eu[e] dans celles [*les affaires*] dont il s'agit en ce lieu me pourroit peut-être donner la liberté d'ajouter ici mon portrait ; mais outre que l'on ne se connaît jamais assez bien pour se peindre raisonnablement soi-même, je vous confesse que je trouve une satisfaction si sensible à vous soumettre uniquement et absolument le jugement de tout ce qui me regarde, que je ne puis pas seulement me résoudre à m'en former, dans le plus intérieur de mon esprit, la moindre idée. » Cardinal de Retz, *Mémoires*, éd. crit. Simone Bertière, Paris, Classiques Garnier (1987), « La Pochothèque », 1988, p. 409. Cependant La Rochefoucauld n'éprouva pas ce scrupule.
11   *Histoire de Madame, op. cit.*, p. 38.
12   *Ibid.*, p. 86.
13   *Ibid.*, p. 120.

Le portrait de Guiche oscille, lui aussi, entre le tour euphémisant du roman historique et le tour particularisant de la chronique romanesque, mais en sacrifiant à la singularité au détriment de l'idéalisation plus que n'y consentait le portrait de Madame. Une gangue de banalité romanesque, dans la manière de Mlle de Scudéry, enveloppe en effet dans ce texte une pointe acérée de critique moralisée, dans le tour qui sera celui du cardinal de Retz. « C'étoit le jeune homme de la Cour le plus beau et le mieux fait, aimable de sa personne, galant, hardy, brave, rempli de grandeur et d'élévation » : voici pour le côté Artamène. « La vanité, que tant de bonnes qualités lui donnoient, et un air méprisant répandu dans toutes ses actions, ternissoient un peu tout ce mérite » : voilà pour le côté Artaban. « Mais il faut pourtant avouer qu'aucun homme de la Cour n'en avait autant que lui » : retour de l'hyperbole[14]. Il n'empêche : la ternissure introduite par l'accusation de vanité et de mépris atténue tout à fait l'éclat des qualités énumérées comme par devoir. La singularité qui émerge ici du flot de l'idéalisation romanesque est attestée par d'autres témoignages contemporains et concordants : on le sait, Guiche posait à l'extravagant et n'aimait que son image[15]. Mme de Lafayette laisse presque entendre que son idylle avec Madame flattait sa réputation plus qu'elle n'enchaînait son cœur[16]. C'est un argument qu'elle ne dédaigne pas pour dédouaner ces amants trop galants du péché de chair. Argument moins efficace mais assurément plus pudique que celui dont tout Paris se gaussait : à savoir que Guiche, du moins le disait-on, était d'autant plus attentif à son image de séducteur qu'il ne pouvait transformer ses séductions en réalités. À l'instar du récit de la vie de Madame laissé inachevé par son auteur, il se murmurait que Guiche non plus ne finissait pas ce qu'il entreprenait.

---

14   *Ibid.*, p. 44.
15   « Le comte de Guiche est à la cour tout seul de son air et de sa manière, écrit Mme de Sévigné le 7 octobre 1671, un héros de roman, qui ne ressemble point au reste des hommes ». Et un marquis de théâtre aussi, car il affecte volontiers le ton de fausset. Elle ajoute dans une lettre du 16 mars 1672 que lui et Mme de Brissac, auprès de qui il jouait l'amoureux durant cet hiver-là, étaient « tellement sophistiqués qu'ils auraient besoin d'un truchement pour s'entendre eux-mêmes ». (*Correspondance*, éd. Roger Duchêne, Paris, Gallimard, « Bibliothèque de la Pléiade », 3 vol., t. I, 1972, p. 361 et 461).
16   Dès 1661, « on commença à dire qu'il aimait Madame, et peut-être même qu'on le dît avant qu'il en eût la pensée, mais ce bruit ne fut pas desagreable à sa vanité » (Mme de Lafayette, *Histoire de Madame, op. cit.*, p. 60–61). Mme de Motteville lui fait écho : « La passion qu'il a eue pour Madame lui avoit attiré de grands malheurs ; mais la vanité dont il ne paroissoit que trop susceptible, lui en avoit sans doute ôté toute l'amertume. » (*Mémoires*, éd. Michaud-Poujoulat, « Nouvelle collection des Mémoires pour servir à l'Histoire de France », 2e Série, Tome X, 1838, p. 546).

Au demeurant, si éthérée que soient restées leurs galanteries, par vertu ou par nécessité, ces amants véritables sont bien en retard de perfection désincarnée sur le couple fictif dont le roman détaille davantage les portraits[17]. Le prince de Nemours, comme on le sait, portera à son comble le style superlatif : « chef-d'œuvre de la nature », lit-on dès le début du roman

> ce qu'il avait de moins admirable, c'était d'être l'homme du monde le mieux fait et le plus beau. Ce qui le mettait au-dessus des autres était une valeur incomparable, et un agrément dans son esprit, dans son visage, et dans ses actions, que l'on n'a jamais vu qu'à lui seul ; il avait un enjouement qui plaisait également aux hommes, et aux femmes, une adresse extraordinaire dans tous ses exercices, une manière de s'habiller qui était toujours suivie de tout le monde, sans pouvoir être imitée ; et enfin un air dans toute sa personne, qui faisait qu'on ne pouvait regarder que lui dans tous les lieux où il paraissait[18].

Aucune femme ne lui résiste donc : certaines même s'attachent à lui sans qu'il les courtise. Si bien que, de cœur aussi tendre que l'avait à la même époque le *Dom Juan* de Molière,

> il avait tant de douceur et tant de disposition à la galanterie, qu'il ne pouvait refuser quelques soins à celles qui tâchaient de lui plaire : ainsi il avait plusieurs Maîtresses, mais il était difficile de deviner celle qu'il aimait véritablement[19].

Venenum in cauda ? Dans ce long portrait soustractif, où la perfection du modèle vient de ne ressembler à personne (il est « incomparable ») et de s'absenter dans l'allégorisation des qualités du parfait galant (il éclipse tout le monde), on note que, tout comme Madame, Nemours plaît aux deux sexes par son charme sans pareil. Parfait comme elle, ce débordement de charme le voue à la galanterie qu'il conjugue, comme elle, au pluriel. Plus subtile et vénielle que la réserve apportée au portrait idéalisé de Guiche par sa vanité et son air

---

17 Encore qu'en surprenant l'aveu de Mme de Clèves à son mari et en s'y reconnaissant, M. de Nemours éprouvât « un plaisir sensible de l'avoir réduite à cette extrémité : il trouva de la gloire à s'être fait aimer d'une femme si différente de toutes celles de son sexe » (*La Princesse de Clèves*, éd. C. Esmein-Sarrazin des *Œuvres complètes*, p. 423). De la vanité de Guiche à la gloire de Nemours, y a-t-il tant de distance ?
18 *Op. cit.*, p. 333-334.
19 *Ibid.*

méprisant, l'inflexion prend toute sa force quand on l'articule avec le portrait de Mlle de Chartres, future princesse de Clèves.

Certes dans celui-ci également l'hyperbole et l'idéalisation menacent la caractérisation de tomber dans la banalité : « beauté parfaite, puisqu'elle donna de l'admiration dans un lieu [*la cour*] où l'on était si accoutumé à voir de belles personnes[20] », la jeune fille provoque la surprise des courtisans plus que celle du lecteur. Sauf lorsqu'on livre par exception à celui-ci un trait physique singularisant le modèle : la couleur de sa chevelure.

> La blancheur de son teint et ses cheveux blonds, lui donnaient un éclat que l'on n'a jamais vu qu'à elle ; tous ses traits étaient réguliers, et son visage et sa personne étaient pleins de grâce, et de charmes[21].

En réalité, cette singularité-là se résorbe dans la plus banale idéalisation. La blondeur s'absente dans la même indistinction que la blancheur : cheveux blonds et teint blanc sont les signes d'une perfection, non d'une singularité. La véritable originalité de ce portrait d'une encore toute jeune fille, c'est que son caractère soit évoqué par décalage et médiation, à travers les principes éducatifs de « défiance » envers les hommes, envers l'amour, envers la chair, que lui a inculqués sa mère :

> ... elle avait donné ses soins à l'éducation de sa fille ; mais elle ne travailla pas seulement à cultiver son esprit et sa beauté ; elle songea aussi à lui donner de la vertu et à la lui rendre aimable[22].

Ces principes vouent la jeune fille bien instruite à une vertu entendue comme éviction de la faute, des mensonges et des tromperies qui sont l'apanage des hommes (sauf les maris) et garantissant la tranquillité de l'âme et du corps. Bref, une blancheur d'âme en harmonie avec celle de son corps :

> La plupart des mères s'imaginent, qu'il suffit de ne parler jamais de galanterie devant les jeunes personnes, pour les en éloigner. Mme de Chartres avait une opinion opposée ; elle faisait souvent à sa fille des peintures de l'Amour ; elle lui montrait ce qu'il a d'agréable, pour la persuader plus aisément sur ce qu'elle lui en apprenait de dangereux ; elle lui contait le peu de sincérité des hommes, leurs tromperies, et leur infidélité ; les malheurs

---

20   *Op. cit.*, p. 337.
21   *Op. cit.*, p. 338.
22   *Op. cit.*, p. 337.

domestiques, où plongent les engagements ; et elle lui faisait voir, d'un autre côté, quelle tranquillité suivait la vie d'une honnête femme, et combien la vertu donnait d'éclat et d'élévation à une personne qui avait de la beauté et de la naissance : mais elle lui faisait voir aussi combien il était difficile de conserver cette vertu, que par une extrême défiance de soi-même et par un grand soin de s'attacher à ce qui seul peut faire le bonheur d'une femme, qui est d'aimer son mari et d'en être aimée[23].

Si Nemours est un chef-d'œuvre de la nature, Mlle de Chartres est un miracle de la culture : culture esthétique (« elle ne travailla pas seulement à *cultiver* son esprit et sa beauté ... ») et éthique (... elle songea aussi à lui donner de la vertu »). Le résultat en sera une « modestie[24] » de la jeune fille à plusieurs reprises mentionnée dans la suite du récit. Effet d'un attachement exclusif à la vertu que sa mère s'est évertuée à lui rendre seule « aimable », cette modestie est l'expression lisse d'une dérobade par prudence.

À ce degré de banalité parvenu, qui transforme la jeune héroïne en petite fille modèle, l'idéalisation a totalement annulé la singularité : un signe en est qu'au portrait du personnage se soit substitué l'énoncé du programme d'enseignement qui l'a modelé. On peut ici parler d'une démission du portrait sous les coups conjugués de l'idéalisation, de l'hyperbole, de la médiation et de l'abstraction. Dans cet anti-portrait privé de singularité, de carnation, de vie, la blancheur du teint prêtée au modèle a quelque chose de cadavérique. Cette propagation de l'hyperbole romanesque au détriment de la caractérisation singulière annonce l'annulation pure et simple du portrait de Mme de Clèves et M. de Nemours qui présidera à leur rencontre durant la scène du bal :

> Ce Prince était fait d'une sorte qu'il était difficile de n'être pas surprise de le voir quand on ne l'avait jamais vu, surtout ce soir-là, où le soin qu'il avait pris de se parer augmentait encore l'air brillant qui était dans sa personne ; mais il était difficile aussi de voir Mme de Clèves pour la première fois, sans avoir un grand étonnement[25].

La forme singulière de leurs corps se résorbe dans l'espèce (« ce prince était d'une *sorte* »), et celle de leur vêtement dans la parure (« le soin qu'il avait pris de *se parer* »), le regard porté sur eux est offusqué par l'éblouissement

---

23 *Op. cit.*, p. 337-338.
24 *Op. cit.*, p. 339-340.
25 *Op. cit.*, p. 351.

(« l'air *brillant* qui était dans sa personne ») et par la stupeur (« un grand *étonnement* »).

Est-ce à dire que les deux couples de portraits que nous comparons se situent dans un rapport de la réalité à l'idéal ? Guiche et Madame appartiendraient à la simple humanité, faillible et insouciante, quoique chez eux parvenue à son degré suprême de charme et de galanterie ; Nemours et Mme de Clèves appartiendraient à la féerie du roman, en voie d'abstraction allégorique, quoique exposés à la fatalité de l'amour impossible. Mais cette opposition frontale est sans doute trop simple. Car les quatre personnages sont assez identifiés pour dessiner une progression plus subtile de la réalité à l'idéal : de l'amour par vanité selon Guiche, le curseur passe à l'amour par légèreté selon Madame, que dépasse l'amour par inclination selon Nemours avant que Mme de Clèves ne propulse l'inclination dans le renoncement qui achève de l'épurer. Guiche aime par artifice, Madame par divertissement, Nemours par impulsion de toute sa nature, tandis Mme de Clèves conjure l'inclination qui la révulse par l'acte le plus « cultivé » qui soit : elle inverse l'aveu consentant de la dame à son amant en aveu préventif de l'épouse à son mari. L'amour hissé sur le faîte de la vertu par la conclusion du roman rejoindra ironiquement la leçon sur l'artifice de ce sentiment que délivrait le portrait du comte de Guiche au début de la chronique : l'amour est une illusion, M. de Clèves mourra d'en être désabusé, mais M. de Nemours ne mourra pas d'être éconduit. Et le destin de Mme de Clèves dégrisée, trouvant la paix dans le renoncement puis dans une mort rapidement venue, incarnera la vanité de la passion. Est ainsi bouclée la boucle du double récit dont le fil s'enroule, dérisoire, autour d'une canne des Indes.

De la sorte, la *réalité* (déjà bien édulcorée) que prétend décrire le récit d'histoire romancée se situe un degré au-dessous de la *vérité* qu'entend révéler le récit de fiction historique : épurer la vérité des scories de la réalité, c'est le rôle dévolu à la fiction par l'esthétique classique. Or, le portrait préparatoire des deux couples de protagonistes porte en germe cette divergence inhérente au dosage différent entre l'histoire et la fiction dans les deux genres[26]. Dans l'*Histoire de Madame*, le portrait de Guiche, qui épingle sa vanité, et celui d'Henriette, qui la dévoue au charme, annoncent une conception de l'amour entendu comme un jeu : ces deux-là vivent leur vie sentimentale comme une fiction ludique tissée de faux-semblants et d'intrigues de cour. Mme de Sévigné avait tout dit en décrivant Guiche comme « un héros de roman, qui ne ressemble

---

26 Déjà, par rapport à des chroniqueurs et mémorialistes contemporains comme Cosnac ou Mme de Motteville, qui savent donner de Madame une image plus précise et physiquement identifiée, les portraits historiques d'elle et de Guiche par Mme de Lafayette paraissent bien délavés et contaminés par l'idéalisation romanesque. À dire vrai, ils semblent ne constituer que le tremplin pour l'envol du roman de nouvelle fonte vers une abstraction plus rigoureuse encore.

point au reste des hommes[27] ». L'image de l'amour que renvoie la fin de la chronique, quand frappé d'exil il se déguise en laquais de Mlle de La Vallière pour aborder une dernière fois la chaise de Madame dans la rue, vérifie que pour lui l'amour est synonyme « d'extravagances[28] ». Et si l'intrigue se termine par un aveu, celui-ci est à la fois moins paradoxal, plus trivial et aussi représentatif de la leçon du récit que le sera, dans un tout autre registre vraiment, celui de la princesse de Clèves : à la presque fin du récit, Madame avoue au roi que Vardes et la comtesse de Soissons aidés de Guiche ont écrit la fausse lettre adressée à la reine pour lui apprendre les amours de Louis XIV avec Mlle de La Vallière et perdre celle-ci[29]. Adultère et délation confirment *in fine* la dévaluation de l'amour par dégradation.

Tout autre sera la leçon de *La Princesse de Clèves* : le jeu de la chronique se transcende en rite dans le roman – un rite dont le caractère conjonctif ne s'exprimera certes pas dans l'union heureuse des fidèles, mais dans leur dessaisissement partagé[30]. Le portrait initial de Mlle de Chartres, placé sous le signe de l'injonction morale que lui délivrent les leçons de sa mère, le portrait initial de M. de Nemours, placé sous le signe de la pente périlleuse à la galanterie que lui vaut la qualité hyperbolique de son physique et de son caractère invitent à revoir l'assignation trompeuse de ce roman au genre de la « nouvelle historique » : l'idéalisation des protagonistes y résiste encore à la singularité du portrait cautionné d'histoire tel que va le mettre en œuvre le genre romanesque nouveau où l'anecdotique tend à dissoudre l'abstraction. Mais d'un autre côté, cette abstraction héritée du grand roman pastoral, héroïque ou précieux perd dans *La Princesse de Clèves* son caractère conventionnel et banal pour être réinvesti d'un sens supérieur : celui d'une sagesse du détachement expérimentée et trempée dans le creuset brûlant de la cour et de ses intrigues telles que les met en scène la chronique historique avec ses portraits perdus, ses lettres égarées, ses paroles épiées et ses amours croisées.

Sauf que ce contour de réalité « historique » sert sans du tout l'entamer à seulement cautionner la peinture romanesque de la passion ; laquelle, quoique protégée de ces petitesses, accrédite et incarne, par le désastre de ses effets dans un contexte devenu vraisemblable et identifiable, les principes abstraits de morale austère édictés dès le portrait de Mlle de Chartres. L'idéalité du grand roman mise à l'épreuve corrosive des réalités de la chronique de cour, voilà le fond mêlé sur lequel se détache la grande épreuve morale qui

---

27   Voir la note 15 ci-dessus.
28   *Histoire de Madame, op. cit.*, p. 153.
29   *Op. cit.*, p. 161–162.
30   Sur la distinction entre rite et jeu, voir Claude Lévi-Strauss, *La Pensée sauvage*, Paris, Plon, 1962, p. 44 sq.

mesure, juge et condamne sans appel la passion amoureuse la plus sublime et généreuse possible : le verdict qu'elle aura mérité n'en sera que plus éloquent. Mme de Lafayette ne réprouve pas les ressorts du roman héroïque et galant de naguère. Elle ne dédaigne pas les « aventures extraordinaires » ; mais ce qu'en l'occurrence elle qualifie ainsi, c'est le fait que Mme de Clèves et M. de Nemours se trouvent danser ensemble devant la cour avant d'être présentés l'un à l'autre[31]. Elle met en scène une prouesse, si « singulière », « hasardeuse » et « extraordinaire » qu'elle « épouvante » son auteur sans pourtant ébranler son « courage » ni sa « noblesse » : mais c'est en tout et pour tout d'avoir dévié vers son mari l'aveu qu'espérait son amant[32].

Bref, la cour d'Henri II n'est ni celle du grand Cyrus ni celle de Louis XIV : mais un moyen terme, un intermédiaire symbolique entre deux genres, deux esthétiques, deux ambitions littéraires. L'abstraction des portraits de Mme de Clèves et M. de Nemours ne doit pas être confondue avec l'affadissement banal propre aux fictions héroïques, aux sommes galantes et aux bergeries fades des romanciers du premier dix-septième siècle. Dans *La Princesse de Clèves*, l'idéalisation du portrait romanesque procède d'une ascèse esthétique et morale, de même origine et de même ambition que le raccourcissement du récit ou l'unification de l'intrigue, la discrétion des effets ou la matité du style. Cet effacement des caractères et des visages s'inscrit dans l'alliance concertée d'une esthétique économe avec une morale du renoncement. La scène où les yeux de M. de Nemours et de Mme de Clèves se rencontrent le plus intensément peut-être, c'est celle où il la voit, lui-même caché, chercher en cachette les traits singuliers de son portrait à travers un tableau d'histoire : celui « du Siège de Metz, où était le portrait de M. de Nemours[33] ». Allégorie frustrante d'une démission volontaire des mots, ce roman où les portraits en médaillons s'échangent comme une menue monnaie de l'amour ordinaire s'interdit la description singulière des visages permise aux récits d'histoire – en l'occurrence aux tableaux d'histoire. Comme si céder à l'évocation de leurs traits identifiants eût représenté une concession trop coûteuse aux séductions diaboliques du désir charnel.

Le dernier lien entre Mme de Clèves et M. de Nemours sera noué ou plutôt dénoué par un personnage anonyme, asexué, sans visage ni caractère, sans portrait, qu'elle chargera de délivrer son ultime message à celui qu'elle avait tant aimé : à cette « personne de mérite » anonyme, Mme de Clèves aura non seulement interdit de « lui aller redire aucune chose de la part » de M. de

---

31 *La Princesse de Clèves, op. cit.*, p. 352.
32 *Op. cit.*, p. 419-423.
33 *Op. cit.*, p. 451.

Nemours, « mais même de lui rendre compte de leur conversation[34] ». L'œuvre de Mme de Lafayette, de même, est une parole qui ne parle que de biais, pour faire taire (des médisants) ou pour se taire (dans le silence du renoncement) : l'intrigue de son roman ne culmine-t-elle pas sur un aveu destiné à interdire toute parole charnelle, tout appel du désir ? En ce sens, l'absence du portrait physique identifiable des protagonistes fait indice et opère l'action d'édulcoration castratrice et distançante dévolue à ce récit écrit dans la haine et la terreur de la passion que proclamaient, dès le portrait initial de l'héroïne, les leçons de Mme de Chartres. La synthèse entre l'abstraction idéalisée du portrait romanesque et la réalité singulière du portrait historique sert ici à faire surgir du récit inclassable tramé par Mme de Lafayette à partir de ces deux modèles une intuition aussi générale, dans l'absolu, que singulière en son temps : que le désir est une pulsion mortifère.

Le refus du portrait singularisé des héros, l'effacement de leurs traits, l'anonymat de leur corps, voilà qui dit et opère le refus du sexe à travers le refus de l'identification physique, dans une cérémonie de mise à distance dont le signe, ou pour mieux dire la signature, est constitué par la distance que met aussi l'auteur par rapport à ses textes : médiation ou anonymat, Mme de Lafayette se refuse à s'incarner comme auteur de ces récits voués à exclure l'incarnation du désir amoureux. Le motif anecdotique du récit d'histoire composé pour défendre l'honneur de Madame s'épanouit dans le roman (pseudo-)historique en morale de l'abstinence pour promouvoir un portrait abstrait de l'amour sans corps que symbolisent d'une part la double abstraction des portraits (les amants n'ont pas de visage parce que leurs amours n'ont pas de chair) et d'autre part le double anonymat de l'écrivain : chroniqueuse discrète et romancière secrète. L'amour n'est conté que pour mettre en lumière la splendide chorégraphie du détachement ; la hantise du commerce érotique commande l'éviction des traits physiques singuliers et identifiants ; et l'éloignement de l'auteur sous le masque de la dictée ou de l'anonymat vient parfaire cette disparition des corps (d)écrits par celle du corps écrivant : le corps diaphane des amants tourne à l'abstraction, sanctionnée par l'anonymat d'une écriture dont la plume est tenue par un fantôme. Cette épuration commande la défaite du portrait singularisé au profit de la silhouette idéalisée comme le fruit d'une profonde et austère méditation sur la vanité de tout ce qui est physique, éphémère et singulier : elle opère et exprime la dévaluation de l'image au profit de l'idée. Si le roman de Mme de Lafayette portraitiste est iconoclaste, n'est-ce pas le signe que l'amour, pour elle, a le visage de Méduse ?

---

34   *Op. cit.*, p. 477–478.

La poétique du portrait dans l'*Histoire Amoureuse des Gaules* et dans les *Mémoires* de Bussy-Rabutin

Myriam Tsimbidy

Bussy-Rabutin a pratiqué l'art du portrait tout le long de sa vie, il est l'auteur de pièces galantes publiées dans le recueil de Sercy dédié en 1659[1] à Mlle de Montpensier, de portraits à clefs insérés dans l'*Histoire Amoureuse des Gaules* composée vers 1660, de portraits d'hommes politiques qui ornent ses *Mémoires* et les *Discours à sa famille*[2] achevés vers 1691 et enfin de légendes accompagnant les tableaux accrochés dans son château de Bourgogne. Les portraits des années 1660 illustrent de toute évidence les deux versants antagoniques de l'esthétique galante étudiée par Alain Viala[3] car Bussy en écrit d'élogieux comme ceux de Mme de Fiesque et de Mme de Montglas diffusés sous les noms d'Amarillis et d'Aminte dans le recueil de Sercy, et d'autres plus cruels[4] comme la satire de sa cousine insérée dans l'*Histoire Amoureuse des Gaules*. Mme de Sévigné mettra près de dix ans pour pardonner à son cousin ce « chien de portrait[5] » qui lui faisait passer, dit-elle, « des nuits entières sans dormir[6] ». Ces morceaux de bravoure étaient à l'origine des armes de séduction pour courtiser Mme de Montglas, sa maîtresse, et un petit cercle d'initiés. Loin d'être des parades amoureuses, les portraits des *Mémoires* et des *Discours à sa famille* écrits plus tardivement témoignent d'une expérience authentique et d'un désir d'honnêteté : « c'est plutôt par amour de la vérité que je parle, je

---

1 Les portraits d'Amarillis (la comtesse de Fiesque) et d'Aminte (Mme de Montglas) ont été attribués à Bussy (*Recueil des portraits en vers et en prose dédié à son altesse royale Mademoiselle*, Paris, Sercy, Babin, 1659, p. 810–823 ; 865–874). Voir à propos de l'identification de leur auteur l'ouvrage de Jacqueline Plantié, La mode du portrait littéraire en France, p. 267.
2 *Discours à sa famille* : 1. *Les illustres malheureux*, D.-H. Vincent éd., 2. *Le bon usage des prospérités*, C. Blanquie éd., éditions de l'Armaçon, 2000.
3 Cf. A Viala, *La France galante, Essai historique sur une catégorie culturelle, de ses origines jusqu'à la révolution*, Paris, Presses universitaires de France, 2008 et « Bussy Galant », actes de la rencontre académique Bussy-Rabutin, 16 octobre 2010, p. 77–84.
4 Son goût pour la raillerie est connu de tous, Turenne « qui acquiert la gloire/ à force d'être battu » en a fait les frais. Le maréchal s'en est vengé en le signalant au roi comme le « meilleur des capitaines ... pour les chansons » (cf. *Bussy-Rabutin*, J. Duchêne, Fayard, 1992, p. 152).
5 Lettre à Bussy, 28 août 1668, p. 100.
6 *Ibid.*, p. 101.

n'ai jamais rien inventé, écrit le mémorialiste, je dis du bien, quand j'en trouve, de la même personne de qui je dis du mal[7] ».

L'œuvre de Bussy offre ainsi des tableaux colorés par une parole qui se veut séductrice et érotisée, et des peintures *vraies* insérées dans le récit mémoriel. Cette distinction coïncidant avec la catégorisation opposant récit fictionnel et récit factuel, on peut se demander si l'écrivain utilise des manières différentes pour décrire ses personnages et s'il distingue sur le plan de ses procédés d'écriture portrait fictionnel et portrait mémoriel. Il s'agira de montrer que la composition du portrait chez Bussy-Rabutin dépasse cette opposition générique parce qu'elle est conditionnée par l'intrigue narrative dans laquelle elle s'inscrit.

1   Diversité des portraits

Avant de présenter la diversité formelle des portraits de Bussy, il convient de relever la spécificité de leur insertion dans le récit. Le narrateur de l'*Histoire Amoureuse des Gaules* est une voix anonyme et omnisciente, qui laisse parfois place à des narrateurs relais, nous y reviendrons. Le dispositif énonciatif dans les *Mémoires* et dans les *Discours à sa famille* est univoque : tous les portraits sont assumés par la voix d'un même narrateur s'identifiant à l'auteur. Ces deux dispositifs, l'un procédant de la « feintise ludique partagée[8] », l'autre de la vérité et de la vraisemblance pourraient permettre de distinguer dans l'œuvre de notre auteur portrait historique et portrait fictionnalisé.

Cependant Bussy peint toujours ses contemporains et même lorsqu'il les travestit, il veille à ce qu'ils restent identifiables ; même si les clefs[9] créent bien un effet de « déréalisation », comme le dit Bernard Beugnot, le référent reste toujours présent dans l'esprit du lecteur Modèle. Dans *l'Histoire amoureuse des Gaules* le lien entre l'image fictionnelle, et la représentation historique dessine toujours un palimpseste, l'une recouvrant l'autre tout en la laissant transparaître. Ainsi pour mettre en lumière la spécificité de la représentation historique chez Bussy, il faudrait trouver des acteurs décrits plusieurs fois dans

---

7   *Mémoires de Bussy Rabutin*, Lalanne éd., Paris, Charpentier, 1857, t. I, p. 175–176.
8   Cf. Nathalie Grande, *Le Rire galant, Usage comique dans les fictions narratives de la seconde moitié du XVIIe siècle*, Champion, 2011, p. 36–40.
9   Voir à ce propos Christian Garaud, « Les pseudonymes dans l'Histoire Amoureuse des Gaules », p. 510–520, Romanische Forschungen, 1968 ; Bernard Beugnot, « Œdipe et le Sphinx : essai de mise au point sur le problème des clés au XVIIe », *Le Statut de la littérature, mélanges offerts à Paul Bénichou*, éd. M. Fumaroli, Droz, 1982, p. 71–83 ; Delphine Denis, *Le Parnasse galant*, Paris, Honoré Champion, 2001, chap. IV « Le masque et le nom ».

son œuvre. Force est de constater que le mémorialiste n'a réécrit aucun des portraits de l'*Histoire Amoureuse des Gaules*[10]. S'était-il gardé de décrire des hommes politiques importants[11] ? Gornan de Gaule, le maréchal d'Auvergne, le grand Druide respectivement le duc d'Orléans, Turenne et Mazarin, décrits dans les *Mémoires*[12], ne sont que des silhouettes d'arrière-plan. Inversement beaucoup d'acteurs décrits dans l'*Histoire Amoureuse des Gaules* ne sont pas dépeints dans les *Mémoires* bien qu'ils y jouent un rôle. Ainsi alors que le mémorialiste insère quelques-uns de ces échanges épistolaires avec Mme de Sévigné et rapporte la maladie de Mme de Montglas, il ne dépeint ni sa cousine ni sa maîtresse. Une évidence me direz-vous puisque l'enjeu est différent ! Mais avec Bussy les choses ne sont jamais simples[13]. Le roman satirique reprend des événements connus et se teinte dans sa dernière partie d'une couleur biographique : Bussy insère son autoportrait puis rapporte la partie de Roissy qu'il relate aussi dans le récit de sa vie ; tandis que les *Mémoires* se plaisent à rapporter des historiettes amoureuses[14] et cèdent parfois à la tentation romanesque.

Dans les *Mémoires*, deux types de portraits apparaissent : ceux qui entrent dans l'Histoire et ceux qui préparent un récit galant. Les premiers sont centrés sur le statut social des personnages. Quelques traits peignent Pradel, c'« était un soldat de fortune, honnête homme, qui par tous les degrés, était monté à la charge de lieutenant général[15] », une biographie concise rappelle les origines et les emplois de Fouquet[16] ou de Fabert qui est devenu maréchal de France :

> C'était le fils d'un libraire de Metz. Il s'était d'abord attaché au cardinal de la Valette qui, lui trouvant de l'esprit et du courage, l'avait employé dans sa maison et puis l'avait fait major du régiment de Rambures. Le cardinal

---

10   Nous définissons le portrait comme une séquence textuelle allant de quelques lignes à plusieurs pages. Nous laissons dans le cadre de cet article le problème que poserait le portrait en action.
11   Seules quelques lignes sont consacrées à Condé sous le pseudonyme de Tyridate, notons cependant que le prince, rentré d'exil en 1659, était loin d'avoir retrouvé les faveurs du roi en 1660, quant à l'abbé Fouquet (Fouqueville), il semble n'être pour Bussy qu'un intrigant.
12   *Mém.*, t. 1, p. 102, p. 344, t. 2, p. 106.
13   Sur l'inconstance générique comme marque du libertinage, voir Myriam Tsimbidy « Libertinage et rabutinage ou comment définir le libertinage-rabutin ? », *Horizons libertins, Rabutinages*, n° 24, 2014, p. 5–16.
14   Il arrive encore que Bussy reprenne également des motifs qui ont construit un personnage de l'*Histoire Amoureuse des Gaules* dans ses *Mémoires*, en ce sens l'on a pu comparer le portrait de Mme de Romorantin à celui de Mme de Cheneville (Mme de Sévigné) qui toutes deux incarnent le type de la fausse prude.
15   *Mém.*, t. 2, p. 110.
16   *Mém.*, t. 1, p. 48–49.

de Richelieu connaissant son mérite lui avait fait avoir une compagnie au régiment des gardes de Louis XIII. Ensuite, Frédéric de la Tour, duc de Bouillon, ayant été arrêté, on lui avait donné le gouvernement de Sedan[17].

Les seconds sont simplifiés, épurés. Les hommes amoureux comme le comte de Guiche ou Vivonne, son compagnon, sont « beaux », « bien faits », et surtout « plein d'esprit[18] », s'ils ne possèdent pas ces qualités, elles sont compensées comme le narrateur le signale. Ainsi Jumeaux qui courtise avec succès « n'était ni beau ni bien fait, mais il était jeune, gai, brave et il avait de l'esprit[19] ». Quant aux femmes, elles sont « fort belles » parfois « fort jeunes[20] » tout en ayant plus ou moins d'esprit.

Ces portraits laconiques n'ont certes pas le piquant des petits portraits de l'*Histoire Amoureuse des Gaules*. Ces derniers reposent sur la construction attributive « il avait », suivie de caractéristiques physiques disposées selon un ordre convenu, l'on commence par décrire les yeux, puis le nez, la bouche, le teint, parfois les cheveux, puis l'on termine par l'esprit.

> Oroondate avait les yeux noirs et le nez bien fait, la bouche petite, le visage long, les cheveux fort noirs, longs et épais, la taille belle. Il avait assez d'esprit.
>
> Trimalet avait de grands yeux noirs, le nez bien fait, la bouche un peu grande, la forme du visage ronde et plate, le teint admirable, le front grand et la taille belle. Il avait de l'esprit.
>
> Chamuy avait les yeux noirs et brillants, le nez bien fait et le front un peu serré, le visage long, les cheveux noirs et crépus, et la taille belle ; il avait fort peu d'esprit[21].

Cette structure récurrente instaure un effet d'attente. Le héros beau et bien fait est toujours amoureux. Le mémorialiste reste donc bien Rabutin quand il compose le début du portrait de Mazarin sur des caractéristiques physiques fédérées par la construction attributive. Le principal ministre qui « avait la plus belle physionomie du monde, les yeux beaux et la bouche, le front grand, le nez bien fait, le visage ouvert[22] » ne devient-il pas dans l'économie de l'œuvre

---

17   *Mém.*, t. 2, p. 120.
18   *Ibid.*, p. 127–128, p. 100.
19   *Mém.*, t. I, p. 43.
20   Voir par exemple la Comtesse de Busset, *ibid.*, t. I, p. 66.
21   Bussy, *Histoire amoureuse des Gaules*, R. Duchêne éd., Folio, Gallimard, 1993, p. 29, 59, 121. Nous utiliserons pour désigner cet ouvrage le sigle HADG.
22   *Mém.*, t. 2, p. 106.

le héros d'une histoire amoureuse ? Finalement la place de son portrait à côté de celui d'Anne d'Autriche dans la Tour Dorée de son château bourguignon n'est pas si anodine.

Les *topoï* descriptifs chez Bussy ne dépendent donc pas du genre littéraire dans lequel ils s'insèrent mais de la représentation du personnage.

2   L'insertion des portraits

Si l'on examine les formules d'insertion ainsi que la place des portraits dans la composition d'ensemble, nous trouvons d'autres interférences entre écriture mémorielle et romanesque.

L'insertion des portraits est cousue de gros fil dans la trame de l'*Histoire Amoureuse des Gaules*, comme le montre la récurrence de la proposition introductive « il est donc à propos de faire ». Cette dernière est généralement motivée par le caractère singulier du personnage ou son importance dans la narration. Voici quelques exemples : le chevalier d'Aigremont étant « une personne fort extraordinaire, il est donc à propos d'en faire la description[23] » ; Fouqueville « Étant un des principaux personnages de cette histoire, il est à propos de faire voir comme il était fait[24] ». La formule rend bien voyante les ficelles du narrateur mais souligne aussi l'habileté de l'enchâssement du portrait de Mme de Sévigné introduit dans le récit de la partie de Roissy. Marcel demande à un personnage nommé Bussy, sorte de double de l'auteur, de peindre Mme de Cheneville car « dit-il, je n'ai jamais vu deux personnes s'accorder à son sujet ». Cette demande est un défi car il s'agit de décrire un personnage indéfinissable et une entreprise herméneutique : saisir l'insaisissable, c'est dévoiler l'être derrière le paraitre.

Alors que le narrateur romancier souligne ses insertions, le mémorialiste les masque. Les portraits du duc d'Orléans et de Mazarin suivent le récit de leur mort, dans les deux cas, les introductions sont impersonnelles, suggérant l'effacement de l'instance narrative :

> Le 2 février 1660, Gaston-Jean-Baptiste de France, duc d'Orléans, mourut à Blois, âgé de cinquante deux ans. C'était un beau prince ...[25]
>
> Quelques jours après, il [Mazarin] se fit porter à Vincennes où la cour le suivit, et le 9 mars 1661, sur les deux heures et demie du matin, il

---

23   *HADG*, p. 53.
24   *Ibid.*, p. 91, voir également p. 38, 148, 165.
25   *Mém.*, t. 2, p. 102.

> mourut en sa cinquante-neuvième année, d'une maladie que les médecins appellent ad exhausto, c'est-à-dire d'épuisement. Jamais homme n'eut une si heureuse naissance ...[26]

Dans le récit mémoriel, seules deux insertions révèlent la présence du narrateur, elles sont utilisées pour des personnages que Bussy n'appréciait pas. Pour rapporter l'épisode où Fouquet lui prête de l'argent, ce qui sera reproché au comte, ce dernier annonce « mais pour dire ceci avec ordre, il faut premièrement savoir qui était M. Fouquet[27] » ; de même avant de relater son entrevue ratée avec Turenne, il arrête son récit : « Comme ce maréchal est un acteur considérable dans mes mémoires, il me semble à propos d'en faire ici un fidèle portrait[28] ».

Notons qu'il reprendra cette technique ostentatoire quelques années plus tard dans le *Discours à ses enfants* :

> au reste, mes enfants, la justice que je fais à tout le monde m'oblige de marquer ici en peu de mots le caractère du maréchal de Turenne, dès que je l'ai compris ; et de vous donner moi-même l'idée que vous devez avoir d'un homme aussi illustre[29].

La suite du portrait souligne toute l'ironie de cette présentation, nous y reviendrons.

Dans les *Mémoires* de Bussy, l'insertion des portraits obéit finalement à une éthique mondaine qui renvoie au système des formules de politesse dans les correspondances : plus le personnage à qui l'on s'adresse ou dont on va parler est respectable, plus on soigne son entrée ou sa sortie. Il n'y a donc pas de formule d'insertion que l'on pourrait associer à un type de portrait historique ou fictionnalisé mais des manières de présenter qui renvoient à des intentions auctoriales.

Quand on examine la place des portraits dans l'œuvre, une opposition nette se dessine. Alors que dans les Mémoires les portraits fonctionnent comme des morceaux de bravoure complètement autonomes les uns des autres, les portraits dans l'*Histoire Amoureuse des Gaules* entrent dans une composition d'ensemble.

---

26   *Ibid.*, p. 106.
27   *Ibid.*, p. 48–49.
28   *Mém.*, t. 1, p. 344.
29   Bussy-Rabutin, *Dits et inédits*, 1. *Œuvres choisies*, D.-H. Vincent, 2. *Chansons*, V. Maigne, Éditions de l'Armançon, 1993, p. 57.

Le portrait de Bélise en est un exemple emblématique : dans l'économie du texte, la femme idéalisée, en parachevant le roman, sert de contrepoint à toutes les coquettes surmenées par la multiplicité de leurs conquêtes. Sur un plan séquentiel, le portrait forme un diptyque avec celui de Mme de Cheneville. Aussi Mme de Sévigné admet-elle malgré les aigreurs qui lui viennent au bout de la plume que son cousin n'ait pu le supprimer : « je trouvai, écrit-elle, que la place où était ce portrait était si juste que l'amour paternel vous avait empêché de vouloir défigurer cet ouvrage, en l'ôtant d'un lieu où il tenait si bien son coin » (26 juillet 1668). En effet, le narrateur place l'une à côté de l'autre la femme qui aurait pu être aimée et celle qui est aimée et idéalisée. Dans ce parallèle digne d'un Plutarque, les deux personnages s'opposent en tout : le nom de Mme de Cheneville connote une ville de province, celui de Bélise, un roman précieux ; l'une est blonde, l'autre brune ; l'une a les « bras et les mains mal taillés », l'autre des « bras et [des] mains faits au tour » ; l'une « sait un peu chanter », l'autre « chante mieux que femme de France de sa qualité ». Bussy oppose encore la civilité et la générosité aristocratique – Bélise va « jusqu'à donner tout son bien » – tandis que l'amitié de Mme de Cheneville s'arrête à la bourse.

Peut-on considérer finalement que la facture des portraits de Bussy dépend du genre dans lequel ils s'insèrent, les *Mémoires* visant le naturel, le roman l'éclat d'une écriture donnée à admirer ? Il convient pour répondre à cette question d'examiner leur structure.

3 Composition des portraits

Si l'on examine la composition des portraits, nous découvrons non plus des spécificités génériques, mais des techniques d'écriture propre à l'auteur qui joue sur des décalages.

Nous avons parlé plus haut de l'ordre conventionnel du portrait, il est temps d'examiner les écarts. Le portrait d'Ardélise, par exemple, n'obéit pas au schéma habituel. Le narrateur parle tout d'abord de son visage et non de ses yeux : « Elle avait le visage rond, le nez bien fait, la bouche petite, les yeux brillants et fins, et les traits délicats ». Pour un non initié, le portrait s'annonce louangeur, la rondeur du visage initiant une série de compliments, cependant Bussy donne pour mieux retirer car quelques phrases plus loin, il déclare sans ambages :

> Elle avait la taille grossière, et, sans son visage, on ne lui aurait pas pardonné son air ; cela fit dire à ses flatteurs, quand elle commença de paraître, qu'elle avait assurément le corps bien fait, qui est ce que disent

ordinairement ceux qui veulent excuser les femmes qui ont trop d'embonpoint[30].

Rétroactivement, la place inattendue accordée à la rondeur de son visage révèle ce qui se voit au premier regard, Ardélise est trop grosse. Ces effets de décalage sont encore plus nets dans le portrait de Mme de Cheneville. Sa composition obéit aux normes de l'époque, elle passe de l'extériorité à l'intériorité, des traits physiques à la peinture du caractère, du comportement aux qualités morales. Mais dans les deux derniers paragraphes, cet ordre est transgressé car le portrait s'achève sur l'interprétation morale de traits physiques qui sont visibles au premier coup d'œil et qui pourtant n'ont jamais été évoqués. Bussy explique ainsi que sa cousine a les yeux vairons et révèle qu'ils sont le signe emblématique du peu de fiabilité du cœur[31], il révèle enfin que les bras de sa cousine sont toujours dénudés afin qu'ils soient embrassés, et l'on comprend ainsi l'hypocrisie d'une tenue qui n'est qu'un biais pour satisfaire une sensualité constamment censurée par la peur du qu'en-dira-t-on[32].

Dans les *Mémoires*, les écarts dans la composition des portraits mettent également en lumière les défauts ou les obsessions. Le portrait de Fouquetest consacré à décrire sa promotion sociale, ses fastueuses dépenses et s'achève sur les accords d'intérêt qu'il savait instaurer avec ses débiteurs[33]. Au centre du développement, et donc de façon inattendue, l'on trouve le seul trait physique se rapportant au financier, « il avait mauvaise mine et l'air bas », trait révélateur, selon Bussy, de la malhonnêteté du personnage.

Inversement le portrait de Turenne commence bien par des traits physiques illustrant un caractère :

> C'était un homme entre deux tailles, large d'épaules, lesquelles il haussait de temps en temps en parlant ; ce sont de mauvaises habitudes que l'on

---

30 *HADG*, p. 28–29.
31 « Mme de Cheneville est inégale jusqu'aux prunelles des yeux et jusqu'aux paupières ; elle a les yeux de différentes couleurs, et, les yeux étant les miroirs de l'âme, ces inégalités sont comme un avis que donne la Nature à ceux qui l'approchent, de ne pas faire un grand fondement sur son amitié » (*HADG*, p. 156).
32 « Je ne sais si c'est parce que ses bras ne sont pas beaux, qu'elle ne les tient pas trop chers ou qu'elle ne s'imagine pas faire une faveur, la chose étant si générale ; mais enfin les prend et les baise qui veut : je pense que c'est assez pour lui persuader qu'il n'y a point de mal, qu'elle croit qu'on n'y a point de plaisir » (*ibid.*, p. 157).
33 « Ils disposaient de sa bourse pourvu qu'ils voulussent prendre des liaisons avec lui » (*Mémoires*, t. 2, p. 19).

prend d'ordinaire faute de contenance assurée. Il avait les sourcils gros et assemblés, ce qui lui faisait une physionomie malheureuse[34].

Bussy parle ensuite de la carrière militaire de Turenne, de sa culture, il place au centre du portrait les éléments qui caractérisent sa lignée et ses prétentions princières « mal fondées » (Turenne aurait voulu être prince étranger), et achève sur son caractère envieux et orgueilleux. La composition serait parfaite si Bussy ne revenait trois fois sur la manière de parler du maréchal. Voilà un galant homme qui ne sait pas parler, voilà un chef des armées qui « ne donnait guère d'ordre qui ne fussent obscurs, soit de bouche ou par écrit[35] ». La récurrence est comme un soulignement : tout est gauche et maladroit chez Turenne.

Pour conclure, les portraits de Bussy renvoient toujours à un personnage qui est connu de son destinataire, ils fonctionnent comme des révélateurs. Bussy n'invente rien, il dépeint une nature, signale des défauts et des qualités, décrit une position sociale, rapporte des actions connues en entremêlant éléments indéniables et considérations pleines de parti-pris. Aussi les pouvoirs de son écriture sont-ils puissants. En témoignent les biographes de Mme de Sévigné qui citent Bussy. La transparence fictive, l'efficacité du dévoilement pseudo-biographique ont fini par faire de Mme de Cheneville une représentation du modèle lui-même. La postérité a transformé une éthopée vengeresse en témoignage. En ce sens, l'interaction entre les portraits historiques et les portraits fictionnalisés joue non seulement dans son œuvre mais hors de son œuvre.

---

34 *Mémoires*, t. I, p. 344.
35 *Ibid.*, p. 347.

Portraits de Swift

Baudouin Millet

Le goût des portraits transparaît abondamment dans les écrits historiques de Swift, dans ses textes intimes et même dans ses *marginalia*. Pourquoi donc, malgré cette passion du portrait jamais démentie tout au long de sa longue carrière de prosateur, ses œuvres fictionnelles, notamment le *Conte du Tonneau* (1704) et *Les Voyages de Gulliver* (1726), ne contiennent-elles pour ainsi dire aucun portrait, alors que chez ses successeurs Fielding et Smollett, portraits historiques et portraits romanesques ne cessent de s'entrecroiser et de se faire écho ? Il semble que pour Swift, la possibilité même d'un portrait strictement fictionnel, ne renvoyant à rien de référentiel, soit l'objet d'une profonde hantise. Au nom d'une conception extrêmement sourcilleuse de l'intégrité des genres référentiels, qu'il a investis de très nombreuses manières, Swift entend préserver ces derniers de toute contamination par la fiction romanesque, genre qui ne bénéficie pas de sa bienveillance. À cet égard, l'unique portrait d'apparence fictionnelle de son œuvre, celui de l'empereur de Lilliput, pourra être lu ici, non pas comme un nouvel investissement du portrait romanesque, mais bien plutôt comme une subtile et inédite parodie du portrait historique tel qu'il est pratiqué par les historiens de la royauté britannique, notamment par les chroniqueurs des deux siècles antérieurs.

Dans la plupart des genres référentiels qu'il a illustrés, Swift a réservé une place de choix au portrait. Le goût swiftien des portraits apparaît tout d'abord dans une œuvre de jeunesse inachevée, intitulée *Abrégé de l'histoire de l'Angleterre*[1]. Swift s'y essaye à une compilation des chroniqueurs anglais des siècles précédents, en particulier Raphael Holinshed, Samuel Daniel et Richard Baker. Ce texte s'inscrit dans une tradition dont les illustrateurs ultérieurs seront David Hume et Tobias Smollett, auteurs d'une monumentale *Histoire de l'Angleterre* (1754–1762). L'ouvrage inachevé de Swift ne comporte que trois chapitres et quelques fragments, décrivant la vie puis la personnalité des trois successeurs de Guillaume le Conquérant, Guillaume II, Etienne et Henri II. Chaque chapitre se clôt sur des portraits physiques et moraux des

---

[1] *Abstract of the History of England*. L'ouvrage, abandonné en 1719, ne sera publié qu'en 1765 (in *The Works of Jonathan Swift, D. D.*, ed. John Hawkesworth, Londres C. Bathurst, *et al.*, 1754–79, vol. XV : Collected and Revised by Deane Swift (Londres, 1765), p. 217–24), soit plusieurs années après la mort de Swift, mais son auteur avait bien l'intention de le faire paraître : Swift a même écrit une dédicace (inachevée elle aussi), datée de Dublin, le 2 novembre 1719.

premiers successeurs de Guillaume Ier, portraits nécessairement redevables aux travaux des chroniqueurs précédents, et qui présentent la particularité de se constituer en morceaux autonomes. Un portrait physique du roi évoqué y précède systématiquement son portrait moral, « méthode que j'observerai également pour tous les règnes suivants[2] », précise Swift dans son chapitre sur Guillaume II, se réglant sur le modèle de ses prédécesseurs britanniques, qui eux-mêmes suivent l'exemple classique d'Ammien Marcellin. On apprend ainsi quels furent les nombreux « vices » de Guillaume II, après avoir eu droit à son portrait physique : « Il était d'une stature quelque peu inférieure à la taille habituelle, avait un ventre proéminent, mais était bien et solidement bâti ; ses cheveux étaient de couleur sablonneuse, son visage rouge, ce qui lui valut le nom de Rufus, son front était plat, ses yeux tachetés et de différentes couleurs ; il bégayait souvent en parlant, surtout lorsqu'il était en colère[3] ». Si on compare le texte de l'*Abrégé* de Swift avec ceux des *Chroniques* d'Holinshed (1587) et de Baker (1641), on peut constater que Swift s'est surtout attaché à moderniser les archaïsmes d'Holinshed et à neutraliser les audaces métaphoriques de Baker, tout en modifiant à l'occasion l'ordre des segments descriptifs. Ainsi, chez Holinshed, Guillaume II « était d'une stature légèrement inférieure à celle du commun des mortels, avait des cheveux roux, ce qui lui valut le nom de Rufus, le ventre quelque peu proéminent, et parlait avec maladresse, surtout quand il était en colère[4] », tandis que chez Baker, il « était tout juste plus petit que la moyenne, massif et large d'épaules, avait un ventre rond légèrement proéminent, le visage rouge, les cheveux d'un jaune profond, d'où vint qu'on l'appela Rufus, le front carré comme une fenêtre ; les yeux tachetés, et différents l'un de l'autre ; il s'exprimait sans grâce et bégayait, surtout quand il était mu par la colère[5] ». Le travail accompli par Swift n'est pas d'une grande originalité,

---

2 « [...] which method I shall observe likewise in all the succeeding reigns », Swift, *Abstract of the History of England*, dans *The Works of the Reverend Jonathan Swift*, ed. Thomas Sheridan, Londres, C. Bathurst *et al.* 1784, vol. XVI, p. 28.

3 « He was in stature somewhat below the usual size, and big-bellied ; but he was well and strongly knit. His hair was yellow or sandy ; his face red, which got him the name of Rufus ; his forehead flat ; his eyes were spotted, and appeared of different colours ; he was apt to stutter in speaking, especially when he was angry », *ibid.*, p. 28.

4 « He was of stature not so tall as the common sort of men, red of hair, whereof he took his surname Rufus, somwhat [sic] big of bellie, and not readie of toong, speciallie in his anger, for then his utterance was so hindred, that he could scarselie shew the conceits of his mind », Raphael Holinshed, *Chronicles of England, Scotland and Ireland*, vol. 1, Londres, J. Johnson *et al.*, 1807, p. 46. Le texte dont s'inspire Swift est celui de la deuxième édition de l'œuvre (1587), qui augmente significativement celle de 1577.

5 Selon Baker, « [h]e was but mean of stature, thick and square bodied, his belly swelling somewhat round, his face was red, his hair deep yellow, whereof he was called *Rufus*, his

dans la mesure où il s'agit d'une paraphrase des prédécesseurs, mais il permet de voir à l'ouvrage un auteur qui s'est mis scrupuleusement à l'école des grands chroniqueurs de l'histoire de l'Angleterre, dont il se souviendra des formules en rédigeant ses *Voyages de Gulliver* (voir plus bas).

Le travail de compilateur de Swift peut être lu *a posteriori* comme un prélude à des œuvres historiques plus ambitieuses, dans lesquelles il se fait portraitiste de ses contemporains. Son ouvrage historique le plus important, *L'Histoire des quatre dernières années du règne de la reine Anne*, publié de manière posthume[6], met lui aussi le portrait à l'honneur, mais Swift a soin de placer ce dernier dès le seuil de son récit et non plus en fin de narration. L'ouvrage conçu par Swift pour défendre devant la postérité la mémoire de ses patrons le Lord Trésorier, comte d'Oxford, et le Secrétaire d'État, Lord Bolingbroke, fait du portrait historique un moment décisif de l'écriture de l'œuvre. Le récit de Swift s'attache à décrire en particulier les tractations qui eurent lieu en préambule au traité d'Utrecht signé en 1713. L'ouvrage s'ouvre sur une sorte de prolégomènes consistant en une galerie de portraits moraux des personnages appelés à jouer un rôle important dans l'histoire qui va suivre. Sont ainsi convoquées les grandes figures whigs opposées à Oxford et Bolingbroke dans l'Angleterre du début des années 1710. Le choix swiftien de proposer ses portraits en amont du récit proprement dit, qui contrevient à la règle instaurée par les chroniqueurs anglais des siècles précédents tout en se rapprochant de la pratique de Plutarque, traduit un goût du portrait, mais se justifie également ici par une nécessité interne au récit : le portrait entre dans le cadre d'un projet d'historien, projet pris très au sérieux par Swift, qui annonce au début du premier livre de l'ouvrage son intention d'informer rien moins que « la postérité », en donnant à comprendre les actions humaines par la connaissance de la psychologie des grandes personnalités qui ont fait l'Histoire. La méthode est toute différente de celle de l'*Abrégé*, puisque Swift ne donne aucune description physique de ses personnages, et que l'auteur s'appuie scrupuleusement sur des documents de première main, comme des notes manuscrites, des archives et des lettres qu'il sollicite à l'occasion auprès de ses amis tories.

---

forehead four square like a window ; his eyes spotted, and not one like another ; his speech unpleasant, and stammering, especially when he was moved with anger », Richard Baker, *A Chronicle of the Kings of England* (1641), Londres, 1670, p. 36.

6 *The History of the Four Last Years of the Queen*, rédigée à partir de l'été 1712, ne paraît qu'en 1758, après la mort de Swift, à Londres, chez G. et A. Ewing. Swift, qui entendait initialement publier cet ouvrage, en différa le projet toute sa vie, du fait des réticences exprimées par nombre de ses amis et témoins des événements rapportés. Voir l'introduction d'Harold Williams, dans *The Prose Writings of Jonathan Swift*, Oxford, Blackwell, 1964, Vol. 7, p. ix–xxviii.

Ce goût swiftien du portrait se signale encore dans quelques textes mineurs, comme de courts portraits manuscrits[7] ou des nécrologies[8], où Swift s'attache à dresser des portraits pondérés de ses contemporains, pesant leurs qualités et leurs défauts respectifs, et témoignant d'un souci de se conformer aux lois du genre. Swift s'y met souvent à l'école de ses prédécesseurs antiques et des chroniqueurs anglais qui l'ont précédé. On peut opposer deux types de textes à portraits : ceux que Swift destinait – ou, du moins, envisageait de destiner – à la publication, comme son histoire des dernières années du règne de la reine Anne et son *Abrégé de l'histoire de l'Angleterre*, et ceux que, pour des raisons manifestes, il écrivit sans intention aucune de les publier. On trouve en effet chez Swift des portraits dont l'existence est motivée par un plaisir beaucoup plus gratuit, comme par exemple les très laconiques annotations qu'il inscrit en marge de certains ouvrages de sa bibliothèque et qui sont parvenus jusqu'à nous. Parmi les *marginalia* de Swift, certaines des plus intéressantes se trouvent dans son exemplaire de l'ouvrage de John Macky intitulé *Portraits de la cour britannique*[9]. Swift s'y érige non seulement en lecteur de portraits d'hommes d'action qu'il a pour beaucoup côtoyés lui-même pendant les heures glorieuses où il était proche des hommes au pouvoir, mais aussi en commentateur et en critique de Macky, validant les propos de ce dernier ou, au contraire, les contestant. Souvent, Swift apporte des précisions physiques absentes du texte de Macky : Lord Raby, ambassadeur de la reine auprès du roi de Prusse est « grand » (« tall », p. 261) ; Mr Hill, envoyé extraordinaire de la reine auprès du duc de Savoie est « petit, si je me souviens bien » (« short, if I remember right », p. 261) ; Mr Stanhope est, pour sa part, tout simplement « laid » (« ugly », p. 261) ; Mr d'Avenant, quant à lui, « ne mérite pas qu'on se souvienne de lui » (« not worth remembering », p. 261). On remarque ici une certaine délectation de Swift à gloser avec esprit les portraits de ses contemporains, entreprise où l'humour est souvent de la partie, comme lorsqu'il précise que le comte de Weems est « beau pour un Écossais » (« handsom [sic] for a Scot », p. 262). Ainsi de manière révélatrice, ce sont peut-être les écrits historiques les plus « marginaux » de Swift, et notamment ceux qu'il n'a jamais

---

7   Voir le « Portrait de Mrs Howard » (« Character of Mrs. Howard »), dans *Prose Writings*, vol. 7, p. 213–215, portrait satirique écrit du vivant de celle-ci (le 12 juin 1727) et non publié du vivant de Swift.

8   En 1738, Swift consacre un éloge funèbre au docteur Thomas Sheridan, présenté comme le « meilleur pédagogue de ces deux royaumes, voire peut-être d'Europe » (« the best instructor of youth in these kingdoms, or perhaps in Europe », dans *Prose Writings*, vol. 7, p. 216–218), dans l'intention de faire édifier un monument à sa mémoire.

9   Les annotations de Swift sur son exemplaire de l'ouvrage de John Macky, *Characters of the Court of Britain*, (Londres, 1733), sont reproduites dans les *Prose Writings*, vol. 7, p. 257–262.

envisagé de publier de son vivant, qui témoignent le mieux d'un goût du portrait, alors même, précisément, que celui-ci est destiné à ne circuler que sous le manteau, voire à n'être communiqué à aucun lecteur, tel cet opuscule où Swift s'en prend à son supérieur hiérarchique, l'archevêque March, dont il s'était attiré l'inimitié, et où il donne libre cours à une verve satirique vengeresse[10]. Ce genre de textes montre que Swift affectionnait le portrait référentiel au point de s'y frotter pour le plaisir, alors même qu'il était impensable de songer à une quelconque publication de traits satiriques qui auraient pu valoir des ennuis. Cette gratuité du portrait plaide très nettement en faveur de l'idée que Swift fut tout au long de sa carrière d'écrivain un amateur du genre, du moins pour ce qui concerne le domaine de l'histoire.

Si l'on interroge maintenant le corpus fictionnel swiftien, on est frappé par le paradoxe suivant : ni le *Conte du Tonneau* ni *Les Voyages de Gulliver* ne contiennent pour ainsi dire de portrait en bonne et due forme, c'est-à-dire d'évocation physique ou morale qui ne soit pas intégrée organiquement à la dynamique du récit. Ainsi, le *Conte du tonneau*, qui regorge pourtant de descriptions, notamment des vêtements portés par les trois protagonistes, ne donne aucune indication sur les traits physiques de ses personnages. La chose pourra sembler inattendue, étant donné que leurs vêtements décorés de dentelle et de broderies multiples[11] bénéficient d'un traitement circonstancié, et que le narrateur aurait par conséquent pu s'attarder sur leur physionomie. Qui plus est, on trouve à la fin du récit un passage où l'occasion était plus particulièrement donnée à Swift de prodiguer des indications sur les traits physiques de Peter et de Jack, quand il précise que ces derniers se sont mis, avec le temps, à se ressembler de plus en plus, autant moralement que physiquement. Mais au lieu de détailler les traits de leur visage, Swift, se contente, pour les comparer, d'employer le terme abstrait de « *mien* », « allure » : « pour son plus grand malheur, Jack était tout le portrait de son frère Peter. Non seulement ils possédaient le même caractère et le même tempérament, mais il y avait aussi une étroite ressemblance entre leur silhouette, leur taille et leur allure[12] ». Le mot rare de *mien* renvoie à la « mine » ou « contenance » du personnage, mais il n'est pas question pour Swift de rentrer dans les détails de leur physionomie :

---

10   Voir son « Portrait du Primat March » (« Character of Primate March », dans *Prose Writings*, p. 211–212). Ce portrait, rédigé au présent de l'indicatif, est une sorte de nécrologie anticipée, qui tourne en dérision la personnalité du primat de l'Église d'Irlande.

11   « […] *lace* and *embroidery* », dans Jonathan Swift, *A Tale of a Tub*, éd. Angus Ross et David Woolley, Oxford, Oxford University Press, 1986, p. 98.

12   « […] it was among the great misfortunes of Jack to bear a huge personal resemblance with his brother Peter. Their humour and dispositions were not only the same but there was a close analogy in their shape, their size, and their mien », *ibid.*, p. 97.

dans le *Conte du Tonneau*, le portrait fictionnel est purement et simplement escamoté.

Ce parti pris de refus du portrait au sein de l'œuvre fictionnelle, loin d'être annulé vingt-deux ans plus tard, est reconduit par Swift lors de la publication des *Voyages de Gulliver* (1726). L'ouvrage, par sa longueur et la parodie qu'il fait des procédés romanesques traditionnels, pouvait en principe tout à fait comporter des portraits de personnages tels qu'on les retrouve dans les romans de l'époque, ceux de Eliza Haywood notamment, puis, plus tard, chez Fielding et Smollett. Le lecteur pouvait à tout le moins s'attendre à avoir droit à un portrait de Gulliver lui-même. Or, sur ce chapitre, le récit est d'une pauvreté confondante – peut-être parce qu'une gravure représentant Gulliver, qui ressemble étrangement à Swift lui-même, est donnée au début de l'ouvrage, en regard de la page de titre, dans les éditions de 1726 et 1735. À l'intérieur du récit en tout cas, les notations descriptives sont des plus minces. Tout juste apprend-on de la plume même de Gulliver, au début du livre II, qu'il est assez bel homme[13], information confirmée au livre IV, quand Gulliver assure à son maître qu'il est « aussi bien fait que la plupart de ceux de [son] âge[14] ». Quant aux révélations touchant aux aptitudes physiques du héros, elles n'abondent pas, c'est le moins que l'on puisse dire. Gulliver se contente de dire à Brobdingnag, au moment où il manque de peu de se noyer dans un pot de crème, qu'il est « bon nageur[15] ». S'agissant des qualités morales, Gulliver répète certes à l'envi qu'il est d'une curiosité sans limite[16], mais jamais il ne se livre véritablement à un exercice d'autoportrait. Cette parcimonie de détails physiques et moraux touche encore davantage les autres personnages importants, tel le roi de Brobdingnag, dont on nous dit seulement que, malgré son gigantisme, il possède des traits « bien proportionnés[17] », tandis que ni la femme de Gulliver, ni l'empereur de Blefuscu, ni sa protectrice Glumdalclitch ni le capitaine portugais Pedro de Mendez[18] ne sont l'objet de la moindre description physique ou morale. Mais il y a encore plus déroutant : non content de se montrer avare d'informations sur sa personne, Gulliver donne de lui-même un portrait contradictoire : ainsi,

---

13   « Qu'il me soit permis d'avouer que, pour ma part, je suis aussi bien fait que la plupart de ceux de mon sexe et de mon pays » : « I must beg Leave to say for my self, that I am as fair as most of my Sex and Country », dans *Gulliver's Travels*, éd. Claude Rawson et Ian Higgins, Oxford, Oxford University Press, 2005, II, i, p. 83.

14   « [...] as well shaped as most of my Age » (IV, iv, p. 225).

15   « [...] good Swimmer » (II, iii, p. 97).

16   Plus rarement, il parle de sa « crédulité » (ou « easy Belief », III, iv, p. 166).

17   « [...] well proportioned » (II, i, p. 83).

18   Il faudra se contenter de savoir qu'il est « une personne très courtoise et généreuse » (« a very courteous and generous Person », IV, x, p. 268) et « un homme sage » (« a Wise Man », IV, x, p. 269).

son trait psychologique le plus récurrent, celui de son « désir inextinguible » de voyager, est l'objet d'un traitement des plus ambivalents : au livre I, Gulliver mentionne pour la première fois cet « insatiable désir[19] », qui est présenté à l'ouverture du livre II comme une fatalité imposée par sa nature[20], tandis que le début du livre III parle encore d'une « soif de voir le monde[21] ». Or, ce trait de caractère entre en contradiction flagrante avec un aveu de Gulliver qui intervient dès le chapitre liminaire de l'œuvre, où le narrateur se dit (déjà) « fatigué de la mer[22] », après avoir entrepris quelques voyages peu concluants. Le lecteur est donc invité, sur ce point comme beaucoup d'autres, à se défier des assertions contradictoires du narrateur, qui mettent à mal la cohérence du portrait.

Quelle explication donner à ce traitement swiftien du portrait fictionnel ? D'un point de vue générique, il semble que Swift présente une particularité que ne partagent pas ses successeurs des années 1740 Henry Fielding et Tobias Smollett, chez qui le portrait est comme un passage obligé du roman, et qui intègrent par ailleurs dans leurs récits historiques des portraits renvoyant à des personnages de fiction, accomplissant ce qu'on pourrait appeler une « fictionalisation » du portrait référentiel. Fielding et Smollett en effet, dès leurs premiers romans respectifs, n'ont pas hésité à multiplier les portraits, aussi bien ceux des héros de leurs récits que ceux des personnages secondaires rencontrés en chemin. Dans *Joseph Andrews* (1742) de Fielding, un portrait moral d'Abraham Adams est donné dès le chapitre III du livre I : « Il avait un bon sens naturel et un excellent caractère, mais il ignorait profondément les usages du monde. N'ayant jamais eu envie de tromper qui que ce soit, il ne pouvait soupçonner personne de vouloir l'abuser. Il était généreux, bienfaisant, et, comme on aura la surprise de le constater dans la suite de cette histoire, brave jusqu'à en devenir téméraire, mais en même temps simple et crédule comme un enfant[23] ». Joseph a également droit à son portrait, aussi bien moral que

---

19   Gulliver parle de son « insatiable désir de voir des contrées étrangères » (« my insatiable Desire of seing foreign Countries », I, vii, p. 71).

20   Gulliver est « condamné par la nature et la fortune à mener une vie remuante et agitée » (« condemned by Nature and Fortune to an active and restless Life », II, i, p. 75).

21   Gulliver éprouve une « soif de voir le monde » (« the Thirst I had of seeing the World », III, vii, p. 183).

22   « [...] weary of the Sea » (I, i, p. 16).

23   « He was besides a Man of good Sense, good Parts, and good Nature ; but was at the same time as entirely ignorant of the Ways of this World, as an Infant just entered into it could possibly be. As he had never intention to deceive, so he never suspected such a Design in others. He was generous, friendly and brave to an Excess ; but simplicity was his Characteristic », Henry Fielding, *Joseph Andrews*, ed. Douglas Brooks-Davies et Thomas Keymer, Oxford, Oxford University Press, 2008, I, iii, p. 19.

physique : le narrateur commence par vanter ses qualités de chasseur puis de sous-intendant des chiens puis de postillon, ainsi que sa moralité à toute épreuve, avant de donner un portrait physique en bonne et due forme, intégré savamment au récit puisqu'il intervient en prélude à la seconde tentative de séduction de Lady Booby, qui le regarde avec les yeux de l'amour : « M. Joseph Andrews était alors dans sa vingt et unième année. Il était d'une taille très au-dessus de la moyenne. Ses membres étaient bien bâtis, avec autant de force que d'élégance ; ses jambes et ses cuisses étaient très bien proportionnées ; il avait les épaules larges, et les bras tout à fait bien placés. Il avait de très beaux cheveux châtain foncé, qui tombaient naturellement en boucles sur ses épaules[24] ». Ce genre de portrait ne diffère pas sensiblement de ceux qu'on peut trouver dans l'*Abrégé* de Swift, mais il est singulièrement absent de ses textes de fiction. Quant au premier roman de Smollett, *Roderick Random* (1748), il donne un caractère quasi systématique au portrait, dès qu'un personnage secondaire est introduit : grand-père (chapitre I), oncle (chapitre III), instituteur (chapitre II), maître chirurgien (chapitre VII), en attendant les multiples aubergistes, marins et militaires rencontrés en chemin, tout au long des soixante-neuf chapitres que contient l'œuvre.

Cette multiplication des portraits intégrés à la trame fictionnelle se double, dans les récits référentiels de Fielding et de Smollett, d'une fictionalisation du portrait dont Swift ne se serait pas facilement accommodé. Tout comme lui, Fielding et Smollett s'essayent aux genres référentiels, et en particulier au journal de voyage, mais ils n'hésitent pas, eux, à mélanger l'historique avec le fictionnel. Ainsi, dans son *Journal d'un voyage à Lisbonne* (1754), Fielding entreprend de dresser un portrait des Francis, couple d'aubergistes rencontrés lors d'une étape de son voyage vers le Portugal et dont il ne prétend donner qu'« une esquisse imparfaite[25] », pour mieux renvoyer le lecteur à des équivalents fictionnels, « car tout est ici atténué plutôt que souligné. Ceux qui souhaiteraient les voir dépeints dans des couleurs plus vives et avec des ornements appropriés pourront lire les descriptions des Furies chez les poètes classiques

---

24 « Mr. *Joseph Andrews* was now in the one and twentieth Year of his Age. He was of the highest Degree of middle Stature. His Limbs were put together with great Elegance and no less Strength. His legs and Thighs were formed in the exact Proportion. His Shoulders were broad and broany, but yet his Arms hung so easily, that he had all the Symptoms of Strength without the least Clumsiness. His Hair was of a nut-brown Colour, and was displayed in wanton Ringlets down his Back », *ibid.* I, viii, p. 33.
25 « [...] an imperfect sketch », Henry Fielding, *A Journey from this World to the Next and The Journal of a Voyage to Lisbon*, éd. Ian A. Bell et Andrew Varney, Oxford, Oxford University Press, 1997, p. 176.

ou encore celles des philosophes stoïciens chez Lucien[26] ». Un peu plus loin, Fielding assimile le capitaine du navire qui l'emmène à Lisbonne à deux personnages de comédie familiers du lecteur du XVIIIe siècle : « C'était un personnage d'un caractère singulier. Il s'était mis en tête qu'il était homme d'honneur pour les raisons mêmes qu'il n'en était pas un, et entendait se montrer fin gentilhomme en se comportant de telle façon qu'on aurait dit qu'il n'en avait jamais vu. Il était, de plus, un homme galant : à soixante-dix ans, il avait les affèteries d'un Sir Courtly Nice[27] et la rugosité d'un Surly [...][28] ». Les deux personnages de comédie mobilisés concourent à fictionaliser un personnage bien réel, selon des principes dont se souviendra Smollett quelques années plus tard : dans son récit de *Voyages à travers la France et l'Italie* (1766), ce dernier se livre en effet à des descriptions d'individus qui renvoient assez nettement à des personnages de roman, comme celle qu'il donne d'un contrebandier rencontré à la frontière entre la France et l'Italie, qui « chevauchait une mule si courte sur pattes que ses longues jambes pendaient à moins de six pouces du sol[29] ». Et Smollett d'avouer qu'il ne peut s'empêcher de s'esclaffer devant le ridicule de cette figure quichottesque. Ailleurs, c'est de manière explicite que don Quichotte est mentionné pour donner une idée de la figure que fait un homme rencontré en chemin, un certain Monsieur L———y, « grand, maigre et le visage buriné, ressemblant à Don Quichotte une fois qu'il eut perdu ses dents[30] ». Ainsi, Fielding et Smollett pratiquent une fictionalisation du portrait qu'on peut définir comme la sollicitation intertextuelle d'un personnage de roman ou de théâtre pour donner au lecteur une idée du personnage réel introduit. Swift, dans ses œuvres fictionnelles, se dérobe résolument à une telle pratique. Pourquoi donc ?

---

26   « [...] for everything here is lowered instead of being heightened. Those who would see them set forth in more liverly colours, and with the proper ornaments, may read the descriptions of the Furies in the classical poets, or of the Stoic philosophers in the works of Lucian », *ibid.*, p. 176.
27   Titre d'une comédie de John Crowne, publiée en 1685. Surly, « Maussade », en est un des personnages secondaires.
28   « He was a person of a very singular character. He had taken it into his head that he was a gentleman, from those very reasons that proved he was not one ; and to show himself a fine gentleman, by a behavior which seemed to insinuate he had never seen one. He was, moreover, a man of gallantry ; at the age of seventy he had the finicalness of Sir Courtly Nice, with the roughness of Surly ; and, while he was deaf himself, had a voice capable of deafening all others », *ibid.* p. 147.
29   « [he] rode a mule so low that his long legs hung dangling within six inches of the ground ». Tobias Smollett, *Travels Through France and Italy*, dans *The Miscellaneous Works of Tobias Smollett*, Edimbourg, Stirling & Slade *et alii.*, 1820, Vol. V, Lettre XXXVIII, p. 540.
30   « [...] tall, thin, and weather-beaten, not unlike the picture of Don Quixote after he had lost his teeth », *ibid.*, Lettre V, p. 283.

Serait-ce que les fictions de Swift, anti-romanesques avant l'heure, regardent davantage du côté des origines de la satire plutôt que de celles du roman anglais naissant ? Il semble en réalité que si l'on interroge le corpus des satires horacienne et juvénalienne, auxquels Swift est si souvent associé par les spécialistes de l'Angleterre augustéenne[31], on y trouve des portraits fictionnels tout à fait identifiables comme tels. Ainsi, dans sa satire III (livre I), Horace ébauche un portrait à la fois physique et moral d'un poète anonyme : « Il est, celui-ci, un peu trop irritable, il s'accommode mal de nos gens au nez pincé, il prête à rire par les cheveux coupés de manière un peu rustique, par sa toge qui s'en va en traînant, par sa chaussure qui, attachée trop lâche sur son pied, ne veut pas quitter le sol. Mais il est si brave homme qu'on n'en saurait trouver un meilleur, mais il a de l'amitié pour toi, mais un génie supérieur se cache sous ce corps sans élégance[32] ». Juvénal, quant à lui, dans sa satire VI, dépeint un certain Sergolius[33], puis, assez longuement dans la même satire, une matrone ridicule[34]. On trouve encore d'autres portraits chez cet auteur, telle la longue description d'un vieillard décati (satire X)[35]. Swift, héritier d'Horace et de Juvénal, avait donc aisément à disposition des portraits fictionnels dans les satires classiques, ce qui ne l'a pas empêché de s'abstenir, dans ses propres textes satiriques, d'en proposer au lecteur anglais.

Comment donc interpréter ce refus d'intégrer à la trame fictionnelle des portraits en bonne et due forme ? Il semble que l'origine de ce tropisme soit surtout à rechercher dans les rapports très particuliers que Swift entretient avec les genres référentiels, des rapports qui peuvent aller jusqu'à la hantise existentielle du factice. Swift, notamment dans ses écrits intimes, s'est attaché à dresser des portraits référentiels dont le statut est révélateur d'une obsession de la véracité historique. Le texte le plus significatif de cette obsession swiftienne est sans doute un récit autobiographique et intime qu'il ne publia jamais, une sorte de mémorial pascalien écrit le soir des funérailles d'Esther Johnson (dite « Stella »). Cet éloge funèbre est solennellement présenté comme un texte écrit par Swift et pour lui seul[36]. Il s'agit d'un texte écrit à Dublin entre le 28 et le 30 janvier 1727, alors que le corps inanimé de Stella reçoit les ultimes

---

31 Voir notamment Claude Rawson, « Savage indignation revisited : Swift, Yeats and the 'cry' of liberty », dans *Swift's Angers*, Cambridge, Cambridge University Press, 2014, p. 239–267.
32 Horace, *Satires*, I, iii, trad. François Villeneuve, Paris, Les Belles Lettres, 1932, p. 111.
33 Juvénal, *Satires*, vi, trad. Claude-André Tabart, Paris, Poésie / Gallimard, 1996, p. 80.
34 *Ibid.*, vi, p. 103.
35 *Ibid.*, x, p. 161.
36 Selon la tournure employée en son début, Swift annonce sa résolution « de dire, pour mon propre plaisir, quelque chose de sa vie et de sa réputation » (« I resolve, for my own satisfaction, to say something of her life and character », *Prose Writings*, vol. 7, p. 227).

hommages dans une église voisine. L'évocation de l'être cher est faite dans un récit à la première personne du singulier, où le portrait de la femme aimée se mêle aux aveux de faiblesse d'un homme accablé et frappé aussi bien par le deuil que par la maladie (la maladie de Menière), qui l'empêchent d'être présent aux funérailles. Le portrait moral d'Esther Johnson est enrichi de quelques détails physiques, dont celui, un peu inattendu, ayant trait à l'embonpoint présumé de cette femme par ailleurs d'une beauté surprenante : à quinze ans, « on la regardait comme l'une des jeunes femmes de Londres les plus belles, les plus gracieuses et les plus agréables ; elle était simplement un peu trop enveloppée. Elle avait des cheveux de geai, et chaque trait de son visage était d'une régularité parfaite[37] ». Le portrait moral d'Esther, de la part d'un auteur souvent peu disposé à l'éloge, est digne de son portrait physique, et confère à la défunte une aura de perfection é(s)thérée. Ce portrait peut se lire ici comme une tentative de faire revivre par l'écriture la femme aimée et pleurée, en consignant au jour même de son enterrement les impressions qu'elle a laissées, avant que le temps n'estompe la vigueur du souvenir. Swift témoigne par là de bien plus qu'un simple penchant pour le portrait, mais bien d'un attachement quasi obsessionnel à ce qui n'est rien moins qu'une tentative de fixer pour soi-même l'image de l'être aimé et disparu.

Cette passion de la référentialité permet peut-être de comprendre les réticences que Swift a pu éprouver tout au long de sa carrière d'écrivain à inventer de toutes pièces des portraits quand il s'essayait à des œuvres de fiction qui, contrairement aux genres historiques, ne renvoient qu'à du néant. Restent deux contre-exemples de portraits fameux rencontrés dans *Les Voyages de Gulliver*, qui semblent à première vue invalider cette hypothèse. On peut en effet légitimement se demander que faire de cette célèbre description du livre IV, où Gulliver prodigue quelques détails physiques sur l'un des Yahoos au moment où il rencontre ces créatures pour la première fois. Mais ce portrait en est-il véritablement un ?

> On nous plaça, l'animal et moi, tout à côté l'un de l'autre, puis le maître et son serviteur s'empressèrent de comparer nos deux visages, le mot *Yahoo* revenant constamment sur leurs lèvres. Mon horreur et ma stupéfaction furent inexprimables quand je découvris, en cette abominable créature, une figure parfaitement humaine. Il est vrai que la face était plate et tout

---

[37] « [she] was looked upon as one of the most beautiful, graceful, and agreeable young women in London, only a little too fat. Her hair was blacker as a raven, and every feature of her face in perfection », « On the Death of Mrs Johnson », dans *Prose Writings*, vol. 7, p. 227.

en largeur, le nez camus, les lèvres épaisses, la bouche grande ; mais ces particularités sont communes à tous les peuples sauvages, où les traits du visage sont déformés par l'habitude qu'on a de laisser les enfants se vautrer par terre ou de laisser les mères les porter sur leur dos, contre lequel leur visage s'aplatit[38].

Cette description faite par Gulliver suscite la perplexité : elle se présente à première vue comme un portrait physique, offrant une évocation précise des traits du visage de la créature, mais le narrateur semble subitement rectifier la perspective en précisant bientôt que, loin d'avoir dressé le portrait d'un individu particulier, c'est à une entreprise de caractérologie qu'il s'est livré : ce n'est pas tant le visage d'un Yahoo donné qu'il décrit que les traits d'une espèce, qui n'est autre que l'espèce humaine. Pourquoi Swift s'est-il donc livré à ce pseudo-portrait ? Tout simplement, peut-être, pour se plier à une nécessité liée aux contraintes du récit : il fallait bien décrire ces créatures imaginaires pour en donner une idée au lecteur. À aucun autre moment du récit, cependant, un Yahoo n'est individualisé au point que le narrateur en fasse un portrait : ils n'existent qu'en tant qu'espèce. Quant aux créatures chevalines et idéelles de ce même livre IV, Gulliver ne prend même pas la peine de les décrire, se limitant à l'évocation de leur robe, « grise tachetée » (« Dapple-Grey ») pour l'une, « brune baie » (« Brown Bay ») pour l'autre (IV, i, p. 211), ou encore évoque-t-il avec une parcimonie de mots « une très gracieuse jument » (« a very comely Mare ») ainsi qu'un « cheval alezan clair » (« a Sorrel Nag », IV, iii, p. 214). C'est que, dans la mesure où elles sont des entités appartenant au monde des Idées, elles n'ont, elles non plus, aucune individualité. Dans tous les cas, on se heurte encore ici à un refus du portrait.

On s'explique mieux, ainsi, le traitement subversif que Swift réserve au seul autre portrait d'apparence fictionnelle de son œuvre, celui de l'empereur de Lilliput, qui survient au chapitre ii du livre I. Swift a bien soin d'annoncer en préambule qu'il se livre là à un exercice de style bien particulier, en prévenant obligeamment son lecteur qu'il va dresser le portrait de l'empereur :

---

38 « The Beast and I were brought close together ; and our Countenances diligently compared, both by Master and Servant, who thereupon repeated several times the Word Yahoo. My Horror and Astonishment are not to be described, when I observed, in this abominable Animal, a perfect human Figure ; the Face of it indeed was flat and broad, the Nose depressed, the Lips large, and the Mouth wide : But these Differences are common to all savage Nations, where the Lineaments of the Countenance are distorted by the Natives suffering their Infants to lie grovelling on the Earth, or by carrying them on their Backs, nuzzling with their Face against their Mother's Shoulders » (IV, ii, p. 214–215).

Ils s'approchèrent de sa personne, que je vais à présent décrire : il domine de presque la largeur de mon ongle tous les Seigneurs de sa Cour, et cela suffit à en imposer à tous ceux qui le regardent. Il est doté de traits mâles et expressifs, de la lèvre de la maison d'Autriche et d'un nez busqué ; il a le teint olive et le port majestueux, le corps et les membres **bien proportionnés**. Tous ses gestes sont empreints de grâce, et ses **attitudes pleines de majesté**. Il n'était plus alors dans la prime jeunesse, mais âgé de vingt-huit ans et trois quarts d'années ; il avait régné **avec beaucoup de bonheur, presque toujours victorieux**[39].

Ce portrait se donne à lire en apparence comme un portrait romanesque, faisant alterner des considérations morales positives avec des précisions portant sur les traits physiques du monarque. Il est ainsi question de la taille de l'empereur, de son nez, de ses lèvres, et du teint de son visage : on se trouve ainsi en présence d'un portrait physique apparemment conventionnel dans l'éloge qu'il prétend faire de la personne de l'empereur, si l'on laisse de côté l'allusion à la « lèvre de la maison d'Autriche » (entendons par là celle des Habsbourg), qui fonctionne justement comme un pivot à partir duquel une autre lecture peut se déployer. Car ce visage de l'empereur est, en dépit des apparences, d'une laideur confondante, comme le laissent entendre l'allusion à l'ignoble couleur « olive » du teint, ainsi qu'à la répugnante « lèvre Habsbourg », lèvre inférieure dissymétrique et tombante d'un visage prognathe, telle qu'on peut la voir dans le portrait de Philippe IV d'Espagne par Vélasquez ou dans celui de Charles II par Juan Carreno de Miranda. Il s'agit en réalité d'un faux éloge, car les expressions employées par Gulliver renvoient à toute une phraséologie qu'on retrouve abondamment, non pas chez les romanciers, mais chez les chroniqueurs de la royauté cités plus haut, et dont Swift s'était nourri en rédigeant son *Abrégé de l'histoire de l'Angleterre*. Une recherche dans Google Books permet de mettre en évidence des origines communes aux expressions employées par Swift : L'expression « Bien proportionné » (« well proportioned ») se retrouve chez Holinshed pour décrire Edouard IV, « jeune homme

---

[39] « They came near his Person ; which I am going to describe. He is taller by almost the Breadth of my Nail, than any of his Court ; which alone is enough to strike an Awe into the Beholders. His Features are strong and masculine, with an *Austrian* Lip, and arched Nose, his Complexion olive, his Countenance erect, his Body and Limbs **well proportioned**, all his Motions graceful, and his **Deportment majestick**. He was then past his Prime, being twenty-eight Years and three Quarters old, of which he had reigned about seven, **in great Felicity**, and **generally victorious** » (I, ii, p. 25 ; je souligne les expressions analysées plus bas).

beau et bien proportionné[40] », ainsi que Richard I, « de haute stature et bien proportionné[41] ». L'expression « Avec beaucoup de bonheur » (« in great Felicity »), détail qui sera infirmé par le récit des guerres qui ont marqué l'histoire de Lilliput, renvoie à la description que John Dryden fait du règne d'Auguste dans la préface de sa traduction des Œuvres de Virgile parue en 1721 : Auguste régna, nous dit Dryden, « plus de quarante ans avec beaucoup de bonheur[42] ». Enfin, « presque toujours victorieux » (« generally victorious »), qualificatif qui sera lui aussi infirmé ultérieurement par le récit, se retrouve chez Thomas Fuller, pour décrire les victoires des rois saxons avant leur défaite face à Guillaume le Conquérant[43]. Quant aux « attitudes pleines de majesté » (« deportment majestic ») de l'empereur, l'expression inspirera rétrospectivement le très sérieux Thomas Birch, traducteur en anglais d'un texte historique en néolatin de Francis Bacon consacré à la vie du prince de Galles, Henry, mort en 1612[44]. Le portrait de l'empereur de Lilliput se donne ici à lire comme une parodie du portrait historique, intégrant pêle-mêle les qualités des grands souverains et conquérants du passé, à travers des expressions rebattues et vidées de leur sens. Elles se révéleront par ailleurs chargées d'une profondeur ironique supplémentaire car elles ne correspondent aucunement à la réalité du règne de l'empereur, qui voit s'enchaîner les guerres et les violences de tous ordres : le portrait de l'empereur de Lilliput devient alors parfaitement parodique du genre historique en même temps qu'éloigné de toute vraisemblance romanesque.

40 « [...] a faire [sic] and well proportioned yoong [sic] gentleman », dans Holinshed, *Chronicles of England, Scotland, and Ireland*, « Edward The Fourth, Earle of March, Sonne and Heire to Richard Duke of York », http://eremita.di.uminho.pt/gutenberg/4/5/5/9/45593/45593-h/45593-h.htm.

41 « [...] tall of stature, and well proportioned », *ibid*. « Richard The First, Second Sonne to Henrie the Second », http://eremita.di.uminho.pt/gutenberg/1/6/7/6/16762/16762-8.txt.
  L'expression « well proportioned » est également employée par Swift à propos du roi de Brobdingnag, dont elle constitue l'unique trait descriptif (voir plus haut, note 17).

42 « [...] above Forty Yeers in great Felicity », John Dryden, *The Works of Virgil*, Londres, 1721, « Dedication », p. 368.

43 Voir Thomas Fuller, *Anglorum speculum : or, The Worthies of England, in Church and State*, Londres, 1684, p. 795.

44 Swift imite si bien le genre historique qu'il inspire à son tour le discours des historiens eux-mêmes, comme en témoigne la traduction de Birch. Un passage du texte traduit du néolatin, dû initialement à Francis Bacon, peut être lu comme une paraphrase du portait de l'empereur de Lilliput : « His person was **strong** and **erect** ; his stature of a middle size ; his **limbs** well made ; his gait and **deportment majestic** [...]. In his **countenance** were some marks of severity », dans *The Works of Francis Bacon*, vol. VI, Londres, 1765, p. 61 ; je souligne les termes « repris » par Birch à la description swiftienne du roi de Lilliput dans ce court portrait historique.

Le grand portraitiste historique qu'est Swift s'est ainsi essayé très tôt au genre du portrait référentiel et lui a réservé une place de choix dans sa chronique inachevée des rois d'Angleterre, puis dans son essai d'histoire contemporaine sur le règne de la reine Anne, sans parler de ses nécrologies ni de ses *marginalia*. Son œuvre fictionnelle, cependant, est marquée par un refus assumé du portrait, dans la mesure où les rares descriptions de personnages qu'elle héberge sont soit des portraits escamotés, soit des portraits contradictoires. C'est probablement qu'aux yeux de Swift, le genre fictionnel, qui se signale par sa radicale fausseté, ne saurait proposer des descriptions physiques et morales sans risquer de nuire à l'intégrité des genres référentiels. Alors que Fielding et Smollett, dans les années 1740, ne verront plus aucun inconvénient à multiplier les portraits fictionnels dans leurs romans et même à « fictionaliser » le portrait historique dans leurs récits référentiels, Swift a grand soin de faire le départ entre les deux genres, sur ce point comme sur d'autres. C'est que pour lui, la fiction, en tant qu'elle est essentiellement mensonge, n'a pas droit aux mêmes égards que l'Histoire. Le roman tel qu'il se pratique en Angleterre dans les années 1720, ne vaut pas grand-chose à ses yeux, et ce n'est peut-être pas un hasard si, à Lilliput, l'incendie qui ravage les appartements impériaux est causé précisément par la négligence coupable d'une domestique qui s'est endormie « en lisant un roman » (« while she was reading a Romance », I, v, p. 49). Plus généralement, Gulliver, en tant que narrateur auquel le lecteur ne saurait se fier longtemps, élabore un texte qui met à mal la cohérence de ses énoncés, contrevenant par là à une règle fondatrice du genre historique. Dans ses fictions, Swift se joue du genre du portrait en mettant en doute sa « consistance », et donc sa vraisemblance, voire, sa possibilité. Ce refus de prendre au sérieux le portrait dans ses récits de fiction constitue sans doute l'envers d'une recherche inlassable de l'exactitude dans ses portraits référentiels, portraits qui se doivent d'être d'une fidélité absolue à leur modèle pour ne pas en trahir la vérité. Dans ces deux genres aux statuts diamétralement opposés que sont l'histoire et la fiction, Swift fait donc preuve d'une grande cohérence en dépit des traitements divergents qu'il réserve au portrait. Il faut peut-être voir là la marque d'une idiosyncrasie de plus, qui fait de Swift un auteur décidément à part dans le paysage littéraire augustéen.

Madame de Staël : Les *Considérations sur la Révolution française* face aux fictions romanesques : entre dit et non dit

Lucia Omacini

L'objet de mon analyse consiste à comparer deux ouvrages de Madame de Staël – Les *Considérations sur la Révolution* et *Corinne* – appartenant à des genres différents et à y analyser l'utilisation du portrait dans ses formes et ses finalités spécifiques.

Le texte des *Considérations* sur lequel j'ai travaillé n'est pas celui que les contemporains de Madame de Staël ont connu, mais sa version inachevée datant de 1816–1817, telle qu'elle se trouve dans le manuscrit qui nous est parvenu, avant toute intervention allographe[1]. L'ouvrage a paru posthume en 1818 et sous forme d'*Œuvres complètes* en 1820–1821[2] par les soins de son fils Auguste, de son gendre le duc de Broglie et de Wilhelm Schlegel, selon la volonté testamentaire de l'auteur.

On se trouve immédiatement confronté à un problème de genre et de finalité. De genre, car il s'agit d'un ouvrage hybride qui réunit le récit de la vie publique de Necker, dont le projet remonte à 1804[3], les Mémoires de Madame de Staël, commencés en 1811, parus après sa mort sous le titre de *Dix années d'exil*[4] et une histoire de la Révolution française s'étendant jusqu'à la deuxième Restauration. Le chapitre XVI de la Ve partie des *Considérations* se termine à la date du 8 juin 1815, quand les troupes étrangères font leur entrée dans la capitale. En réalité, l'ouvrage continue en abandonnant le parcours événementiel et s'achève sur une analyse des institutions politiques anglaises qui soude idéalement le rôle politique de Necker à une réflexion plus générale sur des

---

1 Nouvelle édition critique en cours chez H. Champion, par Lucia Omacini ; texte établi par Stefania Tesser. Les citations renvoient aux livres et aux chapitres, l'ouvrage n'étant pas encore paginé.
2 *Considérations sur les principaux événements de la Révolution française, publiées par M. le duc de Broglie et M. le baron de Staël*, Paris, Delaunay, 1818, 3 vol. ; *Œuvres complètes de Madame la baronne de Staël-Holstein publiées par son fils, précédées d'une notice sur le caractère et les écrits de Madame de Staël, par Madame Necker de Saussure*, Paris, Treuttel et Würtz, 1820–1821, 17 vol.
3 En automne 1804, Madame de Staël publie, chez Paschoud, les *Manuscrits de Necker*, précédés par « Du caractère de Monsieur Necker et de sa vie privée. »
4 Texte inachevé, remanié par Auguste de Staël et publié dans les *Œuvres complètes* en juin 1821. Édition moderne par S. Balayé et M. Vianello Bonifacio, Paris, Fayard, 1996.

problèmes de politique constitutionnelle. L'ouvrage est donc en prise presque directe sur les événements et les derniers chapitres rejoignent à une année près l'histoire vécue. Il se présente donc comme un ensemble de souvenirs et de considérations, ainsi que l'indique le titre lui-même, dont la portée politique occupe une place prééminente, tandis que sa stratégie discursive engage une pragmatique capable d'agir sur la réalité.

Au problème du genre hétérogène s'ajoute celui de l'hybridation des visées auctoriales : texte, contexte et auteurs sont pris dans une interactivité mobile parfois difficile à délimiter. L'ouvrage conjugue au moins deux intentions : celle de Madame de Staël et celle d'Auguste de Staël qui, malgré ses aveux de fidélité absolue à l'autographe, intervient à différents niveaux dans l'ouvrage, finissant par le transformer selon une intention qui lui est propre. Qu'est-ce qui a changé ? En réalité, le contexte de référence n'a pas subi de grandes transformations depuis les toutes dernières interventions de l'auteur qui continue à écrire et à dicter jusqu'à sa mort. Auguste partage les principes politiques de sa mère, ainsi qu'une identité de vision. Toutefois, au moment de la parution des *Considérations*, sont encore au pouvoir des hommes politiques que la prudence conseille de ménager. Ce sera le choix d'Auguste dans le but de mettre à l'abri des polémiques l'œuvre de sa mère. Or ces deux particularités spécifiques aux *Considérations* ne sont pas sans influer sur la technique du portrait.

L'ouvrage en contient un grand nombre étant donné l'arc chronologique envisagé. Je me limiterai à ceux de Necker et de Napoléon : deux portraits ayant un retentissement considérable dans l'ouvrage et, plus particulièrement, une retombée intéressante dans l'écriture fictionnelle de *Corinne*.

L'auteur dresse des portraits moraux et politiques des personnages historiques qui ont été sous les yeux de tout le monde, ce qui l'engage à un pacte de véridicité avec ses destinataires : elle expose des faits, formule toujours un jugement, n'invente rien, tout en trahissant sa subjectivité et en déclarant sa vision politique dans un discours ciblé. Quelle fonction attribuer à la description dans un ouvrage dont la portée testimoniale est évidente et le souci de vérité un engagement pris avec ses lecteurs ? Nulle valeur ornementale n'est perceptible dans cet ouvrage. Décrire un personnage signifie affirmer un principe, dont ce même personnage est l'expression ou la négation. Décrire est donc pour Madame de Staël un acte politique.

Pour Voltaire, qui le rejette, le portrait est la marque d'une intention fictionnelle. On ne saurait l'exclure, mais ce qui est le plus à redouter, affirme-t-il dans son *Dictionnaire philosophique*, c'est que le pinceau ne soit guidé par la passion du moment, en invalidant la promesse de vérité et d'impartialité qui sous-tend tout ouvrage testimonial. Madame de Staël est obsédée par ce souci d'impartialité qui revient, tel un refrain, dans ses ouvrages politiques.

> Mon ambition serait de parler du temps dans lequel nous avons vécu, comme s'il était déjà bien loin de nous. Les hommes éclairés, qui sont toujours contemporains des siècles futurs par leur pensée, jugeront si j'ai su m'élever à la hauteur d'impartialité que je voulais atteindre[5].

Cet engagement inaugure le texte des *Considérations*. On est loin du livre d'histoire où personne n'est censé parler et où les événements se racontent eux-mêmes. Madame de Staël les filtre à travers son expérience personnelle, mariant les formes linguistiques de l'autobiographie aux récits des faits historiques, souvent incapable de garder la distanciation nécessaire entre elle et ses énoncés.

Comment les portraits sont-ils disposés dans les *Considérations* ? L'ouvrage suit un parcours chronologique comportant, au début, des propos généraux sur l'histoire de France. Suit la période de la Révolution où la figure de Necker est placée en position dominante. Elle n'apparaît pas moins dans le cours de l'ouvrage, convoquée en tant que voix critique par rapport à tout ce qui se fait en France à cette époque, telle une voix de vérité non écoutée. Napoléon entre en scène à partir de la troisième partie avec quelques anticipations allusives dans les premiers livres, évoqué en tant que génie funeste de la France révolutionnaire, à l'opposé de Necker, son sauveur potentiel. Les portraits de Necker et de Napoléon se disposent en parallèle. Nulle ressemblance n'est envisageable malgré leur proximité : c'est l'opposition, le conflit qui l'emporte toujours. Ils assument dans l'ouvrage le rôle d'antagonistes, divergeant sur tout mais particulièrement sur les principes moraux et politiques propres à un gouvernement fidèle aux conquêtes de la Révolution. Les *Considérations* sont donc une interrogation passionnée sur la meilleure forme de gouvernement applicable à la France.

Sur le plan de la rhétorique, l'antagonisme a recours à des figures tout aussi contrastées : d'un côté règne l'emphase et la justification à outrance, de l'autre, la dénonciation et la dévalorisation. Cette figure d'opposition qui domine l'ouvrage est tendancieuse et compromet la véridicité de l'énoncé, figeant les deux protagonistes dans une sorte de taxinomie morale irréversible : vertu *vs* immoralité, qui les constituent en emblèmes du bon et du mauvais gouvernement. La radicalisation morale des personnages aboutit à la création d'archétypes et à la formulation de postulats, une modalité d'écriture fréquente dans la production de l'auteur. Le portrait est donc employé à la création d'universaux, par le biais de personnalités exemplaires : il comporte des valeurs qu'on est censé reconnaître universellement comme vrais.

---

5 Nouvelle édition : livre I, ch. I.

Il serait donc hasardeux de parler de vérité et de conformité dans les représentations staëliennes. Essayons d'en cerner au moins quelques causes. N'est-il pas le propre de la description d'être subjective ? L'auteur laisse des traces de sa présence dans son texte : ce qu'elle décrit, elle « l'a vu » ; elle insère des chapitres intitulés « Anecdotes personnelles », ce qui n'est pas toujours une preuve de véracité, mais plutôt d'affirmation de soi, de sa propre vision des choses. Par ailleurs, les portraits des personnages réels sont souvent viciés par la visée de l'auteur qu'elle ne s'interdit pas d'avouer le cas échéant. D'autre part, le discours politique conditionne inévitablement l'écriture du portrait, dont l'authenticité n'est restituée partiellement que par son ancrage dans l'Histoire. Enfin, la conformité de sa vision à celle de son père surcharge en la valorisant la description à l'encontre du traitement réservé à Napoléon : l'une concentre toutes les vertus, l'autre tous les défauts et les vices d'immoralité. Enfin, l'affectivité filiale ne saurait être non plus une garantie d'authenticité : elle emphatise les vertus de Necker en le transformant en un véritable objet de culte.

Dans les *Considérations*, le portrait-biographie de Necker est divisé en sections, telles qu'elles apparaissent dans les titres des chapitres du premier livre. Madame de Staël met en évidence son habileté en tant qu'administrateur dans les affaires des finances, dans le commerce, dans la gestion de la chose publique, dans ses écrits et, plus tard, en tant que ministre. Elle le définit comme l'homme nécessaire, dans une période trouble de l'histoire de France. Aimant les belles lettres, il sait mélanger des sentiments élevés aux sentiments positifs de la vie ; n'éprouve aucun plaisir dans l'innovation, mais n'est pas la proie des préjugés d'habitude. C'est un admirateur de l'Angleterre et de son assemblée représentative ; c'est surtout un homme incompris, doublement attaqué par les partisans du despotisme, qui auraient voulu voir en lui un Richelieu ou un Mazarin, et par les amis de la liberté pour avoir défendu l'autorité royale et la propriété. Lent dans ses démarches qu'il prenait après une longue réflexion, interrogeant sa conscience et son jugement, jamais son intérêt ; très actif dans les œuvres de bienfaisances, sensible à l'inégalité dont le peuple est la principale victime ; très apprécié par l'opinion publique, objet d'une dévotion populaire allant jusqu'au triomphe. Par ailleurs, scrupuleux et désintéressé au point de renoncer aux appointements liés à sa charge, malade d'incertitude, susceptible de regrets et porté à se culpabiliser sans raison. S'il est question de défauts, ceux-ci sont discrètement présentés comme l'envers inévitable des plus nobles qualités ou attribuables à la délicatesse de sa conscience. Les défauts ne sont en définitive que la conséquence de ses vertus[6].

---

6 *Ibid.*, ch. IV.

Toutefois, ce n'est pas tellement la description du caractère moral ou des démarches administratives et politiques de Necker qui intéresse le plus dans le traitement du portrait, mais les stratégies discursives adoptées par l'auteur. Le portrait est tantôt construit à l'aide d'une succession d'événements qui le constitue en exemplaire unique, conjuguant histoire personnelle et Histoire ; tantôt le discours se développe en une série de formules interrogatives rhétoriques adressées à des destinataires dans le but d'en obtenir leur assentiment. La vérité du portrait, qui est celle de l'auteur, est véhiculée donc par le récit historique et par l'implication du lecteur consentant : il se crée de la sorte une unité solidaire où histoire personnelle, histoire événementielle, vérité de l'auteur témoin et adhésion du destinataire concourent à la création d'un mythe.

Pourra-t-on encore parler d'impartialité ? Oui, Madame de Staël est impartiale mais dans la mesure où un texte d'histoire doublée d'une autobiographie peut l'être. Son ouvrage ne bascule pas dans la fiction, malgré l'enchevêtrement de vérité et d'impressions subjectives. Les *Considérations* ont un but précis qui n'est pas celui de la littérature où l'expérience esthétique est dominante.

Il existe une véritable mythologie qui s'est créée autour de Necker/Staël – personnages que j'assimile en raison de l'empathie qui les lient et des valeurs qu'ils représentent – et de Napoléon. Dans les *Considérations*, celui-ci est introduit à la fin du troisième livre : « [...] son nom parut pour la première fois dans les annales du monde le 13 vendémiaire[7] ». Comme pour Necker, le portrait-biographie de Napoléon est divisé en sections, instaurant de la sorte un parallélisme même dans la disposition des matériaux. Son entrée en scène est éclatante, mais elle s'accompagne d'une prémonition de Necker, mettant en garde ses compatriotes contre les tentations despotiques issues d'une mauvaise Constitution, celles qui amèneront à la dissolution du Corps législatif par les grenadiers, le 18 fructidor, au plus grand mépris de la légalité. Bonaparte est représenté à maintes reprises dans le rôle de général victorieux, rôle qui avait frappé l'imagination des Français :

> [...] l'armée d'Italie éblouissait par ses conquêtes mais elle s'écartait chaque jour plus de l'esprit de dévouement qui avait animé jusqu'alors les armées françaises. L'intérêt personnel prenait la place de l'amour de la patrie et l'attachement à un homme l'emportait sur le dévouement à la liberté[8].

---

7 *Ibid.*, livre III, ch. XX.
8 *Ibid.*, ch. XXIII.

Il s'agit là d'un propos typique qui se répète avec une fréquence très élevée, tel un paradigme de l'attitude descriptive de l'auteur. Le portrait de Bonaparte tout en atteignant des pointes de véritable enthousiasme, apparaît assombri par une arrière-pensée qui va transformer progressivement en contre-mythe un personnage qualifié en première instance comme un être supérieur par son esprit, ses talents et son importance. Ces formules adversatives, qui engendrent un rapport d'opposition dans lequel le second élément inverse l'idée énoncée dans le premier ou en restreint la portée, sont les signes avant-coureurs annonçant la transformation de l'engouement de Madame de Staël des premières années du Consulat, en désenchantement, en défiance et en opposition systématique. L'écriture tardive des *Considérations* transforme la représentation. En fait, on n'écrit pas de la même manière si l'on est libre ou exilé, si l'on se réclame d'un parti gouvernemental ou de l'opposition. Les *Considérations* sont le témoignage de cette désillusion, de la descente aux enfers du héros de la campagne d'Italie. Madame de Staël aurait pu passer sous silence ses premières expressions admiratives : elle ne l'a pas fait, mais elle a projeté l'ombre de son expérience vécue et des vicissitudes dramatiques de l'Histoire sur le portrait de Napoléon. À ces conditions, on comprend pourquoi la description du Bonaparte général et consul, demeure malgré tout flatteuse. Toutefois Madame de Staël ne se prive pas d'introduire dans son discours, par une conjonction adversative, des propos malveillants : « Il parlait souvent de République dans ses proclamations, mais elle était un moyen et non un but[9]. » Les exemples de cette stratégie discursive sont nombreux. Le parallélisme entre les deux antagonistes est arrêté par la mort : – « sa vie a fini l'année même où Bonaparte allait se faire empereur [...][10] » dit-elle, en alignant la détresse causée par la fin d'une vie vertueuse et l'avènement triomphal d'un despote. Mais le texte n'offre aucune compensation possible. Madame de Staël a recours encore une fois à une tournure adversative qui rabaisse et déconsidère la gloire de Napoléon, devenu empereur « alors qu'aucun genre de vertu n'était en honneur en France[11]. » Il n'est donc pas d'opinions sur Bonaparte qui ne comporte quelques restrictions mentales. Elle lui reconnaît, malgré tout, un ton de modération et de noblesse dans son style faisant contraste avec l'âpreté révolutionnaire des chefs civils de la France : « Le guerrier parlait alors en magistrat, tandis que les magistrats s'exprimaient avec la violence militaire[12] » ; une certaine modération, car il n'avait point mis à exécution dans son armée

---

9   *Ibid.*, ch. XXIII.
10 *Ibid.*, IVᵉ partie, ch. IX.
11 *Ibid.*
12 *Ibid.*, IIIᵉ partie, ch. XXVI.

les lois contre les émigrés. Elle lui accorde même un halo romantique, car on disait qu'il aimait beaucoup sa femme[13] ; et qu'il se plaisait dans la lecture d'Ossian ; on aimait à lui croire toutes les qualités généreuses qui donnent un si beau relief aux facultés extraordinaires. Malgré cela, cet ouvrage est incontestablement antinapoléonien. Elle consent à reconnaître ses propres erreurs d'évaluation communes à ses amis, républicains modérés, Idéologues, monarchiens, tous convaincus de pouvoir se servir impunément d'un soldat pour rétablir l'ordre en France et mettre enfin un terme à la Révolution : « Aucune époque de la Révolution n'a été plus désastreuse que celle qui a substitué le régime militaire en France à l'espoir justement fondé d'un gouvernement représentatif[14] » ; et encore « [...] le règne d'un homme a commencé quand celui des principes a fini[15] ». Elle participe donc effectivement à la création d'un contre-mythe de Napoléon, d'une hagiographie à rebours en utilisant, surtout dans ses dernières œuvres, thèmes et formules utilisés par l'opposition, tout en construisant sa propre légende à l'usage de la postérité. Il s'agit là des lieux communs de la rhétorique antinapoléonienne renchéris par les tons exaspérés d'une femme écrivain persécutée, qui revendique sa singularité d'antagoniste et de victime exemplaire. D'où la panoplie des jugements sans recours qu'elle lui adresse : froideur, égoïsme, hypocrisie, cynisme, gaîté vulgaire, gentillesse maladroite, comportement grossier envers les femmes, charlatanisme par manque de culture, absence d'humanité, ambition démesurée, singularité étonnante de sa personne qui engendre un sentiment de malaise à ceux qui l'approchent, peur et terreur, et surtout un sens d'oppression, une difficulté à respirer qui n'est pas l'effet de l'admiration pour l'homme exceptionnel mais de la diffusion d'une maladie mortelle qui envahit l'Europe entière : la perte de la liberté. Le portrait de Napoléon, très développé et riche en détails anecdotiques constitue, comme pour Necker, un acte politique projetant un vif éclairage sur le descripteur encore plus que sur le personnage décrit. Elle-même avouera sa difficulté à décrire un pareil homme « ni bon, ni violent, ni doux, ni cruel, à la façon des individus à nous connus [...] un être, n'ayant pas de pareil, ne pouvait ni ressentir ni faire éprouver aucune sympathie[16] ». S'agit-il d'un aveu de non-représentabilité ? Indéfinissable, placé entre des antinomies irréductibles, Bonaparte incarne un vide de nomination, qui effraie.

---

13 Joséphine, Marie-Josèphe Rose Tascher de La Pagerie (1763–1814), veuve d'Alexandre François Marie de Beauharnais (1760–1794), épouse Bonaparte le 9 mars 1796.
14 Nouvelle édition, livre III, ch. XXIV.
15 *Ibid.*, ch. XXVI.
16 *Ibid.*

Mais passons maintenant à l'écriture de fiction qui se veut, au dire de l'auteur, à l'écart des événements. Je limiterai mon analyse à *Corinne*, livre d'agrément pouvant la réconcilier avec Napoléon, et devenu immédiatement une cible de la sanction impériale. Ce roman non politique parle en réalité de la France, mais d'une France qui n'est plus au centre du monde et dont l'auteur donne une représentation peu flatteuse, en désaccord avec les fastes impériaux. Sa stratégie se fonde sur le silence et la diversion. Qu'en est-il, en fait, de Necker et de Napoléon ? Tous deux sont soumis à un traitement de censure, procédé qui présente un certain intérêt sur le plan personnel, politique et narratologique. Saturation et expansions prédicatives dans les *Considérations* ; réduction et annulation dans les fictions.

Necker n'est pas nommé dans *Corinne*, mais la figure du père de Madame de Staël se retrouve dans tout personnage ayant un rôle protecteur. Si le roman disperse l'objet de l'intérêt sous une identité diverse ou le dissimule, les variantes nous éclairent sur la raison de cette démarche dénégatoire et laissent percevoir les traces d'un non-dit. Dans l'avant-texte du roman, on trouve un premier état qui pose quelques problèmes théoriques, utiles à l'exégèse.

Au moment où Oswald retourne en Angleterre, après s'être séparé de Corinne, alors qu'il s'achemine vers le château de son père qui est mort sans avoir pu revoir son fils, Madame de Staël décrit la scène suivante :

> Je vis d'abord cette avenue dans laquelle je l'aurais trouvé hâtant ses pas ralentis pour me voir un moment plus tôt, puis ses vieux serviteurs qui m'attendaient tous sur le seuil de la porte. Nul ne se doutait que j'avais rendu malheureux les derniers moments de mon père. Ils se jetèrent à mes pieds, je les repoussais tous, je m'accusai devant eux, et comme un insensé, j'allais me prosterner devant le fauteuil, le manteau, la canne de mon père, je croyais mourir [...][17].

La version du roman est élaguée et transformée :

> Quand je rentrai dans son château, quand ses vieux serviteurs m'entourèrent, je repoussai leurs consolations, je m'accusai devant eux, j'allais me prosterner sur sa tombe[18].

Pourquoi cette retenue émotive dans le roman, qui compromet l'intensité de la scène par un cliché descriptif ? Ce n'est pas la même chose que de se

---

17   Nouvelle édition génétique de *Corinne*, par L. Omacini (en cours).
18   *Corinne ou l'Italie*, éd. S. Balayé, Paris, Gallimard, « Folio classique », 1985, p. 332–333.

pencher sur des objets ayant appartenu à un être cher, corrélatifs objectifs de sa personne, d'une portée affective intense, et que de se rendre au cimetière selon l'usage coutumier. La description du vieillard hâtant ses pas à la rencontre de son fils ramène à l'esprit l'image de Necker, dans le château de Coppet, allant dans ses derniers jours, d'un pas incertain au-devant de sa fille venant lui rendre visite. Le roman soustrait et disperse ailleurs les souvenirs et les sentiments les plus intimes, alors que les *Considérations* laissent champ libre à la subjectivité, à l'émotion et à l'éloge inconditionné. Pour quelle raison un écrivain sacrifierait-il des passages réussis de son écriture ? Il est probable que Madame de Staël ait surtout voulu dérober tout repère personnel dans un texte de fiction qui cependant la dévoile à tout moment. Cette explication est la plus simple, mais elle n'explique pas tout. Étant donné que la version *ne varietur* ne comporte pas un progrès qualitatif au niveau de l'écriture, j'ai entrepris une autre voie interprétative, celle d'un possible choix de l'auteur, s'acheminant pour des raisons inhérentes au roman – comme la cohérence et le style – vers une écriture stéréotypée. Ce qui n'est pas impossible à concevoir dans un roman où l'intérêt principal consiste dans l'affrontement conflictuel entre personnages de nationalités diverses, dans leurs irréductibles antagonismes culturels et nationaux, qui sont la véritable cause du drame final. Le stéréotype simulant ce qui ne change pas se conforme parfaitement aux personnages, clôturés dans leurs préjugés, à la seule exception de la protagoniste, être unique et libre de tout conformisme. Si la cohérence textuelle et caractérielle a un sens pour l'auteur, l'anglais Oswald est un représentant typique de son pays : s'il change, pendant son séjour en Italie, c'est sous l'effet de l'amour de Corinne, mais il retrouve toutes ses habitudes dès son retour en Angleterre. La visite au cimetière ne pourrait-elle pas se conformer à cette fixité des idées et du comportement qui le distingue ? Incapable de comprendre l'autre par un défaut de pénétration allant au-delà de la sphère simplement rationnelle ; rien n'empêche que ce personnage ne retrouve, une fois revenu en Angleterre, son statut et ses habitudes de pair d'Écosse, noble et conformiste, même face au rituel de la mort, et que Madame de Staël ait jugé la version finale plus appropriée à son caractère.

En réalité, il ne s'agit là que d'une hypothèse, un défi intellectuel qui réclamerait une recherche très approfondie au niveau textuel pour être confirmée. Par ailleurs, il ne faudrait pas oublier que Madame de Staël appartient à cette catégorie d'écrivains qui ne sacrifient jamais rien de leur écriture. Son parcours créatif montre une tendance à intégrer les intuitions originaires, parfois raturées mais n'en travaillant pas moins le texte et réapparaissant ailleurs sous des formes différentes. Nous en avons ici même un exemple. Plus loin dans le roman, Oswald développe autrement, une deuxième fois, son retour au château en récupérant partiellement l'intensité affective de sa première version :

« Oswald alla s'enfermer dans la chambre de son père, où il retrouvait son manteau, sa canne, son fauteuil, tout à la même place [...][19] ».

Ce roman d'agrément déchaîna la fureur de Napoléon qui ne pardonnera pas à Madame de Staël « d'avoir ravalé la France dans son roman[20] », une France représentée par un personnage inconsistant, une France confrontée à la supériorité d'autres modèles nationaux, inacceptables dans l'optique hégémonique impériale. Comme Necker, Napoléon n'apparaît pas dans le roman. Madame de Staël travaille à la chronologie interne en opérant un déplacement temporel de l'histoire narrée, reculée de dix ans dans une Italie qui n'a pas encore connu la domination française. Une manière autre d'en parler sans encourir les accusations de propagande anti-impériale, même si l'envie de le faire apparaît dans les variantes de la dernière partie du roman, au moment du retour d'Oswald en Italie avec sa femme anglaise, en 1803. À cette époque, Napoléon a déjà effectué sa campagne glorieuse, ce qui autorise quelques allusions à la situation historique, soigneusement caviardées par la suite. Voici quelques exemples :

> Au moment où lord Sidney et Lucile se trouvaient sur le point le plus élevé du clocher, un régiment de cavalerie passa sur la place et le son de la trompette retentit jusque là, tandis que l'orgue qui accompagnait les prières se faisait entendre aussi dans les airs. Il n'arrivait là que le bruit de la guerre et les accents de la prière, mais comme à cette hauteur les hommes paraissaient des pygmées, le bruit des instruments belliqueux paraissait moins naturel que les accents de la douleur ; on apercevait de tous les côtés la fertile Lombardie et ces palais de Milan qui rappellent une vie sociale si splendide et si terrestre. Cette église est là comme le géant de la mort qui attend les hommes au sortir des festins[21].

Suit une description plus détaillée des lieux :

> Les traces récentes de la conquête faisaient que Lucile et lord Sidney rencontraient partout quelque chose de désert et de dévasté. Les rues inhabitées, les établissements publics momentanément suspendus, enfin on leur disait dans tous les lieux : – Il y avait là ce qui n'est plus, et ce mot *il y avait* est toujours triste[22].

---

19   *Ibid.*, p. 464.
20   Napoléon Bonaparte, *Correspondance générale*, présentation du baron Gourgaud, introduction générale de L.-O. Boudon, t. II, p. 187. (Lettre à Fouché, 11 mai, 1807.)
21   Nouvelle édition génétique, non paginée.
22   *Ibid.*

Ma dernière occurrence comporte l'excision de quelques lignes contextuelles, qui sont cette fois-ci remplacées par un rajout intéressant :

> Les gouvernements nouvellement renversés par la guerre laissaient aussi une empreinte de tristesse sur l'Italie. Ces ruines nouvelles, à côté des ruines anciennes, troublaient l'impression de l'antiquité ; on voyait partout des cadres de tableaux, des piédestaux de statue, dont les originaux avaient disparu[23].

Ces considérations référées aux pillages des œuvres d'art en Italie sont remplacées dans l'édition par l'évocation d'un événement de l'époque :

> On venait d'apprendre la mort d'Alfieri, et c'était un deuil général pour tous les Italiens qui voulaient s'enorgueillir de leur patrie[24].

Les vers du « *Misogallo* », cités à la suite : « Schiavi or siam, sì, ma schiavi almen frementi » où Alfieri attaque violemment les Français, trahit l'esprit de rébellion de l'auteur envers les dominateurs et sa volonté de favoriser par ses écrits la formation d'une conscience nationale.

Condamnée à l'exil, Madame de Staël, se venge de sa condition, en éjectant de son roman la cause première de sa mise à l'écart : Napoléon et ses ambitions hégémoniques et avec lui la France en tant que modèle indiscuté de culture et civilité. Un silence revendiqué fièrement par l'auteur, à la suite de l'évocation d'Alfieri : « [...] : j'étais positivement le seul écrivain connu parmi les Français, qui eût publié des livres sous son règne, sans faire mention en rien de sa gigantesque existence[25]. » Pour conclure, censure, déplacement, dilation, réticence mais surtout l'ellipse sont les figures les plus influentes sur le procédé d'élaboration textuelle de *Corinne*, tout au contraire de ce qui se passe dans les *Considérations*, où la description se détache du fond historique, détaillée, exhaustive, insistante, souvent surabondante. Figure dysphorique, icône du destin des personnages, elle s'avère en même temps une arme politique pointée contre l'ennemi.

---

23   *Ibid.*
24   *Ibid.*
25   *Corinne*, p. 553–554.

DEUXIÈME PARTIE

Le portrait dans les textes historiques

Portraits romanesques d'une figure historique : Charles XII, roi de Suède, vu par Voltaire

Jan Herman

1   Charles XII, figure historique

Les exploits du jeune roi de Suède, Charles XII, qui provoquèrent dans la première décennie du XVIIIe siècle l'étonnement et l'émerveillement de l'Europe entière, ne sont plus connus du public français du XXIe siècle que grâce à l'ouvrage célèbre que consacra Voltaire à ce jeune héros[1]. Pour la rédaction de l'*Histoire de Charles XII*, Voltaire a rassemblé avec soin une très grande quantité de documents. Gunnar von Proschwitz relève de nombreux témoignages oraux, des sources manuscrites et une quinzaine d'ouvrages publiés, parmi lesquels *l'Histoire de Suède sous le règne de Charles XII*, publiée en 1721 en 6 volumes par Henri Philippe Limiers à laquelle Voltaire fait de très nombreux emprunts, pas toujours avoués d'ailleurs. Mais la principale source de Voltaire est sans aucun doute Frédéric Ernest, baron de Fabrice (1683–1750), qui a vécu pendant au moins six ans dans l'entourage immédiat du roi Charles et qui a laissé des *Mémoires*, écrits en français mais publiés en allemand[2]. Voltaire évoquait rarement un fait ou événement sans que celui-ci soit attesté par au moins deux sources[3].

En 1731, l'ouvrage de Voltaire n'est certes pas le premier récit des exploits du jeune roi de Suède. Douze ans après sa mort, survenue en 1718, Charles XII est déjà entré dans la légende et quand Voltaire en fait le sujet de son premier ouvrage historique consacré à l'histoire contemporaine, il a à traiter d'un homme qui est en quelque sorte devenu une figure romanesque. C'est exactement ce

---

[1] Pour les aléas de la publication de l'*Histoire de Charles. XII*, voir l'Introduction de Gunnar von Proschwitz dans son édition scientifique de l'œuvre, qui est ici notre édition de référence : *Les Œuvres complètes de Voltaire*, Oxford, Voltaire Foundation, volume 4, 1996.

[2] *Die Memorien des Kammerherrn Friedrich Ernst von Fabrice*, éd. R. Grieser, dans *Quellen und Darstellungen zur Geschichte Niedersachsens* 54, Hildesheim, 1956.

[3] Dans le *Discours sur l'Histoire de Charles XII*, qui est placé en tête de beaucoup d'éditions de l'œuvre à partir de 1731, Voltaire déclare qu'il a fondé son Histoire « sur des récits de personnes connues, qui ont passé plusieurs années auprès de Charles XII et de Pierre le Grand, empereur de Moscovie ; et qui s'étant retirées dans un pays libre longtemps après la mort de ces princes, n'avaient aucun intérêt de déguiser la vérité ; M. Fabrice, qui a vécu sept années dans la familiarité de Charles XII, M. de Fierville, envoyé de France, M. de Villelongue, colonel au service de Suède, M. Poniatowski même, ont fourni les mémoires ».

que suggère la préface d'un ouvrage dont Voltaire s'est inspiré, intitulé *The History of the Wars of his Majesty Charles XII. King of Sweden*, dont la première édition parut en 1715, alors que Charles XII était encore en vie :

> The Hero who makes the Superior Figure in this Story, were to run the Parallel, might Vye with the Caesars and Alexanders of Ancient Story ; he has done Actions that Posterity will have room to Fable upon, till they make his History incredible, and turn it into Romance[4].
>
> Le héros qui constitue la figure supérieure de cette histoire pourrait rivaliser, s'il fallait faire le parallèle, avec les Caesars et les Alexandres de l'ancienne histoire. Il a accompli des actions sur lesquelles la postérité pourra fabuler, jusqu'à ce qu'elle ait rendu son histoire incroyable en la transformant en Roman.

Deux paragraphes plus haut, l'auteur de cet ouvrage anglais souligne que son récit est purement historique – « meerly historical » – et que pour toute apologie il n'a besoin que du savoir et du souvenir du public de ces événements qui sont tout récents[5]. Il s'agit en outre de « mémoires » d'un témoin oculaire, un gentilhomme écossais en l'occurrence, qui a été au service du roi de Suède. Un homme donc qui a vécu dans le voisinage immédiat de Charles XII. L'ouvrage, paru anonymement en 1715, connut une réédition complétée en 1720, après la mort de Charles XII et c'est cette édition complétée qui a été léguée à la postérité. La ressemblance avec la source principale de Voltaire, le baron de Fabrice, est frappante.

2 Charles XII : le Destin et la Renommée

Le texte anglais que nous venons de citer amène la double problématique sur laquelle nous voulons insister ici. Nous savons désormais avec certitude que *The History of the Wars of his Majesty Charles XII* est une espèce de roman

---

4 Daniel Defoe, *The History of the Wars of his Majesty Charles XII. King of Sweden, from his landing in Denmark, to his return from Turkey to Pomerania. The second edition. With a continuation to the time of his Death. By a Scots gentleman in the Swedish service*, London, Printed by H.P. for A. Bell, 1720.

5 D. Defoe, *The History of the Wars of his Majesty Charles XII*, Préface : "As these Memoirs are merely Historical, they need little Apology, they contain a Relation of Things transacted within the View, and perhaps in the Memory of most that shall now read them, and need no better appeal for their authority and Truth, than to the General Knowledge of mankind ; the Assent of which in this Age, must needs pass for approbation in the next".

d'un nommé Daniel Defoe, et que cette espèce de roman ressemble beaucoup aux pseudo-mémoires comme Courtilz de Sandras en a composé un certain nombre en français, avant et après Daniel Defoe. Ce texte anglais, que Voltaire a connu, est intéressant dans le cadre de ce colloque dont le principal objectif est le traitement du portrait en Histoire et en Fiction, compte tenu des genres intermédiaires que sont la nouvelle historique ou les romans-mémoires.

(1) Un premier champ problématique se dégage clairement du passage que nous venons de citer : Charles XII n'a-t-il pas été de son vivant, et *a fortiori* après sa mort, un sujet d'affabulation susceptible d'être rapidement transformé – par la Postérité – en une figure légendaire ? Charles XII n'était-il pas prédestiné, comme le suggère notre auteur anglais, à devenir le pôle d'attraction de toutes sortes d'aventures, amoureuses et autres, comme l'a été avant lui Alexandre dans les très nombreux « romans d'Alexandre » dont les premiers échantillons se perdent dans les brumes de l'Hellénisme et dont les versions connues remontent au moins au IVe siècle de notre ère, et plus particulièrement aux *Res gestae Alexandri macedonis* de Julius Valerius, qui ne contiennent, il faut bien le dire, que très peu d'événements historiquement attestés[6] ? Ce premier champ problématique implique un regard prospectif, sur la fortune « littéraire » de Charles XII.

(2) Un deuxième champ problématique découle d'un regard rétrospectif. Charles XII, qu'on a appelé de son vivant « le brave lion du Nord », ne se percevait-il pas lui-même comme un héros épique, dont il trouvait les modèles aussi bien dans l'Histoire que dans le champ littéraire ? L'action elle-même et les exploits de Charles XII ne sont-ils pas inspirés par l'émulation de modèles épiques comme Alexandre ou César, voire, Hector et Achille, et des livres qu'on lui faisait lire dans sa jeunesse ?

Il semble que la figure historique de Charles XII s'inscrive tout naturellement dans un schéma dialectique qui constitue pour nous l'axe central d'une poétique historique du roman à une époque où le genre romanesque n'a pas encore trouvé son autonomie. Sur cet axe central et dans ce schéma, la figure historique est prisonnière de deux livres : d'une part, et de façon rétrospective, le héros se constitue lui-même prisonnier d'un livre qui le prédestine, d'un modèle historique devenu littéraire qu'il adopte et qui fournit en quelque sorte le moule abstrait de ses futurs exploits ; et d'autre part, il est prisonnier d'un livre qui va l'arracher au réel pour en faire un héros de roman.

Cette complémentarité des points de vue rétrospectifs et prospectifs, autrement dit d'un *Livre de la Destinée* héroïque écrit d'avance et d'un *Livre de la Renommée* à venir qui transforme la figure historique en un héros d'épopée

---

6   Julius Valerius, *Roman d'Alexandre*, éd. Jean-Pierre Calu, Turnhout, Brepols, 2010.

ou de roman, n'a rien de recherchée. Comme notre analyse veut le montrer, Voltaire percevait très clairement ce schéma et s'en servait très adroitement dans ses portraits de Charles XII. S'il est vrai que Voltaire voulait ramener le roi de Suède à sa vérité « historique », par une façon irréprochable de se documenter, il n'en est pas moins certain qu'il faisait lui-même et très vite l'expérience d'une réalité historique sans cesse dérobée par le romanesque. Mais en même temps, et d'une façon que nous voulons dévoiler ici, il se servait adroitement du statut héroïque que le *Livre de la Destinée* et le *Livre de la Renommée* conféraient au jeune roi de Suède. Nous étudierons ici la façon subtile dont le modèle romanesque oriente et détermine la caractérisation de Charles XII par celui qui en a été un des biographes les plus notoires. Et cette façon d'inscrire le romanesque au sein même de l'entreprise historique est axée sur un art du portrait.

Le portrait de Charles XII par Voltaire est flanqué de trois autres portraits. Cette galerie contient la clef du pacte de lecture que Voltaire propose à son lecteur, comme nous espérons le montrer. Commençons par remarquer qu'il faut attendre la toute fin de l'œuvre pour trouver dans l'*Histoire de Charles XII* une description de l'aspect physique du héros.

> Charles était d'une taille avantageuse et noble ; il avait un très beau front, de grands yeux bleus remplis de douceur, un nez bien formé ; mais le bas du visage désagréable, trop souvent défiguré par un rire fréquent qui ne partait que des lèvres ; presque point de barbe ni de cheveux ; Il parlait très peu, et ne répondait souvent que par ce rire dont il avait pris l'habitude ; On observait à sa table un silence profond. Il avait conservé dans l'inflexibilité de son caractère, cette timidité qu'on nomme mauvaise honte. Il eût été embarrassé dans une conversation, parce que s'étant donné tout entier aux travaux de la guerre, il n'avait jamais connu la société. Il n'avait lu jusqu'à son loisir chez les Turcs, que les Commentaires de César et l'Histoire d'Alexandre[7].

Ce n'est donc pas Charles XII tel qu'en lui-même qui intéresse Voltaire, mais les diptyques. Et comme le suggère cette description physique, Alexandre le Grand est la figure centrale du *Livre de la Destinée* de Charles. C'est donc par le conquérant macédonien que nous allons commencer la visite du musée des portraits de Charles XII et de ses doubles.

---

7   *Histoire de Charles XII*, éd. Gunnar von Proschwitz, Livre VIII, p. 543.

3   Charles XII et Alexandre le Grand

L'émulation d'Alexandre apparaît dès les premières pages que Voltaire consacre à l'éducation de son héros et aux livres qu'on lui donne à lire :

> Dès qu'il eut quelque connaissance de la langue latine, on lui fit traduire Quinte-Curce[8] : il prit pour ce livre un goût que le sujet lui inspirait beaucoup plus encore que le style. Celui qui lui expliquait cet auteur lui ayant demandé ce qu'il pensait d'Alexandre, *Je pense*, dit le prince, *que je voudrais lui ressembler*. Mais, lui dit-on, il n'a vécu que trente-deux ans. *Ah !* reprit-il, *n'est-ce pas assez quand on a conquis des royaumes*[9] ?

Le Livre second de l'*Histoire de Charles XII* atteste un changement aussi subit que prodigieux dans le caractère de Charles à l'âge de 18 ans. C'est le moment pour Voltaire de faire de son héros un premier portrait. Le portrait en lui-même n'est pas ce qui intéresse Voltaire au premier chef, on l'a dit. Le portrait n'est pertinent que quand il traduit un contraste ou un changement, comme cela apparaîtra plus clairement encore plus loin. Voici donc ce premier portrait :

> On fut bien plus surpris encore, quand on le vit renoncer tout d'un coup aux amusements les plus innocents de la jeunesse. Du moment qu'il se prépara à la guerre, il commença une vie toute nouvelle, dont il ne s'est jamais depuis écarté un seul moment. Plein de l'idée d'Alexandre et de César, il se proposa d'imiter tout de ces deux conquérants, hors leurs vices. Il ne connut plus ni magnificence, ni jeux, ni délassements ; il réduisit sa table à la frugalité la plus grande. Il avait aimé le faste dans les habits ; il ne fut vêtu depuis que comme un simple soldat. [...] Si cela est ainsi, cette condamnation de soi-même, et cette privation, qu'il s'imposa toute sa vie, sont une espèce d'héroïsme non moins admirable[10].

Au Livre troisième, Charles est encore comparé à Alexandre quand il met Stanislas Leszczinsky sur le trône de Pologne, « à peu près comme Alexandre avait nommé Abdolonime[11] ». Mais c'est en Turquie, après la défaite de Pultova, que le diptyque reçoit toute sa pertinence. Dans le loisir que son exil

---

8   Quinte-Curce (Premier siècle de notre ère), *Historiarum Alexandri Magni Libri*.
9   *Histoire de Charles XII*, éd. Gunnar von Proschwitz, Livre I, p. 167.
10 *Histoire de Charles XII*, éd. Gunnar von Proschwitz, Livre II, p. 197–98.
11 *Histoire de Charles XII*, éd. Gunnar von Proschwitz, Livre III, p. 267. Alexandre, après avoir conquis Sidon en 332 avant notre ère, confie le gouvernement à Abdolonyme, qui descend des rois de Sidon.

lui procure, Charles a le temps de lire les auteurs français, Corneille, Racine et Boileau notamment. Quand on lui montre la huitième satire, où Boileau traite Alexandre de fou et d'enragé, Charles déchire la feuille[12]. Ces vers méritent bien qu'on les cite ici car ils valent un portrait indirect et il est évident que Charles s'est reconnu dans ces vers qui ont pour objet son modèle, Alexandre :

> Quoi donc ! à votre avis, fut-ce un fou qu'Alexandre ?
> – Qui ? cet écervelé qui mit l'Asie en cendre ?
> Ce fougueux l'Angely, qui, de sang altéré,
> Maître du monde entier s'y trouvait trop serré !
> L'enragé qu'il était, né roi d'une province
> Qu'il pouvait gouverner en bon et sage prince,
> S'en alla follement, et pensant être dieu,
> Courir comme un bandit qui n'a ni feu ni lieu ;
> Et, traînant avec soi les horreurs de la guerre,
> De sa vaste folie emplir toute la terre ;
> Heureux, si de son temps, pour cent bonnes raisons,
> La Macédoine eût eu des Petites-Maisons,
> Et qu'un sage tuteur l'eût en cette demeure,
> Par avis de parents, enfermé de bonne heure !

Comme il a pu lire la préfiguration de ses propres exploits, écrits d'avance dans *La Vie d'Alexandre* de Quinte-Curce, Charles XII a pu s'appliquer ces vers de Boileau, publiés en 1666, et qui peuvent rétrospectivement se lire comme un poème à clef contenant, par avance, le regard que la postérité jettera sur sa vie.

Il est tout à fait évident que Voltaire admire le héros dont il fait le portrait et dont il raconte les exploits. Mais les superlatifs et les qualificatifs tels qu'« admirable », « héroïque », etc. ne doivent pas nous tromper sur le véritable projet de Voltaire, qui consiste à ramener la figure historique de Charles XII au statut d'un héros de roman ou d'épopée. La vraie clef du texte se trouve à la toute fin du livre huit : Charles était une figure « admirable plutôt qu'à imiter[13] ».

Cette clef de lecture des portraits de Charles et de l'*Histoire de Charles XII* comme œuvre historique est donc liée à cette dimension de la problématique de la *mimesis* qu'on appelle l'exemplarité. Imiter et être imité. Charles ne faisait qu'imiter un modèle devenu héros épique, mais lui-même ne mérite pas d'être imité. Voilà pourquoi l'*Histoire de Charles XII* se lit comme un roman.

---

12 *Histoire de Charles XII*, éd. Gunnar von Proschwitz, Livre VIII, p. 379.
13 *Histoire de Charles XII*, éd. Gunnar von Proschwitz, Livre VIII, p. 542.

Voilà aussi ce qui explique pourquoi – ce sera notre second point – la figure de Charles est placée sous une autre lumière dans la correspondance de Voltaire.

4   Charles et Don Quichotte

La seconde figure à laquelle Charles XII est associé plane comme une ombre sur le héros dans l'*Histoire de Charles XII* et n'y est visible qu'au lecteur qui sait lire entre les lignes. Elle apparaît plus clairement dans les écrits privés de l'auteur, ses lettres, dont il savait bien sûr qu'elles allaient circuler. Et cette figure est Don Quichotte.

Dans une lettre écrite en 1737 au prince royal de Prusse, le futur Frédéric II[14], Voltaire désigne Charles XII comme « cet homme moitié Alexandre, moitié Don Quichotte ». Il ré-évoque ce portrait étonnant de son héros dans une lettre à Madame du Deffand, en 1759 : « Charles (était) un fou extraordinaire, qui se battait, comme Don Quichotte, contre des moulins à vent[15] ». Les moulins à vent, ce sont ses propres chimères, qui proviennent d'autres livres. L'*Histoire d'Alexandre le Grand* de Quinte-Curce a été pour Charles XII ce qu'étaient les *Amadis* pour l'hidalgo de la Manche : le livre de sa Destinée. À travers Quinte-Curce, à travers Montalvo, parle et écrit, pour Charles et Don Quichotte, le Destin même, *Fatum*. Et le projet de Voltaire, véhiculé par un art des portraits, est de ramener la figure de Charles au statut d'un héros de roman, et au roman tel que le futur auteur de contes philosophiques le voyait : un ouvrage amusant, mais sans instruction et surtout sans véritable exemplarité.

Plusieurs éditeurs de l'*Histoire de Charles XII* ont déclaré que l'œuvre se lit comme un roman. Cela tient, déclarent-ils, au style et au rythme que Voltaire insuffle dans sa prose. Cela tient aussi, comme le montre Gunnar von Proschwitz dans la magistrale introduction à son édition scientifique de l'œuvre, au contexte de la genèse de l'*Histoire de Charles XII*. Durant son exil anglais, Voltaire fait la connaissance de plusieurs personnes qui ont fait partie du voisinage immédiat du roi de Suède. Et, continue-t-il, « en répondant aux questions de Voltaire, ils lui esquissèrent son portrait et décrivirent la manière d'être de cet homme extraordinaire, à nul autre pareil. Les scènes de sa vie présentaient le canevas d'un récit historique ou d'un roman d'aventures. Bref, c'était un sujet en or pour un historien ou un romancier. Voltaire en vit l'intérêt et les possibilités[16] ».

---

14   D1334.
15   D8484.
16   *Histoire de Charles XII*, éd. Gunnar von Proschwitz, Introduction, p. 6.

Mais quelles étaient ces possibilités ? En d'autres termes, comment Voltaire pouvait-il être simultanément un historien et un romancier ? Gunnar von Proschwitz ne répond pas à la question ouverte par son propos qui, pourtant, donne la clef du pacte de lecture de l'étrange ouvrage de Voltaire : *l'Histoire de Charles XII* est simultanément un échantillon de l'historiographie nouvelle dont Voltaire lui-même a contribué à créer les conditions et un échantillon d'un roman ancien style, genre abhorré par Voltaire, et qu'il allait renouveler aussi avec ses contes philosophiques.

Au niveau des faits, c'est la reconstruction de la vérité qu'il recherche. Voltaire, qui fonde une manière « éclairée » d'écrire l'histoire lutte en permanence contre *Fama*, la déesse romaine, qui sonne de deux trompettes, une courte qui est celle des ragots, une longue qui est celle de la Renommée. Et *Fama* est une grande romancière. Elle écrit ou fait que s'écrive le *Livre de la Renommée* des héros, qui est un roman. Le texte anglais cité au début de notre analyse, *The Wars of his Majesty Charles XII. King of Sweden* en constitue un exemple.

Ce qui est en cause dans le cas de l'*Histoire de Charles XII* est évidemment et tout d'abord la difficulté de distinguer la Fiction de la Vérité, mais c'est aussi la tentative inavouée dans l'œuvre historique même de ramener la vie et les exploits de Charles XII à un roman et plus particulièrement au roman de cet écrivain espagnol, Cervantes, qui avait su interroger la tradition romanesque déjà séculaire avec plus de perspicacité qu'aucun de ses contemporains.

Le portrait de Charles XII par Voltaire n'est donc saisissable que quand on parvient à le replacer dans le rapport complexe que *l'Histoire de Charles XII* établit entre vérité et fiction, entre Histoire et Roman. Charles XII, figure historique, est d'emblée saisi entre deux livres dont il est prisonnier : le destin livresque écrit par *Fatum* d'un côté, la renommée livresque écrite par *Fama*, de l'autre. La tâche de l'historien qui s'appelle Voltaire a été double : il a fallu exposer l'un et lutter contre l'autre.

Lutter contre *Fama*, la déesse à la double trompette, consistait à fonder le récit de la vie de Charles XII sur des documents authentifiés et fiables. L'erreur que commet Voltaire en prenant le roman de Defoe pour une source historique prouve combien cette tâche a été difficile. Exposer *Fatum* d'autre part, cela signifiait que sans heurter de front l'opinion publique, il fallait ramener Charles XII à ce qu'il fut réellement à ses yeux, un *héros*, mais pas un *grand homme*. Charles XII est à plus d'un titre un *héros*, mais il n'est pas le *grand homme* que Voltaire a en vue. Ce grand homme apparaît, par opposition au héros épique, dans des portraits contrastés. La troisième figure avec laquelle Charles XII entre en compétition, le troisième portrait qu'il faut accrocher à côté du sien, est celui du czar, l'ennemi héréditaire de la Suède, Pierre I, que la postérité appellera « Grand ».

Le portrait de Charles XII de Voltaire en cache donc plusieurs autres, et les deux premiers, l'un explicite et l'autre implicite, ont été nécessaires pour amener enfin le troisième, celui que Voltaire a véritablement en vue : le portrait du despote éclairé, le civilisateur opposé au conquérant, Pierre le Grand.

5   Charles et Pierre le Grand

Notons tout d'abord que l'émulation d'Alexandre par Charles XII a été bien captée par son grand adversaire. Ce dernier avait fait parler de paix à Charles qui avait répondu, de façon hautaine, qu'il allait parler de paix avec le czar à Moscou. À cette arrogance, Pierre I aurait répondu : « Mon frère Charles prétend faire toujours l'Alexandre ; mais je me flatte qu'il ne trouvera pas en moi un Darius[17] ».

Dans une page essentielle de la quatrième partie de l'*Histoire de Charles XII*, Voltaire donne des deux monarques un portrait contrasté. Il a bien choisi son moment. Le diptyque précède immédiatement la description de l'affrontement des armées suédoises et russes à Pultava. La défaite infligée à Charles par le czar, par Darius à Alexandre pourrait-on dire, marque le début de la fin pour le lion du Nord :

> Ce fut le 8 juillet de l'année 1709 que se donna cette bataille décisive de Pultava, entre les deux plus singuliers monarques qui fussent alors dans le monde : Charles XII, illustre par neuf années de victoires ; Pierre Alexiowitz, par neuf années de peines prises pour former des troupes égales aux troupes suédoises ; l'un, glorieux d'avoir donné des Etats ; l'autre, d'avoir civilisé les siens ; Charles, aimant les dangers, et ne combattant que pour la gloire ; Alexiowitz, ne fuyant point le péril, et ne faisant la guerre que pour ses intérêts ; le monarque suédois, libéral par grandeur d'âme ; le Moscovite, ne donnant jamais que par quelque vue ; celui-là, d'une sobriété et d'une continence sans exemple, d'un naturel magnanime, et qui n'avait été barbare qu'une fois[18] ; [...] Charles avait le titre d'*invincible*, qu'un moment pouvait lui ôter ; les nations avaient déjà donné à Pierre Alexiowitz le nom de *grand*, qu'une défaite ne pouvait lui ôter, parce qu'il ne le devait pas à des victoires[19].

---

17   *Histoire de Charles XII*, éd. Gunnar von Proschwitz, Livre IV, p. 328.
18   Voltaire fait allusion à l'affaire Patkul.
19   *Histoire de Charles XII*, éd. Gunnar von Proschwitz, Livre IV, p. 349–350.

Placé à un endroit stratégique du livre qui coïncide avec la fin du premier tome et avec le moment où la Fortune commence à tourner son aveugle regard d'un autre côté, ce diptyque constitue l'argument central de l'*Histoire de Charles XII* : Charles est un héros, mais pas un grand homme. Le grand homme est Pierre. L'argument est repris à la fin du tome II dans un autre passage clef déjà cité qui précède immédiatement le portrait physique : Charles, « homme unique plutôt que grand homme ». Charles XII et Pierre I : le héros et le grand homme ; le conquérant et le législateur ; le premier n'aspirant qu'à la gloire, l'autre n'agissant que par intérêt ; l'un quittant son pays pour guerroyer et conquérir, l'autre le quittant pour s'instruire ; neuf années de victoires *versus* neuf années de peines pour mettre sa force militaire au même niveau de celle de son adversaire ; Charles à qui une simple défaite pouvait tout enlever, Pierre à qui un désastre militaire ne pourra jamais enlever ses réalisations civilisatrices.

Siofra Pierse a bien montré que le portrait de Charles XII correspond chez Voltaire à des modèles littéraires et que, notamment, le contraste entre Hector et Achille, emprunté à l'*Iliade* informe la structure de l'œuvre[20]. Ce qui retient Voltaire est l'extraordinaire vivacité de Charles. Il décrit un héros accompli : impatient, rapide, impétueux. Devant Copenhague, les bateaux de débarquement ne sont encore qu'à 300 pas du rivage et déjà Charles, « impatient de ne pas aborder assez près, ni assez tôt, se jette dans une chaloupe dans la mer, l'épée à la main[21] » ; poursuivant les Russes jusqu'au Borysthènes, Charles n'attend pas l'arrivée de son infanterie, « il se jette dans l'eau à la tête de ses gardes à pied[22] ; Assiégé dans Stralsund, le roi est partout à la fois[23] », etc.

Il est évident, nous l'avons dit, que Voltaire admire Charles XII, comme héros. Mais en 1739, remaniant son œuvre, Voltaire réévalue aussi la figure du roi de Suède, qu'il déprécie de plus en plus face à son rival, comme l'a bien montré Myrtille Méricam-Bourdet[24]. Une lettre à Thiriot, écrite le 15 juillet 1735, témoigne de ce tournant : « Vous savez que chez moi les grands hommes vont les premiers, et les héros les derniers. J'appelle grands hommes tous ceux qui ont excellé dans l'utile ou l'agréable. Les saccageurs de provinces ne sont

---

20 Siofra Pierse, *Voltaire historiographer : narrative paradigms*, Oxford, Voltaire Foundation, SVEC 2008/05, p. 144–148.
21 *Histoire de Charles XII*, éd. Gunnar von Proschwitz, Livre II, p. 203.
22 *Histoire de Charles XII*, éd. Gunnar von Proschwitz, Livre IV, p. 326.
23 *Histoire de Charles XII*, éd. Gunnar von Proschwitz, Livre VIII, p. 507.
24 Myrtille Méricam-Bourdet, *Voltaire et l'écriture de l'histoire, un enjeu politique*, Oxford, Voltaire Foundation, SVEC 2012/02, p. 113.

que des héros[25] ». En 1759, Voltaire entame l'*Histoire de l'empire de Russie sous Pierre le Grand*, consacrée au 'grand homme'.

L'*Histoire de Charles XII* et l'*Histoire de l'empire de Russie sous Pierre le Grand*, composés à trente années d'intervalle[26], constituent respectivement les tomes 23 et 24 des *Œuvres complètes de Voltaire*, dites de Kehl[27]. Les deux œuvres ont été clairement reconnues comme un diptyque par les éditeurs de Kehl. Les deux volumes, de tailles à peu près égales, s'interpénètrent de façon évidente. Les chapitres XI à XVIII de l'*Histoire de l'empire de Russie sous Pierre le Grand* évoquent les conquêtes de Charles XII. Inversement, les douze dernières pages de la première partie de l'*Histoire de Charles XII* sont consacrées à Pierre I et à son projet civilisateur. Les deux œuvres où les mêmes événements sont narrés d'un point de vue différent peuvent donc être lues en parallèle[28]. Ce parallèle devient surtout instructif quand on l'aborde sous l'angle que Voltaire propose lui-même dans l'incipit de l'*Histoire de l'empire de Russie*, où il mesure le changement que 30 ans d'intervalle ont apporté à la perception des deux figures par le public :

> Dans les premières années du siècle où nous sommes, le vulgaire ne connaissait dans le Nord de héros que Charles XII. Sa valeur personnelle, qui tenait beaucoup plus d'un soldat que d'un roi, l'éclat de ses victoires et même de ses malheurs, frappaient tous les yeux qui voient aisément ces grands événements, et qui ne voient pas les travaux longs et utiles. Les étrangers doutaient même alors que les entreprises du czar Pierre I pussent se soutenir ; [...] Quoique ses entreprises n'eussent pas besoin de succès aux yeux des sages, ses succès ont affermi pour jamais sa gloire. On juge aujourd'hui que Charles XII méritait d'être le premier soldat de Pierre le Grand. L'un n'a laissé que des ruines, l'autre est un fondateur en tout genre. J'osai porter à peu près ce jugement, il y a trente années, lorsque j'écrivis l'histoire de Charles. Les mémoires qu'on me fournit aujourd'hui sur la Russie me mettent en état de faire connaître cet empire, dont les peuples sont si anciens, et chez qui les lois, les mœurs et les arts

---

25 Lettre D893, citée par M. Méricam-Bourdet, *op. cit.*, p. 113.
26 L'*Histoire de l'empire de Russie sous Pierre le Grand* a été écrite entre 1759 et 1763.
27 L'édition de Kehl des *Œuvres complètes* de Voltaire parut entre 1785 et 1790.
28 Nous renvoyons ici à la très utile 'Chronologie de l'élaboration et de la publication de l'œuvre historique' de Voltaire dans l'ouvrage de Myrtille Méricam-Bourdet, *Voltaire et l'écriture de l'Histoire : un enjeu politique*, Oxford, Voltaire Foundation, SVEC 2012 : 2 (annexe).

sont d'une création nouvelle. L'histoire de Charles XII était amusante, celle de Pierre I est instructive[29].

Indirectement, à travers son aspect déclaré divertissant, l'*Histoire de Charles* apparaît ici, rétrospectivement, comme un roman au sens voltairien, c'est-à-dire un récit qui divertit mais sans aucune vraie exemplarité. Ce « roman » n'a rien d'incompatible avec la tâche et les réflexes scientifiques que Voltaire s'imposait comme historien. Au contraire, la dimension romanesque constitue le nœud argumentatif même de l'*Histoire de Charles XII*. Lire l'*Histoire de Charles XII* comme un roman, c'est exactement accepter le pacte de lecture proposé par Voltaire pour sa première œuvre historique consacrée à l'histoire contemporaine.

---

[29] *Histoire de l'Empire de Russie sous Pierre le Grand*, dans *Œuvres complètes de Voltaire*, Kehl, De l'imprimerie de la société littéraire-typographique, 1784, vol. 24, p. 27–28.

Charlemagne et Muhammad, deux portraits historiques parsemés de faux et de fiction dans l'œuvre de Boulainvilliers

Camille Pollet

Si la revendication d'un pouvoir appelle la production d'une vérité, celle-ci peut se nourrir de portraits historiques[1]. En témoignent les textes d'Henri de Boulainvilliers, comte de Saint-Saire (1658–1722), ponctués de portraits, des rois de France pour la plupart[2]. Les plus étoffés y sont ceux de Charlemagne et de Muhammad. Le portrait de l'empereur franc dépeint par cet auteur n'a toutefois presque pas retenu l'attention des chercheurs, peut-être parce que ce personnage ne constitue qu'une étape dans ces récits qui retracent plusieurs siècles d'histoire de France ; peut-être aussi parce qu'il est morcelé en des développements que l'on retrouve dans plusieurs ouvrages, et en particulier dans *l'Histoire de l'ancien gouvernement* et dans les *Lettres sur les Parlements*, rédigés entre 1709 et 1712 pour l'éducation du jeune duc de Bourgogne appelé à régner un jour[3]. Tout cela contraste avec le portrait de « Mahomed », auquel Boulainvilliers a consacré tout un récit biographique, toutefois inachevé à la fin de sa vie en 1722[4]. Très remarquée, cette œuvre est fréquemment présentée comme le premier éloge français de l'islam[5]. Précisons que ces textes ont à cette époque largement circulé sous forme manuscrite en France, en

---

[1] Je remercie chaleureusement Dinah Ribard et Yann Lignereux pour leur relecture. Cette contribution écrite bénéficie également des précisions apportées après les discussions consécutives à cette communication lors du colloque.

[2] Parmi les études consacrées à Boulainvilliers, la plus complète à ce jour reste la thèse (en italien) de Diego Venturino, *Le ragioni della tradizione. Nobilità e mondo moderno in Boulainvilliers (1658-1722)*, Turin, Le Lettere, 1993; mentionnons également ces deux ouvrages : Olivier Tholozan, *Henri de Boulainvilliers. L'anti-absolutisme aristocratique légitimé par l'histoire*, Aix-Marseille, Presses universitaires d'Aix-Marseille, 1999; Harold A. Ellis, *Boulainvilliers and the French monarchy : aristocratic politics in early eighteenth century France*, Ithaca, Cornell University Press, 1988; la thèse de Renée Simon reste utile pour les aspects biographiques, bien documentés : Renée Simon, *Henry de Boulainviller : historien, politique, philosophe, astrologue*, Paris, Boivin, 1940.

[3] L'auteur fait allusion dans son texte aux décès de ses deux fils, survenus en 1709. Destinée au duc de Bourgogne, mort en 1712, cette synthèse fut donc entreprise entre ces dates funèbres.

[4] L'ouvrage édité en 1730 avait été achevé par une plume demeurée anonyme. Celle-ci avertit le lecteur du changement d'auteur. Nous n'étudierons ici que le texte rédigé par Boulainvilliers.

[5] Sadek Neaimi, *L'Islam au siècle des Lumières. Image de la civilisation islamique chez les philosophes français du XVIIIe siècle*, Paris, L'Harmattan, 2003, p. 59.

Angleterre et aux Provinces-Unies notamment. Ils n'ont été publiés qu'après la mort du comte.

Ces traités historiques se présentent en tant que tels comme porteurs de vérité. Leur lecture attentive révèle cependant qu'ils sont parsemés de manière diffuse d'éléments imaginaires relevant tantôt du « faux », c'est-à-dire des erreurs historiques dont il est d'ailleurs difficile de déterminer si elles sont volontaires, tantôt de la fiction, qui se caractérise chez cet auteur par le récit d'épisodes merveilleux et par l'usage de paroles rapportées au style direct. Si nous manquons d'éléments pour résoudre totalement la question de l'intentionnalité de l'auteur, on tentera au moins, à la lumière d'une vision globale de l'œuvre de Boulainvilliers, de montrer que cette introduction ponctuelle d'informations fausses et fictionnelles dans des portraits historiques agissait de connivence avec les positions du comte à l'égard de la société de son temps, entre les dernières années du règne de Louis XIV et la Régence.

1   Charlemagne et Mahomed : les traits principaux des deux portraits

Disons-le d'emblée : ces deux portraits relèvent de l'éloge. Présenté comme « un autre Jules César », Charlemagne est vanté pour ses qualités militaires et politiques[6]. Le comte explique qu'il obtint sa puissance par la guerre mais qu'il respecta ses sujets et leurs droits[7]. Boulainvilliers souligne aussi ses facultés morales et intellectuelles :

> Ce fut un Héros du premier ordre, & sans contredit le plus grand Roi, tant pour ses vertus guerriéres, que pour les talens de l'esprit & la sagesse de son gouvernement, qui ait régné jusqu'à présent en France[8].

Le comte insiste particulièrement sur cette grandeur morale, qui serait à l'origine d'un certain équilibre institutionnel. Selon lui en effet, Charlemagne se serait montré :

> Grand, par les succès dont la vie fut acompagnée, par la durée de son Regne, & par l'étendue de sa puissance ; mais plus grand encore par la

---

6   Henri de Boulainvilliers, *Histoire de l'ancien gouvernement de la France*, La Haye & Amsterdam, Aux dépends de la Compagnie, 1727, p. 74.
7   Henri de Boulainvilliers, *Lettres sur les Parlements*, t. I, La Haye & Amsterdam, Aux dépends de la Compagnie, 1727, p. 211–212.
8   Boulainvilliers, *Histoire de l'ancien ...*, p. 74.

force de son ame, & la beauté de son esprit plein de vertu & de Religion, ennemi du déguisement et de l'artifice, vraiment libéral et généreux, amateur & conservateur des droits de ses Sujets[9].

Cette imbrication de l'équilibre institutionnel dans le portrait moral de Charlemagne est d'ailleurs répétée, Boulainvilliers évoquant « l'amour paternel de ce Prince pour ses Sujets » et « une certaine équité naturelle[10] ». Boulainvilliers s'intéresse enfin longuement aux rapports de Charlemagne aux savoirs, et mentionne qu'à l'âge adulte, il s'efforçait d'apprendre le latin, transportant même des tablettes jusque sous son oreiller pour s'exercer la nuit[11].

Muhammad bénéficie quant à lui d'un récit biographique, qui permet à son auteur d'y dresser un portrait plus évolutif. Le prophète est d'abord présenté comme un fils unique abandonné dans sa jeunesse par la mort de ses proches[12]. Dans les premières années de son enfance, il n'aurait pas reçu d'instruction. Il est surtout présenté comme un homme « comblé » de « talens » par la « Nature[13] ». Boulainvilliers raconte que Muhammad acquit plus tard des compétences militaires auprès de son oncle Abû Tâlib. Il aurait ainsi appris « à manier les chevaux », « à tirer à l'arc » et à faire usage de « l'épée[14] ».

Ces savoir-faire auraient fait de lui « le premier Capitaine de sa Nation » et lui auraient permis « de former des Géneraux capables de conquerir le Monde ». Mais Muhammed, réputé habile pour bien déterminer les moyens par lesquels parvenir à ses fins selon le comte, aurait surtout appris par la « pratique[15] ». Ce sont en outre les voyages qui, selon Boulainvilliers, firent de lui « un homme d'Etat incomparable » et « un Législateur superieur à tous ceux que l'Ancienne Grèce avoit produits[16] ». Le comte résume que le prophète aurait été « beaucoup plus riche de talens naturels, de qualitez aquises, d'observations, & de réflexions sur tout ce qu'il avoit pû connoître, qu'il ne l'étoit en biens de la fortune[17] ». Eloigné des lettres et des sciences, « Mahomed » est présenté comme un autodidacte :

---

9   *Ibid.*, p. 76–77.
10 *Ibid.*, p. 116.
11 *Ibid.*, p. 77.
12 Henri de Boulainvilliers, *La Vie de Mahomed*, Londres, « à Amsterdam chez P. Humbert », 1730, p. 164.
13 *Ibid.*, p. 166.
14 *Ibid.*, p. 200.
15 *Ibid.*, p. 201–202.
16 *Ibid.*, p. 208.
17 *Ibid.*, p. 228.

> Il convient aussi d'un fait certain, qui est, que Mahomed étoit sans lettres, & sans connoissance de tout ce que l'on peut appeler Science, ou Littérature, & qu'il en fait lui-même la preuve de sa mission extraordinaire. [...] il a toujours fourni de son propre fonds cette éloquence admirable & inimitable qui entrainoit tous les cœurs après lui. Il étoit ignorant des Lettres vulgaires, je veux le croire ; mais il ne l'étoit pas assûrément de toutes les connoissances qu'un grand voyageur peut aquerir avec beaucoup d'esprit naturel ; lorsqu'il s'éforce de l'employer utilement. Il n'étoit pas ignorant dans sa propre langue, dont l'usage & non la lecture, lui avoit appris toute la finesse & les beautez[18].

Boulainvilliers affirme d'ailleurs que le prophète sut rassembler, tant politiquement que sur le plan religieux, grâce à ses discours, mais il nuance ses capacités oratoires en mentionnant notamment ses « dites & redites[19] ».

Bien sûr, de nombreux passages détaillent les aspects religieux de la vie du « prophète ». Comme souvent dans l'Europe chrétienne du début du XVIIIe siècle, Boulainvilliers qualifie Muhammad d'« imposteur », mais le mot n'est que rarement employé dans ce texte. Notons en outre qu'à la fin de son récit, le comte réfute la qualité de « prophète » de Muhammad[20].

Sur le plan privé, l'auteur n'esquive pas la question de la polygamie. Au contraire, il la justifie dans le cas de Muhammad en évoquant notamment la robustesse et la vigueur de son corps et le besoin de soulager son esprit[21].

« Mahomed » et Charlemagne, tels qu'ils sont décrits par Boulainvilliers, présentent ainsi plusieurs qualités communes : tous deux étant chefs militaires et politiques, le comte salue leurs conquêtes territoriales et leur puissance qu'il n'hésite pas à comparer à l'Antiquité gréco-romaine. Il insiste aussi sur leur éducation et leurs rapports au savoir : les deux personnages n'auraient pas bénéficié d'un enseignement savant dans leur enfance, mais ils se seraient instruits par eux-mêmes à l'âge adulte. Comment, dans ces discours, quelques éléments faux et fictionnels viennent-ils se greffer sur une trame relevant essentiellement de la vérité historique ?

---

18 *Ibid.*, p. 246.
19 *Ibid.*, p. 285.
20 *Ibid.*, p. 342–343.
21 *Ibid.*, p. 238.

2   Vérité historique et aspects imaginaires de ces portraits

En tant que récits historiques, les textes de Boulainvilliers et les portraits qui les ponctuent se présentent comme vrais[22]. Au début des *Lettres sur les Parlements*, le comte mène une réflexion sur la qualité et la liberté du travail historique : « On a prétendu, & c'est une opinion assez générale, qu'il est impossible de composer de bonnes histoires d'une Monarchie, dont on est Sujet[23] ». Boulainvilliers précise ensuite cette suspicion générale à l'égard des textes d'histoire. Or cette suspicion porterait précisément sur les portraits des rois : afin de ne pas nuire à la réputation des monarques, ces récits auraient arrangé la vérité. Le comte, sans doute pour convaincre son lectorat de l'authenticité des faits qu'il relate et des traits de personnalité des personnages qu'il décrit, dément ces connivences avec le pouvoir royal dans les livres d'histoire :

> La rareté des Historiens François peut encore servir de preuve à la proposition que j'avance : & cependant je n'en saurois conclure que les Souverains absolus en général soyent ou ayent été aussi ennemis de la vérité de l'histoire qu'on le suppose communément. Oseroit on avancer, par exemple, que François I. ou Henri IV. ayent empêché d'écrire exactement la vie de leurs Prédécesseurs ; ou que, pour leur plaire, ils eussent desiré que la vérité y fût un peu déguisée : eux qui n'avoient pas lieu de s'en louer ? Diroit on plus probablement que sous le regne du même Henri IV. & par raport aux passions violentes qu'il avoit pour ses Maitresses, les Historiens François ayent été obligez de taire les mêmes emportemens qu'avoit eus François I. pour les siennes, & la cause honteuse de sa mort ; […] parce qu'il y auroit de l'absurdité à prétendre que la vérité puisse être odieuse par elle même à qui que ce soit, surtout quand elle est raportée historiquement & sans aplication qui puisse être regardée comme un reproche personnel fait à ceux qui sont revêtus du pouvoir souverain. Car

---

[22] Marc Hersant, *Voltaire : écriture et vérité*, Leuven/Paris/Bristol, Peeters, 2015, p. 257 : « Une des assises essentielles de tout discours historique est la crédibilité et la cohérence de son énonciateur dont la mission principale est d'instaurer – ou de tenter d'instaurer, car comme pour tout discours de vérité, l'échec est toujours possible – un lien de confiance et/ou d'autorité avec son lecteur. Le discours historique, comme tout fait sérieux, suppose un repère énonciatif stable inspirant la confiance la plus grande possible […]. » Voir aussi *La vérité. Vérité et crédibilité : construire la vérité dans le système de communication de l'Occident (XIIIᵉ–XVIIᵉ siècle)*, dir. J.-Ph. Genet, Paris et Rome, Publications de la Sorbonne, École Française de Rome, 2015.

[23] Boulainvilliers, *Lettres* …, t. I, p. 173.

de croire que la vérité soit naturellement l'objet de leur haine, & qu'on ne sauroit leur plaire en la disant, c'est leur faire outrage, puisque cela dénote la tiranie[24].

Probablement influencé par la rigueur méthodologique du père Ménestrier, Boulainvilliers, de manière moins systématique que son prédécesseur néanmoins, cite ses sources : Eginhard pour Charlemagne, le Coran, Herbelot, Prideaux et Okley pour Muhammad et l'histoire du monde arabe[25]. Son souci de vérité et de qualité est encore confirmé par sa farouche critique de certains auteurs de textes historiques tels que Mézeray et le père Daniel, auxquels il reproche notamment d'avoir recouru à « des préventions nuisibles à l'expression de la vérité : de sorte que l'on ne sauroit guére aprendre à leur école que les faits les plus communs, qu'il n'est permis à personne d'ignorer[26] ». Concernant Muhammad, il exprime sa méfiance envers les historiens musulmans, opposant explicitement « fictions » et « vérité » :

> J'ai dèja observé que l'on sçait fort peu de circonstances de la premiere jeunesse de Mahomed, & qu'il n'est point sur d'en croire les Historiens posterieurs à son âge ; dont la devotion trop ardente s'est répandue en fictions, desquelles nous n'avons-nous-mêmes que trop d'exemples jusques dans le sein de la vérité[27].

Paradoxalement, la vérité ne semble pas permanente dans les portraits historiques proposés par le comte. Il ne s'agit pas ici de déceler les erreurs historiques contenues dans ces textes à la lumière de l'historiographie dont nous bénéficions trois siècles plus tard, mais bien de relever ce qui, dès les décennies 1710, 1720 ou 1730, pouvait être perçu, par un lectorat certes critique et documenté, comme relevant du faux ou de la fiction. En effet, certains passages sont inspirés de sources dont le contenu n'est pas conforme avec des faits

---

24 *Ibid.*, p. 173-177.
25 Boulainvilliers, *Histoire de l'ancien* ..., p. 76 ; Boulainvilliers, *La vie* ..., p. 7, 166 et 236 ; Claude-François de Ménestrier, *Les diverses espèces de noblesse et les manières d'en dresser les preuves*, Paris, chez R. J. B. de la Caille, 1684 ; Sur Ménestrier, voir notamment *Claude-François Ménestrier : les Jésuites et le monde des images*, dir. Gérard Sabatier, Grenoble, Presses universitaires de Grenoble, 2009; Concernant le Coran, il s'agit sans doute d'une traduction française, probablement celle d'André Du Ryer (1647) ou d'Antoine Galland (1712).
26 Boulainvilliers, *Lettres* ..., t. I, p. 188.
27 Boulainvilliers, *La vie* ..., p. 200.

historiques avérés ou vraisemblables. D'autres semblent même directement issus de l'imagination de Boulainvilliers.

Concernant Charlemagne, c'est surtout sur la dimension intellectuelle du portrait que Boulainvilliers bascule dans le faux. D'une manière générale, aucun des développements élogieux d'Eginhard n'est mis en doute par le comte. L'anecdote des tablettes de latin sous l'oreiller, censée illustrer la persévérance du roi franc, est de ce point de vue révélatrice. Le comte va même plus loin qu'Eginhard lui-même. Celui-ci précise en effet que l'usage de ces tablettes fut trop tardif et que « le résultat fut médiocre », une limite que Boulainvilliers se garde bien de mentionner laissant ainsi croire que Charlemagne apprit effectivement le latin[28]. Le comte va jusqu'à présenter Charlemagne comme « le plus Savant non pas des Princes mais des Hommes de son siecle », affirmation que la seule lecture d'Eginhard suffit à réfuter (de fait, Charlemagne savait au mieux signer son nom[29]).

Le faux est également discernable dans le portrait de Muhammad. L'idéalisation concerne d'abord le peuple arabe dans son ensemble, dont Boulainvilliers affirme la supériorité physique et morale[30]. Le plus surprenant est toutefois la restitution d'épisodes fictionnels et même merveilleux. Après avoir repris la tradition islamique en affirmant que Muhammad descendait d'Abraham en ligne directe, Boulainvilliers raconte l'épisode du rêve d'Halima, sa nourrice, et l'enlèvement du jeune garçon par deux anges qui lui auraient ouvert le ventre afin de saisir son cœur pour le purifier[31]. La dimension fictionnelle du récit est d'autant plus frappante que le comte rapporte au style direct les paroles de ces anges au jeune prophète : « Regarde ; c'est un seul DIEU qui a fait tout cela, ne veux tu pas l'aimer & lui obéir[32] ? ». Boulainvilliers cite d'ailleurs par la suite d'autres passages du Coran, et notamment ceux présentés comme des transcriptions de discours ou de prédications de Muhammad[33]. Quant au célèbre épisode du songe du prophète, il est également rapporté, et contient même des citations de Dieu, là encore au style direct. Rappelons que cet usage du discours direct dans les textes historiques était certes discuté mais encore largement légitimé et pratiqué parmi les théoriciens de l'histoire

---

28   Eginhard, *Vie de Charlemagne*, Paris, Les Belles Lettres, 1994 (1938), traduit par Louis Halphen, p. 77.
29   Boulainvilliers, *Histoire de l'ancien* ..., p. 76.
30   Boulainvilliers, *La vie* ..., p. 35–37.
31   *Ibid.*, p. 185.
32   *Ibid.*, p. 197–198.
33   *Ibid.*, p. 279–283.

du temps de Boulainvilliers tels que René Rapin ou Pierre Le Moyne[34]. La vivacité et l'effet spectaculaire provoqués par cet usage atteignent ici leur paroxysme dans un contexte merveilleux. Malgré sa mention des auteurs arabes sur lesquels le comte s'est appuyé après le récit de cet épisode, le merveilleux n'est en effet pas clairement distingué des événements historiques ou vraisemblables.

Or ces deux portraits, présentés comme historiques et qui résultent d'une méthode revendiquée comme rigoureuse et critique, du fait des quelques éléments faux et fictionnels qu'ils contiennent, semblent arrangés, quelque peu biaisés, dans un sens qui convenait aux positions de Boulainvilliers à l'égard de la société de son temps.

3   Les enjeux de ces portraits historiques parsemés de faux et de fiction

Remarquons que l'historiographie a parfois tendance à ne faire des textes de Boulainvilliers qu'une interprétation politique et philosophique, à ne voir en eux qu'un moyen de critiquer l'Église et les dogmes chrétiens ou l'absolutisme royal[35]. Nous soutenons au contraire que le travail de documentation et d'érudition du comte dont témoignent ses ouvrages, les multiples précisions, remarques et digressions proposées par l'auteur illustrent une démarche intellectuelle en partie désintéressée, un souci de savoir et de faire savoir, et notamment de renverser des contre-vérités, afin de satisfaire sa curiosité et celle des lecteurs[36].

Si pour Boulainvilliers l'action d'écriture ne relève pas exclusivement d'une action politique, celle-ci est néanmoins très perceptible. Les portraits nourrissent cet usage politique voire polémique de l'histoire par le comte. De celui

---

34   Marie-Paule de Weerdt-Pilorge, « Les discours rapportés chez quelques théoriciens de l'histoire aux XVIIe et XVIIIe siècles », *Histoire, histoires. Nouvelles approches de Saint-Simon et des récits des XVIIe et XVIIIe siècles*, dir. Marc Hersant, Marie-Paule Pilorge, Catherine Ramond, François Raviez, Arras, Artois Presses Université, 2011, p. 175–186 ; sur l'écriture de l'histoire à l'âge classique, voir aussi Béatrice Guion, *Du bon usage de l'histoire : histoire, morale et politique à l'âge classique*, Paris, Champion, 2008.

35   Diego Venturino, « Un prophète philosophe ? Une *Vie de Mahomed* à l'aube des Lumières », *Dix-huitième siècle* 24 (1992) ; Tolan John, « Miroir de nos phantasmes ? L'islam dans l'imaginaire européen : perspectives historiques » (2013), p. 10 (https://halshs.archives-ouvertes.fr/halshs-00737964v2); Olivier Tholozan, *op. cit.*

36   Boulainvilliers., *op. cit.*, p. 8 : « Je ne pense qu'à m'occuper & à m'exciter moi-même au travail, dont la vieillesse a besoin à mesure que la vivacité du sang & la force nous abandonnent ».

consacré à Muhammad se dégage tout d'abord une impression de relativisme religieux. Sachant par ailleurs que Boulainvilliers avait adhéré aux idées de Spinoza (en témoigne son texte prudemment intitulé *Réfutation de Spinosa*), de nombreux chercheurs l'ont qualifié de déiste[37]. Le comte traduit ce relativisme religieux en un passage curieusement méconnu mais qui relève du véritable manifeste de tolérance, qu'il formule en quelques lignes dans l'ouvrage consacré au prophète de l'islam :

> Revenons donc à dire que chaque Nation a ses usages consacrez par l'habitude, & qu'ils sont indépendans des notions, & des coutumes différentes que d'autres Peuples ont sur un même sujet. (...) Cette raison nous doit porter. 1°. A respecter mutuellement les coutûmes de chaque Contrée. 2°. A desirer l'instruction de ceux qui s'abusent de bonne foi. 3°. A plaindre ceux sur qui le pouvoir du préjugé l'emporte sur la clarté des lumieres qu'ils pouvoient aquerir. 4°. A ne point imaginer de faux principes pour calomnier les événemens qui sont contraires à nos idées, & dont nous voudrions nier la vérité. 5° A reconnoitre dans la personne de Mahomed lui-même, que tout homme qui projette d'aussi grandes choses, & qui les éxécute avec tant de succès, dans la Religion comme dans la Politique, n'a jamais pû être un sujet méprisable par ses défauts naturels[38].

Le portrait élogieux de Muhammad, qui prenait le contre-pied de tous les préjugés envers l'islam, constituait aussi une attaque supplémentaire de la part de Boulainvilliers, d'abord envers l'Église, dont il dénonçait l'implication dans les affaires politiques et judiciaires du royaume, mais aussi l'intrusion dans les activités militaires depuis les croisades, ainsi qu'une certaine monopolisation du savoir[39]. Le rôle joué par les ecclésiastiques dans le gouvernement ou l'administration de la monarchie est également dénoncé au travers de l'éloge de Charlemagne. Boulainvilliers salue en effet sa capacité à tenir l'Église à l'écart des activités temporelles :

---

37 Boulainvilliers, *Réfutation de Spinosa*, « Bruxelles », 1731 ; voir aussi Paul Vernière, *Spinoza et la pensée française avant la Révolution*, Paris, PUF, 1954, p. 317.

38 Boulainvilliers., *La vie* ..., p. 177–178 ; on peut sans doute y voir l'influence de John Locke, Boulainvilliers ayant consacré plusieurs textes philosophiques à l'auteur des *Lettres sur la tolérance*. Voir Boulainvilliers, *Œuvres philosophiques*, La Haye, éd. Renée Simon, 1975 (2 tomes).

39 Boulainvilliers, *Essai sur la noblesse de France*, Amsterdam & Rouen, 1732, p. 55–57, 122–123, 143–144.

> Il voulut que les Ecclésiastiques, pour se rendre justement vénérables aux Peuples, fussent véritablement pieux, savans & désintéressez, que les Moines vécussent dans leur condition sans se mêler des affaires du monde[40].

L'éloge de Charlemagne conforte surtout la critique de l'absolutisme, que Boulainvilliers présente comme une lente dérive de la monarchie, opérée au fil des siècles, au détriment de la participation politique de l'ancienne noblesse à laquelle il s'affiliait :

> Charlemagne, instituteur des Fiefs, restaurateur des Parlemens, ou Assemblées communes, & fidéle conservateur de l'égalité parmi les François : fondement essenciel de notre constitution, que les Rois ont pourtant renversé pour lui substituer des dignitez de leur invention[41].

Le comte explique qu'une distribution injuste des pouvoirs était susceptible de générer des « jalousies », alors que l'équilibre institutionnel voulu par le fils de Pépin le Bref avait suscité « l'amour et l'estime de ses Sujets[42] ». Quelques pages plus loin, il écrit :

> Charlemagne s'occupoit de son côté à entendre les rapports de ceux qui venoient de tous les endroits du Royaume ; car non seulement il étoit licite à chacun de venir en ce tems exposer ses griefs, mais de plus il étoit étroitement ordonné à tous ceux qui savoient quelque chose d'important au gouvernement[43].

Dans cette citation, l'usage du passé (« il *était* licite ») permet de mieux souligner les interdits récents, suggérant déjà une évolution vers la tyrannie. Au fil de son portrait du roi franc, la comparaison avec Louis XIV est même parfois explicite. Après avoir fait l'éloge de la monarchie qui, sous Charlemagne, était selon Boulainvilliers une association du roi et du Parlement des nobles, il écrit :

> Car, quelque chose que notre siécle en puisse penser, il sera toujours vrai de dire qu'il y a une grande différence entre l'obéissance forcée, qui sent l'oppression, & celle qui, quoi que nécessaire, étant libre, est moins

---

40 Boulainvilliers, *Histoire de l'ancien ...*, p. 102.
41 Boulainvilliers, *Lettres ...*, t. III, p. 138.
42 *Ibid.*, t. I, p. 227–229.
43 *Ibid.*, t. I, p. 242.

rendue à la crainte qu'à la Raison, à la justice, & à l'amour des Peuples pour le Souverain[44].

Membre du « cercle de Bourgogne », un réseau social, savant et politique secrètement hostile à Louis XIV et à l'absolutisme que l'historien Harold A. Ellis a mis en lumière et au sein duquel on retrouve notamment Fénelon, Chevreuse et Saint-Simon, Boulainvilliers achève son *Histoire de l'ancien gouvernement* par la formulation des espoirs nourris par ce cercle et incarnés par le jeune duc de Bourgogne à l'instruction duquel l'ouvrage était destiné : la fin de la monarchie absolue et un rééquilibrage institutionnel favorable à la noblesse d'épée[45].

Enfin, et cela était directement lié à la critique de l'absolutisme, les élogieux portraits de Charlemagne et de Muhammad nourrissaient le discours de valorisation de l'ancienne noblesse tenu par Boulainvilliers. La faculté de « Mahomed » à monter à cheval, à manier l'épée, à diriger des hommes, mais aussi à chasser, la glorieuse généalogie du « prophète » ou encore le récit des succès militaires de ces deux figures comme l'éloge de leurs compétences au gouvernement constituaient autant de points communs avec l'idéal-type de l'ancienne noblesse de France et même avec celui de la chevalerie[46]. Les portraits que le comte dépeint de ces deux personnages historiques, y compris au travers des aspects fictifs et fictionnels que nous avons relevés, portent même les caractéristiques farouchement défendues par Boulainvilliers dans le cadre des débats moraux relatifs au second ordre, et en particulier celles de la virilité et du savoir[47]. Si Muhammad et surtout Charlemagne sont présentés comme des personnages persévérants face aux efforts requis par les apprentissages, c'était certainement pour critiquer le relatif dédain de Louis XIV pour la lecture, et pour appuyer l'idéal d'une noblesse savante et lettrée promu par le comte à maintes reprises au fil de son œuvre[48].

---

44 *Ibid.*, t. I, p. 244.
45 Harold A. Ellis, *op. cit.* ; Boulainvilliers, *Histoire de l'ancien ...*, p. 167–168.
46 Cette projection sur le portrait de Muhammad des valeurs chères à la noblesse d'épée dont Boulainvilliers se revendiquait a curieusement été négligée par l'historiographie, la biographie du prophète de l'islam ayant surtout fait l'objet de commentaires d'ordre religieux et philosophique ; sur la chevalerie et ses représentations, voir Benjamin Deruelle, *De papier, de fer et de sang : chevaliers et chevalerie à l'épreuve du XVIe siècle*, Paris, Publications de la Sorbonne, 2015.
47 Hervé Drévillon, « Du guerrier au militaire », *Histoire de la virilité*, dir. Alain Corbin, Jean-Jacques Courtine, Georges Vigarello, Paris, Le Seuil, t. I, p. 289–321.
48 Lucien Bély, « Lecture, lecteurs », *Dictionnaire Louis XIV*, dir. Lucien Bély, Paris, Robert Laffont, 2015, p. 746–747 ; Boulainvilliers, *Lettres ...*, t. I, p. 179.

4 Conclusion

Michel Foucault, dans ses cours au Collège de France, a particulièrement insisté sur la nécessaire imbrication du pouvoir et des discours de vérité. Si Foucault n'a pas évoqué *La Vie de Mahomed*, il a toutefois consacré d'importants développements à Boulainvilliers, et montré que, pour l'histoire de France, le comte s'était efforcé, pour contester les connivences du roi absolu, de l'Église et du tiers état, et pour contrebalancer « le discours de l'État par l'État, du pouvoir sur le pouvoir », de produire un contre-discours de vérité, une « contre-histoire » au profit de l'ancienne noblesse[49]. L'étude des portraits qui ponctuent ces récits permet de préciser cette analyse. Dans le cas de Muhammad, le discours documenté de Boulainvilliers prend le contre-pied des préjugés contre l'islam, généralisés à cette époque avec l'appui de l'Église. Les fictions portées par la restitution des épisodes merveilleux racontés dans le Coran comme par la retranscription au style direct des paroles de « Mahomed », des anges ou de Dieu lui-même représentaient autant d'affronts envers les ecclésiastiques auxquels Boulainvilliers reprochait par ailleurs d'avoir pris part au pouvoir politique et d'avoir confisqué la production et la transmission des savoirs dans les monastères et dans les universités. La « contre-histoire » de France proposée par le comte reprend quant à elle paradoxalement les portraits des rois. L'exemple de Charlemagne est d'autant plus curieux que Boulainvilliers propose de lui un portrait plus élogieux encore que celui établi par Eginhard. Au travers de cette figure idéalisée du roi franc montant à cheval, tenant l'épée, dirigeant une monarchie aux institutions équilibrées, préférant se faire aimer que se faire obéir et persévérant dans l'apprentissage du latin pour devenir « le plus grand savant de son temps », c'est presque un portrait en négatif qui fut ainsi dressé, celui de Louis XIV.

---

[49] Michel Foucault, *« Il faut défendre la société ». Cours au Collège de France. 1976*, Paris, Gallimard-Seuil, 1997, p. 57–74, 116.

Le portrait d'une reine sans royaume.
Les stratégies auctoriales de Prévost dans l'*Histoire de Marguerite d'Anjou*

Sergine Pelvilain

L'*Histoire de Marguerite d'Anjou*[1] (1740) est la seule publication avec l'*Histoire de Guillaume le Conquérant* (1742) pour laquelle Prévost revendique une autorité d'historien. La biographie de la femme d'Henri VI (1421–1471), unique souverain couronné à la fois sur le sol français et sur le sol anglais, offre l'occasion d'une réflexion sur les relations entre la France et l'Angleterre en concordance avec la guerre de succession d'Autriche. Commencée avec la mort de Charles VI de Habsbourg en 1740, celle-ci suscite des polémiques sur le renversement des alliances. L'intérêt du public français pour l'Angleterre, déjà vif lors de la signature de la Triple Alliance de 1717[2], s'accroît. Voltaire rassemble des informations pour écrire *l'Histoire de la Guerre de 1741*[3]. Le règlement du conflit par voie diplomatique ayant échoué, elle est officiellement déclarée en mars 1744 lorsque la cause autrichienne est soutenue par l'Angleterre et les Provinces-Unies (Pays-Bas) et ne sera close par le Traité d'Aix-la Chapelle qu'en 1748. Elle repose sur une querelle dynastique qui remonte à la mort de Charles le Téméraire (1433–1477) dont l'unique héritière, Marie, épouse Maximilien de Habsbourg. Or, Charles le Téméraire est contemporain de Marguerite d'Anjou (1429–1482). En 1477, Louis XI achète les villes de la Somme, possessions du royaume de Bourgogne dont l'ancienne Hesdin avait fait partie[4]. Prévost, né à Hesdin, ne peut l'ignorer. Sa propre expérience des voyages entre la France, l'Angleterre, et les Provinces-Unies, le rend sensible au déplacement des frontières. L'*Histoire de Marguerite d'Anjou* montre une reine en exil s'efforçant de garder le pouvoir pour le transmettre à son fils. En quoi ses errances méritent-elles notre attention ? Comment Prévost les présente-t-il ? Dans la préface, il expose son choix d'une histoire rhétorique, citant Horace, Quintilien, Pline et adoptant la position d'un *narrator* classique. Quoiqu'il se déclare respectueux de la vérité,

---

1 *Histoire de Marguerite d'Anjou*, dans *Œuvres complètes de Prévost*, éd. Jean Sgard, t. V, Grenoble, Presses Universitaires de Grenoble, 1979.
2 Lucien Bély, *Les Relations internationales en Europe. XVIIe–XVIIIe siècles*, Paris, PUF, 1992, 4e édition 2007, p. 440.
3 Voltaire, *Histoire de la Guerre de 1741*, édition de Jacques Maurens, Paris, Garnier, 1971.
4 Joseph Calmette et Georges Périnelle, *Louis XI et l'Angleterre (1461–1483)*, Paris, Auguste Picard, 1930, p. 225.

son intention de « disposer assez heureusement les circonstances pour leur faire emprunter plus de force et d'éclat les unes des autres[5] » introduit le doute sur sa fidélité à l'ordre des événements, éveille le soupçon d'une intention satirique : sa biographie royale serait-elle une « fable » politique ? Prévost donne peu de dates mais fournit une clé : l'observation des territoires socio-politiques apporte simultanément un écho des us et coutumes, le ton local, une explication des motivations des êtres. L'espace est donc déterminant. Quels territoires jalonnent le parcours de lecture ? En quoi contribuent-ils à dessiner le portrait de Marguerite d'Anjou ? L'espace est le mode de manifestation du corps. C'est là que se joue le mouvement ou la privation de mouvement exercée par le pouvoir : rapports d'influence, de désir, de violence. L'horizon est ainsi défini par trois séries : la série des palais et des prisons, la série des espaces de circulation (voies terrestres et maritimes), la série des champs de bataille. Notre analyse portera sur la première série.

1 Les chemins du palais

Au Livre I, le protocole qui permet d'approcher Marguerite d'Anjou contraint à une lenteur solennelle pour parcourir un chemin qui va de la prison au palais. Après une introduction situant la période où Marguerite naît (fin de la guerre de Cent Ans), Prévost nous fait entrer dans le cachot de Guy de Champchevrier, prisonnier de John Talbot (1384/1390–1453) évadé, qui dévoile la teneur de la mission confiée à ses soins par Henri VI : prendre contact avec René d'Anjou pour demander la main de sa fille âgée de quinze ans.

> Avec les titres de roi de Sicile, de Naples et de Jérusalem, René n'en était ni plus puissant, ni plus riche. [...] Marguerite, sa fille, était donc un misérable parti pour un grand roi ; mais la nature l'avait si heureusement dédommagée des rigueurs de la Fortune, que son esprit et sa beauté semblaient la rendre digne du premier trône de l'univers[6].

Soulignant l'écart entre les ressources financières de Marguerite et sa volonté de puissance, l'antithèse « un misérable parti pour un grand roi » annonce les tensions qui parcourront toute la biographie. La situation de Marguerite est

---

5 Préface de l'*Histoire de Marguerite d'Anjou, op. cit.*, p. 10.
6 *Histoire de Marguerite d'Anjou, op. cit.*, p. 17.

soumise à la Fortune[7], d'après le modèle antique qui véhicule une conception cyclique du temps[8] et assigne à l'histoire une finalité édifiante. La biographie de Marguerite est à lire comme un exemple des vicissitudes liées au pouvoir selon la tradition cicéronienne de l'*historia magistra vitae*. Derrière l'historien se cache un moraliste : le lecteur est convié à découvrir une carte du monde moral. Comment la jeune fille va-t-elle accéder au trône ? La première réponse suggérée est la séduction : « Le roi (Henri VI) reçut un portrait de la princesse Marguerite, qui avait achevé d'embraser son cœur[9] ». Prévost n'entre pas dans le détail des formes ni des couleurs. Ce portrait est moins présent dans le récit pour décrire Marguerite que pour assumer d'autres fonctions. Il crée un seuil de lecture. Il a comme la préface un rôle stratégique : servir d'intermédiaire entre le monde réel et l'univers de la fiction, établir à la fois une légitimation de l'écrit et une distanciation avec cet écrit en dénonçant ses artifices[10]. Il aiguise la curiosité, ouvre vers l'espace éblouissant du pouvoir. Prévost joue du contraste entre privé et public. Il fait débuter son récit *in media res*, au moment critique où Henri VI doit choisir entre deux épouses. Chacune d'elle porte la promesse d'un destin différent accordé à la France et à l'Angleterre. Henri n'ayant que dix ans lorsqu'il fut sacré roi de France à Paris en 1431, ses deux royaumes ont été mis sous la tutelle de régents (ses oncles) : Humphrey de Lancastre, duc de Gloucester (1390–1447) pour la régence anglaise, le cardinal Henri Beaufort (1375–1447) pour la régence française. Gloucester, favorable à la guerre, souhaite faire épouser à Henri la fille du comte d'Armagnac qui apporterait en dot la Guyenne (Aquitaine) accroissant la puissance de l'Angleterre face à Charles VII. Mais Beaufort, favorable à la paix, propose une alliance avec la maison de France. Marguerite ne peut apporter que le Maine et l'Anjou, états tampons entre la France et la Normandie (alors anglaise), mais elle est cousine du roi de France. Le corps de Marguerite, investi d'une valeur sacrée, devient le centre d'un enjeu politique. Il s'agit en fait d'un mariage-contrat. Le sentiment amoureux relève du romanesque. Henri n'est pas maître de ses choix. Les quatre Livres de *l'Histoire de Marguerite d'Anjou* sont rythmés par quatre mariages : au Livre I le mariage d'Henri VI avec Marguerite d'Anjou (en 1445),

---

7   Jean-Claude Mühlethaler, « Quand Fortune, ce sont les hommes. », *La Fortune. Thèmes, représentations, discours*, études rassemblées par Yasmina Foehr-Janssens et Emmanuelle Métry, Genève, Droz, 2003, p. 198.
8   Hans-Robert Jauss, « Expérience historique et fiction », dans *Certitudes et incertitudes de l'histoire*, dir. Gilbert Gadoffre, Paris, PUF, 1987, p. 131.
9   *Histoire de Marguerite d'Anjou, op. cit.*, p. 17.
10 Mladen Kozul, « Séduction poétique, séduction amoureuse : du livre au corps », dans Jan Herman, Mladen Kozul et Nathalie Kremer, *Le Roman véritable. Stratégies préfacielles au XVIIIe siècle*, Oxford, The Voltaire Foundation, 2008, p. 193.

au Livre III le mariage d'Edouard IV avec Elisabeth Woodville (en 1464), puis le mariage d'Edouard de Westminster, fils de Marguerite d'Anjou et de Henri VI, avec Anne Neville, seconde fille du comte de Warwick (en 1470) ; au Livre IV, Marguerite d'Anjou met en échec un projet de mariage entre Henri Tudor, futur Henri VII, et Catherine Lée, fille d'un conseiller du duc de Bretagne François II. Prévost instaure une double logique structurale et narrative pour restituer la complexité de situations historiques où les mariages-contrats sont dictés par des impératifs de solidarité lignagères. Les réseaux d'alliance créés le jour des noces entre des maisons ou *maisnies* différentes ne s'arrêtaient pas aux corps des époux, mais incluaient une implication des familles dans les affaires économiques et politiques sur plusieurs générations. Le comte de Suffolk, né William de la Pole (1396–1450), nommé ambassadeur officiel pour conclure le Traité de Tours en 1444, transmet au roi Henri le portrait de Marguerite. Or, écrit Prévost, Suffolk amoureux du portrait demande au peintre une réplique de son œuvre. Claire-Éliane Engel mentionne parmi les ouvrages à succès ayant trait à l'Angleterre[11] un roman de Madame d'Aulnoy[12] où le général Talbot et Edouard IV s'émerveillent devant le portrait d'une femme qu'ils aiment tous deux secrètement. L'original appartient au roi, Talbot en obtiendra une copie. Prévost reprend ce motif. Suffolk est le double de Henri qu'il représente juridiquement lors du mariage par procuration à Nancy en avril 1445 (le fait est attesté). En adoptant le point de vue de Suffolk plutôt que celui de Henri, Prévost fait entrer le lecteur dans les coulisses du mariage royal. Il présente ce mariage comme un spectacle. En vérité, c'en était un. Le mariage d'un souverain médiéval était un rituel complexe, de même que son entrée dans une ville[13] ou ses funérailles[14], car le corps du roi est divisé en deux parts, la part charnelle et la part sacramentelle, proprement politique. Quelles sont les implications de cette dualité ?

---

11   Claire-Éliane Engel, *Figures et aventures du XVIIIe siècle. Voyages et découvertes de l'abbé Prévost*, Paris, éditions « Je sers », 1939, p. 31.
12   Madame d'Aulnoy, *Le Comte de Warwick*, 1703.
13   Johan Huizinga, *L'Automne du Moyen Âge*, précédé d'un entretien avec Jacques Le Goff, Paris, Payot, 1932, réédition 2002, p. 113.
14   Ernst Kantorowicz, *The King's two Bodies, a Study in Mediaeval Political Theology*, Princeton, Princeton University Press, 1957 ; trad. de l'anglais par J.-P. Genet et Nicole Genet, *Les Deux corps du roi*, Gallimard, Paris, 1989 ; réed. dans *Oeuvres*, Gallimard, « Quarto », 2000, p. 943.

2   Les deux corps du Roi et de la Reine

Sir John Fortescue (1394-1480) est un magistrat éminent : Chief Justice of the King's Bench (juge en chef de la cour supérieure de justice). Pendant l'emprisonnement de Henri VI (de 1464 à 1470), il partagera l'exil de Marguerite et de son fils en France en accomplissant pour eux les démarches que requiert l'administration tatillonne de Louis XI (1423-1483). Entre 1463 et 1471, il écrit des ouvrages qui influenceront la conception de la royauté en Europe, notamment les *Rapports de Plowden* récapitulant les débats opposant les juristes durant l'affaire du duché de Lancastre. Ce duché avait été possédé en tant que propriété privée par les rois Henri IV, Henri V, Henri VI. En tant que rois, Edouard IV ou ses successeurs pouvaient-ils en disposer ? Fortescue fournit un modèle sur lequel les juristes s'appuyèrent pour refuser de céder au corps politique ce qui appartenait au corps naturel.

> Le Roi a deux Capacités, car il a deux Corps dont l'un est un Corps naturel consistant de Membres naturels, comme en ont tous les autres Hommes, et en cela il est sujet aux Passions et à la Mort, comme les autres Hommes ; l'autre est un Corps politique, dont les Membres sont ses sujets [...] et ce Corps n'est sujet ni aux Passions, comme l'est l'autre Corps, ni à la Mort, car, quant à ce Corps, le Roi ne meurt jamais[15].

Joanna Laynesmith a montré que la reine était investie de la même double autorité que le roi. Elle intercédait entre le roi et ses sujets comme Marie entre le Fils de Dieu et les hommes. La mère du Christ étant identifiée à l'Église et la reine à la Vierge, les rites de couronnement de la reine prirent la valeur symbolique d'une union entre le roi et l'Église[16]. Prévost rompt avec cette tradition en faisant passer au premier plan les émois individuels des mariés alors que le plus important était la cérémonie du couronnement à Westminster en 1445. Une seule ligne lui est consacrée, contre neuf pages pour les préparatifs du mariage. Mais Prévost cherche à nous intéresser autrement. Comparons son texte avec celui de Madame d'Aulnoy : le portrait de la femme aimée, chez Madame d'Aulnoy, est peint sur des glaces de miroirs. Chez Prévost, la matérialité de l'objet spéculaire n'est pas évoquée. Devons-nous conclure pour autant

---

15   *Ibid.*, p. 661.
16   G. Kipling, « The London Pageants for Margareth of Anjou : A Medieval Script Restored », *Medieval English Theatre*, 4 (1982), p. 21 à 28, cité par Joanna L. Laynesmith, *The Last Medieval Queens : English Queenships 1445-1503*, Oxford, Oxford University Press, 2005, p. 30 et p. 75.

à l'abandon des visées que l'image du miroir porte dans la parénétique royale ? Une biographie royale est associée aux « Miroirs des princes[17] ». Le mariage de Marguerite avec Henri laisse présager un autre portrait : celui du roi. Il est l'exact opposé de celui de la reine.

> Sans être haï du peuple, Henri en était extrêmement méprisé. On le regardait, suivant l'expression de ses historiens, comme un roi en peinture, qui ne faisait que prêter son nom à la reine et à ses ministres[18].

Ici, il ne s'agit plus de peinture matérielle mais d'un jeu de mots. L'expression « un roi en peinture » est un hapax. Elle est fondamentale pour comprendre la pensée de Prévost. Marguerite et Henri sont les deux faces d'une même médaille. Le monarque est tourné en dérision à cause d'une mauvaise gestion des ressources économiques. La guerre de Cent ans a été coûteuse. Les impôts extraordinaires votés par le Parlement à chaque campagne militaire de son père Henry V ont rendu exsangues villes et campagnes. Les orientations en politique étrangère de Gloucester ont entraîné des conséquences désastreuses : la vente de la laine anglaise sur le continent, vitale, a été interrompue par la guerre menée contre la Bourgogne[19]. Les barons siégeant au Conseil perçoivent des rentes annuelles très élevées. Marguerite soulève l'indignation par son train de vie dispendieux et son arrogance. La rumeur l'accuse d'adultère avec Suffolk puis Edmond Beaufort (1406–1455), duc de Somerset :

> Ce fut dans ce temps-là, c'est à dire le 23 d'octobre 1453, que la reine mit au monde un prince qui reçut le nom d'Edouard. Elle était mariée depuis neuf ans, sans aucune marque de fécondité, et la santé du roi qui diminuait sensiblement par des maladies dangereuses, ne lui faisait plus attendre une faveur que le ciel ne lui avait point accordée dans les premières années de son mariage. Aussi la malignité publique qui avait épargné la vertu de cette princesse, pendant le ministère du duc de Suffolk, n'eut-elle pas la même retenue sous le duc de Sommerset[20].

---

17   Michel Senellart, *Les Arts de gouverner. Du regimen médiéval au concept de gouvernement*, Paris, Seuil, 1995, p. 47.
18   *Histoire de Marguerite d'Anjou, op. cit.*, p. 47.
19   Ralph A. Griffiths, *The Reign of King Henry VI*, Berkeley, 1981, p. 107 : « Strained relations with Burgundy after Gloucester's invasion in 1424 seriously disrupted wool exports. »
20   *Histoire de Marguerite d'Anjou, op. cit.*, p. 47.

Henri est aussi peu apprécié du peuple que des courtisans. Quant au Parlement, son attitude est réservée[21]. L'alternance des membres des deux chambres qui le composent (lords, barons et prélats d'un côté, élus des comtés et des bourgs de l'autre) a une influence décisive sur la situation politique : y plaçant ses partisans, Richard Plantagenêt (1411–1460) duc d'York devient par trois fois Lord Protecteur du Royaume. Dès août 1553, Henri souffre de crises de démence. Richard d'York réclame le trône. Les batailles de la Guerre des Deux Roses se succèdent. Décembre 1460 : par l'Acte d'Accord, la Chambre des Lords reconnaît Richard d'York comme successeur de Henri VI. Marguerite réagit par la bataille de Wakefield où Richard d'York est tué. Sa tête, ornée d'une couronne de papier, est exposée sur un mur de la ville d'York. Le comte de Salisbury, père de Richard Nevill (1428–1471) comte de Warwick, est exécuté. Marguerite venge ainsi la mort de Somerset, tué en 1455. Le bruit court qu'elle est impitoyable mais son courage et sa pugnacité sont salués, posant la question des rapports entre pouvoir, violence et territoire. Le droit romain fournit une sorte de mythe généalogique du pouvoir souverain en Europe. En soulevant de terre son enfant mâle, le père le reconnaît en tant que membre de la famille, le fait entrer dans la sphère du pouvoir de vie et de mort qu'il y exerce, l'introduit à la vie politique.

> La vie humaine ne se politise que par l'abandon à un pouvoir inconditionné de mort. Le lien souverain, qui n'est en fait qu'une déliaison, précède le lien de la norme positive ou du pacte social ; et ce que cette déliaison implique et produit – la vie nue, qui habite le non-lieu entre maison et cité – est, du point de vue de la souveraineté, l'élément politique originaire[22].

L'Angleterre suit en partie les lois anglo-saxonnes, différentes du droit romain. Mais ces lois évoluent. Le principe de souveraineté repose sur un paradoxe. Par son pouvoir de décision, le souverain est celui qui instaure le *nomos* (loi concernant ce qui est enclos dans le cercle de sa juridiction), mais en même temps il se place légalement hors de cette loi : « Le souverain est le point d'indifférence entre la violence et le droit, le seuil où la violence se transforme en droit et le droit en violence[23] ». Le problème du rapport entre souveraineté et violence est posé surtout pendant la période de guerre civile qui ravive le lien

---

21   *Ibid.*, p. 72.
22   Giorgio Agamben, *Homo sacer. Le pouvoir souverain et la vie nue*, 1995, traduit de l'italien par Marilène Raiola, Paris, Seuil, 1997, p. 100.
23   *Ibid.*, p. 40.

constitutif entre localisation et ordre juridique de l'ancien *nomos* de la terre. L'état de guerre constitue un état d'exception qui entraîne la suspension du droit normal. En 1461 la souveraineté anglaise change de camp. Warwick gagne plusieurs batailles (Towton, mars 1461) aux côtés du comte de la Marche, fils aîné de Richard d'York qu'il fait proclamer roi sous le nom d'Edouard IV (1442–1483) en février, puis couronner en juin 1461. Marguerite, Henri et leur fils se réfugient en Écosse. La même année, en France, Charles VII meurt. Louis XI (1423–1483) lui succède. Dorénavant Marguerite et de Henri, souverains sans royaume, vivront dans une situation juridico-politique d'exception.

3 L'envers de l'espace curial

De 1461 à 1464, Marguerite et Henri cherchent des subsides. En mai 1464 la famille royale fuit après la bataille d'Exham dans le Northumberland. Henri atteint rapidement l'Ecosse. Le sort de Marguerite est différent. Prévost le commente ainsi :

> Il faut considérer d'ailleurs que ce qui m'a fait regarder la vie de Marguerite d'Anjou comme une partie des plus curieuses et des plus intéressantes de l'histoire d'Angleterre, est la singularité même des aventures de cette reine, et la multitude de faits, ou tristes, ou tendres, ou terribles, que la fortune a pris comme plaisir à rassembler dans le règne de Henri[24].

Le pouvoir de l'espace curial est celui du visible. Le monde où vit Marguerite est comparable à un théâtre[25] où les vêtements comme des masques déterminent la place dans la hiérarchie sociale. Tandis que la reine marche avec son fils dans la forêt d'Exham, des brigands surgissent. Or, écrit Prévost, « elle était ornée de mille joyaux précieux qui étaient comme le reste de sa grandeur[26] ». Ils s'en emparent. Leurs dissensions lui permettent de s'échapper, mais l'un des voleurs lève une arme contre elle. Elle le prie alors d'avoir pitié du prince : « Mon ami, lui dit-elle, sauve le fils de ton roi[27] ». Le voleur change d'attitude, l'aide à sortir de la forêt. Dans une biographie historique, tout discours rapporté est à prendre avec prudence. Rapin de Toyras, l'historien le plus

---

24   *Histoire de Marguerite d'Anjou, op. cit.*, p. 75–76.
25   Louis Van Delft, *Les Spectateurs de la vie. Généalogie du regard moraliste*, Presses de l'Université de Laval, 2005, rééd. Paris, Hermann, 2013, p. 37–45.
26   *Histoire de Marguerite d'Anjou, op. cit.*, p. 76.
27   *Id.*

fréquemment cité par Prévost, ne mentionne que brièvement cet épisode. Or Prévost le développe sur deux pages dont nous avons retrouvé la tonalité chez Georges Chastellain (1405–1475). Ce chroniqueur était ami avec Pierre de Brézé (1410–1465) seigneur de la Varenne qui s'était mis au service de Marguerite. La reine aurait conté l'aventure elle-même après avoir regagné le continent, lors de son passage à Saint-Pol[28] près de l'ancienne ville de Hesdin, où elle fut reçue par le duc de Bourgogne Philippe le Bon le 30 août 1464 :

> Fay, je te supplie, mon requérir ; sauve mon fils et me le garde, lequel, si Dieu luy vouloit envoyer l'heure de son ressourdre, te pourroit remérir hautement cestuy service, dont oncques jamais si étrange, ne si haut mystère n'escheyt en main de tel homme comme toi[29].

Remettre la vie du prince en fuite entre les mains d'un brigand, n'est-ce pas établir un rapport d'équivalence entre deux figures bannies par les lois de la communauté ? En francique le ban est une proclamation pour ordonner ou défendre (VIIe siècle) ou par métonymie le territoire soumis à la juridiction du suzerain (983). L'idée prédominante étant celle d'exclusion par autorité, ban a pris le sens d'« exil » (1547)[30]. Si les bandits se sont réfugiés dans la forêt, c'est qu'elle est un espace où le droit ordinaire est suspendu. D'après l'ancien droit germanique et anglo-saxon, les bandits sont des hommes-loups[31]. De même, dans une communauté sociale dissoute à cause de la guerre, les hommes sortent du *nomos*, rejoignent l'état de nature, à équivalence avec les fauves. Or, la forêt est originairement le territoire de la *phusis* au sens large. Chez les anciens « la terre d'un bois inculte, symbole ici-bas de l'autre monde[32] » est vouée aux puissances de l'au-delà. La forêt, à la limite de la juridiction humaine, entre dans le domaine spatio-temporel du sacré. Autre acception du ban : « Le ban est une forme de consécration à la divinité, et c'est pourquoi le verbe "bannir" est parfois rendu par "consacrer" ou par "vouer"[33] ». La proximité des hors-la-loi avec la mort les voue aux forces obscures.

---

28   Calmette et Périnelle, *op. cit.*, p. 38–41.
29   Georges Chastellain, *Œuvres complètes*, Bruxelles, édition Kervyn de Lettenhove, 1863–1866, IV, p. 305.
30   Article « ban », *Dictionnaire historique de la langue française*, dir. Alain Rey, Paris, Le Robert, 1992, réédition 2000.
31   Giorgio Agamben, *Homo sacer, op. cit.*, p. 115–116.
32   Jean-Pierre Vernant, *Mythe et pensée chez les grecs*, Paris, Maspero, 1965, rééd. Paris, La Découverte, 1996, p. 329.
33   *Homo sacer, op. cit.*, p. 86.

> La forêt est plus qu'une simple cachette stratégique pour le hors-la-loi ; elle est l'endroit écarté qui gouverne de manière symbolique l'absurdité comique qui relie la réalité et l'apparence, l'ordre institutionnel et son ombre. Les forêts représentent un monde inversé, l'ombre ironique même[34].

Le vol des bijoux apparaît donc comme un châtiment sanctionnant la vanité dont la reine faisait preuve quelques années plus tôt, au temps où sa parure était un instrument de parade. Le voleur qui sauve son fils renverse l'ordre du pouvoir. Hors-la-loi héroïque, il apporte la justice et renvoie la hiérarchie sociale symbolisée par le luxe de Marguerite du côté de l'injustice.

4   Les prisons

Henri, expulsé d'Écosse, retourne en Angleterre et se cache sous un déguisement. Mais il est reconnu, capturé par les soldats d'Edouard, puis promené ignominieusement avant d'être enfermé à la Tour de Londres.

> L'insolence et l'outrage furent portés à l'excès dans le traitement qu'il reçut jusqu'à Londres. On le mit sur un mauvais cheval, couvert d'ornements ridicules, avec son nom sur le dos ; et dans chaque ville et chaque bourgade où il passait, on l'exposa pendant quelques heures aux regards du peuple, parmi lequel il se trouvait toujours quantité de misérables qui l'accablaient d'injures. Arrivé à Londres, il eut encore plus à souffrir de la fureur de ceux qui avaient toujours été participants de la maison d'York, et qui croyaient se faire un mérite aux yeux de la nouvelle cour en insultant à l'ennemi d'Edouard. Après avoir été promené dans les principales rues de la ville, il fut précipité dans un des plus noirs cachots de la Tour[35].

Cette parade ignominieuse frappe l'imagination par sa nature spectaculaire. Le désir de voir la déchéance du roi envahit toutes les catégories sociales : les « regards du peuple » s'ajoutent aux « yeux de la nouvelle cour ». Le traitement s'apparente à l'exposition réservée aux malfaiteurs. Henri est passé du statut de souverain, qui instaure la loi, à celui de criminel, qui la subit. Le renversement

---

34   Robert Harrison, *Forêts. Essai sur l'imaginaire occidental*, Paris, Flammarion, 1992, p. 125.
35   *Histoire de Marguerite d'Anjou, op. cit.*, p. 81.

est total. On songe au « monde à l'envers[36] » médiéval. La scène correspond à une parodie des entrées royales. À la lumière du palais succède le « plus noir cachot ». Or, la prison, comme le palais, est un territoire situé hors de l'ordre juridique commun, en un point d'exception où cet ordre juridique est caduc. Le prisonnier, comme le souverain, est à la fois exclu du cercle du *nomos* et inclus dans sa clôture. Le cas de Henri est particulier : il réunit les deux situations d'exception. Il est promené « avec son nom sur le dos », contraire du respect dont il était le garant quand « le seul nom de roi aurait été capable de maintenir tous les ordres de l'État dans la soumission[37] ». L'Angleterre a donc deux rois. Revirement complet, puisqu'à son avènement Henri régnait sur deux royaumes. Juridiquement, cela a pour conséquence la suspension de tout droit, ce qui crée pour le prisonnier et Edouard un état d'exception curieusement comparable à celui dans lequel Marguerite et le bandit de la forêt se trouvaient. Pourquoi Henri n'est-il pas vite tué ? Edouard craint les représailles des Lancastre. Il préfère le garder en otage. En ancien français, l'*ost* (du latin hostem « ennemi ») désigne une troupe armée[38]. Retenir un prisonnier en *ostage*, c'est le garder en vue d'une rançon. L'*ost* désigne également le symbole d'un vœu religieux. Dans sa prison, Henri rejoint donc le sacré mais par le bas. Les « ornements ridicules » sont à ranger du côté des métamorphoses, c'est-à-dire finalement d'une réincarnation symbolique. La rumeur fera de lui un saint. Puis Marguerite devient otage à son tour. Capturée à la bataille de Teukelsbery en mai 1471, elle est emprisonnée au château de Wallingford. Son fils est tué, Henri est exécuté dans sa cellule, mais elle reste en vie. Lors du Traité de Picquigny le 29 août 1475, Louis XI obtiendra sa liberté contre la somme de cinquante mille écus.

5 Conclusion

Comme de toute fable, une morale est à retirer de *l'Histoire de Marguerite d'Anjou*. Chacun des quatre Livres qui composent l'ouvrage couvrant une période précise de la vie de la reine depuis sa jeunesse jusqu'à son décès, Prévost trace un parcours d'expérience existentielle selon l'art de la *memoria* car c'est « la mémoire qui est le moyen terme, le commun dénominateur, entre le *theatrum*

---

36 Mikhaïl Bakhtine, *L'œuvre de François Rabelais et la culture populaire au Moyen Âge et sous la Renaissance*, trad. Andrée Robel, Paris, Gallimard, 1970.
37 *Histoire de Marguerite d'Anjou, op. cit.*, p. 47.
38 Article « ost », *Dictionnaire de l'ancien français jusqu'au milieu du XIVe siècle*, dir. Algirdas Greimas, Paris, Larousse, 1968.

des encyclopédistes et le "théâtre du monde" des moralistes[39] ». Le lecteur, appelé à adopter une distance critique par la présentation successive des espaces où se joue la vie de Marguerite, effectue ainsi un tour du monde et comprend que l'écart séparant l'espace curial de l'espace carcéral est plus faible qu'il n'y paraît. Son jugement est guidé vers une réflexion sur les aléas de la vie politique. Derrière l'allégorie de Fortune se cache un outil didactique, le *pathos misericordia* rhétorique, que le satiriste agite avec succès : Marguerite suscitant tantôt l'admiration, tantôt la pitié, est toujours émouvante. Comme l'a souligné Normand Doiron, le déplacement est une stratégie à la fois poétique et politique[40]. L'ouvrage de Prévost s'insère dans le courant d'intérêt pour le médiévisme qui apparaît à la fin du XVIIe siècle et s'épanouit au XVIIIe siècle comme le montre *La Bibliothèque universelle des romans*[41]. Prévost célèbre la galanterie chevaleresque[42] mais témoigne aussi du contraste entre la réalité vécue et l'idéal des romans de chevalerie. Il contribue à désacraliser la représentation du pouvoir royal, même s'il salue en Marguerite la mère héroïque que les historiens s'accordent à reconnaître. Le regard porté sur le Moyen Âge par le siècle des Lumières passe d'une conception médiévale où le déplacement est aventure, conquête guerrière ou quête spirituelle, à une conception moderne où le voyage, moment de confrontation avec l'Autre, remet en cause les hiérarchies sociales.

---

39   Louis van Delft, *Les Spectateurs de la vie. Généalogie du regard moraliste, op. cit.*, p. 73.
40   Normand Doiron, *L'Art de voyager. Le déplacement à l'époque classique*, Sainte Foy/Paris, Presses de l'Université de Laval/Klincksieck, 1995.
41   Véronique Sigu, *Médiévisme et Lumières. Le Moyen âge dans la Bibliothèque universelle des romans*, Oxford, Voltaire Foundation, University of Oxford, 2013.
42   Voir p. 73.

Portraits de musiciens chez Stendhal

Béatrice Didier

I

Stendhal est né à l'écriture par la musique et grâce à elle. Bien avant de créer des êtres imaginaires, de faire vivre Julien, Mathilde, ou la Sanseverina, il a écrit les *Vies de Haydn, de Mozart, et de Métastase*, puis celle de *Rossini*. Il a besoin de ce tremplin pour s'élancer vers une existence nouvelle, après la chute de l'Empire. Mais partir de personnages réels constitue à la fois une facilité et une difficulté. Même si l'imagination de l'écrivain entre en jeu, la réalité historique a ses exigences, et se pose la question des sources. Question qui a été beaucoup étudiée et que je ne fais que rappeler. On a reproché à Stendhal ses plagiats, parce qu'il avait repris parfois presque textuellement la vie de Mozart par Carpani. Mauvaise querelle et qui occulte une partie de la question. Les exigences scientifiques que nous pouvons avoir devant la biographie ne sont pas encore nettement formulées en ce tout début du XIXe siècle : le lecteur d'alors recherche une lecture agréable, non une œuvre d'érudition. En France, le genre de la biographie d'artiste est encore dans les limbes, particulièrement la biographie de musiciens. Stendhal fait figure de pionnier. Ajoutons enfin, pour en terminer avec les accusations de plagiat, que la notion de propriété littéraire n'est pas formulée aussi nettement qu'elle le sera au XXe siècle (en attendant les incertitudes qu'entraîneront au XXIe l'informatique).

Les sources écrites de Stendhal sont donc limitées, mais elles ne sont pas les seules à pouvoir être consultées : les sources plastiques sont précieuses ; alors l'écrivain serait amené à décrire un tableau, ce qui pose d'autres difficultés ; on sait que Stendhal sera aussi un critique d'art, et s'il décrit un tableau, c'est donc déjà sur un autre registre qu'il travaille, registre dont il montrera aussi la fécondité. Cependant la technique descriptive n'est pas la même : dans les ouvrages sur la peinture, le portrait est étudié en lui-même ; dans la vie de musicien, il est utilisé comme document, et une simple référence peut suffire. Si Stendhal a pu voir des portraits peints, dessinés ou gravés, des musiciens dont il écrit les biographies, il n'indique pas toujours ses sources, là non plus, ou se contente d'une simple allusion. Ainsi à propos de la famille Mozart, il fait rapidement allusion à une gravure tirée d'un dessin de Carmontelle : « À Paris ils [...] reçurent l'accueil le plus distingué. Ils y eurent même l'honneur du portrait : on grava le père au milieu de ses deux enfants, d'après un dessin de

Carmontelle[1] ». Ces sources plastiques, comme les sources littéraires, Stendhal les traite très librement, et ne décrit pas en détail le tableau. Dans la *Vie de Haydn*, il évoque le portrait peint par Reynolds :

> Il voyait beaucoup à Londres la célèbre Billington, dont il était enthousiaste. Il la trouva un jour avec Reynolds, le seul peintre anglais qui ait su dessiner la figure : et il venait de faire le portrait de madame Billington en sainte Cécile écoutant la musique céleste, comme c'est l'usage. Madame Billington montra le portrait à Haydn : « Il est ressemblant, dit-il, mais il y a une étrange erreur – Laquelle ? reprend vivement Reynolds. – Vous l'avez peinte écoutant les anges : il aurait fallu peindre les anges écoutant sa voix divine ». La Billington sauta au cou du grand homme. C'est pour elle qu'il fit son *Ariane abandonnée*[2].

On voit ici que Stendhal préfère l'anecdote à la description. Lorsque dans le paragraphe suivant il revient à ce portrait de Haydn, c'est essentiellement pour raconter là encore une anecdote et la ruse qui fut employée pour que le musicien accepte l'ennui des séances de pose :

> Le prince trouva un stratagème : il envoie chez le peintre une Allemande très jolie, attachée au service de sa mère. Haydn vient poser pour la troisième fois ; et au moment où la conversation languit, une toile tombe, et la belle Allemande, élégamment drapée avec une étoffe blanche, et la tête couronnée de roses dit à Haydn, dans sa langue maternelle : « Ô grand homme que je suis heureuse de te voir et d'être avec toi ! » Haydn ravi, accable de questions l'aimable enchanteresse : sa physionomie s'anime, et Reynolds la saisit rapidement[3].

Curieusement, le futur romancier donne davantage de détails descriptifs relatifs à la jeune Allemande qu'au tableau de Reynolds. Il excelle déjà à créer une scène mais la description proprement dite l'importune. Il le dira nettement dans les *Souvenirs d'égotisme* : décrire un salon comme le ferait Walter Scott lui répugne, et la description détaillée d'un personnage l'ennuie tout autant, ce qui l'intéresse c'est l'expression du regard, ce qui *a priori*, semblerait pourtant le plus difficile à exprimer.

---

1 *Vies de Haydn, de Mozart et de Métastase*, O.C., Cercle du bibliophile, 1970, t. XLI, p. 265.
2 *Ibid.*, p. 151.
3 P. 151–152.

Si les sources plastiques et littéraires sont finalement d'assez peu de secours dans ces portraits de musiciens, en revanche l'écrivain crée une illusion du regard chez son lecteur, en parvenant à lui faire croire qu'il a vu de ses propres yeux le musicien. Ainsi au début de la *Vie de Haydn* où Stendhal reprend très exactement une lettre de Carpani datée du 15 avril 1808, il donne l'impression qu'il a lui-même fait cette visite à Haydn, et convie son lecteur à voir lui aussi le vieux musicien de ses propres yeux :

> Vous trouvez au milieu de la deuxième chambre de l'appartement un vieillard tranquille, assis devant un bureau, absorbé dans la triste pensée que la vie lui échappe [...] Lorsqu'il voit entrer quelqu'un, un doux sourire paraît sur ses lèvres, une larme mouille ses yeux, son visage se ranime, sa voix s'éclaircit, il reconnaît son hôte, et lui parle de ses premières années dont il se souvient bien mieux que des dernières : vous croyez que l'artiste existe encore ; mais bientôt il retombe à vos yeux dans son état habituel de léthargie et de tristesse[4].

Miracle des épidictiques : le lecteur naïf pourrait croire que Stendhal a vu la scène[5] et qu'il la voit lui-même. Cette illusion du regard direct, on la retrouvera même dans *La Vie de Rossini*, où là rien n'empêcherait l'écrivain d'avoir vu directement ce que parfois il n'a ni vu ni entendu, du moins dans les lieux où il prétend avoir été : l'érudition de V. Del Litto, et, plus récemment celle de Suzelle Esquier ont prouvé que, dans *La Vie de Rossini* où pourtant l'originalité de Stendhal est plus évidente, la supercherie habile de l'écrivain fait croire au lecteur que le biographe a assisté à telle représentation à la Scala de Milan qu'en fait il a vue au théâtre des Italiens à Paris.

Reste à montrer comment cet habile magicien nous fait voir des musiciens qu'il n'a pas vus et dont il ne donne pas une description à strictement parler.

II

Le goût de l'anecdote que nous venons de signaler a une conséquence directe sur le portrait ; quand l'anecdote ne le remplace pas, elle permet un portrait en action, méthode à laquelle se conformera encore le romancier, qui, en cela très différent de Balzac, évite l'arrêt sur image. Ces portraits en action suivent et créent le dynamisme de la biographie : évoquer une vie, c'est ressusciter un

---

4 P. 10.
5 P. 11 : « Je vais de temps en temps visiter ces restes chéris d'un grand homme ».

être changeant ; si le portrait n'est pas immobile, c'est que le musicien, comme tout homme, n'est jamais vraiment le même. Haydn apparaît d'abord en jeune homme encore inconnu : « Pauvre, grelottant de froid dans son grenier, sans feu, étudiant fort avant dans la nuit, accablé de sommeil, à côté d'un clavecin détraqué, tombant en ruines de toutes parts, il se trouvait heureux[6] ». Quel contraste avec Haydn vieux et malade, mais en pleine gloire, lors de l'exécution de la *Création* à Vienne chez le prince Lobkowitz :

> Le pauvre vieillard voulut, malgré sa faiblesse, revoir encore ce public pour lequel il avait tant travaillé. On l'apporta sur un fauteuil dans cette belle salle, pleine en ce moment de coeurs émus [...] Haydn, que tant de gloire et d'amour avaient fait pleurer plusieurs fois, se sentit faible à la fin de la première partie. On enlève son fauteuil : au moment de sortir de la salle, il fait arrêter les porteurs, remercie d'abord le public par une inclination, ensuite se tournant vers l'orchestre, par une idée tout à fait allemande, il lève les mains au ciel, et les yeux pleins de larmes, il bénit ses anciens compagnons de travaux[7].

Plus qu'un portrait physique détaillé, il s'agit d'une évocation de circonstances, de sentiments qui amènent le lecteur à imaginer la scène et par conséquent à voir la silhouette d'un personnage qui n'est pas exactement décrit. Mais cette juxtaposition au cours d'une biographie de portraits si différents du même homme, amène à poser la question irritante : quel est le vrai ? et ce vertige de l'identité, Stendhal le note chez Haydn :

> Il ne pouvait souffrir d'être peint en vieillard. En 1800, il gronda sérieusement un peintre qui l'avait représenté tel qu'il était alors, c'est à dire dans sa soixante-huitième année. « Si j'étais Haydn quand j'avais quarante ans, lui dit-il, pourquoi voulez-vous envoyer à la postérité un Haydn de soixante-huit ans ? Ni vous, ni moi ne gagnons à cet échange[8] ».

Mozart n'a pas eu le temps de vieillir. Stendhal tente d'en donner un portrait en réunissant quelques éléments physiques ; il le fait sous le signe d'une citation de Cabanis, médecin idéologue, sensualiste et fin analyste des rapports du physique et du moral. Stendhal se livre alors à une sorte de diagnostique médical :

---

6 P. 38.
7 P. 231–233.
8 P. 240.

> Mozart ne prit point avec l'âge l'accroissement ordinaire : il eut toute sa vie une santé faible ; il était maigre, pâle ; et quoique la forme de son visage fut extraordinaire, sa physionomie n'avait rien de frappant que son extrême mobilité. L'air de son visage changeait à chaque instant, mais n'indiquait autre chose que la peine ou le plaisir qu'il éprouvait dans le moment. On remarquait chez lui une manie qui ordinairement est un signe de stupidité : son corps était dans un mouvement perpétuel ; il jouait sans cesse avec les mains, ou du pied frappait la terre. Du reste rien d'extraordinaire dans ses habitudes, sinon son amour passionné pour le billard [...] Les mains de Mozart avaient une direction tellement décidée pour le clavecin, qu'il était peu adroit pour autre chose. À table il ne coupait jamais ses aliments, ou s'il entreprenait cette opération, il ne s'en tirait qu'avec beaucoup de peine et de maladresse[9].

Stendhal peine visiblement à donner ce portrait physique où se marquent à la fois un désir médical du diagnostique et l'échec de toute explication médicale du génie, lorsqu'il croit constater chez Mozart ce qui, en général, est un signe de stupidité. La « Physiognomonie » de Lavater échoue également : rien de frappant dans la forme de ce visage. Tentative de faire entrer Mozart dans la catégorie que forge la médecine du début du XIXe siècle, des « monomaniaques » (Géricault en laisse des portraits effroyables) et conscience du ridicule de cette catégorisation dictent cette esquisse qui visiblement ne satisfait pas le biographe ; il tente ensuite de rapprocher Mozart, non d'un malade, mais d'un enfant, pour finalement préférer renoncer à toute explication et préfère une évocation irrationnelle, paradoxale et romantique du génie : « Ce même homme, toujours distrait, toujours jouant et s'amusant, paraissait devenir un être d'un rang supérieur dès qu'il se plaçait devant un piano. Son âme s'élevait alors, et toute son attention pouvait se diriger vers le seul objet pour lequel il fût né, *l'harmonie des sons*[10] ». Mais alors il n'y a plus guère de place pour les traits physiques, le génie musical devient en quelque sorte immatériel ; Diderot dans le *Neveu de Rameau*, ou Balzac dans *Gambara* multiplient les notations physiques du musicien pris par l'inspiration, mais dans les deux cas, il s'agit de génies ratés, ce qui n'est évidemment pas le cas de Mozart ; le sublime ne se décrit pas, il « surpasse le disant », pour reprendre l'expression que Stendhal emploie en parlant du bonheur – autre forme du sublime[11].

---

9   P. 284.
10 P. 285.
11 *Vie de Henry Brulard*, O.C., t. XXI, p. 371–372 : « Comment peindre le bonheur fou ? [...] le sujet surpasse le disant ».

III

S'il est difficile de peindre le portrait de l'artiste inspiré (que Fragonard pourtant a si bien su rendre dans ce portait où l'on a vu pendant longtemps Diderot), dans les Vies de musiciens qui ont écrit pour l'opéra – c'est le cas de tous ceux qui intéressent Stendhal – d'autres portraits pourront intervenir et nombreux : ceux des acteurs. Ils sembleront parfois suffisamment esquissés en recourant à la désignation de l'« emploi » – ainsi pour la *Pietra del paragone* : Clarice « jeune veuve », Marforio « intrigant, poltron », Asdrubal « jeune poète »[12], – Mais, lorsqu'il s'agit d'œuvres et d'interprètes plus importants, Stendhal donne alors un portrait détaillé de l'artiste qui a incarné le rôle ; ainsi dans le chapitre consacré à *Elisabetta*, le portrait de la célèbre Colbran (1785–1845), future femme de Rossini, qui a créé le rôle à Naples :

> Jamais peut-être cette chanteuse ne fut si belle. C'était une beauté du genre le plus imposant : de grands traits, qui, à la scène, sont superbes, une taille magnifique, un œil de feu à la circassienne, une forêt de cheveux du plus beau noir-jais, enfin l'instinct de la tragédie. Cette femme, qui, hors de la scène, a toute la dignité d'une marchande de modes, dès qu'elle paraît le front chargé du diadème, frappe d'un respect involontaire, même les gens qui viennent de la quitter au foyer[13].

Portrait intéressant parce qu'en fait, double : derrière le portrait de l'actrice, se profile celui de la femme ordinaire. Dans la suite du texte apparaît encore un autre portrait, d'ordre psychologique, qui est alors celui non de l'interprète, mais du personnage : « Quel lecteur ne se rappellera pas d'abord le caractère de cette reine illustre, chez qui les faiblesses d'une jolie femme, que la jeunesse quitte, viennent obscurcir de temps en temps les qualités d'un grand roi[14] ? ». Richesse de l'opéra : la femme de tous les jours devient un personnage qui lui-même possède une identité qui dépasse son incarnation par tel ou tel acteur, identité née du livret et surtout de la musique, identité mouvante qui se constitue au fur et à mesure que progresse l'action relatée par Stendhal, et le déroulement de la partition.

---

12   *Vie de Rossini*, O.C., t. XXII, p. 114–115.
13   *Ibid.*, p. 203.
14   *Ibid.*, p. 204. *Elisabetta* est « la première musique de Rossini que l'on entendait à Naples ». Dans la *Vie de Rossini*, *Elisabetta* est une des œuvres dont l'analyse est le plus fouillée.

Écrire une vie de musicien, c'est finalement, par delà ces portraits multiples (il faudrait aussi parler des portraits de *dilletanti*, de mécènes, du public) et par-delà le portrait du musicien lui-même, tenter de faire celui de sa musique, et alors les difficultés se multiplient. Une solution qui ne fait que redoubler les écueils, consiste à recourir à un procédé classique de la rhétorique, et tenter un parallèle ; ainsi entre Mozart et Rossini :

> Le premier caractère de la musique de Rossini est une rapidité qui éloigne de l'âme toutes les émotions sombres si puissamment évoquées des profondeurs de notre âme par les notes de Mozart. J'y vois ensuite une fraîcheur qui, à chaque mesure, fait sourire de plaisir. Aussi toutes les partitions semblent-elles lourdes et ennuyeuses auprès de celle de Rossini. Si Mozart débutait aujourd'hui, tel serait le jugement que nous porterions de sa musique. Pour qu'il pût nous plaire, il faudrait l'entendre quinze jours de suite ; mais on le sifflerait dès le premier. Si Mozart résiste à Rossini, si nous le préférons souvent, c'est qu'il est fort de notre antique admiration et du souvenir des plaisirs qu'il nous a donnés[15].

Essayer de caractériser une musique, d'en faire en quelque sorte un portrait moral, c'est du même coup faire le portrait d'un public et de son goût – Stendhal est fort sensible à ses évolutions –, c'est aussi faire son autoportrait, et un autoportrait lui-même mouvant, puisqu'alors le passé et le souvenir interviennent dans la sensation présente.

Il semblerait donc, d'après notre approche rapide de la question, que le portrait dans une biographie de musicien possède une certaine spécificité. S'il entretient avec tout portrait écrit des points communs dus au langage littéraire, s'il possède des caractéristiques qu'il partagerait avec le portrait de comédien (existence du rôle, de l'interprétation, vicissitudes de la réception par le public), il possède un caractère propre qui provient de façon évidente de la musique elle-même. Mais alors il serait intéressant de pousser l'enquête au delà de Stendhal : que devient le portrait du musicien dans une fiction romanesque ? Stendhal n'a pas laissé de personnages importants qui soient des musiciens professionnels (la Sanseverina chante, mais n'est pas une cantatrice). Cependant il y a suffisamment de romans de musiciens dans la littérature

---

15   *Vie de Rossini, O.C.*, t. XXIII, p. 182.

(et ils se sont multipliés ces dernières années[16]), pour que l'enquête puisse présenter de l'intérêt ; le seul *Docteur Faustus* de Thomas Mann suffirait à alimenter cette réflexion. Thomas Mann a été amené pour faire le portrait de son musicien imaginaire (mais qui tient de plusieurs musiciens réels), à décrire sa musique et donc à affronter, et à résoudre génialement, les problèmes ardus de l'*ekphrasis* en musique : comment rendre visible ce qui n'est pas du registre de la vue ? comment être précis sans tomber dans une technicité qui, en musique, est pourtant nécessaire ? Comment dire l'indicible ?

---

16   J'avais étudié lors d'un colloque à Bayonne (2007) *Ingrid Caven* de Schul, *La musique d'une vie* de Makine, *Au piano* d'Echenoz, datant des premières années du XXIe siècle ; d'autres romans du musicien ont paru depuis. La tradition remonte évidemment plus haut, à Diderot, à George Sand, à Balzac pour ne parler que de la France.

TROISIÈME PARTIE

Le portrait dans la fiction

..

Urfé « peintre de l'âme » : Les formes éloquentes du portrait dans *L'Astrée*

Delphine Denis

« Parle, afin que je te voie » : c'est à cette formule socratique[1], passée en lieu commun de la littérature morale des XVIe et XVIIe siècles, que Georges de Scudéry confie en 1641, dans la préface d'*Ibrahim*, l'une des tâches de la nouvelle poétique du roman qui s'élabore à la même période, et dont il est le premier à tenter l'exposé théorique. Son argument s'expose en deux mouvements successifs :

> Après avoir décrit une aventure, un dessein hardi, ou quelque événement surprenant, capable de donner les plus beaux sentiments du monde ; certains Auteurs se sont contentés de nous assurer, qu'un tel Héros pensa de fort belles choses sans nous les dire, et c'est cela seulement que je désirais savoir. Car que sais-je si dans ces événements la Fortune n'a point fait autant que lui ? si sa valeur n'est point une valeur brutale ? s'il a souffert en honnête homme les malheurs qui lui sont arrivés ? Ce n'est point par les choses du dehors ; ce n'est point par les caprices du destin, que je veux juger de lui ; c'est par les mouvements de son âme, et par les choses qu'il dit[2].

> [...]

> Certainement il n'est rien de plus important, dans cette espèce de composition, que d'imprimer fortement l'Idée, ou pour mieux dire, l'image des Héros en l'esprit du Lecteur : mais en façon qu'ils soient comme de sa connaissance : car c'est ce qui l'intéresse en leurs aventures, et de là que vient son plaisir. Or pour les faire connaître parfaitement, il ne suffit pas de dire combien de fois ils ont fait naufrage, et combien de fois ils ont rencontré des voleurs : mais il faut faire juger par leurs discours, quelles

---

1 Inspiré d'un passage du *Charmide* de Platon (154e), le mot est attribué à Socrate, s'adressant à un jeune homme, dans les *Florides* d'Apulée, II : « *Ut te videam, inquit, aliquid eloquere* ». Érasme s'en fait le relais dans ses *Apophtègmes* (3, 70).
2 Préface d'*Ibrahim*, dans C. Esmein (éd.), *Poétiques du roman. Scudéry, Huet, Du Plaisir et autres textes théoriques et critiques du XVIIe siècle sur le genre romanesque*, Paris, H. Champion, 2004, p. 142.

sont leurs inclinations : autrement l'on est en droit de dire à ces Héros muets ce beau mot de l'antiquité, PARLE AFIN QUE JE TE VOIE[3].

Tissé entre ces deux exigences, l'éloge du « grand et incomparable Urfé » vient tout naturellement sous la plume de son « adorateur » (*sic*) de longue date. Si l'auteur de *L'Astrée* est « admirable partout : [...] fécond en inventions, et en inventions raisonnables », c'est comme « Peintre de l'âme » que Scudéry identifie le singulier talent d'Urfé :

> Mais entre tant de rares choses, celle que j'estime le plus, est qu'il sait toucher si délicatement les passions, qu'on peut l'appeler le Peintre de l'âme. Il va chercher dans le fond des cœurs les plus secrets sentiments ; et dans la diversité des naturels qu'il représente, chacun trouve son portrait[4].

Cette capacité à « toucher [...] les passions » doit se comprendre à la lumière de la syllepse autorisée par le verbe : tout à la fois les exprimer, de même que le peintre ajoute des touches à son tableau pour en achever les *couleurs* – terme que la rhétorique emprunte au vocabulaire de la peinture –, et susciter en retour l'émotion du lecteur[5]. Du pouvoir du discours à représenter l'« âme » du personnage, c'est-à-dire son *caractère*, l'antiquité a si bien reconnu l'importance et la vertu formatrice pour l'apprenti orateur qu'elle en avait fait l'un des exercices préparatoires (*progymnasmata*) pratiqués méthodiquement à l'école des rhéteurs. Il s'agit de l'*éthopée*[6], que Scudéry a sans nul doute en tête

---

3 *Ibid.*, p. 142-143.
4 *Ibid.*, p. 142. Les expressions citées entre guillemets figurent dans le même passage.
5 « Toucher, signifie aussi, Exprimer, ainsi on dit, qu'Un Poëte, qu'un Orateur touche bien les Passions. [...]. Toucher, sign. fig. Esmouvoir. » (Dictionnaire de l'Académie [1694], *s.v.* « toucher »).
6 Dans la tradition latine, la *Rhétorique à Hérennius* (l. IV, 63) distingue brièvement la description physique (*effictio*) du personnage et sa représentation morale (*notatio*). Quintilien reprend le vocabulaire grec pour désigner cette *imitatio morum* (*I.O.*, IX, 2, 58). Les manuels de rhétorique utilisés dans les collèges jésuites, depuis Soarez, font tous une place à l'éthopée. Dernier en date, le *Candidatus rhetoricae* du P. Jouvancy (1712) la présente en ces termes : « Ce n'est pas un mince travail, et une petite difficulté pour l'éloquence que d'imiter, et de peindre, dans un langage approprié, les mœurs et les sentiments humains [*in imitandis ... et effingendis hominum moribus, & affectibus*] ; de trouver ce qui peut le mieux émouvoir les esprits » (V, 4, trad. H. Ferté, Paris, Hachette, 1892, p. 118). Peintre de l'âme, Urfé n'en néglige pas moins la description des corps, empruntant alors à un autre exercice préparatoire auquel l'avait également formé la pédagogie jésuite reçue dans ses années d'études au Collège de Tournon : l'*ecphrasis*, régime du discours descriptif, s'attache entre autres objets nombreux aux portraits physiques (c'est l'*ecphrasis prôsopôn*) – et ils ne manquent pas dans *L'Astrée*. Voir la thèse de R. Romagnino, *Origine, redéfinition, statut de l'ecphrasis*

lorsqu'il entend établir l'une des règles pour la composition romanesque, dont *L'Astrée* serait à l'en croire le premier modèle français.

Sur la force de représentation du discours des personnages repose en effet la réussite de l'éthopée : à charge pour elle de les caractériser pour mieux émouvoir. Ainsi déléguées aux propos des héros de cette fiction pastorale, où se côtoient bergers, nymphes et chevaliers, les peintures morales se font « peintures parlantes[7] » : elles devront rendre possible l'incarnation fictionnelle qui donne au roman son corps sensible, éloquent – touchant.

À ces portraits moraux, l'organisation rhapsodique du roman de l'âge baroque offre, on le verra, plus d'un lieu d'exercice. Tandis que les dialogues suivis s'insèrent dans le flux de la narration, les formes ostentatoires de l'éthopée l'en détachent comme autant de « beaux endroits » dont les Tables récapitulatives de *L'Astrée* indexent la présence au fil du texte[8] : lettres, poésies, harangues parfois, contribuent ainsi exemplairement à l'élaboration des *personae fictae* du roman.

« Conversation entre absents[9] », la lettre élabore, au fil des échanges entre amants, une « histoire conversationnelle[10] » qui vient s'ajouter aux dialogues du récit pour parfaire la représentation des personnages comme celle de leur relation. L'une de ces missives, *hapax* dans le roman, campe d'Astrée un véritable autoportrait adressé à Céladon en manière de défi. Significativement, c'est la toute première d'une longue série que le lecteur découvrira, en même temps que Galathée et ses suivantes qui ont recueilli le berger sauvé de la noyade et prennent connaissance des billets qu'il avait soigneusement conservés :

> Qu'est-ce que vous entreprenez Celadon ? en quelle confusion vous allez vous mettre ? croyez moy qui vous conseille en amye, laissez ce dessein de me servir, il est trop plein d'incommoditez : quel contentement y esperez vous ? je suis tant insupportable que ce n'est guere moins entreprendre que l'impossible ; il faudra servir, souffrir, & n'avoir des yeux, ny de l'Amour que pour moy : car ne croyez point que je vueille avoir à partir avec quelqu'autre, ny que je reçoive une volonté à moitié mienne : je suis

---

romanesque au XVIIe siècle, dir. D. Denis, Paris-Sorbonne, septembre 2015 (p. 359–418 pour l'*ecphrasis prôsopôn*).

7   Préface d'*Ibrahim*, éd. cit., p. 138.
8   Ces tables sont selon toute vraisemblance à mettre au crédit des imprimeurs-libraires, qui en élargissent le dispositif à partir de 1612, réservé en 1607 aux seules histoires enchâssées.
9   Selon la formule du Ps. Démétrios de Phalère.
10 Sur cette notion, voir S. Golopentja, « Interaction et histoire conversationnelle », dans *Échanges sur la conversation*, J. Cosnier, N. Gelas, C. Kerbrat-Orecchioni (dir.), Lyon, Éd. du C.N.R.S., Centre Régional de Publication de Lyon, 1988, p. 69–81.

> soupçonneuse, je suis jalouse, je suis difficile à gagner, & facile à perdre ; & puis aisée à offenser, & tres-mal aisée à rappaiser ; la moindre doute est en moy une asseurance ; il faut que mes volontés soient des destinées, mes opinions des raisons, & mes commandemens des loix inviolables. Croyez moy, encor un coup ; retirez vous, Berger, de ce dangereux labyrinthe, & fuyez un dessein si ruïneux. Je me recognois mieux que vous, ne vous figurez de pouvoir à la fin changer mon naturel, je rompray plustost que de plier, & ne vous plaignez à l'avenir de moy, si à ceste heure vous ne croyez ce que je vous en dis[11].

Le « naturel » ombrageux sous lequel se décrit Astrée, multipliant les assertions à la première personne et les présents dits « de caractérisation », est tout autant affirmé que montré, par le style de cette lettre où se pressent les marques d'une énonciation passionnée : brièveté des propositions enchaînées en asyndète et scandées par la relance de la conjonction de coordination, antithèses confortées de dérivations lexicales, ellipses grammaticales, modalités interrogatives, déontiques et injonctives, l'*ethos* de la bergère se traduit dans cette écriture hautement singularisante. L'éthopée, ici, vaut de surcroît pour programme narratif dans l'ordre de la diégèse (au début des amours d'Astrée et de Céladon), tout comme, dans l'ordre rétrospectif du récit *in medias res*, elle assure la vraisemblance d'un caractère, support des événements déjà connus du lecteur : la jalousie d'Astrée est bien la cause du bannissement de Céladon et du geste désespéré de celui-ci, cherchant la mort dans les eaux du Lignon, tant les « commandemens » de la bergère sont en effet des « lois inviolables ». S'y annoncent encore, après ce suicide manqué, les épreuves que Céladon devra surmonter : il lui faudra « entreprendre […] l'impossible » et « souffrir » sans jamais se « plai[ndre] à l'avenir ».

Bien plus tard (au livre 5 de la deuxième partie), lorsqu'Astrée et ses amis découvrent dans le temple que Céladon a édifié en l'honneur de sa bergère les douze « Tables des lois d'amour » qu'il y a gravées, et, près de l'autel, « plusieurs petits rouleaux de papier espars » où Astrée lit, « toute tremblante[12] », les nombreuses poésies qu'ils contiennent, c'est non seulement au « caractère » manuscrit qu'elle reconnaît, avec Phyllis, la main de Céladon, mais encore à ces diverses professions du parfait amour qu'exemplifie le berger, et dont l'épître de l'auteur à son personnage, en tête de cette même deuxième partie, avait affirmé le modèle inimitable.

Beaux ornements du roman, signalées, comme les lettres, par des bandeaux typographiques et des titres, enfin indexées par leur *incipit* dans les tables

---

11   *L'Astrée. Première partie*, éd. dir. par D. Denis, Paris, H. Champion, 2001, l. 3, p. 206.
12   *L'Astrée. Deuxième partie*, éd. dir. par D. Denis, Paris, H. Champion, 2015, l. 5, p. 252.

récapitulatives publiées en fin de volume, les poésies insérées[13] participent également à la caractérisation morale des personnages. Conventionnelles dans l'expression des tourments amoureux, elles permettent au contraire, dans le cas du très hétérodoxe Hylas, de camper le portrait de celui-ci avant tout récit. Que la « Chanson de l'Inconstant Hylas[14] », entendue par la troupe des amis d'Astrée, précède la rencontre avec ce personnage appelé à jouer un rôle central dans le roman vaut pour symptôme : ici encore, dans le choix de formes poétiques (une chanson, plus loin une vilanelle[15]) rompant avec les plus sérieuses stances et autres sonnets ou madrigaux, c'est par son style de discours tout autant que dans le détail de ses arguments – par ailleurs défendus pied à pied dans les nombreux débats qui l'opposent à Sylvandre, sage et platonisant berger – que se livre le portrait de l'Inconstant.

Ailleurs, les portraits poétiques servent encore la représentation des conflits amoureux, relayant en cela le récit qui en narre les péripéties. Deux voix antagonistes y dialoguent en miroir sous la forme du chant amébée dont Urfé renouvelle ainsi la tradition, réservée depuis Théocrite et Virgile aux concours poétiques entre bergers. Ainsi du « Dialogue de Stelle et Corilas[16] », où l'infidèle bergère tente une fois de plus de ramener à elle son amant trahi deux fois, et désormais désillusionné :

> COR.
> *Pourquoy me voulez vous blasmer,*
>   *De ce que vous ne sçavez faire ?*
>   *Vous aimez par opinion,*
>   *Et non pas par élection.*
> STEL.
> *Je vous aime & aimeray,*
>   *Quoy que vostre Amour soit changée.*
> COR.
> *Moy, jamais je ne changeray,*
>   *Celle où mon ame est engagée :*
>   *Ne croyez point qu'à chaque jour*
>   *Je change comme vous d'Amour.*

---

13   Voir M.-G. Lallemand, « Les poèmes d'Honoré d'Urfé insérés dans *L'Astrée* », *XVIIe siècle*, n° 235, avril 2007, p. 295–313.
14   *L'Astrée*, éd. cit., I, 1, p. 147–148.
15   La vilanelle est une « Chanson de village qui a un refrain » (Furetière, renvoyant ici à *L'Astrée*).
16   *L'Astrée*, éd. cit., I, 5, p. 336–339. Voir aussi, dans la deuxième partie, le dialogue de Doris et Palémon (livre 8) ou, dans la troisième, celui de Daphnide et d'Alcidon (livre 3).

[...]
STEL.
> *Infidelle ! vous destruisez*
> *Une amitié qui fut si grande ?*

COR.
> *De vostre erreur vous m'accusez,*
>> *Le battu paye ainsi l'amende :*
>> *Mais dittes ce qu'il vous plaira,*
>> *Ce qui fut jamais ne sera.*

[...]
STEL.
> *Le change oste donc d'entre nous,*
>> *Ceste amitié que je desire.*

COR.
> *Le change m'a fait estre à vous,*
>> *De vous le change me retire :*
>> *Mais si je plains changeant ainsi,*
>> *C'est d'avoir tardé jusqu'icy.*

[...]

Placés dans la bouche de Stelle, l'appel à une constante amour et les accusations d'infidélité trahissent pour le lecteur toute la duplicité d'un caractère féminin imaginé en grande partie sur le modèle du personnage d'Hylas. Variation à deux voix sur le thème du *change*, les paroles qui s'y répondent trait à trait et s'entrelacent par le jeu des rimes croisées achèvent ainsi l'histoire des deux amants, en représentant sur ce mode conflictuel leur irréversible rupture : la dynamique agonale propre à ce genre poétique, accusée par les couplages conversationnels en questions/réponses[17] et l'antagonisme des formes pronominales[18], est ici le support d'un piétinement verbal traduit par les diverses figures de la répétition lexicale (polyptotes et figures dérivatives).

L'éthopée se fait encore proprement *éloquente* lorsqu'elle emprunte au genre éminemment rhétorique de la harangue. Le même marquage typographique,

---

17 Dans le modèle structurel de la conversation, ils se situent au niveau de l'*intervention*, et constituent ce que les spécialistes de linguistique pragmatique ont analysé sous le nom de « paires adjacentes ». Voir C. Kerbrat-Orecchioni, *Les Interactions verbales*, Paris, A. Colin, 1990–1994, t. I, p. 225–229.

18 Parfois emphatisées par la dislocation gauche (*Moi, jamais je ne changeray*) ou les figures d'anadiplose et de chiasme (*Le change m'a fait être à vous / De vous le change me retire*).

titulaire, voire tabulaire[19], la signale à l'attention du lecteur comme pièce détachable – et, comme les lettres, susceptible de servir de modèle dans l'économie propre aux recueils de bien-dire[20]. Le cadre conventionnel de ces discours publics est celui des « tribunaux d'amour[21] », où l'un des personnages du roman endosse le rôle d'arbitre pour régler les différends amoureux des bergers qui en appellent à ce jugement. Les protagonistes qui plaident successivement leur cause[22] préparent ou confortent le caractère que la fiction leur a prêté.

Au livre 1 de la deuxième partie, Thamire raconte son histoire dont les autres protagonistes sont la bergère Célidée, qu'il a aimée depuis la plus jeune enfance de cette dernière malgré la différence d'âge qui les sépare, et dont il a reçu l'affection en retour, et son neveu Calidon, élevé comme son propre fils. Celui-ci, tombé secrètement amoureux de Célidée, et la sachant promise à Thamire, a sombré dans une profonde « mélancolie érotique[23] », au point de voir ses jours en danger. Cette affection découverte, Thamire, pour préserver la vie de son neveu, consent à lui céder la bergère, qui n'aime pas Calidon. Mais, le voyant vite rétabli et prenant la mesure du courroux de Célidée, désormais déterminée à n'aimer plus, Thamire entend reconquérir celle-ci tandis

---

19   Absente comme telle dans la première partie, la harangue s'insère dans la suivante à la « Table des histoires ».

20   Sur le modèle inauguré par les *Trésors des Amadis* : voir S. Duval, « De la *marguerite* aux *pièces agréables* : les choix de belles proses à l'âge baroque », dans *L'Anthologie. Histoire et enjeux d'une forme éditoriale du Moyen Âge au XXIe siècle*, dir. C. Bohnert et Fr. Gevrey, Reims, Épure, 2015, p. 249–266.

21   Voir Fr. Greiner, « La juridiction des sentiments : tribunaux et cours d'amour dans trois romans de l'âge baroque », dans *Du Roman courtois au roman baroque*, E. Bury et F. Mora (éd.), Paris, Les Belles Lettres, 2004, p. 181–194.

22   Celle-ci est parfois déléguée à quelques-uns des membres de l'auditoire : au livre 7 de la première partie, à la fin de l'« Histoire de Tyrcis et Laonice », le hasard du sort confie à l'inconstant Hylas la charge de défendre Laonice, qui tente en vain de convaincre Tyrcis de renoncer à être fidèle à la mémoire de Cléon, morte de la peste, pour répondre à son amour, tandis que Phyllis plaide pour Tyrcis en faveur de cette même fidélité, devant le berger Sylvandre qui tranchera en faveur de ce dernier. Ce hasard, comme le note la nymphe Léonide, fait bien les choses, « puis que pour esmouvoir quelqu'un à changer d'affection, il en donne la charge à l'inconstant Hylas, comme à celuy qui par l'usage en doit bien sçavoir les moyens, & pour continuer une fidelle amitié il en donne la persuasion à une Bergere constante en toutes ses actions ; & que pour juger de l'un & de l'autre, il a esleu une personne qui ne peut estre partiale : car Silvandre n'est constant ny inconstant, puis qu'il n'a jamais rien aimé. » (éd. cit., p. 435).

23   Il en présente tous les symptômes physiques : le corps « devient pâle, maigre, transi, sans appétit, ayant les yeux caves et enfoncés » (A. du Laurens, *Discours des maladies mélancoliques et du moyen de les guérir*, Tours, J. Mettayer, 1594, f. 163, cité par P. Dandrey, *Anthologie de l'humeur noire : écrits sur la mélancolie d'Hippocrate à l'Encyclopédie*, Paris, Gallimard, 2005, p. 643).

que Calidon persiste dans son dessein. Ont donc été campés, dans ce récit, trois caractères bien différents, et exposée l'impasse où se trouvent les trois protagonistes. Pour la régler, ils font appel au jugement de la nymphe Léonide, et viennent tour à tour, au livre suivant, prononcer leur harangue devant ce tribunal. Prise entre deux requêtes amoureuses qu'elle a fermement décidé de refuser, Célidée intervient en second rang – position de parole qui rejoue donc sa propre situation. Sa longue et véhémente plaidoirie emprunte comme les deux autres à tous les ressorts de l'éloquence publique. Or, dans la bouche d'une bergère à qui la modestie et l'ignorance supposées en ce domaine devraient interdire ce genre oratoire, elle élève en dignité le personnage et concourt à en faire le centre véritable de l'histoire. L'entrée en matière de sa réponse à Calidon en appelle à l'éloquence légendaire de l'Hercule gaulois[24] pour soutenir une parole privée du secours « technique[25] » de l'*ars rhetorica*, faisant ainsi coïncider de manière remarquable le *topos* de la modestie propre à la *captatio benevolentiae* d'un exorde en bonne et due forme rhétorique, avec la vraisemblance d'ordre poétique du *caractère* féminin :

> Je suis si peu accoustumée, grande Nimphe, à parler du sujet qui se presente, & mesme en si bonne compagnie, que vous ne devez point douter de la justice de ma cause, encor que vous me voyez rougir, ou que je parle avec une voix tremblante, en begayant presque à chasque mot. Que si je n'estois asseurée que la raison que j'ay de n'aimer point ce Berger, est si claire d'elle mesme, qu'elle n'a besoin d'artifice pour estre mieux veuë de vous, je n'aurois pas la hardiesse d'ouvrir la bouche pour ce sujet, sçachant bien que ce seroit inutilement, tant pour le defaut d'esprit qui est en moy, que pour la trop grande eloquence qui est en Calidon, qui a parlé de sorte qu'il a bien fait paroistre qu'il estoit au rebours de moy, puis qu'il mendie de foibles raisons seulement pour accompagner l'abondance de ses paroles, & moy je ne cherche que des paroles à mes raisons, en ayant tant, & de si fortes, que pour peu que je vous les puisse deduire, je tiens pour certain que vous cognoistrez que c'est avec raison, que n'ayant jamais aymé Calydon, je ne dois point commencer à cette heure, ny continuer, ou pour mieux dire renouveller l'affection que j'ay portée à Thamire, puis que j'ay tant d'occasion du contraire.

---

24   Voir M.-R. Jung, *Hercule dans la littérature française du XVIe siècle*, Genève, Droz, 1966, et R. E. Hallowell, G, « L'Hercule Gallique : expression et image politique », dans *Lumières de la Pléiade*, Paris, Vrin, 1966, p. 243–254.

25   Selon la distinction aristotélicienne entre preuves extra-techniques et preuves techniques, ces dernières seules étant du ressort de la rhétorique : *Rhétorique*, I, 2, 1355b.

> Mais par où commenceray-je ? & qui est-ce qu'en premier lieu je dois alleguer, ou à quelle divine puissance faut-il que je recoure pour estre assistée en ce perilleux combat où je suis attaquée, non par l'Amour, mais par ces monstres d'Amour ? perilleux combat veritablement le puis-je nommer, puis que tout mon heur & mon malheur en dépendent : & monstres d'Amour sont ils bien, puis qu'ils se veulent faire aymer par force, & contraindre d'aimer & de hayr à leur volonté.
>
> J'ay ouy dire à nos sages Druides que ce grand Hercules que nous voyons eslevé sur nos autels avec la massuë en la main, l'espaule chargée de la peau du Lyon, & avec tant de chaines d'or qui luy sortent de la bouche, qui tiennent tant d'hommes attachez par les aureilles, fut jadis un grand Heros, qui par sa force & valeur domtoit les monstres, & par son bien dire attiroit chacun à la verité. [...] Par ta valeur doncques je te prie, [...] ô grand Hercule je te conjure que tu me delivres de ces monstrueuses Amours, & esclaircisses de sorte à céte grande Nimphe la raison que j'ay de me conserver sans aymer ny Thamire ny Calydon, que j'en puisse recevoir un juste & favorable jugement[26].

Face à la « trop grande éloquence » de Calidon, dont l'« artifice » et « l'abondance [des] paroles » (*copia verborum*) sont autant de signes d'un discours spécieux, la harangue de Célidée oppose une parole authentique, dont l'efficacité tient à la seule justesse intrinsèque de son plaidoyer *pro domo*. Au sein de la fiction, l'enjeu, pour la bergère, est la reconquête d'une liberté menacée par l'*hybris* de ces deux « monstres d'amour ». L'éthopée vaut ici pour geste langagier d'héroïsme : il prépare, dans la suite de cette histoire racontée au livre 11, l'acte radical de Célidée, se mutilant le visage afin que la perte de sa beauté la soustraie aux poursuites des deux bergers. Ce portrait éloquent instruit ainsi la « constance » d'un caractère – élément déterminant de sa vraisemblance poétique[27] – tout en élevant le personnage au rang d'héroïne tragique.

À la singularité, ici exemplaire, des portraits figurés en discours par l'éthopée, où Georges de Scudéry voyait la source de l'intérêt du lecteur de fictions, il conviendrait peut-être d'ajouter le versant collectif de leur usage, conférant à ce roman pastoral sa couleur propre : celle d'une politesse des mœurs traduite en civilité de langage. C'est en ce sens que s'exerce notamment l'« honnête

---

26   II, 2, p. 99–100.
27   C'est la quatrième propriété nécessaire à la constitution des caractères selon Aristote : *Poétique*, 15, 54a26.

raillerie[28] » commune aux bergers du Forez et à leurs aristocratiques interlocuteurs. Dans les disputes[29] qui opposent régulièrement Sylvandre et Hylas au sein de séquences dialoguées, les plaisantes répliques des deux bergers viennent à la fois tempérer la forme savante, si ce n'est livresque, de leurs débats, en leur conférant l'enjouement nécessaire à la « conversation civile[30] », et assurer par le rire de leurs auditeurs la cohésion de la communauté pastorale. D'une tout autre manière, mais convergente, les réparties pointues[31] de la nymphe Sylvie, figure de la Belle insensible, aux déclarations pétrarquisantes du chevalier Ligdamon, tout à la fois dénoncent la convention – cette fois d'origine littéraire – de ce discours amoureux, et confirment le bon usage de l'échange complimenteur, « lieu commun du bien-dire[32] ».

« Parole apprêtée[33] » plus que nulle part ailleurs dans le roman de l'âge baroque, en ce qu'elle dénonce son origine rhétorique, l'éthopée ne donne certes pas un accès discret à la vie intérieure des personnages[34] dont elle fait le portrait. Le temps du retour sur soi – celui de la *réflexion* psychologique inauguré avec éclat par *La Princesse de Clèves* –, est encore loin. Cependant, à la fin du siècle, Du Plaisir réaffirmera la nécessité de telles peintures morales.

---

28 Voir D. Denis, « L'honnête raillerie des conversations de *L'Astrée* », dans *Par les siècles et les genres. Mélanges en l'honneur de Giorgetto Giorgi*, É. Schulze-Busacker et V. Fortunati (dir.), Paris, Classiques Garnier, 2014, p. 273–283.

29 Au sens scholastique du terme latin *disputatio* : voir B. Périgot, *Dialectique et littérature : les avatars de la dispute entre Moyen âge et Renaissance*, Paris, H. Champion, 2005.

30 Telle que l'ont définie les traités italiens du XVIe siècle : *Le Courtisan* de Balthazar Castiglione (1528), la *Galatée* de Giovanni Della Casa (1558), *La Conversation civile* de Stefano Guazzo (1574). Plusieurs chapitres du livre II du *Courtisan* se penchent ainsi sur la belle manière de « divertir les esprits », « pour provoquer le rire et la joie d'honnête façon » (B. Castiglione, *Le Livre du Courtisan* [1528, trad. G. Chappuis, 1580, A. Pons (éd.)], Paris, GF-Flammarion, [1987], 1991, livre II, ch. XLI–XLIII, p. 161.

31 Au chapitre XLIII du *Courtisan*, messire Federico avait défini la facétie brève (*facezia brevissima*), consistant « seulement dans les mots prompts et subtils (*acuti*) […] et dans les paroles mordantes (*mordaci*) » : ces dernières n'ont pas de « grâce s'ils ne piquent un peu » (*ne senza quel poco di puntura parche abbian grazia*) (trad. citée, p. 162). Les « pointures » de Sylvie (I, 3, p. 244), pointes ou « paroles mordantes », à l'heure où écrit Honoré d'Urfé, font encore écho à la polémique ouverte en France au milieu du XVIe siècle par le revirement antipétrarquisant de Du Bellay et de Ronsard.

32 Voir D. Denis, « L'échange complimenteur : un "lieu commun" du bien-dire », *Franco-Italica*, n° 15–16, 1999, p. 143–161.

33 H. Coulet, *Le Roman jusqu'à la Révolution*, Paris, A. Colin, 1968, p. 130.

34 Voir M. Hersant et C. Ramond (dir.), *La Représentation de la vie psychique dans les récits factuels et fictionnels de l'époque classique*, Leiden/Boston, Brill/Rodopi, 2015.

L'« historien » désengagé de son récit[35] pour mieux servir l'« intérêt » du lecteur ne saurait peindre de l'extérieur ses personnages :

> Tout ce qu'un Auteur peut dire de leur esprit, ou de leur vertu, ne fait jamais assez d'impression ; et dans l'impossibilité de remplir toute l'espérance, qu'ont les Lecteurs de voir des coups de pinceau extraordinaires, et dignes d'un premier Héros, il ne montrerait qu'incapacité, et que faiblesse[36].

La solution prônée (« les actions seules doivent parler. Un Héros se peint par ses effets[37] »), qui congédie la voie ostentatoire de l'éthopée au nom de l'unité organique de la nouvelle, n'en réaffirme pas moins son pouvoir poétique : ces « effets » et ces « actions » s'actualisent ou se réfractent autant dans le discours des personnages que dans les événements dont ils sont les acteurs.

---

35   Voir D. Denis, « Historien ou narrateur ? Vers une approche non-communicationnelle du récit de fiction à l'âge classique », *ibid.*, p. 21–29.
36   Du Plaisir, *Sentiments sur les lettres et sur l'histoire avec des scrupules sur le style*, dans C. Esmein (éd.), *Poétiques du roman, op. cit.*, p. 770.
37   *Ibid.*, p. 771.

« L'Île de portraiture » : Poétique du portrait dans les histoires comiques du XVIIe siècle

Françoise Poulet

> J'ay trente ans passez, comme tu vois au dos de ma chaise. Si je vay jusqu'à quarante, j'adjousteray bien des maux à ceux que j'ay desja soufferts depuis huit ou neuf ans. J'ay eu la taille bien faite, quoy que petite. Ma maladie l'a racourcie d'un bon pied. Ma teste est un peu grosse pour ma taille. J'ay le visage assez plein, pour avoir le corps tres-décharné : Des cheveux assez, pour ne porter point de perruque ; J'en ay beaucoup de blancs, en dépit du Proverbe. J'ay la veuë assez bonne ; quoy que les yeux gros, je les ay bleus ; J'en ay un plus enfoncé que l'autre, du costé que je penche la teste. J'ay le nez d'assez bonne prise. Mes dents autresfois perles carrées, sont de couleur de bois, et seront bien tost de couleur d'ardoise [...]. Mes jambes et mes cuisses ont fait premierement un angle obtus, et puis un angle égal, et enfin un aigu. Mes cuisses et mon corps en font un autre, et ma teste se penchant sur mon estomac, je ne represente pas mal à un Z[1].

∴

On reconnaît ici quelques lignes du célèbre autoportrait de Scarron adressé au lecteur « qui ne [l']a jamais veu ». Si l'ensemble de cette description respecte la *dispositio* du portrait galant – elle progresse du corps vers l'esprit et est encadrée par une « bordure » –, elle en parodie bien des codes : au seuil de *La Relation véritable de tout ce qui s'est passé en l'autre monde au combat des Parques et des Poètes sur la mort de Voiture*, l'autoportrait se substitue de manière provocatrice au portrait élogieux que l'on pourrait attendre du dédicataire du texte ; en outre, il dépeint sans complaisance un misérable paralytique et est accompagné, comme l'usage mondain le veut souvent, d'une

---

1 Paul Scarron, *La Relation véritable de tout ce qui s'est passé en l'autre monde au combat des Parques et des Poètes sur la mort de Voiture*, Paris, Toussaint Quinet, 1648, « Au lecteur, qui ne m'a jamais veu », n. p.

gravure réalisée par Stefano della Bella, mais qui représente Scarron de dos, entouré de Muses qui se rient de lui. Enfin, l'auteur pousse la provocation jusqu'à présenter ce portrait comme un simple écrit destiné à augmenter le nombre de pages total du volume, accompagné d'une image alléchante, dans une pure stratégie marchande. Scarron appartient donc bien à cette catégorie d'auteurs que Jacqueline Plantié désigne sous le nom de « portraitistes extravagants[2] », qui satirisent la fureur de se faire peindre qui anime le monde galant dans les années 1650 et qui contamine également le roman héroïque, cible privilégiée du *Roman comique*.

Chez les auteurs d'histoires comiques, la critique de l'image peinte ou littéraire, représentation généralement flattée de son modèle, rejoint plus généralement celle de l'allégorie et de la *fabula* mensongère : l'*ekphrasis* apparaît ainsi antithétique des notions de vraisemblance, de naturel et de vérité qu'un auteur comme Charles Sorel attache à l'Histoire, dont le roman n'est jamais qu'une pâle copie[3]. Pourtant, en 1659, l'année même où la mode du portrait galant atteint son acmé, Sorel compose une fiction allégorique intitulée *Description de l'île de portraiture et de la ville des portraits* : il distingue dans cette œuvre une pratique valorisée du portrait, celle des « peintres censeurs », qui apparaissent comme les avatars des romanciers comiques dans la mesure où ils peignent des caractères généraux, afin d'inviter avec douceur et grâce les hommes à se corriger de leurs travers. C'est cette poétique du portrait comique que nous souhaiterions aborder ici, après avoir rappelé les principales critiques formulées par l'histoire comique contre la mode du portrait galant. Malgré l'hommage que Sorel rend dans son *Île* à la « portraiture », art de faire un portrait, il nous semble qu'une pensée d'inspiration résolument platonicienne distingue sa conception des genres de celle de ses contemporains. Chez lui, la célèbre formule d'Horace, *ut pictura poesis*, peut être reformulée en *ut historia poesis*, le véritable modèle de l'écriture n'étant pas la peinture mais l'Histoire et sa vérité.

---

[2] Jacqueline Plantié, *La Mode du portrait littéraire en France (1641-1681)*, Paris, Champion, 1994, p. 65.
[3] Voir l'ouvrage d'Anne-Élisabeth Spica, *Savoir peindre en littérature. La description dans le roman au XVIIe siècle : Georges et Madeleine de Scudéry*, Paris, Champion, 2002.

1 La tyrannie de l'image galante : des portraits « dont on n'admire pas les originaux »

Interpellant de manière provocatrice un lecteur qui serait amateur de romans héroïques, riches en portraits flatteurs de héros idéalisés, le narrateur du *Roman bourgeois* refuse de lui délivrer le portrait de Javotte, jeune bourgeoise qui apparaît dans les premières pages du roman :

> N'attendez pas pourtant que je vous la décrive ici, comme on a coutume de faire en ces occasions ; car, quand je vous aurais dit qu'elle était de la riche taille, qu'elle avait les yeux bleus et bien fendus, les cheveux blonds et bien frisés, et plusieurs autres particularités de sa personne, vous ne la reconnaîtriez pas pour cela, et ce ne serait pas à dire qu'elle fût entièrement belle ; car elle pourrait avoir des taches de rousseur, ou des marques de petite vérole. Témoin plusieurs héros et héroïnes, qui sont beaux et blancs en papier et sous le masque de roman, qui sont bien laids et bien basanés en chair et en os et à découvert[4].

Ce type de description est comiquement évacué du roman au même titre que les autres *topoï* et épisodes stéréotypés des romans-fleuves conventionnels : enlèvements, duels entre rivaux, attaques de bandits et autres naufrages qui structurent de manière répétitive les différents volumes de ces œuvres. Parmi ces passages obligés, le portrait du héros a ceci de spécifique qu'il appartient à la rhétorique épidictique, et plus précisément au genre de l'éloge : il est une pièce d'éloquence flatteuse, une description fantasmée et invraisemblable à force d'exagération de personnages qui ne sont que des chimères de papier, comme le soulignent les clés parodiques que le narrateur leur prête dans la réalité.

Ces attaques contre les cibles romanesques de l'histoire comique, que nous ne développerons pas car elles sont bien connues, permettent au genre d'énoncer un discours sur l'image, qu'elle soit décrite littérairement ou gravée, lié à un ensemble de préoccupations socioéconomiques. Dans ses romans, Charles Sorel évoque très souvent la mode galante du portrait peint : dans *L'Histoire comique de Francion*, le portrait miniature de Naïs joue ainsi le rôle d'un objet fortement érotisé assurant la transition entre la première et la seconde partie de l'œuvre ; les aventures de Polyandre s'ouvrent quant à elles sur l'épisode du portrait peint égaré par Lycian, l'amant de Céphize. Mais si Sorel utilise les

---

4 Antoine Furetière, *Le Roman bourgeois*, éd. J. Prévot, Paris, Gallimard, « Folio classique », 1981, p. 33.

ressorts narratifs associés à cet objet romanesque, il s'en prend lui aussi fortement aux descriptions flattées : ses attaques ciblent avant tout les portraits littéraires composés d'images pétrarquisantes qui ne peuvent produire que des monstres si on tente de les convertir en portraits peints. C'est ce que prouve la gravure représentant Charite dans *Le Berger extravagant*, réalisée par Anselme à partir des indications que lui donne Lysis et reproduite à la fin du premier livre :

> Fay luy moy ces beaux filets d'or qui parent sa teste, ces inevitables rets, ces ameçons, ces apas, et ces chaisnes qui surprennent les cœurs ; Apres cela depein moy ce front uny où l'amour est assis comme en son tribunal ; au bas mets ces deux arcs d'ebeine, et au dessous ces deux Soleils qui jettent incessamment des traits et des flammes ; et puis du milieu s'eslevera ce beau nez qui comme une petite montagne divise les jouës, non pas sans sujet, puis que se debattans continuellement à qui sera la plus belle, elles auroient querelle bien souvent si elles n'estoient separées. Tu les feras ces mignardes jouës parsemées de lys et de roses : et puis cette petite bouche dont les deux lévres sont des branches de corail[5].

Les « extravagantes descriptions des Poëtes[6] » répétées ici par Lysis sont dépourvues de toute référentialité et relèvent d'un langage barbare, indéchiffrable. Dans l'*Île de portraiture*, Périandre passe par la rue des peintres qui réalisent des portraits de leurs maîtresses « fort éloignés du naturel[7] », sous les traits de nymphes ou de déesses, tandis qu'eux-mêmes se figurent en malades alors qu'ils sont en parfaite santé ; ces tableaux sont accompagnés d'éloges écrits que Sorel rapproche explicitement du portrait de Charite. La gravure parodique de la maîtresse de Lysis entre plus généralement dans une satire de l'allégorie, lecture métaphorique de l'univers qui n'en donne qu'une vision trompeuse et mensongère : tout comme il fait l'éloge des portraits peints non flattés, Sorel se prononce en faveur d'une écriture romanesque qui se définisse comme une transcription littérale du monde, aussi fidèle que possible et bannissant le recours aux images usées. À l'histoire comique, narration naturelle et « naïve », doit correspondre une langue simple, moderne, compréhensible par tous, et surtout non trompeuse.

---

5 Charles Sorel, *L'Anti-Roman ou l'histoire du berger Lysis, accompagnée de ses remarques*, éd. A.-É. Spica, Paris, Champion, 2014, vol. I, livre I, p. 40. La gravure correspondante, que l'on doit à Crispin de Passe, se trouve p. 107.
6 *Ibid.*, livre II, p. 112.
7 Ch. Sorel, *Description de l'île de portraiture*, éd. M. Debaisieux, Genève, Droz, 2006, p. 79. Toutes nos citations renverront à cette édition.

La gravure de Charite parodie également une pratique à la mode chez les libraires du temps : celle qui consiste à orner les ouvrages imprimés d'illustrations afin d'appâter le lecteur par leur aspect luxueux et de détourner son attention de la piètre qualité littéraire du texte. C'est cette stratégie commerciale que Furetière commente à la suite de son refus de décrire Javotte, en visant très certainement les illustrations de Chauveau qui accompagnent *Le Grand Cyrus* et la *Clélie* de Georges et Madeleine de Scudéry :

> J'aurais bien plutôt fait de vous la faire peindre au-devant du livre, si le libraire en voulait faire la dépense. Cela serait bien aussi nécessaire que tant de figures, tant de combats, de temples et de navires, qui ne servent de rien qu'à faire acheter plus cher les livres. Ce n'est pas que je veuille blâmer les images, car on dirait que je voudrais reprendre les plus beaux endroits de nos ouvrages modernes[8].

Si la tyrannie du portrait peint déstabilise le marché de la librairie, celui-ci perturbe plus profondément encore les hiérarchies sociales. Sur l'Île de portraiture, des magistrats se font peindre en courtisans, des courtisans « efféminés » en hommes de guerre, tandis qu'une foule de gens masqués se font représenter avec leur poudre et leurs perruques afin que cette fausse image remplace dans l'esprit des contemporains leur apparence réelle (p. 76–77). Par contamination, ces orgueilleux se mettent à porter des habits non conformes à leur rang, si bien que le portrait peint ne peut plus être un témoignage fiable de la condition sociale : l'image n'est plus représentation de la réalité, elle s'y substitue dans une relation inversée, tandis que, symétriquement, la réputation, ou image sociale, remplace ce qu'est véritablement la personne[9]. Privilège longtemps réservé aux nobles, le droit de laisser une image de soi à la postérité faisait partie des revendications de cette catégorie sociale[10]. Or la démocratisation du portrait s'accompagne de la déstabilisation des critères attachés au costume, dans un monde renversé où les marqueurs sociaux ne se laissent plus déchiffrer avec transparence.

Dans le genre de l'histoire comique, la critique du portrait peint s'intègre donc à une réflexion socioéconomique, qui prend même des accents élitistes chez Sorel. De la fureur de se faire peindre et de la manie des collectionneurs

---

8   *Op. cit.*, p. 33.
9   Dans l'*Île de portraiture*, Sorel condamne ce type de portraits héroïques « qui donnent des louanges excessives à ceux qui n'en méritent aucune [et] font tort par ce moyen à tous les gens de vertu » (p. 109).
10 J. Plantié, *La Mode du portrait littéraire, op. cit.*, p. 44.

de portraits découle une multiplication des images mensongères qui masquent mal la bassesse des originaux. On le voit, la critique du portrait ne porte pas sur l'image littéraire ou peinte dans son ensemble, mais sur les excès de la mode galante. Il existe en regard une poétique du portrait comique qui mériterait, selon les auteurs que nous avons évoqués, de s'y substituer.

2   Poétique du portrait comique : le modèle du peintre censeur

Dans *La Mode du portrait littéraire en France*, Jacqueline Plantié oppose la « critique grinçante » que Furetière fait de ce genre à la « critique rose[11] » développée par Sorel, notamment dans l'*Île*. Elle reproche à l'auteur du *Roman bourgeois* de verser dans la satire la plus cruelle, notamment lorsqu'il réalise le portrait de Mlle de Scudéry sous le nom de Polymathie, dans l'« Historiette de l'Amour égaré », en soulignant complaisamment la laideur du modèle au lieu de l'estomper[12]. Au contraire, Sorel, qui fait l'éloge des Scudéry dans l'*Île de portraiture* (p. 98), ne fonde pas la poétique du portrait comique sur la satire. Sur l'Île, Périandre s'attarde très peu dans la rue des « peintres satiriques » car ceux-ci sont animés par la fureur de réaliser des portraits moqueurs et cruels (p. 82–86) : ils se servent de leur pinceau comme d'une arquebuse et pourchassent leurs cibles pour les mettre en pièces tel un troupeau de bacchantes. Même si le sage Égemon reconnaît que ces peintres mettent à nu les hypocrites qui veulent faire passer leurs artifices pour la vérité, ils ne s'y prennent pas de manière honnête et ne sont surtout pas capables de sélectionner leurs cibles, leurs attaques s'en prenant aux vertueux aussi bien qu'aux méchants (p. 85–86).

De tels peintres sont dévalorisés au profit des « peintres censeurs », qui représentent sans compromission les vices des hommes, mais en peignant des tableaux généraux, et non des modèles individuels qu'ils se plairaient à calomnier[13]. Les êtres vicieux évitent de passer par leur rue car ils ont le regard pénétrant ; mais les honnêtes gens savent qu'ils ne risquent rien à s'y aventurer car ces peintres font preuve de discernement (p. 86–87). Dix ans auparavant, l'« Advertissement » de *Polyandre* (1648) ne définissait pas l'auteur d'histoire

---

11   *Ibid.*, p. 509.
12   « Cette fille, nommée Polymathie, n'avait pas eu la beauté en partage, tant s'en faut ; sa laideur était au plus haut degré, et je ferais quelque scrupule de la décrire tout entière, de peur d'offenser les lecteurs d'imagination délicate » (*op. cit.*, p. 124).
13   Ces peintres sont davantage plébiscités que les « peintres burlesques et comiques », dont les « portraits ridicules » qu'ils font d'eux-mêmes et de leurs amis restent de l'ordre du jeu et du divertissement gratuit (p. 82).

comique autrement que comme un peintre censeur, représentant des types de personnages sous la forme de portraits généraux, ou encore de caractères :

> [...] la vraye Histoire Comique selon les preceptes des meilleurs Autheurs, ne doit estre qu'une peinture naive de toutes les diverses humeurs des hommes, avec des censures vives de la pluspart de leurs deffaux, sous la simple apparence de choses joyeuses, afin qu'ils en soient repris lors qu'ils y pensent le moins [...]. [...] tous les personnages qui sont nommez icy, peuvent passer si l'on veut pour des Chymeres & des Idées, ou plutost des Caracteres & des Tableaux de ce que l'on veut representer ; Que si l'on trouve quelquefois une avanture qui puisse estre attribuée à quelque homme vivant, c'est comme aux portraits que les Peintres ont faits à plaisir, lesquels ne peuvent estre si extraordinaires qu'ils ne ressemblent par quelque traict à quelque homme qui se peut rencontrer sur la Terre[14].

Inutile de chercher des clés derrière les noms de Polyandre, Néophile, ou encore Orilan[15] : mieux vaut considérer ces personnages comme des allégories, bâties à partir de la synthèse de plusieurs traits constituant un caractère général et moral, autrement dit une éthopée. À ce titre, l'histoire comique vise davantage la peinture de traits universels que son glorieux avatar, l'Histoire : si les genres historiques nous délivrent les portraits de personnes illustres, à partir desquels on peut énoncer des leçons générales, ils parlent encore de l'individuel et du singulier là où l'histoire comique vise délibérément le général, mais dans l'ordre du trivial. Dans l'esprit de Sorel, le romancier comique accomplit bel et bien un travail complémentaire de celui de l'historien en observant l'homme « par le petit bout de la lorgnette ».

Dans son dialogue intitulé *Les Portraits*, Lucien raconte comment le peintre Lykinos rassembla verbalement des éléments empruntés à des statues de déesses sculptées par Alcamène, Praxitèle, Phidias ou Calamis, et des couleurs prises dans les peintures de Polygnote, Euphranor, Apelle et Aetion, afin de réaliser le portrait de la belle inconnue qu'il venait de voir passer, en le rendant harmonieux grâce à son éloquence. Polystratos reconnut l'image de Pantheia, la maîtresse de l'empereur. Cette anecdote inverse celle de Zeuxis, qui sélectionna ce que cinq jeunes filles de Crotone avaient de plus beau pour réaliser le portrait de la beauté idéale et fictive d'Hélène de Troie. Selon l'avertissement

---

14   Ch. Sorel, *Polyandre*, éd. P. Dandrey et C. Toublet, Paris, Klincksieck, 2010, p. 4–6.
15   On peut toutefois nuancer ce qu'affirme l'avertissement de *Polyandre* en rappelant que, sous le nom du parasite Gastrimargue, il est possible de reconnaître le célèbre pédant Montmaur.

de *Polyandre*, le parcours du romancier comique est le même que celui du peintre Lykinos : représentant des caractères, il arrive qu'il rejoigne le vrai, qui lui fournit son inspiration de départ, et que des personnes se reconnaissent dans ses tableaux. Mais plutôt que de s'en offenser en se croyant victime d'une satire *ad hominem*, celui ou celle qui s'identifie doit rire de ses propres défauts et chercher à s'en corriger. Les portraits comiques visent donc l'instruction morale de celui qui les contemple. Dans *L'Impromptu de Versailles* (1663), Molière se définira lui aussi comme un peintre de caractères en réponse à Boursault qui l'avait accusé, dans *Le Portrait du peintre*, de se rendre comme un espion dans les milieux galants et de profiter des mémoires que lui remettaient des gentilshommes bien naïfs pour créer sur la scène des portraits injurieux, visant personnellement et quasi nommément certains mondains[16].

Quels critères la *dispositio* du portrait comique respecte-t-elle ? À propos des œuvres de Furetière et de Diderot, Roger Favre parle d'« anti-portraits[17] » caractérisés par la décomposition et le désordre des traits. Mais l'esthétique du portrait comique s'organise en fait autour de critères formels et structurels récurrents : pour reprendre les termes de la *Rhétorique à Herennius*, l'*effictio*, l'apparence physique de la personne peinte, est mise au service de la *notatio*, qui renvoie à sa psychologie. Si le portrait comique, comme tout portrait, commence généralement par l'*effictio*, l'attention accordée au sujet porte d'abord sur son vêtement, avant de s'attacher à sa mine ; l'apparence du personnage fournit ainsi au lecteur un faisceau d'indices lui permettant de cerner son esprit ; à cela s'ajoutent des notations concernant le discours et le comportement de la personne peinte. C'est l'ensemble de ce portrait en mouvement, animé aussi bien verbalement que physiquement, qui compose le caractère comique. Au début de *Polyandre*, le portrait de Musigène en donne une bonne illustration :

> L'on vid que son corps estoit à peu près de la riche taille, mais qu'il estoit couvert d'un vestement assez pauvre. Tout en estoit noir, excepté ce qui se rendoit gris ou d'autre couleur pour estre taché ou usé […]. De là l'on montoit à la consideration de son visage, où l'on voyoit des yeux creux & hagards ; une bouche assez grande ; le nez tortu ; les joües creuses, & tout

---

16   Molière, *L'Impromptu de Versailles*, dans *L'École des femmes, L'École des maris, La Critique de l'École des femmes et L'Impromptu de Versailles*, éd. J. Serroy, Paris, Gallimard, « Folio Théâtre », 1985, p. 252.
17   Roger Favre, « Anti-portraits chez Diderot et Furetière », *Le Portrait littéraire*, dir. K. Kupisz, G.-A. Pérouse et J.-Y. Debreuille, Lyon, PUL, 1988, p. 141–146.

cela accompagné d'une longue chevelure, plustost couverte d'une farine de moulin que d'une poudre de Parfumeur[18].

On reconnaît en Musigène le type du poète misérable, déjà mis en scène dans le *Francion* sous les traits de Musidore, qui voudrait être habillé comme un honnête homme mais dont les compositions poétiques ne rapportent pas assez. Aux stéréotypes caractérisant cette figure s'ajoutent des signes pseudo-médicaux dans son visage qui trahissent sa folie mélancolique, tels ses joues et ses yeux creux. Le portrait de Lysis, dans *Le Berger extravagant*, suit la même *dispositio* : la description de son costume de pastorale laisse place à celle des traits de son visage, dans lesquels les amateurs de physiognomonie peuvent reconnaître les signes de la mélancolie aduste qui a troublé son esprit[19].

Le portrait comique répond donc bien à une *dispositio* ordonnée. Par rapport au portrait galant, il se distingue par son absence de complaisance flatteuse, son refus de recourir à des images poétiques usées pour puiser au contraire dans le savoir médical du temps, mais aussi par son orientation vers le général et par son souci de convertir la peinture en image mobile, déchiffrable dans son mouvement. Comme l'avocat Jean Bedout dans *Le Roman bourgeois*, le personnage est saisi dans son environnement, il est raconté plutôt que décrit grâce à des anecdotes plaisantes et aux réparties ridicules qu'il prononce[20]. Cette esthétique du portrait se rapproche donc de celle de la comédie, mais aussi des portraits en mouvement des moralistes, comme ceux des *Caractères* de La Bruyère. On le voit, l'histoire comique suit sur ce point le principe de l'*utile dulci*, comme le fait aussi le portrait galant, mais selon une optique plus résolument satirique[21].

Comme l'affirme *Le Roman bourgeois*, de tels portraits comiques nous conduisent à éprouver de « l'admiration, quoique nous n'en ayons point pour la personne dépeinte[22] », la fiction imagée se révélant supérieure à la réalité. Or, malgré l'éloge du portrait qu'il énonce dans l'*Île de portraiture*, il existe chez

---

18 *Op. cit.*, livre I, p. 14–15.
19 « Ses cheveux estoient un peu plus blonds que roux, mais frisez naturellement en tant d'anneaux, qu'ils monstroient la seicheresse de sa teste, et son visage avoit quelques traits qui l'eussent fait paroistre assez agreable, si son nez pointu et ses yeux gris à demy retournez et tout enfoncez ne l'eussent rendu affreux, monstrant à ceux qui s'entendoient à la Physionomie, que sa cervelle n'estoit pas des mieux faites » (*op. cit.*, vol. I, livre I, p. 11–12). Voir également le portrait d'Orilan dans *Polyandre* (*op. cit.*, p. 34).
20 *Op. cit.*, p. 84 sq.
21 Dans l'*Île de portraiture*, en accord avec les critères de la galanterie, Sorel défend les portraits satiriques « qui reprenaient les vices avec grâce, et qui attaquaient le général des vicieux sans offenser aucun particulier qu'il fallût respecter » (p. 110–111).
22 *Op. cit.*, « Avertissement du libraire au lecteur », p. 24.

Sorel un retour à une certaine forme de platonisme, entendu comme critique de l'image : cette position anti-aristotélicienne le distingue des autres auteurs de notre corpus et le conduit à tenir un discours spécifique sur la représentation et sur les rapports entre Histoire et fiction.

3   La poésie contre la peinture ? Le platonisme de Sorel

La *Poétique* d'Aristote commande aux poètes d'« imiter les bons portraitistes » qui, « tout en composant des portraits ressemblants, peignent en plus beau[23] » : il faut certes peindre la nature, mais en fondant l'imitation sur la sélection et le choix et en corrigeant le vrai grâce au renfort du vraisemblable[24]. Cela revient à agir comme Zeuxis plutôt que Lykinos. Sorel est l'un des rares romanciers du XVIIe siècle à ne pas être d'accord avec ce principe aristotélicien : il prend également le contrepied d'Horace lorsqu'il affirme que les historiens sont supérieurs aux poètes, car ils parlent du vrai, et critique l'image comme représentation toujours déformée – et donc nécessairement mensongère – de la réalité. Si le rapprochement entre l'esthétique du roman et la peinture est un *topos* que l'on rencontre fréquemment sous sa plume[25], la référence absolue de l'écriture romanesque n'est pas chez lui la *mimèsis* picturale, mais bien l'Histoire.

Chez Sorel, l'image peinte est condamnée dans la mesure où elle se heurte à l'obstacle de la transparence. Dans le sillage de Lucien, ses œuvres font souvent référence aux propos de Momus reprochant à Vulcain de ne pas avoir doté l'homme d'une fenêtre ouvrant sur son cœur, ce qui aurait favorisé un accès direct à ses pensées. Sur l'Île de portraiture, Périandre aperçoit ainsi des « amants volages », qui portent sur leurs habits les portraits de leurs multiples maîtresses : « [...] par ce moyen, on voyait au dehors tout ce qui était dépeint dans leur cerveau » (p. 72). Dans *Le Berger extravagant*, Lysis voit en songe des hommes à la peau transparente qui laisse apercevoir par des formes colorées

---

23   Aristote, *Poétique*, éd. M. Magnien, Paris, Livre de Poche, 1990, XV, 1454b 10, p. 108.
24   À propos de l'*ut pictura poesis* d'Horace, Georges Molinié déclare ainsi que « la peinture, comme éclairage du devoir-être de l'art littéraire, construit et propose un objet, une pièce, qui, par le moyen d'une représentation, produit une réalité – un objet mondain – qui n'est pas ce qui est représenté » (« Le discours sur les tableaux dans l'esthétique baroque à travers des romans français et espagnols : introduction à une sémiotique », *Les Fins de la peinture*, dir. R. Démoris, Paris, Desjonquères, 1990, p. 311).
25   Voir par exemple dans *De la Connoissance des bons livres* : « Le verniz ou le coloris esclattant que l'on couche sur un portraict ne servent qu'à le faire parestre d'avantage, & n'en ostent point la ressemblance, comme si l'on y adjoustoit quelques traits estrangers ; Aussi les simples ornemens du Discours n'alterent point la Narration [...] » (Paris, André Pralard, 1671, chap. V, p. 174).

chacune de leurs pensées[26]. Mais cette conception d'une image littérale est oxymorique aussi bien dans le champ de la rhétorique que dans le domaine esthétique : l'image suppose toujours allégorie, lecture biaisée du monde. C'est pourquoi l'historien sera à tout jamais supérieur au poète car il ne se définit pas comme un « peintre parlant[27] ». Dans l'*Île de portraiture*, le sage Égemon fait appel au motif néo-platonicien du *Deus pictor* et du monde comme *speculum dei* pour expliquer l'origine de la peinture, conformément aux théories contemporaines sur l'art (p. 93–94) : la *mimèsis* du tableau fait écho à l'imitation que la nature réalise du monde des Idées. Mais Sorel semble revenir à la source platonicienne de cette conception en faisant du portrait un éloignement de trois degrés à partir de l'Idée, puis de la Nature qui en est la première image déformée. À cette condamnation de la peinture répond celle du roman, défini par Sorel comme une « image de l'Histoire[28] », imitation nécessairement toujours inférieure à son objet[29]. Dans un article portant sur la critique sorélienne[30], Michèle Rosellini constate que cet auteur n'a jamais pensé l'œuvre littéraire en fonction d'un jugement purement esthétique : peut-être peut-on expliquer cette impossibilité par sa philosophie anti-aristotélicienne, mais aussi anti-horatienne, qui l'empêche de concevoir la spécificité de l'œuvre poétique en tant que telle.

Dans *Polyandre*, l'« Archi-coquette » Clorinie cherche à établir une stricte conformité entre son portrait peint et son apparence réelle en demandant à sa suivante de modifier chaque jour la disposition des mouches sur la peinture afin de les placer exactement où elle les porte[31]. Il s'agit là bien sûr d'une tâche impossible, Sorel tenant à souligner que l'image sera toujours une représentation inexacte de la réalité. C'est en assumant cette inévitable déformation que

---

26   *Op. cit.*, vol. II, livre X, p. 771.
27   « Les poètes ont été des peintres parlants, comme les premiers avaient été des poètes muets. Hésiode, Homère, Virgile, Ovide, et dans nos derniers siècles, Ronsard, Belleau et Du Bellay, ont fait les portraits de diverses choses » (l'*Île de portraiture*, p. 97).
28   « Pour en parler franchement, quand l'on auroit fait le meilleur Roman du Monde & le plus dans les Reigles, que seroit-ce enfin, sinon une chose qui ressembleroit à une Histoire en quelque sorte, & qui pourtant ne seroit point une Histoire ? Hé-quoy (ce disent encore les ennemys des Fables) doit-on estimer cette imitation autant que la chose mesme ? » (Ch. Sorel, *De la Connoissance des bons livres, op. cit.*, chap. V, « Preference de l'Histoire aux Fables & aux Romans [...] », p. 172).
29   C'est pourquoi M. Debaisieux voit dans *La Description de l'Île de portraiture* la « dernière tentative d'exorciser ce démon de l'analogie qui tente le savant Sorel et [une] ultime visite sur les terres de l'Allégorie, dérivées du continent de la Romanie » (« Introduction », p. 62).
30   Michèle Rosellini, « L'entreprise critique de Sorel : une œuvre de "novateur" ? », *Naissance de la critique littéraire*, dir. P. Dandrey, *Littératures classiques* 86 (2015), p. 187–214.
31   *Op. cit.*, p. 204.

les « portraitistes extravagants » érigent une poétique du portrait comique : pendants des illustres portraits que les historiens nous délivrent, ces images comiques peignent des tableaux animés, représentations en mouvement de caractères universels, d'éthopées dans le domaine du trivial, comme le feront également, dans un registre différent, les moralistes des années 1660. Malgré ses attaques contre les portraits mondains, l'histoire comique, comme toute la littérature galante, reprend à son compte la célèbre formule de l'*ut pictura poesis* : l'opposition entre esthétique galante et esthétique comique apparaît donc, sur ce point encore, à nuancer, les auteurs concernés partageant les mêmes codes et valeurs. Seul, dans notre corpus, le platonisme de Sorel semble véritablement se distinguer : mais la valorisation de l'Histoire qu'il a toujours prônée ne l'empêche pas, comme nous l'avons vu, de rendre hommage à la mode des portraits galants dans sa *Description de l'Île de portraiture*.

L'usage du portrait moral dans *Les Aventures de Télémaque* (1699) de Fénelon

Adrien Paschoud

Les portraits moraux sont nombreux, bien qu'inégalement répartis, dans *Les Aventures de Télémaque* (1699) de Fénelon. Ils sont aimantés par un foyer didactique unique, celui de l'« institution du Prince » emprunté aux traditions antique (dont la *Cyropédie* de Xénophon) et chrétienne (Thomas d'Aquin, Érasme). Héritier de la doctrine sans cesse débattue de l'*ut pictura poesis*, Fénelon élabore un ensemble de « tableaux » destinés à favoriser auprès de son jeune élève, le duc de Bourgogne, le désir de connaître et d'être instruit. Si l'*ekphrasis* constitue une entité autonome, aisément identifiable, à l'instar de la description de la célèbre galerie des bons et des mauvais monarques (livre XIV)[1], elle demeure néanmoins subordonnée à un principe de généralisation par induction. Opérant par comparaison et confrontation, l'art du portrait privilégie la singularité, le détail, l'anecdote, loin de la mise en œuvre de préceptes abstraits qui ruinerait l'efficace didactique ; il revient alors au personnage de Mentor (double de Socrate) de dévoiler par paliers les lois de la bonne gouvernance[2]. Bien que l'usage du portrait moral soit *a priori* surdéterminé par le modèle épidictique[3], Fénelon se détourne cependant par endroits d'une morphologie narrative quelque peu mécanique. Il s'attache davantage

---

[1] Rares sont les personnages qui se tiennent à mi-chemin à l'instar d'Idoménée, monarque faible, mais perfectible.

[2] Fénelon s'appuie sur Platon : celui-ci reconnaissait le pouvoir heuristique de la fable dans l'éducation politique (*République*, 414b) ; voir Christine Noille-Clauzade, « Les mythes platoniciens », dans *Fénelon. Mystique et politique*, dir. Fr.-X. Cuche et J. Le Brun, Paris, Honoré Champion, 2004, p. 386. Fénelon écarte l'image du souverain guerrier pour lui substituer celle du sage législateur à l'image de Sésostris. En reléguant au second plan l'héroïsme guerrier (au point d'invalider la matière épique), *Les Aventures de Télémaque* témoignent, à un autre niveau d'analyse, de l'évolution que la fiction antiquisante a connue au cours du second XVIIe siècle dans les traités de poétique. Voir Giorgetto Giorgi, « Les remarques de Fénelon sur le roman », dans *Fénelon. Mystique et politique, op. cit.*, p. 247.

[3] À cet égard, la description physique est secondaire car elle est le pur reflet des caractéristiques morales. La description de l'agonie des guerriers témoigne de la grandeur d'âme, un *topos* de l'épopée homérique (voir le portrait de Pisistrate qui abonde en métaphores et en comparaisons ; Fénelon, *Les Aventures de Télémaque*, éd. J. Le Brun, Paris, Gallimard, coll. Folio, 1995, livre XVI, p. 353–354 ; toutes les références renverront à cette édition). De manière plus générale, Fénelon est proche de Plutarque (voir *infra*), lequel privilégie l'éthopée au détriment de la prosopographie (*Vies parallèles*, « Vie de Cimon »).

à la manière dont le portrait moral est interprété au sein de la diégèse. Cette forme de dédoublement relève, en dernier ressort, d'un questionnement sur le pouvoir paradoxal de la fiction, envisagée comme le décalque d'un monde lui-même illusoire, mais dont la facticité, mise en avant, pose les conditions d'appréhension d'une vérité d'essence supérieure.

1 Protésilas, un monarque herméneute

Dans *Les Aventures de Télémaque*, le portrait moral repose sur une vaste mémoire textuelle, au premier rang de laquelle se trouve naturellement l'épopée gréco-latine[4]. Fénelon procède par amplification, au sens rhétorique du terme, lorsqu'il approfondit les traits de caractère sur la base d'un matériau préexistant ou lorsqu'il confère à ses personnages une individuation absente du récit antique (cette notion étant par définition anachronique au regard de la culture pré-chrétienne). L'intertexte homérique et virgilien est alors réformé dans le sens de ce que nous nommerions aujourd'hui une anthropologie morale. Cette science de l'âme s'attache aux vertus, bien sûr, mais plus encore aux vices. Dans cette perspective, arpenter les mécanismes nocifs de l'amour-propre, le plus condamnable des mouvements qui affectent le sujet (et donc la manière de gouverner) est consubstantiel au projet didactique. L'intention est de circonscrire les conduites à adopter dans le seul dessein de juguler les passions – celles-ci ne peuvent évidemment être abolies, étant inhérentes à la Chute. Aux côtés de la matière épique ou encore de la grande tradition historiographique (l'évocation des monarques égyptiens chez Hérodote), l'art du portrait moral entretient de profondes affinités avec les *Vies parallèles* de Plutarque[5]. Fénelon condense les biographies relativement étendues de l'auteur grec ; il fait sienne la démarche comparatiste mais dans une optique disjonctive absente de l'œuvre de Plutarque ; il donne à lire ses portraits au travers d'une accumulation de « petits faits » (voir par exemple le personnage de Pygmalion), préférant davantage, comme Plutarque, l'analyse psychologique à la causalité (pseudo-)historique[6]. Surtout, Fénelon emprunte aux *Vies parallèles* l'idée selon laquelle l'évocation des grands et des puissants forme un « spectacle »

---

4   Le titre de la première édition précise que l'œuvre constitue la *Suite du quatrième livre de l'Odyssée*.

5   Voir Sandra Grémy-Deprez, « Une source privilégiée du *Télémaque* : Les Vies des hommes illustres de Plutarque », *Littératures classiques* 70 (2009), p. 225–242. Le livre de Plutarque nourrit les *Dialogues des morts* (1692) de Fénelon, une œuvre didactique également adressée au duc de Bourgogne.

6   À l'exception cependant du portrait d'Ulysse (voir *infra*).

destiné à l'édification morale. En effet, Plutarque, dans la « Vie de Périclès », fait de la contemplation de l'action vertueuse une puissance imitative :

> Nous devons donc rechercher ce qu'il y a de meilleur, non seulement pour le contempler, mais aussi pour nous nourrir de cette contemplation. La couleur qui convient le mieux aux yeux est celle qui, par son éclat et son agrément, ravive et recrée le regard ; on doit, de la même manière, offrir à la pensée des spectacles qui la charment et l'attirent vers le bien qui lui est propre. Ces spectacles, ce sont les actions inspirées par la vertu : elles suscitent, chez ceux qui les étudient, le désir passionné et ardent de les imiter[7].

Seul au fond diffère le principe de lecture. Alors que les *Vies parallèles* autorisent, dans leur visée encyclopédique, un parcours modulaire (chaque portrait croisé s'achève sur une synthèse destinée à légitimer la parenté des cultures grecque et latine), *Les Aventures de Télémaque* exigent un parcours évidemment linéaire[8]. La juxtaposition des portraits moraux s'inscrit de fait dans une entreprise graduelle de dévoilement. Au contact de ceux-ci, Télémaque est conduit vers la conversion (politique, spirituelle) qui constitue le point d'orgue du livre XVIII sous la forme de la transfiguration de Mentor, conversion qui devra être également celle du jeune duc de Bourgogne[9]. Traduction de l'âme, « miroir » des comportements les plus élevés ou les plus infâmes, le portrait moral invite ainsi le destinataire du récit à exercer son jugement. Fénelon table sur la contagion utile de la *mimèsis* : celle-ci doit instruire et plaire, selon la doctrine horatienne, par « des tours nouveaux et comparaisons sensibles[10] ». Or, il existe des occurrences, certes rares, où le pacte de transparence de la fiction romanesque, celui qui veut que le lecteur « s'oublie dans le doux tissu

---

7   Plutarque, *Vies parallèles*, éd. Fr. Hartog, Paris, Gallimard, coll. Quarto, 2001, p. 323.
8   Ce qui n'exclut pas que le roman soit fondé sur des phénomènes d'échos et de reprises.
9   Le portrait moral s'inscrit également dans une visée polémique, lorsque Fénelon le fait entrer en résonance avec l'absolutisme royal. Le roman dresse par le détour des temps anciens un portrait en creux du monarque et de ses conseillers dont l'incurie est dénoncée dans la célèbre *Lettre à Louis XIV*.
10 Fénelon, *Lettre à l'Académie*, dans *Œuvres*, éd. J. Le Brun, Paris, Gallimard, Bibliothèque de la Pléiade, 1983, t. I, p. 536. Dans le dessein d'accroître la puissance de la représentation fictionnelle sur son jeune élève, Fénelon mobilise par endroits l'hypotypose (voir par exemple les portraits d'Hippias et de Boccharis). *Cf.* « Peindre, c'est non seulement décrire les choses, mais en représenter les circonstances d'une manière si vive et si sensible, que l'auditeur s'imagine presque les voir » (Fénelon, *Dialogues sur l'éloquence*, dans *Œuvres*, éd. cit., t. I, p. 34).

de la narration[11] », soit rompu. Fénelon assigne alors au portrait moral une fonction davantage réflexive, abordée également dans d'autres œuvres dont les *Dialogues des morts*[12]. Ce procédé de mise en abîme nous paraît se manifester lorsque le portrait moral est donné à lire, ou mieux à interpréter, par celui qui le contemple. On voudrait aborder en ce sens la configuration herméneutique qui accompagne le portrait moral du monarque Protésilas (un des rares personnages du roman qui soit absent des récits homérique et virgilien). Annoncé par les considérations d'Idoménée, elles-mêmes reprises par Mentor, sur les mauvais princes qui se sont laissés gagner par un goût immodéré du despotisme, Protésilas est décrit comme un homme cruel, vil et corrompu[13]. Étendu sur un lit « de pourpre avec une broderie d'or » (on croit lire le portrait efféminé de Sardanapale[14] dans une veine baroquisante), il vit entouré de flatteurs, parmi lesquels figurent des poètes, tout aussi dévoyés, qui le louent ainsi :

> Un poète venait de lui chanter des vers, où il assurait que Protésilas, instruit par les Muses, avait égalé Apollon pour tous les ouvrages d'esprit. Un autre poète, encore plus lâche et plus impudent, l'appelait dans ses vers l'inventeur des beaux-arts et le père des peuples, qu'il rendait heureux. Il le dépeignait tenant en main la corne d'abondance. (p. 246)

Inspirée de la grande tradition moraliste[15], la satire des courtisans, dont le futur monarque doit bien naturellement se garder, est un motif constant dans *Les Aventures de Télémaque*[16]. Fénelon fait état de la nature métamorphique du courtisan, véritable caméléon prompt à se calquer sur les réactions du

---

11   Fénelon, *Discours à l'Académie française*, dans *Œuvres*, éd. cit., t. I, p. 533-534.
12   Voir le chapitre LIX (« Louis XI et Philippe de Commines ») : « LOUIS XI : Pourquoi faut-il qu'il y ait des gens qui aient la démangeaison d'écrire ? Il faut laisser les morts en paix, et ne flétrir point leur mémoire. COMMINES : La vôtre était étrangement noircie : j'ai tâché d'adoucir les impressions déjà faites ; j'ai relevé toutes vos bonnes qualités ; je vous ai déchargé de toutes les choses odieuses qu'on vous imputait sans preuves décisives. Que pouvais-je faire de mieux ? » (*Dialogues des morts*, dans *Œuvres*, éd. cit., t. I, p. 452).
13   Les lectures à clés associent Protésilas à Louvois, considéré comme un homme dur, hautain, injuste, violent et de mauvaise foi.
14   De Fénelon à Boulainvilliers, en passant par Montesquieu (*De l'Esprit des lois*), la pensée politique de l'âge classique stigmatise le despotisme oriental, mêlant cruauté et raffinement, sur la base des récits de voyage relatifs au pouvoir ottoman.
15   Pierre Ronzeaud voit dans le portrait de Protésilas un « pastiche de La Bruyère » (« Des monstres dans un 'étrange monstre' », dans *Fénelon. Mystique et politique, op. cit.*, p. 430). La Bruyère et Fénelon partagent le goût du portrait contrasté dans une veine satirique.
16   L'injonction est fréquente dans le récit (*cf.* par exemple p. 207, p. 214, p. 313).

souverain, mais aussi à l'abandonner lorsque celui-ci est déchu[17]. Maniant discrètement l'ironie, Fénelon dénonce un psittacisme mensonger dont la part d'imposture est inversement proportionnelle à la grandeur des figures mythologiques – notamment Apollon – qui sont évoquées. La dissimulation est la caractéristique ontologique du courtisan, dans ce qui constitue une critique à peine voilée de la cour louis-quatorzienne[18] et de Louis XIV lui-même, qui s'est voulu l'incarnation du mythe apollinien, demandant aux peintres de le représenter comme tel[19]. Le récit enjoint de se prémunir contre les images trompeuses que suscite une matière poétique utilisée à mauvais escient, saturée en outre de lieux communs comme ici la corne d'abondance d'inspiration virgilienne. Surtout, et par conséquent, le portrait que dressent les poètes est incapable d'asseoir un lien de conformité avec ce qu'il représente. Il constitue une entité vide et vaine en raison même de la profusion des figures qu'il génère dans une chaîne ininterrompue de représentations[20]. Cet abâtardissement de la démarche poétique est perçu comme tel par le monarque, herméneute désabusé, mais avide de flatteries[21] :

> [Protésilas] écoutait toutes ces louanges d'un air sec, distrait et dédaigneux, comme un homme qui sait bien qu'il en mérite encore de plus grandes et qui fait trop de grâce de se laisser louer. (p. 246)

Pleinement conscient de la part mensongère que cet éloge exorbitant lui tend, Protésilas engage pourtant les poètes à œuvrer à une démultiplication

---

17 « Tous ceux qui l'encensaient, le voyant perdu sans ressource, changèrent leurs flatteries en des insultes sans pitié » (p. 247).

18 La *Lettre à Louis XIV* comprend des portraits de vils flatteurs (*Œuvres*, éd. cit., t. I, p. 548–549), en particulier les jésuites.

19 Voir le tableau de Joseph Werner, *Louis XIV sous la figure d'Apollon, vainqueur du serpent* (1665). Voir Jean-Pierre Néraudau, *L'Olympe du Roi-Soleil. Mythologie et idéologie royale au Grand Siècle*, Paris, Les Belles Lettres, 1986; voir aussi Michel Jeanneret, *Versailles. Ordre et chaos*, Paris, Gallimard, 2012.

20 Relativement inoffensive dans le cas des poètes, cette perversion des signes est érigée parfois en un véritable système en matière de politique, ainsi qu'en témoignent ces « maximes de dissimulation » (p. 350) dont il sera question à propos d'Adraste (livre IX), cet homme cruel dont le despotisme est marqué par les interprétations de Machiavel, figure honnie et scandaleuse à l'âge classique. Comme Machiavel, Fénelon admet le recours au secret, fondement essentiel de la bonne gouvernance ; il évite cependant de verser dans une *realpolitik* pernicieuse sur le plan moral, car il s'agit d'éloigner les « méchants » de toute délibération (p. 396–397).

21 Protésilas est de ce point de vue un double négatif du personnage d'Adraste. *Cf.* « [Adraste] regarde [la réputation] comme un vain fantôme qui ne doit arrêter que les esprits faibles » (p. 202).

excédentaire des figures rhétoriques à laquelle ils se livrent dans une concurrence aussi effrénée qu'inutile. Se référant peut-être au divertissement pascalien, Fénelon peint une rhapsodie de personnages médiocres, animés du seul désir de plaire dans ce qui est un exercice de l'esprit dont nul n'est dupe. Se dessinent ainsi les rouages d'une parole poétique nourrie par ses acteurs et son interprète dans une relation de dépendance réciproque. Plus largement, ce portrait au carré réfracte l'aversion de Fénelon pour l'asianisme, cette rhétorique outrée, exactement contraire au naturel et à la simplicité. Le portrait de Protésilas entre ainsi en résonance avec certaines remarques de la *Lettre à l'Académie* :

> La parole animée par les vives images, par les grandes figures, par le transport des passions et par le charme de l'harmonie, fut nommée le langage des dieux. [...] Autant qu'on doit mépriser les mauvais poètes, autant doit-on admirer et chérir un grand poète, qui ne fait point de la poésie un jeu d'esprit [...] mais qui l'emploie à transporter les hommes en faveur de la sagesse, de la vertu et de la religion[22].

Les mauvais poètes tels que les décrivent *Les Aventures de Télémaque* ignorent la véhémence propre au sublime d'inspiration platonicienne[23], une véhémence doublée de hardiesse, détachée de toute tentation d'amour-propre, de réputation indue, de vile complaisance. De ce point de vue, le portrait de Protésilas par les poètes, somme toute mineur dans l'économie du roman, est peut-être à lire de manière contrastive avec le don de vision qui s'empare du vieillard Théophane (dont on soulignera l'onomastique) : « En disant ces paroles, son regard était farouche et ses yeux étincelants ; il semblait voir d'autres objets que ceux qui paraissaient devant lui » (p. 173). Ce vieillard, animé de « l'esprit divin », est dépossédé de lui-même ; il restitue une parole originelle (certes mise à distance par la modélisation « semblait »), dans ce qui constitue le pendant païen du prophétisme vétéro-testamentaire. Alors que le discours opportuniste des mauvais poètes se meut dans une temporalité *hic et nunc*, l'inspiration divine confère au regard de Théophane une portée totalisante au-delà de toute représentation mondaine. Garant d'une acuité et d'une intensité de la perception, le sublime est alors porteur des vérités les plus élevées.

---

22   Fénelon, *Lettre à l'Académie*, dans *Œuvres*, Paris, Firmin Didot, 1838, t. III, p. 219.
23   Le traité de Longin est traduit en français en 1674. Fénelon admire cette œuvre dans ses *Dialogues sur l'éloquence* et il la commente dans la *Lettre à l'Académie*. *Cf.* également « [...] le vrai genre sublime, dédaignant tous les ornements empruntés, ne se trouve que dans le simple » (Fénelon, *Discours à l'Académie française*, dans *Œuvres*, éd. cit., t. I, p. 535).

2 Un portrait narrativisé : le tremblement de la fiction

Par sa dimension herméneutique et réflexive, le portrait moral de Protésilas témoigne de la capacité du roman à multiplier les échelles de signification, sans pour autant contrevenir à l'intention didactique première. Fénelon veille en effet à constituer l'art du portrait moral en autant de variantes d'un universel. Ce processus de généralisation s'opère dans la première partie du livre XVIII, constituée d'un long discours de Mentor. Les portraits moraux qui ont essaimé tout au long de l'ouvrage convergent vers une notion centrale : le discernement, entendu moins dans son acception spirituelle[24] que politique (le motif aristotélicien de la prudence) et esthétique (la distinction entre les bons et les mauvais poètes est rappelée : le « goût[25] » doit alors servir de critère de distinction). Apprendre à faire preuve de discernement appelle plus largement un sens aigu de l'observation, seul à même de « connaître les hommes » (p. 393). Le discours de Mentor multiplie en cela les termes se rapportant à l'exercice critique du jugement : « Examinez [les hommes], faites-les parler, éprouvez-les, ne vous livrez à aucun. Profitez de vos expériences, lorsque vous aurez été trompé dans vos jugements [...] » (p. 396)[26] ; il s'agit alors de « sonder » les individus « pour découvrir leurs maximes » (p. 394). Puisant dans les rhétoriques scientifiques, des sentences telles que « en un mot, pour mesurer plusieurs corps, il faut avoir une mesure fixe » (p. 394–395) montrent l'impérieuse nécessité de débrouiller le tissu épars des situations, des lieux, des protagonistes. Cette science du particulier et du général participe du volet le plus transparent du roman, celui qui assoit un rapport de contiguïté entre les mots et les choses. Les lois de l'agir politique se fondent sur une réalité existante dont un « spectateur du monde », à l'image de celui qu'a défini la tradition moraliste du XVIIe siècle, dans le sillage de la pensée antique et de Montaigne, dresse la cartographie la plus exacte. Télémaque est pour sa part réduit à un rôle relativement secondaire : il est le simple adjuvant de cette maïeutique politique.

À cette tirade explicative de Mentor succède un épisode narratif fortement dramatisé, d'une toute autre nature : les retrouvailles manquées de Télémaque et de son père. Ulysse apparaît fugitivement à son fils, mais ce dernier est incapable de le reconnaître ; Ulysse monte ensuite à bord du navire qui l'emmènera à Ithaque, ce qui, sur le plan de l'économie du récit, relance la quête de Télémaque. La critique moderne a pu analyser cette rencontre avortée

---

24   Voir *Le Discernement spirituel au dix-septième siècle*, éd. Simon Icard, Paris, Nolin, 2011.
25   *Les Aventures de Télémaque*, p. 394.
26   Le politique est ici indissociablement lié au spirituel : la formule « éprouver les esprits » est issue de l'Évangile de Jean (1 *Jean* 4.1).

sous l'angle de la psychanalyse, comme en témoignent les travaux de Jacques Le Brun[27], ou sous l'angle d'une poétique de la subjectivité. Ainsi, la figure fantasmée d'Ulysse (qui était auparavant apparue en songe à Télémaque dans le livre XIV) traduirait en réalité la lutte intérieure que Télémaque livrerait contre lui-même :

> [Ulysse] s'incarne fugacement dans un hors-temps, un hors-espace ; il donne le sentiment d'émaner d'une région inconsciente de l'intériorité, (une île mentale) où Télémaque, 'Tantale altéré' [livre XVIII, p. 406], vit son débat, fait de grâce et de souffrance, avec la figure paternelle et, à travers elle, avec sa préoccupation du monde[28].

Cette scène a été également lue comme une allégorie. L'apparition du personnage d'Ulysse serait ainsi une transposition de la « kénose », c'est-à-dire l'abaissement terrestre du Christ avant la transfiguration[29]. Pour essentielles qu'elles soient sur le plan symbolique, ces retrouvailles manquées sont précédées d'une séquence que la critique moderne a en revanche peu commentée : le portrait qui est fait d'Ulysse, sous le nom de « Cléomène », par un « vieillard phéacien ». Plus qu'un portrait, il s'agit d'une biographie narrativisée laquelle puise dans différents gisements textuels : les *Vies parallèles* de Plutarque[30] et, de manière implicite, le mythe d'Œdipe d'après Sophocle (mais dont Fénelon exclut pour des raisons évidentes deux des aspects les plus saillants : l'inceste et le meurtre). Cléomène / Ulysse est alors décrit comme une figure maudite, soumise à la volonté des dieux :

> La royauté même, pour laquelle il souffre, ne lui paraît point désirable ; il court malgré lui après elle, par une triste fatalité, de royaume en royaume, et elle semble fuir devant lui pour se jouer de ce malheureux jusqu'à sa vieillesse (p. 403).

---

27 Jacques Le Brun, « Idoménée et le meurtre du fils. Le trompe-l'œil de l'utopie », dans *Fénelon. Philosophie et spiritualité*, dir. D. Leduc-Fayette, Genève, Droz, 1996, p. 77–93. La psychanalyse est également au cœur de l'ouvrage de Hank Hillenaar, *Le Secret de Télémaque*, Paris, PUF, 1994.

28 Olivier Leplatre, « Le sommeil et l'éveil dans *Les Aventures de Télémaque* », dans *Lectures de Fénelon. Les Aventures de Télémaque*, dir. I. Trivisani-Moreau, Rennes, PUR, 2009, p. 151.

29 Voir André Blanc, « Au dernier livre de Télémaque : rencontre du père ou passage du divin ? », repris dans *Je ne sais quoi de pur et de sublime*, dir. A. Lanavère, Orléans, Paradigmes, 2000, p. 243–251.

30 Fénelon s'inspire des « Vies d'Agis et de Cléomène » lesquelles relatent l'existence d'un homme qui fut roi de Sparte et qui subit ensuite un long exil, placé sous le signe de la fortune.

Ce portrait génère de toute évidence une tension narrative : le récit joue de l'écart qui sépare le savoir du personnage et celui du lecteur car Télémaque ne perçoit la signification de ce portrait – pourtant surdéterminé – que de manière parcellaire par le seul biais de l'analogie : « L'exemple d'un homme encore plus malheureux que lui adoucissait sa peine » (p. 404). L'espace interprétatif de Télémaque est ainsi marqué par l'incomplétude. Si le portrait ne peut faire sens dans le temps de son énonciation, il se révèle pourtant de manière différée sous la forme d'un objet dont il n'est donné à lire que les traces :

> Alors une impression secrète de douleur saisit le cœur de Télémaque. Il s'afflige sans savoir pourquoi. Les larmes coulent de ses yeux, et rien n'est si doux que de pleurer. [...] Un étonnement et un trouble secret tient ses yeux attachés vers ce vaisseau déjà parti, dont il ne voit plus que les voiles, qui blanchissent un peu dans l'onde azurée. (p. 405)

La remarquable conjonction de la souffrance et de la « douceur » des larmes témoigne de la puissance du *pathos* dont Fénelon avait défini les critères dans ses *Dialogues sur l'éloquence*. Mais on soulignera ici que la réaction de Télémaque est portée avant tout par un motif à la fois littéraire, philosophique, spirituel et esthétique : « l'étonnement » marque la destitution des certitudes rationnelles – il traduit la stupeur, l'éviction de la raison, la suspension de l'âme – et, partant, il constitue un opérateur intuitif, ou mieux « naturel », d'intelligibilité. Télémaque ne comprend l'identité réelle de Cléomène que par ses effets, comme en une sorte de palimpseste. Il y a dans cet épisode ce que l'on a nommé une « poétique de l'immatériel[31] », une écriture qui désubstantialise l'univers qu'elle peint, le soumettant ainsi à l'évanescence propre au songe, à l'incertitude des perceptions, au tremblement cinesthésique des êtres et des choses. Cette oscillation des signes est accentuée par le fait que Fénelon inscrit cet épisode dans un jeu de miroirs déformants : le portrait d'Ulysse a une fonction révélatrice dans son propre mensonge[32]. En effet, la perception du monde, telle qu'appréhendée par le sujet, ne s'accomplit qu'à un autre niveau d'intellection, celui qu'induit paradoxalement un récit délibérément déceptif : « Ce qu'un vieillard phéacien vous a raconté de lui, sous le nom de Cléomène, n'est qu'une fiction faite pour cacher plus sûrement le retour de votre père dans

---

31 Françoise Berlan, « Lexique et affects dans le *Télémaque* », *Littératures classiques* 23 (1995), p. 20.

32 Le portrait semi-mensonger d'Ulysse est l'exact contrepoint de la croyance à l'unité du sujet qui ne s'énonce que dans le vrai, celui que Télémaque défend en refusant de cacher son identité : « Il suffit, disais-je, que le mensonge soit mensonge pour n'être pas digne d'un homme qui parle en présence des dieux et qui doit tout à la vérité » (p. 76).

son royaume » (p. 405) explique Mentor, qui incarne ici le double de l'auteur, à Télémaque. Dès lors, le travail de la fiction, à l'intérieur du cadre diégétique, oscille entre ressemblance et dissemblance : Fénelon explore moins le vrai que les modes pluralisés d'appréhension de celui-ci ; il préconise un ajustement constant du regard lui-même labile, perdant du même coup sa capacité à faire dériver le sens du particulier vers le général. Mais cette impossibilité n'est que ponctuelle, car elle constitue un préalable à une remontée vers l'élément le plus subjectif, le plus « secret » : celui que Mentor apparie à la « nature », notion ambivalente chez Fénelon car souvent envisagée dans une perspective augustinienne des plus rigoristes. Ne faut-il pas se déprendre de notre « naturel », celui qui appelle aux passions les plus condamnables et qui rend l'individu « idolâtre de lui-même[33] » ? Or, la nature est considérée ici comme le lieu originel de la vérité du sujet et de son rapport au monde ; comme l'écrit François Trémolières, elle incarne la « largesse du cœur s'ouvrant à l'action de la grâce[34] ». Elle constitue dès lors la possibilité d'une refondation du sujet, désormais détaché de tout ce qui entrave sa marche vers lui-même et, par conséquent, vers une transcendance, reconduisant ainsi la spiritualité mystique que dessine en filigrane le roman (sans pour autant que Fénelon n'assoie un rapport de contiguïté entre paganisme et christianisme, le premier étant toujours inférieur au second car il dispense une vérité morale qui éclaire par contraste la Vérité révélée[35]).

Quelques mots pour conclure. Nous avons abordé deux portraits moraux qui constituent des îlots hétérogènes, si on les mesure à l'aune des effets de décrochage qu'ils suscitent au sein d'une charpente d'ensemble qui assure que ceux-ci n'outrepassent en aucune manière leur fonction didactique originelle. Mais c'est précisément ce carcan didactique qui permet à Fénelon de donner à l'art du portrait moral une extension inédite pour explorer le pouvoir de la *mimèsis* (en cela, et loin de constituer des *hapax*, ils sont emblématiques des tensions constitutives du couple fiction / morale). Fénelon assigne à l'art du portrait le pouvoir de représenter le monde sensible, d'en faire un outil de configuration sur la base de l'expérience politique et morale ; il institue en d'autres termes un

---

33 Cité par Jean-Michel Le Lannou, « Fénelon : appropriation et détachement », dans *Fénelon. Philosophie et spiritualité, op. cit.*, p. 118. Voir également Olivier Leplatre, « L'épreuve de la nature dans *Les Aventures de Télémaque* de Fénelon », *Dix-huitième siècle* 45 (2013), p. 181–198.

34 François Trémolières, *Fénelon et le sublime*, Paris, Honoré Champion, 2009, p. 615. Ainsi envisagée, la nature forme l'envers de la « dénaturation » prompte à s'emparer de tout individu lorsqu'il se laisse guider par ses passions et promeut l'arbitraire et la violence.

35 Voir Julie Boch, *Approches de la pensée des Lumières*, préface par Martin Rueff, Reims, Éditions et Presses universitaires de Reims, coll. Épure, 2012, p. 119–120.

rapport pacifié au monde que conforte l'usage de l'exemplarité (les portraits moraux forment des séquences interchangeables au sein d'une écriture volontiers itérative). Dans le même temps, Fénelon mobilise la portée référentielle du portrait moral pour mettre en garde contre les faux-semblants dans ce qui est une conception anamorphique du réel dans le prolongement du discours des vanités. C'est tout le paradoxe d'une machine romanesque pluralisée qui passe par la monstration de ses propres rouages pour constituer un opérateur de croyance, un vecteur d'intelligibilité au sein d'un monde lui-même évanescent : « Le monde entier n'est rien ... Tout ce qui paraît le plus solide n'est qu'une image creuse, qu'une figure qui passe et qui échappe quand on veut en jouir, qu'une ombre fugitive qui disparaît[36] ». L'art du portrait quitte alors le régime explicatif qui est le sien pour construire un univers dominé par une optique spirituelle, à la fois augustinienne, pascalienne et mystique, un univers qui ne se donne à lire que de manière différée et qui appelle dans tous les cas à une désappropriation du sujet percevant.

---

36   Cité par J.-M. Le Lannou, art. cit., p. 123.

Portraits et portraiture en utopie

François Rosset

Dans le Paris anticipé de *L'An 2440*, Louis-Sébastien Mercier passe en revue les principales activités des hommes en société pour décrire la perfection à laquelle elles ont abouti dans un monde enfin ajusté aux principes de vertu et de liberté. La peinture ne manque pas à l'inventaire ; la sculpture non plus. L'une et l'autre ont été portées au degré suprême d'utilité morale, aussi loin des affabulations mythologiques que des futilités décoratives et des flatteuses complaisances des adulateurs.

Dans cette utopie bien connue qui marque un tournant dans le genre, l'imaginaire se déployant non plus dans l'espace, mais dans le temps, on n'est pas transporté en un lieu vierge, propre à accueillir tous les produits des fantasmes politiques, sociaux et anthropologiques des écrivains-philosophes. Ce sont les données de l'ici et du maintenant de Paris en 1770 qui servent de fondement à la prospective ; pour les beaux-arts comme pour tout le reste.

Ainsi, le narrateur qui visite les académies de dessin, de peinture, de sculpture et de géométrie pratique peut-il faire le constat suivant : « Autant ces arts étaient dangereux dans mon siècle parce qu'ils favorisaient le luxe, le faste, la cupidité et la débauche, autant ils étaient devenus utiles parce qu'ils n'étaient employés qu'à inspirer des leçons de vertu et à donner à la ville cette majesté, ces agréments, ce goût simple et noble qui par des rapports secrets élèvent l'âme des citoyens[1] ». Plus explicitement encore, il nous révèle que les sculpteurs ont renoncé à figurer le visage des commanditaires de leurs travaux pour ne s'occuper que de représenter « les plus beaux traits de la vie » des citoyens exemplaires, « sans y ajouter le portrait de l'auteur[2] ».

Dans ce monde de Mercier, devenu conforme aux légitimes aspirations des mécontents de 1770, le genre du portrait a donc disparu du champ des arts. On trouve une justification comme *a contrario* de cette mise à l'écart dans un autre texte inscrit au registre de l'utopie, qui précède l'uchronie de Mercier d'une dizaine d'années : la *Giphantie* de Tiphaigne de La Roche. Le pays de Giphantie n'est pas un ailleurs géographique où les humains peuvent tenter de recommencer leur aventure sur de meilleures bases ; c'est un univers parallèle, localisé quelque part au centre de l'Afrique, dévolu aux créatures élémentaires qui s'efforcent d'y cultiver tout ce qui pourrait leur servir à corriger le monde

---

1 Louis-Sébastien Mercier, *L'An 2440, rêve s'il en fut jamais* [1770], Paris, France Adel, 1977, p. 199.
2 *Ibid.*, p. 205.

réel qu'avec tant de succès, les hommes s'acharnent à rendre toujours plus mauvais. Leur champ d'action favori est la ville de Babylone (*alias* Paris, naturellement) où les vices ont connu la plus florissante expansion. « À Babylone – lisons-nous – la démangeaison de se singulariser est comme une maladie épidémique. On sait assez en quoi les Babyloniens se ressemblent ; mais on ne finirait pas d'un siècle, si l'on voulait dire en quoi ils diffèrent. Chacun se distingue par quelque trait singulier. De là vient la mode des portraits et la facilité d'en faire. Faites-les d'imagination : vous êtes sûrs qu'ils trouveront leur ressemblance ; faites-les d'après nature, jamais vous ne manquerez d'originaux. Il en est pour la chaire, à l'usage des orateurs qui manquent d'onction ; il en est pour le théâtre, à l'usage des poètes qui manquent de génie ; il en est pour les écrits de tout genre, à l'usage des auteurs qui manquent d'idées[3] ». Le roman de Tiphaigne de La Roche est particulièrement complexe et équivoque ; ce ne serait pas lui rendre justice que de le ranger dans une série de textes stéréotypés qui diraient tous à peu près les mêmes choses. Mais les lignes qui viennent d'être citées exposent de façon particulièrement claire la compatibilité difficile entre portrait et utopie, ainsi que le rapport qui s'institue entre eux autour de la question de la création.

De fait, le portrait est un objet rare en utopie[4]. C'est peu surprenant, si l'on admet qu'il serait l'un des signes les plus parlants de ces aspirations à la singularité, de ces pulsions d'individuation qui ne sauraient être que malfaisantes au sein d'une société où le bonheur des individus n'a de légitimité que s'il découle du bonheur de la collectivité. Quand il apparaît en utopie, le portrait est un intrus qui, avec la promotion du singulier, signifie aussi la fragilité de l'utopique perfection.

1 Un genre littéraire hybride

Quand elles apparaissent, ici ou là, au milieu d'un récit de découverte ou d'une description d'univers constitué, les scènes de portraits sont … des scènes de

---

3   Charles-François Tiphaigne de La Roche, *Giphantie* [1769], Paris, Laffont « Bouquins », 1990, p. 1067.
4   On ne connaît guère d'études directement consacrées à ce sujet. Des pistes intéressantes sont tracées par Michel Jeanneret dans sa préface à l'excellente édition de Martine Debaisieux de la *Description de l'île de portraiture* de Charles Sorel (voir ci-après), ainsi que dans le riche apparat critique de cette édition ; l'article « Arts » de Christian Michel dans le *Dictionnaire critique de l'utopie au temps des Lumières* dirigé par Bronislaw Baczko, Michel Porret et François Rosset, Genève, Georg, 2016, p. 173–187, fournit aussi d'utiles suggestions, de même que la contribution de Françoise Poulet dans le présent ouvrage.

portraits. Ce qui les distingue au milieu d'un texte à dominante utopique, c'est leur incongruité. Pour exemple, on peut se référer à l'*Histoire des Sévarambes* de Denis Vairasse d'Allais (1675), que l'on considère souvent comme le prototype de l'utopie moderne au seuil des Lumières et qui a servi en effet de référence explicite pour bien des auteurs du XVIIIe siècle. Vers la fin du roman, alors que l'on a appris tout ce qu'il fallait savoir sur l'histoire du pays des Sévarambes comme sur les particularités de cette société sagement constituée et gouvernée, le narrateur s'arrête un instant sur le personnage de Khodamias, un poète respecté. Et comme c'est un poète et non pas un législateur, ni un gouvernant éclairé, voici que se profile une histoire d'amour : « Je crois que le récit de cette aventure ne sera pas désagréable au lecteur puisqu'elle est assez singulière pour mériter son attention[5] ». Intervient alors une coupure typographique sous la forme d'un double trait surmontant l'énoncé du titre de ce qui apparaît comme une histoire intercalaire : « Histoire de Balsimé ». L'évocation descriptive et analytique du pays des Sévarambes est interrompue ; on change de registre. Et en effet, l'histoire de Balsimé nous déplace dans le champ du récit amoureux. La jeune et belle Balsimé est admirée par bien des jeunes gens, parmi lesquels Khodamias et le chanteur Néfridas. Khodamias produisit un portrait en vers de la belle qui fut lu publiquement par un tiers : « On y voyait briller tant d'esprit et de politesse, et la charmante Balsimé y était si naïvement dépeinte, sous le nom de Labsinemis, que ceux qui la connaissaient s'écrièrent tous à la fois : c'est la vive peinture de la jeune Balsimé ». Quant à Néfridas, « il mit le portrait que son rival avait fait d'elle en musique, et le chanta d'une manière si ravissante, dans une assemblée où l'on disputait de la gloire de bien chanter, qu'il gagna hautement le prix destiné au vainqueur[6] ». Toutes sortes de péripéties faites d'anonymat, de substitution, de méprises et autres artifices qui s'imposaient dans un tel récit de ce temps, viennent troubler aux yeux de Balsimé la reconnaissance de son amant le plus passionné, jusqu'au dénouement évidemment heureux. Cet *excursus* galant n'occupe qu'une petite vingtaine de pages ; c'est une récréation familière qui apporte au lecteur une respiration au milieu du récit principal. Une enclave génériquement typée d'autre manière que l'utopie.

Un autre exemple peut être tiré de l'*Isle inconnue ou mémoires du chevalier de Gastines* de Guillaume Grivel, paru plus d'un siècle après l'œuvre de

---

5 Denis Vairasse d'Allais, *Histoire des Sévarambes, peuples qui habitent une partie du troisième continent, communément appelé la Terre australe ; contenant une relation du gouvernement, des mœurs, de la religion et du langage de cette nation inconnue jusqu'à présent aux peuples de l'Europe* [1765], dans *Voyages imaginaires, songes, visions et romans cabalistiques*, éd. par C.-G.-T. Garnier, t. 5, Paris, 1787, p. 486.
6 *Ibid.*, p. 493 et 495.

Vairasse. Reprenant le motif central de *Robinson Crusoe*, avec la constitution d'une société nouvelle sur une île déserte par deux personnages rescapés d'un naufrage, ce roman se distingue clairement du modèle anglais dans la mesure où les deux personnages sont homme et femme, qu'ils vont évidemment s'aimer et procréer abondamment, fondant ainsi les bases d'une société toujours plus nombreuse, complexe et ramifiée, qui nécessite bientôt des principes de gouvernement, une organisation, des valeurs de référence. C'est ainsi que la robinsonnade devient véritablement utopie. Mais elle n'en reste pas moins un roman, comme le montre une des nombreuses scènes visiblement inspirées par la grande tradition du roman baroque. Au cours du naufrage, les jeunes gens ont repêché le corps sans vie du père d'Éléonore d'Aliban, père adoré, mais autoritaire, qui avait établi pour sa fille des projets matrimoniaux contraires aux espérances du chevalier de Gastines. L'acceptation de l'amour du chevalier, passe, pour Éléonore, par une longue étape de deuil. Celui-ci sera facilité par un portrait du père exécuté par Éléonore elle-même et placé comme sur un autel où la jeune femme peut confier à l'effigie paternelle toute la confusion de ses sentiments : « Éléonore paraissait en extase devant ce portrait, et son imagination s'était exaltée au point que ce n'était plus un tableau pour elle, mais le bon, le respectable M. d'Aliban[7] ». Cette présence médiatisée permettra aussi au chevalier d'exprimer ses sentiments et de déposer une demande en mariage dans les formes convenues, mais il est vrai, sans grand risque d'échec. C'est seulement une fois que ces formalités romanesques auront été remplies en conformité avec des modèles narratifs déjà bien usés, que l'utopie proprement dite pourra se développer. Le roman d'amour permettra l'établissement d'une société (non sans interférences problématiques, comme la nécessité de recourir à l'inceste pour doter la communauté d'une indispensable assise démographique), la dimension publique et collective se substituant peu à peu aux épanchements de l'intime.

Alors qu'elle est généralement considérée comme un genre facilement reconnaissable, dressé sur une série de procédés, de séquences et de motifs devenus lieux communs, l'utopie manifeste pourtant sans cesse les métissages génériques qui la caractérisent fondamentalement. De même que bien des grands romans, comme *Les Aventures de Télémaque*, les *Lettres persanes*, *Cleveland* ou *La Nouvelle Héloïse*, incluent dans leurs intrigues des capsules utopiques de plus ou moins grande importance, les utopies ne cessent de reconnaître leur dette vis-à-vis du roman sous toutes ses formes. C'est notamment

---

7 Guillaume Grivel, *L'Isle inconnue ou Mémoires du chevalier de Gastines* [1783–1787], dans *Voyages imaginaires* ..., *op. cit.*, t. 7, p. 100.

cela que figurent les portraits quand ils apparaissent en utopie tels des objets apparemment dépareillés.

2   Un genre dans un genre

Il y a toutefois des portraits qui sont tout à fait à leur place dans certains lieux publics en utopie. Ce sont les effigies des grands hommes qui sont exposées aux regards des habitants pour leur édification citoyenne. Dans *L'Utopie* de Thomas More, « Des statues sont élevées sur les places publiques aux hommes de génie, et à ceux qui ont rendu à la république d'éclatants services. Ainsi, la mémoire des grandes actions se perpétue et la gloire des ancêtres est un aiguillon qui stimule la postérité et l'incite continuellement au bien[8] ».

Dans *La Cité du soleil* de Campanella, l'enceinte de la ville ainsi que les murs des sept divisions circulaires intérieures sont ornés de peintures qui, toutes ensemble, offrent un condensé des connaissances solariennes. À côté des productions de la nature sont représentées les inventions des hommes avec, pour mémoire, l'effigie des inventeurs : « Le mur extérieur de cette enceinte est orné des portraits de tous les hommes qui se sont distingués soit dans la science, soit dans le perfectionnement des armes et des portraits des législateurs[9] ». Et c'est encore la même chose que l'on peut lire chez Fénelon, quand il fait dire à Mentor décrivant l'excellente organisation de Salente, la cité moderne idéalisée des *Aventures de Télémaque* : « Il ne faut [...] employer les sculpteurs et les peintres que pour conserver la mémoire des grands hommes et des grandes actions. C'est dans les bâtiments publics ou dans les tombeaux qu'on doit conserver des représentations de tout ce qui a été fait avec une vertu extraordinaire pour le service de la patrie[10] ».

Ce sont aussi les mêmes règles que l'on suit chez les Sévarambes, où l'on peut voir dans le temple les statues du fondateur Sévarias, de son successeur et de « tous les vice-rois qui ont régné depuis ». De plus, « tout autour du chœur, on voit de grands tableaux en huile où sont représentés tous les vice-rois, avec les actions les plus mémorables qu'ils aient faites. Ces représentations sont faites par emblèmes ou par portraits naturels[11] ». Ces tableaux, au nombre de sept, font voir la figure des vice-rois accompagnés des objets et symboles propres à

---

8   Thomas More, *L'Utopie* [1516], dans *Voyages aux payx de nulle-part, op. cit.*, p. 181.
9   Tommaso Campanella, *La cité du soleil ou idée d'une république philosophique*, dans *Voyages aux pays de nulle-part, op. cit.*, p. 239.
10   Fénelon, *Les Aventures de Télémaque* [1699], éd. J. Le Brun, Paris, Gallimard, 1995, p. 220–221.
11   *Histoire des Sévarambes ..., op. cit.*, p. 356.

évoquer leurs actions les plus dignes de mémoire. L'un d'eux présente le vice-roi Sévaristas, le plus beau de tous : « D'un côté l'on voit le grand amphithéâtre qu'il fit construire, et de l'autre le palais qu'il fit achever. On voit encore plusieurs représentations des choses éclatantes qu'il fit durant son règne, entre autres, le portrait d'une jeune fille, admirablement belle, qu'il tient par la main, ayant à ses pieds un jeune homme couché par terre, avec un poignard dans le sein[12] ».

Cette évocation suggestive du portrait dans le portrait vient d'abord confirmer ce qui vient d'être dit au sujet des irruptions du romanesque dans le récit. Car il va de soi qu'après avoir évoqué cette étrange scène qui brouille les codes assimilés de l'iconologie, le narrateur nous doit une explication. L'énumération des sept grands tableaux s'interrompt donc et le lecteur a droit, sur une vingtaine de pages, au récit d'une dramatique histoire de rivalité amoureuse ponctuée par un suicide manqué et par l'expression glorieuse de la magnanimité du vice-roi, histoire consignée dans les annales d'un pays où les régnants sont généreux et attentifs au bonheur personnel de leurs sujets.

Mais il y a encore autre chose qui nous est dit dans ces pages. Car le portrait inséré dans le tableau n'est pas de même nature que le tableau, lui-même portrait du vice-roi. Entre une figure emblématique exhibée aux citoyens pour consolider leur attachement à l'État tout puissant et le visage d'une jeune fille impliquée dans une intrigue amoureuse, quand bien même le récit de cette intrigue n'a rien d'original, il y a la distance qui sépare le domaine public de la sphère privée, l'utopie du roman. La scène en question nous confirme non seulement que l'un est dans l'autre, mais aussi qu'il faut savoir les distinguer.

On peut d'ailleurs revenir à *L'An 2440* pour mieux comprendre cela. On se souvient que dans le champ des beaux-arts, les académies du vingt-cinquième siècle imaginées par Mercier ont tout simplement évacué le genre du portrait, en tant qu'il tendrait à promouvoir la personnification au détriment de l'exemple. Mais quand il est question de décrire les rues de la capitale, on s'extasie devant « l'effigie des grands hommes qui [...] ont aimé les hommes et qui n'ont voulu que le bien de la patrie. [...] Quel livre de morale ! quelle leçon publique est aussi forte, aussi éloquente que cette file de héros dont le front muet, mais imposant, crie à tous qu'il est utile et grand d'obtenir l'estime publique[13] ! ».

Cette distinction qui s'impose entre représentation de la singularité et figuration emblématique peut être évidemment appliquée à plus large échelle.

---

12   *Ibid.*, p. 358.
13   *L'An 2440..., op. cit.*, p. 58.

C'est le genre même en tant que catégorie esthétique qui est soumis à l'examen et sommé d'illustrer une fois encore la relation si problématique entre modèle universalisé et réalisation particulière. Le portrait, dans le sens que nous avons vu, ne dit alors que des choses qui peuvent se rapporter à l'utopie elle-même, comme à toute autre catégorie esthétique constituée.

3   Portrait et fiction

C'est d'ailleurs le modèle de l'utopie qui fournit à Charles Sorel le cadre narratif qui lui sembla le plus approprié pour déployer sa réflexion caustique et polémique sur le portrait dans la *Description de l'île de portraiture* (1659), le texte qui vient immédiatement à l'esprit quand on s'intéresse au lien utopie et portrait. Bien sûr, on pourrait discuter longuement de la question de savoir s'il est légitime ou non d'inscrire ce petit récit au catalogue de l'utopie. Quelques uns des éléments distinctifs du genre y sont exploités (insularité, trajet d'aller et trajet de retour, découverte par un étranger, monde expliqué par un guide, évocation des usages d'une société et des modalités de gouvernement), mais ce n'est que de manière très superficielle et désincarnée, à peine suffisante pour établir un cadre générique de convention.

Ce qui intéresse Sorel, en réalité, ce n'est pas l'utopie, mais le portrait et, au-delà, la question complexe de la pratique et de la perception des arts en société. Faisant une fois de plus confiance à sa verve satirique, il brocarde la mode des portraits, tant picturaux que littéraires, en décrivant les activités des habitants de l'île qui sont entièrement dévolus à la production et au commerce du portrait.

Loin d'être un monde parfait, l'île de portraiture est seulement un lieu spécialisé qui fait alors office de métonymie. On y voit évoquées toutes les activités humaines liées au portrait : la production de peintures et de textes, la commande et la pose avec tous ses artifices, le commerce, les procédures et principes de valorisation, l'établissement de typologies et de normes. Chacune d'entre elles est aussi l'occasion de mettre en évidence les vertus et surtout les tares manifestées par les acteurs. Nous sommes à la frontière entre la satire, le conte moral et l'essai, mais les conclusions les plus fermes qui s'imposent relèvent principalement de ce dernier. Certes, Sorel se positionne en observateur ironique devant un engouement social qui, au milieu du Grand Siècle, prend toutes les allures d'une mode et il s'inscrit alors dans un registre familier aux La Rochefoucauld, Molière ou La Bruyère : « Parce que l'on a tant parlé de portraits depuis quelques années, il a fallu aussi en parler en ce lieu[14] ». Mais ces lignes de la lettre dédicatoire (fictive) sont précédées par celles-ci, qui donnent le ton dominant : « Continuez envers l'ouvrage la protection que vous avez donnée à l'ouvrier. Il en aura peut-être besoin parce que chacun n'aime pas les fables mystérieuses, ni les figures significatives : toutefois, il n'y a que les personnes du commun qui veulent de simples railleries, sans se plaire aux agréables inventions d'esprit[15] ». Comme une utopie, le récit de Sorel revendique un contenu qu'il s'agit de prendre au sérieux, au-delà des atours de la fantaisie. Toutefois, ce contenu ne relève pas de la politique, ni de la société, mais de l'art, dont toutes les composantes sont présentées, depuis la fabrication des couleurs et la technique de peinture jusqu'à la marchandisation. Mais ce qui reste, le noyau dur, dans l'évocation de cet univers monothématique, c'est la question de la représentation.

Sorel établit une sorte d'échelle qui permet de mesurer la distance variable entre le portrait et ce qu'il appelle « l'original ». S'il est bien rare que cette distance soit nulle ou même petite, son extension sera plus ou moins large selon l'application plus ou moins appuyée des critères qui inspirent la plus grande liberté aux peintres et à leurs clients dans le traitement des modèles. Il y a la vanité qui pousse les uns à se faire voir dans la posture canonique des héros ; il y a le sentiment qui pousse les amoureux à produire « les plus grandes flatteries qu'on puisse imaginer[16] » ; il y a les burlesques qui ne donnent que des portraits ridicules et les satiriques qui ne font « des portraits des gens que pour se moquer d'eux[17] ». On trouve aussi bien des personnes qui se faisaient peindre masquées ou déguisées, non pas pour satisfaire à des règles de divertissement mondain ; « au contraire, tout leur soin était de faire croire qu'ils n'étaient point masqués. Il y en avait [...] dont les masques étaient si bien faits et si adroitement attachés ou collés, qu'on les prenait pour leur vrai visage. Ils les avaient choisis les plus beaux qu'ils les avaient pu trouver ; ils avaient encore eu soin de se faire accommoder leur chevelure avec un artifice merveilleux, plusieurs portant des perruques de cheveux qui semblaient être naturels[18] ». Et en général, s'agissant des portraiturés, « la plupart ne se souciaient point s'ils étaient conformes à leur naturel et à leur condition [...] ; ils voulaient tous que leur portrait fût fait sur ce qu'ils paraissaient être, non pas sur ce qu'ils étaient effectivement[19] ». Enfin, il n'est pas rare de voir des portraits exécutés

---

14   Charles Sorel, *Description de l'île de portraiture et de la ville des portraits* [1659], éd. par M. Debaisieux, Genève, Droz, 2006, p. 67.
15   *Ibid.*
16   *Ibid.*, p. 80.
17   *Ibid.*, p. 82.
18   *Ibid.*, p. 76.
19   *Ibid.*, p. 77.

ab absentia, les artistes étant tout à fait capables de « peindre les personnes sur un simple récit, et sans les avoir jamais vues[20] ».

Sorel s'empare du modèle utopique, comme il a pu le faire ailleurs pour le roman héroïque ou le roman pastoral ; mais ce n'est pas, cette fois-ci, pour le détourner ou le dévoyer, le modèle n'étant ici qu'un cadre-prétexte. L'intérêt qu'on peut nourrir pour la *Description de l'île de portraiture* ne tient pas à son insularité, mais à la généralité du propos qu'elle permet de déployer. Ce qui fait la consistance spécifique du portrait tel qu'il y est commenté, ce n'est pas la nature de « l'original », ni « l'original » en tant qu'il serait la nature même. C'est le fait que la réalité de la production du portrait, ainsi que la réalité même du portrait, sont déterminées par des facteurs qui n'ont pas grand-chose de commun avec l'idéal de la représentation mimétique : les conventions de genre, les impulsions subjectives, les postures esthétiques des artistes, les stratégies et les fantasmes identitaires des sujets, les discours qui peuvent se substituer à la réalité. Facteurs qui seraient tout aussi opératoires s'il s'agissait de définir les conditionnements de l'utopie ou de tout autre avatar formalisé de fiction.

4 Vu du vingt-quatrième siècle

En réalité, Louis-Sébastien Mercier n'avait pas été le tout premier à s'offrir une perspective chronologique avancée en créant une image de notre monde anticipée de plusieurs siècles, ce qui lui donnait surtout la possibilité d'un regard rétrospectif critique sur la réalité de son monde à lui. Estimé par Mercier[21], le graveur et dessinateur Charles-Nicolas Cochin avait réuni dans un *Recueil de pièces concernant les arts* (1757) des textes sous le titre « Mercure du mois de juin 2355 contenant l'extrait des Mémoires d'une Société de gens de lettres ». Nous ne sommes pas en présence d'un texte utopique à proprement parler, car l'univers des locuteurs n'est pas décrit ; la seule vertu de ce premier embryon d'uchronie est un puissant effet de distanciation qui permet d'énoncer des jugements apparemment décontextualisés, libérés de toutes pressions et contraintes.

Ainsi, les « gens de lettres » qui, à six siècles de distance commentent les productions artistiques du temps de Louis XV consacrent-ils une vingtaine de pages à commenter l'art des portraits. Leurs observations concordent assez

---

20 *Ibid.*, p. 81.
21 En 2440, nous dit Mercier, « les vignettes des livres ne s'appelaient plus que des Cochins : tel était le mot que l'on avait substitué à tant de mots misérables, tels que cul-de-lampe, etc. » (*op. cit.*, p. 207).

exactement avec les remarques formulées par Sorel une centaine d'années plus tôt dans son discours déguisé en utopie : elles touchent toujours et encore la problématique de la « vérité du portrait ». Aussi s'étonne-t-on de la contradiction qu'il y a entre les buts recherchés par les sujets qui se font portraiturer et l'image qui résulte du travail du portraitiste. Partout dominent le fard, le rouge, les poudres, les apprêts et les parures qui sont autant d'obstacles à la représentation au naturel ; pourtant, « ce qui engage à se faire peindre, est le désir d'être reconnu dans son portrait. Or rien ne serait plus capable de détruire la ressemblance qu'une coiffure et des vêtements imaginaires. Enfin il soutient qu'il est naturel de se faire peindre dans l'habit où l'on est le plus ordinairement, ou dans celui qui caractérise son état ; que de tout temps dans les portraits, on a eu en vue, en conservant sa ressemblance à la postérité, de conserver les usages de son siècle[22] ». Et le texte sera conclu par une dérobade de l'auteur qui se contente de dire ceci : « Il serait trop long de rapporter toutes les lumières que M. *Findfault* tire de ces portraits pour nous instruire des manières des anciens Français[23] ». Cela suffit en effet, car l'essentiel a été dit : les portraits du passé servent à nous éclairer sur les mœurs, les pratiques sociales, les hiérarchies de valeurs, autant de sujets qui font, en principe, toute la consistance d'une utopie. Là, en postulant un monde nouveau, il s'agit de décrire le plus didactiquement que possible, ces éléments d'une réalité imaginée, non pas de les donner à interpréter dans des images et des figures. Le caustique Cochin nous suggère ainsi une autre manière d'éclairer les rapports difficiles entre utopie et portrait.

---

22 Nicolas Cochin, *Recueil de quelques pièces concernant les arts*, Paris, 1757, vol. 1, p. 154–155.
23 *Ibid.*, p. 165.

L'« Introduction » des *Cent Vingt Journées de Sodome* : portraits en série

Marc Hersant

Les *Cent Vingt Journées de Sodome*[1], cela a été remarqué[2], commencent – avant de se résorber dans le hors-temps et le non-lieu de l'utopie négative de Silling – comme un récit historique, situé à la fin du règne de Louis XIV, et prétendument ancré dans les spécificités de cette période. Il présente en effet les quatre libertins qui dominent l'œuvre comme l'illustration d'un cas de figure lui-même historique : la prolifération de « fortunes obscures » de « traitants », « sangsues toujours à l'affût des calamités publiques[3] » ayant amassé des richesses immenses en profitant de cette sombre période et utilisant ces richesses pour organiser de grandioses parties de débauche. Le ton est critique, et même cinglant, et l'énonciateur semble, sur un registre moral, condamner vigoureusement ces profiteurs – les signes de sa complicité avec eux, qui vont bientôt se multiplier, étant en ce début des plus discrets, dans un effet ahurissant de révélation progressive de ce fait si singulier : une énonciation *résolument du côté du mal*. Or, dans ce contexte, il est intéressant d'observer que le texte joue le jeu d'une « écriture historique » (au sens théorique d'énoncé de réalité), non seulement par les éléments référentiels relatifs à la fin du XVIIe siècle, mais aussi et surtout, au niveau énonciatif, par un saupoudrage de détails censés installer l'énonciateur dans le monde dont il se fait l'historien ou le chroniqueur. Je passe sur le fait, si répandu dans les romans-Mémoires et dans les romans épistolaires du XVIIIe siècle, de laisser en blanc le nom d'un personnage (« l'évêque de ****[4] ») alors que les autres libertins sont nommés : l'énonciateur feint de vouloir laisser dans l'anonymat un membre du clergé qui s'est comporté de manière si dissolue que révéler son identité serait *inconvenant*.

---

1 Le mot est de Sade lui-même : I, 75. Toutes les références aux *Œuvres* de Sade seront données sous cette forme dans l'édition de Michel Delon, Gallimard, « Bibliothèque de la Pléiade », 3 vol., 1990–1998.
2 Voir notamment Annie Le Brun, *Soudain un bloc d'abîme, Sade, Introduction aux Œuvres Complètes*, J.-J. Pauvert, 1986, p. 42 : « Voici en effet un texte qui débute comme un *roman historique*, pour mettre en place une structure théâtrale, se transformant en dialogue philosophique, qui s'amenuise en catalogue, pour se terminer en décompte des massacres et des survivants. Voici un livre qui commence *avec toute la pompe d'un roman historique* pour aboutir au laconisme d'une simple soustraction[2]. »
3 I, 15.
4 I, 15 pour la première occurrence.

Plus significative est la communauté de traitement des éléments historiques et des éléments « fictionnels » du texte : ainsi, quelques lignes seulement après le début du texte, il est question du «*fameux* tribunal connu sous le nom de Chambre de justice » sous la Régence du duc d'Orléans, et un peu plus loin ce sont les libertins et leurs plaisirs qui sont affublés d'adjectifs identiques ou similaires visant à les présenter comme *notoires* pour l'énonciateur aussi bien que pour son destinataire (fictif, puisqu'il est censé connaître ces personnages de fiction ?) : « Ces deux personnages, intimement liés de plaisirs et d'affaires avec le *célèbre* Durcet et le président de Curval, furent les premiers qui imaginèrent la débauche dont nous écrivons l'histoire, et l'ayant communiquée à ces deux amis, tous quatre composèrent les acteurs de ces *fameuses* orgies[5]. » Nous ne saurons jamais clairement à quelle distance temporelle l'énonciateur est censé se tenir des événements qu'il rapporte. Certains passages suggèrent un passé assez lointain. Ainsi, juste après la présentation des jeunes victimes féminines du sérail, on trouve cette notation qui fonctionne comme une assez tardive piqure de rappel du caractère *historique* du récit : « [...] quant aux crimes, *on vivait alors dans un siècle* où il s'en fallait bien qu'ils fussent recherchés et punis comme ils l'ont été depuis[6] ». Mais d'autres signes se multiplient ailleurs qu'il aurait bien pu être leur contemporain : tel passé composé dans le portrait de Blangis (« on l'a vu plus d'une fois étrangler tout net une femme[7] »), tel présent dans celui de Durcet (« Durcet *est âgé* de cinquante-trois ans, il *est* petit, court[8] » et un peu plus loin : « il ne *bande* absolument *plus*[9] »), tel élément évaluatif («*je crois que* si elle l'eût osé, le putanisme l'eût fort peu effrayée[10] ») nourrissent ce soupçon, et de manière générale l'impression diffuse que la voix narrative entretiendrait un rapport obscur avec les personnages de son récit – jusqu'à suggérer parfois discrètement qu'il aurait pu les connaître, peut-être même être un de leurs amis et même qui sait *partager leurs goûts*. On n'est donc presque pas étonné de voir ce même récit, qui n'est nullement, au sens habituel du terme, un récit à la première personne, et qui ne construit aucune image précise de son énonciateur comme personnage, désigné à deux reprises comme « mémoires ». D'abord, au moment de présenter les quatre maquerelles qui serviront de narratrices dans ce *Décaméron* nouveau style : « Comme les quatre actrices dont il s'agit ici jouent un rôle très essentiel dans ces *mémoires*, nous croyons, dussions-nous en demander excuse au lecteur, être

---

5   I, 15 pour ces différentes citations.
6   I, 47. Je souligne.
7   I, 24.
8   I, 31.
9   I, 32.
10 I, 37.

encore obligés de les peindre[11] ». Puis à l'intérieur du portrait de la Martaine, la troisième des quatre narratrices en question : « la suite de ces *mémoires* nous l'offrira peut-être combattant valeureusement encore sous les étendards de Sodome comme le plus intrépide des bougres[12] ». Cette indication de « genre » *réitérée* ne semble pas lâchée au hasard ou par étourderie. Et des Mémoires, comme chacun sait, rapportent des événements *contemporains* de la vie de leur énonciateur – soit qu'il en ait été le témoin direct, soit qu'ils lui aient été rapportés et qu'il les connaissent indirectement – non des événements plus lointains comme certains éléments textuels semblaient le suggérer. Ne cherchons donc pas forcément une cohérence introuvable entre ces différents signaux, mais au-delà de ces oppositions (Sade singe-t-il une écriture historique ou mémorielle ?) il est incontestable que le romancier a voulu jouer discrètement (tout cela reste d'une grande délicatesse de touche, sans rien d'appuyé) avec des codes d'écriture factuelle, et en particulier susciter le sentiment diffus d'une *connivence* entre celui qui raconte et ceux qui sont racontés, de leur coprésence dans un même monde, et parfois même d'une sorte de *familiarité* indéfinie et intrigante entre lui et eux. Ce jeu se poursuit d'ailleurs par petites touches dans la suite du roman, et Michel Gailliard a noté dans son étude[13], pour des raisons différentes, deux passages où le narrateur déclare n'avoir *pas eu connaissance* de ce qui se passe dans les cabinets secrets de Silling, où les libertins échauffés mènent leurs victimes en les soustrayant aux regards de la « compagnie », mais aussi au regard de notre témoin-narrateur qui doit ici s'avouer vaincu. C'est le cas dans un passage où l'évêque, émoustillé par les récits de la Duclos (qui portent alors sur des « plaisirs » à caractère masochiste), emporte sa fille Aline dans ses appartements privés : « Aline montra je ne sais quoi, car il m'a toujours été impossible de découvrir ce qui se passait dans ces infernaux cabinets[14] » et, de manière un peu moins marquée, dans un autre qui met en scène les mêmes personnages dans des circonstances similaires : « En même temps, il se jeta dans son cabinet, en entrainant par le sein Aline [...] On ne sait trop ce qui s'y fit, mais on entendit un grand cri de femme et, peu après, les hurlements de sa décharge[15] [...] ».

---

11   I, 40.
12   I, 42.
13   *Le Langage de l'obscénité, Étude stylistique des romans de Sade* : Les Cent Vingt Journées de Sodome, *les trois* Justine *et* Histoire de Juliette, Paris, Honoré Champion, 2006, p. 98.
14   I, 268.
15   I, 215. Dans *Juliette*, le même thème du cabinet secret apparaît à plusieurs reprises, et dans son récit à la première personne, la narratrice reprend le même jeu, déclarant ne pas savoir ce qui s'y est passé. Voir notamment en III, 478, 487, 505, 573, etc. cela devient un jeu

Cet ensemble – nullement exhaustif – d'indices peut amener à interroger à travers le filtre du jeu entre écriture fictionnelle et écriture historique (au sens large à nouveau) un des éléments les plus frappants de ce prologue : la mise en série des portraits qu'on y trouve, et leur reprise sous forme réduite et récapitulative à la fin, comme une sorte d'aide-mémoire pour le lecteur (mais aussi pour l'écrivain qui risquerait sinon d'*oublier* quels traits il a attribués à tel ou tel personnage). Il ne s'agit pas à proprement parler d'une galerie continue, puisque les parties narratives et les séries de portraits alternent, les secondes venant décrire les nouveaux arrivants dans les premières, au fur et à mesure. On a ainsi, si l'on veut, plusieurs « galeries » de portraits successives, étoilées par catégories : d'abord les quatre libertins-bourreaux, qui occasionnent des portraits monumentaux, et leurs épouses ; puis les quatre narratrices ; puis les huit jouets sexuels de chaque espèce : petites filles, petits garçons, fouteurs, pour certains simplement listés ; enfin, les quatre servantes. Soit quarante portraits ou entrées de portraits en tout, repris de manière méthodique et exhaustive dans le « récapitulatif » final. Ce qui frappe, c'est évidemment la rigueur de cette distribution de tous les personnages dans des catégories rigides, avec des zones de liberté absolue (les libertins), des zones de liberté relative (les fouteurs, les domestiques, les narratrices), des zones enfin d'esclavage absolu et sans condition (les épouses et les seize plus jeunes victimes). C'est aussi la rigueur arithmétique des chiffres : le 4 domine tout, y compris dans la répartition des fouteurs entre quatre hommes individualisés par leurs noms et leurs présentations et quatre autres qui restent anonymes et exclusivement « fonctionnels ». Quatre libertins, quatre épouses, quatre narratrices, quatre domestiques, quatre fouteurs nommés et décrits, quatre fouteurs anonymes simplement mentionnés, deux fois quatre esclaves plus jeunes de chacun des deux sexes. Les portraits, au fil du prologue, remplissent toutes ces cases à mesure que le contexte de l'intrigue principale se développe. Ils constituent par ce caractère sériel – mais aussi par la splendeur inégalée de certains d'entre eux – un ensemble unique dans l'œuvre de Sade, contrastant notamment avec les différentes versions de Justine et avec l'*Histoire de Juliette*, certes riches en magnifiques portraits, mais le plus souvent isolés, moins longs pour la plupart et moins grandioses, et faits le plus souvent au moment de la première apparition importante de chaque figure individuelle, même si des mises en série occasionnelles[16], moins spectaculaires, trahissent – surtout dans la dernière

---

à répétition. Le même jeu est donc à l'œuvre dans ce récit qui est clairement une feintise et dans *Sodome*.

16   Un bon exemple se trouve dans la version *Nouvelle Justine* de l'épisode du monastère : dans le chapitre VIII, on trouve ainsi des portraits successifs des moines libertins, puis sur

version – la nostalgie chez Sade de son premier grand roman perdu, et son plaisir évident de l'énumération, du classement et du catalogue.

Or, si l'on cherche des modèles structurels de cet ensemble de portraits dans la littérature antérieure – la célèbre galerie qui ouvre le *Père Goriot* est encore à venir, et participe elle-même de la grande entreprise du « Faire Vrai » balzacien[17] – on peut avoir l'impression, non seulement que Sade imite des caractéristiques de l'écriture historique, mais plus précisément qu'il s'inspire de modèles célèbres de portraits en série dans les Mémoires et d'autres modèles d'écriture factuelle d'Ancien Régime, dont je vais donner quelques exemples. En revanche, les modèles proprement fictionnels de ces galeries sont moins évidents ou moins prestigieux et significatifs. On trouve certes une longue et célèbre série de portraits au début de *La Princesse de Clèves*, mais d'une part ils sont peu développés, d'autre part ils participent eux-mêmes d'une volonté évidente d'imiter les récits historiques. Les portraits en série des *Lettres de la marquise* de Crébillon, dans le cadre de l'écriture épistolaire, sont une imitation des portraits de Célimène dans *Le Misanthrope*, et participent d'une logique complètement différente, mondaine et satirique – ce sont de brillantes expansions descriptives de mots d'esprit. Les grands portraits, spectaculairement longs, de *La Vie de Marianne*, font un effet de pause descriptive démesurée, nullement de mise en série. La petite suite de portraits du chapitre I de *Candide* n'est pas vraiment significative du point de vue qui m'intéresse. Et la mise en série des portraits de créatures appétissantes n'est pas forcément non plus un *topos* de l'écriture fictionnelle libertine. *Margot la ravaudeuse* comporte de nombreux portraits satiriques de personnages masculins mais la « série » est étroitement subordonnée au récit autobiographique et participe d'une succession de rencontres. Si les portraits se suivent parfois de près, ils ne sont jamais simplement « juxtaposés » sans raccord narratif. *Félicia ou Mes fredaines*, dans un chapitre intitulé « Où, et chez quelles gens nous arrivons. Portraits », propose une petite série de portraits très courts des membres d'une même famille, mais ce sont des portraits en action étroitement articulés au point de vue de la narratrice[18] : structurellement rien donc qui nous rapproche de Sade. Dans le génial *Portier des Chartreux*, on trouve d'inoubliables

---

deux pages environ des portraits de leurs victimes des deux sexes. Ces portraits en série n'étaient qu'esquissés dans les versions précédentes, et par ailleurs la volonté de Sade de recycler dans cet épisode quelques-unes des idées principales de son premier roman perdu est évidente et de plus en plus apparente au fil des versions.
17 Voir la grande synthèse de Dominique Massonnaud, *Faire vrai, Balzac ou l'invention de l'œuvre-monde*, Droz, 2014.
18 *Romanciers libertins du XVIIIe siècle*, tome II, éd. Wald Lasowski, Gallimard, « Bibliothèque de la Pléiade », 2005, p. 661–663.

portraits de libertins, dont celui du Père Casimir, au goût « antiphysique » très prononcé[19] – mais pas de spectaculaire mise en série. En outre, le caractère fortement hiérarchisé des portraits des *Cent Vingt Journées* est étranger à tous ces modèles, alors qu'il ne l'est pas aux modèles fournis par les mémorialistes de la grande aristocratie, qui au contraire affectent un respect strict des hiérarchies sociales, ou jouent subtilement des légères infractions qu'ils se permettent en matière hiérarchique. Certes, la hiérarchie sadienne est dans une large mesure autoproclamée – elle n'est pas subordonnée à une autre règle que celle que les libertins fixent eux-mêmes et n'a évidemment pas le caractère « institutionnel » de la hiérarchie d'Ancien Régime telle que l'ont vécue Retz ou Saint-Simon. Mais elle fonctionne comme un repère absolu pour l'énonciateur, qui lui permet de distribuer les personnages de son récit dans des « cases » fonctionnelles et sociales, dont il ne sort jamais. Il semble *adhérer* à cette hiérarchie, et subordonner l'organisation de ses ensembles de portraits à ce sentiment hiérarchique d'un genre un peu spécial. Chez Retz, la célèbre galerie de portraits que le mémorialiste offre avec panache et humour à sa destinataire féminine respecte ainsi, à de rares exceptions près, la hiérarchie : il commence par la reine-mère, poursuit avec Gaston d'Orléans – fils de France – et Condé – premier prince du sang, puis enfile une série de Grands et de ducs. La seule infraction à cette rigoureuse approche hiérarchique des figures qui se succèdent est le prince de Conti, que Retz feint d'avoir oublié tant le personnage fut médiocre – son rattrapage *in extremis* en fin de série est évidemment d'une extrême insolence – et surtout la distribution globale de la galerie en une longue série masculine, suivie d'une longue série féminine. Sade ne cherche évidemment pas à imiter Retz – ce n'est pas la question et il n'est même pas certain qu'il l'ait très attentivement lu – mais femmes et hommes sont chez lui aussi rigoureusement séparés. En revanche, et je reviens à Retz, les parlementaires – la noblesse de robe – ont leur tour *après* l'ensemble des représentants de la famille royale et de la noblesse d'épée, masculins ou féminins. Chez Sade, on ne peut pas parler d'un ordre « hiérarchique » à proprement parler ; il ne décline pas ses portraits du prologue en partant du haut pour aller vers le bas de manière absolument systématique mais : 1) les quatre portraits de libertins, maîtres absolus du monde de Silling, ont la priorité et ils sont faits en premier. 2) les portraits de leurs épouses qui suivent leur sont étroitement subordonnés. Leurs liens familiaux multiples (pour le moins) avec leurs quatre pères, époux et maîtres expliquent leur place immédiatement après eux. 3) Suivent

---

[19] *Romanciers libertins du XVIIIe siècle*, tome I, éd. P. Wald Lasowski, Gallimard, « Bibliothèque de la Pléiade », 2000, p. 440–441.

les narratrices qui ont un statut spécial et presque protégé dans l'univers impitoyable du château, et peuvent parfois passer – même si le statut est très fragile – pour des quasi-favorites. Certes, ensuite, plus rien ne reste d'un ordre hiérarchique : les petites filles et les petits garçons suivent, pour des raisons qui ne sont pas protocolaires mais narratives, et il en de même pour les fouteurs et pour les servantes. Mais ce qui subsiste de bout en bout, c'est le sentiment que chaque personnage appartient de manière absolument fixe à une catégorie dont l'infériorité (ou la supériorité), par rapport aux autres, saute aux yeux, et surtout n'est absolument jamais remise en doute par un énonciateur qui juge de toute évidence ces catégories – et la structure hiérarchique qui les agence – *absolument légitimes*. Les signes qu'il les approuve, qu'elles font partie de son système de pensée, sont constants – et participent à l'impression maléfique, menaçante qui se dégage du texte.

Chez Saint-Simon, que Sade n'a évidemment pas lu en entier, mais dont il a peut-être rencontré des extraits dans les anthologies d'histoire récente qui les accueillaient souvent à la fin du XVIIIe siècle, on trouve deux modèles : l'immense galerie de portraits de la cour d'Espagne, ou Tableau de la cour d'Espagne, par exemple, procède de manière de manière très structurée, commence avec le portrait de Philippe V et de son épouse, et propose des « séries » (de ministres, de Grands d'Espagne, etc.) dans une logique de répartition par catégories sociales d'une immense quantité de portraits. Saint-Simon lui-même s'inspire de modèles d'écriture diplomatique comme la célèbre *Relation de la cour de France* de Spanheim qui propose un tableau des grandes figures de la cour, avec des portraits vastes et complexes, et un ordre qui va du roi à la famille royale, aux princes du sang et aux bâtards légitimés, aux princes étrangers et aux autres grandes maisons, aux principaux ministres, aux cardinaux, etc. Les deux-tiers de la *Relation* sont donc constitués d'une vaste galerie de portraits *classés par catégories sociales*, et il n'est pas absolument exclu que ce modèle diplomatique, qui n'a absolument rien de littéraire, ait eu une influence sur l'organisation sévère de la grande galerie de portraits en plusieurs temps du prologue des *Cent Vingt Journées*. Mais chez Saint-Simon – une fois de plus, ce n'est pas le fait que Sade l'ait lu ou non qui m'intéresse, cet aspect est anecdotique – on trouve aussi, dans le *continuum* narratif des *Mémoires*, des séries de portraits étroitement subordonnées au contexte narratif – et c'est ce qui se rapproche le plus parfaitement, sur le plan structurel, du texte sadien qui m'intéresse. Par exemple, au moment du mariage du duc de Bourgogne avec la jeune princesse de Savoie, le mémorialiste se lance dans une série de portraits de membres de la maison de la jeune princesse qui est alors constitué, avec une liste des intéressés précédant leurs descriptions détaillées, et un ordre strictement hiérarchique[20]. Et d'autres exemples notables sont liés à des séries groupées de nominations ou de promotions : gigantesques galeries de portraits, qui peuvent faire des dizaines de pages, de cardinaux ou de maréchaux de France[21] qui ont obtenu leur chapeau ou leur bâton en même temps. Dans ces cas comme dans les précédents, les portraits sont strictement juxtaposés – comme dans la galerie sadienne – avec simplement de rarissimes raccords d'un portrait à l'autre, esquissant une comparaison entre deux personnages de la galerie par exemple. Cette structure additive minimale est évidemment liée chez Saint-Simon à une logique *informative* de recensement et de mise en ordre – il s'agit notamment de n'oublier personne – et c'est aussi cette volonté de classer et de recenser, de mémoriser et de clarifier, qui caractérise, tout aussi obsessionnelle, la galerie sadienne. Ce souci informatif est encore plus visible chez Sade dans le « récapitulatif » final où il reprend en abrégé, et en usant exclusivement des temps du discours (et surtout du présent), l'ensemble des portraits éclatés dans le prologue en les réunissant et en les résumant. Dans ce récapitulatif pour le moins singulier (et qui semble, en dehors de toute logique littéraire ou fictionnelle, asservie à l'information du lecteur et surtout de l'auteur qui doivent s'y retrouver et savoir *qui est qui* dans le récit qui suit), les présents grammaticaux n'ont plus une valeur d'énonciation (qu'ils pouvaient avoir dans les exemples que j'ai cités précédemment) et signalent simplement qu'on ne « raconte plus » les personnages mais qu'on résume et condense dans un texte qui n'est même plus descriptif dans son essence, mais informatif, le contenu informationnel principal qu'il s'agit de garder en mémoire. Voici les deux premières entrées de ce récapitulatif de trois pages :

> LE DUC DE BLANGIS, cinquante ans, fait comme un satyre, doué d'un membre monstrueux et d'une force prodigieuse. On peut le regarder comme le réceptacle de tous les vices et de tous les crimes. Il a tué sa mère, sa sœur et trois de ses femmes.
> L'ÉVÊQUE DE *** est son frère ; quarante-cinq ans, plus mince et plus délicat que le duc, une vilaine bouche. Il est fourbe, adroit, fidèle

---

20   Je me réfère à l'édition Yves Coirault des *Mémoires*, Gallimard, « Bibliothèque de la Pléiade », 1986–1988, 8 vol., ici I, 307–319.

21   Une des plus remarquables galeries de ce type concerne une promotion groupée de maréchaux de France dans la chronique de l'année 1703, en II, 292–310. La juxtaposition stricte des portraits, leur format (quelques pages à chaque fois), l'insistance très marquée sur le corps des intéressés, l'alternance d'éléments descriptifs et d'anecdotes, tout suggère qu'on est ici au plus près du modèle – qui n'est évidemment pas spécifiquement saint-simonien – que Sade récupère pour les portraits successifs des quatre libertins des *Cent Vingt Journées*.

sectateur de la sodomie active et passive ; il méprise absolument toute autre espèce de plaisir ; il a cruellement fait mourir deux enfants pour lesquels un ami avait laissé une fortune considérable entre ses mains. Il a le genre nerveux d'une si grande sensibilité qu'il s'évanouit presque en déchargeant[22].

Il convient bien sûr de rappeler que le portrait initial du duc fait cinq pages, et celui de l'évêque deux pages. L'effort de « concentration » des éléments à retenir est donc important. On remarque parmi les traits les plus caractéristiques d'une information pure, en dehors de l'usage des temps, les constructions nominales, la présentation des noms en capitales pour que le lecteur (ou Sade !) puisse s'y retrouver dans cette présentation d'un clin d'œil, et il faudrait comparer de près ces résumés aux portraits complets pour observer ce que Sade a retenu et ce qu'il a rejeté. Cette logique est évidemment « factuelle » par essence – elle singe même une des modalités fondamentales de la factualité qui est un triple principe de *juxtaposition*, de *notation* et de *relation* qui lutte parfois victorieusement contre le principe de configuration narratif. Alors que le récit de fiction est en principe et logiquement totalement absorbé par ce dernier principe – puisque son but est le plaisir narratif du lecteur – j'ai montré à propos de Saint-Simon[23] que le récit « historique » (au sens théorique de non-fictionnel) met au contraire en tension configuration et juxtaposition, mise en intrigue et pure énumération des objets du monde et des faits. Ce n'est pas le propos de cet article, mais chez Sade, cette tension est perceptible à un autre niveau encore : la progressive victoire sur le principe de configuration et de mise en intrigue – le texte finit par simplement lister à l'infini les pratiques sexuelles étranges suscitées par l'imagination humaine – du principe de recensement et de juxtaposition, du pur catalogue. Sade raconte donc le monde fictif de son invention *comme s'il* passait en revue méthodiquement les composantes d'un monde réel – on a souvent comparé son entreprise à l'*Encyclopédie* et à Buffon – et il le fait dès son prologue dans sa manière de présenter les personnages. Le fait de désigner les quatre maquerelles chargées de recenser les goûts et les turpitudes comme « historiennes » est d'ailleurs lui aussi significatif, et un cinquième « historien » est évidemment à l'œuvre dans cette affaire – Sade lui-même, ou si l'on préfère, son narrateur.

Si maintenant on envisage de l'intérieur les séries de portraits du prologue, on observe un grand écart, qui a souvent frappé les commentateurs, entre des

---

22   I, 70.
23   Dans *Le Discours de vérité dans les* Mémoires *du duc de Saint-Simon*, Paris, Honoré Champion, 2009.

portraits proches de l'insignifiance tant ils entassent les *topoï* de la beauté féminine (ou masculine) sans se soucier d'originalité, et des portraits infiniment plus saisissants et mémorables, où le corps s'écrit avec une sorte de brutalité défiant tous les clichés. Les premiers utilisent sans vergogne les formules les plus usées du roman libertin, qui ne sont pas tellement différentes, en dehors de l'évocation directe des parties basses et sexuelles du corps, des portraits physiques qui constituent un des fonds de commerce les plus inusables de la littérature romanesque d'Ancien Régime dans son ensemble. Les portraits de Constance et Adélaïde, deux des filles-épouses des libertins, relèvent en partie de cette écriture fictionnelle sans surprise : la première par exemple est « faite à peindre et tournée comme si les Grâces eussent pris plaisir à l'embellir ». La seconde est « faite à peindre, les plus beaux cheveux qu'on puisse voir. Un air d'intérêt et de sensibilité, répandu dans toute sa personne, lui donnait l'air d'une héroïne de roman. » Sade ne s'est même pas fatigué à varier la formule du « faite à peindre » qu'on retrouvera *ad nauseam* dans les portraits de jouvencelles (et de jouvenceaux) des différentes versions de *Justine* et dans ceux de l'*Histoire de Juliette*. On attendrait ce style dans l'évocation sérielle des petits esclaves des deux sexes, mais le « narrateur » (s'il y en a un), qui s'ennuie d'avance de répéter sans fin les mêmes formules, et qui juge avec quelque raison que le lecteur pourrait lui aussi trouver ses pinceaux « monotones[24] », ne produit que des entrées avec le nom de la petite créature et le récit plus ou moins circonstancié, mais jamais bien long, des conditions de sa capture. Nous saurons certes par exemple que Zéphire est « le plus délicieux des huit[25] » garçons, mais il faudra se constater de cette notation abstraite et, si l'on en a envie – car rien n'y oblige ! – remplir ce vide par l'imagination. Dans le cas des garçons, censés intéresser bien davantage les libertins, mais aussi lui-même au fond de sa cellule, Sade fait toutefois, dans de rares cas, quelques petits efforts supplémentaires pour les singulariser un peu, et par exemple Adonis se voit attribuer une petite tête libertine et de la bonne volonté pour le vice. Mais globalement tout cela n'est que « chair à libertin » presque indifférenciée, et quelques ornements de pacotille, quelques roses métaphoriques sans recherche et sans ambition suffisent à Sade.

Le contraste entre ces vagues et fades esquisses et les formidables peintures des personnages de premier plan, et au premier chef des quatre libertins, des narratrices et des servantes, et à un degré moindre des quatre fouteurs qui ont mérité un vrai portrait, est absolument saisissant. L'élément le plus notable est qu'on ne trouve plus ici en effet une écriture convenue du corps, qui le rend

---

[24] I, 46.
[25] I, 49.

totalement abstrait et l'ensevelit sous les figures obligées, mais la traduction concrète presque sans égale d'une existence et d'une présence corporelle qui percent le papier. Et il ne s'agit pas non plus de remplacer une peinture de la beauté par une peinture de la laideur : si le portrait de Fanchon, la quatrième servante, est destiné à soulever le cœur du lecteur le plus endurci par son entassement d'ignominies, le plus puissant de tous ces portraits, celui de Blangis, projection idéalisée, sublimée en surmâle, de Sade lui-même, est celui d'un *bel homme*. Et c'est aussi, outre leur étonnante puissance poétique d'existence physique, la dimension maléfique des personnages, qui atteint dans le cas de Blangis à une sorte de grandeur satanique quasi-miltonienne, qui les fait sortir totalement du monde de fades clichés épuisés dont les autres personnages sont prisonniers. Or, s'il est facile de trouver mille modèles des portraits (ou des non-portraits) de beautés parfaites ennuyeuses et monotones, dont Sade n'épargnera pas toujours son lecteur, dans les romans des XVIIe et XVIIIe siècles, il est plus difficile de trouver, en tout cas du côté du roman d'Ancien Régime, des personnages présents avec une telle intensité concrète, physique. Parmi les rares exceptions, on peut citer le grand portrait de la supérieure lesbienne du dernier couvent de *La Religieuse* de Diderot, ou le portrait déjà cité du Père Casimir dans le *Portier des Chartreux*, avec ses « yeux qui vous enculaient de cent pas[26] » – mais il me semble qu'il faudra attendre Balzac pour que le portrait romanesque accède de manière *régulière* à cette dimension. En revanche, si l'on se tourne du côté des mémorialistes, on trouve les seuls portraits qui puissent être comparés à ceux de Sade sur le plan, et de l'intensité de l'expression poétique du corps, et de l'aura maléfique. On pourrait remonter dans le temps et chercher du côté de Brantôme ou de Tallemant des Réaux[27], mais Saint-Simon, par sa relative proximité historique avec Sade, me paraît offrir encore une fois un point de comparaison plus pertinent. Et ici encore la question de la lecture éventuelle de Saint-Simon par Sade est au fond sans intérêt, alors que la proximité vraiment étonnante du portrait sadien avec certaines des plus belles créations de Saint-Simon dans le genre du portrait est fascinante, y compris sur le plan stylistique. Et cela tient en partie au fait que le mémorialiste n'écrit pas le corps – ou le mal – pour satisfaire des formes littéraires toutes faites, mais pour rendre compte du choc existentiel de l'individu singulier, historique, et qu'il ne flatte pas ses modèles parce qu'il veut les recréer dans toutes leurs dimensions – avec une part de divagation hallucinatoire. Il est impossible dans le cadre de cet article de développer ce parallèle

---

26 *Romanciers libertins* I, *op. cit.*, p. 440.
27 Dont l'œuvre n'est d'une certaine manière qu'une immense succession de portraits en série.

Sade/Saint-Simon comme il le mériterait. Je me contenterai donc de mettre en regard quelques portraits noirs des *Mémoires* avec le portrait de Blangis. Par exemple, ces quelques lignes qui décrivent son caractère

> Avec un esprit très noir et très méchant, elle [la nature] lui avait donné l'âme la plus scélérate et la plus dure, accompagnée des désordres dans les goûts et dans les caprices d'où naissait le libertinage effrayant auquel le duc était si singulièrement enclin. Né faux, dur, impérieux, barbare, égoïste, également prodigue pour ses plaisirs et avare quand il s'agissait d'être utile, menteur gourmand, ivrogne poltron, sodomite, incestueux, meurtrier, incendiaire, voleur, pas une seule vertu ne compensait autant de vices[28].

Présentent des similitudes thématiques et stylistiques évidentes, à ceci près bien sûr que l'indignation saint-simonienne contraste avec la complaisance sadienne, avec les magnifiques portraits saint-simoniens du duc du Maine :

> Avec de l'esprit, je ne dis pas comme un ange, mais comme un démon, auquel il ressemblait si fort en malignité, en noirceur, en perversité d'âme, en desservices à tous, en services à personne, en marches profondes, en orgueil le plus superbe, en fausseté exquise, en artifices sans nombre, en simulations sans mesure, et encore en agréments, en l'art d'amuser, de divertir, de charmer quand il voulait plaire, c'était un poltron accompli de cœur et d'esprit, et, à force de l'être, le poltron le plus dangereux, et le plus propre, pourvu que ce fût par-dessous terre, à se porter aux plus terribles extrémités pour parer ce qu'il jugeait avoir à craindre, et se porter aussi à toutes les souplesses et les bassesses les plus rampantes, auxquelles aussi le diable ne perdait rien[29].

Ou de l'abbé Dubois :

> Tous les vices combattaient en lui à qui en demeurerait le maître. Ils y faisaient un bruit et un combat continuel entre eux. L'avarice, la débauche, l'ambition étaient ses dieux ; la perfidie, la flatterie, les servages, ses moyens ; l'impiété parfaite, son repos ; et l'opinion que la probité et l'honnêteté sont des chimères dont on se pare, et qui n'ont de réalité dans personne, son principe, en conséquence duquel tous moyens lui

---

28   I, 21.
29   II, 939.

étaient bons. […] Méchant d'ailleurs avec réflexion et par nature, et, par raisonnement, traître et ingrat, maître expert aux compositions des plus grandes noirceurs, effronté à faire peur étant pris sur le fait ; désirant tout, enviant tout, et voulant toutes les dépouilles[30].

De même, l'évocation sadienne des extraordinaires existences physiques de Blangis et des autres libertins n'a sans doute aucun autre équivalent dans la littérature française antérieure que des pendants saint-simoniens, à ceci près, bien entendu, que Saint-Simon s'attarde beaucoup moins que Sade sur les parties basses du corps, tout en traduisant avec un génie égal la sidération de l'observateur saisi, fasciné par le corps d'autrui, et par exemple par les corps de Huxelles, de Pierre le Grand, parmi mille autres. Je renvoie aux pages célèbres d'Auerbach sur Saint-Simon sur ce point, qui suggèrent chez un auteur si profondément chrétien l'incongruité d'une poétique « matérialiste » du corps sans précédent dans la littérature européenne, instinctive chez le grand mémorialiste, et dont le critique allemand ne retrouve l'équivalent dans la littérature romanesque européenne qu'au début du XXe siècle[31] (il pense sans doute à Proust). La similitude structurelle et stylistique des portraits des *Cent Vingt Journées* et des grandes galeries de portraits des plus ambitieux mémorialistes de l'époque classique est donc le fruit d'une profonde parenté poétique : c'est dans l'écriture factuelle de la série et du corps plus que dans les portraits romanesques que Sade a pu trouver les vrais modèles d'une écriture grandiose de l'individu qu'il n'égalera plus dans ses romans ultérieurs. Et son premier roman est de manière plus significative que ceux qui suivront écrit dans une tension significative entre le principe de configuration qui préside à la création fictionnelle et le principe de juxtaposition qui lui résiste dans l'histoire.

---

30 V, 241-242.
31 Erich Auerbach, *Mimésis, La Représentation de la réalité dans la littérature occidentale*, Paris, Gallimard, « Tel », 1968, p. 423-424.

QUATRIÈME PARTIE

Le portrait dans les textes factuels à la première personne

∴

« Vies des Hommes » et « Discours des Dames » : la construction du genre dans les portraits de Brantôme (1595–1614)

Anne Duprat

Qu'est-ce que le portrait d'une époque ? En intitulant ainsi une étude sur l'art de Pierre de Bourdeille, abbé de Brantôme, historien scandaleux et témoin privilégié des intrigues amoureuses, politiques et militaires de la cour des derniers Valois, Robert D. Cottrell abordait une question essentielle à l'analyse de l'écriture mémorialiste : celle de la place que tient le portrait, et surtout la galerie de portraits dans la reconstitution d'une image complète d'un monde disparu, de sa couleur et de son sens[1].

Brantôme était grand collectionneur de portraits graphiques, à l'imitation de Catherine de Médicis[2]. Il n'avait pourtant pas eu l'intention de les faire figurer *in loco* dans ses Mémoires lorsqu'il laisse à sa mort en 1614 ses instructions à ses héritiers pour la publication de « cinq volumes couverts de velours tant noir, verd, bleu, et un grand volume qui est celui des *Dames* [...], et un autre qui est celluy des *Rodomontades*[3] ». Le texte lui-même devait livrer au futur lecteur le véritable visage des dames illustres et des héros dont il faisait l'histoire. Cette vérité, et le secret de sa transmission résidait pour lui dans la faculté du mémorialiste à saisir dans les « faicts, dicts, actions et hystoyres curieuses » dans lesquels le caractère de chacun se peignait la rencontre singulière, sans cesse renouvelée d'un portrait à l'autre, entre les traits propres à une personne et le temps particulier dans lequel elle avait vécu. Cette conjonction donne pour

---

1 Robert D. Cottrell, *Brantôme. The Writers as Portraitist of his Age*, Genève, Droz, 1970. Sur l'œuvre de Brantôme en général, voir les biographies de Madeleine Lazard, *Pierre de Bourdeille seigneur de Brantôme*, Paris, Fayard, 1995, et d'Étienne Vaucheret, *Brantôme mémorialiste et conteur*, Paris, Champion, 2010, ainsi que l'étude d'Anne Grimaldi, *Brantôme et le sens de l'histoire*, Paris, Nizet, 1981.
2 Sur les trente portraits connus de la collection de Brantôme, voir Louis Dimier, *Histoire de la peinture française, des origines au retour de Vouet*, 1300–1627, Paris et Bruxelles, G. Van Oest, 1925, p. 30, cité dans l'excellente l'étude de Katherine MacDonald, « Colorer les faits : le statut du portrait graphique chez Brantôme », dans *Seizième Siècle*, N° 3, 2007, pp. 207–223.
3 Le texte complet du testament est reproduit dans toutes les éditions des œuvres de Brantôme depuis 1740, et notamment dans l'édition critique de référence procurée par Ludovic Lalanne des *Œuvres complètes de Pierre de Bourdeille* (Paris, 1864, t. X, p. 126–128). Les références qui suivent s'entendent à cette édition pour les *Vies des Hommes*, et pour les *Discours des Dames* à l'édition d'É. Vaucheret, *Recueil des Dames, poésies et tombeaux*, Paris, Gallimard, 1991.

lui le sens du « bruit » qu'avait pu faire un personnage, de l'effet particulier qu'il avait produit sur ses contemporains d'abord, puis sur la postérité ; un effet aussi indissociable de son existence et de sa vérité intérieure que l'ombre l'est du corps qui la projette.

De cette rencontre entre l'individu et l'époque qu'il marque naissent les figures qu'évoque Brantôme, essentielles à la compréhension esthétique d'un monde et d'un temps aristocratiques à jamais disparus, celui qui de 1560 à 1595 cède la place à l'état-nation moderne. De là le sort particulier, brillant mais toujours sujet à controverse que connurent ces écrits dans l'historiographie et dans la littérature française à partir de la mort de l'auteur. L'écriture libre, provocatrice, non pas a-morale mais résolument anti-exemplaire de Brantôme était bien faite, dès 1595, pour « sentir son temps ». La cruauté et la crudité voulues des récits, qui mirent les héritiers de Brantôme dans l'impossibilité de les publier dans les années qui suivirent immédiatement la mort d'Henri IV faisaient en même temps pour les historiens du XVIIe siècle de ses Mémoires manuscrits le modèle du document fiable[4]. « La vérité, toute vieille et mal ornée qu'elle soit, fait tout le beau et le précieux [de l'Histoire] »[5], s'excuse Le Laboureur en présentant les extraits de ses chroniques, qu'il recommande à ses lecteurs pour leur irremplaçable valeur testimoniale.

Or, dès la parution à Leyde en 1665–1666 des vies des *Dames illustres* d'abord, puis des *Dames galantes*, enfin des *Vies des hommes illustres et grands capitaines français*, en pleine vogue des galeries de portraits, les mêmes caractéristiques – la bizarrerie, l'éclat, la violence et la singularité des histoires racontées – vont paradoxalement imposer les *Vies* de Brantôme comme matériau privilégié pour une écriture romanesque qui découvre alors, avec le *Don Carlos* de Saint Réal, puis dans les romans de Mme de Lafayette les vertus de la couleur historique.

La création d'un Brantôme classique, qui se joue à ce moment, engageait une transformation profonde de la conception même du portrait littéraire, de

---

4 Les frères Dupuy en font faire une copie dès 1646, et les considèrent comme des documents essentiels sur l'histoire politique et militaire des guerres de religion. Dans son édition des *Mémoires de Messire Michel de Castelnau, Seigneur de Mauvissière* (Paris, Pierre Lamy, 2 vols., 1659), Jean Le Laboureur en introduit de larges extraits. Pour une analyse détaillée de l'utilisation faite par Mme de Lafayette des citations faites par Le Laboureur, avant la parution à Leyde chez Jean Sambix des recueils des *Dames* et des *Hommes*, voir H. Chamard et G. Rudler, « Les sources historiques de *La Princesse de Clèves* », dans *Revue du Seizième siècle*, II, 1914, pp. 92–131.

5 Le Laboureur, *Mémoires de Michel de Castelnau*, cité par H. Chamard et G. Rudler, « Les sources historiques de *La Princesse de Clèves* », art. cit., note 1, p. 96.

la chronique renaissante au roman louis-quatorzien[6]. En 1670 comme en 1595, il s'agit toujours de (res)susciter un monde par le biais d'une galerie de personnages, l'un et l'autre s'entre-définissant pour créer une image singulière du temps, de l'époque qu'évoque l'écrit. Mais tandis que Brantôme faisait de cette cohérence recréée par le récit mémoriel un pur objet de jouissance nostalgique, l'écriture du passé remédiant à l'inexorable disparition des choses, la fiction historique classique enlève au *passage* du temps son pouvoir esthétique propre. Elle voit au contraire dans la couleur historique qui surgit du récit, et qui fait la beauté singulière de l'univers raconté la marque de l'exceptionnel, le signe d'une grandeur incomprise que la plume du chroniqueur ancien ne ferait que laisser transparaître, et dont il appartiendrait à l'auteur moderne de révéler la dimension universelle.

C'est sur le sens de cette modification que porteront les remarques qui vont suivre, dans lesquelles je voudrais revenir sur la valeur que donnait au départ Brantôme lui-même aux portraits qu'il consacre successivement à chacun de ses personnages, en relevant tout d'abord le rôle que son écriture attribue à l'évocation des grandes figures de la cour des derniers Valois dans la reconstruction qu'il propose d'une image de son temps.

1   La gloire de nos pères : histoires « curieuses » et traits « bizarres »

En comparant la technique du portrait littéraire masculin tel que le pratique Brantôme à l'usage que faisaient les Clouet père et fils du crayon noir et rouge, R. Cottrell louait chez le mémorialiste ce qui, de fait, pouvait apparaître comme un défaut aux yeux des classiques : l'art de peindre d'un trait « le mobile, le fugitif, l'évanescent[7] » – mais aussi l'absence complaisamment soulignée d'ordre et de composition dans ces descriptions. Faites à plaisir, suivant la fantaisie

---

[6] Les volumes de la première édition de Leyde qui paraissent chez Jean Sambix entre 1665 et 1667 préparent cette création, tout d'abord en séparant les vies des *Dames illustres* des vies des *Dames gallantes*, et en expurgeant bien sûr de ces dernières les passages les moins publiables, à l'image par exemple du septième Discours des Dames, « Recueil d'aucunes ruses et astuces d'amour », également omis de l'édition de 1740, alors que la rédaction originale de Brantôme ménageait des ponts narratifs constants entre les différents discours des *Dames*, dont les titres n'engageaient pas de distinction morale ni surtout sociale entre les deux catégories de récits. Les écrits qui relèvent du genre aristocratique des Mémoires d'épée font l'objet des volumes suivants. L'utilisation du texte comme galerie de portraits est par ailleurs facilitée par l'introduction des tables nominales reprises par toutes les éditions ultérieures, mais absentes dans les manuscrits originaux, que Brantôme considérait comme prêts pour l'impression.

[7] R. Cottrell, *Brantôme. The Writer as Portraitist of his Age*, op. cit., p. 44.

qui seule gouverne l'écriture dans le genre aristocratique des Mémoires d'épée comme dans celui des chroniques galantes dont s'inspire Brantôme dans les différentes parties de son œuvre, elles sont aussi fréquemment interrompues par des digressions, des réflexions et des évocations annexes que pouvaient l'être les *Essais* de son contemporain Montaigne. En procédant comme chez le philosophe « à sauts et à gambades », le fil du souvenir ne suit pourtant pas chez Brantôme l'ordre naturel de la pensée, mais celui du désir. Le prix de ses portraits tient en effet pour lui à trois traits essentiels : l'incomplétude volontaire du point de vue qui les organise, l'incohérence même des traits qu'ils présentent, enfin l'inscription narrative volontairement discontinue des figures évoquées dans le tissu de l'histoire, dans la vaste tapisserie bariolée à laquelle travaille le mémorialiste, et qu'il donne pourtant comme la véritable image de son siècle.

Peu d'écritures en effet peuvent apparaître aussi nettement « situées » que celle des Mémoires d'épée, qui est par définition toujours présentée comme l'expression du rang et de l'identité aristocratique – par opposition à l'*ethos* rhétorique propre à l'homme de lettres – de leur auteur, auquel sa position dans l'entourage des grands a donné accès à un savoir privilégié sur les intrigues de la cour qu'il décrit. À cette conscience de soi sans cesse mise en scène, Brantôme cependant ajoute une caractéristique supplémentaire, qui réside dans la polarisation de son écriture entre « Vies » des Hommes et « Discours » des Dames. Le souvenir se distribue textuellement autour de ces deux pôles complémentaires. Le destin particulier, l'univers et la culture des femmes et celles des hommes se confèrent mutuellement valeur et sens dans une double relation active qui fait tout le sujet des Mémoires : les entreprises guerrières et politiques d'un côté, le sexe de l'autre – la gloire et l'amour, en termes romanesques – organisent et structurent les relations entre les pôles.

Ancien soldat contraint à l'immobilité, Pierre de Bourdeille s'annonce en effet naturellement comme un témoin direct et un juge compétent des faits d'armes des chefs de guerre qu'il évoque[8]. Mais il est également le petit-fils de Louise de Daillon du Lude, sénéchale du Poitou, fils d'Anne de Vivonne, dame d'honneur de Marguerite de Navarre représentée dans *L'Heptaméron* sous le nom d'Ennasuite, et neveu de Jeanne de Vivonne, dame de Dampierre, qui commença sa carrière comme page à la cour de Navarre à Nérac, à Pau et à

---

8 Brantôme décrit à plusieurs reprises, et notamment dans la préface de la première rédaction, la partie de ses Mémoires qui « touche les Hommes » comme traitant « des beaux faicts d'armes et dicts en nos guerres, *que nos peres et nous avons veues* » (*Œuvres*, t. I, p. 25). L'assurance d'autopsie est topique et constante dans les volumes consacrés aux *Vies des Hommes*.

Mont-de Marsan. À ce titre, il se fait valoir également, cette fois par le truchement des confidences de ses tantes, de sa mère et de sa grand-mère, comme le dépositaire d'une mémoire clandestine féminine des intrigues amoureuses de la cour des Valois au temps de sa plus grande gloire. La place que tient cette mémoire dans ses récits est bien résumée par exemple dans l'un des détails du portrait qu'il propose de Jeanne d'Albret, future reine de Navarre, séparée à douze ans du duc de Clèves pour épouser Antoine de Bourbon en 1548[9]. La question de savoir si le premier mariage avait ou non été consommé était essentielle à la validité du second, dont devait sortir Henri III de Navarre, futur Henri IV de France. Si l'historiographie officielle cependant ne donne pas trace d'une enquête sur ce point, Brantôme apprend à son lecteur qu'il y avait bien eu visitation, puisque c'était sa propre grand-mère Louise de Daillon qui en aurait été chargée, et qui lui en aurait confié le résultat. Le mémorialiste affirme donc se trouver, au bout de cette transmission de l'information par une lignée de femmes, le seul homme dépositaire d'un secret que même le roi de Navarre aurait pu ignorer sur sa propre épouse – un secret qui bien sûr n'existe que pour être livré au lecteur dans la publication des Mémoires.

En présentant le point de vue qui a été le sien comme masculin, aristocratique, catholique, militaire et peu au fait des subtilités de la politique, Brantôme souligne en effet comme tous les mémorialistes le prix des informations auxquelles son rang et ses aventures lui ont donné un accès direct, et l'ingénuité hautaine avec laquelle il les livre au lecteur. Mais il désigne également sans cesse – ce qui est bien plus rare – le caractère *partiel* de cette perspective, faisant droit notamment au point de vue rapporté qui a pu être celui des dames instruites et bien nées dont il descend sur une histoire différente, qu'il montre comme inaccessible aux hommes détenteurs de l'autorité morale, politique et religieuse officielle en marge de laquelle il se situe alors. À ces « historiens » présents ou futurs, le mémorialiste réserve en effet ostensiblement, avec une prudence parfois ouvertement ironique le droit de juger *in fine* des causes et du sens d'un événement ou d'une action – pour mieux faire valoir, dans son récit, le fait que les dames et les chevaliers dont il raconte l'histoire « en savaient le bien le vrai, par-devers elles/eux ».

Instruit par l'exemple des désastres produits en son temps par la passion religieuse, partisane et idéologique, et d'une façon générale par ce qu'il décrit comme la coïncidence fatale des hommes et des femmes avec le personnage qu'ils incarnent, et avec les valeurs qui s'y attachent obligatoirement : constance, bravoure et loyauté dans le service du prince d'un côté, vertu, honneur et chasteté de l'autre, Brantôme écrivain prend avec le système de

---

9   *Recueil des Dames*, éd. cit., p. 161–162.

normes qui organise son monde une distance évidente, qui n'est pas celle de la réflexion intellectuelle mais celle du caprice personnel. En affirmant ne conter que ce qui lui plaît, et en repoussant la publication de son texte après sa mort, il libère l'écriture des contraintes rhétoriques et juridiques qui s'imposent dans l'espace public.

Ses portraits mettent donc en scène ces valeurs morales, sociales et politiques qu'il célèbre, et qui font la gloire des modèles, mais de façon contre-exemplaire au premier sens du terme : ils défont sans cesse le lien opératoire, symbolique qui devrait exister entre elles et les actions représentées, ce lien essentiel qui unit dans le genre des *Vies* le nom du personnage avec sa physionomie, ses traits de caractère moraux, ses actions et ses paroles. Parmi les formules de liaison dont Brantôme se sert pour introduire ces anecdotes ou ces mots qui peignent le personnage d'un trait, celles qui apparaissent le plus souvent sont sans doute « d'ailleurs » ou « au reste ». Ainsi, après avoir cité un trait de générosité d'un prince, il poursuit couramment par « au reste il était fort avare », et ajoute : « cela d'ailleurs se savait bien à la cour ». Cette désinvolture dans l'enchaînement des causes et des effets n'est bien sûr pas fortuite. Elle signe dans les *Discours* à la fois l'origine aristocratique du point de vue, la grandeur du modèle et l'esthétique « artiste » du portrait lui-même. De même que l'humeur des grands n'obéit qu'à leur caprice et que tout plie devant elle, de même l'auteur conte à son plaisir, et l'intendance suit comme elle peut : libre au lecteur de laisser le livre ou de poursuivre.

2   Être et paraître : le vrai visage des grands

L'une des conséquences les plus remarquables de cette liberté est certainement le retrait chez Brantôme de l'incontournable opposition entre apparence et réalité qui structure toute l'esthétique du portrait de la Renaissance à l'âge classique. Elle est particulièrement attendue dans le genre de la chronique scandaleuse, entièrement fondée sur la divulgation du secret et sur la mise en valeur esthétique ou morale du contraste qui existe entre l'image publique d'un personnage dont les actions se jouent sur le devant du théâtre de l'histoire, et le visage nu et mobile que seule la fréquentation privée des grands livre à leurs proches courtisans. Il est donc particulièrement signifiant de voir que Brantôme, dont le modèle d'écriture le plus affirmé est sans aucun doute l'*Heptaméron* de Marguerite de Navarre, et que sa matière par ailleurs conduit à ne raconter que conjurations, complots, intrigues et stratagèmes politiques, choisisse de ne pas replier ce clivage entre identité privée et publique sur une opposition entre l'être et le paraître dont on connaît pourtant la force dans l'esthétique narrative et dramatique baroque au tournant du XVIIe siècle.

Sans doute l'explication est-elle à chercher dans la distance même qu'installe l'art du portraitiste entre les personnages dont il célèbre la « curieuse renommée » et le système de valeurs auxquels ceux-ci étaient censés se conformer. Une grande partie de l'éclat et du brillant de leur caractère et de leurs actions réside précisément dans la liberté qu'ont prise ces personnages avec les vertus cardinales attachées à leurs positions respectives, et qu'ils interprètent « à leur mode ». Une mode dont l'importance est justement capitale dans l'écriture de Brantôme, commentateur passionné des « gentilles et nouvelles inventions » apportées par les Médicis à la cour de France. Il loue ainsi, au-delà du rôle joué par les Italiens dans l'ornement des arts et des lettres, de la danse et du théâtre à la cour, la capacité des reines Catherine et Marguerite de Valois à lancer une couleur (l'orange ou l'incarnat relevés de noir) encore jamais vue à la cour de France, ou à arborer un bonnet de velours masculin dont le port n'aurait pu convenir à aucune autre dame, ou encore des célèbres mignons d'Henri III à imposer le port des perles aux oreilles. Il affirme ainsi avoir entendu à Coignat Catherine de Médicis répondre à sa fille, et qui à la veille de son mariage avec Henri de Navarre s'apprêtait à « se faire habiller selon la mode qui courra » :

> C'est vous qui inventez et produisez cez belles façons de s'habiller ; et, en quelque part que vous ailliez, la Court les prendra de vous, et non vous de la Court[10].

Apparence et réalité coïncident significativement dans le phénomène qui fait de l'interprétation personnelle de codes culturels collectifs, et en particulier genrés, qu'assument les filles de France et les dames de leur entourage, les célèbres chefs de guerre des campagnes de Barbarie et d'Italie, la pierre de touche de leur capacité à devenir eux-mêmes des modèles de comportement qui resteront par définition inimitables[11].

---

10 *Recueil des Dames*, p. 127. La préférence de Catherine pour les perruques – dont Brantôme souligne qu'elle pourrait se passer, ses cheveux naturels « noirs à l'Espaignolle » surpassant dans leur naturel tout artifice, figure ainsi au même titre que l'habitude prise par Marguerite de se passer du port du masque, pourtant courant à la cour, et d'« aller la pluspart du temps le visage descouvert » (p. 128).

11 Sur les liens entre l'apparat vestimentaire et l'expressivité du portrait lui-même dans les portraits du XVIe siècle, voir notamment Blanchard W. Bates, *Literary Portraiture in the Historical Narrative of the French Renaissance*, New York, Stechert, 1945, p. 50 et suivantes, et Joanna Woodall (dir.), *Portraiture : Facing the Subject*, Manchester, Manchester University Press, 1997.

Or, cette liberté qui donne leur valeur esthétique aux portraits esquissés par le mémorialiste se prolonge, au-delà des attributs visibles représentés dans les portraits graphiques, dans le comportement moral et religieux des originaux tel que les portraits narratifs de Brantôme le décrivent. Elle ne cesse d'ébranler le caractère transcendant des systèmes idéaux complémentaires d'honneur masculin et de vertu féminine sur lesquels se fonde en théorie l'équilibre des relations à la cour, pendant cette période des guerres de religion qui voit en même temps le passage d'une économie de liens féodaux complexes vers la hiérarchisation moderne des loyautés autour de la monarchie.

Ainsi, dans l'univers des hommes, le lien du service et les valeurs de loyauté à l'égard du prince, de même que celle de fidélité à la « grande créance » catholique apparaissent sous la plume de Brantôme comme louables certes, mais comme tout à fait dispensables sur le fond dans la mesure où elles ne sont en rien l'émanation d'une nature humaine, encore moins d'une nature masculine idéalisée, mais d'un rôle social et symbolique délibérément construit. L'interprétation de ce rôle nécessite donc de la part de l'original de chaque portrait une personnalité suffisamment forte pour réussir à imposer au monde la coïncidence entre apparence et réalité qu'il fait sienne : c'est le moment de cette réussite que le portrait s'efforce de saisir. Brantôme raconte de la même façon un chef de guerre représenté en prince, avec tous les attributs symboliques du pouvoir présents et actifs – c'est le cas par exemple de la célèbre description du portrait de Coligny dévoilé à Charles IX par le roi de Pologne, comme avertissement politique[12] –, et le même homme saisi dans le moment d'un changement d'alliance, d'une trahison ou d'une démonstration de cruauté.

L'opposition qu'il choisit de faire entre les portraits de deux de ses compagnons d'armes, Timoléon de Cossé-Brissac et Philippe Strozzi, commandant en chef des bandes de France à partir de 1580, témoignent de ce phénomène. Le mémorialiste part d'un contraste en lui-même topique : celui de la douceur et de l'amabilité des traits de Brissac – qui pourtant n'aimait rien tant que de faire jaillir le sang quand il frappait ses ennemis, et de la physionomie « barbare » du non moins célèbre Strozzi – qui en réalité n'aurait pas fait preuve d'un excès de cruauté dans ses actions[13]. On voit bien le parti qu'un moraliste discourant des causes et des effets de la dissimulation en temps de guerre et en temps de paix aurait pu tirer d'un tel contraste entre les physionomies et les comportements respectifs de l'homme de cour qu'était Brissac et du condottiere qu'était Strozzi. Mais l'exemplarité programmée de l'anecdote est aussitôt bloquée

---

12   *Œuvres*, t. IV, p. 326.
13   *Premier Discours des couronnels de nos bandes de Piedmont*, « Tymoléon de Cossé, comte de Brissac », dans *Œuvres*, p. 666.

par le récit de ce qui apparaît comme un événement fondamental dans les Mémoires de Brantôme : l'évocation du massacre des Ponts-de-Cé, ordonné de sang-froid par le même Strozzi, un crime de guerre qui reste inexplicable pour Brantôme et qui sera en partie à l'origine de la rupture entre lui et son compagnon d'armes. L'insertion de ce récit dans la vie de Cossé-Brissac, plutôt que dans la vie de Strozzi lui-même, aboutit précisément à renverser l'efficacité rhétorique du parallèle en faisant en fin de compte de l'homme de guerre, et de l'ami proche, le plus cruel des deux personnages dépeints : Brantôme ainsi met en valeur la façon dont la physionomie brutale d'un homme peut exprimer bel et bien le sens des actions dont il a choisi de se rendre coupable.

De même, le portrait d'Anne de Montmorency, représenté en prière, feignant de dire ses patenostres et « marmottant » en réalité *sotto voce* : « allez moy prendre un tel ; attachez celuy là à cest arbre ; faites passer cestuy là par les picques [...] et ainsy tels ou semblables mots de justice et pollice de guerre[14] ». Le contraste entre la piété de la pose dans laquelle est saisi le personnage et le cynisme de son discours pouvait être lu dans le cadre de la légende noire des guerres de religions – notamment dans l'historiographie post-révolutionnaire, au moment où le roman historique français s'empare des chroniques de la période – comme un trait de satire à l'encontre des crimes du parti catholique. On est très loin d'une telle intention : le portrait de Montmorency n'est ni à charge ni à décharge. Le mémorialiste admire et fait admirer le tour de force sans juger ni de la qualité morale de l'âme qui se peint là, ni des conséquences que pouvait avoir une telle disposition sur les décisions prises par ce « grand politique ». En refusant de sonder les reins et les cœurs, Brantôme fait de l'écriture mémorielle un réservoir non d'exemples mais de motifs.

3 La construction symétrique du genre dans les portraits masculins et féminins de Brantôme

L'image que peint Brantôme de la grandeur dans ses portraits ne repose pas sur une exploitation de la différence entre l'être et le paraître – celle-ci existe bien au départ, et c'est la capacité du personnage à la réduire qui rend le portrait « beau » et l'histoire « curieuse »[15] – parce que la morale de Brantôme récuse

---

14   *Hommes illustres et Grands Capitaines François*, « M. le Connestable Anne de Montmorency », dans *Œuvres*, p. 314.
15   Je rejoins sur ce point l'analyse que fait Katherine MacDonald de la conception du portrait chez Brantôme comme art de la couleur (cf. « Colorer les faits : le statut du portrait graphique chez Brantôme », art. cit.). Il s'agit cependant à mon sens moins de dissimuler

toute différence essentielle entre idéal et réalité. La suppression de ce clivage entraîne dans ses récits celle de l'interdit sur les passions autour desquelles s'organisent respectivement l'univers des hommes et l'univers des femmes. La soif de sang, de pouvoir, de richesses ou de vengeance, le désir sexuel et la haine personnelle sont des motivations qui n'y sont jamais déplorées ni dissimulées sous d'autres motifs. Elle entraîne également un parallélisme, que l'on peut considérer comme exceptionnel dans l'écriture mémorielle, entre le rapport qu'entretiennent les hommes d'un côté et les femmes de l'autre avec la contrainte morale et idéologique qui encadre leurs possibilités d'action respectives, dans l'univers codifié des intrigues de cour.

« Mars et l'Amour font leur guerre presque de même sorte ; et l'un a son camp et ses armes comme l'autre », affirme en effet Brantôme dans la Préface prévue pour l'ensemble de l'œuvre[16]. L'ancien courtisan récuse partout la valorisation patriarcale et religieuse de la virginité et de la chasteté comme vertus ou comme vocations spécifiquement féminines. Il n'en fait pas la satire, mais se situe expressément en dehors de cette valorisation, en la montrant comme une structure symbolique politiquement imposée de l'extérieur (comme aux hommes la fidélité au parti du monarque) et dont les femmes elles-mêmes, « en leur discours et entretien privé », se dispensent aisément, et « en savent-elles bien la raison ». Il loue ainsi sans ambiguïté les « belles et honnestes Dames » qui, au lieu de se plaindre inutilement des offenses qui leur sont faites confient le soin de leur vengeance à leur « champion de devant[17] ».

Chez Brantôme le portrait de cour et l'historiette galante peuvent ainsi représenter essentiellement la même dame, définie au même titre par son rang, par son sexe et par l'usage qu'elle fait des deux[18]. Filles de France et dames galantes apparaissent également dans les différents discours des *Dames* comme des sujets de désir et comme sujets de connaissance, comme auteurs et comme sources possibles de l'autorité politique[19]. Pour elles comme pour les hommes, l'identité véritable ne réside pas *in fine* dans la conformité à des vertus cardinales pré-existantes, mais dans sa faculté à les redéfinir par l'incarnation qu'il/

---

    les uns sous l'autre que d'organiser dans le portrait la coïncidence entre le visible et l'invisible.

16 *Recueil des Dames*, « Préface », éd. cit., p. 5.

17 *Recueil des Dames*, p. 309.

18 Voir également l'étude de Helmut Meter, « Enjeux idéologiques de l'écran. Modèles italiens et taxinomie du désir féminin dans Les Dames galantes », dans *L'écran de la représentation. Théorie littéraire. Littérature et peinture du XVIe au XXe siècle*, S. Lojkine (dir.), Paris, L'Harmattan, coll. « Champs visuels », 2001, p. 159–170.

19 Le célèbre discours de récusation de la loi salique (*Recueil des Dames*, éd. cit., p. 133–141) autour duquel Brantôme organise la louange de Marguerite de Valois, dédicataire de ses Mémoires, en est le témoignage le plus clair.

elle en proposait, et dans l'effet, tout ensemble érotique et majestueux, que cette incarnation a produit sur son siècle. C'est cet effet que le portrait s'efforce de saisir et de rendre.

L'histoire mouvementée des deux reines Jeanne de Naples, qu'il place à la fin du premier recueil des Dames, et qui lui est prétexte à comparer, livre en main, les diverses manières de louer des poètes – parmi lesquels il cite abondamment Boccace et évoque Pétrarque – et des historiens d'Angleterre et d'Italie, est particulièrement révélatrice à cet égard. Après avoir longuement détaillé, et justifié avec fougue les divers meurtres et exactions dont s'était rendue coupable Jeanne Ière de Naples (1326–1382), il achève en effet son histoire par une description de l'effet produit par les traits peints de la reine morte :

> Son pourtraict que l'on veoit encor faict tesmoigner à tout le monde qu'elle estoit plus angellique qu'humaine. Je l'ay veu à Naples, en force endroitzs, qui se monstre et se garde par especiauté grande[20].

Après une minutieuse description de la douceur et de la majesté des traits de la reine, et surtout de la modernité de l'habit d'apparat à la bolonaise qu'elle porte « quasi de la propre façon que noz Dames d'aujourd'huy le portent le jour », Brantôme conclut :

> Bref, ce beau pourtraict ne represente en rien ceste Dame, sinon que toute belle, douce et vraye majesté ; si bien qu'à la veoir painte le monde s'en rend ravy et amoureux de sa painture, comme j'en ay veu aucuns, et comme aussi autrefois ont estés aucuns de son naif[21].

La décision prise par Brantôme de ne pas faire figurer dans ses « Vies mises en hystoyres » les portraits graphiques des originaux qu'il possédait s'explique sans doute par là. Dépourvus de contrepartie visuelle, les portraits de Brantôme devaient ainsi tout leur pouvoir – celui du dévoilement de ce qui avait fait la grandeur des grands « en leur naif » – à la plume de l'écrivain[22].

Le mémorialiste assure ainsi son lecteur qu'il tient dans les mains le seul « veritable pourtraict » animé qui subsiste de ceux-ci, dans la mesure où il saisit ses originaux dans leur identité romanesque, et non comme le fait l'historien

---

20   *Recueil des Dames*, p. 213.
21   *Ibid.*
22   Sur le jeu entre le portrait graphique, sa description et la description de son modèle dans le genre des *Vies* au XVIe siècle, cf. Patricia Eichel-Lojkine, *Le Siècle des grands hommes. Les recueils de Vies d'hommes illustres avec portraits du XVIe siècle*, préface de D. Ménager, Louvain, Peeters, 2001.

dans la sèche accumulation de leurs faits et gestes telle que l'enregistre la chronique aveugle ou partisane. C'est ainsi, paradoxalement, que le mémorialiste fournit aux écrivains des années 1660 comme plus tard à ceux de la génération de 1830 le pré-texte idéal à la composition de romans historiques modernes : « la vérité, toute vieille et mal ornée qu'elle soit, [qui] fait tout le beau et le précieux de l'Histoire[23] ».

---

23   Voir *supra*, n. 5.

Les portraits de Condé dans les Mémoires : clichés et variantes, les tensions entre portrait et récit

Emmanuèle Lesne-Jaffro

Condé est omniprésent dans les Mémoires de la Fronde. Pour autant, son image n'est pas aisément saisissable. La gloire se laisse-t-elle peindre, c'est la question que suscitent les variantes multiples des évocations du grand Condé, dont certaines seulement prennent la forme du portrait. Serait-il un mauvais modèle pour les portraitistes que sont aussi les mémorialistes ? Certains rêvent à sa défiguration comme Mlle de Montpensier dans ses Mémoires :

> [...] il avait couru risque (sic) d'être tué d'une grenade qui creva si près de lui, comme il était dans la tranché, qu'il en eut le visage tout brûlé. J'en appris la nouvelle avec assez de joie, et l'aversion que j'avais pour lui me fit même souhaiter qu'il en eût le visage défiguré[1].

Ce fantasme fait écho à l'anéantissement du portrait de Condé dans *Le Siècle de Louis XIV* où, après d'innombrables esquisses exaltant le « génie » naturel du « prince né général », Voltaire l'achève par une combustion :

> [...] enfin ce feu dévorant qui en avait fait dans sa jeunesse un héros impétueux et plein de passions, ayant consumé les forces de son corps, né plus agile que robuste, il éprouva la caducité avant le temps ; et son esprit s'affaiblissant avec son corps, il ne resta rien du Grand Condé les deux dernières années de sa vie[2].

Avant d'envisager ces perspectives iconoclastes, je commencerai par inventorier les traits communs des divers portraits tirés des Mémoires. Montrent-ils une conformité de la peinture au modèle ? Peut-on du consensus d'un discours commun en conclure à la vérité du portrait ? J'envisagerai ensuite les divergences de représentation. Le portrait s'inscrit dans un récit galant et romanesque, chez Mme de Motteville et Mlle de Montpensier, alors qu'il est associé à

---

1 Montpensier, Anne Marie Louise d'Orléans, *Mémoires*, Paris, Fontaine, 2 vol., 1985, I, p. 74.
2 Voltaire, *Le Siècle de Louis XIV*, éd. J. Hellegouarc'h et S. Menant, Paris, Le Livre de Poche, 2005, p. 312–313.

un discours singulier sur l'éducation chez Lenet. J'examinerai enfin les tensions entre portrait et récit mémorialiste à travers l'exemple du portrait de Condé dans *l'Histoire amoureuse des Gaules* de Bussy-Rabutin, et dans le *Recueil des divers portraits* de Mademoiselle. Quelle est la vérité du portrait soustrait au cadre du récit mémorialiste ? Isolé hors du champ de la narration, comme c'est le cas chez Saint-Évremond et dans les pseudo Mémoires de Brégy, il subit une déréalisation et une décrédibilisation.

Quels sont les dénominateurs communs des représentations diverses de Condé ? La valeur militaire associée à la précocité exceptionnelle du talent, un physique maigre mais endurant, singulièrement malpropre, sont les traits identifiant le personnage. On repère le parallèle avec César, Alexandre, Turenne ou plus perfidement Conti, parfois Henri II de Bourbon, le père. Le procédé du parallèle implique une désindividualisation du sujet et donc une forme de fictionnalisation.

Mme de Motteville souligne la jeunesse du talent et la grandeur du génie :

> Dans ce commencement de régence, il gagna une bataille devant Rocroy, qui fut l'affermissement du bonheur de la Reine, et la première des belles actions de ce prince âgé de vingt-deux ans, si brave et d'un si grand génie pour la guerre, qu'à peine les plus grands capitaines de l'Antiquité lui peuvent être comparés[3].

Elle évoque « cet air victorieux que lui donnaient les batailles de Rocroy et de Fribourg, et les prises de Furnes, Mardick et de Dunkerque[4] », et le peint tiraillé entre « sa jeunesse » et « sa gloire ». Les Mémoires de Bussy-Rabutin envisagent succinctement cette valeur :

> Il n'est pas imaginable combien le prince avait de grands talents pour la guerre : son activité, sa présence d'esprit, son jugement et son courage étaient au plus haut point où ces qualités peuvent aller ; il fallait, pour être battu avec lui être accablé par le nombre : un si grand exemple animait les plus timides[5].

---

3 Motteville, Françoise Bertaut, *Mémoires*, éd. Michaud et Poujoulat, Nouvelle collection des Mémoires pour servir à l'histoire de France, Paris, 1838, t. X, p. 49.
4 *Ibid.*, p. 111.
5 Rabutin, Roger, comte de Bussy, *Mémoires*, éd. L. Lalanne, Paris, Charpentier, 1857, 2 vol., I, p. 152.

Mademoiselle dans ses Mémoires énumère les victoires du duc d'Enghien dans une figuration épisodique et fuyante qui peine à cristalliser et n'atteint pas à une totalisation du personnage :

> [...] il gagna la fameuse bataille à Nordlingue, qui ne servit pas moins à mettre les affaires de France en bon état en Allemagne, qu'à donner à ce prince la réputation où il est aujourd'hui d'être le plus grand capitaine de son siècle[6].

Le profil du futur grand Condé est avant tout celui d'un vainqueur inespéré de batailles, animé d'un « désir de gloire[7] ». Ces esquisses consistent en une mention des victoires successives, source de tension entre l'arrêt sur image et l'impulsion du récit.

Le registre est semblable chez Lenet où les termes de « réputation » et l'énumération des victoires sont récurrents :

> La grande réputation que ce prince s'était acquise par le gain des batailles de Rocroy, de Fribourg, de Nordlingen, et depuis celle de Lens ; par la prise de Thionville, de Philisbourg, de tout le cours du Rhin jusqu'à Coblence, de Dunkerque, et de plusieurs autres places de grande considération ; et enfin par diverses rencontres particulières dont les histoires sont remplies, et le grand génie qui avait concilié en lui plusieurs qualités différentes pour le rendre un grand homme, l'avaient fait l'admiration de son siècle, mais avaient en même temps jeté dans les esprits tout ce qui fait appréhender les talents extraordinaires, comme propres à tout entreprendre ou à s'opposer à tout, quand leurs passions ou leurs intérêts leur doivent faire désirer une chose ou une autre. Je me trouvai assez heureux pour avoir autant de part en l'honneur de ses bonnes grâces que j'en avais eu du prince de Condé son père[8].

Le bourguignon Lenet, proche de Condé, évoque encore « le génie si extraordinaire », « son courage », sa « réputation ». Cependant, la singularité du modèle n'est pas saisie dans ces formules banales, mais bien davantage dans un développement original sur l'éducation du prince à Bourges, perspective dissonante sur laquelle je reviendrai. Saint-Hilaire évoque le « Mars de son siècle » :

---

6 Montpensier, *op. cit.*, p. 66.
7 *Ibid.*, p. 67.
8 Lenet, Pierre, *Mémoires*, éd. Petitot et Monmerqué, Collection des Mémoires relatifs à l'histoire de France, Paris, Foucault, 1826, 2 vol., t. I, p. 33.

> Peu de capitaines ont possédé comme lui le génie de la guerre et ont été plus intrépides et d'un esprit plus présent dans l'action. Il est pourtant vrai de dire que son impétuosité naturelle et son ardeur l'ont plusieurs fois engagé trop avant ; mais quelque malheur qu'il ait eu dans différentes batailles, il n'en est jamais sorti sans l'admiration des deux partis. Son inquiétude et sa légèreté naturelle l'ont jeté souvent dans de fâcheuses situations ; mais son esprit et sa valeur l'en ont tiré glorieusement[9].

En une version plus lapidaire, Retz ouvre le portrait de sa galerie par ce trait provisoirement élogieux : « M. le Prince est né capitaine[10] ». Moins de réticences sont sensibles chez Tavannes :

> Ce jeune héros s'était acquis une réputation incroyable dans les armes et les grands services qu'il avait depuis peu rendu à l'État, par tant de victoires qu'il avait remportées sur ses ennemis, lui avaient attiré l'estime et les cœurs de toute le France[11].

Notons qu'on a moins affaire au personnage qu'à l'effet qu'il suscite : l'admiration devant une gloire ; c'est la réaction d'un spectateur qui est mise en avant plus que la propriété d'un sujet. Comment peindre la réputation ? Il y a là une difficulté ; aussi le maréchal de Gramont s'en tient-il à répéter la grandeur des actions successives de Condé[12] en célébrant :

> Sa présence d'esprit et cette connaissance qu'il avait des hommes et qui le mettait toujours au-dessus des autres dans les plus périlleuses et les plus grandes occasions ; car tout ce qu'il y avait à faire se présentait à lui dans l'instant. Ce sont des génies rares pour la guerre, dont entre cent mille il s'en rencontre un de pareille espèce[13].

Gramont s'en tient d'ailleurs à cet unique trait répété, le caractère exceptionnel du génie. Chez Montglat le duc d'Enghien apparaît « brûlant du désir d'acquérir

---

9   Saint-Hilaire, *Mémoires*, éd. L. Lecestre, Paris, Renouard, 1903, 2 vol., t. 1, p. 84.
10 Retz, Paul de Gondi, cardinal de, *Mémoires*, éd. S. Bertière, Paris, Garnier, 1987, 2 vol., t. 1, p. 372.
11 Tavannes, Jacques de Saux, comte de, *Mémoires*, éd. C. Moreau, Paris, P. Janet, 1858, p. 2.
12 Gramont, Antoine III, duc de, comte de Guiche, *Mémoires*, éd. Michaud et Poujoulat, vol. XXXI, Paris, Didier, 1866. Par exemple : « Le prince de Condé [...] fit une chose digne de son bon cœur et de son grand courage. Cette action est celle d'un héros tel que l'était le prince de Condé » (p. 274).
13 Gramont, *op. cit.*, p. 280.

de la gloire[14] » à Rocroy, comme « un des plus grands capitaines de son temps » visant la gloire, « seul objet de ses désirs[15] » :

> Le duc d'Enghien jeune, courageux et ambitieux, enflé de gloire de ses victoires de l'année passée, croyant que rien ne pouvait lui résister, passa par dessus toutes sortes de considérations et résolut de combattre à quelque prix que ce fût[16].

La Rochefoucauld dit la gloire dès la première mention du prince qui :

> […] jeune et bien fait, d'un esprit grand, clair pénétrant et capable, brillait de cette gloire que le gain de la bataille de Rocroy et la prise de Thionville pouvait donner à un prince de 20 ans ; il revenait avec tout l'éclat que méritaient de si grands commencements[17].

Retz en reste à des aspects abstraits du personnage, alors que de nombreux portraits détaillent des éléments physiques significatifs : sa jeunesse ou la précocité de ses capacités est unanimement louée[18]. Seuls Primi Visconti et Voltaire sont assez éloignés de leur objet pour figurer un Condé vieilli, déchu. Peu de diversité, somme toute, dans ce martèlement du mot « gloire ». La répétition pourrait sembler confiner au cliché d'une héroïsation facile du personnage. La vérité de l'individu s'émousse dans l'univocité des portraits.

À côté du laconique « jeune et bien fait » de La Rochefoucauld, et du tableau désincarné de Retz, Mme de Motteville en revanche se plaît aux détails :

> Il n'était pas beau : son visage était d'une laide forme ; il avait les yeux bleus et vifs, et dans son regard se trouvait de la fierté. Son nez était aquilin, sa bouche était fort désagréable, à cause qu'elle était grande et ses dents trop sorties ; mais dans toute sa physionomie, il y avait quelque chose de grand et de fier, tirant à la ressemblance de l'aigle. Il n'était pas des plus grands, mais sa taille en soi était toute parfaite. Il dansait bien

---

14   Montglat, François de Paule de Clermont, marquis de, *Mémoires*, éd. Petitot, Paris, Foucault, 1825–1826, 3 vol., t. I, p. 422.
15   *Ibid.*, p. 437.
16   *Ibid.*, p. 442.
17   La Rochefoucauld, François VI, duc de, *Mémoires, Œuvres complètes*, éd. L. Martin-Chauffier, Paris, Gallimard, 1964, p. 72.
18   Condé est le plus souvent saisi dans la période la plus brillante de sa carrière, avant 1652, au point que la perte de Lerida est même retournée en gloire, et que sont plutôt vite expédiées les campagnes menées au service de l'Espagne par la suite.

> et avait l'air agréable, la mine haute, et la tête fort belle ; l'ajustement, la frisure et la poudre lui étaient nécessaires pour paraître tel ; mais il se négligeait déjà infiniment : et dans ce grand deuil qu'il portait de feu M. le prince, il était peu aimable ; car ayant le visage maigre et long, cette négligence lui était désavantageuse. Elle était causée par la perte qu'il avait faite de Mlle Du Vigean [...]. Dans cet état, Mlle de Toussy vint réveiller en lui le désir de plaire : si bien qu'on le vit propre quelques jours à la cour, avant que de partir pour cette campagne[19].

Laideur du visage et des dents, malpropreté et négligence, compensées par une belle allure et des yeux vifs, ainsi se déclinent les traits que vont reprendre la plupart des représentations. On notera que la laideur du visage n'empêche pas de décréter « la tête fort belle ».

Ce sont ces aspects que Bussy-Rabutin retient dans l'évocation de *L'Histoire amoureuse des Gaules*, entre autres la comparaison avec l'aigle. Mademoiselle dans ses Mémoires n'évoque qu'une fois un Prince « ajusté contre son ordinaire : car c'est l'homme du monde le plus malpropre[20] ». En revanche, l'image des *Divers Portraits* de 1659, confirme les éléments perçus par Mme de Motteville :

> Sa taille n'est ni grande ni petite, mais des mieux faites, et des plus agréables, fort menue étant maigre ; les jambes belles et bien faites ; la plus belle tête du monde (je parlerai ensuite de sa beauté), ses cheveux ne sont pas tout à fait noirs, mais il en a en grande quantité et bien frisés : ils étaient fort poudrés quoiqu'ils ne le fussent que de la poussière. [...] Sa mine est haute et relevée ; ses yeux fiers et vifs ; un grand nez ; la bouche et les dents pas belles et particulièrement quand il rit ; mais à tout prendre il n'est pas laid et cet air relevé qu'il a sied bien mieux à un homme que la délicatesse des traits[21].

Mlle de Montpensier peint Condé « ayant une santé et une vigueur qui permet d'être jour et nuit à cheval », alors que Lenet évoque « une complexion fort tendre et fort délicate » dans l'enfance, aucune précision n'étant apportée par Saint-Hilaire, ni par Tavannes. Primi Visconti en revanche peint certes un

---

19   Motteville, *op. cit.*, p. 114.
20   Montpensier, *op. cit.*, I, p. 260.
21   Montpensier, *Divers portraits*, 1659, s.l., s.n., *Portrait de Monsieur le Prince écrit à Paris le 5 octobre 1658 par Mademoiselle*, p. 291.

Condé vieilli et goutteux, mais retient les traits marquants, auxquels il ajoute une salve satirique dégradante et inédite :

> Je le trouvai digne de cette renommée qu'il avait ; il a les yeux brillants et la vraie physionomie d'un aigle ; il est goutteux dans tous ses membres, a un extérieur inculte, la barbe pleine de tabac et les cheveux gras ; il a l'air d'un brigand et effectivement, il s'est bien employé autrefois pour dépouiller provinces et royaumes[22].

La statue chancelle.

Si l'apparence physique n'intéresse pas tous ses contemporains, les qualités morales font l'objet d'un accord.

« Un esprit grand, clair pénétrant et capable[23] », souligne La Rochefoucauld, quand Retz repère « l'esprit aussi grand que le cœur[24] », pour bientôt noter qu' « avec un esprit merveilleux, il est tombé dans des imprudences[25] ». Bussy-Rabutin retient que « sa présence d'esprit, son jugement, son courage étaient au plus haut point où ces qualités peuvent aller », dans les Mémoires, et constate qu'il avait « du feu dans l'esprit, mais il ne l'avait pas juste[26] », et assez contradictoirement « une netteté d'esprit, une force de jugement, une facilité sans égales[27] » dans le portrait de L'Histoire amoureuse des Gaules.

Mlle de Montpensier évoque laconiquement « une sagesse au dessus de l'âge de M. le Prince[28] » dans les Mémoires. Il en va autrement pour le Portrait qui développe largement et de façon très élogieuse les qualités morales :

> Venons à l'intérieur : ce Prince a de l'esprit infiniment et universel en toutes sortes de sciences ; possède toutes les langues, et sait tout ce qu'il y a de plus beau en chacune, ayant beaucoup étudié et étudiant tous les jours, quoiqu'il s'occupe assez à d'autres choses. La guerre est sa passion dominante. Jamais homme ne fut si brave et l'on a souvent dit qu'il était plus capitaine que César et aussi soldat qu'Alexandre. Il a l'esprit gai, enjoué, familier, civil, d'agréable conversation, raille agréablement et

---

22   Primi Visconti, Mémoires sur la cour de Louis XIV, éd. J.F. Solnon, Perrin, 1988, p. 213–14.
23   La Rochefoucauld, op. cit., p. 72.
24   Retz, op. cit., I, p. 372.
25   Ibid.
26   Bussy-Rabutin, I, p. 152.
27   Ibid., II, p. 386.
28   Montpensier, Mémoires, I, p. 85.

quelquefois trop ; on l'en a blâmé quoique cela n'ait pas été jusqu'à l'excès, comme ont voulu dire ses ennemis[29] ».

La prolixité du portrait neutralise la pertinence des traits. En privilégiant le récit des actions, les Mémoires ne s'arrêtent pas à son tableau physique ou moral.

Parmi les modèles associés à l'image de Condé, figurent César, Alexandre, ou collectivement « les plus grands capitaines de l'Antiquité » (Motteville), l'image de « Mars de son siècle » chez Saint-Hilaire. Mademoiselle évite la comparaison, alors que c'est un ressort essentiel de l'oraison funèbre de Bossuet du 10 mars 1687, comme des portraits de Saint-Évremond. Parmi les modèles contemporains, Louis II de Bourbon est mesuré avantageusement à son père Henri II, qui « pour la guerre avait toujours mal réussi » selon Montglat ; celui-ci montre principalement Condé affrontant Turenne après 1652, tout comme comme Voltaire est fasciné par leur rivalité. Turenne est l'aune à laquelle l'image de Condé est le plus souvent évaluée, comme le fait Saint-Évremond qui construit le portrait sur la forme du parallèle.

Bussy-Rabutin ne développe pas le portrait de Condé au delà de quelques lignes, mais il détaille celui de Turenne, contre-portrait, associé à un éloge très surprenant du prince de Conti, ordinairement objet de vives critiques (ainsi chez Retz : « ce chef de parti était un zéro qui ne multipliait que parce qu'il était prince du sang[30] »). En esquivant le portrait de Condé, et par la complaisance forcée à l'égard de Turenne et de Conti, Bussy-Rabutin règle ses comptes[31]. Ainsi dresse-t-il de Turenne un éloge presque sans réserves :

> Il n'avait point l'air d'un héros quoiqu'il en eût l'âme. Il s'était trouvé en tant d'occasions à la guerre, qu'avec un bon jugement qu'il avait et une application extraordinaire au métier il s'était rendu le plus grand capitaine de son siècle[32].

---

29   Montpensier, *Divers portraits*, p. 292.
30   Retz, *op. cit.*, I, p. 374.
31   On remarque l'étrange éloge adressé par Bussy-Rabutin au prince de Conti : « C'était un très grand dommage qu'il eût la taille gâtée, car à cela près c'était un prince accompli. [...] il avait un courage invincible ; et il s'il y avait quelqu'un au monde aussi brave que le prince de Condé, c'était le prince son frère : jamais homme n'a eu l'âme plus belle sur l'intérêt que lui : il comptait l'argent pour rien : il avait de la bonté et de la tendresse pour ses amis et comme il était persuadé que je l'aimais fort, il m'honorait d'une affection particulière. », *op. cit.*, I, p. 358.
32   *Ibid.*, I, p. 345.

Malgré quelques reproches de vanité, d'irrésolution, Bussy-Rabutin situe Turenne au dessus de ses contemporains :

> Il se trouva enfin sur la gloire si fort au dessus de tout le monde que celle des autres ne lui fit plus d'ombrage, et il se faisait également aimer et estimer des officiers et des soldats[33].

On ne peut mieux rappeler l'ingratitude de Condé, ni saper davantage l'image du vainqueur de Rocroi, que de hisser son frère Conti à sa hauteur. Les contre-portraits de Turenne et de Conti montrent ici, que le portrait n'a de sens que par contraste. À l'encontre d'une lecture du portrait comme forme autonome, Bussy-Rabutin montre que le portrait n'est intelligible que mis en écho.

Au delà des aspects communs, on repère plusieurs divergences dans les portraits, principalement en ce qui concerne la galanterie et l'éducation de Condé. Ces deux aspects marquent une tension entre description et récit. La galanterie entraîne la peinture vers le romanesque, voire la fiction. Mme de Motteville, Mademoiselle et La Rochefoucauld inscrivent leur portrait du jeune duc d'Enghien dans un contexte galant. Chez Mme de Motteville la présence des petits-maîtres, les favoris est mise en avant :

> [...] quand il venait chez la reine, il remplissait sa chambre des personnes du royaume les plus qualifiées. Ses favoris, qui étaient la plupart des jeunes seigneurs qui l'avaient suivi dans l'armée, et participaient à sa grandeur comme ils avaient eu part à la gloire qu'il y avait acquise, avaient été appelés les *petits-maîtres*, parce qu'ils étaient à celui qui le paraissait être de tous les autres[34].

Le vainqueur de Rocroi est dépeint par la dame de compagnie d'Anne d'Autriche comme un homme amoureux qui cherche à plaire à Mlle de Toucy avant son départ pour la campagne de Catalogne. Le désir de séduire suspend exceptionnellement la « négligence » du prince qui se signale aussi par ses qualités de danseur. Les Mémoires de Mademoiselle confirment cette sensibilité en mentionnant une autre passion du duc d'Enghien pour Mlle du Vigean et en insistant sur des éléments de pathétique :

> Incontinent après la bataille de Nordlingue, M. le duc d'Enghien tomba grièvement malade [...] ; l'on apprit qu'il était guéri de sa fièvre, et d'une

---

33 *Ibid.*, I, p. 348.
34 Motteville, *op. cit.*, p. 111.

> forte passion qu'il conservait depuis plusieurs années pour Mlle du Vigean. [...] Cette fille était très belle : aussi cet illustre amant en était-il vivement touché. Quand il partait pour l'armée, le désir de la gloire ne l'empêchait pas de sentir de la douleur de la séparation ; il ne pouvait lui dire adieu qu'il ne répandît des larmes, et lorsqu'il partît pour ce dernier voyage d'Allemagne, il s'évanouit lorsqu'il la quitta[35].

La tonalité galante domine chez Mademoiselle qui voit Condé comme un parti possible. Ce dernier est décrit remarquablement « propre » pour lui présenter ses troupes :

> M. de Beaufort et beaucoup d'officiers accompagnèrent M. le Prince, qui se mit dans mon carrosse ; il était fort ajusté, contre son ordinaire : car c'est l'homme du monde le plus malpropre. Il avait la barbe faite et les cheveux poudrés, un collet de buffle, une écharpe bleue et un mouchoir blanc à son cou. Toute la compagnie le régala de sa propreté, et il en fit des excuses comme d'un grand crime, sur ce qu'on lui avait dit que ces nouvelles troupes étrangères qui étaient arrivées disaient qu'il ne se distinguait pas des autres, et qu'il était fait comme un simple cavalier[36].

L'empreinte subjective est fortement attachée à cette évocation. Pour couronner ces rêveries et spéculations sur son mariage avec Condé, la cousine du roi rapporte une autre rencontre, dans des modalités qui relèvent davantage du romanesque de *La Princesse de Clèves* que de l'histoire :

> M. le Prince vint un matin dîner à Paris : il me vint voir l'après-dîner ; je me faisais peindre. Il y avait beaucoup de monde chez moi[37].

Comble de l'ironie, nous cherchons un portrait de Condé, et Mademoiselle nous offre le sien. Lenet corrobore ces représentations galantes de Condé, ses amours pour Mlle du Vigean, Mlle de Toucy, et la liaison avec Mme de Châtillon[38]. Cette aventure conduit Bussy à réserver le portrait de Condé à *L'Histoire amoureuse des Gaules*, plutôt qu'aux Mémoires. Dans ces exemples on peut parler d'une mise en intrigue du portrait, qui s'insère dans un petit roman galant.

---

35   Montpensier, *op. cit.*, I, p. 66.
36   *Ibid.*, I, p. 260.
37   *Ibid.*, I, p. 263.
38   Lenet, I, p. 104–106.

Les Mémoires de Lenet s'enrichissent d'un tableau de l'éducation du jeune prince absent des autres Mémoires. Ainsi est prise en compte la dimension du temps, souvent évincée du portrait. La familiarité de Lenet avec les générations successives des Princes de Condé l'autorise à faire valoir une description factuelle de l'éducation du prince. Il montre avec force détails les mérites de l'instruction reçue par le jeune duc, élevé à Montrond, puis à Bourges en compagnie de précepteurs choisis, comme on va le voir ensuite[39]. Ce récit fait éclater le portrait.

Les Mémoires ne concilient pas aisément récit et portrait. La complexité de la trajectoire de Condé et de sa fidélité est incompatible avec la clarté requise par le portrait. Comment saisir autrement que sur le vif, un personnage aussi mouvant, un homme dont la caractéristique principale est l'action, si ce n'est par une mise en intrigue, c'est à dire un récit d'actions ? Mademoiselle et Bussy-Rabutin répondent de façon originale à la réticence des Mémoires par rapport à la fixité du portrait.

Bussy dans L'*Histoire Amoureuse des Gaules* et Mademoiselle dans le *Recueil*, rédigent des portraits bien avant d'écrire des Mémoires. Dans les deux cas, l'exercice précède le récit des Mémoires et n'y est pas repris. Les évocations de Condé dans les Mémoires de Mademoiselle brouillent l'image : elle le rêve défiguré, Condé est montré déguisé, « ajusté et propre » comme on l'a vu, accoutré en valet pour rejoindre l'armée des Princes en avril 1652, ou bien elle prend la place du modèle.

---

[39] *Ibid.*, II, p. 166–173. Voici un extrait du long tableau de l'éducation du prince définissant le pédagogue idéal : « Il fut bientôt en état d'être mis hors des mains des femmes ; et la même raison qui en avait fait faire le choix à monsieur son père l'obligea à choisir des hommes de semblable manière, pour avoir soin de sa conduite et de ses études. Il considéra que les gouverneurs des personnes de cette naissance ne peuvent être que des gens de haute qualité, qui ont d'ordinaire plutôt le dessein de leur fortune dans la tête, que le soin de l'application nécessaire à un tel exercice : ils font souvent un patrimoine de leur emploi, et considèrent plus l'avantage qui leur en revient, que l'instruction de celui qu'on commet à leurs soins : ils sont sujets à les négliger en leur enfance, et vouloir se rendre maîtres de leurs esprits quand ils commencent à leur pouvoir être utiles. Ils veulent quelquefois les instruire à leurs modes, et non pas à celle des pères : outre qu'il est malaisé de trouver un grand seigneur sage et agréable à un enfant, savant et brave, de bonne mœurs et de bonne compagnie, patient et assidu, doux et sévère, qui sache plaire et se faire obéir, pieux sans être rigide, courtisan désintéressé, propre aux exercices, et qui ait l'âme élevée aux grandes choses ; et en un mot qui ait les vertus telles qu'il convient les avoir pour les inspirer aux grands princes.[...] Henri, prince de Condé, choisit La Boussière, gentilhomme doux et de quelque vertu, bon homme, fidèle et bien intentionné, et qui savait suivre au pied de la lettre tout ce qu'il lui ordonnait pour la conduite de son fils ; le père Pelletier et le maître Goutier, jésuites, l'un fort austère, et l'autre fort doux. », II, p. 170–171.

Dans le portrait du *Recueil*, Mademoiselle saisit son personnage au bal, puis de retour du combat :

> L'on pourrait peindre M. le Prince dans le bal, car c'est sans contredit l'homme du monde qui danse le mieux, et en belles danses et en ballets. Les habits que l'on y a et les personnages que l'on y représente sont fort avantageux en peinture et donnent grande matière d'écrire, car comme ce sont des deïtés de la fable, ces sortes de sujets mènent bien loin. Mais j'aime mieux vous en moins dire et me retrancher sur la vérité. Je le peindrai donc comme je l'ai vu au retour d'un combat. Sa taille n'est ni grande ni petite, mais des mieux faites, et des plus agréables, fort menue étant maigre, les jambes belles et bien faites, la plus belle tête du monde (je parlerai ensuite de sa beauté), ses cheveux ne sont pas tout à fait noirs, mais il en a en grande quantité et bien frisés ; ils étaient fort poudrés quoiqu'ils ne le fussent que de la poussière, mais assurément, il est difficile de juger si celle là lui sied mieux que celle de Prudhomme. Sa mine est haute et relevée, ses yeux fiers et vifs, un grand nez, la bouche et les dents pas belles et particulièrement quand il rit, mais à tout prendre il n'est pas laid et cet air relevé qu'il a sied bien mieux à un homme que la délicatesse des traits. Après avoir dit le jour que je le représente pour le peindre, vous croirez bien qu'il était armé, mais que dans son portrait, on mettra sa cuirasse plus droite qu'elle n'était puisque les courroies étaient coupées de toutes sortes de coups ; il aura ainsi l'épée à la main, et assurément l'on peut dire qu'il la porte d'aussi bonne grâce, qu'il s'en aide bien ; voilà à peu près son portrait dessiné, il ne suffit pas de l'avoir habillé, il faut décorer : nous mettrons les batailles de Rocroy, de Nordlingue, de Fribourg, de Lens, et toutes les villes qu'il a prises et secourues ; l'on verra une bataille prête à se donner, l'autre se donnera et il y en aura de données, car les feux et la fumée des canons servent de beaux rembrumissements à la peinture, aussi bien que le sang et le carnage ; et pour les paysages, et les perspectives, les armées en bataille et les villes conquises ou secourues font un bel effet ; assurément un conquérant en fait toujours un fort beau partout où il est et donne grande matière à tous les arts de se bien exercer. Je laisserai un champ vide, me persuadant qu'il le remplira d'aussi belles choses à l'avenir que celles qu'il a faites par le passé pour le service du roi. Venons à l'intérieur [...][40].

---

40 *Divers portraits*, p. 289–292. J'ai modernisé la ponctuation de ce passage.

Comme La Fontaine mettant en scène la recherche du dessein de la fable dans *Le vieux chat et la jeune souris*, la cousine du roi fait mine de rechercher l'image la plus exacte pour saisir la vérité du modèle, celle du combattant plutôt que du danseur, au sortir de la bataille du faubourg Saint-Antoine, c'est-à-dire au moment où elle le sauve. L'image du danseur de ballet costumé, « deïté de la fable », est récusée comme fiction, et délaissée au profit d'une représentation corrigée – on redresse la cuirasse de travers – et ornée, mais vraie. Le travail d'ornementation est décrit : le fond du portrait est allégorique et figure les victoires, à différents moments de leur déroulement, le décor inclut l'avenir prometteur du héros comme un blanc à compléter. L'exécution du portrait est l'objet d'une mise en scène qui révèle l'ingéniosité du peintre.

L'analyse des qualités morales et intellectuelles est ensuite particulièrement détaillée et élogieuse, les points négatifs étant gommés au profit d'une idéalisation qui s'assume :

> Je ne l'ai point connu du temps où il était galant ; mais l'on m'a dit qu'il l'avait fort été et a eu de grandes passions les plus respectueuses et les plus polies du monde ; enfin qu'il pourrait passer pour un héros de roman, aussi bien en galanterie, qu'en guerre : mais je ne l'ai pas vu[41].

Mademoiselle a la prudence et le jugement de ne rien dire ici des galanteries de Condé, peut-être par un scrupule précieux.

Dans *L'Histoire Amoureuse des Gaules*, Bussy-Rabutin peint Condé sous le nom de Tyridate, parmi les amants de Mme de Châtillon. Mais personne n'y voit une fiction. La peinture insérée dans l'intrigue galante, reprend assez les traits rencontrés chez les mémorialistes pour qu'on puisse reconnaître aisément le modèle. Bussy-Rabutin fait semblant d'élaborer un portrait fictif qu'il s'évertue à rendre identifiable. Le pseudo roman livre ainsi une plus grande vérité sur Condé que les Mémoires plein d'amertume et plus tardifs.

Deux exemples de portraits vidés de subjectivité et donc de vérité me retiendront pour conclure. Saint-Évremond a cotoyé Condé au début de sa carrière militaire, et en livre dans ses écrits fragmentaires deux représentations : un *Éloge de M. le Prince* en 1652, puis un *Parallèle de M. le prince et de Monsieur de Turenne sur ce qui regarde la guerre*, écrit vers 1668–75. L'*Éloge* est entièrement tributaire de la narration chronologique, forme ordinaire des Mémoires ; il privilégie l'inventaire des actions militaires, batailles, victoires, la prison de M. le Prince, les années de Fronde en Guyenne, le combat du faubourg Saint-Antoine. Ce modèle chronologique se combine avec celui du parallèle :

---

41   *Ibid.*, p. 296.

> Le duc d'Enghien, à la première victoire fut comparé au duc d'Enghien son prédécesseur. Et pour ne rien ôter à la gloire de ceux qui vivent, la bataille de Rocroi pouvait effacer la bataille de Cerisoles. Aux combats de Fribourg, on le voulut comparer à Germanicus [...]. À Nördlinguen, on ne put lui donner de compagnon qu'Alexandre, on crut le flatter quelque temps, on trouva qu'il y avait plus de fortune dans la vie du Roi et plus de vertu dans les actions du Prince. Courtrai, Mardick et Dunkerque firent naître la comparaison de César [...][42].

Le portraitiste se cache derrière l'anonymat d'une renommée qui juge les actions, sans marquage subjectif comme c'est le cas dans le récit mémorialiste. La figure de l'homme de guerre est mouvante, et un deuxième volet décline le caractère du personnage, en restant dans un registre abstrait, tellement nuancé que l'écriture montre sa virtuosité plus qu'elle ne restitue une image cohérente. En bref, le portrait disparaît sous le style et l'absence de subjectivité le rend peu convaincant :

> Je ne dirai rien ici de son humeur ni de sa conduite ; il a fait tant de choses au-dessus de l'homme qu'il peut bien quelquefois se souvenir de ne pas l'être. Ce n'est pas que la nature ne lui ait donné l'agrément de l'esprit comme la fierté du courage. Il a des parties pour gagner le monde aussi bien que pour le réduire ; et nous le verrions aujourd'hui maître de tout s'il avait pu vouloir ce qu'il pouvait faire[43].

Le problème posé par cette représentation est celui du statut de l'énonciation. D'où vient la voix qui juge ainsi Condé ? Faute de pouvoir la situer, l'éloge reste abstrait et désincarné doublement, dans son sujet et dans son objet. Le formalisme, l'effet de style écrasent le portrait chez Saint Évremond. C'est encore plus sensible avec le *Parallèle*.

La question de la subjectivité du portraitiste, ou de la distance du peintre à son objet se pose aussi avec les Mémoires de ***, désignées à tort comme Mémoires de Brégy[44]. Dans ces pseudo Mémoires tardifs, on rencontre l'exemple d'un portrait de Condé dont l'intérêt est de synthétiser plusieurs

---

42   Saint-Évremond, *Condé, Turenne et autres figures illustres*, éd. S. Guellouz, Paris, Desjonquères, 2003, p. 50–51.
43   *Ibid.*, p. 53.
44   *Mémoires de *** pour servir à l'histoire du dix-septième siècle*, éd. Michaud et Poujoulat, Paris, 1866, p. 469 pour le portrait de Condé.

portraits antérieurs, et d'en reprendre les principaux lieux communs. L'exercice de style est étonnant, parce que l'on assiste à la fabrication d'un portrait fictif d'après de vrais portraits : même si l'imitation retient les caractéristiques repérées dans les textes examinés jusqu'ici, l'imitation du témoignage n'est pas un témoignage. Ce portrait fabriqué réussit la performance de convoquer non plus des traits singuliers vrais, mais des lieux communs qui ne font plus sens, parce qu'ils ne sont pas rapportés à un observateur singulier. Autrement dit, c'est aussi la subjectivité du portrait qui lui confère sa vérité.

Un cercueil sous le lit, une petite frange au bas d'une robe : portrait du pape Alexandre VII dans les *Mémoires* du cardinal de Retz

Frédéric Briot

La troisième partie des *Mémoires* du cardinal de Retz est quelque peu négligée dans la réception critique de l'œuvre[1]. Pour tous ceux qui réduisent le récit des *Mémoires* à une période découpée par le savoir historique, celle de la Fronde, et donc le plus souvent uniquement aux manœuvres et au brillant[2], elle paraît comme hors sujet. Cette troisième partie se déroule en effet durant les années 1654 et 1655, soit après les événements parisiens de la Fronde ; l'action s'est déplacée en Italie, essentiellement à la cour pontificale de Rome, elle ne comporte pas de scènes retenues par la tradition critique comme anthologiques[3], et elle se compose pour une large part de discours, de réflexions, de supputations, voire de ruminations ; enfin elle est relativement brève (à peu près en nombre pages un quinzième de la seconde partie), et s'interrompt brusquement, *in medias res*, si l'on peut dire, ce qui, que l'on soit aristotélicien ou non, n'est guère recommandable ... Cette question de la fin est du reste fort problématique pour de tels récits : car comment conclure, comment finir le récit d'une *Vie*[4], lorsqu'il s'agit de la sienne ? On proposera ici une formule lapidaire : la fin intervient quand l'acte, l'occupation d'écriture du récit a atteint son but, a atteint son office. Et on laissera ici cette question de côté, puisqu'elle ne concerne pas notre propos.

L'omission, ou pour le dire de façon moins polémique, le relatif désintérêt critique pour cette troisième partie, prend le risque d'une myopie négative de lecture, cette myopie dont le mémorialiste tire au contraire pour lui-même le

---

1 On se référera ici à l'édition qu'en fournit Simone Bertière, Paris, Classiques Garnier, 1998 (première édition 1987), La Pochothèque/Classiques Garnier.
2 Et l'on peut ainsi réduire les *Mémoires*, comme tous les Mémoires du reste, à une collection de morceaux choisis. Façon sans nul doute de les rendre conformes à l'idée que l'on s'en fait, aux Mémoires tels que l'on aimerait qu'ils soient.
3 « Car la matière est ingrate désormais », écrivait ainsi André Bertière dans *Le cardinal de Retz mémorialiste*, Paris, Librairie Klincksieck, 2005 (première édition 1977), p. 178. Cela dit c'est aussi le cas de bien nombreux passages de la seconde partie, il n'est que de songer à ceux souvent bien longs et relativement obscurs pour un lecteur moderne consacrés à des séances au Parlement de Paris.
4 Il convient, encore et toujours, de rappeler que le titre porté sur le manuscrit est *Vie du cardinale de Rais*.

plus grand bénéfice théorique, comme on le voit dans le fameux épisode dit des capucins noirs de la première partie[5].

Cette troisième partie correspond en effet pourtant bien au projet initial de « donner l'histoire de [ma] vie[6] ». La *Vie du cardinal de Rais*, pour reprendre encore le titre porté sur le manuscrit, jouit d'une autre temporalité que celle dévolue à l'Histoire, tant dans son épistémologie que dans sa propre structure narrative : comme la météorologie pour le personnage de Bloch dans *À la Recherche du temps perdu*[7], la chronologie proprement historique lui est épiphénomène ; sa logique est autre, c'est celle d'avoir maille à partir avec soi-même. Le refus très explicite de Retz d'écrire son autoportrait[8] montre tout à la fois l'hétérogénéité foncière entre le je et les personnes/personnages du récit (les uns peuvent se réduire à un principe, l'autre qu'est soi jamais) et le fait que cette question ne peut qu'être inlassablement remise sur le métier[9].

Cela dit, pour les amateurs de vérité historique, il faut souligner qu'il y a ici bel et bien une cohérence biographique : en effet durant cette période le cardinal, qui s'est évadé de la prison de Nantes, poursuit sa Fronde contre Mazarin, puisqu'il est devenu à la mort de son oncle, et au nez et à la barbe dudit Mazarin, archevêque de Paris. Il compte ainsi bénéficier de l'immunité extraterritoriale de l'archevêché de Paris, et des pouvoirs temporels d'un archevêque, pour continuer le conflit contre Mazarin en allant s'enfermer dans l'archevêché de Paris[10].

Une malencontreuse, et sans doute néanmoins symbolique, chute de cheval lui ferme les routes vers Paris et le conduit alors à activer un plan B : trouver refuge à Rome, auprès du Pape. À Rome, il se présentera à la fois comme le fidèle sujet du Roi et comme l'opposant à Mazarin et ses créatures, veillant à

---

5   Retz, *op. cit.*, p. 262–267.
6   *Ibid.*, p. 219.
7   Voici ce qu'il déclare, en venant déjeuner avec une heure et demie de retard : « Je ne me laisse jamais influencer par les perturbations de l'atmosphère ni par les divisions conventionnelles du temps. Je réhabiliterais volontiers l'usage de la pipe d'opium et du kriss malais, mais j'ignore celui de ces instruments infiniment plus pernicieux et d'ailleurs platement bourgeois, la montre et le parapluie » (Proust, *Du côté de chez Swann*, Paris, Gallimard, édition Folio, 1987–1988, p. 91) : un tel rapprochement pourrait se justifier avec la singulière remarque de Chateaubriand à propos de notre cardinal dans sa *Vie de Rancé* : « Le coadjuteur finit ses jours en silence, vieux réveille-matin détraqué » (Paris, Garnier-Flammarion, 1969, p. 100).
8   Clairement exprimé à la fin de la célèbre galerie de portraits de la seconde partie (*Ibid.*, p. 409).
9   *Ibid., loc. cit.* On pourrait émettre l'hypothèse que cela aurait quelque rapport avec la question de la fin mentionnée précédemment.
10 *Ibid.*, p. 1124.

pouvoir pleinement bénéficier de son pouvoir temporel et à enrôler dans cette question et ce conflit le pape[11].

On peut encore noter que cette continuation du jeu politique, qui n'a fait du point de vue du cardinal que se déplacer de terrain, ne prendra vraiment fin qu'à la charnière des années 1661–1662, avec « l'accommodement », soit la démission de l'archevêché et le retour en France. On notera que cet « accommodement » n'intervient qu'*après* la mort du Mazarin – pour parler comme le mémorialiste – le Mazarin qui sera donc privé de ce plaisir de voir Retz lui céder. Au moins cette bataille-là, Retz l'aura gagnée.

La cohérence du projet d'écriture est donc fort claire :

> C'est où je termine le troisième volume et la seconde partie de mon Histoire, parce ce fut proprement le lieu où je recouvrai ma liberté, laquelle, jusque-là, avait été traversée par beaucoup d'aventures. Je vas travailler au reste du compte que je vous dois de ma vie, et qui en contiendra la troisième et dernière partie[12].

Les configurations sont donc différentes. Nous ne sommes plus dans le même univers spatial, mental, ou politique, le statut juridique et social du protagoniste n'est plus le même, et le fil biographique a subi une forte réorientation, qui se formule ainsi : *recouvrer sa liberté*.

De ce fait la question des portraits peut se poser à nouveaux frais, ne serait-ce qu'avec l'apparition de nombreux et nouveaux personnages, que la destinataire a bien peu de chances d'avoir connus, et avec ce changement de milieu, comme de fil autobiographique.

Pourtant, point de portrait, point de nouvelle galerie, point de parallèles, comme celui entre Richelieu et Mazarin[13], alors que la situation pouvait s'y prêter, puisque le pape Innocent X, qui accueille le cardinal fugitif à Rome, décède, et que Retz participe au conclave qui va élire son successeur, Fabio Chigi, qui devient pape sous le nom d'Alexandre VII. C'est ce dernier qui va être le seul personnage de la troisième partie mis en portrait, ce qui rend le personnage d'autant plus remarquable, et le singularise d'autant plus que Retz dépend entièrement de l'autorité papale, et qu'il contribue à son élection, lors du conclave, avec un jeu compliqué entre la faction de France, celle d'Espagne,

---

11 Nous n'en parlerons pas ici, mais la question du jansénisme se surimpose à toutes les autres déjà mentionnées, et Retz y joue historiquement un rôle non négligeable, et à coup sûr plus important que ce qu'il en mentionne dans son récit.
12 *Ibid.*, p. 1154.
13 *Ibid.*, p. 303–307.

et des cardinaux « indépendants », dont Retz, regroupés dans l'« escadron volant[14] ».

Le portrait de Fabio Chigi/Alexandre VII présente d'emblée quelques caractéristiques marquantes.

Il est isolé, il ne fait pas partie d'une série, pas même d'un parallèle, à la fois isolé et en même temps difficile à définir, dans tous les sens de ce verbe. Ce portrait, à première vue est plus atypique que canonique ; André Bertière le présentait en ces termes :

> Intrinsèquement lié au contexte, éclaté en plusieurs fragments, tout mêlé de péripéties, ce portrait libre de toute attache avec les traditions, épouse étroitement le récit et s'étale dans le temps[15].

Pierre Sabbah au terme de son étude le plaçait sous le signe de l'exceptionnel :

> Il y a enfin, dans les *Mémoires*, un personnage qui mériterait qu'on lui fît un sort particulier, un acteur exceptionnel qui a droit à une évocation elle aussi exceptionnelle : le Pape Alexandre VII. Dans ces dernières pages où Retz, revivifié par l'air de Rome, retrouve son inspiration et produit ce qui est peut-être le chef d'œuvre des *Mémoires*, le personnage d'Alexandre VII constitue lui aussi une forme de chef d'œuvre[16].

Les bornes textuelles de ce portrait sont relativement précises. Il est annoncé à la destinataire lors du récit du conclave, lorsque l'escadron volant décide de choisir un candidat indépendant des deux grandes factions, celle de France et celle d'Espagne :

> Vous verrez le succès de cette conduite, après que je vous aurai expliqué celle de Ghisi, et la raison pour laquelle nous avions jeté les yeux sur lui[17].

Et le portrait de commencer comme une notice biographique :

> Il était créature du pape Innocent, et le troisième de la promotion de laquelle j'avais été le premier. Il avait été inquisiteur à Malte et nonce à

---

14 Retz participera encore à d'autres conclaves, en 1667 (élection de Clément IX), en 1669 (élection de Clément X) et en 1676 (élection d'Innocent XI).
15 *Ibid.*, p. 490.
16 Pierre Sabbah, *La Galerie des Illustres dans les Mémoires du Cardinal de Retz*, Publications de l'Université de Saint-Etienne, 2000, concluait ainsi son étude, p. 119.
17 Retz, *op. cit.*, p. 1171.

Münster, et il avait acquis en tous ces lieux la réputation d'une intégrité sans tache. [...] Sa sévérité paraissait douce ; ses maximes paraissaient droites [...][18].

Il va s'achever après l'élection de Chigi, lorsque Retz reprend le combat, essentiel pour lui de son statut juridico-social, face à Mazarin[19].

L'amplitude est donc forte, mais toute cette longue séquence n'est pas uniquement composée du portrait. Ou pour le dire mieux le portrait est pris, irrémédiablement emmêlé dans le double fil que trament incessamment les *Mémoires*, celui du *récit* (les faits, enfin ceux que narre le mémorialiste) et celui du *discours* (c'est-à-dire les réflexions que le même mémorialiste indique ou développe). Le portrait est donc inséparable de ce double mouvement ; c'est alors que l'on verra finalement sans surprise le portrait se clore en donnant la parole, comme en une pointe, à l'artiste préféré et favori du nouveau pape, le Bernin, « qui a bons sens[20] », ce Bernin pour qui « l'homme n'est jamais aussi semblable à lui-même que lorsqu'il est en mouvement[21] ».

Mais c'est moins dans le mouvement, disons de la vie, ou dans une optique montaignienne (peindre non point l'être mais le *passage*[22]), qu'est saisi Chigi, que dans celui même du texte : en effet, ce n'est pas une collection de moments fugitifs qui viendraient peu à peu dire la vérité de ce personnage ; tous les (petits) faits collectés ne viennent conforter, même sur une aussi forte amplitude textuelle, qu'un seul et même trait, la capacité du personnage à donner le change sur son incapacité foncière – tant morale qu'intellectuelle – pour tout ce qui a trait à la grandeur. Chigi est l'homme de la petitesse en tout, « un homme de minuties : ce qui est toujours signe non pas seulement d'un petit génie, mais encore d'une âme basse[23] ». On comprend bien que cela est fâcheux en soi pour un pape, et encore plus fortement pour le protagoniste des *Mémoires*, qui attend de lui protection, et affermissement de sa position.

Cela peut permettre d'expliquer cette longueur et cette discontinuité du portrait. Le but n'est pas, comme il l'était souvent dans la fameuse galerie de

---

18   *Ibid.*, *loc. cit.*
19   *Ibid.*, p. 1194 : « Azzolin [un autre cardinal de l'escadron volant], qui fit les mêmes réflexions que moi, me conseilla de ne pas perdre un moment à engager Rome à ma protection par la prise du *pallium* de l'archevêché de Paris ». Il s'agit de devenir *pleinement* archevêque de Paris, ce qui pourrait permettre à Retz de devenir, dans la capitale même du royaume, un opposant à la fois très actif et intouchable.
20   *Ibid.*, p. 1193.
21   Selon la formule citée par Jean Rousset dans *La littérature de l'âge baroque en France – Circé et le paon*, Paris, Librairie José Corti, 1954, p. 139.
22   La formule, célèbre, se trouve au chapitre II du livre III des *Essais*.
23   Retz, *op. cit.*, p. 1174.

la seconde partie des *Mémoires*, de dévoiler un personnage (le pape n'est pas grand, il est petit), ni de l'essentialiser (le pape est petit). Si le trait marquant du personnage du personnage est cette capacité à donner le change, c'est donc un mouvement qu'il faut saisir, et ce mouvement ne peut se saisir que dans une certaine durée textuelle.

C'est pourquoi, on aura pu le noter, le récit désamorce dès le début du portrait toute surprise : l'emploi du mot « réputation », la répétition du verbe « paraître » marquaient tout de suite l'écart entre ce qu'on croyait du futur pape et sa vérité. Pour le lecteur, tout est dit tout de suite, à rebours de la compréhension véritable de la vérité du personnage que le protagoniste ne découvre par étapes successives. Mais Chigi n'est donc pas pour autant un imposteur, ce n'est pas un dissimulateur, ce n'est certainement pas un Tartuffe, il n'en serait même pas capable intellectuellement : le plus navrant dans ce personnage, si l'on devait porter un jugement moral, ce serait au contraire sa sincérité. Ce qui est plutôt en cause, c'est une mauvaise lecture, une mauvaise interprétation des signes, qui rend le public dupe de son propre désir, de son propre souhait :

> [...] nous crûmes que nous renouvellerions en sa personne, si nous pouvions le porter au pontificat, la gloire et la vertu des saint Grégoire et des saint Léon[24].

Cet homme, d'une certaine manière sans fond, est au bout du compte une ligne de fuite. Et encore autre chose peut-être, à laquelle on va maintenant s'attacher.

Le portrait de celui qui est devenu le nouveau pape se clôt après la mention « des premières démarches qu'il fit après sa création[25] ». Ensuite le récit proprement politique, et personnel, du mémorialiste reprendra, avec les manœuvres de Retz pour s'assurer du soutien du Pape, et celles du camp français pour obtenir le résultat inverse. Ces « démarches » du tout nouveau pape sont rapportées en deux temps, suivis à chaque fois d'un raisonnement : le premier est particulier, le second plus général, et fait intervenir d'autres instances. En voici le déroulement :

> Il fit apporter, dès le lendemain même, avec apparat son cercueil sous son lit ; il donna, le jour suivant, un habit particulier aux caudataires des

---

24   *Ibid., loc. cit.*
25   *Ibid.*, p. 1193.

cardinaux ; il défendit, le troisième, aux cardinaux de porter le deuil, au moins en leurs personnes, même de leurs pères[26]

Il y a là comme un effet de genèse réduite et comique, le mot « création », au sens plus moderne d'élection, placé juste avant, contribuant à un tel effet : à chaque jour, comme dans la Bible, une décision (et une seule), mais à la différence du modèle biblique prestigieux, chaque décision porte sur de petits détails matériels, donnés comme insignifiants, et présentés ainsi de façon dérisoire. Deux d'entre elles portent explicitement sur des manières de s'habiller, dans des circonstances très spécifiques, on reviendra plus loin sur celle qui concerne le cercueil placé sous le lit.

Pour le protagoniste des *Mémoires*, si l'on peut dire, la messe est dite, même si le jugement pour être formulé doit passer (comme souvent chez Retz où le pacte de connivence, joue un rôle essentiel) par l'approbation d'une personne de confiance, ici un autre cardinal, « un des plus beaux et des plus faciles esprits du monde[27] » :

> Je me le tins pour dit, et je dis moi-même à Azzolin, qui en convint, que nous étions pris pour dupes, et que le Pape ne serait jamais qu'un fort pauvre homme[28].

Ce pape ne s'arrête pas en si bon chemin, mais cette fois-ci le mémorialiste passe par une autre médiation, prestigieuse :

> Le cavalier Bernin, qui a bon sens, remarqua, deux ou trois [jours] après, que le Pape n'avait observé, dans une statue qu'il lui faisait voir, qu'une petite frange qui était au bas de la robe de celui qu'elle représentait[29].

Ce pape-là est bel et bien « un homme de minuties ». La conclusion enfin généralisante, enveloppante, et définitive, de celles que le mémorialiste peut partager avec la destinataire, s'impose, et clôt toute cette séquence :

> Les grands hommes peuvent avoir de grands faibles, ils ne sont pas même exempts de tous les petits ; mais il y en a dont ils ne sont pas susceptibles ;

---

26 *Ibid., loc. cit.*
27 *Ibid.*, p. 1168.
28 *Ibid.*, p. 1193.
29 *Ibid., loc. cit.*

et je n'ai jamais vu, par exemple, qu'ils aient entamé un grand emploi par une bagatelle[30].

On notera tout de suite ici que le raisonnement est bien laïc, dans la mesure où il applique au Pape les mêmes critères d'héroïsme et de grandeur que ceux que l'on pourrait appliquer, en fidèle lecteur de Plutarque, à un Alexandre, à un César, ou, plus proches du mémorialiste, à un Condé ou à un Turenne.

Cette leçon ne surprend pas dans l'univers des *Mémoires*, elle est conforme à son anthropologie, et Chigi/Alexandre VII n'est de ce point de vue qu'un cas particulier de la dichotomie structurante (et non genrée) entre le paradigme de la grandeur et celui de la petitesse. Pour le dire autrement il n'appartient pas au monde de Plutarque, mais il est loin d'être le seul dans les *Mémoires* à ne pas savoir voir l'ensemble, mais uniquement une bagatelle, non une statue tout entière, et surtout qui elle représente, mais une petite frange au bas de la robe. Cette leçon, dès lors, vaut-elle bien un tel portrait ? Pour la teneur morale, on en peut douter. Certes l'amplitude du portrait pourrait répondre à la dignité sociale du personnage, ou à son importance pour la suite du destin du protagoniste. Mais on ne voit guère chez Retz de façon générale une adéquation du portrait à la valeur référentielle du personnage ainsi *tiré*, ni même à son importance diégétique.

En revanche, si faire passer les bagatelles avant l'ensemble n'est pas un trait propre à Chigi/Alexandre VII, loin de là, la nature des bagatelles qui l'occupent, ou mieux encore, le pré-occupent, lui est peut-être plus spécifique. Il convient donc, pour reprendre une expression du texte, d'y *jeter les yeux*.

Les bagatelles citées précédemment relèvent en effet d'une logique que l'on qualifiera d'obsessionnelle. Cette obsession touche à la question de la représentation. Représentation sociale tout d'abord, avec les vêtements des cardinaux en cas de deuil privé, ou de ceux qui portant la queue de leur robe, et le cercueil sous le lit (dépossédé de ce fait de toute valeur spirituelle) appartient au même registre, avec la mention du « grand apparat » avec lequel on l'apporte, et du même coup cet effet de vanité sociale annule les effets spirituels supposés de ladite démarche : le *memento mori* apparaît ici bien vain. C'est alors que sans surprise, tant la langue fait bien et sait bien ce qu'elle fait, si l'on ouvre le dictionnaire de Furetière à l'article *représentation*, on lit ce qui suit : « se dit aussi à l'Église d'un faux cercueil de bois couvert d'un poile de deuil, autour duquel on allume des cierges, lors qu'on fait un service pour un mort ». Mais ici il y a le faux sans le vrai, ici il n'y a pas de mort, pas de cadavre. Juste une boîte vide, et un corps qui n'y est pas.

---

30   *Ibid.*, p. 1193–1194.

Représentation au sens esthétique, ensuite, qui se marque par la présence du Bernin. Il y a l'appréciation d'une statue, qui est son œuvre, par le Pape ; mais Le Bernin était déjà présent implicitement, car c'est à lui qu'avait été confiée la réalisation du cercueil, avec une tête de mort peinte, qui sera placée sous le lit. En plus de l'apparat, il y a l'œuvre d'un grand artiste : la vanité et le ridicule de cette prétention de *memento mori* s'en trouvent aggravés. Tout comme cette focalisation du regard sur une petite frange au bas de la robe d'une statue.

Une deuxième face de cette obsession apparaît, celle du corps, mais d'un corps comme s'absentant, ne s'incarnant pas (ce qui peut, à Rome, paraître comme un comble...). La petite frange est à la place de la robe, et la robe à celle du corps qu'elle enveloppe ; ainsi la petite frange annule le corps, elle le rend invisible, et dans cette logique paradoxale le petit masque dissimule le grand. De la même manière l'interdiction de porter le deuil, faite aux cardinaux, bannit de leur corps leur corps social, et frappe encore plus d'anéantissement les corps disparus des morts (et il faut sans doute prendre avec le plus grand sérieux la mention de « même de leurs pères »). Le cas des caudataires peut sembler un peu plus complexe, mais il converge avec les deux autres. S'ils sont ceux qui portent la queue de la robe d'un cardinal lors de cérémonies, on voit que de métonymie en métonymie, du corps des cardinaux à leur vêtement de cérémonie, d'une partie de ce vêtement à celui qui la tient, de celui qui la tient à son propre vêtement, il y a du corps, beaucoup de corps, qui se perdent dans l'opération, qui s'évanouissent.

Mais le geste inaugural, et en même temps, a-t-on envie d'ajouter, rétrospectivement toujours déjà là, est celui, spectaculaire (avec le grand apparat, et la signature du Bernin), du cercueil sous le lit. Certes on comprend bien qu'historiquement on peut, et on doit inscrire ce geste dans une dévotion forte, une méditation sur la mort, que tous les commentateurs des *Mémoires* réfèrent sans doute non sans raison à une mentalité post-tridentine. Seulement le texte de Retz l'affecte tout au contraire d'un signe de négativité (la petitesse), qui renvoie à une négativité bien plus essentielle, celle du pape lui-même. Le cercueil est un contenant, mais ici c'est un contenant vide de tout contenu : encore une métonymie qui tourne *à vide*. Il nous est décrit comme placé *sous* le lit, il ne peut, au sens littéral, en faire office. On n'est pas loin ici d'un escamotage, d'un illusionnisme, d'un tour de passe-passe, qui d'un côté ôte la substance, le corps, à qui en a, et de l'autre, très symétriquement, donne substance, donne corps à ce qui n'en a pas, comme une version très singulière et peu orthodoxe de la transsubstantiation. En même temps ce cercueil est à l'image même de Chigi/Alexandre VII : une belle boîte, mais vide, mais creuse. Et c'est cette dissimulation là, ce tour de passe-passe qui fait la vérité de Fabio Chigi/Alexandre VII, c'est ce mouvement qui le définit, et que le portrait vient ainsi épouser. Il ne donne pas le change aux autres (ce serait un trompeur), il est le change même, « cette convention par laquelle on donne une chose pour une autre[31] », c'est-à-dire qu'il l'incarne, dans cette désincarnation même. Miroitement des apparences extérieures, dénuement et pauvreté intérieure, on n'est pas loin ici de certaines analyses de l'esthétique baroque[32]. Dès le début du portrait Retz en avait marqué tout l'imaginaire : « ce qui leur [toutes les apparences de qualités du futur pape] donnait un corps au moins fantastique était ce qui s'était passé à Münster [...][33] ». L'emploi du mot *corps* est ici évidemment métaphorique, mais toute la suite du portrait va comme on l'a vu œuvrer à littéraliser ladite métaphore. L'adjectif *fantastique* ne doit pas être pris de façon par trop anachronique, et l'on ouvrira encore le dictionnaire de Furetière :

> Imaginaire, qui n'a que l'apparence. Les esprits foibles sont sujets à avoir plusieurs visions *fantastiques* ; il leur apparoist des esprits qui n'ont que des corps *fantastiques*.

L'annulation, l'escamotage des corps, ceux des cardinaux et de leur suite, celui de la statue, celui qui devrait être dans le cercueil va alors de pair avec la création de corps fantastiques, de corps faux, de corps par imagination. De la même façon qu'il y a chez Malebranche des sorciers par imagination[34], il peut y avoir, comme ici, des papes par imagination.

Le scandale de ce corps fantastique, et en même temps sa condition de production, réside en la sociabilité très particulière qui est celle du conclave :

> L'on y vécut toujours ensemble avec le même respect et la même fidélité que l'on observe dans les cabinets des rois, avec la même politesse que l'on avait dans la cour de Henri III, avec la même familiarité que l'on voit dans les collèges, avec la même modestie qui se remarque dans les noviciats, et avec la même charité, au moins en apparence, qui pourrait être entre des frères parfaits[35].

---

31   Toujours selon le dictionnaire de Furetière ; et toutes les métonymies vestimentaires relevées en sont une parfaite illustration.
32   Gilles Deleuze, *Le Pli – Leibniz et le baroque*, Paris, Les Éditions de Minuit, collection « Critique », 1988, par exemple p. 49 où se trouve reprise et commentée l'analyse de la façade et de l'intérieur de Saint-Agnès à Rome par Jean Rousset.
33   Retz, *op. cit.*, p. 1171.
34   Malebranche, *De la Recherche de la Vérité*, édition de Geneviève Rodis-Lewis, Paris, Librairie Philosophique Vrin, 1965, t. I, p. 205 : « Des sorciers par imagination, et des loups-garous » (ce qui est le titre d'un chapitre de l'ouvrage).
35   Retz, *op. cit.*, p. 1189.

La présentation peut nous paraître idyllique ; pourtant le mémorialiste insiste :

> Je n'exagère rien et j'en dis encore moins que je n'en ai vu dans les autres conclaves dans lesquels je me suis trouvé[36].

La seule fausse note, le « au moins en apparence », ne porte pas sur les valeurs proprement mondaines ici déclinées à l'envi (le respect, la fidélité, la politesse, la familiarité, la modestie), mais sur la seule valeur religieuse, la charité, une des trois valeurs théologales. Bref, à lire Retz, l'Église peut exceller dans les relations sociales et humaines, elle ne pèche que dans le domaine de la mise en pratique des principes religieux … À travers le pape, et ses pratiques, que l'on n'est du reste pas obligé d'évaluer – spirituellement ou culturellement – avec la même optique que le mémorialiste, c'est donc aussi tout le portrait d'une Église qui n'est pas à la hauteur de ses propres modèles et de ses propres idéaux, qui n'a pas les capacités pour les *remplir*. Une Église, pour le dire vite, qui manque de grandeur, qui manque de Plutarque. On pourrait peut-être aussi se dire malicieusement que ce portrait d'« un homme de minutes » pourrait en cacher un autre, celui du roi de France, très absent des *Mémoires*, mais auquel dès les années 1675 le mémorialiste pourrait songer, comme un autre « homme de minutes ». Cela ne peut rester ici qu'une hypothèse.

Ou encore, autre hypothèse, pour penser à un autre absent des *Mémoires* du point de vue des portraits, on pourrait peut-être y voir un contre-portrait du mémorialiste, si l'on songe à ce saisissant raccourci sous la plume de Chateaubriand :

> Les sépulcres, les images du Christ ne l'enseignaient pas […]. En l'exhumant de ses Mémoires on a trouvé un mort enterré vivant qui s'était dévoré dans son cercueil[37].

---

36   *Ibid., loc. cit.*
37   Chateaubriand, *Vie de Rancé, op. cit.*, p. 101.

Le portrait chez deux voyageurs de la fin du XVIIe siècle

Carole Martin

En réaction à l'une des questions que pose ce volume sur la manière dont les écrivains, ayant pratiqué les deux champs du fictionnel et du factuel, conçoivent le portrait de part et d'autre de cette division, je propose ici une lecture comparée des procédés qu'ont déployés Robert Challe, écrivain de bord et romancier, dans son *Journal du voyage des Indes Orientales*, et Guy Tachard, missionnaire à bord de la même escadre qui les mène aux Indes en 1690 et motive sa *Relation de voyages dans les Indes, par un Père de la Compagnie de Jésus*.

Les portraits, à caractère historique ou anecdotique, abondent dans la littérature de voyage à l'âge classique. Comme l'ensemble des faits et descriptions que rapportent les voyageurs, ils se placent sous le signe du vrai, de « ce qui s'est passé sur la route » ou de ce « qu'on a pû apprendre des personnes dignes de foy. » Ainsi, dans l'« Avertissement » introduisant sa *Relation*, le père Tachard, qu'on vient de citer, distingue-t-il d'emblée la forme de « l'histoire », « un ouvrage suivi de faits et d'evenemens qui ont de la liaison », dont l'enchaînement logique traduirait en soi l'intervention *a minima* d'un narrateur, de celle de la « relation », où le voyageur « raconte ce qu'il scait … sans se mettre en peine si ces choses se suivent », proposant un recueil « indifferemment » arrangé de « diverses observations nouvelles, utiles et edifiantes ». Le caractère discontinu ou, à l'inverse, « suivi » d'un texte offrirait donc une mesure de sa véracité, une jauge étalonnée à partir de laquelle puisse s'évaluer son rapport au réel. Plus le portrait se fondrait dans une continuité narrative, moins il serait authentique ; plus il relèverait d'une forme discrète, du morceau détaché, du « tableau », moins la vérité y manquerait.

Notons qu'effectivement le mode du portrait fait ici partie des relevés et autres inventaires dont sont chargés les écrivains du Roi, les directeurs de la Compagnie des Indes, les gouverneurs de ses comptoirs et les divers missionnés de l'Église ou de la Couronne. Au même titre que d'autres descriptions – énumérations de lieux, états sur la nature des pays et du commerce, dénombrements de voies d'eau, listes de richesses minières, rapports sur les gouvernements civils ou pouvoirs militaires – les portraits, qu'ils informent le lecteur des mœurs et coutumes des autochtones ou se concentrent sur le service des employés français, voire indigènes, de la Compagnie, répondent aux questionnaires détaillés dont on confie la responsabilité aux voyageurs. En tant qu'ils appartiennent aux dites compilations de données, ces portraits ont formellement valeur de vérité. Le cadre général justifiant leur existence, c'est-à-dire l'ensemble des questionnaires exprès ou non auxquels ils vont apporter des réponses, présuppose également leur devoir d'exactitude, leur statut de relation vraie, conforme parce que circonscrite, alignée sur les directives qui la fondent. Ainsi est-ce ici au sens strict que le cadre a pu susciter, produire, informer le texte, et ce, à partir de spécifications bien précises, ces questionnaires se déclinant sur le modèle de celui que Colbert remet en 1663 au commissaire Gaudais-Dupont instruit des *Ordres du roi* pour aller au Canada s'aviser de « tous les problèmes d'une colonie naissante[1] ». Que Guy Tachard considère encore, quelques 30 ans plus tard, l'aspect fragmentaire de son propos, sa segmentation comme en réponse à un questionnaire, gage de véracité, dit la persistance de cette mise en forme du récit viatique. D'ailleurs, si la totalité de sa *Relation* ne s'élabore pas à partir de directives administratives, pour tout ce qui ressortit à « la connoissance de la Religion et du Gouvernement des peuples qu'on veut convertir », il est « chargez expressement dans les memoires que l'Academie royale [lui] avoit adressez par ordre du Roy de [s']informer exactement ». Et pour preuves de sa ponctualité à remplir ces obligations, quand bien même ses seuls entretiens, observations et remarques, ne lui apportent que « peu de lumieres seûres et solides[2] », il revendique par contre les pièces séparées, de différentes origines, lui servant de sources. L'appel à des témoignages dispersés – leur caractère isolé, délié, détaché – cautionne ici le détachement, l'impartialité, l'exactitude du rapporteur.

Tachard donne de cette proposition une illustration frappante dans le plus beau « portrait » qui ressorte de sa relation, celui de Madame Constance, la veuve du premier ministre d'origine grecque du royaume de Siam, Constance Phaulkon, catholique récemment converti, exécuté en juin 1688 durant la révolution de palais dont les conséquences ferment durablement le pays aux influences étrangères. L'un des buts – « esperances [bientôt] trompées » – de

---

1 Marcel Trudel, *La Seigneurie de la Compagnie des Indes occidentales 1663–1674*, Québec, Fides, 1997, p. 22. Le portrait, si bref soit-il, devient passage obligé de la relation de voyage, « le roi a[yan]t instruit le commissaire Gaudais-Dupont de 'remarquer avec soin de quelle manière l'établissement [du Conseil souverain] se fera, le choix des sujets qui sera fait pour en remplir les charges' », p. 25.

2 Guy Tachard, « Avertissement ». La pagination de la *Relation* (Manuscrit 19,030, Bibliothèque Nationale de France, Paris), portant des corrections de la main de l'auteur, est parfois difficile à déchiffrer. On notera les références directement après les citations.

la mission du jésuite aux Indes était en l'occurrence de reprendre l'évangélisation, « la moisson Evangelique » (p. 1) à Siam, et c'est donc à l'occasion de cette reprise avortée qu'il rencontre Mme Phaulkon. Longuement développée, sur quatre pages et demie de texte manuscrit, l'entrevue est relatée en cinq moments. Le premier s'inscrit dans la continuité textuelle : la détenue ayant profité d'une visite que rendait le Père Tachard au séminaire des Missions Étrangères pour le voir, celui-ci la décrit de son point de vue, à la première personne, comme il l'a fait avec ses hôtes débordant « des marques d'une cordialité sincere ... de charité et d'affection. » Sa réaction à Mme Phaulkon est aussi personnelle :

> on ne peut pas etre plus touché que je le fus de ses soupirs, de ses larmes et de sa misere en rappellant sa grandeur passée. Elle demeura longtems a genoux sans que je la pusse faire lever, les yeux baignez de larmes sans pouvoir me dire une parole.

Un deuxième moment du tableau se met en place lorsque Mme Phaulkon entame « un long recit de l'etat pitoyable ou elle etoit reduite dans son esclavage et des circonstances affreuses qui l'accompagnoient. » Tachard est passé au style indirect qui, en limitant le rôle du narrateur à celui de rapporteur, estompe le ressenti du regard qu'il porte sur son interlocutrice, pour recadrer sur ce qu'« elle [lui] represent[e] ». Même s'il y a là prétérition, Tachard offre désormais sa perspective de manière négative : il transforme son « je ne rappellerai point » en un « elle m'avoua », puis « elle ressentoit » (Troisième Partie, p. 37–38). De sujet de l'énonciation, il est devenu l'objet indirect du verbe de parole pour enfin disparaître de l'énoncé. Effacement de l'énonciateur et recadrage sur l'interlocutrice créent un effet de rupture, renforcé par la fragmentation d'une syntaxe oublieuse des verbes introducteurs, scandée par la répétition des subordonnées en début de période : « Que le Prince ... l'avoit logée ... ; que son occupation etoit ... ; qu'elle n'en pouvoit sortir ... : ce qui lui etoit arrivé » (Troisième Partie, p. 38). L'impact de la segmentation redouble encore lorsque le portrait se poursuit à travers la citation, longue de plus de deux pages, d'une lettre de Mme Phaulkon, adressée l'année précédente au père de La Breuille, le supérieur de la mission de Pondichéry qui accompagne Tachard à Siam.

C'est le troisième moment du portrait. Le statut de cette citation – la lettre semble recopiée – est incertain : dans quelles circonstances le narrateur l'a-t-il eue en main ? La veuve en avait-elle conservé une copie qu'elle remet au jésuite à l'occasion de leur rencontre ? Y fait-elle seulement allusion, et dans ce cas est-ce La Breuille qui la lui confie ? L'aurait-il fait avant la rencontre anticipée, sur place ou de retour à Pondichéry[3] ? Autant de questions sans réponse. Tachard introduit la missive en notant seulement qu'elle a précédé le récit de vie auquel Mme Phaulkon se livre lors de leur entretien, « confirma[nt] tout ce qu'elle avoit ecrit ... et dont voici les termes. » (Troisième Partie, p. 38) La lettre se fait pièce justificative d'un récit reconduit, d'une parole qui entérine, ratifie l'écrit lui-même pris à témoin. La duplication en miroir d'un discours par l'autre – leur mise en abyme – focalise ici l'attention sur le procédé d'authentification plutôt que sur le contenu, aussi poignant soit-il, de la relation. La fonction de la citation, du fragment ajouté, avant que d'informer, est d'établir la véracité de l'information. La discontinuité textuelle, également concrétisée par la différence de mise en page, l'indentation propre aux correspondances, concourt à rendre palpable et patent le signifié du texte, les « supplices [soufferts] avec patience et avec resignation », les « paroles pleines de zele et de foy » (Troisième Partie, p. 40) caractérisant l'héroïne dédoublée, et dans l'avis que Tachard porte sur elle et dans la manière, directe ou indirecte, dont cet avis se formule.

Pareil effet de redoublement s'offre au lecteur, lorsqu'il passe des confessions écrites et orales de la veuve à la position qu'elle partage avec le narrateur. La réverbération de son « je » – « j'ay eû une rude persecution à souffrir de la part du Prince, et je n'en suis sortie que par une particuliere protection du Ciel » – en écho au « je » du père Tachard vient décupler la puissance de témoignage de celui-ci, et ce d'autant que Mme Phaulkon, comme lui dans son récit, se dédouble et raconte dans sa lettre non seulement les outrages qu'elle a subis, mais ceux de sa sœur, en soulignant le parallélisme de leurs situations :

> persuadée que le Prince etant revenu une fois de sa passion pour ma sœur, je n'aurois aussi rien a craindre, qu'oy que je m'appercoive tous les jours qu'il conserve des sentimens qui me pourroient devenir funestes [comme il] ne desesperoit point encore de gagner [m]a sœur ...

Ce que mobilise ce cycle de relations en miroir entre le roi et Mme Phaulkon, entre le roi et sa sœur – des abus qui ne semblent pas avoir de fin recevable en vue malgré, au troisième plan de ces doubles en cascade, les deux interventions de Mme Phaulkon mère et de la propre mère du roi de Siam pour que cessent des fustigations « jusques a perdre la parole » et la vue, jusqu'à la perte de conscience et la mort –, c'est donc l'accumulation de témoignages allant

---

3   On trouve aux Archives nationales d'outre-mer, sous la cote FR ANOM C(1)25 folio 137, une lettre datée du 15 janvier 1699, signée des pères de La Breuille et Tachard, envoyée en réponse à un courrier de Mme Phaulkon, transmis par les missionnaires. La correspondance entre ces différents protagonistes a donc perduré (Troisième Partie, p. 41).

tous dans le même sens : celui du narrateur, celui du rapporteur des dires de la veuve (Tachard à nouveau mais doté d'une autre fonction), celui de Mme Phaulkon s'adressant au jésuite, celui de l'épistolière (toujours Mme Phaulkon mais à des années de distance), celui de sa sœur, ceux de tous les personnages que cite la lettre, qu'il s'agisse d'autres « filles Chrestiennes » pareillement traitées, des « Dames du Palais », de « la princesse mere », de « la Princesse femme du Prince », de la mère des protagonistes, ou même de Dieu, « avec elle au milieu de ces violens combats » (Troisième Partie, p. 38-41). Et c'est l'ensemble de ces différentes perspectives, dont les trames se réfléchissent les unes les autres, que sollicite le voyageur pour façonner son portrait.

Toutes ces dépositions, prises dans le mouvement d'itération des mêmes données objectives décrivant les épreuves de Constance Phaulkon à travers le martyre de sa famille, produisent l'effet d'un narré fragmenté, découpé, partagé entre de multiples points de vue, par de nombreux témoins dont les apports se recoupent et se renforcent mutuellement. Confirmés l'un par l'autre, attestant de leur véracité, ils barrent par là même toute idée d'exagération, alors que s'y prêterait la dénonciation du martyre. Ainsi, quand succèdent à la lettre de Mme Phaulkon la reprise du discours indirect, puis le retour, pour conclure, à la narration à la première personne caractéristique des Voyages, l'assertion de Tachard voulant qu'il ait reçu de la sœur persécutée – « cette sainte fille » – un témoignage personnel où elle lui « fit scavoir elle mesme [son état] en [lui] demandans l'aumone par un billet qu'elle [lui] envoya de sa prison », l'improbabilité de cet échange ne choque pas le lecteur. Son invraisemblance est grande, pourtant. Comment une fille « condamn[ée] a passer le reste de ses jours dans un jardin fermé de toutes parts, chargée de cinq pesantes chaines avec des menotes de bois aux pieds et aux mains, » (Troisième Partie, p. 41) aurait-elle pu lui écrire ? Mais la pertinence d'une telle question n'apparaît qu'à l'analyse : la réverbération ou l'écho d'un témoignage à l'autre, tout en accentuant leur crédibilité, diffusent leur poids intrinsèque, et c'est encore une impression de discrétion qui ressort du découpage, du morcellement du verbe auctorial entre diverses modalités de prise de parole.

Au portrait dont l'actualisation sur un mode discontinu fait la véracité, on ajoutera un autre traitement du portrait où l'objet même du texte – le personnage qui est décrit – occasionne cette fois la suspension du discours, tout en lui imposant une mesure de sincérité. Il s'agit d'un lieu commun de la portraiture telle qu'elle se présente dans les journaux de voyage, rédigés au cours de périples souvent dangereux, et où se multiplient donc les portraits *post-mortem*, entre épitaphe et masque mortuaire. Le recensement des trépassés et l'inventaire après décès, comme la transcription des réponses aux questionnaires précédemment évoqués, relèvent d'ailleurs des fonctions officielles de l'écrivain de bord, et si la perte d'un simple marin n'incite pas toujours celui-ci à dresser son portrait, la disparition de toute personne jouissant d'une haute considération lui en fait une obligation. Morceau détaché, non de par le cadre dont il émane, mais à cause de la vie révolue, consommée, qu'il résume, le portrait mortuaire conjugue ici autrement le double impératif de discontinuité et de rectitude. Ce qu'il ne convoque pas forcément, par contre, pour garantir l'authenticité de l'effigie, c'est l'expérience de visu. Le portrait, notamment celui du mort, se compose, et ce de préférence plutôt que par nécessité, à partir de l'assemblage sans suite de plusieurs témoignages, dont l'accumulation même fait autorité. Ainsi l'épitaphe de Monsieur Phaulkon, chez Tachard, emprunte-t-il au « pitoyable recit des affaires de Siam », à ce « qu'on assure », à « ce qu'en ont publié les Siamois », à ce que lui-même « en avoi[t] appris a Saumur l'année précédente », à ce « que nos Peres [lui] raccontoient », à ce que « quelques missionnaires françois en avoient dit et fait dire ... au Roy, à ses ministres et a plusieurs personnes de la cour et de Paris », au « premier voyage que nous eumes l'honneur de faire avec Monsieur le Chevalier de Chaumont et Monsieur L'Abbé de Choisi » :

> [à] divers endroits de la relation de cet ambassadeur et plus particulierement dans les lettres de cet Abbé [donnant] des temoignages bien convaincans du bel esprit, du bon cœur, de la grandeur d'âme de Monsieur Constance et de son credit auprez de son Prince.

Le jésuite ira jusqu'à se réclamer de la reconnaissance que le « plus sage, [le] plus eclairé [le] plus grand Monarque du monde » aurait marquée au défunt pour attester l'« etendue de [son] genie » (p. 21–22). Sans pouvoir toujours en référer au roi, citer en qualité de témoins quantité de personnes ou, mieux encore, des notables confère au portrait une valeur de vérité que nulle expérience personnelle de la part du voyageur ne pourrait concurrencer. En conformité avec l'esprit classique ordonnant ses visées sur la connaissance des destinataires auxquels on s'adresse, la *Relation* de Tachard assimile sa propre fonction de témoignage à l'importance des témoins qu'elle cite à comparaître. Il ne s'agit pas tant, pour l'auteur, d'examiner ce dont il parle – en l'occurrence, Monsieur Phaulkon[4] – que de nommer qui en a parlé, à qui, et à l'usage de qui. Ce n'est

---

4 Tachard a pourtant été témoin de la « vie chretienne exemplaire » du ministre, accompagné de « Monsieur Paumard Prestre francois et Missionnaire apostolique que Monsieur l'Evesque de Metellopolis lui avoit donné » et qu'il « a veu plusieurs fois », p. 23. Ce n'est qu'en conclusion de son portrait que le jésuite révèle avoir effectivement vu Monsieur Phaulkon, son témoignage s'étayant ici des mentions plus « dignes de foi » du missionnaire et de l'évêque.

donc plus seulement du cadre, mais du destinataire que dépend l'exigence de conformité du portrait, confortée par la multiplication et le renom des arbitres invoqués. Comme le cadre, le destinataire et ses interlocuteurs prédéterminent la véracité de la peinture, la lui imposent de l'extérieur. L'en-soi de la représentation n'y est pas pour grand-chose. La formule et son caractère laconique peuvent dès lors dominer le texte sans que le « manque à voir » ne passe pour absence de réalité, voire signe de mystification. Tout au contraire, la brièveté est là encore en phase avec une vérité dont la démonstration s'opère ailleurs : « je pourrois citer ici beaucoup d['autres] temoins irreprochables et par leur probité et par leur distinction et rapporter bien des preuves de cette pieté et de ce zele pour la Religion » (p. 22), poursuit Tachard sans obtempérer, mais en désignant par là même la « dispute » présumée, entre-soi, où l'ensemble des intervenants réunis serait enfin en position d'authentifier tout le mérite de Monsieur Phaulkon. Or, par rapport à cette assemblée hypothétique, fermée au lecteur anonyme, la discrétion est de mise.

On fera contraster cette discrétion, cet emboîtement d'éléments discrets, avec l'enchaînement dramatique que construit Robert Challe en transformant des « récits » soi-disant « rapportés mot pour mot » en « histoires » où la forme du portrait, même s'il concerne un personnage historique, ne se distingue quasiment plus de ses actualisations dans la fiction. On repère notamment, et de manière récurrente, l'effacement subit du discours indirect, le passage du je – « je vais vous rapporter » – au il – « m'a-t-il dit » – au nous – « nous apprîmes[5] » – en l'espace d'une phrase ou deux, et le brouillage conséçutif des rôles de rapporteur, spectateur et acteur, auquel se prête Challe, s'impliquant dans la scène quand Tachard, au contraire, s'attachait à différencier, pour en amplifier l'arbitrage, chacun des regards pris à témoin. Accélérant la marche textuelle, son « suivi », l'écrivain de bord se l'approprie pour peindre l'évènement ou le personnage sur le vif, comme s'il s'agissait d'un pur produit d'imagination, libre de toute contingence, hors le devoir d'intéresser un public friand d'histoires.

Mais ce qui n'apparaît encore qu'au niveau de la forme discursive dans la première version connue du *Journal* de Challe – tirée de ce qui fut sans doute un composite du journal de bord, des mémoires adressés à Seignelay, Secrétaire d'État de la Marine, et des journaux personnels qu'il rédige durant ses 19 mois de voyage – mène à la création d'un personnage mi-romanesque

---

5   On se référera aux pages 162–178 et 214–217 de la version dite « à Pierre Raymond » du *Journal* de Challe, ainsi qu'à cet aphorisme – « les plaisirs des yeux sont toujours des plaisirs fatigants » p. 277 – résumant bien son enrôlement au sein de tableaux qu'il était seulement supposé rapporter.

mi-autobiographique dans la version posthume, publiée anonymement en 1721 chez Abraham de Hondt, le libraire de La Haye qui avait fait paraître son roman, *Les Illustres Françaises*, en 1713. Entre ces deux versions du *Voyage*, l'expérience de romancier du diariste nous invite donc à repenser l'impact du travail de la fiction sur la vérité du portrait dit historique.

Au portrait initial de François Martin, sinon formulaïque mais répondant à l'ordonnance officielle des qualités nécessaires à un « bon sujet de la Compagnie », se devant de servir les intérêts du roi tout autant que les lois du commerce, « tenant tout son monde dans le devoir, sachant se faire obéir, et aussi bon soldat que bon marchand[6] », la version posthume du *Journal* fait succéder un complexe dispositif de présentation du fondateur de Pondichéry. Alors que Martin, dans ses propres *Mémoires*, ne mentionne jamais le nom de Challe, pour ne rien dire du fait qu'il ne suggère à aucun moment des rapports personnels avec un écrivain de bord demeuré anonyme, celui-ci introduit leur familiarité réciproque en évoquant les journaux confidentiels qu'il aurait prêtés au directeur de la Compagnie. Sa lecture des manuscrits de l'écrivain les entraîne tous deux à partager d'autres aveux lors d'une longue conversation, dont Challe promet le récit, annoncé à plusieurs reprises dans le troisième volume du *Journal* pour être repoussé jusqu'à cette pièce maîtresse qu'y constitue la « Conférence avec M. Martin », une conversation « sous le secret. » Entretemps, le diariste a pu faire le portrait ou l'Histoire du Directeur, « le longtems, que j'ai été à Ponticheri, m'a[yant] donné celui de m'informer de lui. Le nom de Martin est très commun », poursuit-il, supprimant à son habitude ses marques de rapporteur pour se réinsérer dans le discours par le biais d'un processus d'identification avec le personnage dont il parle : « comme ma Famille est alliée à plusieurs Messieurs Martin ... j'ai tâché de sçavoir si ce M. Martin ... touche à quelqu'un d'eux[7]. » Or ce quelqu'un ne sera autre que lui-même, Robert Challe. Effectivement, se lançant dans le détail d'une jeunesse déshéritée que tout rapproche de la sienne, mais que rien – hormis le statut alors banal d'orphelin de père – ne corrobore dans les *Mémoires* de Martin, le romancier des *Illustres Françaises* va projeter sur la carrière prospère du fameux marchand non seulement l'ombre portée de débuts rocambolesques[8], mais ses propres aspirations à une réussite que lui n'aura jamais vu s'actualiser.

---

6 Robert Challe, *Journal du voyage des Indes Orientales à Monsieur Pierre Raymond*, Genève, Droz, 1998, p. 161. Pour parler des gouverneurs des îles sous domination française, Challe reprendra les mêmes formules (p. 284).

7 Challe, *Journal d'un voyage fait aux Indes orientales*, Rouen, Machuel, 1721, t. 3, p. 10.

8 Dans son introduction aux *Mémoires de François Martin*, éd. A. Martineau, Paris, Société de l'Histoire des Colonies Françaises, 1931–1934, Henri Froideveaux disait le récit « trop

Trois instances caractéristiques de l'appareil romanesque d'Ancien Régime se révèlent à l'analyse de ce portrait « historique » dont, au premier chef, la transposition du *topos* du manuscrit trouvé, si familier au lecteur de romans-mémoires, en l'artifice du « journal prêté ». Le statut confidentiel de ce journal permet au narrateur, en second lieu, de mettre en scène, comme dans maintes nouvelles dites historiques, le motif du secret mis à jour – secrets ayant trait à des personnes publiques, secrets d'État où se retranchent les opérations de la diplomatie et de la stratégie, de la concurrence et du pouvoir, secrets que seul le sceau de la fiction saurait exposer au public. Enfin, le mécanisme d'identification entre protagoniste et narrateur, amorcé dans le portrait du jeune Martin, se déploie avec la « Conférence » qui le prolonge et où le « il » du directeur de la Compagnie, chargeant d'abord son interlocuteur de représenter ses visées commerciales auprès de Seignelay, se mue au cours de leur conciliabule en un « je » qu'on ne peut ici encore attribuer qu'à Challe, s'appuyant cette fois sur son expérience du Canada pour réorienter la politique de développement aux Indes. Sous prétexte de témoignage exact concernant l'administration de François Martin, l'écrivain de bord a donc usé des dispositifs que lui offrait sa pratique de romancier[9] pour, en définitive, s'arroger la parole et laisser parler ses propres ambitions déçues. Le portrait de Martin s'inverse par le jeu des procédés de la dramatisation fictionnelle en un miroir tendu au dépit challien.

La dramatisation à l'œuvre chez Robert Challe démarquant son approche de celle du simple « rapporteur », on conclura cet exposé sur les modes d'engagement auctorial qu'exemplifient nos deux diaristes. La réputation du voyageur, témoin véridique ou faux, fidèle ou pas (et l'on reviendra sur le sens de cet attribut), est attachée au devoir d'intéresser, mais non au point de « séduire ». Par contraste avec la facture empathique de l'écrivain de bord, le registre « discret » du jésuite – sa retenue narrative – pourrait passer pour du détachement. Néanmoins c'est une autre forme d'attachement, un autre référent, qui transparaît de son recul, du retrait comme marqué d'humilité qu'il a vis-à-vis de l'objet

---

romanesque pour pouvoir être accepté sans réserve. Il est bien dans la manière de Challes ; mais la manière de l'auteur ... des *Illustres Françaises* est-elle vraiment historique ? On peut d'autant plus aisément répondre à cette question par la négative que, sur les points où il est contrôlable, le récit ... semble très peu exact », p. XII–XIII. Notons que Martin meurt en 1706, une dizaine d'années avant que Challe ne reprenne le *Journal* à Pierre Raymond pour en donner la version définitive où sera développé, sans plus de démenti possible, le portrait fictif du fondateur de Pondichéry.

9 *Les Illustres Françaises* s'élabore à partir du *topos* affilié de l'ami retrouvé, dont les confidences se prêtent également à de multiples identifications entre les différents types de narrateurs que convoque le roman.

du portrait. Dédoublant celui-ci, apparaissant en filigrane ou par transparence, la personne du roi et la dévotion au système qu'il incarne habitent en effet l'ensemble des portraits que nous a laissés Tachard. Son exactitude, sa fidélité sont avant tout une forme de loyalisme, un acte d'allégeance à la théorie du droit divin. Ainsi le portrait de Mme Phaulkon, pour reprendre notre exemple de la *Relation*, est-il encadré par la description des cérémonies accompagnant la remise d'une lettre de Louis XIV, véritable métonyme du roi, au souverain de Siam. C'est de ce cadre – du respect cérémonieux dû à « la lettre Royale », « portée sur un Elephans de guerre dont le Roy de Siam a coutume de se servir », suivie de dignitaires et d'un cortège de « vingt cinq Elephans et pres de 200 hommes d'escorte » – que le tableau de Mme Phaulkon reçoit son éclairage et se donne, en retour, comme le témoignage de « la confiance qu'elle avoit en la bonté du Roy, ... esper[an]t toujours que sa Majesté jeteroit les yeux de sa pieté Royale sur la veuve es le fils de Mons. Constance » (Troisième Partie, p. 36–42). Le portrait, s'il ne touche directement au roi, s'il ne s'y rapporte pas immédiatement comme la lettre, se pose du moins en objet digne du regard royal, à même de « toucher » le souverain et d'attester de son infinie mansuétude.

Pour reprendre des catégories que Jan Herman a explicitées, le jésuite ne peut se concevoir en « *autor*, conception divine de l'auctorialité », pas plus qu'en « *auctor*, celui qui augmente[10] ». C'est là l'office de Challe, augmentant le portrait déjà forcé de François Martin d'une conversation confidentielle, sans aucun doute fictive, parachevant son *Journal* d'une « Conférence » avec le représentant du pouvoir à Pondichéry, où, sous couvert d'exposer ses confidences, il publie sa propre conception de l'impérialisme commercial auquel devrait adhérer la France pour sortir du déclin avalisé par les cessions territoriales concédées à Utrecht, en 1713. Dans cet entretien supposé, non seulement l'écrivain s'approprie-t-il la parole, mais il parle en expert, d'autorité, jetant un regard averti sur une conjoncture qu'il connaît bien. Son discours se confond avec celui de l'autorité.

Guy Tachard, quant à lui, reste toujours en deçà d'une parole auctoriale. Il se comporte en « *autheur* (du grec authentim) qui authentifie le texte[11] », en vérifie l'autorité. Cette fonction lui octroie un statut paradoxal, composé d'humilité – celle du compilateur faisant comparaître les dits d'autorités tutélaires ou se faisant l'interprète de leurs desseins – et de prétention, de cette ambition

---

10   Jan Herman, « La chambre secrète du roman », *Topique(s) du public et du privé dans la littérature romanesque d'Ancien Régime*, dir. Marta Teixeira Anacleto, Louvain, Peeters, 2014, p. 28.

11   *Ibid*. Dans *Mondes en miniatures*, Genève, Droz, 2009, Brigitte Roux utilise ces mêmes catégories (p. 170).

qu'il a de divulguer et de certifier ces observations, de les faire reconnaître, identifier comme vraies et, ce faisant, de se faire connaître, de se distinguer. Discrétion et reconnaissance fonctionnent ici de pair, car c'est aussi dans la mesure où il sert le pouvoir, l'*auctoritas principis*, qu'il en est reconnu. Si la fiction, voire l'autofiction, fait œuvre déterminante dans le portrait challien dit factuel, l'historiographie royale forme (et ferme) l'horizon du genre chez le missionnaire. Il n'est de personnage historique vaillant d'être décrit qui ne reproduise en quelque façon l'image du roi. Fonction d'une attitude révérencieuse, la discrétion narrative du jésuite ne s'empare jamais d'objets modestes, de gens ordinaires, ni d'éléments discrets. À chacune de ses visites et derrière chacun de ses portraits, c'est la monarchie ou l'Église que « salue » Tachard et dont il est « receu avec beaucoup d'honnêteté » (p. 6). On peut ici voir à l'œuvre une véritable économie (au sens d'équilibre comptable), la discrétion du narrateur allant de pair avec l'objet toujours ostentatoire du portrait. Cette discrétion éclaire aussi *a contrario* les procédés de dramatisation animant la galerie challienne – toute une collection où se déclinent les aspects polymorphes d'un individu en voie de représentation. Car la balance s'est inversée chez Robert Challe : sa curiosité, son tempérament disert, son éloquence narrative et les procédés de fictionnalisation qu'elle ne désavoue pas, se choisissent souvent pour sujets ceux-là mêmes qui deviendront la matière de l'ethnologie – le peuple examiné à partir des hommes et des femmes, des enfants et des vieillards, des riches et des pauvres qui le composent. De même en va-t-il de l'évocation du fondateur de Pondichéry. Détourné en l'autoportrait de l'officier raté qu'incarne l'auteur du *Voyage des Indes Orientales*, le portrait échappe à la formule de l'hommage officiel pour laisser place au dit de l'homme brimé. La vérité, sinon l'exactitude, y gagne peut-être.

Saint-Simon/Brienne : le portrait impossible ?

Claire Quaglia

Les *Mémoires* de Saint-Simon présentent cette caractéristique, cela est bien connu, de contenir plusieurs portraits des mêmes personnages : Dirk Van der Cruysse, qui s'est penché sur cette prolifération et sur ce bégaiement apparent de l'œuvre, estime que chaque personnage d'importance se voit au moins gratifié de deux peintures[1], ce qui ne doit cependant pas étonner eu égard à la dimension d'un tel texte. Il arrive en effet, d'une part que le portrait s'écrive dans l'oubli total du précédent chez un auteur qui rédige à toute vitesse des *Mémoires* qu'il n'a véritablement relus qu'en fin de parcours et avec d'autres soucis que celui de traquer les redites. Mais le retour du portrait chez le duc répond, d'autre part, à ce que le critique nomme « la fonction historique[2] » de ce genre, qui semble le distinguer de la fiction où on ne trouve guère de telles répétitions, du moins si l'on s'en tient à l'âge classique. Solidaires de l'histoire, les personnages sont en effet envisagés en fonction des événements qui les affectent, ce qui oblige l'auteur à en renouveler le portrait : si l'intellection du récit réclame sans doute de présenter au lecteur à nouveau un personnage qu'il a peut-être oublié, il s'agit surtout d'orienter le portrait en vue de saisir l'individu dans son rapport singulier aux événements, tant il est vrai que les êtres constituent pour ce mémorialiste, à rebours de l'historiographie positive qui s'annonce, des observatoires privilégiés de l'histoire. C'est le cas, par exemple, des trois portraits de Fénelon qui construisent une image du prélat chaque fois actualisée, représentant un moment d'une histoire avec laquelle il interagit : le premier s'attache à peindre le futur évêque de Cambrai au moment où bat son plein la querelle du quiétisme, le second, au moment de sa disgrâce et de son exil, le dernier enfin à sa mort. Ainsi, la réitération des portraits chez Saint-Simon ne partage, avec les grandes entreprises romanesques de la modernité comme *La Comédie Humaine* ou *La Recherche*, que cette familiarité, cette « concurrence de l'État civil » qu'induit le retour des personnages. Car contrairement à ces œuvres fictionnelles, les personnages chez Saint-Simon représentent un moment de l'histoire, sont comme chevillés à elle et interagissent

---

1 D. Van der Cruysse, *Le Portrait dans les* Mémoires *de Saint-Simon. Fonctions, techniques et anthropologie. Étude statistique et analytique*, Paris, Nizet, 1971.
2 Sur la nomenclature des quatre fonctions du portrait développée par D. Van der Cruysse, voir *op. cit.*, p. 59–86. D. Van der Cruysse distingue la fonction historique, la fonction psychologique, éthique et métaphysique du portrait.

immédiatement avec l'époque dans laquelle ils vivent ; Rastignac ou Nucingen, plus encore Swann, Saint-Loup, Albertine, ou Odette sont quant à eux traversés par le temps et se transforment au gré des vicissitudes. Le travail du mémorialiste nécessite donc un approfondissement du personnage qui gagne en épaisseur historique, tandis que celui du romancier moderne consiste à faire sentir progressivement l'évolution, de l'intérieur, d'un personnage sur une longue durée.

Cependant l'on reste étonné de ce que certains personnages se voient dotés par le mémorialiste d'une consternante multitude de portraits, dont Dirk Van der Cruysse a fait un décompte édifiant : il recense jusqu'à vingt-sept portraits pour le duc d'Orléans, vingt-quatre pour Villeroi, vingt pour Villars et seize pour le duc du Maine[3]. La multiplication de ces petits pains mondains dont se délectait la bonne société ne procède cependant pas toujours chez Saint-Simon du plaisir de lecture, encore moins de l'ornement rhétorique du récit dont les Mémoires en général étaient devenus l'un des lieux privilégiés ; elle trahit une visée épistémologique que poursuit inlassablement le duc et qui touche au traitement profond des personnages. Marc Hersant, qui parle dans son ouvrage sur Saint-Simon, d'une véritable « écriture de l'individu[4] » et de son « éloge » a montré combien les portraits du duc partent à l'assaut « de ce qui fut unique et vivant dans une poignante singularité, l'individuel[5] ». Si le portrait n'est jamais clos chez Saint-Simon, c'est donc parce que son objet – essentiellement factuel – est infiniment complexe et lui-même infini. Saint-Simon parle – faut-il le rappeler ? – de personnages qui ont vraiment existé et dont la vie même dépasse parfois les imaginations créatrices les plus débordantes. La répétition du portrait relève d'une confrontation avec un réel aussi subtil qu'inépuisable, d'un désir d'exhaustivité qui interroge le singulier, répondant cette fois à la fonction psychologique du « genre » du portrait ; les peintures saint-simoniennes refusent ainsi la clôture de l'exercice mondain dans lequel chaque mot est pesé, les détails ciselés et l'ensemble serti comme une petite pièce d'orfèvre[6]. Ceci est particulièrement vrai s'agissant des personnes auxquelles le duc fut attaché ou bien d'individus qui suscitèrent sa curiosité, exemplairement du Régent qui est le sujet visiblement le plus réfractaire à la description : « Je n'ai

---

3   Il est cependant à noter que ces portraits ne sont pas tous très développés. Saint-Simon parle d'ailleurs à ce titre d'esquisse ou de crayon.
4   M. Hersant, *Le Discours de vérité dans les* Mémoires *de Saint-Simon*, Paris, Champion, 2009, p. 652.
5   *Ibid.*, p. 637.
6   Le portrait saint-simonien, composé d'ordre et de désordre, n'obéit pas à une ligne pure et donne parfois le sentiment qu'il procède par additions successives. Il ne fait en tout cas pas l'objet d'un travail particulier qui aurait été « remis cent fois sur le métier ».

de ma vie, avoue le mémorialiste, rien connu de si éminemment contradictoire et si parfaitement en tout que M. le duc d'Orléans[7] ». Cette insuffisance de la plume est un refrain chez Saint-Simon qui confie également toute sa peine à brosser le portrait de Monseigneur, prince « presque indéfinissable[8] », à rendre compte de la « transparente énigme[9] » qu'est Madame de Maintenon ou bien à figurer le duc de Bourgogne. Un tel homme est, écrit le duc, « au-dessus des forces du meilleur peintre[10] ». Affrontant l'ineffable et l'indicible, Saint-Simon quitte la parole mondaine à laquelle les Mémoires avaient sacrifié depuis le milieu du XVIIe siècle et rompt avec le petit portrait particulièrement soigné et achevé que l'on trouvait à l'époque presque indifféremment dans la fiction (je songe notamment à la nouvelle) et dans le récit factuel ; à l'inverse, le duc renoue avec les exigences savantes et la rudesse aristocratique des plumes mémorielles qui s'embarrassaient bien peu, à l'aube du « genre », du bien écrire. Si donc le portrait de Saint-Simon se fait l'écho des plaisantes conversations de la cour, le réceptacle du monde et du bon goût, il est en partie dégagé des strictes exigences esthétiques observées tout aussi bien par un La Rochefoucauld que par un cardinal de Retz qui se plie au désir de la destinataire de ses *Mémoires* qui « aim[e] les portraits[11] », peut-être Madame de Sévigné[12], en lui offrant, dans un exercice un peu convenu et réalisé une fois pour toute avec un magnifique panache rhétorique, une galerie d'illustres personnages.

Brienne le jeune, brillant secrétaire d'État que Louis XIV disgracia et relégua à Saint-Lazare parmi les fous pendant près de vingt ans, écrit une première version de ses *Mémoires* bien avant Saint-Simon, autour des années 1665. Il est toutefois traversé par ces mêmes interrogations qui apparaissent nettement dans les nombreux passages où il réfléchit sur ses pratiques d'écriture. En particulier ses portraits, délibérément ouverts, dénotent la même distance réflexive et la même rupture avec l'exercice mondain. Comme Saint-Simon, ce mémorialiste que la longue prison a sans doute d'emblée coupé des usages galants, manifeste le souci de demeurer au plus juste des êtres dont il entend rendre compte. En témoignent les très beaux portraits qu'il laisse de ses contemporains, non

---

7   Saint-Simon, *Mémoires*, Paris, éd. Yves Coirault, Gallimard, Bibliothèque de la Pléiade, 1983–1988, T. V, p. 232–233.
8   *Ibid.*, T. IV, p. 97.
9   Saint-Simon, *Mémoires, op. cit.*, T. V, p. 560.
10 *Ibid.*, III, 798.
11 Le cardinal de Retz, *Mémoires*, Paris, Garnier, 1987, p. 371.
12 Sur ce point, voir M. Fumaroli, « Apprends ma confidente, apprends à me connaître. Les *Mémoires* de Retz et le traité du sublime », *Commentaire* n° 15, automne 1981. Rien n'est moins sûr cependant et nous n'avons aujourd'hui aucune preuve que la destinataire des *Mémoires* du Cardinal ne soit pas purement et simplement fictive.

pas léchés, mais très développés et pour tout dire fort curieux, comme le portrait de Mazarin qui est à cet égard exemplaire et que je me propose d'étudier. Aucun portrait réitéré chez Brienne, aucune redite comme chez Saint-Simon, mais des portraits qui, à la lettre semblent ne pouvoir jamais finir.

Cinquante pages en effet ne suffisent pas à décrire le cardinal-ministre qu'il connut de fort près ! L'auteur avait cependant averti son lecteur que le portrait serait « un peu long ». C'est en réalité un agréable fourre-tout rongé par les répétitions, les retours en arrière et les réécritures que ce dernier découvre avec quelque étonnement : Brienne s'interrompt, recommence, s'égare ; il s'excentre, digresse de manière spectaculaire, revient au point de départ, se contredit. Avec ce mémorialiste, on passe du retour du même observé chez Saint-Simon au véritable bégaiement, de l'inachèvement du portrait à son impossibilité même.

Un tel portrait a véritablement de quoi donner le tournis. *A priori* de facture classique, du moins dans son commencement, il s'ouvre sur l'origine indécise du cardinal-ministre, que l'on disait, suivant les sources du temps, soit romaine soit sicilienne. Mais aussitôt, le mémorialiste bifurque : il disserte longuement sur les nièces et neveux de Mazarin et insère un morceau poétique de son cru sur la mort de son ami, Paul Mancini, au Faubourg Saint-Antoine et dont il fait un petit portrait enchâssé, donc, dans le grand. Le portrait principal reprend alors, d'abord physique, puis moral. Il pointe alors l'avarice du ministre, mais ce mouvement est interrompu par deux anecdotes qui illustrent sa cupidité : l'on voit dans l'une Mazarin subtiliser un tableau du Corrège qu'il convoitait au cardinal Barberini, dans l'autre sa fureur d'avoir été pris pour dupe dans une affaire de faux tableau sur laquelle s'étend le mémorialiste. « Mais revenons au Cardinal[13] », écrit Brienne pour la première fois – expression à laquelle l'ancien secrétaire d'État s'apprête à avoir recours *ad nauseam* –, reconnaissant toutefois qu'il s'est « un peu étendu sur ce fait[14] ». Le « portrait » annoncé semble avoir fait long feu.

Cependant le mémorialiste se propose de revenir sur le « temps qu'il n'étoit encore que le *signor Giulio*[15] », c'est-à-dire de reprendre le portrait là où il l'avait laissé. Peu d'informations apparaissent encore, sauf à mentionner le goût du cardinal-ministre pour les présents. Mais voici Brienne, taraudé par son « amour pour la peinture » que le lecteur devra lui « pardonn[er][16] » revenir à ce sujet qui visiblement le presse davantage que la figure de Mazarin : ce

---

13   Brienne, T. I, p. 289–290.
14   *Ibid.*, T. I, p. 292.
15   *Ibid.*, T. I, p. 292.
16   *Ibid.*, T. I, p. 297.

mémorialiste qui fut également grand collectionneur commente alors le fabuleux cabinet de curiosité de Mazarin aussi riche que sa bibliothèque, formant une collection exceptionnelle de meubles, bronzes, vases, pierreries, tapisseries et tableaux de prix ; le prisonnier prend là l'occasion de décrire une de ses pièces majeures : un tableau de Van Dyck. Non content de cela, Brienne en profite pour faire part aux « amateurs de ce noble art de quarante tableaux au moins qui sont entre les mains[17] » d'un collectionneur d'Anvers, qu'il avait rencontré lors de son périple en Europe. Le texte peine décidément à se tenir à son sujet : « Mais revenons au Cardinal[18] » écrit encore Brienne, qui cependant ne retourne nullement à son portrait ni au récit de sa vie, mais à sa collection de tableaux, la fin de l'*excursus* renouant avec la digression précédente. Le lecteur aura alors sous les yeux l'inventaire complet, numéroté et commenté par les soins de l'ancien secrétaire d'État, lequel qualifie ce détour d'« agréable digression[19] », reconnaissant toutefois qu'« [il s'est] un peu étendu sur cet article, […]. Revenons donc tout court au Cardinal, et tâchons de ne plus le perdre de vue[20] ».

De fait, on lira les débuts du ministère de Mazarin, mais seulement à travers deux anecdotes : l'on voit alors le texte progresser d'une étrange manière, par sorte de « collage » de petites histoires, cette fois sans presque aucun fil narratif : une première anecdote concerne le président Bellièvre qui tient tête au Cardinal, illustrant la détente dans les rapports politiques après la mort de Richelieu, puis une seconde, sans transition aucune, ne s'adossant à aucun récit historique, rapporte la colère du cardinal d'avoir été entendu dans les galeries du Louvre alors qu'il se plaignait de sa mort prochaine. Dans un sursaut de conscience, le mémorialiste affirme toutefois qu'il est temps de revenir aux « principales actions de sa vie[21] ». Mais avant une nouvelle fois de décider de « reven[ir] au Cardinal[22] », Brienne ne peut s'empêcher de commenter l'histoire du ministère, rédigée par son ami Priolo. Le lecteur, toujours un peu malmené, découvre alors que, plutôt que de poursuivre sur les actions principales de la vie du ministre, le mémorialiste revient sur son origine indécidable (romaine ou sicilienne) pour la seconde fois : le texte piétine et refuse encore la ligne droite, choisissant d'explorer le mystère de la naissance du cardinal qu'il avait laissé aux généalogistes au début du portrait. Le mémorialiste recopie

---

17   *Ibid.*, T. I, p. 297 : « Le lecteur me pardonnera cette petite digression à l'amour que j'ai pour la peinture. »
18   Brienne, T. I, p. 298.
19   *Ibid.*, T. I, p. 298.
20   *Ibid.*, T. I, p. 303.
21   *Ibid.*, T. I, p. 307.
22   *Ibid.*, T. I, p. 308.

alors un madrigal élogieux qu'il offrit au Cardinal sur ce sujet, sur quoi il vit augmenter ses appointements, « petite digression[23] », nous dit-il, qui le conduit à consigner une épître de son cru sur le gain qu'il fit au jeu contre de Lionne et l'abbé Fouquet. « [...] tâchons, écrit-il de nouveau, s'il est possible – possibilité à laquelle le lecteur ne croit plus –, de ne plus faire de digression[24] », assurant qu'il va continuer à écrire un « éloge » que l'on peine d'ailleurs à qualifier ainsi, tant le mémorialiste souffle le chaud et le froid, tant le portrait s'est progressivement excentré.

Pour la troisième fois alors, l'ancien secrétaire d'État revient sur la naissance de Mazarin et non pas sur ses principales actions que le lecteur attend toujours, mais cette fois-ci, il tranche sans ambages en faveur de son origine romaine, affirmant catégoriquement que Giulio Mazarini est bien né « dans le bourg de Piscina en l'Abruzze[25] ». De là, le mémorialiste cite un passage du *Grand Dictionnaire historique* de Moreri, sans fermer les guillemets, lequel revient sur la fortune de Mazarin à Rome auprès du cardinal Bentivoglio et du cardinal Barberini, et livre une relation de l'ambassadeur de Venise au Sénat qui raconte son ascension fulgurante en Italie, puis en France et décrit sa faveur auprès de Richelieu. Trois pages de récit alerte, agrémentées d'une petite anecdote fort piquante où s'énonce toute la fourberie de ce grand maître, termineront la relation du ministère de Mazarin en forme de curieux « éloge ».

Le lecteur a le sentiment d'avoir sous les yeux un bien étrange portrait où une matière fort riche s'expose dans d'extravagantes circonvolutions. C'est la liberté qui frappe tout d'abord dans un portrait qui s'écrit en effet bien loin de la mode qui avait gagné le « genre » des Mémoires. Loin des exigences de l'exercice, loin surtout de sa clôture comme de l'illusion d'objectivité que recherche le portrait, Brienne tient un pinceau « impressionniste » qui procède par petites touches. Il trace puis efface sans se soucier des remords sur la toile, renonçant à circonscrire une personnalité à coup de brillants coups de crayon. L'écriture est fragile, le soupçon visible, frappant d'inanité un genre qui pourtant triomphe à la cour comme à la ville.

À bien des égards, un tel texte semble marqué au coin de l'incarcération et déterminé par les conditions d'énonciation propres à la réclusion. En témoigne la seconde version des *Mémoires* de Brienne écrite dans la retraite, une fois l'ancien secrétaire d'État élargi, où l'on ne trouve nulle part de telles bizarreries. À cela, sans doute faut-il ajouter la tête un peu fêlée du détenu qui le reconnaît

---

23 *Ibid.*, T. I, p. 310.
24 *Ibid.*, T. I, p. 313.
25 Pescina (et non Piscina) se trouve en effet dans la région des Abruzzes, non loin de Rome, où Mazarin fut baptisé.

lui-même[26], et dont les égarements sont confirmés par les témoignages des contemporains[27]. La première version rédigée dans la solitude et la noirceur du cachot de Saint-Lazare est quant à elle envahie par les réécritures, les citations (parfois très longues), les inventaires, et les digressions en tout genre. L'ancien secrétaire d'État rapatrie dans ses *Mémoires* l'entièreté du monde qu'il a perdu : lettres, Mémoires de ses contemporains qu'il commente *ad libitum*, poèmes essentiellement de son cru dont il « farci[t][28] » son témoignage et où s'écoutent parfois les accents poignants d'un Théophile de Viau.

Aussi bien le portrait de Mazarin dont il est ici question dénote-t-il de cette écriture torturée où l'égarement est souvent perceptible chez le mémorialiste. Je m'en tiendrai ici, sur cette question, non pas au « cas Brienne », c'est-à-dire à la clinique, mais au seul *fonctionnement* du texte, qui approche, que l'on attribue cela aux effets ravageurs de la réclusion ou au dérangement de la tête de l'ancien secrétaire d'État, de ce que Michel Foucault nommait « la logique du fou[29] ». Car ce qui frappe tout d'abord dans ce portrait, c'est l'obsession, le ressassement. Le portrait, comme on l'a vu, revient plusieurs fois à son point de départ, dans l'oubli quasi-total de ce qui vient d'être écrit. À trois reprises, Brienne rapporte l'origine de Mazarin et le portrait peine à se poursuivre, ne parvenant pas à avancer, comme aspiré par cette indécision qui est la première énigme sur laquelle va buter le mémorialiste. Brienne proposera d'ailleurs trois interprétations légèrement différentes dont les contradictions ne semblent pas le gêner, empruntant cependant des airs de démonstration. Tantôt Mazarin est né à Rome, tantôt à Piscina, qu'il situe une première fois en Sicile, une autre dans les Abbruze : la géographie de ce secrétaire d'État aux affaires étrangères est devenue un peu approximative ... Ces interprétations rappellent l'esprit de « géométrie[30] » dont Brienne se targue ailleurs, tentant de démêler le vrai du faux dans les dizaines de Mémoires qu'il a réussi à se procurer dans sa prison. L'on sait que le disgracié occupe son temps à recopier des textes, à corriger dans les marges les Mémoires des autres, à les réécrire, à les compiler. Il discute les témoignages, pèse les moindres détails, ergote. Ses geôliers, inquiets de la graphomanie développée par le détenu, finirent par lui confisquer l'ensemble de l'immense bibliothèque qu'il s'était constituée. Nous pouvons observer un écho de ces étranges pratiques herméneutiques dans le passage cité en annexe de cet article dont je n'ai pas recopié, faute de place,

---

26 Brienne, T. III, p. 108–118.
27 Voir à ce sujet l'introduction de Paul Bonnefon aux *Mémoires* de Brienne, *op. cit.*, T. III, p. I–LVIII.
28 Brienne, T. I, p. 313 et T. II, p. 255.
29 M. Foucault, *Histoire de la folie à l'âge classique*, Paris, Gallimard, 2010, p. 298.
30 Brienne, T. I, p. 151.

les dizaines de notes de Brienne lui-même qui commente son propre texte, et renvoie à certains ouvrages.

Ce qui me semble également remarquable dans la conduite d'un tel portrait est ce mélange d'excentricité (au sens propre comme au sens figuré) dans le traitement du sujet et cet appel incessant à la raison, cette lucidité permanente vis-à-vis des écarts, des incartades du récit, visible principalement dans le métadiscours auquel se prête souvent le mémorialiste, apparemment très soucieux de son lectorat – ou de l'idée parfois déconcertante qu'il s'en fait. Ceci est particulièrement manifeste dans les impératifs réitérés qu'il s'adresse à lui-même (« Revenons au Cardinal ») ou bien lorsqu'il numérote et hiérarchise les tableaux de Mazarin, donnant à son texte une allure quasi-scientifique. Le recensement, les typologies, les listes, sont, on le sait, très représentés dans la littérature carcérale, sans doute pour leur caractère rassurant. Que l'on songe par exemple au recensement de la chambre de Sade qui en décrit un à un les objets les plus insignifiants, ou bien aux listes qu'il donne à sa femme pour le ravitailler en nourriture, en livres ou en tout autre chose qui pourrait le satisfaire. C'est que le monde s'est considérablement rétréci et que la liste rassure. Elle permet de démultiplier l'espace autour de soi et d'arpenter celui dont on est désormais privé.

Quelles que soient les contraintes qui pèsent sur une telle écriture, il n'en reste pas moins que ces digressions fabuleuses au sein du portrait ont peu de lien avec les exigences mondaines du naturel sur lesquelles s'étaient réglés les Mémoires tout au long du XVIIe siècle. Les digressions chez Brienne ne sont pas toujours plaisantes et le lecteur a du mal à accréditer le souci qu'il manifeste de son lectorat. Un tel portrait n'est à l'évidence pas fait pour les « honnêtes gens ». On assiste plutôt à un détournement de l'esthétique du « négligé » à laquelle le genre des Mémoires sacrifiait volontiers pour rencontrer le goût du monde, par opposition à l'écriture de l'histoire sèche et érudite : les « ornements » du discours, digressions et anecdotes qui participaient de cette agréable diversité propre au « genre » des Mémoires, l'opposant radicalement au discours de l'Histoire officielle, deviennent pour ces mémorialistes le lieu même du récit et l'objet d'un savoir profond. Sans doute, et selon moi au-delà des conditions difficiles d'énonciation, Brienne a-t-il ressenti très tôt l'artifice du monde et si sa plume est peut-être un peu folle, l'ancien secrétaire d'État est aussi conscient de franchir certaines limites et d'être dégagé, dans l'espace où il vit et considérant sa triste condition, de toutes les conventions. Brienne cherche manifestement en ses portraits d'autres lieux pour l'expression de la vérité qui ne peut selon lui se plier à une esthétique convenue. Les embardées du récit, les réflexions *a priori* hors de saison et les anecdotes constituent alors l'essentiel et non plus la partie décorative d'une description destinée à séduire.

Dans ces digressions et ces chemins de traverse se découvre en effet toute l'authenticité du portrait que réalise celui qui, en tant que jeune homme, a côtoyé le cardinal-ministre quotidiennement. Brienne se montre incapable, malgré ses intentions, de suivre une ligne directrice ni de se conformer au style du portrait bien tourné et léché, linéaire et qui s'énonce courtement. Ces petites anecdotes qui mettent aux prises Mazarin avec son amour jugé fort vain de la peinture et qui retardent l'énoncé des « principales actions » du cardinal-ministre, au même titre que le long inventaire de son cabinet de curiosité retracent l'essentiel : Brienne, en décentrant, saisit le principal, non pas l'événementiel mais bien l'idée de l'homme, ses zones grises peu connues du public. Il révèle son implacable avidité et son étonnante vanité eu égard à sa condition d'homme d'Église mais qu'il observe toutefois avec les yeux assez bienveillants du jeune homme qu'il était. La légère distance ironique du portrait est palpable mais jamais le portrait ne devient à charge. L'écriture en est sans doute complexe, mais elle refuse avant tout l'illusion de cohérence qui prescrit l'expression d'un « caractère » ; *a contrario*, elle s'attache à rendre sensible un individu sans toutefois jamais prétendre à le définir. À ce compte, l'achèvement du portrait n'a plus de sens. La réécriture est pour cet auteur un geste créatif, un jeu sérieux où dans l'écart s'énonce une vérité ambiguë, semblable à l'indécision et aux mystères d'un individu dès lors que l'on s'attache à le considérer de près : la fausse rumeur s'agissant de Mazarin est finalement aussi intéressante que la vraie au regard des mensonges du cardinal-ministre et en dit assurément plus que son état civil.

L'on voit ainsi se dessiner dans les *Mémoires* de Bienne comme dans ceux de Saint-Simon une préoccupation nouvelle à l'intérieur du genre des Mémoires et qui touche à la représentation de l'individu. Ce questionnement sur le « genre » galvaudé du portrait, qui était devenu un plaisir littéraire fort répandu autant qu'une pratique sociale, participe sans doute, chez Saint-Simon, de cette « sauvagerie aristocratique[31] » qui lui fait mépriser les usages mondains et la gloire de l'écrivain. Seule compte une vérité qui ne s'embarrasse pas de l'esthétique et qui vise avant tout l'expression de la singularité. Chez Brienne, sans doute, peut-on émettre l'hypothèse que l'égarement dont il souffre, doublé de la rude réclusion à laquelle il est soumis, l'aurait conduit précocement à interroger certaines pratiques d'écriture, notamment celle du portrait. Quoi qu'il en soit, ces deux auteurs s'inscrivent en faux contre l'affirmation de la parole et du style mondains observables à partir du milieu du XVIIe siècle et ils anticipent, dans le récit factuel, le soupçon immense que l'on ne tardera pas à jeter sur le portrait, cette fois dans la fiction. Que l'on songe par exemple au

---

31 M. Hersant, *Saint-Simon*, Paris, Gallimard, Coll. Folio biographies, 2016, p. 79.

portrait que l'auteur de *Tristam Shandy* laisse au lecteur le soin de dessiner, lui désignant une page laissée blanche dans le texte[32] ou bien à la supplique de Jacques à son maître que la destinataire des *Mémoires* du cardinal de Retz, n'aurait pas pu comprendre : « Plus de portrait mon maître, je hais les portraits à la mort[33] ».

Annexe : Extrait des *Mémoires* de Brienne

C'est de lui [Mazarin] maintenant qu'il faut parler. [...]. Je prévois que ce portrait ou cet éloge, si l'on veut, sera un peu long ; mais je n'y saurai que faire : ce qui sera dit ne se redira pas ailleurs.

Éloge du cardinal Mazarini. – La Fortune n'a jamais et ne sauroit élever plus haut un particulier qu'elle a fait le cardinal Jules Mazarini. Les uns disent, seulement à cause de la ressemblance du nom, qu'il étoit né à Mazaro, village de Sicile ; d'autres à Rome. Ceux qui le font citoyen romain veulent qu'il fût gentilhomme ; ceux au contraire qui assurent qu'il étoit originaire de Sicile maintiennent qu'il ne le fût jamais. Je laisse ces difficultés à débrouiller aux généalogistes. Celui dont je parle a marié ses nièces : l'aînée des Mancini au duc de Mercœur ; la seconde au comte de Soissons, [...]. Il avoit de plus trois neveux du côté des Mancini. L'aîné qui promettoit beaucoup et que j'aimois tendrement, reçut un coup de mousquet dans le petit ventre au combat du faubourg Saint-Antoine, dont il mourut quelques semaines après à Saint-Denis, regretté du Roi qui l'estimoit fort, à cause de son mérite et de ses manières civiles et honnêtes, outre qu'il avoit beaucoup de cœur et une grandeur d'âme fort au-dessus de son âge. [*Ici, Brienne évoque longuement ce personnage et cite également les mots qu'il prononça sur son lit de mort*]. Et depuis, ces paroles si touchantes et si chrétiennes sont toujours restées très vivement empreintes dans mon souvenir, et même présentement que je les écris, elles me tirent les larmes des yeux. Je revins coucher à Paris, et le matin en m'éveillant, j'appris sa mort ; et fis prier Dieu pour le repos de son âme. Depuis je lui ai fait cette épitaphe. [*Brienne inclut ici le Tombeau du jeune Mancini. L'auteur évoque ensuite les autres neveux de Mazarin*]. Voilà ce que j'ai su de la famille du cardinal Mazarini. Parlons maintenant de sa personne.

Il étoit d'une belle taille, un peu au-dessus de la médiocre. Il avoit le teint vif et beau, les yeux pleins de feu, le nez grand et un peu élargi par le bout,

---

32   L. Sterne, *La Vie et les opinions de Tristram Shandy*, Traduction Guy Jouvet, Édition Tristram, Paris, 2004, vol. VI, chap. 38, p. 652.
33   D. Diderot, *Jacques le fataliste et son maître*, Paris, Garnier Flammarion, 2012, p. 277.

mais qui ne laissoit pas d'être assez bien proportionné au reste du visage [....] Quant à son esprit qui lui a rendu de si bons services en sa vie, il étoit assurément de premier ordre, fin, délié, pénétrant, sage, judicieux, grave, modeste, grand et élevé. [...] Je ne lui ai jamais vu dire son bréviaire, mais peut-être avoit-il un bref de Rome qui l'en dispensoit. Il entendoit la messe tous les jours et communioit aux grandes fêtes : c'est toujours quelque chose. Du reste il n'étoit pas scrupuleux : la pluralité des bénéfices ne l'embarrassoit point ; il aimoit les spectacles et la comédie, les ballets et les fêtes, mais le jeu surtout, auquel il donnoit pour le moins autant de son temps qu'à la direction des affaires publiques. [...] il croyoit que, tous les grands joueurs étant soupçonnés de tromper, il lui étoit permis comme aux autres de le faire, ce qu'il appeloit d'un nom plus doux, prendre ses avantages. L'avarice, comme on voit, étoit sa passion dominante, et hors ce défaut, j'en ai peu rencontré en sa personne qui ne se pussent excuser, ou sur la nécessité des temps fâcheux auxquels il s'est trouvé, ou sur les maximes de la politique qui sont plus relâchées que celles de la morale chrétienne. Il donnoit de mauvaise grâce et toujours le moins qu'il pouvoit. Il recevoit volontiers jusques à des bagatelles et n'étoit jamais plus aise que lorsqu'on lui faisoit des présents. À ce sujet je rapporterai un fait curieux et qui est su de peu de personnes. [*Brienne rapporte ici une anecdote illustrant son propos et dans laquelle on voit Mazarin subtiliser un tableau du Corrège au Cardinal Barbarin. Le mémorialiste s'attarde ensuite sur le sort de certains de ces tableaux après la mort du cardinal-ministre, réchappés de la bigoterie de son légataire universel, le duc de Mazarin, qui, on le sait, avait pour habitude de châtrer toutes les statues impudiques et de vandaliser les tableaux de nus.*]

Mais revenons au Cardinal. [*Brienne rapporte alors, dans une seconde anecdote, la fureur de Mazarin pour avoir été pris pour dupe dans une affaire de faux tableau.*] Je me suis un peu étendu sur ce fait peu important à savoir ; mais, comme je le sais d'original, j'ai cru le devoir répéter tel qu'il est, afin de mieux faire connoître au lecteur le caractère de l'esprit de celui dont je fais le portrait. Le reste se dira dans la suite. Or, pour donner de lui une idée qui lui ressemble, il est à propos, à mon avis, de reprendre sa vie dès le temps qu'il n'étoit encore que le signor Giulio. Jamais homme particulier n'assembla plus de statues, d'urnes, de bas-reliefs et de tableaux. Qui ne sait que les plus belles tapisseries de Flandres et d'Espagne, d'Italie et de France, étoient entre ses mains ? [*Le mémorialiste, qui énumère les objets qui se trouvaient dans le cabinet de curiosité du cardinal s'arrête sur un Van Dyck que possède Mazarin et en fait l'éloge*]. Le lecteur pardonnera cette petite digression à l'amour que j'ai pour la peinture, et quelqu'un peut-être me saura gré de lui avoir indiqué un tableau si rare et si excellent. Je donne avis par même moyen aux amateurs de ce noble art de quarante tableaux au moins qui sont entre les mains du même juif [*Brienne en *profite pour faire part aux curieux d'un collectionneur d'Anvers, qu'il avait rencontré lors de son périple en Europe. Il parle à ce sujet d'une « agréable digression »*]. Mais revenons aux tableaux du Cardinal. Les principaux dont je me souviens sont : 1° une Vierge de Raphaël [*Brienne se livre alors à un long inventaire numéroté des tableaux majeurs que possédait le cardinal*].

Je me suis un peu étendu sur cet article. [...] Revenons donc tout court au Cardinal, et tâchons de ne plus le perdre de vue. [*Suivent deux anecdotes qui mettent en scène le cardinal*]. Il faut auparavant raconter en moins de paroles qu'il se pourra les principales actions de sa vie. [*Brienne cependant commente une histoire du ministère, rédigée par Priolo et qu'il juge sévèrement.*] Revenons au Cardinal. Si j'en crois l'inscription qu'il a fait graver en caractères de bronze doré sur le portail de Saint-Silvestre de Rome, où il fut baptisé, il n'y a point de doute qu'il est Romain. Cependant tout le monde sait le contraire, et il n'y a rien de si certain qu'il est né à Piscina, bourg de Sicile. [...].

Celui dont j'écris l'éloge étoit fils de Pierre Mazarini, natif de Palerme, et d'Hortense Buffalini, qui étoit d'une assez bonne maison de Citta di Castello, et que Pierre, son père, avoit épousée à Rome. Il naquit dans le bourg de Piscina en l'Abruzze le quatorzième de juillet 1602, et reçut le baptême, comme je l'ai dit, dans l'église de Saint-Silvestre de Rome. [...].

L.-H. de Loménie, Comte de Brienne, *Mémoires*, Paris, Société de l'Histoire de France, Renouard, édition Paul Bonnefon, 1916, T. I, p. 279–323.

Le portrait par le « trait » ?
Les *memorabilia* comme dispositif descriptif

Karine Abiven

À l'époque prémoderne on connaissait encore par cœur les *memorabilia* de la tradition historico-morale, ces *dicta et facta memorabilia*[1], collections de brefs développements narratifs construits à partir d'une sentence ou d'une action remarquables attachées à un grand homme. Ces textes ou fragments de textes, quoiqu'ils se présentent tantôt comme des micro-récits tantôt comme des micro-dialogues, participent simultanément d'une logique descriptive, puisque la valeur dont on les crédite tient pour beaucoup à leur puissance caractérisante. J'aimerais analyser ici les modulations de ce modèle traditionnel du mémorable dans les portraits insérés à l'intérieur du récit factuel, de la fin du XVIIe au début du XVIIIe siècle. On en trouve en effet constamment des avatars dans les Mémoires, parfois enchâssés dans des séquences descriptives (et alors escortés de formules du type : tel trait « mérite d'être raconté » car il « caractérise »). Ainsi décrit-on en racontant : cette « cursivité », cette « narrativité[2] » qui est souvent celle du portrait mémorialiste entre alors en tension avec la forme d'immuabilité de la description, rétive *a priori* à l'événement ou à l'action[3]. Mais cette tension se dénoue sans doute par la légitimation réciproque de l'épisode mémorable et du portrait : le trait (qui est parfois une bagatelle, et à ce titre suspect de gratuité dans le récit historique) doit être justifié, et l'est par sa capacité à saisir sur le vif un caractère ; en même temps, il permet lui-même de pallier le statisme menaçant toujours la description, en lui conférant la dynamique cursive d'un récit.

Si ce petit paradoxe, qui fait du truchement narratif un outil descriptif, est ainsi facilement résolu (ne serait-ce par ailleurs qu'en pensant au genre du « caractère »), le portrait par l'épisode mémorable ne laisse pas de poser quelques autres questions. Par quelles procédures un seul trait peut-il dépeindre un

---

[1] Voir un des recueils anciens ayant le plus circulé : Valère Maxime, *Faits et dits mémorables* [*Factorum et dictorum memorabilium*], trad. R. Combès, Paris, Belles-Lettres, 1995, 2 vol.

[2] Frédéric Charbonneau, « Introduction », *Portraits d'hommes et de femmes remarquables, de Commynes à Chateaubriand*, Paris, Klincksieck, 2006, p. XIII–XIV.

[3] Sur le caractère *a priori* anhistorique, sans action ni événement, *sub specie aeternitatis* du portrait notamment mondain à l'époque, voir Jacqueline Plantié, *La Mode du portrait littéraire en France, 1641–1681*, Paris, Champion, 1994, p. 652 ; Emmanuèle Lesne, *La Poétique des Mémoires (1650–1685)*, Paris, Champion, 1996, p. 117.

ensemble ? La parole ou l'acte remarquables viennent-ils dépeindre l'unicité d'un individu, ou le fait qu'on les trouve, *mutatis mutandis*, attribués à plusieurs personnes les situe-t-il du côté de la typologisation morale ? De fait, la logique exemplaire qui est au fondement du mémorable implique une forme de caractérologie, où le trait remarquable de l'individu vise à l'inscrire dans un paradigme moral. Qu'advient-il alors de ce dispositif au tournant du XVIIIe siècle, où la pensée de l'histoire selon la modélisation exemplaire commence à être contestée[4] ?

Je commencerai par définir le type d'épisodes qui me semble faire portrait dans les Mémoires, avant d'en étudier le fonctionnement textuel. Enfin j'examinerai la mise en question de la capacité des faits et dits notables à saisir l'homme, au sein de l'anthropologie pessimiste qui affleure dans certains textes de la toute fin du XVIIe et du début du XVIIIe siècle.

1   La parole mémorable comme modalité de l'éthopée

Les avatars des *memorabilia* se trouvent fréquemment dans l'écriture historique au sens large et le métadiscours vient volontiers souligner l'accointance du mot mémorable et de la fonction de caractérisation propre au portrait :

> Une réponse imprévue lui sert [à l'auteur d'histoires secrètes] à pénétrer le fond des intentions. S'il se fut trouvé à Florence avec Alexandre de Médicis, une seule parole de ce duc lui aurait suffit pour en faire le portrait[5].

Tout mémorialiste, biographe, tout auteur qui cherche à pénétrer les motifs et les causes de l'histoire – c'est-à-dire à peu près tout le monde dans le vaste champ de la « polygraphie historique[6] » aux XVIIe-XVIIIe siècles –, pourrait reprendre à son compte cette déclaration d'Antoine Varillas, dont la formulation

---

4 Voir Reinhart Koselleck, « "Historia magistra vitae". De la dissolution du "topos" dans l'histoire moderne en mouvement » [1967], *Le Futur passé. Contribution à la sémantique des temps historiques*, Paris, Éd. de l'EHESS, 1990, p. 37–62 ; Béatrice Guion, *Du bon usage de l'histoire. Histoire, morale et politique à l'âge classique*, Paris, Champion, 2008, p. 15 *et passim*.
5 Antoine Varillas, *Les Anecdotes de Florence ou l'histoire secrète de la maison de Médicis*, [La Haye, A. Leers, 1685], éd. M. Bouvier, Rennes, Presses Universitaires de Rennes, 2004, p. 47.
6 Steve Uomini, *Cultures historiques dans la France du XVIIe siècle*, Paris, L'Harmattan, 1998, p. 11 *et passim*.

première se trouverait chez Plutarque[7]. Au reste, cette valorisation du petit fait significatif recoupe, toutes choses égales par ailleurs, un postulat historiographique du temps selon laquelle on peint d'autant mieux qu'on raconte[8] ; et quant à l'accent mis sur la capacité de la parole rapportée à peindre un personnage, il se retrouve dans le métadiscours sur la fiction à l'époque[9].

Aussi les *memoriabilia* sont-ils une des modalités de l'éthopée[10], fonction que récupèrent les micro-récits caractérisants que l'on trouve parfois dans les portraits des mémoires, comme ici chez Choisy :

> [Louis XIV] dit au Marquis d'Huxelles, qui étoit tout honteux d'avoir rendu Mayence, après plus de cinquante jours de tranchée ouverte : *Marquis, vous avez défendu la Place en homme de cœur, & vous avez capitulé en homme d'esprit.* [...]
> Une autrefois le même Lauzun lui répondit fort insolemment : *Ah !* s'écria-t-il, *si je n'étois pas Roi, je me mettrois en colere*[11].

Au terme de cette série de reparties contextualisées brièvement, le mémorialiste s'interrompt de la sorte :

---

7 « [...] souvent un petit mot, un fait, une bagatelle révèlent mieux un caractère que les combats meurtriers » (Plutarque, *Vies parallèles*, éd. F. Hartog *et al.*, trad. A.-M. Ozanam, Paris, Gallimard, coll. « Quarto », 2001, p. 1227).

8 Selon les préceptes de l'écriture historique du XVIIe siècle, il est malvenu d'interrompre le cours de la narration par quelque excursus : le Père Rapin écrit ainsi qu'« après tout, l'Histoire est le portrait le plus fidelle des gens dont on parle ; car rien ne fait mieux connoistre leur caractere que la suite de leurs actions » (*Instructions pour l'histoire*, Paris, S. Mabre-Cramoisy, 1677, p. 86).

9 Voir par exemple Georges Scudéry, « Préface », *Ibrahim* : « Pour les faire connaître [les personnages] parfaitement, il ne suffit pas de dire combien de fois ils ont fait naufrage, et combien de fois ils ont rencontré des voleurs : mais il faut faire juger par leurs discours, quelles sont leurs inclinations : autrement l'on est en droit de dire à ces Héros muets ce beau mot de l'antiquité, PARLE AFIN QUE JE TE VOIE » (*Poétiques du roman. Scudéry, Huet, Du Plaisir et autres textes théoriques et critiques du XVIIe siècle sur le genre romanesque*, éd. C. Esmein, Paris, Champion, 2004, p. 142). Sur ce point, voir ici-même l'article de D. Denis, « Urfé peintre de l'âme. Les formes éloquentes du portrait dans l'*Astrée* ».

10 Dans la *Rhétorique à Herennius* par exemple, la peinture du caractère (« *notatio* ») consiste à individualiser la personne par des traits qui sont autant de marques distinctives (« *certis signis* ») ; celles-ci sont exemplifiées dans ce traité par de nombreux discours rapportés, en l'occurrence prototypiques du caractère du hâbleur (*Rhétorique à Herennius*, trad. G. Achard, Paris, Les Belles Lettres, 1989, IV, § 62, p. 214).

11 François Timoléon de Choisy, *Mémoires pour servir à l'histoire de Louis XIV*, Utrecht, Vande-Water, 1727, p. 32–36.

> Mais je m'arrête tout court, & je trouverai dans la suite de ces Memoires assez d'occasions de rapporter les *dits mémorables* de mon Héros[12].

La construction du texte, sérielle, montre que ces condensés de vertu ne sont pas seulement disséminés dans le fil du récit, au gré de l'action historique (ce qui peut être le cas, comme l'atteste cette dernière remarque de Choisy), mais aussi rassemblés pour former des sortes de portraits en actes et en dires. Ce sont ces moments, où le récit connaît une stase à la faveur de collection de mémorables, qui me semblent constituer à proprement parler des portraits par « traits ».

L'examen du moment mémorable comme modalité de l'éthopée ayant déjà souvent retenu l'attention de la critique sur les mémorialistes[13], je choisis de resserrer l'enquête sur les *memorabilia* au sens restreint de récit de *paroles* mémorables. Ce choix est aussi motivé par une remarque intrigante de Plutarque, dont l'influence chez les auteurs et les lecteurs de la première modernité n'est plus à démontrer. Dans la lettre à Trajan qu'il place en tête de ses *Apophtegmes*, il déclare que la narration d'un *mot* mémorable est plus propre encore à montrer les vertus d'un individu que celle de *faits* mémorables :

> Je te prie de reconnaître l'intérêt de ces dits mémorables, dans la mesure où ils offrent la possibilité de comprendre véritablement des caractères et des principes de conduite qui furent propres à des chefs et qui apparaissent mieux dans leurs paroles que dans leurs actes[14].

Cette idée ne va pas de soi, d'une part en raison de l'intuition selon laquelle les paroles ne prouvent rien quand l'action révèle au contraire les qualités véritables de l'individu, d'autre part au regard de la vision socratique et post-socratique (cynique, entre autres) de la bonne vie philosophique, censée passer par des actes en accord avec la philosophie, non par des paroles ou des doctrines. Pourtant, cette déclaration de Plutarque ne relève pas de la pure philosophie morale mais s'inscrit dans la logique d'une *praxis* historique. C'est dans ce cadre qu'il entend montrer que l'individu est, dans la parole, entièrement

---

12   *Ibid.*, p. 36 ; je souligne.
13   Voir notamment Frédéric Charbonneau, « La singularité est-elle une catégorie du mémorable ? L'exemple de Saint-Simon », dans *L'Expression de l'inoubliable dans les Mémoires d'Ancien Régime*, dir. J. Garapon, Nantes, Cécile Defaut, 2005, p. 167–176.
14   Plutarque, Lettre à Trajan dans *Les Apophtegmes de rois et de généraux, Œuvres morales*, trad. F. Fuhrmann, *Traités 15 et 16*, Paris, Les Belles Lettres, 1988, t. III, traité 15, § 172C, t. III, p. 25.

maître de l'heureux succès de la situation, alors qu'une action est toujours plus ou moins soumise à la fortune[15].

Par là, on comprend que la puissance caractérisante du mot historique est liée à une pensée de l'occasion, dont les textes de l'époque moderne se ressentent, selon des médiations diverses d'ailleurs. L'héritage héroïque qu'on vient d'entrevoir, repassé au filtre des pensées politico-sociales de Machiavel ou de Gracián, est concurrencé par une autre conception de la saisie habile du *kairos* : celle de la parole opportune, nodale dans la culture de la conversation qui sous-tend les Mémoires de cour. Le mémorable verbal est alors cousin du bon mot, comme en témoigne l'annonce par Saint-Simon du portrait qu'il s'apprête à faire du président de Harlay :

> C'est dommage qu'on n'ait pas fait un *Harleana* de tous ses dits, qui *caractériseraient ce cynique, et qui divertiraient* en même temps, et qui le plus souvent se passaient chez lui en public, et tout haut en pleine audience ; je ne puis m'empêcher d'en rapporter quelques *échantillons*[16].

Que Saint-Simon renvoie aux Ana n'est pas indifférent : la mode de ces recueils de bons mots et pensées remarquables bat son plein au moment où il écrit ses *Mémoires*, essor qui témoigne d'une attention accrue à la parole digne d'être gardée en mémoire comme exemplaire du locuteur dont elle émane. Le terme *échantillon* employé par le duc dit à la fois la brièveté et l'aspect quintessentiel de ces mots, qui se voient en outre dotés de deux fonctions, présentées comme simultanées et complémentaires : rapporter des paroles typiques, c'est faire une peinture de l'âme du personnage et, « en même temps », divertir le destinataire par leur caractère souvent plaisant.

Comment ces deux logiques se superposent-elles ou entrent-elles en concurrence dans les Mémoires ? Le mot historique est-il un signe vers un paysage moral ou un adjuvant du *delectare*, ou les deux à la fois ?

---

15   « Les actions des hommes comportent en général une part de hasard, tandis que les propos qu'ils tiennent, les sentiments qu'ils expriment à l'occasion de leurs entreprises, de leurs malheurs ou de leurs vicissitudes permettent d'observer à l'état pur, comme dans des miroirs, les dispositions mentales de chacun d'eux » (*Ibid.*, § 172D, p. 25–26). Sur ce point, voir F. Frazier, « La tradition antique de l'apophtegme, ou à la recherche de l'apophtegme », dans *Usages et enjeux de l'apophtegme (XVIe–XVIIIe siècles)*, dir. B. Basset, O. Guerrier et F. Népote, *Littératures classiques*, n° 84, 2014, p. 19–47 ; ici p. 42–45.

16   Saint-Simon, *Mémoires*, éd. Y. Coirault, Paris, Gallimard, coll. « Bibliothèque de la Pléiade », 1982–1988, t. II, p. 895. Je souligne.

2 Sel du discours ou indice de l'âme ?

2.1 *Échantillons de parole, essence du caractère*

Le mémorable peut être dit *descriptif* dès qu'il a pour fonction d'illustrer par échantillon. Ce type d'illustration procède de l'évidence épidictique : on met en lumière quelques traits qui servent l'éloge ou le blâme. Les apophtegmes qui dressent le portrait de Louis XIV chez Choisy, cités plus haut, sont ainsi surmontés par cette manière d'introduction :

> Le Roi est si grand, que l'on peut dire sans le flatter qu'il est grand jusques dans la plus petite chose.
> Je rapporterai, par exemple, jusqu'à ses moindres paroles, parce qu'elles ont toûjours eu un certain sel qui leur donne la force & l'agrément. Il est véritablement Roi de la langue, & peut servir de modèle à l'éloquence Françoise[17].

Échantillons d'un français parfait et digne d'imitation, les paroles du roi font surtout signe vers ses vertus. Elles endossent alors ce que Frédéric Charbonneau appelle la « fonction cognitive[18] » du portrait dans le cadre d'une histoire maîtresse de vie, répondant à une détermination éthique et politique : le roi est le modèle du parfait gouvernement de soi et des autres. Ce procédé est celui de l'exemplarité : le mot historique, c'est le *tekmerion*, l'indice, le symptôme, le « sign[e] qui révèl[e] l'âme[19] ». Cette fonction traditionnelle du mot historique comme échantillon de sagesse pratique repose sur une logique métonymique, comme toute rhétorique de l'*exemplum*, à savoir une mise en rapport de la partie et du tout. Comme on ne saurait raconter toute une vie pour peindre un caractère, il convient de sélectionner des épisodes prototypiques (*ex-emplum* : le préfixe signale cette extraction[20]). Ici, ce fonctionnement métonymique, ou plus précisément synecdochique, de l'épisode caractérisant permet d'illustrer immédiatement, à partir de la saillie mémorable, la magnanimité du roi.

Par suite, l'assemblage en séries apparaît quasi nécessaire pour un usage proprement descriptif de ces mots : conformément au principe de l'induction, on passe de la particularité à la généralité (d'un mot au caractère de l'individu, voire plus généralement à un prototype de vertu ou de vice) et ce transfert

---

17 François-Timoléon de Choisy, *Mémoires, op. cit.*, p. 35, puis p. 31–33.
18 Frédéric Charbonneau, « Introduction », *Portraits d'hommes et de femmes remarquables, op. cit.*, p. XV.
19 Plutarque, Préface à la Vie d'Alexandre, *Vies parallèles, op. cit.*, p. 1227.
20 John D. Lyons, *Exemplum. The Rhetoric of Example in Early Modern France and Italy*, Princeton, New Jersey, Princeton University Press, 1989, p. 10.

logique est d'autant plus efficace qu'on dispose de plusieurs cas singuliers pour monter en généralité. En somme, l'énumération des cas assure la dimension probatoire de l'exemple – de même qu'en science, on ne saurait prouver la loi par une seule expérience.

Si l'on observe à présent la régie narrative de ce type d'extraits, le paramètre de la *fréquence* apparaît diversement traité : ils sont soit singulatifs (un fait qui s'est produit une fois est raconté une fois, comme dans la réplique généreuse de Louis XIV au maréchal d'Huxelles défait à Mayence, sous la plume de Choisy et citée plus haut), soit itératifs, comme dans cette scène prototypique[21] relatée par Primi Visconti :

> En public, [Louis XIV] est plein de gravité et très différent de ce qu'il est en son particulier [...]. Il écoute tout le monde, reçoit les mémoires et répond toujours avec grâce et majesté : « Je verrai ! » et chacun se retire satisfait[22].

Le présent de vérité générale résout naturellement la tension entre la singularisation du récit et l'immuabilité recherchée par le portrait. On relève aussi des épisodes que l'on pourrait dire pseudo-singulatifs[23] : l'interaction du roi et de Lauzun relatée par Choisy et citée ci-dessus (le duc répondant « fort insolemment », il se voit répliquer : « *si je n'étois pas Roi, je me mettrois en colere*[24] »), pourrait sans invraisemblance être répétée dans d'autres situations. La brièveté inhérente au genre implique des circonstances à peine esquissées, et la singularité événementielle peut ainsi s'effacer au profit de la caractérisation morale, sociale ou autre.

Cette souplesse quant à la fréquence narrative fait planer une certaine ambiguïté sur le caractère factuel et véridique des épisodes. D'un côté, ils procèdent d'un essentiel ancrage dans le témoignage, qui correspond au projet des mémorialistes, fondant leur écriture de l'histoire sur la théorie des « particularités » recueillies de première main. D'un autre côté, l'impression que ce genre de portraits illustrent une vertu abstraite plus qu'ils ne peignent un homme (le cynique pour Harlay, le magnanime pour Louis XIV) peut produire un estompement relatif de la valeur proprement historique des paroles rapportées.

---

21 Emmanuèle Lesne parle pour ces occurrences itératives de « portrait synthétique », qu'elle oppose au « portrait anecdotique » qui désigne l'épisode singulatif (*La Poétique des Mémoires (1650–1685)*, *op. cit.*, p. 121).

22 Primi Visconti, *Mémoires sur la cour de Louis XIV*, éd. J.-F. Solnon, Paris, Perrin, 1988, p. 28.

23 À la manière dont Gérard Genette parle de fréquence pseudo-itérative (*Figures III*, Paris, Éd. du Seuil, coll. « Poétique », 1972, p. 152).

24 François Timoléon de Choisy, *Mémoires*, *op. cit*, p. 31–33.

Aussi le récit de mot historique se voit-il à la fois inféodé à une idée abstraite de vertu, et arrimé au réel. La notion d'apocryphe rend visible ce double ancrage du mot historique : il est vraisemblable car il a pu être prononcé, mais on peut en trouver des variantes dans la bouche d'individus différents. L'adéquation vraisemblable du mot à l'*éthos* du personnage l'emporte parfois sur la prétention à l'authenticité historique.

Par ailleurs, ces quelques exemples montrent que les mots mémorables livrent non seulement une peinture, voire un modèle éthique, mais aussi une singularité remarquable de l'élocution – chez Choisy, le roi est dit « roi de la langue », à travers des paroles ayant du « sel », de la « force » et de « l'agrément », et, chez Saint-Simon, dans une logique plus proprement conversationnelle, « les dits de Harlay » sont jugés particulièrement aptes à « divertir ».

2.2 *Pression des genres conversationnels*

Dépeindre par la parole ne passe pas toujours par la gravité et la profondeur morale ; dans les Mémoires, la saillie sublime se voit concurrencée par le modèle du bon mot, ou du mot mémorable dans sa forme « salée[25] ». Cet infléchissement de l'empreinte morale vers une écriture mondaine se lit dans le passage d'*Harleana* que Saint-Simon consacre à la figure du président de Harlay et dont on n'extrait ici qu'un exemple :

> Les jésuites et les pères de l'Oratoire sur le point de plaider ensemble, le premier président [Harlay] les manda et les voulut accommoder. Il travailla un peu avec eux, puis les conduisant : « Mes pères, dit-il aux jésuites, c'est un plaisir de vivre avec vous ; » et se tournant tout court aux pères de l'Oratoire : « et un bonheur, mes pères, de mourir avec vous[26]. »

L'ingéniosité du mot, fondée sur l'antithèse et le paradoxe final, permet de justifier par l'argument du *delectare* des digressions qui pourraient être jugées non essentielles au récit historique. Mais cette récupération des bénéfices conversationnels par le mémorialiste est aussi à mettre en lien avec la poétique générale des Mémoires de cour d'après 1600, où l'inflation concomitante des portraits et du discours rapporté est remarquable ; on peut expliquer cette conjonction par le fait que la cour et les cercles de sociabilité afférents sont

---

25 Voir les théories rhétoriques de la *facetia*, caractérisée par son « sel » – *salsum* –, par exemple chez Quintilien, *Institution oratoire*, éd. J. Cousin, Paris, Les Belles Lettres, 1978, livre VI, 3, p. 34–64 [sur le rire], et plus particulièrement VI, 3, 20 sur *facetus* et 21, sur *jocus* (p. 39).

26 Saint-Simon, *Mémoires, op. cit.*, t. I, p. 89.

des « lieux médiologiques[27] », des lieux où les reparties circulent, deviennent mémorables, et finissent par contribuer à l'image que laisse l'individu.

Il convient d'ajouter que les mots « salés » ne sont pas pour autant dépourvus de toute dimension morale, comme le prouve cet extrait d'une série de saillies dépeignant le comte de Gramont chez Primi Visconti :

> Quant au comte [de Gramont], c'est un vieillard au nez d'Arlequin, bossu, dissipateur, facétieux et maussade. Comme sa femme était enceinte, le Roi lui demanda ce qu'il ferait de l'enfant, s'il lui naissait un garçon. Il répondit qu'il le ferait médecin. Le Roi lui demanda pourquoi : « C'est que, répliqua-t-il, il n'y a que les médecins qui fassent fortune à votre Cour. » Le comte avait une grande liberté de langage et le Roi riait à tout ce qu'il disait[28].

Cette sortie de parrêsiaste (celui qui dit, avec franchise, la vérité au prince, lequel l'accepte comme telle) permet de montrer l'esprit d'à-propos du comte, tout en peignant une relation interpersonnelle typique de l'économie des vertus à la cour.

Est-ce à dire néanmoins que le mot historique renverrait toujours par un chemin inférentiel stable d'une parole à un type (Harlay le cynique, Gramont le parrêsiaste) ? Rien n'est moins sûr. À partir de la fin du XVIIe siècle, la visée exemplaire de l'histoire qui sous-tend ce type d'inférences commence à être mise à mal comme unique manière pour comprendre le flux des événements, et les Mémoires sont une caisse de résonance de cette « histoire moderne en mouvement[29] » : la peinture des individus par leur parole s'en trouve sensiblement modifiée.

3 Habileté dans l'occasion ou hasard ? La peinture des dysfonctionnements du langage

Toute la théorie de la repartie réussie qui sous-tend le modèle conversationnel repose sur l'adaptation de la parole aux « coordonnées » de l'énonciation (sorte de *decorum* conversationnel, où l'on se doit d'être attentif au moment,

---

27   Selon Laurence Rosier, les « lieux médiologiques » sont tous ces « lieux, réels ou virtuels, de transmission de discours, de savoirs ou de pratiques », *Le Discours rapporté en français*, Paris, Ophrys, 2008, p. 125.
28   Primi Visconti, *Mémoires sur la cour de Louis XIV* [1674], *op. cit.*, p. 38–39.
29   Reinhart Koselleck, « "Historia magistra vitae". De la dissolution du "topos" dans l'histoire moderne en mouvement » [1967], art. cit.

à l'interlocuteur, au ton, etc.). Aussi la question de la parole caractérisante est-elle particulièrement apte à représenter le rapport non seulement entre l'homme et une vertu, mais entre l'homme et l'événement. En ce sens, l'idée plutarquienne selon laquelle un bon mot ou une réponse mémorable caractérisent mieux qu'un acte (car on y voit la vertu maîtresse de la fortune) est sans doute à reformuler dans des termes métahistoriques plus modernes à la période que nous envisageons, où émerge notamment la notion de hasard comme motif explicatif de l'histoire[30] : la parole mémorable peut dès lors être montrée moins comme le fruit d'une maîtrise du cours de l'histoire, mais comme le signe même de la contingence. Une telle définition moderne du mémorable peut se trouver chez A. Jolles qui, dans sa typologie des formes brèves, distinguait le mémorable du cas ou de l'exemple, en le pensant à partir de la coupure de presse[31] : un récit « coupé » d'un ensemble, et par là même apte à circuler, à fonctionner de manière autonome, sans se rattacher à la signification générale d'un système explicatif, notamment d'ordre moral. Le mémorable, ainsi délié de toute inféodation aux leçons de l'histoire, fait alors figure de « détail qui se met en travers ». Il semble que cette « fonction atéléologique[32] » du mémorable a des affinités avec la pensée du hasard en histoire, puisqu'elle implique une mise en récit de l'accident, par essence imprévisible.

C'est peut-être dans le traité *De l'Usage de l'Histoire* de Saint-Réal qu'on voit le mieux le lien entre la pensée moderne du hasard et le rôle du mot caractérisant. En 1671, l'ouvrage vient redéfinir l'utilité de la lecture de l'histoire, qui ne doit plus être récitée par cœur, mais donner matière à réfléchir, comme autant de leçons en actes sur l'imperfection des Grands. Dans tout le traité, l'injonction à discerner les apparences des vraies vertus quand on lit l'histoire passe par des historiettes, souvent closes par des paroles mémorables, non qu'elles illustrent des qualités parfaites, mais parce qu'elles montrent un rapport au langage passablement déréglé. Par exemple, Saint-Réal raconte la générosité de Charles IX envers Amyot, non pas comme un geste spontanément vertueux, mais plutôt comme le fruit de l'imitation jalouse de Charles Quint ayant fait Pape son précepteur :

> Un jour la conversation étant tombée sur le sujet de Charles Quint à la table du Roi, où Amiot était obligé d'assister toujours, on loua cet

---

30 Voir Reinhart Koselleck, « Le hasard, résidu de motivation dans l'historiographie », dans *Le Futur passé. Contribution à la sémantique des temps historiques, op. cit.*, p. 145–160.
31 André Jolles, *Formes simples* [1930], Paris, Éd. du Seuil, 1972, sur le « Mémorable » comme pendant moderne de l'*apomnêmoneuma* antique, p. 159–173.
32 Hans Robert Jauss, reprenant les conclusions d'A. Jolles, dans « L'usage de la fiction en histoire », *Le Débat*, mars–avril 1989, n° 54, « Questions à la littérature », p. 89–113, ici p. 109.

Empereur de plusieurs choses, mais surtout d'avoir fait son Précepteur Pape ; c'était Adrien VI. On exagéra si fortement le mérite de cette action, que cela fit impression sur l'esprit de Charles IX, jusque là même, qu'il dit, *que si l'occasion s'en présentait, il en ferait bien autant pour le sien.* Et de fait, peu de temps après la grande Aumônerie de France ayant vaqué, le Roi la donna à Amiot[33].

Le rapport impulsif aux impressions suscitées et traduites par le langage est un motif souvent exploité dans le texte de Saint-Réal, qui fait par là le portrait des hommes dans leur « faible et bizarre côté[34] ». Cette anthropologie pessimiste est moins un blâme du mauvais gouvernement qu'un constat d'impossibilité à prévoir les comportements moraux, ce qui a des conséquences politiques de taille lorsque ce sont les puissants qui dérèglent de la sorte l'usage de la parole.

Ces perspectives nouvelles sur l'homme et l'histoire informent certains portraits de Saint-Simon, héritier de ces perspectives critiques sur l'histoire exemplaire de la fin du XVIIe siècle. Dirk van der Cruysse a montré que le portrait saint-simonien traduit parfois une curiosité pour les personnages « rares », les cas sans exemple. Plus encore qu'elles ne suscitent un « étonnement anthropologique[35] », ces singularités inattendues possèdent une « fonction métahistorique[36] », au sens où c'est la compréhension du cours de l'histoire lui-même que ces accidents viennent mettre en cause, puisque le mémorialiste cherchant les causes des actions humaines se trouve alors aux prises avec des cas insolubles. Dans les *Mémoires*, plusieurs reparties du roi sont présentées comme des hapax que le duc n'aurait pu anticiper et qu'il peine à intégrer dans sa vision du monde[37]. Ainsi de tel passage d'un des portraits du « fortuné Villars », maréchal infâme aux yeux du duc et pair, au sujet duquel il est rapporté ce mot négligent du roi :

---

33   César Vichard de Saint-Réal, *De l'usage de l'histoire* [1671], éd. R. Démoris et Ch. Meurillon [1980], Villeneuve-d'Ascq, Presses de l'Université de Lille III, 2000, p. 28.
34   *Ibid.*, p. 59.
35   Dirk Van der Cruysse, *Le Portrait dans les « Mémoires » du duc de Saint-Simon*, Paris, Nizet, 1971, p. 81.
36   *Ibid.*, p. 77.
37   Relatant par exemple « l'apophtegme du Roi sur M. le duc d'Orléans », il écrit : « je fus dans le dernier étonnement d'un si grand coup de pinceau » (*Mémoires, op. cit.*, t. IV, p. 904).

> Le Roi [...] étant rhabillé et entré chez Mme de Maintenon, l'y fit appeler [Villars], et, dès qu'il le vit : « je n'ai pas maintenant, lui dit-il, le temps de vous parler : mais je vous fais duc. » Ce monosyllabe valait mieux que toutes les audiences[38].

Sans doute aussi ce monosyllabe vaut-il mieux que tous les portraits : l'écart entre les qualités médiocres de Villars et son succès est évoqué en quelques mots par un tel mémorable verbal. Évidemment, l'orientation argumentative du passage est essentiellement liée à la vision acerbe de Saint-Simon sur Villars et à l'ambivalence de son regard sur Louis XIV ; à ce titre on pourrait le lire comme la version noire du mémorable moral, le « contre-exemple » repoussoir, dans la lignée suétonienne ou tacitéenne. Néanmoins, le régime testimonial du texte fait plutôt de cette repartie un authentique surgissement de l'inattendu : ce « monosyllabe » fameux donne lieu, dans le cotexte plus large entourant cet extrait[39], à un développement narratif circonstancié qui en neutralise en partie la récupération apocryphe et l'éloigne du seul schéma moral de la contre-exemplarité maléfique ; en outre, la fréquence singulative de l'extrait – liée notamment à l'expression performative *faire duc*, peu compatible avec l'idée d'une réitération – permet de souligner l'unicité de l'épisode.

Les « ténèbres », le « songe » et le « dégoût »[40] dans lesquels Saint-Simon se dit plongé à l'évocation de telles contingences disent bien sa prise de conscience de la « relativité de la connaissance historique[41] », découlant de l'impuissance à comprendre les hommes. Ce n'est donc plus la saisie vertueuse de l'occasion qui est pointée dans ce genre de mémorables verbaux singulatifs, mais plutôt l'espèce d'improvisation avec le hasard, révélant des caractères hors normes.

Les vicissitudes du mémorable dans le récit factuel au tournant des XVIIe et XVIIIe siècles me semblent ainsi montrer une particularisation accrue des récits de parole caractérisants, qui paraissent parfois moins constituer des blocs épidictiques que des unités singulières dignes d'étonnement. Le caractère apocryphe, toujours envisageable dans le Mémorable traditionnel, se fait moins sentir dès lors qu'il s'agit de rendre compte d'une irréductible singularité :

---

38   *Ibid.*, t. II, p. 553. Sur le grand portrait de Villars, voir Jules Brody, « Structures de personnalité et vision du monde dans les *Mémoires* de Saint-Simon », dans *Approches textuelles des « Mémoires » de Saint-Simon*, éd. L. Spitzer et J. Brody, Tübingen, Narr, 1980, p. 47–78.
39   Voir Saint-Simon, *Mémoires, op. cit.*, t. II, p. 552–554.
40   Expressions relevées par Dirk Van der Cruysse, *Le Portrait dans les « Mémoires » du duc de Saint-Simon, op. cit.*, p. 83.
41   Yves Coirault, *Un La Bruyère à la Tacite*, C.A.I.E.F., XVIII, mars 1966, p. 162.

les liens avec la fictionnalisation se distendent sans doute à proportion que s'éloigne la visée épidictique. On peut penser que la déstabilisation des certitudes anthropologiques sur l'homme mine partiellement, dès la fin de la Renaissance puis dans les siècles suivants, la peinture possible de l'âme par la parole. Celle-ci devient parfois le lieu de l'imprévisible, de l'accidentel ; elle continue par là à dresser une image de l'homme, mais davantage à la manière d'une esquisse en mouvement que d'un véritable tableau éloquent.

Le vrai et le réel dans le portrait de Monsieur par Saint-Simon

Francesco Pigozzo

Le portrait physique de Monsieur, Philippe de France duc d'Orléans, frère de Louis XIV et père du futur Régent, tient proprement en quelques lignes dans l'interminable flux de mots que sont les *Mémoires* du duc de Saint-Simon :

> C'était un petit homme ventru monté sur des échasses tant ses souliers étaient hauts, toujours paré comme une femme, plein de bagues, de bracelets, de pierreries partout, avec une longue perruque toute étalée en devant, noire et poudrée, et des rubans partout où il en pouvait mettre, plein de toutes sortes de parfums, et en toutes choses la propreté même. On l'accusait de mettre imperceptiblement du rouge. Le nez fort long, la bouche et les yeux beaux, le visage plein, mais fort long. (II, 16)[1]

Monsieur y est peint par une mise en relation qui mêle les ressources de l'analogie imaginative (« monté sur des échasses tant ses souliers étaient hauts »), de l'analogie factuelle (« paré comme une femme ») et de la polyphonie (« On l'accusait … »), par-dessus lesquelles pointe ce que j'appellerais une exigence, beaucoup plus qu'un goût, de l'hyperbole : les superlatifs, les adverbes de quantité, même le grain de grotesque servent la cause d'un saisissement de l'individuel par le détour de l'invraisemblable, de l'excessif, de l'inattendu.

Ce portrait physique reste sans manchette spécifique, il n'est que juxtaposé au récit d'une anecdote qui s'ouvre en conclusion du « Caractère de Monsieur », qui à son tour ne résume que très imparfaitement la description des qualités morales du personnage commencée trois pages avant (dans l'édition Coirault). Saint-Simon se propose en fait d'expliquer ce que et pourquoi « Le gros de la cour perdit en Monsieur » (II, 13) avec sa mort, en juin 1701. Il y a donc continuité parfaite entre la description du caractère et la description qui la précède, qui concerne les positions politiques et affectives de la famille royale face à la mort de Monsieur. Il est à noter que ce cadre à la fois descriptif et explicatif est à son tour enfanté par le récit-description du « Spectacle de Saint-Cloud »

---

[1] Toutes les citations proviennent de l'édition des *Mémoires* publiée par Yves Coirault en 8 volumes chez Gallimard, « Bibliothèque de la Pléiade », Paris 1983–1988. Chiffres romains pour les volumes, chiffres arabes pour les pages.

et du « Spectacle de Marly » (II, 10–11) – les premières de ces scènes d'appartement après le décès d'un membre de la famille royale qui étoilent la chronique saint-simonienne et qu'en suivant notre métaphore pictographique nous pourrions appeler des tableaux de la cour où la funèbre singularité événementielle permet de saisir sur le vif et de peindre en (presque) instantané révélateur un système de relations psychologiques, politiques et matérielles. La figure de Monsieur se dessine par contrecoup et comme en creux de ce tableau, la description explicite et directe de ses traits physiques ne nous donnant qu'en guise de simulacre conclusif le contour matériel et apparemment stable d'une individualité écartelée entre plusieurs relations, contextes, tendances, significations, plans chronologiques.

D'autant plus que ce portrait individuel enchâssé dans un tableau collectif se place au cœur et dans la continuité d'un récit qui débute bien avant le décès proprement dit et qui se poursuit bien au-delà avec la singulière vengeance de Mme de Maintenon sur Madame, le traitement prodigieux dont la mauvaise conscience du Roi accable le nouveau duc d'Orléans, les entreprises arrivistes que déclenche le cérémonial funèbre, l'anecdote enfin sur l'empoisonnement d'Henriette d'Angleterre. L'épisode s'étale au total sur une vingtaine de pages de la chronique de 1701, mais il est annoncé une dizaine de pages avant, lorsque Saint-Simon rapporte les préparatifs militaires pour la guerre de succession d'Espagne :

> En même temps les armées furent réglées en Flandre sous le maréchal de Boufflers, et en Allemagne sous le maréchal de Villeroi. Mgr le duc de Bourgogne fut destiné un moment à commander celle de ce dernier ; mais cela fut changé sur le dépit que témoigna Monsieur de ce que M. de Chartres fut refusé de servir. Le Roi y avait consenti dans l'espérance que Monsieur, piqué de ce qu'on ne lui donnait point d'armée, n'y consentirait pas, et y mit la condition que ce serait avec l'agrément de Monsieur. Monsieur et M. le duc de Chartres, qui comprirent que, servant toujours, il n'était plus possible à son âge de lui refuser le commandement d'une armée l'année suivante, si ils ne le pouvaient obtenir celle-ci, aimèrent mieux sauter le bâton du service subalterne encore cette campagne. Le Roi, qui pour cette même raison ne voulait pas que son neveu servît, fut surpris de trouver Monsieur dans la même volonté que monsieur son fils, et, si cela s'ose dire, fut pris pour dupe ; mais il ne la fut pas, et montra la corde par le refus chagrin qu'il fit tout net pour qu'on ne lui en parlât plus. Il s'y trompa encore : M. de Chartres fit des escapades peu mesurées, mais de son âge, qui fâchèrent le Roi et l'embarrassèrent encore davantage. Il ne savait que faire à son neveu, qu'il avait forcé à être son gendre, et qui,

excepté les conditions écrites, ne lui avait rien tenu, tant de ce qu'il avait laissé espérer, que de ce qu'il avait promis. (I, 873-4)

C'est évidemment le Roi qui n'avait rien tenu à son neveu (c'est-à-dire à son frère) : le glissement syntaxique du relatif est le signe de la présence envahissante de Louis XIV dans ce discours. Saint-Simon touche par cette reconstruction du bras de fer psychologique entre le Roi et son frère aux raisons mêmes de la mort de ce dernier d'une part ; mais d'autre part, il touche aussi au mariage, neuf ans auparavant, du duc de Chartres avec Françoise Marie de Bourbon, dite Mlle de Blois, seconde fille naturelle de Louis XIV et de Mme de Montespan. Un mariage que le Roi avait savamment ourdi en jouant sur la faiblesse de Monsieur :

> Il y avait déjà quatre ans qu'il le roulait dans son esprit et qu'il en avait pris les premières mesures. Elles étaient d'autant plus difficiles que Monsieur était infiniment attaché à tout ce qui était de sa grandeur [...] Pour vaincre tant d'obstacles, le Roi s'adressa à Monsieur le Grand, qui était de tout temps dans sa familiarité, pour gagner le chevalier de Lorraine, son frère, qui de tout temps aussi gouvernait Monsieur. Sa figure avait été charmante : le goût de Monsieur n'était pas celui des femmes et il ne s'en cachait même pas ; ce même goût lui avait donné le chevalier de Lorraine pour maître, et il le demeura toute sa vie. (I, 32-3)

Ainsi, juste après la déclaration du mariage, « rien de si honteux que le visage de Monsieur, ni de si déconcerté que toute sa personne ; et ce premier état lui dura plus d'un mois » (I, 37). Ce « premier état » est à mettre en relation avec les « peines » de Monsieur « hors de son centre » lorsque commencera le récit serré de ses derniers jours. Mais avec le « premier état » nous sommes presque au début des *Mémoires* et Saint-Simon nous a fait même remonter jusqu'à 1688 (« Il y avait déjà quatre ans ... »). Dès le début du texte, donc, le fil de la politique royale en faveur des bâtards – sommet d'injustice et d'illégitimité qui aux yeux de Saint-Simon tache l'image du souverain d'une surprenante mais foncière incongruité – et de manière plus générale le fil de l'inadéquation des réalités personnelles concrètes aux vrais devoirs de leur rang s'entrecroise avec la destinée individuelle de Monsieur et rend de plusieurs points de vue son récit de mort et sa personne même la jonction principale des premières mille pages de la chronique saint-simonienne. Toutes ces informations rejoignent d'ailleurs l'autre bout de la chronique car elles pèsent directement sur la figure du Régent, dont la gestion du pouvoir sera marquée par un autre genre de favoris, d'autres faiblesses et d'autres prostitutions de l'ordre des rangs. Avec tout cela, peut-on croire que Monsieur et son fils sont parmi les personnages que le lecteur des *Mémoires* est porté à aimer le plus tendrement ?

Restons pour l'instant aux données structurelles concernant le portrait *in mortem* de Monsieur. La *pause* (au sens narratologique) où s'inscrit le portrait physique de Monsieur est ainsi le point d'aboutissement d'un discours beaucoup plus étendu dont la visée n'est certainement pas descriptive ni même simplement narrative : description et narration se mêlent à une argumentation qu'elles remplacent très souvent ou au moins engloutissent mais que parfois aussi elles appuient de façon explicite. Il faut par conséquent déceler au moins deux différents régimes de vérité qui se nourrissent mutuellement dans le texte, tout en opérant en désaccord systématique entre eux : il y a un régime de vérité factuelle ou empirique et un régime de vérité intellectuelle ou conceptuelle ; le premier est par sa nature excentrique, ouvert aux variétés et aux variabilités empiriques (la dimension temporelle en premier lieu), tandis que le second est centripète par rapport à un acteur/observateur qui se pose en dépositaire d'un savoir irréfutable et d'un comportement irrépréhensible. Si Monsieur devient pour nous une présence vivante sauvée de l'oubli, ce n'est pas par un effort de construction par lequel Saint-Simon aurait tenté d'isoler un personnage dans la toile de la cour et de sa mémoire. C'est par un inépuisable travail d'approximation qui ressemble tout à fait au travail d'un chercheur poussé par insatisfaction à confronter sans cesse son hypothèse avec la réalité empirique : seulement Saint-Simon nomme a priori 'vérité' son hypothèse (il faut rappeler qu'il se veut chercheur *engagé*, d'ailleurs) et croit donner à son lecteur l'expérience concrète de cette vérité – comme il le dit explicitement dans la magnifique préface de 1743 – en le mettant « au milieu des acteurs de tout ce qu'il raconte, en sorte qu'il croie moins lire une histoire ou des mémoires, qu'*être lui-même dans le secret* de tout ce qui lui est *représenté*, et *spectateur* de tout ce qui est raconté » (I, 6). Mais la chronique est hantée par la divergence entre ces deux régimes de vérité : c'est là ce qui rend le travail figuratif des *Mémoires* inépuisable, leur quête d'exhaustivité descriptive diablement contradictoire et passionnante, leur effort de résurrection du passé une réussite miraculeuse.

Jusque le portrait physique de Monsieur en porte la trace, bien qu'il se veuille le dernier coup de pinceau destiné à sceller son individualité. Il se termine en fait par la réflexion suivante, que je n'avais pas citée au début : « Le nez fort long, la bouche et les yeux beaux, le visage plein, mais fort long. Tous ses portraits lui ressemblent. J'étais piqué, à le voir, qu'il fît souvenir qu'il était fils de Louis XIII à ceux [c'est-à-dire par rapport aux portraits] de ce grand prince, duquel, à la valeur près, il était si complètement dissemblable ». (II, 16) Ne cherchons pas ici le motif éternel des apparences trompeuses : le baroque a pris une dimension toute historique, la réalité qui se cache derrière les apparences est fuyante et appelle un effort continuel de comparaison, de contextualisation, de compréhension. Sa représentation ne devient vivante que dans la mesure où il y a différence de potentiel entre ce qui est vrai sur le plan factuel et ce que sur le plan intellectuel on croirait, on s'attendrait, on désirerait, on exigerait qui le fût. De là une écriture qui, bien au-delà des *topoi* de la tradition mémorialiste, semble plier aux réalités qu'elle vise tout code, tout principe de composition, toute convention rhétorique ou qui, plus exactement, se forge un code, des principes de composition et une rhétorique à elle. Parce que la différence de potentiel demeure et ne laisse pas de faire sédiment dans le langage. Ainsi Monsieur ressuscite à coups de contradictions, concessions, négations, amplifiées par les comparatifs et les adverbes de quantité (je souligne dans la citation suivante) :

> *Quoiqu'*il fût difficile d'être *plus* timide et *plus* soumis qu'était Monsieur avec le Roi, *jusqu'à* flatter ses ministres, et auparavant ses maîtresses, *il ne laissait pas de* conserver avec un *grand* air de respect, l'air de frère, et des façons libres et dégagées. En particulier, il se licenciait *bien davantage* ; il se mettait *toujours* dans un fauteuil, et n'attendait pas que le Roi lui dit de s'asseoir ; au cabinet, après le souper du Roi, il n'y avait *aucun* prince assis que lui, *non pas même* Monseigneur. *Mais*, pour le service, et pour s'approcher du Roi ou le quitter, *aucun* particulier ne le faisait avec *plus de* respect, et il mettait naturellement de la grâce et de la dignité en *toutes* ses actions *les plus* ordinaires. *Il ne laissait pas* de faire au Roi par-ci par-là des pointes ; *mais* cela ne durait pas, et, comme son jeu, Saint-Cloud et ses favoris lui coûtaient beaucoup, avec de l'argent que le Roi lui donnait il n'y paraissait plus. *Jamais pourtant* il n'a pu se ployer à Mme de Maintenon, ni se passer d'en lâcher de temps en temps quelques bagatelles au Roi, et quelques brocards au monde. Ce n'était pas sa faveur qui le blessait ; *mais*, d'imaginer que la Scarron était devenue sa belle-sœur, cette pensée lui était insupportable. Il était extrêmement glorieux, *mais* sans hauteur, fort sensible et fort attaché à tout ce qui lui était dû. (II, 15)

La description semble osciller autour d'un centre qui reste ineffable et dont l'existence, après tout, ne peut se manifester peut-être en elle-même. L'oscillation est ici d'autant plus forte et fréquente que Monsieur y est appréhendé dans son rapport avec Louis XIV.

L'individualité de Monsieur n'acquiert donc de consistance qu'en relation : certains de ses traits physiques ne nous étaient-ils anticipés d'ailleurs dès la chronique de 1700 par comparaison avec Langlée, c'est-à-dire un « homme de rien, de vers Mortagne au Perche, dont le père s'était enrichi, et la mère encore plus » (I, 704) qui avait su usurper l'empire « des modes, des fêtes, des goûts » et qui « était assez vêtu et coiffé comme Monsieur, il en avait aussi fort la taille et le maintien ; mais il n'était pas, comme de raison, à beaucoup près si paré, et moins gros » (I, 705). Car il n'y a rien de fermé ou d'isolé dans la réalité – Monsieur inclus. Jusqu'à son corps mourant à Saint-Cloud, abandonné par le Roi et la foule, « jeté sur un lit de repos dans son cabinet » existe pour nous en relation « aux marmitons et aux bas officiers » auxquels « demeure exposé » et « qui la plupart par affection ou par intérêt étaient fort affligés » (II, 10). J'évite à dessein de citer *in extenso* ce célèbre « Spectacle de Saint-Cloud », dont le poignant grotesque nous ferait rire sans doute mais nous empêcherait aussi de remarquer que la fixation synchronique d'une présence mémorielle de Monsieur débute là où son corps muet devient le point de fuite aveugle d'un jeu de perspectives interpersonnelles. L'air autour de ce « pauvre prince qui palpitait encore » retentit des cris de ceux qui l'identifient à leurs charges et pensions, de celles qui « perdaient leur considération et tout leur amusement », d'une duchesse de la Ferté et d'un Châtillon dont l'anéantissement est absolu, surtout de Madame qui sans avoir jamais eu « grande affection ni grande estime » pour son mari, sent avec effroi « sa perte et sa chute ». Le lendemain aussi, à Marly, Monsieur nous apparaît « encore tout chaud » dans les mots du duc de Montfort, qui matérialise l'« étonnement extrême » avec lequel il faut découvrir l'attitude du Roi face au deuil : un refoulement systématique et imposé à autrui de toute affliction, refoulement que Mme de Maintenon a beau jeu de promouvoir puisqu'elle « sentait la perte de Monsieur comme une délivrance » et « avait peine à retenir sa joie » (II,11). Suivent l'indifférence ontologique de Monseigneur, qui pourtant « semblait aimer Monsieur qui lui donnait des bals et des amusements avec toute sorte d'attention et de complaisance », l'indifférence motivée de ses fils (ils « ne voyaient Monsieur qu'en représentation »), et les afflictions extrêmes de Mme la duchesse de Bourgogne (dont Monsieur était l'affectueux grand-père) et de M. le duc de Chartres :

> Le père et le fils s'aimaient tendrement. Monsieur était doux, le meilleur homme du monde, qui n'avait jamais contraint ni retenu monsieur son fils. Avec le cœur, l'esprit était aussi fort touché : outre la grande parure dont lui était un père frère du Roi, il lui était une barrière derrière laquelle il se mettait à couvert du Roi, sous la coupe duquel il retombait en plein. (II, 12)

La duchesse de Chartres vient après compléter le tableau des positions individuelles par une touche d'ingratitude qui s'exprime naturellement par concession et nous livre encore une information sur Monsieur : « quoique bien traitée de Monsieur, [elle] fut ravie d'être délivrée d'une barrière entre le Roi et elle ».

Enfin le mémorialiste braque notre attention sur « le gros de la cour », sorte d'arrière-plan impersonnel qui lui permet de faire une halte sur le « Caractère de Monsieur ». D'ailleurs la cour est aussi un mot-clé en relation à Monsieur, car : « C'était lui qui y jetait les amusements, l'âme, les plaisirs, et, quand il la quittait, tout y semblait sans vie et sans action » (II, 13). Le mémorialiste se délivre alors de toute structure additionnelle : le catalogue hiérarchique des perspectives individuelles dans la famille royale est terminé et avec lui le récit de l'événement funèbre, touffu d'informations et de contraintes chronologiques que le *Journal* de Dangeau rappelle à Saint-Simon en fidèle aide-mémoire. Saint-Simon peut maintenant engager un corps à corps « libre » avec Monsieur : libre pour ainsi dire, car il est livré à la tension entre vérité factuelle et vérité intellectuelle dont nous parlions auparavant. Je vous propose de suivre son développement à travers le résumé télégraphique suivant. Monsieur était l'âme de la cour, raison : ses amours pour l'ordre des rangs et pour le grand monde. Conséquence : facilité et maintien aptes à tenir une cour *à lui*. Preuve : le fonctionnement de Saint-Cloud (« maison de délices avec beaucoup de grandeur et de magnificence » sans aucun secours de Madame, qu'il n'avait pu « ployer à une vie plus humaine et la laissait faire, et vivait honnêtement avec elle sans se soucier de sa personne, avec qui il n'était presque point en particulier », et avec imposition d'exclusivité pour toutes les visites reçues). Un bilan positif donc quant aux qualités personnelles de Monsieur ? Pas du tout, elles sont les seules, avec la valeur militaire – pour le reste des défauts qui ne sont que le revers des mêmes qualités observées auparavant : « les mauvaises qualités des femmes ». Je demande pardon à Saint-Simon et à mon lecteur pour cette réduction du texte au « degré zéro » de l'argumentation : elle nous ôte toute la saveur de la langue saint-simonienne, mais elle nous permet par là de mieux dégager et de suivre un raisonnement qui se construit avec le discours, à travers la dialectique factuel/intellectuel. Lisons maintenant deux extraits spéculaires de ce passage en nous rappelant que leur antithèse (avec double mise en abîme) est le produit de ce raisonnement. Le premier (c'est moi qui souligne) :

> *À son entêtement près pour les princes*, il aimait l'ordre des rangs, des préférences, de distinctions ; il les faisait garder tant qu'il pouvait, et il en donnait l'exemple. Il aimait le grand monde, il avait une affabilité et une honnêteté qui lui en attirait en foule, et la différence qu'il savait faire, et qu'il ne manquait jamais de faire, des gens suivant ce qu'ils étaient y contribuait beaucoup. À sa réception, à son attention plus ou moins

grande ou négligée, à ses propos, il faisait continuellement toute la différence, qui flattait, de la naissance et de la dignité, de l'âge et du mérite, et de l'état des gens ; et cela avec une dignité naturellement en lui, et une facilité de tous les moments qu'il s'était formée. Sa familiarité obligeait, et se conservait sa grandeur naturelle sans repousser, mais aussi sans tenter les étourdis d'en abuser.

Après cette admirable matérialisation itérative de la maîtrise de soi et du respect des rangs, celle de la soumission et de l'indignité (c'est toujours moi qui souligne) :

> Avec plus de monde que d'esprit, et nulle lecture, *quoique avec une connaissance étendue et juste des maisons, des naissances et des alliances*, il n'était capable de rien. Personne de si mou de corps et d'esprit, de plus faible, de plus timide, de plus trompé, de plus gouverné, ni de plus méprisé par ses favoris, et très souvent de plus malmené par eux ; tracassier, et incapable de garder aucun secret, soupçonneux, défiant, semant des noises dans sa cour pour brouiller, pour savoir, souvent aussi pour s'amuser, et redisant des uns aux autres. Avec tant [de] défauts destitués de toutes vertus, un goût abominable que ses dons et les fortunes qu'il fit à ceux qu'il avait pris en fantaisie avaient rendu publique avec le plus grand scandale, et qui n'avait point de bornes pour le nombre ni pour les temps.

Ces deux côtés de Monsieur sont vrais à la fois d'un point de vue factuel, mais leur contraste à la limite de la contradiction logique l'est aussi du point de vue intellectuel de Saint-Simon : au point que le contraste lui-même semble être ce qui permet de les noter et de les représenter ...

La liste des défauts atteint ainsi son comble avec la mention des favoris – et nous retrouvons ici, au cœur de ce qui se voudrait le portrait intime de Monsieur, un hors catalogue de « ce que perdirent » le chevalier de Lorraine et Châtillon avec lui. Étonnante contradiction pour un prince épris de grandeur et de cérémonial ! Contradiction qu'on ne pourrait mieux représenter que par les ambiguïtés dans le rapport entre Monsieur et le Roi : ici nous trouvons le passage « oscillatoire » que j'ai commenté plus haut, suivi par une anecdote où Saint-Simon jouit de la leçon que Monsieur inflige aux prétentions de M. le Duc et par le portrait physique qui ouvre mon article.

J'aimerais le terminer par des remarques générales en guise de réflexion qui vise à ouvrir une piste de recherche et un champ de problèmes plus qu'à conclure mon exposé. Le fait à souligner dans le cadre d'un colloque sur les portraits est – me semble-t-il – que, sensible aux réalités historiques des rapports de pouvoirs et à la dimension sociale de l'existence, le mémorialiste nous empêche de penser que les silhouettes individuelles soient fermées en elles-mêmes : si la mort permet de faire le bilan d'une personnalité en mettant un terme aux retouches que le temps rendrait continuellement nécessaires – par un travail de modification spontanée de l'objet à peindre et par le fait que le sujet qui le peint développe (parfois modifie) dans la durée ses observations et ses découvertes sur l'objet lui-même – la mort ne peut pas annihiler la pluralité de rapports et de perspectives sous lesquelles on a la nécessité d'envisager toute personnalité, qu'elle soit encore ou ne soit plus vivante. En littérature comme en art, l'exercice du portrait repose par conséquent sur un paradoxe : que nous l'entendions dans un sens strict (comme une pause narrative ou une trouée descriptive bien délimitée) ou dans un sens plus large (qui fait parfois glisser la notion vers la construction même d'un personnage à travers un texte donné), il consiste en tout cas dans l'effort de fixer et de réduire ce qui est dynamique et pluriel. Bien sûr ce paradoxe n'est effectivement tel que si l'objet à peindre est soumis en lui-même au dynamisme et à la pluralité du réel – un objet à propos duquel on a le droit de se poser des questions référentielles, des questions de vérité ou fausseté factuelle de la représentation. On pourrait se poser la question si les objets imaginaires relèvent de ce genre. La réponse est assurément non, du point de vue de l'œuvre accomplie où ils sont enfermés – mais on comprend que du point de vue de la génétique textuelle, de la psychologie de la création littéraire et même de la critique de la réception, ils peuvent rentrer au contraire dans le domaine de la précarité et des possibilités.

Ce qui m'intéresse toutefois en littéraire est plutôt la façon par laquelle chaque texte nous invite à percevoir l'objet du portrait. Car on peut peindre effectivement des objets factuels tout en évitant ou neutralisant les questions référentielles : toute tendance à idéaliser, à généraliser, à moraliser, à affubler la représentation de l'objet nous cache le paradoxe du portrait en déplaçant notre perception de l'opposition entre le vrai et le faux sur un plan purement conceptuel, c'est-à-dire au fond argumentatif – en nous limitant aux sujets traités dans notre colloque, cette observation me paraîtrait un point de débat approprié aux moralistes, au cardinal de Retz, à Saint-Réal, à *La Princesse de Clèves* et aussi au côté idéologique de Boulainvilliers. Mais on peut en revanche peindre des objets imaginaires tout en feignant que l'opposition entre le vrai et le faux factuel se pose pour eux – c'est-à-dire en mettant l'accent sur leur prétendue factualité : le paradoxe du portrait est en ce cas d'autant mieux simulé (et il serait intéressant d'étudier par quels types de mimétisme de l'écriture) que toute question de vérité sur le plan intellectuel est évitée ou du moins neutralisée. Il serait intéressant d'aller vérifier cette observation générale dans le domaine des faux-mémoires et du roman réaliste du XIXᵉ siècle.

Mais on peut aussi se dérober totalement au paradoxe du portrait : c'est le cas de la peinture d'objets factuels qui sépare scrupuleusement les données empiriques de l'argumentation (ce que j'ai appelé vérité factuelle et vérité intellectuelle – on peut penser peut-être au rêve du portrait historique parfait chez Swift, on doit assurément penser à l'idéal scientifique de la modernité) ; ou, tout au contraire, on peut dérober le paradoxe en choisissant une peinture d'objets imaginaires qui affiche qu'ils sont pleinement tels, c'est-à-dire indifférents à l'opposition vrai/faux sur le plan factuel et sur le plan argumentatif ou intellectuel (n'est-ce pas ce que Proust, de façon à son tour paradoxale, traduit dans les termes d'une vérité intellectuelle dont il simule la recherche factuelle dans son chef-d'œuvre ?). Il reste toutefois une dernière option aux antipodes du dérobement, car on peut enfin laisser effleurer le paradoxe du portrait en essayant de peindre des objets factuels en affichant qu'ils sont tels, c'est-à-dire pleinement, doublement et simultanément sujets à l'opposition vrai/faux – comme dans la vie réelle, comme chez Saint-Simon.

Enjeux et interférences des modèles dans le portrait du duc de Bourgogne : fiction du réel ou réel de la fiction ?

Annabelle Bolot

Le portrait tient une place singulière dans le genre des Mémoires[1], car devenu un outil de compréhension de l'histoire, il est censé, en rendant loin de toute idéalisation « l'image objective des gens qui ont fait une époque[2] », être au service d'un discours de vérité. On connaît l'importance et la place du portrait dans les *Mémoires* de Saint-Simon[3]. Motivé par l'existence historique du personnage et par le rôle de celui-ci dans l'histoire de son temps, le portrait est pensé par le mémorialiste comme une partie intégrante du genre, lui faisant ainsi regretter son absence dans l'*Histoire de France* du P. Daniel[4].

Les *Mémoires* comptent en tout sept portraits du duc de Bourgogne[5], prouvant bien l'insistance de Saint-Simon à peindre et repeindre le Dauphin. Deux d'entre eux intéressent plus particulièrement notre étude car ils reviennent *in extenso* sur le destin du prince. L'un est exécuté par Saint-Simon à l'occasion du *Discours sur Mgr le duc de Bourgogne*. L'autre, qui est aussi le dernier, situé dans la chronique de 1712, appartient à la catégorie du portrait nécrologique[6] : le décès survenu, et la vie du personnage appartenant désormais au temps de l'histoire, il revient « au mémorialiste d'achever son image[7] ». Ces textes répondent dans les *Mémoires* à des fonctions bien particulières ; si le premier est en réalité un portrait sous forme d'argumentation, logé au cœur d'un traité politique pour servir à l'éducation et au perfectionnement du prince, le portrait de 1712 est un éloge et une lamentation sur la mort de celui qui aurait dû et pu sauver la France.

---

1 Dirk Van der Cruysse, *Le Portrait dans les « Mémoires » de Saint-Simon. Fonctions, techniques et anthropologie. Étude statistique et analytique*, Paris, Nizet, 1971, p. 50.
2 *Ibid.*, p. 51.
3 Sur la définition du portrait saint-simonien, *ibid.*, p. 130.
4 Saint-Simon, *Mémoires*, édition établie par Yves Coirault, Paris, Gallimard, « La Pléiade », 1983–1988, 8 vol., IV, p. 658. On donnera dans la suite de ce texte les références aux *Mémoires* dans le corps du texte, en renvoyant à cette édition (tomes en chiffres romains, pages en chiffres arabes).
5 Dirk Van der Cruysse, *Le Portrait dans les « Mémoires » de Saint-Simon, op. cit.*, p. 125.
6 Selon la catégorisation de Dirk Van der Cruysse, ibid., p. 105.
7 *Ibid.*

Bien qu'historique, le portrait comporte en effet d'autres dimensions, servant souvent à une élucidation psychologique, morale, ou métaphysique de l'homme et du monde. Mais celles-ci peuvent-elles être compatibles entre elles, et ne pas interférer avec le souci historique – et son idéal d'objectivité ? Le portrait n'a-t-il pas tendance à prendre une dimension poétique, commandée par une vision subjective du monde, et à dépasser ainsi le réel ? Question d'autant plus sensible quand, au moment de la mort d'un personnage, le mémorialiste propose rétrospectivement un portrait narrativisé de sa vie, sujette par conséquent à une relecture plus ou moins fidèle de sa part. Mais si, en se conduisant parfois en prophète ou en prédicateur, Saint-Simon peut voir au-delà du réel, le portrait bascule-t-il nécessairement dans le champ de la fiction, ou peut-il pour autant continuer à évoluer au sein d'un discours de vérité ? Nous chercherons donc à déterminer, et ce, essentiellement à partir du dernier portrait du duc de Bourgogne, la place et le statut d'un certain nombre d'interférences qui transforment la trajectoire du Dauphin en une illustration presque trop parfaite, malgré ses imperfections, des idéaux saint-simoniens. Comment et pourquoi celui qui aurait dû être le futur prince du Royaume réussit-il à incarner sous la plume de Saint-Simon un nouvel Augustin, mourant en « Christ de cour[8] », à l'issu d'un idéal « chemin chrétien de conversion[9] » ? Cette interférence des modèles culturels doit-elle nous faire jeter le soupçon sur le discours historique, ou du moins interroger ses frontières ? Car si Saint-Simon refuse d'idéaliser le portrait du duc de Bourgogne, il ne faudrait pas se laisser éblouir par un clair-obscur qui n'est autre que celui de son modèle augustinien, et qui est plus largement tributaire d'une certaine lecture chrétienne de la conversion. Il nous reste donc à déterminer ce que devient entre fiction et vérité le portrait au contact de ces interférences, et à voir si son exemplarité vient entacher son statut de vérité.

1   Fictionnalisation du réel

La mort du duc de Bourgogne est l'occasion d'une mise en récit rétrospective et chronologique de sa vie. Le portrait, s'il contient les éléments de base du genre – que sont les descriptions physiques et morales –, dépasse de loin cette structure binaire pour s'intéresser tout particulièrement à la « fortune » du

---

8   Marc Hersant, *Le Discours de vérité dans les 'Mémoires' du duc de Saint-Simon*, Paris, Honoré Champion, coll. Les dix-huitièmes siècles, 2009, p. 659.
9   Delphine de Garidel, *Poétique de Saint-Simon : Cours et détours du récit historique dans* Les Mémoires, Paris, Honoré Champion, coll. Lumière classique, 2005, p. 355.

personnage. Dirk Van der Cruysse rappelle bien que « la carrière [...] est un élément très prépondérant dans les grands portraits élaborés », en raison de l'intérêt que le mémorialiste porte, non aux « "fortunes chétives" », mais aux « "fortunes prodigieuses" ou "monstrueuses" »[10]. C'est bien cet intérêt qui explique la place très importante que Saint-Simon accorde à la narration dans le portrait du duc de Bourgogne ; il l'amène à transformer le portrait en un élément d'élucidation d'une destinée prodigieuse, par un récit capable de faire le lien entre les deux vies antithétiques du Dauphin. Or, c'est cette mise en intrigue de sa vie, dont les structures sont aisément identifiables, qui nous paraît trop ouvertement informée par le modèle culturel et religieux adopté dans les *Confessions* pour ne pas retenir notre attention. Elle interroge en effet la capacité du portrait narrativisé à dire la vérité, et jette sur l'histoire un soupçon de fictionnalisation. La vie du Dauphin est nettement construite autour d'un retournement, sa conversion opérant en effet une rupture dans le fil du récit. En raison du resserrement temporel provoqué par l'exercice du portrait, se déploie sous nos yeux, en un parcours presque trop lisible, une intrigue en trois temps qui tire l'histoire du côté de la poétique. Idée que vient confirmer une sensation de progression et de crescendo vers le moment de la conversion et de la sanctification, qui, en se prêtant tout particulièrement à cette tension narrative, renforce l'orientation du texte. La fictionnalisation du réel est donc double, résidant dans une mise en intrigue, racontée elle-même sur le modèle des Confessions. Nous nous proposons donc dans un premier temps d'identifier les grandes structures et étapes de ce récit, avant d'en évaluer les enjeux au niveau de l'écriture de l'histoire.

C'est autour des motifs de la conversion et du péché, autour donc de grandes catégories chrétiennes, que le portrait du duc de Bourgogne rencontre dans l'écriture la vie de saint Augustin. Une analyse structurale du récit permet en effet de retracer le passage du Dauphin de la cité terrestre à la cité de Dieu. Saint-Simon revient tout d'abord sur la première existence de ce prince terrible, et décrit le « règne du cœur mauvais[11] » à travers des universaux augustiniens aisément identifiables :

> Ce prince, héritier nécessaire, puis présomptif, de la couronne, naquit terrible, et sa première jeunesse fit trembler. Dur et colère jusqu'aux derniers emportements, et jusque contre les choses inanimées ; impétueux avec fureur, incapable de souffrir la moindre résistance, même des heures

---

10   Dirk Van der Cruysse, *Le Portrait dans les « Mémoires » de Saint-Simon, op. cit.*, p. 137.
11   Philippe Sellier, *Pascal et saint Augustin*, Paris, Armand Colin, 1970, repris chez Albin Michel, 1995, p. 107.

et des éléments, sans entrer en des fougues à faire craindre que tout ne se rompît dans son corps ; opiniâtre à l'excès ; passionné pour toute espèce de volupté, et des femmes, et, ce qui est rare à la fois, avec un autre penchant tout aussi fort. Il n'aimait pas moins le vin, la bonne chère, la chasse avec fureur, la musique avec une sorte de ravissement, et le jeu encore, où il ne pouvait supporter d'être vaincu, et où le danger avec lui était extrême. Enfin, livré à toutes les passions et transporté de tous les plaisirs ; souvent farouche, naturellement porté à la cruauté ; barbare en railleries et à produire les ridicules avec une justesse qui assommait. De la hauteur des cieux il ne regardait les hommes que comme des atomes avec qui il n'avait aucune ressemblance, quels qu'ils fussent. À peine messieurs ses frères lui paraissaient-ils intermédiaires entre lui et le genre humain [...].
(IV, 413–414)

L'existence du duc de Bourgogne se présente comme l'exact contraire de ce qu'elle deviendra une fois touchée par la grâce. Caractérisé par son orgueil et une volonté de dominer (*libido dominandi*) entrant en conflit avec une quelconque forme d'opposition, le duc de Bourgogne est dominé par ses passions. Sa *libido sentiendi* se lit quant à elle tant dans son goût sans retenue pour les mets et les femmes, que dans son « ravissement » musical – voluptés qui en flattant nos sens et assurant le bonheur du corps, sont condamnées en ce qu'elles nous éloignent de Dieu[12]. Le « Je », incapable de rentrer en lui-même, ici porté à l'excès par une surcharge de concupiscences, oublieux de Dieu et des autres, est tellement centré sur lui-même que, de lui aux hommes, il ne voit aucune ressemblance, enfreignant ouvertement le commandement biblique de charité. Idolâtre de lui-même et gagné par l'amour propre, le Dauphin ne considère pas le prochain comme un autre soi-même, mais comme un être d'essence radicalement différente. Cette première jeunesse semble faire écho de manière évidente aux propres désordres de la jeunesse d'Augustin, à « [s]es impuretés passées, et ces voluptés charnelles qui ont corrompu », dit-il, « la chasteté de [s]on âme[13] ». Lui aussi « brûlai[t] d'ardeur et de passion pour [s]e

---

12   Port-Royal met en effet en garde contre toute « complaisance dans le sensible » ; on se souvient qu'Augustin va jusqu'à condamner dans les *Confessions* le plaisir pris à écouter de la musique sacrée. Voir Philippe Sellier, « Qu'est-ce que le jansénisme », *Port-Royal et la littérature, t. 2 : Le Siècle de saint Augustin, La Rochefoucauld, Mme de Lafayette, Sacy, Racine*, Paris, Honoré Champion, coll. Lumière classique, 2000, p. 48 ; Saint Augustin, *Confessions*, édition présentée par Philippe Sellier, traduction d'Arnauld d'Andilly établie par Odette Barenne, Paris, Gallimard, coll. Folio classique, 1993, livre X, chap. 33, p. 381.

13   *Ibid.*, livre II, chap. 2, p. 65.

rassasier des voluptés basses et terrestres[14] ». Et l'on retrouve dans les *Mémoires* pour qualifier les débordements de la jeunesse du Dauphin une expression qui semble tirée des *Confessions* – dans la traduction d'Arnauld d'Andilly :

> [M]ais la grâce, qui se plaît aussi à dompter la nature, a tellement opéré en lui, que son ouvrage peut passer pour un miracle par l'incroyable changement qu'elle a fait en si peu de temps au milieu des plus impétueux bouillons de la jeunesse ... (III, 798)
>
> Les vapeurs grossières et impures qui s'élevaient de la boue et du limon de ma chair et des **bouillons de ma** jeunesse, obscurcissaient mon cœur ...[15]

Cependant, intervient dans cette intrigue un retournement qui aux débauches de la jeunesse fait succéder chez le Dauphin, comme chez Augustin, la conversion d'un cœur enfin touché par la grâce de Dieu.

> Mais Dieu, qui est le maître des cœurs, et dont le Divin Esprit souffle où il veut, fit de ce prince un ouvrage de sa droite, et, entre dix-huit et vingt ans, il accomplit son œuvre. De cet abîme sortit un prince affable, doux, humain, modéré, patient, modeste, pénitent, et autant, et quelquefois au-delà de ce que son état pouvait comporter, humble et austère pour soi. (IV, 415)[16]

Prodige d'une conversion improbable et inattendue, illustration de la gratuité de la grâce selon une conception héritée d'Augustin et toute port-royaliste[17], le Dauphin incarne alors – trop ? – exemplairement le modèle du converti. Le duc de Bourgogne est à cet égard ce « reflet de la Divinité » (IV, 420) sur terre, cet « Élu » (IV, 417) « puissamment soutenu de la Main invisible » (IV, 416). Sa pénitence est accompagnée d'une douleur et horreur des fautes passées répondant à l'idéal chrétien de la conversion du cœur. Après avoir vécu dans la concupiscence donc, le duc de Bourgogne rejette une à une ses passions. Se consacrant à la lecture des choses pieuses, il « bannit tout amusement de

---

14 *Ibid.*, p. 66.
15 *Ibid.* C'est moi qui souligne.
16 On peut lire aussi : « Le prodige est qu'en très peu de temps la dévotion et la grâce en firent un autre homme, et changèrent tant et de si redoutables défauts en vertus parfaitement contraires » (III, 822–823).
17 Car « le Divin esprit souffle où il veut », décidant de sauver par pure miséricorde quelques élus, et d'abandonner les autres hommes par justice à la perdition. Voir Philippe Sellier, « Qu'est-ce que le jansénisme », art. cit., p. 58.

sciences » (IV, 418) désormais vues comme un divertissement[18]. Il écarte également tout luxe, refusant à cet égard un bureau et de nouvelles dorures pour son appartement. Mais « la Pénitence », comme le faisait remarquer Arnauld, « est un baptême laborieux[19] ». Augustin lui-même racontait le « combat qui se passait dans [s]on cœur », combat de « [soi]-même contre [soi]-même[20] » pour triompher des voluptés de ce monde. De la même manière, le Dauphin par crainte et « appréhension de sa faiblesse pour les plaisirs », sentant la fragilité de ses nouvelles dispositions, devient sauvage : « La vigilance sur lui-même, à qui il ne passait rien, et à qui il croyait devoir ne rien passer, le renferma dans son cabinet comme dans un asile impénétrable aux occasions » (IV, 415). C'est cette âpreté que viendra corriger petit à petit une éducation visant à adoucir ses mœurs.

> Il comprit enfin ce que c'est que quitter Dieu pour Dieu, et que la pratique fidèle des devoirs propres de l'état où Dieu a mis, est la piété solide qui lui est la plus agréable. Il se mit donc à s'appliquer presque uniquement aux choses qui pouvaient l'instruire au gouvernement ; il se prêta plus au monde. (IV, 416)

Dans le *Discours sur Mgr le duc de Bourgogne*, Saint-Simon insiste sur la même idée :

> C'est cet amour de l'ordre qui conserve à chaque état ce qui lui appartient, non par attachement, par goût, par amour-propre, mais par respect pour la volonté de Dieu énoncée par la parole muette, mais toujours existante, des devoirs respectifs des divers états ... (III, 819)

En effet, se préparer à une charge voulue par Dieu est un devoir, et le repli sur soi et la pure dévotion une désobéissance, car cette tentation est aussi tentation à l'égard de Dieu. Contre l'abandon et la passivité, Saint-Simon se fait ici le relai des idées d'un certain Port-Royal qui en la personne d'Arnauld et de Nicole ont toujours défendu l'action contre l'abandon pur à Dieu[21]. C'est pour

---

18   « Son goût pour les sciences abstraites, sa facilité à les pénétrer lui déroba d'abord un temps qu'il reconnut bientôt devoir à l'instruction des choses de son état, et à la bienséance d'un rang destiné à régner, et à tenir en attendant une cour. » (IV, 415).
19   Voir Philippe Sellier, « Littérature et théologie », art. cit., p. 15.
20   Saint Augustin, *Confessions, op. cit.*, livre VIII, chap. 11, p. 288.
21   Nicole dans son essai « Des diverses manières dont on tente Dieu » condamnait ainsi l'inaction des hommes qui attendent tout de Dieu et de ses voies extraordinaires, et leur rappelait en citant Augustin que « "quand nous sommes en état de travailler, nous ne

cette raison que le mémorialiste a lutté pour corriger l'excessive charité et la piété sauvage du Dauphin, dont il compare l'austérité à l'« âpreté d'un fruit très délicieux » (III, 814), car

> la dévotion, qui est de tous les états, doit être différemment pratiquée par tous les états, et [...] devient d'autant plus parfaite qu'elle se trouve plus proportionnellement mesurée [...] à l'état auquel on est appelé (III, 815).

Augustin lui-même, appelé à remplir des charges pastorales écrasantes, dut sacrifier une vie contemplative dans l'*otium sanctum*. Accomplir ses devoirs de futur prince n'est en effet pour le duc de Bourgogne que quitter Dieu pour Dieu, car c'est dans la charge qui lui a été confiée qu'il accomplira l'acte de piété. Ainsi, au terme de sa conversion, il atteint la sanctification.

> Il la [l'épreuve] sentit dans tout son poids, dans toute son étendue, dans toutes ses pointes; il la soutint aussi avec toute la patience, la fermeté, et surtout avec toute la charité d'un Elu qui ne voit que Dieu en tout, qui s'humilie sous sa main, qui se purifie dans le creuset que cette divine Main lui présente, qui lui rend grâces de tout, qui porte la magnanimité jusqu'à ne vouloir dire ou faire que très précisément ce qu'il se doit, à l'Etat, à la vérité, et qui est tellement en garde contre l'humanité, qu'il demeure bien en deçà des bornes les plus justes et les plus saintes. (IV, 417)

On le voit donc bien, le portrait du duc de Bourgogne procède à une reconfiguration à travers une narration où viennent s'unifier tous les événements de sa vie; à travers cette composition, le mémorialiste permet l'avènement d'un sens qui prend place dans sa quête de vérité. Or, c'est dans sa configuration narrative que le portrait risque de rencontrer la fiction, surtout quand les structures qu'il adopte semblent trop ouvertement inspirées par une intertextualité culturelle et religieuse faisant de manière quasi programmatique du Dauphin un nouvel Augustin et l'incarnation du converti modèle. En peignant le premier visage diabolique du duc de Bourgogne, Saint-Simon semble durcir le portrait du côté du mal. La mise en perspective des *Collections sur feu Mgr le Dauphin* et des *Mémoires* permet à cet égard de comprendre l'orientation qu'a

---

devons pas tenter Dieu en négligeant de le faire, puisque le pouvoir que nous en avons est un don de Dieu, et qu'ainsi, en nous procurant par ce moyen ce qui est nécessaire pour conserver la vie, c'est toujours de Dieu que nous la tenons, parce que c'est lui qui nous donne le pouvoir de travailler" ». Nicole, *Essais de morale*, choix d'essais introduits, édités et annotés par Laurent Thirouin, Paris, PUF, 1999, p. 422.

désormais pris l'écriture, et de voir à quel point le portrait du prince dans la chronique de 1712 est entièrement construit autour de la conversion de la figure diabolique. En effet, l'idée d'une sainteté née dans le vice constitue l'un des grands schèmes chrétiens primitifs, dont sont également tributaires sur un mode mineur Beauvillier et Rancé. André Jolles ne manque pas de rappeler que « [c]'est même presque le signe le plus net de la vertu rendue agissante par la grâce de Dieu que de commencer comme saint Grégoire par un double parricide ou par un inceste pour finir ses jours dans la sainteté[22] ». Mais peut-on pour autant parler d'un « engloutissement[23] » de la personne du duc de Bourgogne dans la figure du saint ?

2   Représentation et vérité

Comment comprendre à présent cette « vie du duc de Bourgogne » et son entrecroisement avec le modèle augustinien ? Comment faire le départ, selon peut-être un fantasme d'extériorité de la réalité, entre le réel et sa représentation ? entre récit et vérité ? Et ce, sans oublier le statut relativement problématique du modèle augustinien, constitué tant par la figure historico-référentielle (le Père de l'Église) que par le souvenir des *Confessions* – elles-mêmes très certainement reconfigurées à partir d'une structure chrétienne archétypale. Parce que le rapport au réel, à soi comme au monde, est un rapport éminemment complexe, car toujours médiatisé par le sujet et sa conscience – et donc par ses références –, nous devons à présent nous interroger sur les implications de toute représentation sur le discours historique.

S'il y a dans une certaine mesure fictionnalisation de l'histoire, celle-ci n'équivaut pas pour autant à un basculement dans la fiction. Nous postulons en effet que Saint-Simon poursuit ici une recherche de la vérité que n'entament pas, bien au contraire, les interférences narratives. S'il y a en effet une vérité des modèles engagés, un réel de la fiction en regard de cette fiction du réel, y a-t-il pour autant victoire de la « légende » sur l'histoire ? Comment se joue cette articulation du littéral et du spirituel, qui, en faisant de la vie du duc de Bourgogne une *figure*, le fait accéder à un niveau de vérité supérieur ? Au-delà de la teinte de fictionnalité, Saint-Simon préserve la vérité du récit. Si la conversion du Dauphin est soudaine et imprévue – et qualifiée à ce titre de « miracle » (III, 798) –, si elle n'est pas non plus de l'ordre du vraisemblable, c'est la persistance du singulier qui ramène le portrait du côté de l'histoire – en

---

22   André Jolles, *Formes simples*, Paris, Le Seuil, 1972, p. 49.
23   Marc Hersant, *Le discours de vérité, op. cit.*, p. 655.

nous dépeignant par-delà la légende l'homme que reste malgré tout le duc de Bourgogne :

> Avec tant et de si grandes parties, ce prince si admirable ne laissait pas de laisser voir un recoin d'homme, c'est-à-dire quelques défauts, et quelquefois même peu décents ; et c'est ce qu'avec tant de solide et de grand on avait peine à comprendre, parce qu'on ne voulait pas se souvenir qu'il n'avait été que vice et que défaut, ni réfléchir sur le prodigieux changement, et ce qu'il avait dû coûter, qui en avait fait un prince déjà si proche de toute perfection, qu'on s'étonnait, en le voyant de près, qu'il ne l'eût pas encore atteinte jusqu'à son comble. (IV, 421)

Si Malina Stefanovska a bien montré combien le duc de Bourgogne sert à incarner les maximes politiques du mémorialiste[24], ce passage montre pourtant à quel point Saint-Simon résiste à idéaliser le duc de Bourgogne[25], donnant au prince une réelle densité et singularité. La conversion ne fait pas oublier la première vie du Dauphin, qui déborde par moments et au hasard de quelques défauts dans la seconde. Dans ce portrait, le mémorialiste lutte en effet pour comprendre et réconcilier ces deux existences, et c'est peut-être dans ce cadre qu'il faut entendre les interférences narratives relevées précédemment dans le texte. Comme le rappelle Marc Hersant, « [c]e qui saisit Saint-Simon, c'est la cohabitation dans le souvenir de deux images absolument différentes du prince, mais qui se sont imposées avec une égale force à son regard[26] ». Le portrait du duc de Bourgogne – constamment réécrit et recommencé – porte en lui une interrogation sur l'unité du sujet dans le temps, unité retrouvée par-delà le temps dans la recomposition de l'écriture. C'est justement, nous le pensons, la mise en récit linéaire et chronologique qui permet d'aplanir un mystère sur lequel Saint-Simon revient à plusieurs reprises dans son œuvre (dans les *Mémoires* et dans les *Collections sur feu Mgr le Dauphin*), dans une démarche d'herméneutique du réel et de recherche de la vérité qui est bien celle de l'historien qu'il veut être. Car comment faire un portrait de celui dont la personnalité fut double, si ce n'est par un récit qui semble seul à même de faire tenir entre elles ces deux images du réel ? Saint-Simon, en déchiffreur

---

24 Malina Stefanovska, *Saint-Simon, un historien dans les marges*, Paris, Honoré Champion, coll. Les dix-huitièmes siècles, 1998, p. 125.
25 « Il semble que, loin de ce que l'on a pu dire parfois, l'énonciation lutte ici contre sa propre tendance idéalisante (ou ailleurs destructrice) et, avec cette "balance à la main" dont parlera la conclusion des *Mémoires*, se protège elle-même de tout excès qui viendrait menacer son projet de vérité », *ibid.*, p. 657.
26 *Ibid.*, p. 656.

de l'histoire, voit alors dans la destinée du duc de Bourgogne la vie d'un Élu, lisant sa vie à la lumière de Dieu. Fidèle au programme de l'« Avant-propos », il se comporte en « maître » guidant la lecture de l'histoire, « conduis[ant] de fait en fait par un récit lié dont la lecture apprenne ce qui sans elle serait toujours nécessairement et absolument ignoré » (I, 5).

Mais l'exemple particulier du portrait du duc de Bourgogne fait aussi ressortir avec acuité les tensions internes aux récits historiques, entre histoire et littérature. Car si l'histoire reste bel et bien un récit, c'est cette écriture narrative qui, en empruntant à la « littérature » ses outils, jette inévitablement le soupçon sur son rapport au réel, en risquant alors de nous faire perdre de vue la spécificité des discours et projet historiques. Cependant, il nous semble que c'est bien en historien que Saint-Simon entrecroise à la destinée du duc de Bourgogne celle de saint Augustin, tout en se prémunissant de faire une « vie de saint ». La fictionnalisation est ici avant tout un moyen d'intelligibilité du réel ; mais elle interroge aussi les modalités et la valeur de la connaissance de ce réel en mettant en question la possibilité d'un accès direct aux choses, si ce n'est à travers la médiatisation de la représentation. Quelles en sont alors les conséquences sur la notion de vérité ? et que peut signifier pour Saint-Simon une vérité pensée dans son rapport à Dieu, vérité donc d'un sujet à son objet mais vécue comme un acte de foi ? Peindre le portrait du duc de Bourgogne conduit le mémorialiste à lire dans le réel l'action muette de Dieu – puisque c'est par et dans le réel qu'il se révèle –, car si Dieu est vérité, la vérité se doit nécessairement d'équivaloir à ce qui est juste. Celle-ci ne se trouve donc pas dans une stricte adéquation au réel, mais uniquement dans son interprétation. Or dans cette optique, il nous semble que la mort du Dauphin, précoce et précipitée, en achevant le récit, constitue aussi pour Saint-Simon un écueil dans la compréhension du réel. « Élu » et « reflet de la divinité », le Dauphin meurt pourtant en 1712, désormais dépeint comme « imitation de Jésus-Christ sur la croix » : « Mais, grand Dieu ! quel spectacle vous donnâtes en lui, et que n'est-il permis encore d'en révéler des parties également secrètes, et si sublimes, qu'il n'y a que Vous qui les puissiez donner et en connaître tout le prix » (IV, 427). Ici le portrait rejoint l'histoire : « La France tomba enfin sous ce dernier châtiment ; Dieu lui montra un prince qu'elle ne méritait pas. La terre n'en était pas digne ; il était mûr déjà pour la bienheureuse Éternité » (IV, 428). Contrairement à la mort précoce des méchants, le châtiment est déplacé de la personne à la France. Le portrait sert donc ici à résoudre une nouvelle aporie de l'histoire qu'est la mort d'un juste, mort que le mémorialiste se doit d'intégrer au récit en en faisant un *terminus ad quem* vers lequel tendait la destinée prodigieuse du Dauphin. Contre une indignation impossible (contre Dieu), il compose ce portrait comme une ultime tentative de compréhension.

Il tente en un texte de faire tenir provisoirement le débordement du réel, ses apparentes contradictions et injustices, et de trouver, en s'aidant de ce qui est à sa disposition, une unité et un sens pour en proposer une représentation cohérente. Or le portrait se prête tout particulièrement à cet avènement du sens en raison de sa relative brièveté et de la concentration propre à cet exercice. Mais nous soutenons qu'ici Saint-Simon agit bien en historien. Sa démarche répond à l'objectivité de l'histoire telle que l'a décrite Paul Ricœur, « consist[ant] précisément dans ce renoncement à coïncider, à revivre, dans cette ambition d'élaborer des enchaînements de faits au niveau d'une intelligence historienne[27] ». En s'extrayant d'un réel « décousu, lacéré d'insignifiance[28] », Saint-Simon crée de la continuité, et ce par un portrait narrativisé, rendu intelligible et cohérent à travers le prisme des *Confessions*. La fictionnalisation du réel sert avant tout son élucidation. Le portrait chez Saint-Simon reste donc fidèle à son programme historique, proposant non pas une simple restitution qui serait celle d'un Dangeau, mais une véritable résurrection.

---

27   Paul Ricœur, *Histoire et vérité*, Paris, Le Seuil, 1955, repris dans la collection Points Essais, p. 30.
28   *Ibid.*, p. 33.

L'irréel du portrait dans les *Mémoires* de Saint-Simon

Frédéric Charbonneau

La confrontation entre les pratiques historique et fictionnelle du portrait peut bien sûr s'appuyer sur la convocation de textes relevant de ces deux régimes d'écriture, mais également tenter de saisir la façon dont l'un hante l'autre. En posant que l'histoire et la fiction diffèrent dans la façon dont elles connaissent et représentent le monde, je chercherai ici à saisir et à comprendre certaines opérations de décrochage, au cours desquelles le duc de Saint-Simon semble mettre en question cette différence et troquer un régime pour l'autre.

Il faut commencer par le rappel de quelques vérités générales. La référentialité des portraits de Mémoires a ses particularités, dont une première, qui tient à leur caractère historique, est de peindre l'absent non simple, mais double : l'absent passé, disparu, définitif. Ces personnages déjà morts au moment de l'écriture, ou représentés dans un état révolu, ne peuvent être retrouvés hors du texte, ce qui frappe leur effigie d'incertitude, du moins pour le lecteur. Car il faut tout de suite nuancer cette forme apparemment radicale d'absence par un second trait, qui tient cette fois à la nature de la mémoire et de ses opérations, puisque par l'emboîtement continu des plans temporels, ce qui verse du présent dans le passé demeure étrangement accessible, toujours perçu par transparence dans le rappel du souvenir et comme tenu au loin par la conscience en extension – je laisse volontairement de côté le phénomène de l'oubli et postule pour les besoins de l'analyse une mémoire opérant sans défaillance. Les Mémoires offrent ainsi au lecteur des portraits peints à distance, à travers le flux du temps comme à travers l'épaisseur du verre. Les personnages sont des revenants, disparus et pourtant visibles.

L'exceptionnelle mémoire de Saint-Simon, capable de lui restituer, quarante ans après les faits, le détail de certaines scènes avec une précision hallucinée, a retenu dans sa nasse une foule de gens dont les portraits sont la part la plus célèbre de son œuvre. D'un très grand nombre, évidemment, le mémorialiste ne donne que des croquis : deux ou trois de leurs traits seuls sont toujours perceptibles au fond du souvenir, qui est aussi l'arrière-plan de l'histoire ; mais pour ceux qui figurent au premier plan, la description peut courir sur plusieurs pages et frapper de puissantes médailles. À cet égard, le récit des circonstances dans lesquelles Hyacinthe Rigaud peignit de mémoire l'abbé de Rancé prend une valeur paradigmatique et autoréférentielle : le peintre, venu le rencontrer *incognito* à la demande de Saint-Simon, afin de ne pas l'effaroucher, passa d'abord trois quarts d'heure avec lui, « d'où il s'en alla jeter sur la toile toute préparée les images et les idées dont il s'était bien rempli » (I, 334[1]). Une deuxième visite, puis une troisième furent nécessaires, après quoi « Rigaud travailla tout le reste du jour et le lendemain encore sans plus voir Monsieur de la Trappe [...] et fit un chef-d'œuvre aussi parfait qu'il eût pu réussir en le peignant à découvert sur lui-même » (I, 335–336). Merveilleux *analogon* du mémorialiste, qui trace sur la feuille la ressemblance de modèles présents à son esprit seul.

Or, dans tels de ces portraits, interviennent des changements d'optique qui semblent nous faire quitter le régime proprement descriptif de l'évocation pour un autre que j'appellerai *imaginatif*. On en trouve un premier exemple dans celui-ci, consacré au maréchal de Villeroi, qu'on m'excusera de citer un peu longuement pour faire sentir à la fois la variété de l'aspect pris par le modèle sur la scène du regard intérieur et l'espèce d'altération insensible du point de vue chez le portraitiste :

> C'était un grand homme bien fait avec un visage fort agréable, fort vigoureux, sain, qui sans s'incommoder faisait tout ce qu'il voulait de son corps. Quinze et seize heures à cheval ne lui étaient rien, les veilles pas davantage. Toute sa vie nourri et vivant dans le plus grand monde ; fils du gouverneur du Roi, élevé avec lui dans sa familiarité dès leur première jeunesse, galant de profession, parfaitement au fait des intrigues galantes de la cour et de la ville, dont il savait amuser le Roi, qu'il connaissait à fond [...]. Il était magnifique en tout, fort noble dans toutes ses manières, grand et beau joueur sans se soucier du jeu, point méchant gratuitement, tout le langage et les façons d'un grand seigneur et d'un homme pétri de la cour ; glorieux à l'excès par nature, bas aussi à l'excès pour peu qu'il en eût besoin [...]. Il avait cet esprit de cour et du monde que le grand usage donne, et que les intrigues et les vues aiguisent, avec ce jargon qu'on y apprend, qui n'a que le tuf, mais qui éblouit les sots, et que l'habitude de la familiarité du Roi, de la faveur, des distinctions, du commandement rendait plus brillant, et dont la fatuité suprême faisait le fonds. *C'était un homme fait exprès pour présider à un bal, pour être le juge d'un carrousel, et, s'il avait eu de la voix, pour chanter à l'Opéra les rôles de roi et de héros, fort propre encore à donner les modes, et à rien du tout au-delà.* Il ne se connaissait ni en gens ni en choses, pas même en celles de plaisir,

---

[1] Toutes les références aux *Mémoires* de Saint-Simon sont données ici sous cette forme, dans l'édition en huit volumes d'Yves Coirault pour la « Bibliothèque de la Pléiade », Paris, Gallimard, 1983–1988.

et parlait et agissait sur parole [...] ; incapable encore de toute affaire, même d'en rien comprendre par-delà l'écorce [...]. Il était si rompu [à la cour] qu'il en était corrompu. Il se piquait néanmoins d'être fort honnête homme ; mais, comme il n'avait point de sens, il montrait la corde fort aisément aux occasions même peu délicates, où son peu de cervelle le trahissait [...]. D'ailleurs, nulle chose que des contes de cour, d'aventures, de galanteries ; nulle lecture, nulle instruction, ignorance crasse sur tout ; plates plaisanteries, force vent et parfait vide. [...]. Enfin la fausseté, et la plus grande, et la plus pleine opinion de soi en tout genre mettent la dernière main à la perfection de ce trop véritable tableau. (V, 275-277 ; je souligne)

La dispersion des remarques touchant le corps et l'activité, le milieu et les relations, le caractère et le langage, l'esprit et les aptitudes est dans la manière de l'auteur et redonne vie au maréchal, mort en 1730 ; elle dissimule aussi, par le changement continuel des plans, le passage d'une phrase située vers le centre du portrait et dont la valeur modale rompt subtilement avec le reste de la description : « C'était un homme fait exprès pour présider à un bal, pour être le juge d'un carrousel, et, s'il avait eu de la voix, pour chanter à l'Opéra les rôles de roi et de héros[2] », énonce de manière dépréciative la finalité véritable de Villeroi, une finalité qui ne s'est pas réalisée. Plutôt que pour la conduite des armées, le Conseil et la charge de gouverneur du Roi, choses graves dont son ineptie aurait dû le tenir éloigné, cet homme tout de surface – jargon de cour, grands airs, force vent et parfait vide – était fait pour les apparences et le spectacle, où *il était fait pour* est un pseudo-indicatif, un équivalent d'*il aurait dû*, un conditionnel déguisé que signale la subordonnée : « s'il avait eu de la voix » – car l'incapacité de Villeroi le frappe de nullité même dans ce registre superficiel auquel il semblait voué. Celui-ci demeure virtuel, contrefactuel, empêché, et ce Villeroi d'opéra est proprement une fiction, dont la fonction est d'éclairer la nature du personnage et de révéler ce qui n'apparaît dans sa vie qu'en filigrane.

Peu de chose différencie cette image de celles que la mémoire fournit, sinon qu'elle n'est pas retenue, mais composée à partir d'éléments hétérogènes – le caractère de Villeroi, son allure, la culture dramatique de Saint-Simon – sur le mode vraisemblable qui est celui des fictions régulières. La syntaxe apparaît dans ce cas comme un *embrayeur d'irréalité*, souligné par la référence au théâtre. Il y en a toutefois d'autres. Le maréchal de Villeroi est ainsi décrit à plusieurs reprises au moyen d'images empruntées au monde des objets et composées

---

2 *Cf.* VII, 565 : « Villeroi avait repris tous ses grands airs et ses tons de roi de théâtre ».

sur le thème du vent et du vide qui clôt le grand portrait ; leur récurrence, leur cohérence construit un plan non littéral de la description, parallèle à celui des faits. « [J]e ne pus m'accoutumer aux grands airs du Maréchal : je trouvais qu'il pompait l'air partout où il était, et qu'il en faisait une machine pneumatique[3] » (II, 289) ; « Son humiliation était marquée dans toute sa contenance ; ce n'était plus qu'un vieux ballon ridé, dont tout l'air qui l'enflait était sorti » (II, 765). Cet air qui entre et sort du Maréchal, et qui prend une valeur ontologique, génère des tropes qui font quitter terre au portrait et le font entrer dans l'imaginaire. D'autres types d'images – relevant par exemple du bestiaire, très nombreuses chez Saint-Simon – pourraient avoir ce même effet dès lors qu'elles ne sont pas sémantisées, à demi-mortes. L'abbé de Vaubrun se change ainsi en un « dangereux escargot » (I, 727), le marquis de Mézières en « grenouille pourrie[4] » (II, 1154), le comte de Pontchartrain en « araignée venimeuse » (V, 745) et la cour tout entière en ménagerie par un tropisme collectif, auréolant les *Mémoires* d'un halo grimaçant et intermittent de fable.

La référence à la fiction est parfois explicite et pointe en direction de ce plan *irréel* des portraits – on aura compris que je n'entends pas vider par l'emploi de ce terme ces portraits de leur réalité, mais plutôt désigner un registre non factuel de la description, ou son objet, éloigné du régime des faits ordinaires. Belle-Isle (VII, 354) est dans ce dernier cas ; Lauzun aussi. « Il a été un personnage si extraordinaire et si unique en tout genre, que c'est avec beaucoup de raison que La Bruyère a dit de lui dans ses *Caractères* qu'il n'était pas permis de rêver comme il a vécu » (VIII, 619). Le mot de *roman*, qui figurait dans le texte du moraliste, clignote à travers ce relais comme un fanal ; il est de fait repris par Saint-Simon pour parler de la vie qu'il avait menée jusqu'à son mariage (I, 226) ou de la façon dont le duc de Lauzun racontait ses souvenirs, incapable de suite, enfilant les tiroirs « à la manière des romans » (VIII, 643), ce qui désolait le mémorialiste, car, écrit-il, « c'eût été un trésor des plus curieuses anecdotes » (VIII, 642), avec un de ces subjonctifs d'irréalité qui font planer des ombres sur le portrait. On peut aussi apercevoir celle du duc et pair de Montpensier qu'il fût devenu si ses noces avec Mademoiselle n'avaient pas été révoquées : « Quel monstrueux piédestal, et, avec des enfants de ce mariage, quel vol n'eût pas pris Lauzun, et qui peut dire jusqu'où il serait arrivé ! » (VIII, 634). Des termes comme roman ou rêve alertent en effet sur un trait essentiel du caractère de Lauzun qui est son refus de la réalité commune, ordinaire. Le mémorialiste

---

3 *Cf.* II, 871 : « Il m'était quelquefois arrivé, les matins, au sortir de la galerie, de dire que j'allais chercher de l'air pour respirer, parce que le Maréchal, qui y faisait la roue, en avait fait aussi une machine pneumatique ».

4 Ou de « grenouille écrasée » (II, 1153).

revient sans cesse et diversement sur ce point : son beau-frère était « extraordinaire en tout par nature » (VIII, 635), plein « de caprices, de fantaisies » (VIII, 620) ; et cet extraordinaire, dont sa sœur Mme de Nogent avait « aussi sa part » (VIII, 630), cette singularité familiale comme celle des Coislin ou des Mortemart était portée par lui au plus éminent degré par l'*hybris*. Il faisait ainsi « tous les ans une sorte d'anniversaire de sa disgrâce par quelque chose d'extraordinaire, dont l'humeur et la solitude était le fond, et souvent quelque extravagance le fruit » (VIII, 635), dont la cause était sa folie de ne pouvoir se résoudre, encore à plus de quatre-vingts ans, à n'être plus capitaine des gardes. Jeté à Pignerol alors qu'il était au faîte de la faveur, et racontant à Foucquet, qui y était enfermé, sa fortune et ses malheurs, il médusa le surintendant qui l'avait connu cadet de Gascogne en lui disant « qu'il avait été général des dragons, capitaine des gardes, et eu la patente et la fonction de général d'armée » (VIII, 628–629).

> Foucquet ne savait plus où il en était, le crut fou, et qu'il lui racontait ses visions, quand il lui expliqua comment il avait manqué l'artillerie, et ce qui s'était passé après là-dessus. Mais il ne douta plus de la folie arrivée à son comble, jusqu'à avoir peur de se retrouver avec lui, quand il lui raconta son mariage consenti par le Roi avec Mademoiselle, comment rompu, et tous les biens qu'elle lui avait assurés. (VIII, 629)

Lauzun n'est pas un *visionnaire* au sens exact où le croyait le surintendant, c'est-à-dire que ses visions sont bel et bien devenues réalité, mais cette réalité même est extraordinaire au point qu'elle ne peut plus être partagée, ni dans les faits – le duc, parvenu trop haut, est précipité dans une basse voûte de la prison –, ni dans le langage, puisque Foucquet ne veut plus l'entendre ou se trouver en sa présence. Ce récit du mémorialiste, inséré dans le long portrait qu'il consacre à son beau-frère, présente Lauzun comme un superlatif inaudible et inouï de son interlocuteur, dont la devise, on le sait, était *Quo non ascendet* et qui avait chu pour bien moins. À refuser de vivre la vie commune, Lauzun et son coin de folie ont fini par en sortir, évoluant comme les créatures oniriques dans un espace à lui d'où il revient parfois troubler son entourage.

Or, ce coin de folie, dont on pourrait dire qu'il est un embrayeur d'irréalité, n'est pas exclusif à Lauzun : dans une mesure moindre, il affecte également d'autres figures des *Mémoires*, comme la duchesse du Maine ou le maréchal de Villars, dans le fameux portrait qu'aimait tant Marcel Proust, au début duquel une « physionomie vive, ouverte, sortante, et véritablement un peu folle » (II, 252) agit, dirait-on, comme une amorce : n'annonce-t-elle pas une « galanterie dont l'écorce était toujours romanesque » (II, 252), un homme dont la conversation était un « répertoire de romans, de comédies, et d'opéras dont il citait à tout propos des bribes » (II, 253), et surtout des Mémoires dont le caractère de roman est dénoncé trois fois en une page :

> Telle a été la vanité de Villars d'avoir voulu être un héros en tout genre dans la postérité, aux dépens des mensonges et des calomnies qui font tout le tissu du roman de ses mémoires, et la folie de ceux qui se sont hâtés de les donner avant la mort des témoins des choses, et des spectateurs d'un homme si merveilleux, qui, avec tout son art, son bonheur sans exemple, les plus grandes dignités et les premières places de l'État, n'y a jamais été qu'un comédien de campagne et plus ordinairement encore qu'un bateleur monté sur ses tréteaux. (II, 254)

Le portrait de Villars nous le montre posant en héros de roman, hâbleur et futile ; il n'a cependant pas la singularité d'un Lauzun, il s'agit d'un costume, d'une sorte de vernis qui le recouvre sans le pénétrer. Aux yeux de Saint-Simon, Villars n'est qu'un bonimenteur, son portrait ne recourt pas au registre de l'irréel et les faits qu'il rapporte ne s'éloignent pas du régime ordinaire : l'imaginaire de la fiction ne l'atteint pas.

Il en va autrement quand la folie, entière, fait entrer la fiction dans l'être. Ainsi le marquis de La Châtre, lieutenant général dont le « caractère » et les « accidents » (III, 334) nous sont rapportés par le mémorialiste à la date du 17 janvier 1709, avait des manières « naturellement impétueuses, qui redoublèrent peu à peu, et qui le menèrent à des accès fâcheux » (III, 334).

> Ce soir-là, au milieu de la comédie [à Versailles], le voilà tout d'un coup à s'imaginer voir les ennemis, à crier, à commander, à mettre l'épée à la main, et à vouloir faire le moulinet sur les comédiens et sur la compagnie. La Vallière, qui se trouva assez près de lui, le prit à brasse-corps, lui fit croire que lui-même se trouvait mal, et le pria de l'emmener. Par cette adresse, il le fit sortir par le théâtre, mais toujours voulant se ruer sur les ennemis. Cela fit grand bruit en présence de Monseigneur et de toute la cour. On en sut après bien d'autres. Un de ses premiers accès lui arriva chez M. le prince de Conti, qui avait la goutte à Paris, et qui était assis auprès de son feu sur une chaise longue, mais assez reculé de la cheminée, et sans pouvoir mettre les pieds à terre. Le hasard fit qu'après quelque temps, La Châtre demeura seul avec M. le prince de Conti. L'accès lui prit, et c'était toujours les ennemis qu'il voyait et qu'il voulait charger : le voilà tout à coup qui s'écrie, qui met l'épée à la main, et qui attaque les chaises et le paravent. M. le prince de Conti, qui ne se doutait de rien moins,

> surpris à l'excès, voulut lui parler; lui toujours à crier: "Les voilà! à moi! marche ici!" et choses pareilles, et toujours à estocader et à ferrailler; M. le prince de Conti à mourir de peur, qui était trop loin pour pouvoir ni sonner, ni pouvoir s'armer de pelles ou de pincettes, et qui s'attendait à tout instant à être pris pour un ennemi et à le voir fondre sur lui: de son aveu, jamais homme ne passa un si mauvais quart d'heure. Enfin quelqu'un rentra, qui surprit La Châtre et le fit revenir; il rengaina, et gagna la porte. (III, 334–335)

La fiction dans ce cas n'a plus rien du roman, mais elle est indéniable : le délire surgit dans l'espace du réel et le bouscule en s'imposant provisoirement à lui, comme il s'impose au récit du mémorialiste par l'intrusion du style direct. La Châtre parle à travers Saint-Simon ce langage hétérogène qui traduit ses images mentales. En précisant que la première scène s'est produite à la comédie, le portraitiste suggère un télescopage, une superposition heurtée du théâtre de la guerre, du théâtre intérieur de La Châtre et du théâtre de cour. Cette présence de la fiction dans le portrait n'est bien sûr ni analogique, comme chez Lauzun, ni proprement imaginaire, comme chez Villeroi : elle est, si l'on peut dire, littérale.

Un croquis de la princesse des Ursins me permettra peut-être de dégager un quatrième et dernier mode. Ce grand personnage des *Mémoires* y est peint à plusieurs reprises, parfois en pied, parfois en buste et de profil, parfois saisie dans l'action d'un tableau d'histoire, comme ici lors du remariage de Philippe V, roi d'Espagne, en 1714. L'épisode est justement célèbre. Mme des Ursins, déjà septuagénaire et *camarera mayor* de la feue reine, était partie au-devant de la nouvelle pour l'accueillir à Jadraque juste avant Noël, mais la rencontre se passa mal, les deux femmes s'étant affrontées sur l'autorité et le protocole : « la reine [...] se mit à crier qu'on fît sortir cette folle de sa présence et de son logis, et l'en fit mettre dehors par les épaules » (v, 160). Incontinent elle la fit arrêter par le lieutenant de ses gardes, monter dans un carrosse avec une de ses femmes de chambre, en grand habit de cour, sans avoir eu le temps « de prendre de précaution contre le froid, d'emporter ni argent ni autre chose, [...] et sans aucune sorte de nourriture dans son carrosse, ni chemise, ni quoi que ce soit pour changer ou se coucher » (v, 160), et partir aussitôt pour Bayonne. Le tableau qui suit, fort admiré par la critique, est remarquable :

> Il était près de sept heures du soir, la surveille[5] de Noël, la terre toute couverte de glace et de neige, et le froid extrême et fort vif et piquant,

---

5   En fait, la veille.

comme il est toujours en Espagne. [...] La nuit était si obscure qu'on ne voyait qu'à la faveur de la neige. *Il n'est pas aisé de se représenter* l'état de Mme des Ursins dans ce carrosse. L'excès de l'étonnement et de l'étourdissement prévalut d'abord et suspendit tout autre sentiment ; mais bientôt la douleur, le dépit, la rage et le désespoir se firent place. Succédèrent à leur tour les tristes et profondes réflexions sur une démarche aussi violente et aussi inouïe [...]. La longue nuit d'hiver se passa ainsi tout entière, avec un froid terrible et rien pour s'en garantir, et tel que le cocher en perdit une main. [...] Jusqu'à [la] repue des chevaux [au matin], le silence avait été profond et non interrompu. Là il se rompt. Pendant toute cette longue nuit, la princesse des Ursins avait eu le loisir de penser aux propos qu'elle tiendrait, et à composer son visage. [...] Elle fut fidèle à elle-même. Il ne lui échappa ni larmes, ni regrets, ni reproche, ni la plus légère faiblesse ; pas une plainte, même du froid excessif, du dénuement entier de toutes sortes de besoins, des fatigues extrêmes d'un tel voyage. Les deux officiers qui la gardaient à vue n'en sortaient point d'admiration. (V, 161–162 ; je souligne)

Le voyage dura trois semaines et la princesse arriva le 13 janvier à Saint-Jean-de-Luz, où elle fut mise en liberté. Saint-Simon la connaissait bien et elle a dû plus tard lui raconter cet épisode ; il avait également l'expérience personnelle de l'hiver en Espagne par son ambassade de 1721-1722[6]. Mais il compose à partir du récit de Mme des Ursins et d'impressions ultérieures une scène à laquelle il n'a bien sûr pas assisté et un portrait de la *camarera mayor* foudroyée dans son carrosse en proie à ses méditations, avec la précision et la puissance évocatrice d'une hypotypose : le froid intense, la phosphorescence de la neige, la stupeur et la rage rentrée de la vieille princesse ont la présence et la netteté du souvenir et sont pourtant une forgerie. La fiction n'a pas ici la fonction de ces images par lesquelles Saint-Simon a peint Villeroi, elle n'est ni virtualité ni réalité parallèle : elle prétend rendre les faits eux-mêmes, au prix d'un *effort de représentation* que souligne le mémorialiste et qui, à la manière d'un effort de mémoire, lui permet de les mettre sous nos yeux avec la force de l'évidence, comme s'il en avait été témoin oculaire.

---

[6] Notons qu'il avait fait le chemin de Saint-Jean-de-Luz à Madrid du 11 au 21 novembre 1721, en un temps où il n'y avait pas encore de neige (VIII, 10), et que son voyage de retour jusqu'à Bayonne, du 24 mars au 2 avril, n'avait pas été trop rude ; mais il était monté dans une « neige fort épaisse » (VIII, 423) jusqu'à près de 2000 mètres d'altitude à travers la Sierra de Guadarrama en se rendant à Valsaïn, début mars.

J'arrête ici l'exploration – qui pourrait se poursuivre sans doute – de ces décrochages, par lesquels, on l'a vu, certains portraits des *Mémoires* cessent de retracer simplement le souvenir, soit pour le prolonger en des images composites, soit pour en brouiller les contours en leur faisant côtoyer les régions incertaines de la fiction. Ces différentes opérations font vibrer les portraits entre deux plans, ce que le lecteur de Mémoires admet comme le réel et ce que j'ai un peu complaisamment nommé l'irréel, comme on dit l'irréel du passé, dans lequel j'ai compris aussi bien le régime *imaginatif* de la description – virtualité non accomplie, recomposition imaginaire – que le caractère romanesque ou délirant du modèle qui contredit la réalité commune et provoque l'incrédulité. L'interpénétration du portrait et du récit, typique des *Mémoires* et qui le rend parfois si difficile à circonscrire, les anecdotes qui le sertissent et qui l'illustrent, ou à l'inverse son enchâssement dans une action dont il précise le sens et la portée, cette interpénétration sans doute rend la frontière entre eux poreuse et soumet par endroits le régime descriptif du portrait au régime narratif plus souple du récit, accueillant l'interprétation, la supposition, le ouï-dire qui fait les *Mémoires* à la fois passionnants et contestables.

Toutes pour la galerie : la série de portraits de femmes dans « Mon Calendrier » de Rétif

Laurence Mall

Rétif adore les dates, les séries et les femmes, en combinaison. Son œuvre abonde en séries narratives où des ribambelles de belles se succèdent interminablement. Ainsi *Les Contemporaines*, (1780–1785) s'étendent sur 42 volumes ; d'autres titres se succèdent entre 1786 et 1793 : *Les Françaises, les Parisiennes, Le Palais-Royal, L'Année des Dames Nationales, ou Provinciales*, recueil organisé autour des mois de l'année, sans compter les seize volumes des *Nuits de Paris* (1788–1794). On sait aussi qu'il date ses états d'âme sur les parapets de l'Ile Saint-Louis, pour en faire un relevé et des lectures successives elles-mêmes datées[1]. Enfin, ses vastes textes autobiographiques, *Monsieur Nicolas ou le cœur humain dévoilé* ou en version dramatique *Le Drame de la vie* sont pour une très grande part consacrés à ses rencontres avec un très grand nombre de femmes. « Mon Calendrier » n'est sous cet angle qu'une variante concentrée de ce qui se retrouve ailleurs dilué ou diffus dans ces vastes œuvres narratives : ne restent plus ici que des portraits de femmes juxtaposés sur près de deux cent cinquante pages[2]. Rédigé en quelques mois de l'année 1790, ce texte forme le treizième volume de *Monsieur Nicolas*. Jusqu'à l'impression de l'autobiographie terminée en septembre 1797, Rétif ajoutera encore des noms à son *Kalendrier* (l'orthographe originale).

Il s'agit, selon les termes de l'auteur, de « la liste historique et journalière des *commémorations* » qu'il cherche à faire de presque toutes les femmes qu'il dit avoir connues dans sa vie[3], et par là de ses jouissances avec elles, et de ses

---

1 Il transcrit en effet ses « inscripcions » sur le papier. Voir *Mes Inscripcions (1779–1785). Journal (1785–1789)*, éd. Pierre Testud, Houilles, Éditions Manucius, 2006 et l'introduction substantielle de Testud.
2 Le texte figure dans le volume II de *Monsieur Nicolas ou le cœur humain dévoilé*, éd. Pierre Testud, Paris, Gallimard, Bibliothèque de la Pléiade, 1989, p. 641–889. Les références de pages de toutes les citations de Rétif renverront à ce volume, sauf mention contraire.
3 « Hier, 14 septembre 1790, […] il me vint en idée d'écrire 'Mon calendrier', c'est-à-dire, la liste historique et journalière des *commémorations* des femmes et des hommes dont il est parlé, soit dans cet ouvrage-ci [*Monsieur Nicolas*], soit dans *Le Drame de la vie* » (p. 645). Je précise que la question de l'identification historique des femmes évoquées et plus généralement la véracité des faits ne sont ni mon objet ni de mon ressort ; je renvoie à l'admirable édition qu'a donnée Pierre Testud de *Monsieur Nicolas* dans la Pléiade. Il y identifie les femmes réelles, repère les exagérations, signale les doutes et détermine les inventions.

paternités[4]. L'ordre est déclaré chronologique, les premiers portraits étant ceux de ses « plus anciennes connaissances » ; « Souvent il y aura deux femmes sous un seul jour. La raison en est que 'Mon Calendrier' embrassant plus de soixante ans, plusieurs femmes y peuvent coïncider » (p. 645). De fait, la chronologie à la fois cyclique et feuilletée n'est qu'un principe de structuration lâche, car si le texte est divisé par les douze mois du calendrier, chaque mois inclut différentes années. « J'aurai donc à commémorer beaucoup plus de trois cent soixante-six femmes » (p. 646) : c'est davantage l'énumération de dizaines et dizaines de noms suivis d'un portrait qui structure le texte.

Après quelques brèves indications sur les traits de ces portraits, je m'attacherai principalement ici à dégager l'intérêt du caractère sériel de « Mon Calendrier ». Catalogue, almanach, galerie etc., « Mon Calendrier » a des airs de famille prononcés – et parfois involontairement humoristiques – avec d'autres genres ou formes caractérisés par l'énumération ou la juxtaposition. Dans son ambition de totalisation, le texte de Rétif va très au-delà du simple recueil autobiographique de portraits-souvenirs. Il suggère davantage une inflammation du désir mémoriel : dans l'espace érotisé de la mémoire, les noms suscitent des portraits suscitant eux-mêmes des histoires (de regards, de rencontres, d'étreintes) proliférantes, qu'il faut ensuite tabuler pour s'assurer qu'on n'a, jamais, rien oublié, et pour pouvoir tout recommencer.

1 Les portraits en quelques traits

Quels sont les critères d'inclusion dans « Mon Calendrier » ? À la différence des recueils de portraits du XVIIe siècle consacrés à des personnages illustres ou de l'élite sociale, « Mon Calendrier » ne présente que des personnages de condition populaire, allant jusqu'aux bas-fonds parisiens[5]. Le dernier portrait, consacré à Mme de Beauharnais, commence ainsi : « La qualité n'est pas un titre pour être dans ce 'Calendrier' ; l'état le plus vil n'en exclut pas, pourvu qu'on m'ait aimé … Toute femme est femme, et si le cœur est bon, la prostituée est pour moi l'égale d'une reine, d'une sainte … » (p. 883). « J'honore tous les êtres qui m'ont fait connaître ou donné le plaisir » (p. 53) : pourvu donc qu'elle l'ait séduit et rendu heureux, au sens libertin ou non, et/ou qu'elle ait été mère par

---

4   On note que les expériences négatives ne sont pas exclues. Une certaine Sibylle Argeville est présente, par exemple, parce que c'est « La première fille que j'aie connue, et dont j'aie joui. Ma commémoration n'est pas pour honorer sa mémoire, mais pour m'affliger d'avoir alors donné dans un nouveau genre de libertinage » (p. 693).

5   Une réserve : « Je ne place pas ici les filles perdues de passade, que nous vîmes crapuleusement, Gaudet et moi », p. 710.

ses soins, toute femme aura droit à une inclusion. « Élise m'a rendu heureux ; moi, je l'ai rendue mère : nous sommes quittes » (p. 754) : grâces suffisantes.

Chaque portrait est systématiquement encadré, l'interligne qui le sépare des autres en constituant la bordure, et chaque nom, la légende. Autre caractéristique : le système des corps de caractères à taille variable. « [...] Je différencierai, par la grosseur du caractère, les objets les plus intéressants [...] » (p. 646). En lettres énormes, donc, les femmes clés de sa vie ; à l'inverse, ceci, pour un portrait en lettres minuscules : « Ce ne fut qu'une passion septimaire, comme on le voit par le caractère que j'y emploie ; car le caractère fait ici tableau » (p. 684). Le caractère italique, lui, est en général réservé aux prostituées : « je n'honore pas cette fille, non plus que toutes celles en italique, mais j'en jouis » (p. 704). On notera encore la différence de longueur des entrées, allant de deux ou trois lignes – plutôt des mentions – à la courte nouvelle de six ou sept pages. Certaines entrées offrent des portraits de groupes : « Quatre filles que je réunis dans une seule fête » (p. 835). Des liens familiaux ou affectifs peuvent relier certaines entrées successives : portraits groupés de sœurs, ou d'amies (« Je célèbre ces trois personnes le même jour, par la grande liaison qu'elles ont entre elles », p. 837).

La description physique dans « Mon Calendrier » est initialement générique : belle et grande fille, fille faite au tour, jolie fille etc. reviennent en ritournelle. La valorisation de certains aspects ou parties du corps est également constante, mais en proportion modulée selon les femmes : les yeux, le teint, la « gorge », la taille, le pied bien sûr, la démarche, ou encore la « propreté », la parure attrayante, les « solliers » fins. L'idéalisation dans la figuration des jeunes femmes au travail est courante à l'époque, mais Rétif a pu pousser à l'extrême la stylisation des femmes « joncées », à la taille et aux pieds microscopiques, toutes ressemblantes, telles que Binet les a illustrées pour les *Contemporaines du commun* par exemple[6]. Dans « Mon Calendrier », la monotonie indéniable des qualifiants n'a pourtant pas sa source dans une mémoire floue, ni dans une exigence de beauté normée. Elle met plutôt en valeur, par contraste, des caractéristiques véritablement saillantes, le poignant *punctum* le plus intimement associé à un nom, un visage, une allure, un temps et un lieu très précis. Les descriptions plus complexes recomposent alors une vision singulière, unique, extase face à un corps en stase, comme ici :

---

[6] Voir le bel article de Christina Ionescu, « A Gallery of Ordinary Portraits in Words and Images : Restif de la Bretonne's *Les Contemporaines du commun* (1782–1783) », *Journal for Eighteenth-Century Studies* 31.3 (2008), p. 404–406 en particulier.

> Elle s'appuya sur la barre de fer de la fenêtre pour me cacher ses larmes, baissant la tête sur la rue. Elle avait une jambe parfaite ; elle était chaussée en bas éblouissants, en souliers de maroquin rouge, neufs et bien faits. Je la regardais ... (p. 770).

ou fascination en miroir :

> Elle avait des vapeurs hystériques, et dans ses accès, elle avait coutume de s'asseoir le soir sur une chaise basse, à l'entrée de la boutique, les jambes allongées jusqu'en dehors, s'amusant à faire jouer sa mule au bout de son pied. Elle paraissait quelquefois dans une sorte d'extase ... (p. 774).

Dans un portrait, tout est portrait. Les notations spatiales et topographiques, soigneuses et abondantes, tissent l'écran intime sur lequel s'enlèvent les figures : beaucoup de fenêtres, de portes, de seuils dans « Mon Calendrier » ; beaucoup de chambres, de salles, de boutiques, de ponts, places, passages, parcs, et surtout de rues, toujours exactement nommées. Les échanges érotiques sont campés dans un décor qui fait partie intégrale du tableau, dans un détail qui va jusqu'à cette déconcertante précision : « Je l'ai rendue mère de deux filles, que je lui ai faites vis-à-vis la boutique de Mme Menot, que je contemplais en opérant » (p. 747).

Un micro-récit, une anecdote ou « trait », parfois même un simple dialogue, illustrent le plus souvent l'histoire et la nature du lien entre le narrateur et la femme dépeinte, selon une structure typique : une rencontre – souvent l'occasion du portrait physique – soigneusement située, un dialogue, une action (habituellement un acte sexuel, incluant préparatifs, réticences et résistances, etc.), le résultat de l'action (habituellement un enfant), et une sorte de bilan à plus large échelle, où se voit résumé le destin de la femme décrite et parfois, celui de son lien avec le narrateur. Certains portraits évoquent ainsi une relation dans la durée, la datation en marge nous donnant alors la première et la dernière année « qu'aura duré la connaissance », indique Rétif (p. 646). D'autres intègrent plusieurs dates indiquant précisément des rencontres ultérieures qui apportent des éclairages nouveaux (ex. p. 768, 781, 871), jusqu'aux retrouvailles manquées :

> J'ai su depuis que Colombe a été mariée à Paris avec un marchand de draps, rue Honoré [...] Elle me connut, lors du *Paysan*, et un jour, je lui fus montré, comme je passais. Elle me tendit les bras, mais je ne pouvais la voir. Lorsque je fus instruit, douze ans après, et que je me présentai chez elle, Colombe n'était plus (p. 674-5).

Les lignes finales de beaucoup de portraits les étirent jusque dans le présent pour préciser la situation du sujet du portrait au moment de l'écriture, fermant brusquement le cadre sur une mort (« Elle est morte en 1790, le 25 du mois d'octobre », p. 782), une disparition (« je ne l'ai jamais revue », p. 726), une perte dans la débauche ou au contraire une conversion (« Zoa Démérup est devenue honnête », p. 722), un mariage, une survie dans un enfant. « Elle a eu de moi une charmante fille, très connue aujourd'hui au principal spectacle du Boulevard » (p. 707) ; « Son fils est jockey du prince de ***, actuellement à Turin » (p. 782).

La plupart des portraits présentent une variante de cette structure plutôt stable. Certains éléments peuvent être élidés (par exemple, l'acte sexuel est éliminé quand la partenaire est trop jeune, trop respectable etc., ou il n'est que rêvé), ou itératifs (les rencontres avec la même personne peuvent avoir lieu plusieurs fois), ou compliqués par des adjuvants (amies complices, partenaires complaisants) ou des opposants (mari jaloux, famille hostile). Les portraits sont bien en ce sens « des histoires en raccourci, des abrégés de notre vie[7] », pour autant que le peintre historien contient dans la sienne l'histoire de la vie d'autrui. Comme pour Casanova, « l'invisible [d'une] vie sans lui lui est aussi inimaginable qu'au rêveur un rêve où il ne serait pas[8] ». Le portrait dans cette perspective n'a aucunement pour visée la quête d'une vérité sinon complète du moins équilibrée sur les êtres évoqués. Ce qu'il doit rendre, c'est la nature d'une relation – remémorée ou fantasmée – telle qu'elle s'inscrit dans une suite, de sorte que les images de femmes ne donnent véritablement à voir que leur contribution, l'une après l'autre sans privilège réel, à la peinture du « je ».

2   Séries

À la fin du texte, Rétif avance un modeste bilan : « Voilà mon lecteur, toutes les femmes que j'ai connues avec intérêt » (p. 884), intérêt d'ordre sexuel et sentimental. Entre la sainte et la fée, la maman et la putain, il n'est guère de portraits qui n'incarnent par quelque côté un de ces archétypes de la féminité, parfois en combinatoires acrobatiques. Ce n'est pas ce qui va me retenir ici. Je demanderai plutôt de quelles façons peut s'interpréter la nature sérielle de ces portraits. Rétif ne badine pas avec ses amours. Inutile de chercher à repérer

---

7   Préface de *La Galerie des portraits de Mademoiselle de Montpensier*, éd. Edouard de Barthélemy, Paris, Didier, 1860, p. XVII.
8   Chantal Thomas, *Casanova. Un voyage* libertin, Paris, Denoël, 1985, p. 163.

chez lui l'indice d'une distanciation ironique à l'égard de son propre projet. Libre à nous cependant de constater entre son texte et d'autres formes (littéraires ou non) d'énumération ou de suites descriptives des ressemblances que leur potentiel parodique peut rendre humoristiques pour le lecteur, mais qui surtout projettent un éclairage sur différentes qualités et fonctions de ce texte-liste.

2.1 Calendrier et almanach

À la date de 1769, sous le nom « Victoire Dorneval », il est écrit : « C'est une grande fête que celle-ci, et je l'ai encore célébrée cette année 1796. On sait qu'elle m'a fait naître l'idée d'écrire 'Mon calendrier' » (p. 740). La fonction du texte est doublement mnémonique, la date appelant un nom et un visage, l'image à son tour appelant une date. À propos d'un groupe de femmes, Rétif écrit : « je leur dois une place dans 'Mon calendrier', *pour me rappeler* ce qu'elles m'ont dit, et permis ... » (p. 733 ; mes italiques). Mais il y a plus. « Je l'honore », « je la bénis », « je la commémore » : l'incantation, très fréquente, inscrit les portraits dans une liturgie personnelle où le don du plaisir ou celui de la maternité suffisent à sanctifier les plus grandes pécheresses. L'historien Émile Raunié rapporte que Bussy-Rabutin avait composé un *Livre d'Heures* (aujourd'hui disparu) « dans lequel les saints du calendrier étaient remplacés par les portraits en miniature de quelques personnages de la cour dont les femmes étaient soupçonnées de galanterie », et qu'ensuite les courtisans s'amusèrent « à célébrer sous le nom de *Saintes*, toutes les dames de la cour qui avaient le moins de droit à cette qualification[9] ». Alors que les fêtes des saintes renvoient à une notice biographique les montrant soumises à la grâce de Dieu, les femmes de « Mon Calendrier » se soumettent docilement aux grâces de Rétif et c'est à ce titre que la plupart d'entre elles ont accès au calendrier.

L'énorme popularité des almanachs populaires de toutes sortes au XVIIIe siècle est accompagnée d'une diversification considérable de ses formes et usages dans la production parisienne, de l'annuaire qu'est *L'Almanach Royal* au satirique *Petit Almanach de nos grands hommes* de Rivarol (1788). Renchérissant sur la facétie, on pourrait parler de « Mon Calendrier » comme

---

[9] *Chansonnier historique du XVIIIe siècle. Recueil Clairambault-Maurepas*, éd. Emile Raunié, vol. I, Paris, A. Quantin, 1879, p. 132. De son côté, Testud fait très justement remarquer que le texte peut être lu comme une imitation du calendrier religieux avec sa liste de saintes, p. 1552.

du *Grand Almanach de mes petites femmes*. Plus sérieusement, sans doute peut-on observer que Rétif s'approprie et « privatise » une forme dont le cadre temporel à la fois structuré et lâche et le contenu anecdotique lui conviennent à merveille[10].

2.2 *Liste libertine et fichier de police*

C'est aussi au catalogue libertin ou encore aux fiches signalétiques des prostituées que fait songer le livre. On connaît « l'air du catalogue » du *Don Giovanni* de Mozart, où Leporello consigne les femmes séduites par son maître. Le mouvement général du roman-liste, dans l'esprit du libertin de Duclos, consiste précisément à « augmenter la liste » des séductions[11], ce à quoi s'emploie Rétif jusqu'à la saturation. D'où, peut-être, ces intempestifs « etc. » qui trahissent une fatigue : « Arrivé [sic] dans l'appartement, la belle me dit : 'Eh bien ?' Je l'embrassai ; je, etc., etc., etc. » (p. 732). D'où aussi l'application, saugrenue mais politiquement protectrice, à dénoncer ce qu'il perçoit bien comme transgressif, en exergue au « Calendrier » : « Si, quand j'eus toutes ces aventures, dont je rougis, j'avais été républicain, je ne les aurais pas eues, et j'eusse été vertueux » (p. 640)[12].

---

10 Véronique Sarrazin-Cani, « Formes et usages du calendrier dans les almanachs parisiens au XVIIIe siècle », *Bibliothèque de l'École des chartes* 157.2 (1999), p. 417–446. Les almanachs chantants contiennent un calendrier « des relations amoureuses, dont on dessine les 'âges', les saisons, les éclipses, que l'on prédit en fonction du zodiaque [...] », *op. cit.*, p. 442. On note en passant qu'ailleurs Rétif associe explicitement les femmes qu'il a connues aux figures du Zodiaque, détournant aussi, à sa façon, une des fonctions pédagogiques des almanachs populaires, dans *Le Drame de la vie, contenant un homme tout entier*, Paris, Imprimerie nationale, 1991, p. 306–307 et p. 367–368. Sur le goût de Rétif pour « la structure du calendrier, à l'image de celle des almanachs populaires », voir P. Testud, « Rétif et la création romanesque », en ligne : http://retifdelabretonne.net/retif-et-la-creation-romanesque/.

11 « [...] on doit surtout songer à augmenter la liste », Charles Duclos, *Les Confessions du comte de ****, éd. Laurent Versini, Paris, Marcel Didier, 1969, p. 70. Voir Patrick Wald Lasowski, *Dictionnaire libertin*, Paris, Gallimard, 2011, sous « Liste », p. 272–73.

12 Dans une note, Testud estime que Rétif n'a écrit cela que « dans le souci de faire chorus avec la condamnation de l'immoralité de l'Ancien Régime, et de manifester son adhésion à l'idéal républicain », p. 1512. Pour une intéressante mise en perspective historique du roman-liste libertin, voir Michel Delon, « Variations du roman-liste : du temps individuel au temps historique », *Eighteenth-Century Fiction* 13.2–3 (2001), p. 259–278.

En variante, le fichier de police. Rétif décrit les particularités physiques, les grossesses, les goûts et dégoûts, voire les pratiques sexuelles de femmes dont beaucoup sont des prostituées. On a donc des renseignements sur telle « cafériste » « lesbisant avec [une] limonadière » (p. 691); sur celle qui se masturbe avant le coït « suivant sa politique ordinaire » (p. 781); sur ces femmes « au goût inverse » (p. 801), à savoir amateurs de sodomie; sur celles qui dispensent cette « galanterie cruelle » (p. 700) qu'est la vérole, etc. Ses descriptions sont en cela dans l'esprit de ces rapports de police salaces fournis à Louis XV et que leur éditeur moderne[13] a regroupés dans le format d'une notice biographique individuelle pour les courtisanes les plus importantes. Leur format est similaire à celui du texte rétivien : nom, description physique, état civil, nom de l'homme ou des hommes notoires avec qui la femme entretient une relation, et anecdote illustrative. Rétif, lui, fournit lui-même ses propres fiches signalétiques sur les femmes qu'il fréquente, et réactive en ce sens l'ancien sens de portrait : signalement[14]. Il se figure ainsi en auteur unique de tous les rapports dans les deux sens du terme.

2.3 Registre des Enfants-Trouvés

Ce qui distingue cependant « Mon Calendrier » de la liste libertine, c'est l'héroïsation des paternités du « je », qui d'après Testud s'élèvent ici à cent-quinze (p. 1552)[15], et sont fréquemment découvertes par hasard. Rétif, qui pourrait partager avec Saint Vincent de Paul le titre de Père des Enfants trouvés, s'en explique en ingénu retors : « Quel libertin ! dira-t-on. Je ne prétends pas m'apologier, m'excuser, mais ce n'est pas être libertin, c'est être vertueux que de faire des enfants » (p. 743). Se découvre lentement, enroulée dans le catalogue libertin, une sorte de registre ou d'archive de la progéniture monstrueusement nombreuse que Rétif s'attribue au sein des portraits. Les traits d'une mère, pourtant, peuvent bien se retracer dans ceux de la fille : la veine libertine n'en

---

13 *Paris sous Louis XV ; Rapports des Inspecteurs de Police au Roi*, éd. Camille Piton, 5 vol., Paris, Mercure de France, 1905–1914.

14 Dans Littré (1872–79), on lit sous « Portrait » (sens 8) : « Au temps de Colbert, feuilles contenant tous les renseignements demandés par la direction du personnel d'une administration sur les employés de cette administration. On dit aujourd'hui signalement ».

15 Chantal Thomas dans son livre sur Casanova écrit qu'« il lui arrive de rencontrer des femmes qui ont des enfants (de lui, ou d'autres hommes) : il n'en tire pas de conclusions – ni péjoratives ni glorifiantes. Il n'en pense rien », *op. cit.*, p. 115. Et voici ce haussement d'épaule du Prince de Ligne : « Je crois que je fus père, mais ce ne fut pas pour longtemps. Mon seul petit fruit illégitime périt peu après être né. [...] », Charles-Joseph de Ligne, « Le Prince de Ligne par lui-même », neuvième cahier, dans *Œuvres I*, éd. Roland Mortier, Bruxelles, Editions Complexe, 2006, p. 114.

colore pas moins ces portraits de la ressemblance. Dans l'un d'eux, Rétif écrit en toute simplicité, en toute *impureté*, dirait Blanchot[16] : « Entraîné par un sentiment plus fort que ma vertu [...], je découvris trop tard que la Nature était la cause de mon attachement. Si je l'avais su, je l'aurais réglé, [...] et je l'aurais changé en tendresse paternelle » (p. 882).

2.4   *Galerie intime ; cabinet mémorial*
Tout recueil de portraits détachés peut se figurer selon une logique spatiale. Si l'on envisage le portrait « à plume » dans une analogie figurée avec le portrait au pinceau, le terme de galerie se laisse aisément substituer à l'appellation de « recueil[17] ». La longueur des entrées et les différences typographiques miment à la fois la taille des cadres et celle des figures représentées. L'auteur progresse dans la prose à la manière d'un guide dans une galerie : il passe plus rapidement devant les miniatures, les esquisses grises, pour pointer les détails des figures qui méritent qu'on s'y arrête, rappelant telle circonstance, expliquant tel trait, soulignant telle excentricité (« [...] Mlle Mauviette procréait, comme si elle eût fait une opération de chirurgie », p. 738). Disposés à touche-touche, les portraits offrent l'occasion de comparaisons entre les figures. Mais dans cette galerie, le guide, le peintre et le sujet sont les mêmes. À chaque nom propre inaugurant un nouveau portrait, il pourrait ajouter « et moi ».

Il paraît alors également approprié de penser « Mon calendrier » comme un « cabinet de mémoire[18] », ou un conservatoire. Les portraits sont explicitement commémoratifs, et comme leur équivalent pictural, obéissent à la vocation, conventionnelle et profonde, de faire vivre le souvenir des êtres disparus en saisissant en eux le vif de leur existence telle qu'elle apparaissait à autrui. « Elle n'est plus, cette fleur printanière [...] ! Ah ! du moins, charmante fille ! que ton nom et ton éloge ornent 'Mon calendrier !' » (p. 866). Plus encore, ce qu'il faut

---

16   Maurice Blanchot, « Préface » (1949), dans Restif de la Bretonne, *Sara ou la dernière aventure d'un homme de quarante-cinq ans*, Paris, Stock, 1984, p. 33.

17   Cf *La Galerie des peintures, ou recueil des portraits et éloges en vers et prose* (1663). Sur ce texte et sur la mode des recueils de portraits au XVIIe siècle, voir l'introduction de Martine Debaisieux à Charles Sorel, *Description de l'île de portraiture et de la ville des portraits*, Genève, Droz, 2006, p. 48–53. Rétif utilise également le terme en substitut de celui de « recueil » : « C'est donc ici une *galerie nouvelle* de Portraits d'un genre différent de ceux qu'on a-deja-vus », « Avis », *Les Contemporaines du commun*, vol. II, Paris, Éditions Les Yeux ouverts, 1962, p. 2. On notera que le dernier chapitre d'un roman libertin de Mirabeau, *La Morale des sens* (1781), est intitulé « La gallerie », où figurent les « statues » que sont les conquêtes du narrateur.

18   Terme du XVIe siècle que cite Édouard Pommier, *Théories du portrait de la Renaissance aux Lumières*, Paris, Gallimard, 1998, p. 198.

ressaisir, ce sont pour le « je » des moments sidérants de bonheur ou de plaisir, de surprise ou d'excitation, déjà dépeints dans d'autres textes, mais dont ici le bref portrait condense et réactive la charge émotive. Comme pour justifier l'insertion d'un portrait, Rétif écrit à propos de la femme en question : « Elle ne m'a donné que ces deux journées de bonheur : mais deux journées de bonheur ne sont-elles rien, dans une vie remplie de peines et de tribulations ? » (p. 873).

3   Toutes pour moi tout entier

Ce que cet angle analogique peut aider à percevoir, ce n'est pas seulement l'obsession de l'exhaustivité, la compulsion de l'alignement, la passion de la récapitulation, déjà fort visibles. C'est aussi ce que l'artifice et l'étroitesse de sa forme-liste peuvent masquer : l'hétérogénéité d'un projet autobiographique à la fois libertin et sentimental, quasi administratif et mnémonique, nostalgique et utopique, profondément égocentrique, et tout autant excentrique.

Le « je » certes s'installe au cœur de chaque portrait comme auteur des jours et comme auteur tout court. « Grosses de ses œuvres », comme se présente un des personnages, elles le sont toutes, à la queue-leu-leu, tantôt muses, tantôt mères. L'autoportrait du créateur en procréateur, et vice-versa, opère le plus visiblement dans ces multiples mises en abyme où il s'esquisse en double géniteur, faisant lire à ses filles ses livres[19]. Mais cette figure héroïque est à son tour infiniment dépendante, le « je » n'apparaissant qu'à condition qu'une femme surgisse en son portrait. P. Testud dans sa magistrale étude sur Rétif[20] a consacré de nombreuses et belles pages à cette lutte contre le néant par la prolifération des paternités et des images de soi. C'est que « Parler de quelqu'un, c'est augmenter son existence ; n'en rien dire, c'est aider la mort … » (p. 886), la mort d'autrui, et la mort de soi. C'est pourquoi sans doute *toutes* les femmes rencontrées (entrevues, même) doivent être identifiées et figurer au tableau. Peu importe la ténuité du lien, comme dans cette entrée, sous « Joséphette Adine » : « [...] je ne lui ai parlé que deux fois, un jour dans la garenne, où elle cueillait des noisettes ; je lui aidai, et l'enlevai pour lui faire atteindre un beau bouquet », source d'un plaisir très vif (p. 656) ou dans celle-ci : « Sophie Douy.

---

19   Voir par exemple p. 827, p. 872.
20   Pierre Testud, *Rétif de la Bretonne et la création littéraire*. Genève, Paris, Droz, 1977. Voir en particulier la troisième partie.

Jeune fille au teint bilieux, qui me rendait fou de volupté, toutes les fois que je la rencontrais aux salles de danse » (p. 669).

Par sa structure en portraits détachés et le système rassurant du calendrier cyclique, le texte est clairement une tentative de mise en ordre dans l'énorme masse d'expériences et d'êtres que brassent deux textes autobiographiques fleuves, à savoir *Monsieur Nicolas* et la pièce (de 500 pages) *Le Drame de la vie*, écrite entre 1790 et 1792[21]. Ces œuvres sont si peuplées (surtout de femmes) qu'il faut en clarifier, ordonner, organiser la population en créant pour elles des tables. Ces dernières permettront un nouveau passage en *re-vue* de toutes les femmes qui, obliquement ou directement, l'ont sauvé de son « impuissance », de sa « non-importance dans le monde » (p. 802). En effet, « Mon Calendrier » est conçu comme « une table utile, et peut-être nécessaire » (p. 645) à ces deux livres. Rétif qualifie aussi « Mon Calendrier » de « supplément nécessaire » où il « tâche de suppléer à ce qui manque dans mon histoire, pour me donner tout entier[22] ». Or la table supplémentaire se supplémente elle-même de sa propre table, simple et longue liste de quatre cent six noms de femmes organisée selon les mois de l'année[23]. Elle est ainsi expliquée : « Il me semble que cette Table contient les noms de toutes les femmes qui font un rôle dans mon histoire. Par leur relation avec moi, elles doivent y avoir place, et ma Vie ne serait pas complète en omettant de parler d'elles[24] ».

Entre les deux extrêmes de la liste pure d'un côté, et des foisonnements infinis de figures romanesques ou dramatiques de l'autre, « Mon Calendrier » serait-il un sage compromis, avec ses portraits alignés contenant dans leurs cadres souvenirs rangés, signalements émus, enfants retrouvés ? On voit bien qu'il n'en est rien. Dans la très longue galerie de ce texte étrange, l'œil du désir et l'œil du souvenir se ferment et s'ouvrent ensemble sur chaque portrait mais à des rythmes irréguliers, dans des regroupements variables, des superpositions de traits, des brouillages de perspective, des creusements temporels, qui tous exigeront que soit à nouveau parcourue la galerie. Le texte donne une visibilité exceptionnelle au processus de dissémination radicale du « je » qu'il

---

21 Sur cette pièce peu lue, voir Catherine Ramond, « Entre deux siècles, entre deux genres : quelques 'monstres littéraires' au tournant du siècle », *Entre deux eaux. Les secondes Lumières et leurs ambiguïtés (1789-1815)*, dir. Anouchka Vasak, Paris, Éditions Le Manuscrit, 2012, p. 327-351.
22 Il s'agit d'une note de *Monsieur Nicolas*, p. 290.
23 Cette table de « Mon Calendrier » figure p. 1019-1023 du vol. 11 de *Monsieur Nicolas*, en appendice. Sur son placement variable selon les éditions, voir Testud, p. 1551-1552.
24 Cité par Testud, p. 1705.

s'efforce simultanément de maîtriser. Qui s'aime essaime : dans sa mythique dépense, son égocentrisme frénétique, son désir insatiable et anarchique de complétude, le « je » rétivien conjure l'angoisse panique des pertes par leur multiplication. « Mon Calendrier », par la nudité de son geste énumératif, fait de ses portraits la plus économique mesure de cette démesure.

Entre réalité et utopie : le portrait de la prostituée chez Rétif de La Bretonne

Ilhem Belkahla

En tant que question intéressant à la fois la peinture, la sociologie et la littérature, la prostituée n'a évidemment pas été ignorée des critiques, mais face à l'immensité de ce continent esthétique et thématique, c'est à des études de cas spécifiques, la prostituée en tant que portrait littéraire dans quelques écrits de Rétif de La Bretonne, que nous allons recourir pour jeter un éclairage plus savant sur ce sujet.

Rétif de La Bretonne en hibou et spectateur nocturne des bas-fonds de Paris la veille de la Révolution et en homme qui fréquentait avec assiduité les prostituées, s'est beaucoup intéressé à ces femmes et a proposé à travers ses écrits, notamment *Le Pornographe*, des portraits ordonnés de ces femmes publiques selon une typologie sociale détaillée, allant des filles entretenues considérées comme filles de la première classe aux barboteuses filles de la dernière classe, sans doute la plus complète des typologies des prostituées qui nous soit parvenue. En effet, la figure de la prostituée a fortement marqué sa création littéraire, elle est omniprésente, diffuse et explicite dans toute son œuvre. Nous considérons plus particulièrement ici *Le Palais-Royal*, une sorte d'almanach des filles de plaisir, *Monsieur Nicolas*, l'autobiographie de Rétif, et *Le Pornographe*, qui présente un projet de réforme pour les prostituées enclavé dans une sorte de roman épistolaire. Il n'est pas sans intérêt de choisir de faire notre étude sur ces trois écrits de genres différents, car, il s'y agit d'une galerie de portraits des filles publiques qui présentent des structures communes ou du moins des constantes qui rendent cohérent le défilé de ces figures féminines.

En effet, un nouveau portrait hors du commun de la prostituée est développé dans ces trois ouvrages, un portrait appartenant aux rêves d'une civilité des Lumières qui s'oppose, cependant, au portrait dégradé de celle-ci dans les romans plutôt « réalistes » de l'écrivain tels que *Le Paysan perverti* et *La Paysanne pervertie*. On se demandera donc quelle représentation l'auteur du *Palais-Royal*, *Monsieur Nicolas* et *Le Pornographe* nous propose de la prostituée parisienne et surtout en quoi cette représentation se démarque des autres.

En ce sens, nous nous proposons de dévoiler dans un premier temps les spécificités du portrait de la prostituée chez Rétif, un portrait qui valorise et célèbre l'image de ces *femmes de la nation*[1]. Dans un deuxième temps, nous montrerons que le portrait de la prostituée établi par Rétif serait le reflet des intentions réformatrices de l'auteur et la représentation d'un idéal féminin qui joindrait la liberté érotique naturelle et la vertu.

Dans son *Pornographe*, qui développe un projet de réforme pour les prostituées, Rétif propose de rassembler les filles publiques dans des maisons appelées « *Parthénions* » gérées par l'État. Dans ce traité, que beaucoup de critiques qualifient d'utopique, M. Le Pornographe dresse un portrait valorisant qui célèbre l'image de ces filles. En effet, dans ce lieu, on s'occupe d'elles soigneusement : leur propreté sera surveillée et elles n'useront ni de parfum ni de fard, c'est la saine beauté naturelle qui doit triompher. Un autre soin est apporté au dépistage des maladies vénériennes au travers d'une visite quotidienne des filles, plus une autre à la sortie des bains tous les jours[2]. La prostituée apparaît donc comme une femme propre et ne présentant aucun risque nocif.

En outre, « chacune de ces filles publiques, dans la salle commune des Parthénions, a sa place marquée par l'image d'une fleur qui est aussi son surnom[3] ». Or, depuis l'antiquité, l'image de la fleur est associée à l'idée de la beauté et des vertus. Ainsi, Rétif métamorphose, grâce à cette métaphore florale, l'image de la prostituée qui oscille entre séduction et infamie. D'une « méprisable créature » chez Sade, elle devient une « tulipe rare », une « renoncule » chez Rétif : « C'est avec le fumier et la fange qu'on féconde nos jardins et nos guérets : vois cette belle tubéreuse, cette renoncule, cette tulipe rare, ce n'est pas Flore, c'est un peu de terreau, qui leur donne leurs riches couleurs et tous ces trésors que nous admirons[4] ». Dans cette séquence descriptive les noms de fleurs se substituent au portrait absent des prostituées. « Les riches couleurs » semblent renvoyer à la couleur rouge des joues avec tous les sentiments passionnels et sensuels qu'elles animent. De plus, nous pourrions lire la métaphore « des trésors » comme un glissement vers l'érotique, une allusion aux éléments sexuels qu'on peut admirer chez une femme : les dents qui brillent, le décolleté qui met en avant la poitrine ... Cette désignation florale très riche sémantiquement semble cependant être un moyen pour éviter le portrait de la prostituée corsé généralement par une pincée d'érotisme.

---

1 Rétif de La Bretonne, *Le Pornographe*, Monaco, Éditions Rondeau, 1979, p. 54.
2 Nous nous inspirons ici de la thèse de Marie-Erica Benabou, *La Prostitution et la police des mœurs au XVIIIe siècle*, Paris, Perrin, « Présence de l'histoire », 1987.
3 *Ibid.*, p. 482.
4 Rétif de La Bretonne, *Le Pornographe, op. cit.*, 1979, p. 55.

Cela va sans dire que Rétif vise à transformer l'image de la prostituée réduite à son corps dégradé par les maladies vénériennes qu'elle est accusée de propager, un corps où s'accomplit l'érosion de l'humanité ... en un corps libéré de tout risque nocif, bref un corps sain. L'idée de la sainteté et de la sacralisation de la prostituée n'est pas exagérée ici, puisque Rétif traite ces dernières à la fois de pécheresses et de malheureuses. En effet, à l'hôpital de chœur de Bicêtre, le jeune Rétif constate leurs souffrances doublement punitives : aux douleurs de la maladie, sont ajoutés des coups de fouets quotidiens en guise de châtiments. Or, persécuter le pêcheur pour notre écrivain, condamner son corps au supplice, c'est persécuter le Christ : « Ces infortunées souffrantes sont les vrais membres de Jésus-Christ[5] ». La métaphore du Christ traduit la compassion entière de Rétif à l'égard des prostituées qu'il traite de « sœur » et auxquelles il réserve un portrait digne des saints et des prophètes puisqu'elles bénéficient, de surcroît, de la visite de Dieu : « Ma chère sœur, voici Dieu lui-même qui vient vous visiter[6] ». Ce portrait laconique mais frappant, qui met en exergue les malheurs et les souffrances vécus par les prostituées, fait d'elles, semble-t-il, un substitut du Christ. C'est à travers la défense de la femme, même dans ses états les plus avilissants qu'on reconnaît le Rétif de *Monsieur Nicolas*. C'est une sorte de profession de foi qu'on lit dans le préambule du premier tome : « Nous allons, nous, vous parler d'êtres humains : nous allons faire un livre très moral sur de très immorales créatures[7] ».

Par ailleurs, les prostituées rétiviennes favorisent et développent aussi les « talents de société » : la danse, le chant, la rhétorique, l'art de recevoir et de donner sont des caractéristiques dont elles se parent avec un rare bonheur. Dans ce contexte, *Le Palais Royal* où les personnages sont toutes des *catins* est un roman de parole plus que de tableaux ou un tableau de la parole. En effet, et pour la première fois, les prostituées ne vendent pas leurs charmes et leurs corps, mais leurs histoires et le plaisir recherché auprès d'elles n'est pas sexuel, mais romanesque. De surcroît, ce roman est fort intéressant par *la gradation des métamorphoses*[8] des prostituées qui le structure et pas seulement par les portraits des nombreuses filles dont il raconte les histoires. Nous citons ici Mme Janus, tenancière d'une maison close bien particulière dans *Le Palais-Royal*, qui explique au narrateur ces métamorphoses :

---

5   Rétif de La Bretonne, *Monsieur Nicolas*, t. I, Paris, Gallimard, « Bibliothèque de la Pléiade », 1989, p. 173.
6   *Idem*.
7   Rétif de La Bretonne, *Œuvres complètes*, Paris, Slatkine, 1988, première partie, p. 10.
8   Nous empruntons cette expression à Pierre Testud dans la préface du *Palais-Royal*, texte établi, présenté et annoté par Pierre Testud, éd. Manucius, 2009.

> Ah ! Ah ! Vous ne savez pas tout ! J'ai différentes pratiques pour l'agrément et la conservation de la vie. J'ai des *sunamites*, comme femme médecin prolongiste ; j'ai des *berceuses* pour d'autres hommes, qui veulent jouir et ne s'embarrassent pas tant de prolonger la végétation animale ; j'ai des *chanteuses*, qui vont chatouiller l'oreille des voluptueux passionnés pour la musique ; j'ai des *converceuses*, pour ceux qui aiment la conversation, et je forme mes élèves à ces différents talents, d'après leur disposition. Celles qui vous racontent les histoires sont des élèves pour la conversation[9].

Ce sont les fonctions et les rôles des prostituées qui se substituent cette fois-ci aussi aux portraits (des sunamites, des chanteuses, des berceuses …). Rétif dresse plutôt ici une esquisse de portrait. Dans cette maison, les jeunes filles sont destinées à devenir des *sunamites* de vieillards fatigués et malades et qui au contact de ces jeunes vierges souhaitent retrouver une certaine robustesse et vivacité tout comme le roi David et sa sunamite Avishag dans la Bible. Mais la loi de la maison interdit de céder à la tentation sexuelle. Après trois ans de service, les *sunamites* deviennent soit des *berceuses*, soit des *chanteuses*, soit des *converceuses*. Nous assistons ici à un portrait platonique de la prostituée qui joue plutôt un rôle de thérapeute. Très sensible aux charmes de ces femmes qu'on rejette sans pouvoir s'en séparer, Rétif déborde du cadre de la prostitution pour leur offrir un portrait qui les honore.

Avec *Le Palais-Royal*, ce sont donc des voix de femmes qui nous parviennent, mais des voix recomposées, déformées, amplifiées par Rétif, des voix toujours respectées comme des voix d'individus, d'êtres humains, quelle que soit leur condition.

Ainsi, avec Rétif, le portrait moral de la prostituée semble prendre le dessus. Ce dernier rapporte plus souvent un trait moral qu'une description physique. Chose curieuse, comme le constate Nicole Masson, pour l'érotomane qu'on veut voir en lui[10].

Au XVIIIe siècle, la plupart des écrivains de la vie parisienne peignent la prostituée comme un type vulgaire et vénal, cependant Rétif de La Bretonne fait exception, notamment dans les trois écrits objets de notre article, en donnant à voir des images sans jugement moralisateur ni voyeurisme. Il nous offre une véritable éthopée de cette classe marginale et un portrait laudatif de ces femmes. Il minimise l'aspect érotique et vulgaire de leur corps et de leurs

---

9   Rétif de La Bretonne, *Le Palais-Royal, op. cit.*, p. 152–153.
10 Nicole Masson « Les rencontres féminines de Nicolas », dans *Études rétiviennes* n° 9, décembre 1988, p. 5 (5–16).

habits. Le plus souvent, ses représentations ne sont ni sexuelles ni pornographiques. Le portrait qu'il réserve à la prostituée Zéphire dans *Monsieur Nicolas* en témoigne clairement :

> Je fus surpris de trouver une nymphe, qui me parut environ treize à quatorze ans, de la plus séduisante figure !... C'était une des grâces, ayant un sourire délicieux, l'air vif et doux, le son de voix mélodieux, enchanteur ; [...] Enfin on voyait tout en elle, propreté, goût, et jusqu'à la pudeur à jamais bannie de ces abominables lieux[11].

Rétif assimile ici la prostituée à une divinité puisque Zéphire présente des qualités surhumaines, elle est assimilée à une nymphe. Dans le *Dictionnaire de Trévoux*, nymphe « se dit d'une jeune fille, d'une belle femme, principalement d'une déesse ; dans les Romans, se dit des dames de condition qu'on introduit, à qui on donne un rang au-dessus des bergères, comme dans *l'Astrée* la nymphe Galatée[12] ». Les dénominatifs « nymphe » et « grâce » se substituent, nous semble-t-il, au portrait auquel s'attend le lecteur au sujet d'une prostituée ; avec la phrase *« on voyait tout en elle »*, on s'attendrait à un portrait érotique (la mise en avant des éléments sexuels qui attirent les hommes), mais Rétif va à l'encontre des attentes des lecteurs, cite des qualités physiques très générales telles que la propreté et le goût et met l'accent surtout sur une qualité morale essentielle à savoir la pudeur, peu attendue ici. Un autre élément vient souvent affiner le portrait : c'est la voix. Rétif y est très sensible.

Il est clair que Rétif cherche à pénétrer toujours le fond. Le portrait moral est ce qui le marque le plus : c'est à l'être qu'il s'intéresse et non pas au paraître. On ne peut s'empêcher de penser que Rétif n'a porté qu'une attention médiocre au physique proprement dit de ces femmes. Ce qu'il retient plutôt d'elles, c'est l'émotion qu'elles ont suscitée en lui.

Ce nouveau portrait de la prostituée traduit chez Rétif une figure de pensée par laquelle il refuse une existence qui ôte toute dignité aux prostituées. Un portrait qui vise à transformer l'image de celle-ci dégradée par la misère et les maladies vénériennes, en une image quasi sacrée, libérée de tout risque nocif tant physique que moral[13].

---

11   Rétif de La Bretonne, *Monsieur Nicolas*, t. I, *op. cit.*, p. 979.
12   *Dictionnaire de Trévoux* : http://www.cnrtl.fr/dictionnaires/anciens/trevoux/menu1.php.
13   Nos analyses rejoignent ici celles de Mme Marie-Françoise Bosquet dans son article « Du *Pornographe* aux *Gynographes*, une image contrastée de la féminité », dans *Études rétiviennes* n° 36, décembre 2004, p. 91 (83–105).

Ces portraits que donne à lire Rétif peuvent être considérés comme un emblème littéraire à dominante morale qui renseigne sur les aspirations et vertus de quelques prostituées qu'il voulait revendiquer.

11. Le retour permanent de Rétif à la figure de la prostituée s'inscrit dans ses projets de réforme et son ambition de réhabiliter les filles publiques et de restaurer leur humanité perdue. En effet, la réhabilitation des prostituées s'introduit dans la tendance du siècle des Lumières de revaloriser le marginal. Pour cet écrivain, ces femmes qui subissent la censure et le rejet dans leur milieu pourraient trouver dans la prostitution une autre géographie d'appartenance où elles se recréent un autre portrait et une autre société, avec ses règles et sa dignité propres. Comme d'Alzan, le héros du *Pornographe*, Rétif estime que la prostitution est un mal nécessaire dont il faudrait juste limiter les ravages.

Ainsi, la nouvelle représentation de la prostituée témoigne d'une ambition réformatrice caractéristique des Lumières, mais aussi d'une affirmation d'un point de vue original marqué par la fascination de l'écrivain pour les filles de joie et l'horreur que lui inspire leur condition.

En effet, Rétif chercherait une modalité du rapport sexuel qui soit telle qu'elle permette de sauvegarder la dignité de la prostituée en tant qu'être humain ou qui puisse au moins la restaurer dans l'acte par lequel elle est pourtant censée être déshonorée. Pour ce faire, Rétif cherche à le légitimer, car pour lui, abolir la prostitution et condamner les prostituées signifie interdire la satisfaction et vivre dans la frustration, ce qui est contre nature ; ainsi il affirme : « Échauffé par le tempérament, ému par la vue continuelle des femmes qui lui plaisent, un homme sent naître des désirs inquiets, pressants et souvent impétueux : malgré lui, en dépit de sa raison, la nature cherche à se satisfaire[14] ».

Ainsi, les prostituées sont conçues par Rétif comme des femmes qui ont opté pour le service de la nature et de l'amour et qui se livrent volontairement aux hommes pour la prospérité de la patrie. Dans ce cadre, Rétif associe ses *Parthénions* à l'état de la prostitution sacrée chez les anciens dans l'Antiquité où elle est considérée comme un culte religieux. Marie-Françoise Bosquet pense que « ce nouvel éden semble [être] une sorte de retour à une virginité primitive, non physiologique, que le terme *Parthénion* – dont la racine grecque désigne la vierge – tend à lui conférer[15] ». L'image de la prostituée fait appel ici au jardin édénique où la prostituée est lavée de la souillure du péché originel. La dichotomie vice/vertu, un thème redondant dans la littérature du siècle des Lumières et dont Rétif use largement, est présente ici. Mais ce qui est

---

14   Rétif de La Bretonne, *Le Pornographe, op. cit.*, p. 92.
15   Marie-Françoise Bosquet, « Du *Pornographe* aux *Gynographes*, une image contrastée de la féminité », *op. cit.*, p. 101.

surprenant chez ce dernier, c'est son courage de faire triompher et glorifier la vertu même dans le monde corrompu de la prostitution. Le portrait de Zéphire (mentionné ci-dessus), une prostituée qu'a connue Rétif en 1757, est à cet égard exemplaire. En effet, M. Le Pornographe la représente avec toutes les vertus du monde, « innocente », « pure », « généreuse », « céleste » … mais surtout il la présente vierge bien qu'elle soit dans une maison close. Dans *Monsieur Nicolas*, quand elle fait signe à Nicolas de sa fenêtre, elle joue de la harpe telle une nymphe. La prostituée Zéphire représente dans l'univers rétivien l'allégorie même de la vertu dans le vice.

Le *Parthénion* offre un espace d'expression et d'affirmation à la prostituée. En effet, la liberté de refus du client accordée à cette dernière est un point extrême « où n'est jamais parvenu aucun faiseur de projet », ainsi, elle n'est plus conçue comme une machine à plaisir, mais comme une bonne citoyenne qui sert à donner des enfants à l'État. En s'écartant d'une stigmatisation morale de la prostituée, Rétif en fait une femme estimable, qui met au monde « des enfants robustes, bien constituées, et d'une agréable figure[16] » et capables de régénérer la race[17] puisqu'ils appartiennent à « ce qu'il y a de plus beau et de plus capable de plaire ». Le double emploi du superlatif renforce encore une fois l'idée du portrait sublime de la prostituée considérée comme source de la beauté et du plaisir.

Rétif réserve un cadre euphorique à ces femmes qui ont souffert et souffrent toujours de mauvais traitements. Il invente une nouvelle image de la prostituée, une image qui transgresse les barrières sociales et met à leur disposition un lieu et temps en dehors des contraintes normatives de la société.

Outre son souci de réformer, la représentation obsessionnelle de la prostituée s'inscrit aussi dans une écriture moraliste, alors dominante sur le sujet. Ainsi, dans son *Pornographe*, Rétif incrimine l'inégalité des conditions sociales et les progrès des Lumières. Il souligne que « les prostituées traduisent l'hypocrisie d'une société qui leur refuse éducation et moyens honnêtes de gagner leur vie et les rejette au moindre faux pas. En réalité, trop de monde est intéressé à leur chute pour que des mesures efficaces soient prises pour l'empêcher ou l'encadrer[18] ». La technique du portrait est aussi une critique de la société.

La figure de la prostituée oscille ainsi chez Rétif, écrivain du paradoxe par excellence, entre sublimation et avilissement. Nous n'avons relevé dans

---

16 Rétif de La Bretonne, *Le Pornographe, op. cit.*, p. 51–52.
17 Sade, en 1795, dans le pamphlet *Français, encore un effort si vous voulez être républicains*, pense que les enfants nés de la prostitution formeront les meilleurs républicains car ils n'auront pas d'autre mère que la patrie (p. 517).
18 Françoise Le Borgne, « Le Paris d'un pornographe », dans *Études rétiviennes* n° 41, décembre 2009, p. 104 (103–117).

notre article que la face sublimée de la prostituée pour souligner une spécificité propre à Rétif. Mais lorsqu'il « veut peindre la dégradation morale, la déchéance de ses personnages [notamment dans *Le Paysan perverti* et *La Paysanne pervertie*], faire frissonner son lecteur par des récits d'avilissement et d'humiliation[19] » de la vie réelle, il choisit de parler des prostituées. Et à l'encontre des descriptions et portraits relevés précédemment, il nous présente des filles sales, malsaines, se querellant, endoctrinant des filles naïves fuyant leur famille … et toutes ces scènes dégoûtantes ont une même finalité : faire frémir les jeunes filles du fléau de la prostitution.

Entre factuel, fictionnel et utopique, la représentation de la prostituée rétivienne se voit investie d'un imaginaire mythologique qui fait d'elle « un réservoir intarissable de fantasmes », mais aussi d'un réalisme aigu attesté par les noms, les circonstances, les dates et les adresses de celles que Rétif a rencontrées et fréquentées.

Dans le fracas d'un monde qui s'écroule, Rétif a dû jouer sa partie, réhabiliter et réglementer. En effet, en remarquable précurseur, Rétif n'était pas en accord avec la pensée des Lumières, lui qui fustige l'évolution des mœurs permettant à la prostituée une existence légale en lui accordant des droits en contrepartie d'un contrôle moral et sanitaire rigoureux.

Homme moderne, Rétif l'est parce que révolté. Le portrait de la prostituée est restitué dans toute sa violence pour montrer que par-delà le social, le religieux et le politique, il y a l'humain.

---

19   Pierre Testud, « Rétif, historien et romancier de la prostitution » dans *Études rétiviennes* n° 36, décembre 2004, p. 126 (107–131).

Le portrait du prince par Casanova : entre témoignage et fiction

Malina Stefanovska

« J'ai vu le Roy mais je n'ay pas vu Sa Majesté » : ce bon mot de Mme de Simmier que Tallemant des Réaux cite dans ses *Historiettes* comme preuve du physique peu avantageux d'Henri IV pourrait servir de devise générale aux portraits des rois généralement dressés par les mémorialistes[1]. Dans ces descriptions on perçoit la tension entre le côté individuel du personnage observé d'une part, et le modèle conceptuel du souverain d'autre part, autrement dit entre la perspective du témoin et du penseur politique que le mémorialiste emprunte tour à tour. Le portrait est le résultat d'une négociation : l'individu, observé de trop près, avec ses imperfections, influence le jugement porté sur le souverain, de même que la « majesté », pour emprunter le mot cité, peut obstruer la vision du témoin[2]. Chez Casanova, ainsi que je me propose de montrer dans son autobiographie et son roman *Icosameron*, un « portrait théorique » du souverain, dans le sens d'un jugement porté sur le pouvoir et sur l'art de régner, se développera surtout à travers sa fictionnalisation.

Aventurier constamment à la recherche de protecteurs, Casanova a eu avec des têtes couronnées d'Europe quelques entretiens dont il a laissé des témoignages : Frédéric II de Prusse, le roi de Pologne, l'archiduc Joseph II d'Autriche (futur Empereur des Romains), Catherine II de Russie, et même Georges III d'Angleterre. Il a également dressé quelques « portraits » de princes qu'il avait simplement observés, tel Louis XV, ou le roi de Sardaigne, ou qu'il n'a pas pu connaître, comme Louis XIV, Louis XVI ou l'empereur d'Autriche. Leurs portraits varient entre le simple exercice de rhétorique mondaine, l'observation personnelle, et le jugement politique.

La rencontre la plus insolite concerne Frédéric II de Prusse[3]. La dualité entre l'individu et la majesté qu'y évoque le mémorialiste nous renseigne sur son imaginaire, « ébloui » par la royauté. Il avait été reçu sur sa demande par

---

[1] Tallemant des Réaux, *Historiettes*, Paris, Gallimard, 1960, vol. I, p. 15.
[2] C'est le cas avec Saint-Simon, ainsi que je l'ai montré dans *Saint-Simon, un historien en marge*, Paris, Honoré Champion, 1998, chapitre 3, ou encore dans « A Monumental Triptych : Saint-Simon's *Parallel of the First Three Bourbon Kings* », dans *French Historical Studies*, 19 : 4, 1996.
[3] Jacques Casanova, chevalier de Seingalt, *Histoire de ma vie*, Paris, Gallimard, 2014, 3 volumes, vol. III, p. 229. Les références ultérieures à cette édition sont insérées dans le texte.

l'empereur, dans le jardin de son château Sans-Souci. De but en blanc, celui-ci lui demanda « d'un ton effrayant » ce qu'il voulait de lui :

> Surpris par cet accueil, je reste court, je le regarde, et je ne lui réponds rien. – Eh bien ! Parlez donc. N'est-ce pas vous qui m'avez écrit ? – Oui Sire ; mais je ne me souviens plus de rien. J'ai cru que la majesté du roi ne m'éblouirait pas. Cela ne m'arrivera pas une autre fois. (III, 230)

Une sorte de dialogue de sourds s'ensuit où Casanova dut répondre rapidement à des questions posées à brûle-pourpoint sur le jardin du palais, les frais pour y faire venir les eaux, la flotte de Venise, la manière d'augmenter les recettes royales, et la possibilité – rejetée d'emblée – d'adopter à cet effet la loterie de Gênes. Cette rencontre, qui ne mena ni à un projet ni à un emploi acceptable fut un échec que l'auteur explique de la sorte :

> C'était le premier entretien que j'avais avec un roi. Faisant attention à son style, à ses incartades, à ses sauts rapides j'ai cru d'être appelé à jouer une scène de comédie italienne à l'improviste où si l'acteur reste court le parterre le siffle. (III, 230)

Clairement frustré, il élide toute description ou réflexion politique, et fait glisser l'épisode vers l'anecdote comique, citant la déclaration péremptoire : « vous êtes un très bel homme » (III, 231) par laquelle l'empereur l'a congédié. Il révèle également un trait personnel, remarqué par les critiques : à savoir qu'il se bloque quand on le fixe du regard, et qu'il ne n'aime pas être identifié comme un « masque » de la comédie italienne. Il s'agit ici d'une réappropriation littéraire, ce qui devient évident si l'on compare cette anecdote à sa version plus longue où l'analyse psychologique des interlocuteurs est plus fouillée, mais où l'entrevue apparaît nettement moins comique[4].

Le motif du spectateur ébloui imprègne aussi d'autres descriptions de monarques : parlant du roi de Sardaigne qu'il avait vu à Turin, Casanova se présente comme un « badaud » qui, n'ayant jamais vu de monarque, croyait trouver « dans sa physionomie quelque distinctif fort rare ou en beauté, ou en majesté » mais qui, à la vue de ce prince « laid, bossu, maussade et ayant l'air ignoble » s'est vite défait de cette idée (I, 587). Cette affirmation est toutefois démentie par les rencontres avec l'empereur de Prusse et le roi de Pologne à qui Casanova fut présenté sans pompe, comme à un simple gentilhomme. Cette

---

[4] Citée en traduction par Childs Rives dans *Casanova. A Biography Based on New Documents*, London, George Allen and Unwin LTD, 1961, p. 208, sans référence de source.

simplicité, avoue-t-il, l'avait démonté, même si elle devait empêcher « que la majesté éblouisse » (III, 310).

Le même éblouissement quasi esthétique anime la description de Louis XV, observé lors de son séjour à Paris. Dans la première rédaction de ce chapitre, Casanova notait même qu'il était prêt à tomber amoureux de lui, comme Mme de Pompadour : « La tête de Louis XV était belle à ravir, et plantée sur son cou l'on ne pouvait pas mieux. Jamais peintre très habile ne put dessiner le coup de tête de ce monarque lorsqu'il la tournait pour regarder quelqu'un. On se sentait forcé de l'aimer dans l'instant, j'ai, pour lors, cru voir la majesté que j'avais en vain cherchée sur la figure du roi de Sardeigne[5] ».

L'admiration ne diminue pourtant pas l'aspect mondain de ce qui est, pour le peintre-mémorialiste, presque un exercice obligatoire. Les portraits font partie de la panoplie de l'homme d'esprit et sont une partie appréciée, indispensable peut-être, des mémoires. Casanova décrit en effet Louis XV dans un chapitre cumulant premières impressions, anecdotes et réflexions de voyageur étranger en France. C'est à travers la parole d'autrui qu'il le présente d'abord, celle du spirituel avocat Parisien, Patu, son compagnon et porte-parole, qui lui raconte comment le roi fit la fortune d'un cabaretier en déclarant son ratafia la meilleure liqueur d'Europe, pour se lancer dans une diatribe sur l'apparente affection de son peuple qui « n'est que du clinquant » (I, 602). Patu affirme que la France n'a jamais aimé ses rois, et que Louis XV le savait parfaitement bien. Une autre anecdote amusante de seconde main rajoute au vivant du portrait : la princesse d'Ardore, dont le nouveau-né avait reçu du roi son parrain, un régiment, refusa le cadeau « parce qu'elle ne pouvait se figurer sans frissonner que son fils un jour dût aller à la guerre ». Casanova écrit que le témoin qui le lui a raconté n'a jamais vu le roi rire si fort (I, 636). Le même amusement quelque peu cynique lui est attribué dans l'historiette d'O-Morphi. Selon ses dires, Casanova avait servi d'entremetteur à l'adolescente irlandaise, puisque le nu alléchant qu'il fit peindre d'elle fut montré au roi, qui demanda à la voir et la garda comme maîtresse. L'entrevue lui avait été racontée, affirme-t-il, par la jeune fille elle-même :

> Le roi tira de sa poche « le portrait et dit, après l'avoir bien confrontée, *Je n'ai jamais rien vu de si ressemblant* ». « Il s'assit, il la prit entre ses genoux, il lui fit quelques caresses, et après s'être assuré de son royal doigt qu'elle était toute neuve, et lui avoir donné un baiser, lui demanda de quoi elle riait. Elle lui répondit qu'elle riait parce qu'il ressemblait à un écu de six

---

5 Casanova, *Histoire de ma vie*, Éditions Laffont, Paris, 2014, I, p. 587–8.

francs comme une goutte d'eau à une autre. Cette naïveté ayant fait rire le monarque, il lui demanda si elle voulait rester à Versailles » (I, 660).

Mais sa peinture de Louis XV reproduit aussi des clichés ou idéologèmes qu'on retrouve au long des XVIIe et XVIIIe siècles. Ainsi, Casanova affirme que le roi « était le plus poli de tous les Français, principalement vis-à-vis des dames, ... et [que] personne ne possédait plus que lui la vertu royale de la dissimulation » (I, 635). Mais il répète ce jugement pour Louis XIV, ainsi que l'avaient fait avant lui de nombreux mémorialistes. Une autre de ses généralisations servait à décrire les monarques depuis des siècles : « Louis XV avait de l'esprit, et était grand en tout. Il n'aurait eu aucun défaut essentiel, si la flatterie ne l'eût forcé à en avoir » (I, 636). Il est évident que Casanova puise ici dans les stéréotypes qu'il a pu entendre (sur Louis XIV, par exemple) de la bouche de Crébillon père, son mentor et ami. De même, parlant de l'Espagne, il affirme qu'un roi qui a besoin d'un confesseur pour résoudre ses doutes est « sot » et poursuit : « Louis XIV aurait été le plus grand roi de la terre [...] s'il n'eût pas eu la faiblesse de bavarder avec ses confesseurs » (III, 485). Le type de portrait où le roi individuel illustre une vérité générale se retrouve chez le « trop bon » ou « trop malheureux » Louis XVI, dont la description consiste surtout en maximes et apophtegmes, et ouvre sur un jugement politique de la nation : « tout roi détrôné doit avoir été sot, et tout roi sot doit être détrôné, car il n'y a point de nation au monde ayant un roi qui ne l'ait que par force. [...] Le roi de France périt à cause de sa sottise, et la France sera perdue à cause de la sottise de la nation féroce, folle, ignorante, étourdie par son propre esprit, et toujours fanatique » (III, 877).

Un tel geste qui passe du témoignage à des idées plus générales caractérise également le portrait de Catherine II de Russie. Casanova adopte tout d'abord la position d'observateur anonyme, privilégiée par les mémorialistes[6]. L'observant à Riga, il note l'« affabilité » et « la riante douceur » avec laquelle elle reçoit les hommages de la noblesse livonienne (III, 252), ainsi que sa décision expresse de se laisser « débanquer » au jeu de pharaon qu'elle leur offre[7]. À Saint-Pétersbourg, il la suit lors d'un bal masqué, caché sous un domino, notant qu'elle-même se masque pour espionner les courtisans (III, 258). Lors d'une occasion où il témoigne l'avoir vue se déganter pour donner ses mains

---

6 Saint-Simon par exemple refusa d'être présenté à Pierre Ier de Russie lors de sa visite à Versailles, pour pouvoir l'observer à son aise.

7 Cette position peut aussi être feinte, comme le laisserait entendre Rives Childs dans *Casanova. A Biography Based on New Documents, op. cit.*, qui soutient que Casanova ne se trouvait pas à Riga en même temps que l'impératrice.

à baiser aux sentinelles afin de s'attacher leur fidélité, l'éditeur de la Pléiade Gérard Lahouati met en doute le témoignage personnel et cite un livre dans lequel Casanova aurait puisé cette information. L'influence des idées politiques préexistantes se révèle aussi dans une historiette personnelle qui lui sert à prouver le despotisme de l'impératrice : ayant critiqué un pont en bois sur la Neva, il s'était vu répondre qu'il sera reconstruit en pierre dans les trois semaines selon une ordonnance impériale. Lorsqu'il voulut exprimer son scepticisme, on lui conseilla de se taire. À la fin, rapporte-t-il, « le pont ne fut pas fait, mais je n'ai pas pour cela eu raison, car, huit jours avant le terme, l'impératrice publia un second Oukas dans lequel elle ordonnait que son bon plaisir était que le pont ne fût construit que dans l'année suivante. » (III, 280). Et de conclure : « les czars de Russie se sont toujours servis, et se servent encore du langage du despotisme en tout. »

Le témoignage se complète par les deux conversations que Casanova rapporte avoir eues avec l'impératrice. La forme n'y est nullement innocente : pendant les Lumières, le dialogue à vocation théorique est privilégié pour la lutte philosophique[8]. Tout au long de son récit de vie, Casanova l'utilise en maître pour en augmenter l'intérêt, mettre en scène son esprit, et exprimer ses idées. Mais il est clair que c'est un procédé éminemment fictionnel, puisqu'il est exclu que l'on puisse reproduire les conversations d'il y a trente ans, même si l'on se souvient des événements. Le dialogue est ainsi le point saillant où le récit de réalité, filtré par la mémoire, rejoint l'imagination créatrice. Et s'il est vrai que Casanova revit son passé en écrivant, c'est justement à travers la communication reconstruite, imaginée, avec autrui qu'il parvient à le (re)créer.

Il n'est donc pas indifférent que le dialogue, inséré dans le récit, lui serve à peindre la souveraine qu'il juge la plus conforme aux Lumières. Casanova en rapporte deux, dont le premier lui aurait permis de tâter le terrain, la flattant subtilement et touchant plusieurs matières qui pouvaient l'intéresser, telle la loterie de Gênes, puis lui proposant la réforme du calendrier, autre mesure bénéfique pour l'État à laquelle il aurait voulu travailler. L'impératrice, qu'il présente comme très informée sur les sciences, lui promet de réagir à sa proposition après y avoir pensé, et dans un second entretien lui expose en détail les raisons qui la dissuadent de l'entreprendre. Leur conversation, longue, technique et détaillée, porte donc sur des sujets qui intéressaient les Lumières : le calendrier, le rapport politique au peuple et au clergé, les finances de l'Etat. (III, 291–299). De nouveau, les éditeurs de la Pléiade nous alertent quant à son caractère potentiellement fictif puisque la réforme du calendrier est l'objet

---

8   Voir Stéphane Pujol, *Le Dialogue d'idées au dix-huitième siècle*, Oxford, SVEC, 2005 : 06, Voltaire Foundation, p. viii.

d'un mémoire signé par Ange Goudar que Casanova aurait écrit (ou même simplement lu) mais qui ne fut pas soumis à l'impératrice.

Le souci d'organisation et d'ordonnancement dénoté par la discussion sur la possibilité d'unifier les mesures de temps à l'échelle Européenne, se développe jusqu'à ses derniers aboutissements dans une fiction que Casanova composa avec le vain espoir d'atteindre la gloire et où il développe une théorie sur le gouvernement et l'art de régner, autrement dit un « portrait théorique du prince[9] ». *Icosameron* est un roman utopique qui raconte la découverte et la conquête d'un monde d'humanoïdes au centre de la terre par Édouard Alfrède, héros qui incarne manifestement les préoccupations des Lumières et quelques unes des obsessions de son auteur : mesurer et dominer la nature, mener à bien divers projets de production qui l'enrichissent (chimie, construction, imprimerie, poudre et artillerie, mines), s'inscrire dans une généalogie et une filiation fabuleuses, réformer la langue, etc. Dans la mesure où le jugement sur le monarque fonde une réflexion sur l'art de régner, Édouard, le héros du roman, en représente une illustration importante, puisqu'il est le seul qui, parti de rien, a conquis un pouvoir dépassant par son ampleur et son efficacité tout ce que les Mégamicres connaissaient avant lui.

En arrivant dans le monde souterrain, le couple qu'il forme avec sa sœur et épouse se trouve entièrement démuni, forcé de se soumettre à ses habitants, de mendier sa nourriture, et d'admirer l'organisation de leur société. Progressivement, toutefois, Édouard révèle ses capacités et – à travers une série de projets pratiques qui retracent ceux de la civilisation et des Lumières, notamment la production du papier, l'imprimerie, la mise en place d'un alphabet qui s'y prête, la découverte de la poudre et la production d'armes, le développement de la chirurgie oculaire[10], la promotion du commerce intérieur et extérieur, et même la découverte de l'électricité – il parvient à s'imposer comme « géant utile », bénéficiant de l'appui et de l'amitié d'un de leurs monarques. Par ses inventions, Édouard assure la prospérité du royaume et sa paix, créant de nombreuses lois que le roi adopte. Il apprend également à jouer avec le fragile équilibre qui règne chez les Mégamicres entre le pouvoir temporel et spirituel, entre la raison et la superstition. D'étape en étape, le récit le fait monter

---

9   C'est d'ailleurs au nom de l'art de régner, c'est-à-dire pour des raisons d'efficacité politique, que Catherine refusa sa proposition, selon Casanova, ne voulant pas se mettre à dos le clergé et le peuple.

10 Casanova reproduit les techniques contemporaines de l'abaissement de la cataracte, notamment par extraction du cristallin qui fut pratiqué par le médecin français Jacques Daviel (1693–1762) à partir des années 1750, et les grands débats que cette méthode suscita entre les médecins, les barbiers et les chirurgiens. Il est donc clair qu'il est au fait des avancées scientifiques de son époque.

au faîte du pouvoir, culminant lorsque le « grand Génie d'Hélion » – autorité spirituelle suprême et messager du Dieu des Mégamicres qui reste invisible à tous et s'énonce à travers des signes – lui attribue un fief dans le monde souterrain et l'en nomme « souverain indépendant », jouissant de tous ses revenus, capable de faire de nouvelles lois et de frapper monnaie[11].

Il est évident que la narration met en scène l'art de régner, puisqu'avant d'accepter la souveraineté offerte, Édouard avait demandé au roi son ami « une petite leçon » sur la façon dont il devait se régler « pour bien gouverner son fief » (348). Les préceptes énoncés dans leur entretien dénotent une réflexion suivie sur ce sujet : se faire aimer des sujets en rendant leur commerce plus florissant et en leur procurant de nouveaux plaisirs ; éviter le trop de familiarité, garder son statut « d'une nature supérieure à la commune » (350) ; ne pas baser sa richesse sur la possession de mines de métaux précieux qui doivent être gardés simplement comme réserves (350) ; éviter la flatterie des courtisans mais faire aussi la sourde oreille aux plaintes contre les nouvelles lois ; baser les revenus de la couronne sur de légers impôts sur les terres, les maisons et quelques articles de luxe, rendre public le budget, etc. Les deux amis discutent du bien-fondé des impôts sur les importations versus les exportations, de la contrebande, du luxe, de savoir s'il vaut mieux exporter des matières premières ou des produits finis, et de bien d'autres questions « en politique de commerce et de finance » (352). Il est significatif que l'on retrouve dans le portrait très sommaire du roi des Mégamicres, appuyé sur l'épaule d'un ami et lançant un regard qui séduit les observateurs (295), une étonnante ressemblance avec la description de Louis XV. Malgré ces détails, pourtant, le roi des Mégamicres reste sans visage et sans caractère personnel, ainsi que le prescrivent les règles de l'utopie, genre qui tient davantage d'un programme politique que d'un exercice d'individuation. La remarque d'un des interlocuteurs d'Édouard à son retour sur terre est cohérente avec cette logique : alors qu'auparavant il ne pouvait imaginer comme imposante une créature de la taille de dix-huit pouces, après avoir écouté son histoire il « voit » la majesté du roi des Mégamicres (406). Ne connaissant pas de tension entre le témoignage et l'imaginaire, les princes fictifs peuvent sans peine s'inscrire dans un idéal.

Mais le ton du récit change au fil de la narration et malgré l'idéal distillé au cours des échanges amicaux avec le roi des Mégamicres, le règne d'Édouard dérive vers l'autoritarisme, puis vers l'absolutisme. Le type de prince qu'il devient

---

11   Casanova, *Icosameron ou Histoire d'Edouard et d'Elisabeth qui passèrent quatre-vingt-un ans chez les Mégamicres, habitants aborigènes du protocosme dans l'intérieur de notre globe*, Paris, Éditions François Bourin, 1988, p. 339. Les références ultérieures sont données dans le texte.

se révèle différent du monarque éclairé, suprêmement efficace et sage du début. Son règne s'appuie sur l'idée de sacralité : en effet il se déclare convaincu « que les souverains sont élus par Dieu même, ils sont son image, ils reçoivent de lui une partie de son pouvoir » (394). On y constate une dérive de plus en plus prononcée vers le pouvoir spirituel, le patriarche allant jusqu'à assumer des prérogatives pontificales, prophétiques, puis carrément divines, se posant en véritable « Pantocrator » ordonnateur et créateur de l'univers. Édouard reformule entièrement les dogmes de la religion chrétienne et convertit en masse les Mégamicres, menaçant leur culte solaire ; à travers une procréation exponentielle prodigieuse, soigneusement chiffrée tout au long du roman, il engendre une immense population (avec sa sœur-épouse, il procrée 40 paires de jumeaux, dont chacune à son tour en procrée 40, etc[12].). Puis, lorsque la surpopulation les menace et que, miraculeusement, la sensibilité de ses descendants change, il remplace l'inceste par le mariage prescrit entre cousins, ce qui arrête la multiplication par gémellité et diminue la croissance de la population. Ses capacités de créateur de monde culminent lorsqu'il s'attribue le titre nouvellement inventé de « pantophilarque » (510), qu'il traduit comme signifiant la plus haute autorité spirituelle et religieuse des Mégamicres et lorsque, vers la fin, il usurpe pratiquement la place de leur divinité invisible et sacrée, ainsi que le constate l'un d'eux : « On prétend que vous êtes le Grand Génie même » (685). Vers la fin, Édouard et ses millions de descendants tous armés par ses soins, sont cependant entraînés dans une guerre contre une république construite comme une caricature de Venise, guerre qu'il présente comme justifiée mais qui néanmoins introduit dans le monde auparavant merveilleusement organisé et pacifique la violence et la peur.

Si l'on accepte que, comme toute utopie, l'*Icosameron* est éminemment politique, on lira le récit de l'irrésistible ascension d'Édouard Alfrède comme un portrait conceptuel du prince à travers son art de régner[13]. La pensée de l'auteur de fiction dérive de polis vers la poïésis, ainsi que l'énonce Milady

---

12   Édouard parle ainsi de son « arrivée dans ce monde-là, dont j'étais né pour changer les mœurs, la religion, le système, la nature, et peut-être aussi la tranquillité et le bonheur » (694).

13   R. Bombosch, dans « Casanova et la pensée politique de Voltaire », dans *Casanova fin de siècle, Actes du colloque international, Grenoble, 8,9,10 octobre, 1998, textes réunis et présentés par Marie-Francoise Luna*, Paris, Honoré Champion, 2002, p. 198, affirme que « la politique chez Casanova manque de contenu positif » et qu'elle est empreinte d'une vue pessimiste de l'homme, « vue complètement désillusionnée et antiutopique » qui lui permet de décrire la politique des monarques éclairés comme une politique de force brutale. À l'inverse de Voltaire, qui tente de concilier politique et morale, cet auteur estime également, selon elle, que tous les principes de la morale sont entièrement opposés à la politique.

Rutgland, l'érudite interlocutrice d'Édouard lors de son retour sur terre, qui déclare qu'à la différence de l'historien, le futur « appartient sans nul ménagement et sans que personne puisse y trouver à redire au poète, puisque c'est là où il parle en Dieu » (470). Dans sa dérive hyperbolique, on pourra voir l'aboutissement d'une réflexion inspirée par Machiavel, sur l'impossibilité – même fictionnelle – d'ordonner en maître un univers politique.[14] Et puisqu'il est clair que le héros incestueux, riche en projets et obsédé par les chiffres est aussi, à bien des égards, une figure d'auteur, l'on ne s'étonnera pas qu'un écrivain aussi hors mesure que Casanova dresse du prince un portrait où se confrontent la majesté, la divinité, et son propre moi hypertrophié.

Il ne faut pas pour autant en conclure que la représentation fictionnelle du souverain ne peut se construire que sous l'éblouissement de la « majesté », autrement dit sous une forme exorbitante. Une esquisse nettement plus humaine – faite pour s'amuser et faire rire « la bonne compagnie » – se trouve à la suite des entretiens que Casanova rapporte avec Catherine de Russie, sous forme d'un troisième échange qu'il présente comme entièrement imaginé, et qui reprend les quelques dialogues philosophiques auxquels il s'exerça en parallèle avec son autobiographie[15].

Une telle digression fictionnelle, extrêmement rare (peut-être même unique!) dans la narration de *l'Histoire de ma vie*, est motivée par le souvenir de l'auteur d'avoir lu dans un journal « que Catherine II mourut heureuse comme elle vécut. » (III, 296). Se rappelant alors que sa mort fut subite, il s'insurge contre le journaliste dont la formulation laisse présumer que l'impératrice partageait sa perspective. Puis il déclare « nous aurions besoin d'interroger aujourd'hui la feue impératrice », et enchaîne :

---

14 Casanova affirme en effet que les gouvernements les plus conformes à la raison « qui sont les démocratiques sont precisement les plus abominables ». Il loue les rois « à la tête d'une nation qui a des loix, des richesses et du courage » mais rappelle que tout monarque qui n'a pas les vertus royales « est l'image du diable, et l'objet de la haine, et de l'execration de tous ceux sur les quels il pese. » Voir Jacques Casanova de Seingalt, *Examen des Études de la nature et de Paul et Virginie de Bernardin de Saint-Pierre*, présenté par Marco Leeflang et Tom Vitelli, Utrecht, 1985, Documents Casanoviens, # 1. Fragment, Marr. 28-3, p. 100.

15 Le premier de ces dialogues, avec le prince, reprend surtout des lieux communs : que l'histoire est l'étude que le prince doit « préférer à toutes les autres, car ce n'est que par elle qu'il peut parvenir à savoir bien gouverner, et à rendre heureux ses sujets », qu'il doit « posséder dans le plus éminent degré la prévoyance » et pour cela connaître l'histoire générale à travers les histoires particulières, qu'« il doit avoir acquis par une longue pratique la connaissance du cœur humain ». Voir « Dialogue premier », Casanova, *Histoire de ma vie, suivi de textes inédits*, Paris, Laffont, 1993, tome I, p. 1265.

> Etes-vous bien contente, madame, d'être morte de mort subite ? – Quelle bêtise ! Vous ne sauriez faire une pareille question qu'à une désespérée, ou à une femme qui en conséquence de sa mauvaise constitution devait craindre une mort douloureuse à la suite d'une longue, et cruelle maladie. Je n'étais ni dans l'un, ni dans l'autre de ces cas : j'étais heureuse, et je me portais très bien. (III, 296)

L'entretien véritable avec Catherine, présenté auparavant, dérive ainsi imperceptiblement vers une conversation imaginaire, philosophico-comique qui soulève des questions tenant à cœur à l'auteur vieillissant (notons qu'il a retravaillé ce chapitre un an avant sa mort) : si désirer une mort prompte est un signe de « poltronnerie » ; si l'impératrice peut accuser Dieu d'injustice ; si une mort malheureuse suivie d'un bonheur éternel est possible ; enfin la conclusion, mise dans la bouche de l'impératrice :

> Le bonheur éternel est une suite du contentement de l'âme dans le moment qu'elle quitte la matière, comme la damnation éternelle doit l'être d'un esprit qui s'en sépare se sentant déchiré par des remords, ou par des vains regrets. Mais en voilà assez, car la peine à laquelle je suis condamnée ne me permet pas de vous parler davantage. – Dites-moi de grâce quelle est cette peine. – M'ennuyer. Adieu. (III, 297)

Ainsi, la souveraine qu'il admire « pénètre » fictivement dans son dialogue intérieur. Mais lorsque ce soliloque intime effectué par son truchement devient trop sérieux ou trop douloureux, Casanova, célèbre par ses « esquives[16] », le coupe par une pirouette, s'excusant au lecteur de « cette longue digression poétique » (III, 298). Un tel geste participe de sa volonté d'échapper à la mélancolie et de « donner un noble sujet de rire à la bonne compagnie ». Et si, dans ce projet, le portrait de la souveraine échappe aux clichés autant qu'à la réalité, on pourrait dire qu'en revanche elle quitte la majesté pour entrer plaisamment dans l'écriture du moi. Après tout, son portrait fictionnel ne représente qu'un délassement pour échapper à l'ennui.

---

16 Les critiques s'accordent généralement à ce sujet. Voir par exemple Jean-Christophe Igalens, *Casanova. L'écrivain en ses fictions*, Paris, Garnier, 2011.

Le roi de France et la religieuse de Murano. Réflexion sur les régimes du portrait dans l'*Histoire de ma vie* de Casanova

Jean-Christophe Igalens

Les portraits au sens restreint, descriptions physiques et morales[1], ne constituent pas nécessairement le mode de représentation dominant du riche personnel qui habite les pages de l'*Histoire de ma vie*. Casanova privilégie souvent l'esquisse rapide; le personnage s'anime ensuite dans la narration, à la faveur de sa représentation en action. De Bettine, premier amour selon l'ordre du récit, à peine apprendra-t-on qu'elle était « jolie, gaie et grande liseuse de romans[2] » : traits non dénués de sens, mais qui énoncent la promesse élémentaire d'un récit plus qu'ils ne déploient un portrait. Mais voici bientôt Bettine en action, saisie en une habitude qui est une nouvelle promesse (« elle se montrait trop à la fenêtre ») puis approchée par la médiation d'un regard amoureux et la reconnaissance d'une ignorance : « Cette fille me plut d'abord sans que je susse pourquoi ». Loin d'être une simple privation, ce non-savoir prend place au centre de l'épisode, première manifestation d'un thème amoureux essentiel. Suivent plusieurs scènes qui donnent consistance à ce mystère et constituent, d'un même mouvement, une représentation oblique et inaugurale du jeune Vénitien, fasciné par la détermination, l'esprit, et les esquives que la jeune fille oppose à sa famille comme à son propre regard : la scène des caresses prodiguées au jeune Casanova encore honteux d'éprouver un émoi érotique ; la scène de la prétendue possession diabolique où le plaisir de mettre à nu l'hypocrisie sociale et religieuse glisse vers la jouissance plus équivoque du suspens interprétatif associé à l'interrogation sur les raisons du masque ; enfin la scène touchante où Bettine-Julie alitée, atteinte par la vérole, est veillée par Casanova-Saint-Preux au risque de la contagion : la réassurance sentimentale et romanesque, solidaire d'un nouveau régime de la reconnaissance, est préférée aux réponses définitives sur les motifs de l'attirance amoureuse, à la résolution de l'énigme.

---

1 « Portrait – Description de la figure ou du caractère d'une personne, quelquefois de l'une et de l'autre » (Marmontel, *Éléments de littérature*, éd. Sophie Le Ménahèze, Paris, Desjonquères, 2005, p. 947).
2 Casanova, *Histoire de ma vie*, éd. Jean-Christophe Igalens et Erik Leborgne, Paris, Robert Laffont, « Bouquins », 3 t., 2013–2018, t. I, p. 41. Toutes les références à l'*Histoire de ma vie* renvoient à cette édition.

Le privilège de la scène, essentiel à l'esthétique de l'*Histoire de ma vie*, ne doit cependant pas conduire à négliger les nombreux portraits qui surviennent tout au long de l'œuvre. La vie narrée est caractérisée par le mouvement, par les déplacements géographiques et sociaux : les personnages portraiturés sont à leur tour d'une grande variété. L'anonyme esclavonne qui reçoit Casanova encore enfant, envoyé en pension à Padoue, fait l'objet du premier portrait physique de l'œuvre, associé à l'effet produit par l'apparence rebutante et l'ambivalence sexuelle du personnage[3] ; elle cohabite dans l'*Histoire de ma vie* avec Catherine II, majestueuse et puissante, mais non moins ambigüe dans l'imaginaire du temps (t. VIII, chap. 14 dans le manuscrit) ; le portrait du séduisant père Mancia, exorciste dominicain, coexiste avec celui de Louis XV. Les fonctions du portrait sont aussi variées : la *Cavamacchie*, courtisane vénitienne, fait l'objet d'un portrait démystificateur où le travail de renversement systématique de l'apparence et de l'opinion sert un impitoyable règlement de comptes[4] ; le portrait élogieux de Silvia Balleti est en revanche inséré dans une vibrante oraison funèbre[5].

Pareille diversité invite à une réflexion sur une possible pluralité des régimes du portrait, selon que l'*Histoire de ma vie* se rapproche des Mémoires et de leur relation avec l'Histoire ou qu'elle fait le portrait d'êtres sans inscription historique, présents en raison de leur seul lien avec un écrivain qui, comme l'a analysé René Démoris, écrit sa propre comme vie comme celle d'un « individu non historique *en tant que non historique* (le contact avec les grands personnages rest[ant] secondaire par rapport au récit de la vie privée)[6] ». Dans *Casanova mémorialiste*, Marie-Françoise Luna distribue ses belles pages sur le portrait dans deux parties distinctes. Les portraits de souverains et de célébrités sont étudiés dans la partie consacrée au « mémorialiste et à son monde[7] » ; les portraits de femme « non historiques », au sens donné à cette expression par R. Démoris, sont abordés au cours de l'étude des relations entre l'*Histoire de*

---

3 *Histoire de ma vie*, éd. citée, t. I, p. 35.
4 *Histoire de ma vie*, éd. citée, t. I, p. 94.
5 *Histoire de ma vie*, éd. citée, t. I, p. 714 à 719 pour les deux versions de ce passage.
6 René Démoris, « Introduction » dans Casanova, *Mémoires*, Paris, Garnier-Flammarion, 1977, p. XXIX. Les *Éléments de littérature* de Marmontel rappellent les questions que pouvait susciter le portrait de personnages sans inscription historique dans le récit factuel : « Mais le *portrait* d'un homme isolé et dont le caractère n'est d'aucune influence n'a lui-même aucun intérêt et ne peut être dans l'histoire qu'un ornement postiche et vain, digne tout au plus d'amuser une curiosité frivole, mais indigne d'un écrivain sage comme d'un lecteur sérieux » (*op. cit.*, p. 949).
7 Marie-Françoise Luna, *Casanova mémorialiste*, Paris, Honoré Champion, 1998, chapitre 3, section « L'« optique » de Casanova (discours, portraits, mises en scènes) », p. 411–420.

ma vie et l'univers de l'Arioste[8]. Marie-Françoise Luna montre que les portraits féminins s'écrivent à la croisée d'un imaginaire poético-érotique nourri par le *Roland Furieux* et d'une attention au détail qui singularise les personnages :

> Le miracle des portraits casanoviens est qu'au-delà de tant de processus d'idéalisation romanesques, poétiques et picturaux, c'est, chaque fois, la beauté unique d'une femme que s'évertue à mettre en valeur le regard extasié de l'écrivain : les hanches « relevées » de C.C., la lèvre inférieure avancée de Rosalie, le grain de beauté au menton d'Esther, la « vue basse » et le blond tirant au blanc d'Annette, les « petites boucles crépues » qui, s'échappant de ses tresses brunes, ornaient sans « art, ni ordre, ni étude » le front de Mariuccia, ou encore la fragilité de la « blondine » Betty, peinte tout en diminutifs[9].

Le dialogue avec la littérature poétique et fictionnelle n'exclut pas une attention au détail qui fait ressortir, contre les stéréotypes romanesques, la singularité de l'objet du portrait et les secrets de la fixation du désir.

Il serait tentant d'associer l'attention au détail singularisant à la nature factuelle du récit ; mais le lecteur des *Deux Amis de Bourbonne* sait aussi que Diderot érige le détail et le petit défaut physique en instruments privilégiés de l'illusion recherchée par le conteur ou le romancier :

> Comment s'y prendra donc ce conteur-ci pour vous tromper ? Le voici : il parsèmera son récit de petites circonstances si liées à la chose, de traits si simples, si naturels, et toutefois si difficiles à imaginer, que vous serez forcé de vous dire en vous-même : Ma foi, cela est vrai, on n'invente pas ces choses-là .[...] [Q]ue l'artiste me fasse apercevoir au front de cette tête une cicatrice légère, une verrue à l'une de ses tempes, une coupure imperceptible à la lèvre inférieure, et d'idéale qu'elle était la tête devient un portrait ; une marque de petite vérole au coin de l'œil ou à côté du nez, et ce visage de femme n'est plus celui de Vénus ; c'est le portrait de quelqu'une de mes voisines[10].

---

8   *Ibid.*, cinquième partie, chapitre 3 (« Le monde enchanté de l'Arioste »), section « Les portraits féminins », p. 482–486.
9   *Ibid.*, p. 485.
10   Diderot, *Les Deux Amis de Bourbonne*, dans *Contes et romans*, éd. Michel Delon, Paris, Gallimard, « Bibliothèque de la Pléiade », 2004, p. 449.

Le détail singularisant dans le portrait peut se penser, dans la littérature du XVIIIe siècle, comme une présence du référent capable de résister à la stéréotypie romanesque et comme un vecteur privilégié de l'illusion fictionnelle.

Les questions posées par ces facettes du portrait, entre Histoire et vie « non historique », entre travail du référent et échanges avec la fiction sont aussi nécessaires lorsqu'on les envisage à distance, à un certain degré de généralité, que labiles et labyrinthiques dès qu'on les considère de près et en détail. En quelques pages, on s'autorisera à les aborder latéralement et par les textes, à esquisser une réflexion en se concentrant sur deux combles : le roi de France et une amante dont l'écrivain dissimule le nom au cœur d'un épisode qui a toujours été perçu comme l'un des plus romanesques de l'œuvre, soit Louis XV et M.M., la religieuse de Murano[11]. Ces deux exemples offrent un matériau privilégié pour l'analyse. Le manuscrit conservé désormais par la Bibliothèque nationale de France comporte deux versions de la scène où Casanova aperçoit Louis XV à Fontainebleau[12]. Or d'importantes différences entre la première version (1789-90) et la seconde (1795-1796) sont liées aux enjeux du portrait du roi, personnage historique par excellence. M.M. semble susciter, d'autre part, une multiplication vertigineuse des portraits : multiplication thématique liée au double portrait peint du personnage, aux motifs de la duplication et du faux-semblant, si récurrents qu'ils invitent à s'interroger sur l'*original* de la représentation[13] ; multiplication textuelle aussi, qui sera privilégiée dans ces

---

11   Cyril Francès s'est lui aussi intéressé à M.M. lors d'une session antérieure (2012) du programme « Récit et vérité à l'époque classique » : voir son article « 'J'entendais parfaitement le langage de son âme'. Les mirages de l'intériorité dans l'*Histoire de ma vie* de Casanova », dans Marc Hersant et Catherine Ramond (dir.), *La Représentation de la vie psychique dans les récits factuels et fictionnels de l'époque classique*, Leiden-Boston, Brill-Rodopi, 2015, p. 175-188.

12   Sur les deux versions, voir *Histoire de ma vie*, éd. citée, t. I, p. XXXIII et p. 680 note 1.

13   M.M. offre à Casanova son « portrait double sous deux différents secrets » (t. I, p. 1059), l'un en religieuse et l'autre nue ; le résident d'Angleterre montre plus tard au Vénitien le portrait de celle qu'il pense être M.M. et avec qui il croit avoir couché pour de l'argent : ce portrait « ressemble à M.M. » (t. I, p. 1135), mais Casanova sait qu'il ne représente pas le même original. Il le prouve : le résident a en réalité couché avec une prostituée qu'on lui a présentée comme M.M. ; plus tard encore, Casanova rencontre une seconde M.M., religieuse du même ordre, aux initiales identiques et ressemblant à s'y méprendre à la M.M. de Murano – l'une est blonde et l'autre brune, mais seule la couleur des yeux de la seconde M.M., noirs et non pas bleus, convainc Casanova que ce sont deux femmes différentes : la confrontation entre le portrait double de la M.M. de Murano et « cette nouvelle M.M. aux yeux noirs » (t. II, p. 531), la perception, dans les nuances de leur couleur de peau, d'une « dissemblance qui ne pouvait être aperçue que par des yeux amoureux » (t. II, p. 546) participera à l'accroissement du désir ; enfin, la nouvelle M.M. se fait offrir les portraits de la M.M. de Murano et, demandant à un peintre d'y modifier la couleur des yeux et

pages : Casanova se passe de faire le portrait de certains personnages, mais livre plusieurs portraits successifs de M.M. Portrait de roi, portrait d'amante ; portraits écrits entre variante et variations : l'attention à ces textes suggère quelques indications sur de possibles régimes du portrait, sur leurs différences et ce qui, entre eux, circule.

Casanova a écrit deux versions de son premier séjour à Paris et donc de la visite à Fontainebleau qui lui permet de voir Louis XV. Dans la plus ancienne, rédigée fin 1789 ou quelques mois plus tard, il dresse un portrait physique très élogieux du roi, moins sensible aux détails de la physionomie qu'à l'effet produit par la posture et la présence du monarque. Le portrait est préparé par l'ensemble de la séquence consacrée à la visite. La cour française y est placée sous le signe de la *laideur* et de la *médisance*. La beauté du Roi forme un puissant contraste avec ce fond de décor. Le principe d'opposition est avancé dès les phrases liminaires :

> Ce fut le surlendemain de mon arrivée à Fontainebleau que je suis allé tout seul à la cour. J'ai vu le beau Roi aller à la messe, et toute la famille royale, et toutes les dames de la cour qui me surprirent par leur laideur comme celles de la cour de Turin m'avaient surpris par leur beauté (I, 776).

Il est même redoublé : le roi de Sardaigne avait étonné Casanova par sa laideur et son insignifiance. Les deux cours s'opposent terme à terme, comme la laideur des courtisanes françaises s'oppose à la beauté de Louis XV.

Puis le personnage se déplace (« « J'allais tout seul rôdant partout jusqu'à l'intérieur des appartements royaux ») pour découvrir un nouveau spectacle qui produit le même effet. La laideur physique s'associe à la coquetterie burlesque : un dialogue ridiculise « dix à douze dames laides » qui, juchées sur de hauts talons, ne peuvent pas marcher sans plier les genoux mais refusent de se chausser différemment pour ne pas sembler plus petites. Après cette scène, Casanova-spectateur se déplace encore, le roi paraît et le portrait se développe :

> J'entre dans une galerie, et je vois le Roi qui passe se tenant appuyé avec un bras à travers les épaules de M. d'Argenson. La tête de Louis XV était belle à ravir, et plantée sur son cou l'on ne pouvait pas mieux. Jamais peintre très habile ne put dessiner le coup de tête de ce monarque lorsqu'il la tournait pour regarder quelqu'un. On se sentait forcé de l'aimer

---

des cheveux, offre à Casanova ce qui est désormais « son » portait (t. II, p. 557–558) : le « même » portrait change ainsi d'original....

dans l'instant. J'ai pour lors cru voir la majesté que j'avais en vain cherché sur la figure du Roi de Sardaigne. Je me suis trouvé certain que Madame de Pompadour était devenue amoureuse de cette physionomie, lorsqu'elle parvint à se procurer sa connaissance. Ce n'était pas vrai, peut-être, mais la figure de Louis XV forçait l'observateur à penser ainsi (I, 778).

Le « coup de tête » du roi échappe au portrait peint : l'écrivain en saisit l'essentiel en substituant à la stricte description de l'objet une triple évocation de son effet saisi au moyen de l'expérience ; celle-ci se dit d'abord par un impersonnel qui en généralise la portée (« on se sentait forcé de l'aimer »), puis elle s'exprime comme telle lorsque le jugement succède à la sensation (« j'ai pour lors cru ») ; enfin le jugement se fait projection dans une figure féminine séduite par le charme du roi (« Je me suis trouvé certain que Madame de Pompadour ... »), entre remarque analytique et identification empathique.

La laideur du roi de Sardaigne avait conduit Casanova à douter de l'existence réelle de la « majesté » comme qualité royale objective, indépendante des préjugés du spectateur ; la vue de Louis XV la réhabilite, au moins pour le personnage. La beauté du roi, soigneusement mise en scène à partir du point de vue d'un spectateur étranger et novice par contraste avec la quasi-totalité des éléments antérieurs du texte, a donc un enjeu politique. Ici allusif, il se trouvé déplié dans le « §VII » de l'*Essai de critique sur les mœurs, sur les sciences et sur les arts*. Consacré à la « Majesté », ce paragraphe évoque les vues successives et contrastées du roi de Sardaigne et de Louis XV. Il décrit la genèse d'un préjugé nécessaire à l'institution monarchique :

> La crainte, et la vénération qu'on a pour un monarque vient de cinq à six idées factices enracinées dans nos esprits jusque dès notre enfance par l'imagination prévenue dans un temps où la nature brute, tendre, et pliante est susceptible de toutes les empreintes[14].

Les souvenirs narrés à la première personne montrent la force de ce préjugé, puis le déniaisement du Vénitien par l'expérience lorsque le Roi de Sardaigne le déçoit ; la vue de Louis XV le pousse à concevoir à nouveau que la majesté puisse être « objet des sens ». Le texte se referme sur l'évocation d'une variation sans fin du jugement : le paragraphe a développé une conception assez claire de la majesté comme idée factice, mais Casanova, par refus d'ébranler un

---

14 Casanova, *Essai de critique sur les moeurs, sur les sciences et sur les arts*, éd. Gérard Lahouati, Pau, Presses Universitaires de Pau, 2001, p. 56. L'*Essai* n'a pas été publié du vivant de Casanova.

préjugé nécessaire, en raison d'une hésitation personnelle ou selon un scepticisme souple sensible aux aléas de l'expérience et du jugement, se refuse à toute conclusion définitive[15].

Dans l'*Histoire de ma vie*, le portrait du roi autorise un glissement de la majesté à la séduction, de l'amour des sujets pour le roi à celui de la favorite pour son amant : ce déplacement est significatif du point de vue de Casanova sur la monarchie, institution où s'estompe le partage entre politique et érotique. D'un même mouvement, le portrait de Louis XV par un spectateur extérieur à la cour tend à la représentation de l'efficacité de la représentation monarchique : la beauté du roi manifeste aux yeux de Casanova la nature spectaculaire et théâtrale de son pouvoir.

La seconde version, écrite en 1795-1796, organise différemment les éléments de la visite à Fontainebleau ; l'apparition de Louis XV est présentée en termes renouvelés :

> Je m'arrête dans une galerie, où je vois beaucoup d'hommes, et de femmes en haie à droite et à gauche. J'apprends qu'on attendait là pour voir passer le roi qui allait à la messe précédé de sa cour. Je m'y mets aussi avec plaisir étant fort curieux de le voir. Je vois premièrement mesdames de France, qui dans le costume de cour montraient non seulement leurs épaules toutes nues ; mais leurs seins aussi jusqu'au-delà du bout. Je les trouve laides malgré leur air affable, et la politesse avec laquelle elles faisaient à droite, et à gauche la révérence à tout le monde. Je vois une quantité de dames de cour toutes laides, marchant mal, juchées sur des pantoufles, dont le talon avait un demi-pied de hauteur. Elles croyaient de paraître plus grandes. Mais après toutes les laiderons je vois une beauté parfaite. On me dit que c'était madame de Brionne plus encore respectable que belle, car on n'avait jamais débité sur elle la moindre histoire. C'était un superbe éloge dans une cour où la corruption des moeurs avait rendu ridicule jusqu'à la calomnie. [*Casanova évoque ensuite la reine et la présence, parmi l'assistance, de Juliette, courtisane vénitienne bien connue du Vénitien*]. [*Juliette*] ne pouvait pas me voir, et cela me fait plaisir. Voilà le roi, qui entre dans la galerie marchant vite, tenant un bras à travers les épaules de M. d'Argenson ministre de la guerre, et ayant à sa gauche le maréchal de Richelieu. Je le vois parler au roi, lorsqu'il est à portée de voir Juliette : Sa majesté la regarde, passe outre, et dit au maréchal ces paroles précisément lorsqu'il passait devant moi : *nous en avons ici de plus jolies*.

---

15 Sur ce point, je me permets de renvoyer à Jean-Christophe Igalens, *Casanova. L'écrivain en ses fictions*, Paris, Classiques Garnier, 2011, p. 245 *sq*.

À la suite du roi j'ai vu les princes du sang ; et tout le monde s'étant débandé, j'ai approché Juliette […] (I, p. 781-783).

D'une version à l'autre, le portrait physique du roi disparaît. On peut en faire l'hypothèse : le présent de l'écrivain et les événements historiques advenus entre les deux rédactions ne sont pas étrangers à cette suppression, si ce qui importait à Casanova, au point de ne rien vouloir lui substituer, était l'attention portée à la tête du roi comme siège réel ou illusoire de la majesté. En 1795-1796 l'évocation séduite d'une tête bien plantée sur un cou royal, fût-ce celle de Louis XV, était susceptible de produire un effet proche de l'humour noir qui n'était pas, dans ce cas, souhaité par Casanova[16]. Si les deux versions du premier séjour parisien donnent en un autre endroit un caractère de Louis XV fondamentalement élogieux, la suppression dans la seconde du portrait physique puis, un peu plus tard, d'une longue harangue « historique » prêtée à Louis XVI pour le peindre par ses propres mots en roi fainéant, tient aux événements révolutionnaires advenus entre les deux moments d'écriture : au premier chef, bien sûr, l'exécution de Louis XVI. L'écriture du portrait du roi est tributaire du présent de l'écrivain ; elle est sensible aux événements historiques ; quoique postérieurs à la scène évoquée, ils modifient le sens de l'élément marqué et signifiant de la description physique où culminait, dans la première version, la découverte de la cour.

Casanova réorganise alors l'ensemble de la séquence selon un principe de concentration. Le Vénitien ne circule plus, tous les personnages défilent devant lui dans une même galerie. Les dialogues sont supprimés, le narrateur prononce lui-même une sentence sur les mœurs de la cour ; il fait dès ce moment apparaître mesdames de France et leurs seins exposés : personnages et trait mentionnés dans la première version après le texte commenté, car censés avoir été découverts lors d'une visite ultérieure, huit à dix jours après la première. Le roi, dépourvu de portrait, passant vite, se détache moins de l'ensemble des protagonistes. Un spectateur comblé par la représentation monarchique louait la beauté du roi ; désormais le monarque évalue une courtisane vénitienne : double dégradation, par la nature de l'objet jugé, du roi à la courtisane, et en raison de l'évaluation même puisque qu'à l'heureuse surprise de la beauté de Louis XV se substitue la déception provoquée par Juliette. L'apparition du Maréchal de Richelieu, associé aux intrigues amoureuses par le texte et dans l'imaginaire du temps, s'oppose à la présence, dans la première

---

16   Sur l'humour noir et Casanova humoriste, voir les travaux d'Érik Leborgne, notamment « L'humour noir des Lumières : Diderot, Casanova, Freud », *Eighteenth-Century Fiction*, 26 (4), July 2014, p. 651-658 et *L'Humour noir des Lumières*, Paris, Classiques Garnier, 2018.

version, du seul d'Argenson, homme d'État et ministre de la guerre. Elle contribue, avec la suppression du portrait et de l'évocation de la majesté, à réorganiser la scène autour de l'anecdote galante ou libertine. Le Vénitien reconfigure l'ordre des événements, modifie le personnel de la scène et, en grande partie par la suppression du portrait du roi, jusqu'à sa perception passée : le présent du mémorialiste contemporain des événements révolutionnaires se projette sur ce que le héros du récit est censé avoir vu, ressenti et pensé près de quarante ans plus tôt.

La visite à Fontainebleau éclaire les enjeux de l'écriture du portrait par l'écart entre les deux versions de l'épisode. Les trois premiers portraits physiques développés de M.M. (en religieuse ; en séculière ; masquée et vêtue en homme) relèvent pour leur part d'une écriture de la variation. Ils organisent une gradation qui accompagne l'attente du plaisir et de la scène érotiques. Un quatrième portrait étendu représente M.M. selon les codes de la « négligence » (I, 1052) ; situé après la première nuit d'amour, il complète l'ensemble des variations sur les tenues vestimentaires et les masques. Les portraits de la religieuse représentent, dans leur succession, la théâtralité d'un personnage désiré dont l'image et l'identité se dérobent à la fixation.

Le Vénitien voit M.M. pour la première fois au parloir d'un couvent. Comme souvent dans l'*Histoire de ma vie*, le portrait apparaît en situation, au moment de la première rencontre, au sein d'une scène où les personnages et le spectateur dont le lecteur partage le point de vue sont soigneusement disposés : « La comtesse s'assit vis-à-vis de la religieuse ; et moi de l'autre côté en position de pouvoir examiner tout à mon aise cette rare beauté de vingt-deux à vingt-trois ans » (I, 1006). Si la description idéalise d'abord son objet[17], le point de vue particulier et limité de Casanova introduit une part d'opacité : la coiffure de la religieuse dérobe les cheveux à la vue[18]. La chevelure échappe ainsi à l'idéalisation et lie les deux premiers portraits car, dans un entretien ultérieur destiné à préparer un premier rendez-vous amoureux hors du couvent, M.M. laisse penser qu'elle est contrainte de porter une perruque lorsqu'elle s'habille

---

17   « C'était une beauté accomplie, de la grande taille, blanche pliant au pâle, l'air noble décidé, et en même temps réservé, et timide des grands yeux bleus, physionomie douce, et riante, belles lèvres humides de rosée qui laissaient voir deux râteliers superbes [...] ; mais ce que je trouvais d'admirable et surprenant était sa main avec son avant-bras que je voyais jusqu'au coude : on ne pouvait rien voir de plus parfait. On ne voyait point de veines, et au lieu de muscles je ne voyais que des fossettes » (I, 1006–1007).
18   « La coiffure de religieuse ne me laissait pas voir des cheveux ; mais ou qu'elle en eût, ou qu'elle n'en eût pas, leur couleur devait être châtain clair : ses sourcils m'en assuraient » (I, 1006–1007).

en séculière. L'image rebute Casanova. Le bref portrait suivant se concentre alors sur cette partie du corps :

> Je l'ai trouvée habillée en séculière avec la plus grande élégance [...]. M.M. me parut d'une beauté tout à fait différente de celle que j'avais vue au parloir. Elle paraissait coiffée en cheveux avec un chignon qui faisait parade d'abondance, mais mes yeux ne firent qu'y glisser dessus, car rien dans ce moment-là n'aurait été plus sot qu'un compliment sur sa belle perruque (I, 1025).

Le jeu sur le point de vue et l'attention concentrée sur la chevelure ménagent un effet de surprise. Casanova découvre bientôt les vrais cheveux de la jeune femme et le plaisir succède au dégoût :

> [M.M.] met sous un grand mouchoir mes cheveux, et elle m'en donne un autre pour que je lui rende le même service me disant qu'elle n'avait pas une coiffe de nuit. Je me mets à l'ouvrage dissimulant mon dégoût pour sa perruque lorsqu'un phénomène inattendu me cause la plus agréable surprise. Je trouve au lieu de perruque la plus belle de toutes les chevelures (I, 1028).

D'un portrait à l'autre, le texte rend sensible les tâtonnements d'un désir dont l'objet, déjà fixé, n'est pas encore pleinement découvert : l'art de M.M. consiste à déployer les virtualités érotiques de l'attente en transformant la contrainte de la coiffure religieuse en ressource de désir, en heureuse surprise ménagée à l'amant. D'un même mouvement, le texte organise une première relation entre l'objet (la chevelure) et le simulacre (la perruque), vouée à un paradoxe temporaire : M.M. fait prendre le vrai pour le faux pour accroître le plaisir de son amant lorsqu'il découvre son corps.

Une gradation en trois temps, fondée sur l'enrichissement du décor, caractérise le cadre des portraits. La première vue advient dans l'après-midi, au parloir du couvent dont la grille s'escamote (I, p. 1006). Le deuxième portrait a pour cadre un casin qui appartient à l'amant en titre de la religieuse. Lors de cette rencontre nocturne, la scène est éclairée par la lumière artificielle des bougies, accentuée par un jeu de reflets : « La chambre était éclairée par des bougies placées par des bracelets devant des plaques de miroir, et par quatre autres flambeaux qui étaient sur une table » (I, p. 1025). Le troisième portrait (M.M. en masque d'homme) apparaît alors que la religieuse se trouve dans un second casin, loué par Casanova qui a choisi le plus « élégant » et le plus « cher » (I, p. 1032). Sa description donne à voir un lieu, mais aussi à lire et à rêver un « savoir-vivre[19] » : elle neutralise le clivage trop tranché entre réalité et imaginaire, entre document architectural et fiction d'espace, invitant au contraire à percevoir un travail d'échanges, un principe de circulations. Le jeu de lumières et de reflets renchérit sur celui du premier casin : « une autre chambre était octogone toute tapissée de glaces, pavée et plafonnée de même : toutes glaces faisant contraste rendaient les mêmes objets sous mille différents points de vue » (I, p. 1033). Les « glaces » ne reflètent plus seulement la source lumineuse. Multipliées, elles réfléchissent à l'infini l'objet illuminé. M.M en masque est placée au centre d'un dispositif spéculaire, réponse de Casanova à la surprise ménagée par son amante. M.M. avait inversé le rapport attendu entre l'objet et le simulacre pour jouer avec le désir du Vénitien ; désormais celui-ci l'invite à se contempler elle-même en ses images infiniment réfléchies, simultanément objet et simulacre, une et multiple, spectacle et spectatrice, sujet et objet du désir :

> Elle était surprise du prestige qui lui faisait voir partout, et en même temps, malgré qu'elle se tînt immobile, sa personne en cent différents points de vue. Ses portraits multipliés que les miroirs lui offraient à la clarté de toutes les bougies placées exprès lui présentaient un spectacle nouveau qui la rendait amoureuse d'elle-même (I, p. 1037).

Du parloir du couvent au casin de Casanova, la description s'enrichit à mesure que l'espace n'a plus pour fonction de séparer les corps au nom de principes religieux arbitraires, mais de cultiver les jouissances qu'ils peuvent s'entre-offrir en leur aménageant une place dans un dispositif culturel et spectaculaire.

Cette gradation s'accompagne d'un principe de répétition. Dès le parloir du couvent, les lieux ne sont pas ce qu'ils paraissent : la grille est ôtée en moins de temps qu'il n'en faut pour enlever une religieuse. Le premier casin, le lecteur l'apprendra plus tard, réserve lui aussi une surprise puisque l'amant en titre de M.M., le cardinal de Bernis, peut observer Casanova et sa maîtresse depuis un cabinet secret. Le casin de Casanova, en s'exhibant d'emblée comme le lieu du *prestige*, en se donnant à voir comme le théâtre d'un jeu sur l'apparence et les simulacres orienté vers la recherche d'un plaisir partagé, constitue le dernier terme de la gradation et son renversement. La grille escamotable et les moyens employés pour dissimuler le cabinet secret sont encore des leurres ; M.M., en un paradoxe ludique, réitère et renverse une première fois leur logique ; le casin de Casanova ne dissimule plus rien, sauf les amants aux yeux du monde ;

---

19   Voir Michel Delon, *Le Savoir-vivre libertin*, Hachette littératures, 2000 et *L'Invention du boudoir*, Zulma, 1999.

la multiplication des reflets ne constitue pas une apparence trompeuse qu'il faudrait traverser, mais offre au spectateur devenu spectacle une pluralisation de sa propre image selon « cent différents points de vue » (p. 1036). Aussi cette configuration de l'espace est-elle liée aux modulations du portrait. Le rapport du premier au deuxième portrait obéit encore à une logique du dévoilement : Casanova aperçoit M.M. en religieuse puis « habillée en séculière avec la plus grande élégance » avant de découvrir « la plus belle de toutes les gorges » (I, p. 1028). Ce début de nudité idéalisante est suivi par le portrait en masque, troisième temps d'une gradation qui interdit donc de s'en tenir à l'opposition du voile et de la vérité dissimulée. La première nuit d'amour de Casanova et M.M., brève scène érotique, n'a pas lieu après le nu rapide et partiel, mais au terme de la séquence où ce troisième portrait se développe : la contemplation de M.M. masquée figure l'apogée du regard désirant.

Casanova met à nouveau en scène sa propre position et l'origine du point de vue (« Assis sur un tabouret, j'examinais avec attention [...] ») pour montrer l'objet qui attire son regard, la parure et le masque de carnaval :

> [J'examinais] toute l'élégance de sa parure. Un habit de velours ras couleur de rose brodé sur les bords en paillettes d'or, une veste à l'avenant brodée au métier, dont on ne pouvait rien voir de plus riche, des culottes de satin noir, des dentelles de point à l'aiguille, des boucles de brillants, un solitaire de grand prix à son petit doigt, et à l'autre main une bague qui ne montrait qu'une surface de taffetas blanc couvert d'un cristal convexe. Sa baüte de blonde noire était tant à l'égard de la finesse que du dessin tout ce qu'on pouvait voir de plus beau (I, p. 1037).

Chantal Thomas a bien vu que Casanova se délecte d'habiller les femmes qu'il aime et désire[20]. De même, l'écrivain affectionne les portraits parés qui ont une fonction érotique et une signification sociale. Dans ce cas, le masque et la parure rendent visibles le statut d'un riche protecteur et le désir qu'il a de plaire à celle qu'il protège. Le masque de carnaval de M.M., signe social et témoignage d'un pouvoir érotique, manifeste l'une des vérités de la jeune femme. De plus, le déguisement en homme pluralise les ressemblances : M.M. « en femme » ressemble à Henriette, « en homme » à « un officier des gardes nommé l'Étorière » ou encore à « Antinous » (I, p. 1038). À la multiplication des reflets et des points de vue répond la pluralité des personnages que M.M fait surgir de la mémoire personnelle et culturelle. Le masque dissimule une religieuse libertine qui cherche à égarer d'éventuels espions ; il rend aussi visible une pluralité

---

20   Chantal Thomas, *Casanova. Un voyage libertin* [1985], Folio, 1998, p. 254.

de ressemblances qui, s'interprétant comme autant de facettes du personnage, invitent à préférer la représentation de la figure désirée selon un miroitement de possibles à l'univocité du portrait identifiant. La succession des portraits ne vise plus à révéler un être caché selon la logique d'un dévoilement mais à représenter ce que le masque dit et montre, à donner à lire son efficacité.

Casanova dispose un quatrième portrait après la première nuit d'amour :

> M.M. était coiffée en cheveux ; mais négligemment. Une robe piquée bleue céleste faisait toute sa parure. Elle avait aux oreilles des boutons de brillants : son cou était tout nu. Un fichu de gaze de soie, et fil d'argent placé à la hâte laissait entrevoir toute la beauté de sa gorge, et en montrait la blancheur à la séparation du devant de sa robe. Elle était chaussée en pantoufles. Sa figure timide et modestement riante paraissait me dire : *voilà la personne que tu aimes*. Ce que j'ai trouvé extraordinaire, et qui me plut à l'excès fut du rouge mis à la façon que les dames de la cour le mettent à Versailles. L'agrément de cette peinture consiste dans la négligence avec laquelle elle est placée sur les joues. On ne veut pas que ce rouge paraisse naturel, on le met pour faire plaisir aux yeux qui voient les marques d'une ivresse, qui leur promet des égarements et des fureurs amoureuses (I, p. 1051-1052).

La description s'écrit selon tous les codes d'une négligence libertine topique qui est « toujours de l'ordre de la demi nudité, de la beauté entrevue », « entre la stricte bienséance et le débraillé[21] ». Loin de la recherche du naturel, le code se fait sentir comme code. La négligence ne cherche pas à faire illusion, elle attend du spectateur un regard cultivé qui sache sentir l'art de l'entre d'eux et jouir par les yeux de la représentation maîtrisée de l'ivresse. Elle confond en une même image l'*avant* (la nudité n'est pas complète, la figure est « timide et modestement riante ») et l'*après* (le rouge montre *déjà* l'apogée de l'emportement érotique). La double négligence de la coiffure et du rouge constitue M.M. en un tableau qui concentre la scène érotique en un moment idéal : celui-ci contient à lui seul le déploiement temporel de l'étreinte, représente en un même corps et en un même moment le désir et la jouissance. Leurs signes se donnent comme des objets pour les yeux : le plaisir qu'ils procurent annonce et amplifie la jouissance sensuelle à venir. Les deux amants contribuent ensemble, par la parure et le regard, à l'esthétisation de la promesse érotique qui est le véritable objet de ce dernier grand portrait.

---

21   Michel Delon, *Le Savoir-vivre libertin, op. cit.*, p. 78.

La présence et l'absence du portrait du roi dans les deux versions de la visite à Fontainebleau témoignent d'un travail du référent qui ne se réduit pas à la personne ou à la figure historique de Louis XV. Le portait est régi par l'intérêt que Casanova porte au rapport entre apparence et pouvoir, concentré dans l'idée de *majesté* ; les événements révolutionnaires contemporains de l'écriture de l'*Histoire de ma vie* transforment cependant la représentation par le mémorialiste de la scène passée. Le portrait du roi s'écrit ou s'efface selon le présent de l'écrivain : peut-être est-ce en ce sens qu'il est pleinement *historique*. Les portraits successifs de M.M. sont caractérisés par un travail de gradation et de variation qui, mieux que la dissimulation de l'identité de la religieuse réelle par un pseudonyme, troublent le partage entre remémoration d'une personne et représentation d'un personnage. Non que la vocation référentielle des Mémoires ou de l'autobiographie, pas plus que les lectures auxquelles invitent les textes « factuels » soient neutralisées : les passions identificatrices suscitées par M.M. et plus largement par l'*Histoire de ma vie* prouvent le contraire ; mais le texte s'écrit selon une autre logique, celle du masque représenté non comme un leurre ou l'indice d'un défaut ontologique, d'une privation d'être, mais selon son efficacité propre. Le jeu serré des variations produisant la représentation de la personne-personnage s'oppose à la souple réorganisation du passé selon le présent du mémorialiste dont témoignent les deux versions de la visite à Fontainebleau. Ces portraits partagent cependant une commune attention à des formes de théâtralité : spectacle du pouvoir, codification du paraître ou encore vérités du masque. Érotisation du monarque et séduction amoureuse se font écho : le portrait du roi s'achève par le recours au point de vue de la favorite séduite, les portraits de la religieuse de Murano la donnent à voir en « maîtresse[22] » d'un protecteur puissant. Les portraits de Louis XV et de M.M. se répondent alors pour suggérer de possibles circulations entre la scène du pouvoir et le théâtre d'Éros.

---

22 « Tout ce que je vois, lui dis-je, est au-dessous de toi, mais laisse que mon âme étonnée rende hommage à l'être adorable qui veut te convaincre que tu es réellement sa maîtresse » (I, 1037).

CINQUIÈME PARTIE

« Feintises » :
romans-mémoires et romans épistolaires

∴

La place du portrait dans la composition romanesque (à propos de Marivaux et *La Vie de Marianne*)

Jean-Paul Sermain

Catherine Ramond et Marc Hersant nous invitent à considérer le portrait littéraire et à opérer un très large *paragone* entre les récits de fiction et les récits historiques – le roman et les mémoires prenant la part du lion. Ils demandent aussi d'historiciser ce *paragone*. La limite chronologique imposée (XVIIe–XVIIIe) écarte les développements considérables du portrait romanesque aux XIXe et XXe siècles, alors que le roman des XVIIe et XVIIIe siècles décrit peu et n'aborde le monde concret que sous le biais du ridicule ou du familier. Dans ce cadre restreint, devant les réticences ou les ornières du roman, le récit historique prête une attention exceptionnelle à la singularité des acteurs et se complaît même à entrer dans les détails, il bénéficie d'une liberté féconde qui permet au lecteur d'aujourd'hui de découvrir un champ de la représentation et du réel que le roman ignore. Le degré de cette ignorance se mesure aussi au regard de ce qu'il fera plus tard. Don Quichotte, c'est à peine une silhouette (elle inspirera peintres et dessinateurs), et une série d'innombrables actions, déclarations et discussions : faire et parler, voilà comment les romanciers peignent leurs personnages, et, quand ils découvrent de nouveaux protagonistes, ce que le romancier retient de leur regard et de leur estimation est rapide, synthétique, elliptique. Il s'agit plutôt de repérer dans quelle classe les situer. « Quelle apparition surprenante », dit des Grieux quand il voit ressurgir à Saint-Sulpice une Manon désormais magnifique, la prostitution aidant. Les évocations de Julie, de Claire et de Saint Preux sont du même acabit. Les personnages incarnent des essences et les décrire, c'est le plus souvent dénommer leur qualité substantielle. Les récits historiques plaisent car ils répondent au sentiment moderne d'individualisation : ils saisissent la singularité de la personne sinon sa personnalité.

Si on détache les portraits et on les découpe, qu'on les recueille dans des anthologies ou qu'on les traite comme des tableaux mis au mur (comme on a commencé à le faire aux XIVe–XVe siècles), ou qu'on les aligne comme ici dans des études brèves, on apprécie vite ce qui sépare les deux régimes historique et fictionnel, et notre sentiment est assez vite orienté. Le portrait historique renvoie à une personne concrète, le portrait de fiction trouve sa référence dans ce qui en est par ailleurs montré. L'autoportrait de Figaro au début du *Barbier de Séville* et celui à la fin du *Mariage de Figaro* tirent leur relief de sa présence tout au long de chaque pièce. À distance toutefois, l'effet pour le lecteur est assez voisin : la personne représentée par des mémoires ou des peintres lui est le plus souvent inconnue, le portrait lui laisse imaginer qui elle est, pas bien différemment du roman. Tout au plus la personne réelle devant l'écrivain aura peut-être éveillé une autre verve.

Si on considère le portrait au sein de l'œuvre, chacun des deux régimes subit ses propres contraintes. Leur comparaison les rend sensibles. Le regard du romancier est assez étroit, mais il dispose d'une liberté d'invention et de composition, que le récit historique doit rejeter, même s'il fait des choix et se permet des digressions – reliant par exemple ou au contraire opposant le personnage dépeint à ses actions et jouant de ces correspondances ou dissonances. Le roman ne s'en prive pas non plus, il peut également mettre en rapport le portrait avec toutes ses autres composantes et avec sa fable, ses moments, son dessin, ses lignes de fuite. Le portrait vaut alors, autant que par ce qu'il représente, par ce qu'il effectue au sein d'une totalité complexe. Le récit historique tend à être cumulatif, il suit la succession des événements et des situations, le récit fictif se prête à une conception d'ensemble hiérarchisée.

L'exemple pris pour examiner cette richesse du récit fictionnel est celui des portraits dans un roman de Marivaux redécouvert dans les années 1950, *La Vie de Marianne* (publié entre 1731 et 1742). Il y en a trois qui sont annoncés, commentés et détachés comme tels[1]. Seul celui du ministre précède sa rencontre et l'action qu'il va effectuer (selon l'ordre le plus fréquent au XIXe siècle), les deux autres au contraire n'obéissent pas à une telle logique puisqu'ils sont promis plusieurs fois et repoussés, et qu'ils apparaissent de façon aléatoire dans la quatrième partie, sans ressort dramatique. Le portrait de Mme de Miran est justifié par son rôle essentiel dans la vie de l'héroïne : « c'est ma bienfaitrice ». Le cas de Mme Dorsin, qui nous arrêtera, est lui fort singulier. C'est le plus long[2] (p. 273–288) alors qu'elle ne joue aucun rôle dans l'histoire et qu'on ne la voit pas agir, en dehors d'une annonce de disponibilité à prendre le relais de Mme de Miran si celle-ci faisait défaut. C'est donc un portrait virtuel sans référence externe ou interne. Il est précédé et complété par la description d'un dîner qu'elle a organisé et auquel elle invite Marianne (il réunit 6–7 personnes), et qui lui aussi ne joue aucun rôle dramatique.

---

1 Voir leur étude par Henri Coulet, *Marivaux romancier*, Paris, A. Colin, 1975.
2 Nos références sont empruntées à l'édition ménagée par Jean Dagen pour la collection « Folio », Paris, Gallimard, 1997 (et non à la détestable édition de J.-M. Goulemot pour le Livre de Poche), p. 273–288.

Portrait donc gratuit, comme pourrait l'être celui d'un récit historique présentant une personne rencontrée une fois par son rédacteur puis disparue sans laisser de trace. Marivaux pousserait ainsi très loin l'imitation qu'il fait dans son roman du récit historique, puisqu'il feint de nous offrir le texte rédigé par une comtesse retraitée pour raconter sa « vie » à une amie – elle s'en tient à sa première jeunesse décisive pour son élévation sociale. Son roman se présente donc comme l'accumulation des expériences fondatrices de son héroïne et cette avalanche échappe si bien à une nécessité d'organisation que le romancier interrompt brusquement ces mémoires, ne finit donc pas son roman et substitue à cette fin un second roman, celui d'une autre mémorialiste, Tervire, qu'il interrompt aussi *in medias res* ! L'auteur pervertit ainsi le modèle de composition artificielle recommandé par les poétiques du *romanzo* de la Renaissance et de l'âge baroque : ce qui était placé au début, et qui, par son mystère, soutenait l'intérêt pour les explications ultérieures, se trouve à la fin, sans rémission. Marivaux se sert de l'imitation des mémoires pour se donner une liberté provocante. Son recours au portrait participe ainsi d'un refus de la composition au profit de la simple succession des accidents et des événements propres au récit historique, sauf qu'il les a inventés !

Dans l'organisation du récit, dans l'usage et l'insertion du portrait, Marivaux s'approprie donc en partie la logique du récit historique, et il le revendique explicitement pour élargir le compas de son regard et du monde qu'il observe : il associe le plus haut aux zones basses, l'analyse abstraite et l'attention au concret, le sentiment élevé et la contingence matérielle (évidemment plus présente dans le roman anglais contemporain). Ses portraits sont de deux types. Outre ceux qui sont développés et distingués comme tels, étiquetés, il présente parfois brièvement ses personnages soit par de simples descriptions physiques (Melle Fare, Varthon), par une simple formule (Dutour *la grosse réjouie*), par un trait de satire (la prieure, Mme de Fare, Villot), c'est ce que Marianne appelle une « ébauche », mais nul portrait de Climal ou de Valville, personnages si importants dans l'histoire. Les « ébauches » sont donc plutôt consacrées au monde d'en bas et tournent presque toujours à la moquerie ; les portraits au monde d'en haut, propice aux sentiments nobles. Ils s'inscrivent donc dans la double perspective du roman idéaliste, par ailleurs dénoncé par l'auteur, et de l'aléatoire des récits historiques. Ce double parrainage est assez peu prometteur et ces trois portraits ne sont jamais devenus populaires comme morceaux choisis, tout au plus a-t-on essayé de les sauver par une lecture à clef qui invite à voir chez le ministre, Fleury, chez Miran, Lambert, chez Dorsin, Tencin : faible écho ! Dans le *paragone*, la cause de Marivaux et du roman classique est bien mal partie, à moins de compter sur un coup de théâtre.

1 Les composantes du portrait

Le portrait est pris en charge par Marianne, la comtesse qui se souvient et qui raconte les prémices de sa vie adulte à une amie, le manuscrit qu'elle a laissé étant ensuite édité par un auteur bien connu, Marivaux, et d'ailleurs bon écrivain de son côté. Cette espèce de mémorialiste feinte suit un ordre systématique et part du physique, pour aborder l'esprit puis le cœur. Elle commence par l'âge (Dorsin est beaucoup plus jeune que Miran) et la « physionomie[3] » ; cette partie se termine par la remarque suivante : « je ne parle ici que du visage », le corps est donc écarté[4]. Puis vient l'âme qui se manifeste dans la physionomie (on est donc dans une partie intermédiaire) : elle est « agile[5] ». Cet examen met en évidence l'esprit de Dorsin, à l'œuvre dans la conversation, c'est-à-dire dans un mouvement créateur au sein d'une relation sociale et d'un dialogue avec les autres.

Le portrait interrompu à la fin de la partie 4 reprend au début de la partie 5 en s'attachant au « cœur » et dégage ce qu'a d'original la bonté de Mme Dorsin. C'est le point le plus développé. Il est focalisé sur la bienfaisance, l'art de prévenir le besoin et le traitement des devoirs d'obligation et de reconnaissance. Le portrait semble alors se clore de façon circulaire : « revenons à Mme Dorsin et à son esprit ». Là encore est abordée moins la qualité de l'esprit que la manière dont il s'affirme et agit en société, dans le rapport aux autres : c'est donc essentiellement l'être social de Dorsin qui est restitué dans les deux grandes rubriques du cœur et de l'esprit. Ce développement rejoint ce qui précède le portrait : le récit du diner, occasion du portrait et déjà son introduction. L'esprit, traité ainsi trois fois (dans le diner, une première fois, une seconde fois), fournit donc la caractéristique la plus frappante de Dorsin.

Le texte du portrait se termine sur « l'âme forte, courageuse et résolue » de Dorsin, il revient au point de départ : ce vocabulaire est un peu ancien (on sait la vogue baroque de « la femme forte ») mais pour évoquer un héroïsme privé, familier. Est montré que la maladie et le chagrin interfèrent peu dans

---

3 C'est le terme utilisé par Dorante quand il découvre Silvia soubrette dans *Le Jeu de l'Amour et du hasard*, acte I scène VIII : « il n'y a point de femme au monde à qui sa physionomie ne fît honneur. »

4 Son évocation est le plus souvent satirique, ainsi celui de la prieure, p. 206, « cette prieure était une petite personne courte, ronde et blanche, à double menton et qui avait le teint frais et reposé ... c'est un embonpoint ... ».

5 Le corps de l'héroïne est dépeint par ce même terme quand Marianne décrit ce que Mme de Miran (dont elle ignore alors qu'elle l'observe) pouvait en remarquer, p. 204 : « Vous savez que j'étais bien mise ; et quoiqu'elle ne me vît pas au visage, il y a je ne sais quoi d'agile et de léger qui est répandu dans une jeune et jolie figure, et qui lui fît aisément deviner mon âge. »

les relations avec les autres, puis décrit le rapport de Dorsin aux domestiques : comme une pierre de touche, une preuve supplémentaire de sa bonne âme. Chez elle, la dureté inhérente aux relations hiérarchiques, la servitude des uns servant à « nos aises et à nos défauts », ceux des lecteurs, est comme corrigée dans une réconciliation des classes (ce que Rousseau peindra à Clarens dans sa *Nouvelle Héloïse*).

2   Un modèle

Ce portrait ne dégage pas une personnalité : nous ne savons rien de la vie de Dorsin (tout au plus est-il dit en passant : « étant née ce qu'elle était »). Il est impossible de deviner à quoi elle ressemble ou ce qui distingue sa « physionomie » ; pour la décrire, le texte passe par le biais d'une allégorie : sa beauté est tempérée, déguisée en grâce : elle incarne et réunit les deux types de perfection physique. Le portrait de Dorsin fait le tour des différents aspects du personnage, le physique, l'âme, le cœur et la bonté, la sagesse, mais dominent les qualités de l'esprit, qui la distinguent de Miran (elles partagent les qualités du cœur). Dès qu'il est question de l'âme de Dorsin, son « agilité » se marque dans sa « faculté de penser » : le mot est à prendre au sens général et au sens plus philosophique comme le suggère la suite ; elle possède à un degré éminent cette « faculté » d'appréhender ce qu'il y a de général dans chaque réalité.

Une première idée de cette capacité exceptionnelle est donnée par l'évocation du diner qui précède le portrait lui-même. Marianne s'est étonnée et enchantée de la simplicité de chacun dans l'exposé des idées, dans le refus de briller, donc de s'imposer et d'opprimer par la recherche d'une distinction ou par le recours à un code exclusif, elle célèbre l'art des hôtes d'accueillir et d'intégrer une nouvelle venue inexpérimentée en lui faisant confiance et en lui permettant de mettre en œuvre ses talents. L'échange des intelligences dans la conversation est apparenté à un « commerce doux, facile et gai » : en résulte « quelque chose de liant, d'obligeant et d'aimable ». La raison se fait philosophe parce qu'elle assure ce « commerce », cette relation heureuse où chacun est sollicité pour son intelligence et jamais placé dans une hiérarchie, comme il est d'usage dans les autres « sociétés », à l'inverse néfastes au « commerce ». C'est ce que nous rappelle encore Proust ; dans les mémoires de Marianne, l'incident suivant met la jeune fille aux prises avec une « superbe pensionnaire » dans le couvent : le salon de Dorsin s'oppose à une normalité immorale.

Le diner introduit l'idée d'un discours intelligent et libérateur. Les manières de parler sont réglées chez Dorsin par le caractère de ses pensées, lui-même adapté à leur contenu ; son esprit n'a rien d'original sinon de les avoir tous selon les « matières » : aussi n'a-t-elle pas mêmes les propriétés de son sexe (c'est l'humanité neutre si l'on veut). Aussi cherche-t-elle à être honorée parce qu'elle est « raisonnable ». Dans l'exercice de la bienfaisance, elle se distingue aussi par son « esprit » qui lui fait anticiper les besoins de ses obligés et elle ne voit que trop l'étendue des obligations à son égard. Ce qui lie l'esprit philosophique à la sagesse est qu'il a un versant social, il inspire une façon de considérer les autres, de s'adresser à eux, de les animer, il intervient, au-delà du salon, dans les rapports avec les proches – ceux de la bienveillance ou de la discrétion dans la souffrance –, comme dans les rapports avec les domestiques. Dorsin est un pendant féminin de l'honnête homme puisque ses qualités se déploient dans l'exercice d'une sociabilité douce, et l'accent mis sur la prédominance de son esprit donne à cette version au féminin une valeur subversive. Comme pour bien insister, la fin du portrait s'étend sur cet esprit naturellement raisonnable et philosophe qui lui permet de s'adapter au degré d'intelligence des autres, et même de le faire monter. La société qu'elle rassemble se distingue de toutes les autres en échappant aux déterminismes et aux rangs et en mettant chacun à égalité : n'y interviennent que des intelligences de même dignité (et non de même grandeur). Dorsin rend tout le monde raisonnable et philosophe. Dans un monde inégal, elle crée une petite société d'égaux. La singularité de Dorsin vient donc de ce qu'elle incarne un modèle qui n'écarte pas les qualités attendues chez une femme de haut rang, mais les subordonne toutes à une éminence intellectuelle et à un exercice particulier de l'intelligence.

3 Une dynamique narrative, le personnage, la narratrice, l'auteur

La prégnance de ce modèle n'apparaît pas dans le récit des aventures, dans la succession des faits, puisque Dorsin est un personnage fantomatique qui n'agit quasiment pas. Cette prégnance est verticale en ce qu'elle concerne la narratrice, la Marianne devenue mémorialiste confidentielle. Tout ce qu'elle dit de Dorsin finit par définir ce à quoi elle veut elle-même parvenir et auquel elle parvient en traçant ce portrait. La mémorialiste met en scène la recherche du mot juste, elle procède à des distinctions, des approximations, elle recourt à des images, des comparaisons, elle sollicite l'imagination et l'expérience de son interlocutrice. Le portrait rédigé montre tout ce que la mémorialiste a appris et compris depuis l'épisode du diner chez Dorsin, il bénéficie de son expérience et en témoigne indirectement. Le portrait ne demande pas seulement une bonne appréciation du mérite de Dorsin, de son comportement dans la maladie ou avec ses domestiques, mais aussi qu'on ait une connaissance de la nature humaine et qu'on maîtrise les catégories abstraites utilisées pour la concevoir. Ainsi d'emblée, le portrait physique implique l'opposition entre la beauté et la grâce (que Marivaux a exposée par ailleurs), sont invoquées toutes les *manières de femme* (qui sont finalement moquées et dénoncées) ; le portait est approfondi par une réflexion sur les ruses de l'amour propre (selon les techniques des moralistes) : le refus de la coquetterie serait comme une coquetterie très fine ! Le portrait repose sur le processus de la réflexion (si souvent invoqué par la mémorialiste), c'est-à-dire le mouvement de repli de la pensée sur elle-même. Marianne part du paradoxe que la bonté de Dorsin, en fait plus grande que celle de Miran, sera moins reconnue. D'où les deux jugements différents sur les deux types de bonté des deux dames : un savoir moral complexe a permis de rédiger le portrait de Dorsin. L'annonce de la clôture de la réflexion prépare son rebondissement, qui est un commentaire sur ce que l'analyse vient de mettre à jour : l'injustice des hommes. Marianne donne finalement à l'amour propre de Dorsin une cause non vicieuse, à l'inverse, dans une sorte de conscience de la haute condition de l'âme humaine : elle refuse les dépendances. La narratrice oppose à cela (qui est d'ordre métaphysique) une sagesse humaine : elle donne un conseil général (« conformons-nous ») qui s'appuie sur le portrait mais ne lui appartient pas : la mémorialiste est la voix de la sagesse. Elle enchaîne en donnant un moyen d'échapper et à l'humiliation et à l'ingratitude : humiliez votre bienfaiteur par votre reconnaissance. Sa sagesse se communique.

Marianne raconte, avant la rédaction de ce portrait, son intégration aisée dans la société réunie par Dorsin, sa facilité à en saisir la valeur. Elle découvre en Dorsin une vraie philosophe des Lumières, parce qu'elle est d'abord rationnelle, naturellement, sans être docte, et parce que de cette rationalité procède un rapport aux autres, l'instauration du « doux commerce ». Marianne se définit également par ses « réflexions », donc par sa saisie rationnelle des événements et des conduites, elle en fait la démonstration dans ce portrait. Ce transfert de compétence s'étend à Marivaux lui-même qui prend pour héroïne une femme philosophe et qui fait de son activité de pensée la matière de son roman. Aussi n'hésite-t-il pas à faire entrer dans l'analyse que fait Marianne de Dorsin philosophe les idées qu'il développe par ailleurs sur la beauté, l'esprit, la reconnaissance, les rapports sociaux. Marivaux fait de Marianne son double, il écrit le roman philosophique des femmes philosophes[6].

---

6   Voir le beau livre récent de Florence Lotterie, *Le Genre des Lumières*, Paris, Classiques Garnier, 2013, qui laisse à une place subalterne Marianne et Julie car elle assimile la philosophie au matérialisme dont Diderot et Sade seraient les plus créatifs exposants et dont les représentantes seraient donc les seules philosophes vraies.

Le portrait de Dorsin est remarquable par sa longueur et son objet (puisque Dorsin ne joue pas de rôle dans l'histoire ou si peu), il montre un personnage exceptionnel, dont les qualités atteignent un degré hyperbolique. Il ne cherche pas à définir la singularité d'une personnalité, à entrer dans sa subjectivité, à raconter ce qu'elle vit de particulier : son éminence est conçue en termes généraux. C'est une femme entièrement intelligente, en ce sens que son intelligence nourrit et caractérise ses relations avec les autres, son comportement social, dans la bienveillance comme dans la formation d'une petite société de philosophes. Elle constitue ainsi comme un modèle pour Marianne et Marivaux. Le roman sort du récit, de l'histoire avec ce portrait, mais ce portrait sert à condenser les expériences faites par Marivaux entre sa jeunesse racontée et son écriture (dont les mémoires ne parlent pas), il décrit une supériorité qui dépasse la question du rang et de la noblesse, si obsédante par ailleurs[7]. Le portrait définit et incarne les valeurs intellectuelles, philosophiques, à partir desquelles on peut comprendre et juger le destin de Marianne et de ceux qu'elle rencontre. Dorsin est comme l'interlocutrice absente du roman. Elle incarne un héroïsme dans un roman prosaïque. Ce portrait fonctionne comme un modèle parce qu'il dépeint et définit un type d'excellence original qui met sous l'égide féminine une sorte de dépassement des différences sexuelles dans l'exercice de l'intelligence ; il fonctionne comme un modèle parce qu'il manifeste l'idéal que Marianne veut atteindre et qu'elle atteint précisément en le composant : le portrait atteste qu'elle devient ce qu'elle décrit ; ce portrait fonctionne comme modèle en ce qu'il figure l'intention de Marivaux, l'originalité de son projet et ce qu'il veut transmettre à son lecteur, ou du moins qui lui donne la clef des valeurs et des jugements qui permettent de comprendre ce qui est représenté et l'entreprise littéraire du roman.

4 Une leçon poétique

La compréhension de ce portrait invite le lecteur à s'écarter de la chaîne narrative et dramatique (dans l'acception d'une logique des actions), et à considérer que l'histoire pour être lue – comme écriture d'une histoire, les mémoires, et déroulement d'une aventure, celle de la Marianne qui devient comtesse –, doit être intégrée à une organisation textuelle dont la logique est intellectuelle et même philosophique : c'est par rapport à plusieurs incarnations d'excellences diverses qu'elle peut être interprétée. En effet, si le portrait de Dorsin se signale

---

[7] Dorsin rend inutile le choix entre les deux options de la noble retrouvée ou du mérite reconnu.

par son absence de lien narratif et sémantique puisqu'il ne se réfère à aucune existence dans le roman même, à l'opposé des autres portraits, ils sont cependant tous apparentés dans leur fonctionnement poétique. Les brèves notices ont globalement une portée satirique (ainsi Melle Varthon), elles peignent les mœurs dans la perspective de la comédie et du détachement moqueur sinon ironique ; à l'inverse les portraits distingués comme tels incarnent chacun un type d'excellence qui correspond à un champ des activités humaines : Miran est la bonté, et le ministre la prudence politique. Les actions de ces deux personnages restent pour l'essentiel cantonnées à l'illustration de leur type de supériorité. À des degrés divers ces portraits sont aussi des clefs pour saisir par en haut ce que raconte le roman. Un quatrième type d'excellence est introduit mais sans recourir au mode du portrait : c'est l'excellence religieuse dans le repentir ; elle est confiée à deux discours, celui analogue à une confession publique du faux dévot libertin et un peu pédophile, Climal, et celui du prêtre qui a jusqu'alors fait preuve d'une complaisance mal venue. Le discours de Climal s'apparente à un autoportrait (les autres repentirs dans le récit de Tervire, succinctement racontés, sont du même type). En se rapportant aux discours de Climal et du père Saint Vincent, Marianne reste en retrait, mais aussi bien Marivaux dans son usage de Marianne, soit qu'il veuille laisser l'expression du mystère des consciences à celles-ci, parce qu'on ne peut en quelque sorte s'immiscer dans le rapport à Dieu, soit que le romancier garde une certaine méfiance dans un christianisme sans doute plus de sentiment que de doctrine, soit que cette excellence soit d'un autre ordre que les autres. On pourrait parler d'un portrait de biais, indirect, mais il mérite certainement d'être intégré dans la composition romanesque. Celle-ci se développe en articulant sur le déroulement du récit des échappées vers le haut capables de fournir des prolongements thématiques et interprétatifs. Pour apprécier cette organisation, on peut la comparer au choix du roman du XIXe siècle, mais aussi à d'autres types d'œuvres qui insèrent des modèles d'excellence comme le *Canzoniere* de Pétrarque : modèles multiples dans un récit qui repose sur la succession non logique des poèmes et qui s'apparente plutôt à une quête de la conscience. Marivaux exploite donc pleinement la liberté du romancier d'inventer, de concevoir et d'organiser une matière complexe parce qu'hétérogène, ou en tout cas qui ne se déploie pas dans un espace homogène mais stratifié et hiérarchisé. Le vilain petit canard échappe ainsi à son triste destin.

Ce surplomb du narratif par le thématique n'est pas le propre du roman, Lucia Omacini l'a vu à l'œuvre de son côté dans les *Considérations* de Mme de Staël, un texte historique. Le portrait de Napoléon et celui de Necker sont traités comme des allégories du mauvais gouvernement et du bon gouvernement offertes en principes de jugement des événements de la Révolution : ils opposent les motifs de l'intérêt à ceux de la vertu. La double originalité de Marivaux à cet égard serait d'assimiler l'excellence non à la vertu – morale – ou à la grâce – religieuse –, qui sont les deux principales opposées à la logique de l'intérêt dans la pensée politique des Anciens et des Modernes, mais à l'intelligence.

5   Boussole romanesque

Ces quatre portraits (étant entendu que celui de Climal est identifié par son fonctionnement et non par son mode discursif) présentent comme des indications de registre ou de domaine ; ils transforment presque les personnages en allégorie de valeurs : la philosophie, la bonté, la prudence, la piété, pour définir les perspectives d'appréhension de la réalité et des actions, la matière mimétique si l'on peut dire, ce qui s'inscrit sur le plan des aventures et fait l'objet d'une vie et de sa remémoration. Ces quatre portraits définissent les dimensions que prend le roman à ce moment-là, ils dessinent l'étendue de son domaine et des questions qu'il peut aborder et surtout corréler. Ils lui assignent une ambition de grande envergure, ils en définissent aussi la singularité poétique : le roman n'a pas à choisir entre une réflexion politique, religieuse, morale et philosophique, il les condense dans des personnages, un destin, une histoire, il les distingue certes pour mieux les associer et imaginer leur lien, leur dépendance, leur réciprocité. Le roman de Marivaux réalise ainsi sous une forme originale ce que les plus grands romanciers chercheront aussi à faire, en adoptant des modalités différentes, mais en conservant ces orientations. Le plus proche est certainement Rousseau dans *La Nouvelle Héloïse* : il conserve les quatre directions de la boussole du roman marivaudien, il tire son roman aux quatre coins du politique, du religieux, du moral et du philosophique, il fait passer ses personnages et leurs discours d'une direction à l'autre. Mais Montesquieu, mais Voltaire, mais Diderot conservent à peu près ces mêmes orientations, sous des jours un peu différents certes. Si on veut étendre au-delà du XVIIIe siècle ce que révèle le livre de Marivaux et ses portraits, sans doute faut-il donner une extension élargie au religieux et l'entendre comme une aspiration métaphysique, ou une interrogation sur la transcendance, à découvrir dans la nature, ou l'amour, ou l'art, Marivaux tendant lui-même à identifier au religieux la charité[8]. On voit alors prendre place à côté de Rousseau un Stendhal, un Proust, un Malraux, un Melville, un Hardy, un Dostoïevski, un Scott, un Manzoni, par

---

8   Voir le livre de Pierre Jacoebée, *La Persuasion de la charité : thèmes, formes et structures dans les* Journaux et œuvres diverses *de Marivaux*, Amsterdam, Rodopi, 1976.

exemple. D'une manière analogue, il faudrait entendre l'orientation « morale » de l'excellence de Miran dans le sens étendu des siècles anciens qui associent les mœurs et la psychologie, la vie du cœur et la vie droite. Quant à l'orientation philosophique fournie par Dorsin et son portrait, on la retrouve bien entière au XVIIIe siècle et dans certaines œuvres ultérieures, mais on pourra étendre le champ de sa pertinence si on en retient une composante essentielle, l'art de former des pensées et de les exprimer, c'est-à-dire de transmettre leur qualité intellectuelle et d'engager chacun à la partager dans des contextes divers. La philosophie de Mme Dorsin n'est pas du tout définie par son contenu ou ses domaines, mais par les conditions de la formation et de la communication de ses idées. Par son biais, Marivaux défend dans son roman une conception à la fois intellectuelle et sociale de la littérature (on l'a dit si peu romantique). Mme Dorsin, dans son excellence, permet de figurer une réflexion sur les propriétés de la langue, du discours, du style, qui concernent l'œuvre et aident à définir son idéal et comme son horizon de formation et d'appréciation. Le texte ainsi donne une place à ce qui définit son essence poétique : c'est ce qu'on trouve chez Cervantès comme chez Proust par exemple.

6 Aimantation passionnelle

Si l'on veut utiliser un petit peu plus avant la métaphore de la boussole, on peut considérer ce qui anime la pointe, son aimantation : le récit historique se rapproche du roman moins dans ses modes d'organisation, puisque le roman l'emporte par l'étendue de ses inventions, de ses corrélations, de ses orientations, mais dans le principe passionnel qui conduit à chacun de ses points cardinaux, qui assure le mouvement de l'un à l'autre. Les quatre portraits ont presque quelque chose de figé chez Marivaux, ce qui a interdit toute transformation en morceau choisi, ils ne remplissent pas la tâche qui leur est fixée sans une certaine gaucherie, tant ils sont détachés et presque indépendants ; et leur rôle de dire une excellence, de la figurer, leur ôte leur propre chair, les prive de leur force esthétique c'est-à-dire sensible. Le portrait de Dorsin défend certes une excellence originale, mais il vaut plus encore par les liens qu'il entretient avec la narratrice et avec le romancier et son roman. C'est en quelque sorte sur ces deuxième et troisième plans que les portraits prennent vie et relief. Ils sont animés par la passion de Marianne, passion évidemment exposée dans les aléas contradictoires d'une jeunesse marquée par les blessures et portée par les élans et les aspirations de bonheur, passion d'une écriture voulant dégager une vérité d'une matière obscure, confrontée à un passé incertain et équivoque et cherchant à former un sens communicable et acceptable par un public bien différent de celui de la très jeune fille. Passion tout autant du romancier, mais à un autre niveau et donc en des termes un peu différents, passion du romancier en ce sens qu'il défend un roman original et bien distinct d'une tendance au divertissement et au loisir, en ce qu'il veut l'orienter dans les quatre sens d'une boussole tout à fait ambitieuse pour ce genre encore embarrassé et hésitant, passion de ne pas rétrécir l'expérience humaine à une seule orientation, mais de l'envisager dans toutes les directions à la fois, en passant de l'une à l'autre. Tous les grands romanciers évoqués précédemment, nous pouvons voir aussi au principe de leur boussole la même aimantation passionnée. Le récit historique se rapproche là encore du roman quand il possède le même principe d'énergie passionnée, chez les Voltaire, les Saint-Simon, les Staël, les Michelet, par exemple.

L'histoire dans le portrait. Un paradoxe du roman-mémoires

Lise Charles

1 Introduction : Mauvaise conscience du portrait

Les deux grands romans de Marivaux, *La Vie de Marianne* et *Le Paysan parvenu*, sont tous les deux inachevés. L'un comme l'autre se terminent sur une promesse non tenue. Dans sa dernière phrase, Marianne promet la fin de l'histoire de son amie la religieuse :

> Une cloche, qui appelait alors mon amie la religieuse à ses exercices, l'empêcha d'achever cette histoire, qui m'avait heureusement distraite de mes tristes pensées, qui avait duré plus longtemps qu'elle n'avait cru elle-même, et dont je vous enverrai incessamment la fin, avec la continuation de mes propres aventures[1].

Et voici la promesse que fait Jacob, le paysan parvenu, dans la dernière phrase du livre :

> Ah ! la grande actrice que celle qui jouait Monime ! J'en ferai le portrait dans ma sixième partie, de même que je ferai celui des acteurs et des actrices qui ont brillé de mon temps[2].

Comme les personnages de ses pièces de théâtre, les narrateurs de Marivaux ont du mal à respecter leurs serments … mais ici, pour un peu, on dirait que ce sont ces promesses qui mettent en échec les romans. Il est en effet frappant que les deux morceaux annoncés soient des textes problématiques : une histoire enchâssée dans le cas de *La Vie de Marianne*, des portraits dans le cas du *Paysan parvenu*. Ce sont deux types de textes qui ont fleuri dans le long roman de l'époque baroque, et qui ont été vivement critiqués dès la seconde moitié du XVIIe siècle. Le reproche principal qu'on a formulé alors à l'encontre de tels passages était de ne pas intéresser directement la narration[3], donc d'ennuyer

---

[1] Marivaux, *La Vie de Marianne*, éd. J. Goulemot, Paris, Le Livre de Poche, 2007, p. 678.
[2] Marivaux, *Le Paysan parvenu*, éd. M. Gilot, Paris, GF Flammarion, 1965, p. 241.
[3] En témoigne le fait qu'ils sont l'un comme l'autre susceptibles d'être extraits et placés dans des recueils.

le lecteur, pressé de lire les aventures des personnages auxquels il est attaché. Annoncer comme le fait Jacob une galerie de portraits de personnages qui n'ont rien à voir avec l'intrigue est une bien étrange promesse pour clore un volume, elle n'a plus rien d'alléchant au XVIIIe siècle, et les lecteurs de l'époque, qui ne savaient pas si le roman aurait une suite, ont sans doute fait le pari que Jacob ne tiendrait pas sa promesse[4].

Le serment du paysan parvenu n'est d'ailleurs pas sans faire penser à une autre promesse, que l'on peut lire dans *Le Moyen d'être heureux*, un roman de François de Rivière, paru en 1750. À la fin du chapitre IV, le narrateur s'excuse du peu d'intérêt de l'histoire qui précède et fait une annonce prétendument destinée à appâter le lecteur :

> [...] *une fête superbe se donnera à la Cour d'Astor ; Sagrabigo & Zaphyre y feront des portraits de toutes les femmes nommées pour assister à cette fête. Ce sera un des morceaux le plus amusant* [sic] *de ce Conte*[5].

Une centaine de pages plus loin, le narrateur intervient de nouveau :

> C'est ici qu'il étoit parlé de la fête annoncée dans une note à la fin du quatriéme Chapitre ; un événement, que je ne viens d'apprendre qu'à l'instant, & pour lequel j'ai eu besoin (je l'avoue) de toute ma Philosophie, privera le Lecteur de la description de la fête & des portraits que Zaphyre & Sagrabigo y faisoient des femmes de la Cour. Un grand Seigneur, que mon Libraire fournit, a voulu voir mon Conte manuscrit, & il a gardé les portraits ; je n'espere plus avoir cette portion de mon ouvrage, la seule que j'avois écrite avec soin[6].

---

4 C'est d'ailleurs le choix fait par l'auteur de la suite apocryphe parue en 1756. Vers le début de la sixième partie, on lit l'explication de ce renoncement : « Ce serait ici le lieu de faire le portrait et de donner les caractères des acteurs et des actrices qui jouaient ; mais on sent assez qu'entraîné par le torrent, je n'ai pu assez les étudier pour satisfaire suffisamment le public sur cet article. Il est vrai que l'étude que j'en ai faite depuis pourrait y suppléer ; mais [...] c'est que [...] je me suis imposé la loi de suivre l'ordre de mes événements, et qu'alors je n'aurais pu les peindre, faute de les connaître » (*op. cit.*, p. 255). Notons pourtant que, s'il est tout à fait dans la logique de Marivaux de ne pas faire figurer les portraits annoncés, la justification donnée nous semble bancale. En effet, dans ses portraits, Jacob ne suit pas « l'ordre de [ses] événements », et n'hésite pas à dire qu'il les a établis grâce aux connaissances acquises après coup.

5 Rivière, *Le Moyen d'être heureux, ou Le Temple de Cythère*, Amsterdam, « chez Pierre Marteau », 1750, p. 74.

6 *Ibid.*, p. 167.

De même que le duc de Nemours, au siècle précédent, volait le portrait de Mme de Clèves, un seigneur a ici volé les portraits promis par l'auteur. Mais à travers cette déploration, nous sommes implicitement invités, *a contrario*, à comprendre que le narrateur n'a jamais eu l'intention de faire figurer ces portraits, et nous lisons en filigrane une critique des portraits : le fait même qu'ils puissent être supprimés sans dommage pour l'intrigue démontre leur caractère superflu. Ce motif de l'échec du portrait est devenu topique au XVIIIe siècle. Nous voudrions ici nous interroger plus particulièrement sur le statut problématique des portraits[7] dans le roman-mémoires de la première moitié du XVIIIe siècle, en examinant quelques aspects de leur intégration délicate dans la narration.

2   Le portrait dans son cadre

Le discours qui entourait le portrait dans le grand roman de l'âge baroque portait essentiellement sur des aspects techniques (sa bonne longueur, les moyens de le faire ressemblant). Quand ce métadiscours était justificatif, la justification se faisait en termes de plaisir et d'agrément.

Au XVIIIe siècle, le métadiscours se transforme, puisqu'il doit affronter deux problèmes. D'abord, on l'a dit, il ne va plus de soi, justement, que le portrait est un endroit agréable, il risque d'agacer le lecteur en retardant la narration. La seconde difficulté est propre aux romans-mémoires, censés être écrits par des auteurs non professionnels. L'usage des portraits, qui constituent traditionnellement des « beaux endroits », des ornements fortement codifiés, presque des exercices rhétoriques, peut difficilement se combiner avec l'idée d'une narration par un auteur maladroit, qui ne cherche pas à briller mais à raconter naïvement une expérience personnelle. À l'ennui du lecteur s'ajoute l'incompétence supposée du narrateur. Il est donc naturel que le métadiscours s'organise autour d'une rhétorique de l'excuse.

Reprenons l'exemple de Marivaux. Les portraits les plus développés de *La Vie de Marianne* sont ceux de Madame de Miran et de Madame Dorsin. Ils ne semblent pas fondamentalement différents, dans leur structure, des portraits que l'on trouvait dans le roman baroque (Marivaux s'était d'ailleurs, dans ses premiers romans, explicitement mesuré avec le grand roman du siècle précédent). Ce qui change plutôt, c'est le dispositif qui les entoure. Marianne introduit ainsi le portrait de Madame de Miran :

---

7   Par *portrait*, nous entendrons ici, dans un sens restreint, une masse textuelle descriptive, isolée par un marqueur métadiscursif identifiant explicitement la séquence comme un portrait.

> [...] revenons à nos dames et à leur portrait. En voici un qui sera un peu étendu, du moins j'en ai peur ; et je vous avertis, afin que vous choisissiez, ou de le passer, ou de le lire[8].

Le portrait long, loué dans la *Clélie* de Mlle de Scudéry et réclamé par les auditeurs fictifs, doit ici être excusé. Après ce portrait, Marianne demande de nouveau pardon pour s'être oubliée dans son bavardage, comme si elle n'avait plus tenu compte de son lecteur :

> Telle était Madame de Miran, sur qui j'aurais encore bien d'autres choses à dire, mais à la fin je serais trop longue. Et si par hasard vous trouviez déjà que je l'aie été trop, songez que c'est ma bienfaitrice, et que je suis bien excusable dans le plaisir que j'ai eu de parler d'elle[9].

Contrairement à ce qui était prévu, le second portrait, celui de Madame Dorsin, est séparé du premier, et reporté à la fin de la partie. Pour ce portrait, Marianne s'excuse encore, mais, cette fois, de ne pas le finir, par excès de paresse : « tous ces portraits me coûtent », écrit-elle.

Étonnamment, la rhétorique de l'excuse prend donc au sein du même roman, et pour deux portraits annoncés en même temps, deux formes contradictoires : pour le portrait de l'une, Marianne s'excuse de faire trop long et de s'être laissé emporter au point d'en avoir oublié son lecteur ; pour le portrait de l'autre, elle s'excuse au contraire de s'essouffler et de ne pas arriver à finir. Dans le premier cas, le lecteur a été invité à passer le portrait ; dans le second cas, le portrait est reporté à plusieurs reprises. Il s'agit donc d'une variation habile sur l'absence d'utilité narrative du portrait : si le lecteur peut le passer, si le narrateur peut le reporter, c'est bien qu'il ne sert pas à grand-chose pour la narration. Quant au second problème que nous avions souligné, celui de l'invraisemblance d'un morceau brillant dans une narration faite par un auteur non professionnel, il est résolu par la lourdeur du cadre ; chez Marivaux comme chez la plupart des auteurs qui se situeront dans sa lignée, c'est le cadre et non le portrait qui est maladroit, ou feint de l'être.

Un paradoxe frappant doit être souligné : le portrait, parce qu'il est perçu comme un élément inutile, laborieux ou ennuyeux, doit faire l'objet d'un métadiscours d'excuse, qui justement constitue un cadre très voyant et contribue encore à faire du morceau un endroit saillant du texte. Remarquons que cette inflation métadiscursive est propre au portrait et ne concerne pas la pratique

---

8   Marivaux, *La Vie de Marianne*, op. cit., p. 232.
9   *Ibid.*, p. 236.

des histoires enchâssées, qui posent en réalité un problème beaucoup plus fondamental en risquant de détruire l'unité de l'œuvre, et doivent donc être intégrées par des moyens plus subtils et moins visibles. Ces dernières avaient un cadre marqué dans les romans baroques, qui très souvent allaient jusqu'à les isoler formellement, par l'ajout d'un titre ; leur cadre a plutôt tendance à s'estomper dans les romans-mémoires, au contraire donc de ce qui se passe pour le portrait. Il semble ainsi que les excuses qui servent de cadre au portrait dans ces romans soient plutôt, *a contrario*, une manière d'attirer l'attention sur le passage, tout en atténuant l'invraisemblance d'un morceau virtuose écrit par un narrateur maladroit.

3   Redondances et paralysies

Notre hypothèse, dès lors, est que le statut problématique du portrait dans le roman-mémoires ne viendrait pas d'un rapport trop faible avec la narration, mais bien souvent, au contraire, d'une trop grande intégration, en profondeur, du portrait dans la narration. Autrement dit, le risque ne serait pas l'absence de lien, mais plutôt la redondance. C'est un danger qui n'est jamais explicitement formulé au sein des œuvres, peut-être justement parce qu'il est véritable.

Dans le roman à la première personne, le portrait se présente presque systématiquement comme une synthèse, une sorte d'abstraction tirée à partir des actions singulières. Il s'agit d'un mouvement d'induction, puisque le général est élaboré à partir du particulier. Or, comme très souvent le portrait survient en position initiale, au moment où le personnage apparaît pour la première fois, le mouvement logique est inversé : le général précède, et d'une certaine manière annonce, le particulier, d'où il est pourtant tiré. Une formule typique que l'on trouve après les portraits dans le roman-mémoires, aussi bien dans sa veine comique que dans sa veine sérieuse, est naturellement : « ce n'est pas d'un coup que j'en eus cette connaissance ». Ainsi le paysan parvenu écrit-il après le portrait d'Agathe : « Ce ne fut pas sur-le-champ que je démêlai tout ce caractère que je développe ici, je ne le sentis qu'à force de voir Agathe[10]. » De même, chez Prévost, après le portrait de Patrice, le doyen de Killerine ajoute :

---

10   *Op. cit.*, p. 92. De la même manière, après avoir fait le portrait de Madame de Fécour, Jacob ajoute : « Au reste, ce ne fut pas alors que je connus Mme de Fécour comme je la peins ici, car je n'eus pas dans ce temps une assez grande liaison avec elle, mais je la retrouvai quelques années après, et la vis assez pour la reconnaître : Revenons. » (*op. cit.*, p. 169).

Voilà Patrice, tel que je l'ai connu pendant toute sa vie. Ce ne fut pas néanmoins tout d'un coup que je parvins à cette connaissance[11].

Notons que c'est aussi souvent un trait du portrait dans le récit historique. C'est la manière dont procède le cardinal de Retz, qui déclare après la fameuse galerie de portraits insérée dans ses *Mémoires* : « Vous jugerez, par les traits particuliers que vous pourrez remarquer dans la suite, si j'en ai bien pris l'idée[12]. » Pour Retz, les actions particulières forment donc la matière brute, le modèle d'où, par induction, l'on peut dresser le portrait.

Le point commun entre le roman-mémoires et le récit historique est leur caractère rétrospectif déclaré[13] : fondamentalement, le narrateur ne peut pas feindre de découvrir l'histoire en même temps qu'il la raconte[14]. Par contre, dans un roman à la troisième personne où pour reprendre la fameuse expression d'Émile Benveniste, « les événements [seraient] posés comme ils se sont produits à mesure qu'ils apparaissent à l'horizon de l'histoire[15] », et où le passé simple serait presque perçu comme un présent[16], le portrait peut se présenter non comme une synthèse de traits particuliers, mais comme le principe même des actions, qu'il précède donc logiquement ; autrement dit, la princesse de Clèves est vertueuse et *donc* elle résiste au duc de Nemours ; mais Cleveland sait que Fanny est d'un tempérament jaloux *parce qu'*elle s'est enfuie après avoir cru son mari infidèle. Dans un roman à la troisième personne, le mouvement est généralement de déduction, non d'induction, et le portrait n'inclut

---

11   Prévost, *Le Doyen de Killerine*, éd. A. Principato, dans *Œuvres complètes*, dir. J. Sgard, t. 3, 1993, p. 19.
12   Retz, *Mémoires*, éd. S. Bertière, Paris, Classiques Garnier, 1998, p. 401.
13   Pour reprendre l'expression employée par Gérard Genette dans *Figures III* (« Le récit à la première personne se prête mieux qu'aucun autre à l'anticipation, du fait même de son caractère rétrospectif déclaré [...] », Paris, éd. du Seuil, 1972, p. 106).
14   L'expression est elle aussi de Gérard Genette (*ibid.*).
15   Émile Benveniste, « Les relations de temps dans le verbe français », dans *Problèmes de linguistique générale*, Paris, Gallimard, 1966, vol. 1, p. 237-250, ici p. 241.
16   Sur cette question, voir par exemple Adam Abraham Mendilow, *Time and the Novel* : « Il y a une différence cruciale entre écrire une histoire en ligne droite à partir du passé, comme dans le roman à la troisième personne, et en écrire une à rebours depuis le présent, comme dans le roman à la première personne. Bien que les deux soient pareillement écrits au passé, dans le premier cas est créée l'illusion que l'action est en train d'avoir lieu ; dans le second cas, l'action est ressentie comme ayant eu lieu » (« *There is a vital difference between writing a story forward from the past, as in the third person novel, and writing one backward from the present, as in the first person novel. Though both are equally written in the past, in the former the illusion is created that the action is taking place ; in the latter, the action is felt as having taken place* », Londres, P. Nevill, 1952, p. 107 ; nous traduisons).

pas en principe l'histoire à venir. Pour nous en tenir au roman-mémoires, se pose donc le problème de la redondance du portrait et de la narration.

Cette difficulté est subtilement soulignée par Jacob, le paysan parvenu. Lisons la description de la propriétaire du logement où il habite. Le narrateur lui-même qualifie ce passage de *portrait* :

> C'était la veuve d'un procureur [...]. Femme avenante [...] ; un peu commère par le babil, mais commère d'un bon esprit, qui vous prenait d'abord en amitié, qui vous ouvrait son cœur, vous contait ses affaires, vous demandait les vôtres, et puis revenait aux siennes, et puis à vous. Vous parlait de sa fille, car elle en avait une ; vous appreniez qu'elle avait dix-huit ans, vous racontait les accidents de son bas âge, ses maladies ; tombait ensuite sur le chapitre de défunt son mari [...] ; c'était le meilleur homme du monde ! très appliqué à son étude ; aussi avait-il gagné du bien par sa sagesse et par son économie : un peu jaloux de son naturel, et aussi parce qu'il l'aimait beaucoup ; sujet à la gravelle ; Dieu sait ce qu'il avait souffert ! les soins qu'elle avait eus de lui ! Enfin, il était mort bien chrétiennement. Ce qui se disait en s'essuyant les yeux qui en effet larmoyaient, à cause que la tristesse du récit le voulait, et non pas à cause de la chose même ; car de là on allait à un accident de ménage qui demandait d'être dit en riant, et on riait[17].

Et voici la réflexion que le narrateur tient immédiatement sur le portrait qu'il vient de dresser :

> Pour faire ce *portrait*-là, au reste, il ne m'en a coûté que de me ressouvenir de tous les discours que nous tint cette bonne veuve, qui [...] nous fit entrer dans une chambre [...], et là nous accabla [...] de ce déluge de confiance et de récits que je vous rapporte ici[18].

Il s'agit ici d'un cas extrême, où le portrait en vient à remplacer la narration, devenue inutile. C'est un portrait narrativisé, fait par un narrateur paresseux, et qui avoue sa paresse : le portrait lui a peu « coûté », car il n'a pas exigé d'important effort d'abstraction, il est obtenu par une simple transposition de temps, un passage facile du singulatif à l'itératif ; au lieu de nous raconter « ma propriétaire me parla de sa fille », Jacob dit : « c'était le genre de femmes qui vous parlait de sa fille » – il lui suffit de passer à l'imparfait et d'ajouter un pronom

---

17   Marivaux, *Le Paysan parvenu, op. cit.*, p. 82–83.
18   *Ibid.*, p. 83.

personnel, qui nous donne l'impression d'être sortis du récit. La synthèse est ici bien mal opérée, la scène se déguisant en portrait à peu de frais. Une manière comme une autre de montrer qu'il n'est pas difficile d'être moraliste. Jacob se donne moins de peine que Marianne, qui, on s'en souvient, déclarait au milieu du portrait de Madame Dorsin, usant de la même métaphore pécuniaire : « tous ces portraits me coûtent ».

Le problème de la redondance peut prendre deux formes. D'abord, le portrait, s'il n'est qu'une synthèse anticipée établie par induction, pourrait ne pas apparaître comme strictement nécessaire au récit. En effet, dans le principe, le lecteur serait en mesure, une fois le roman lu, de dresser le portrait moral du personnage aussi bien que le narrateur. La seconde forme, symétrique, du problème, est le fait que le portrait risque de paralyser la narration. En effet, puisque le portrait tient compte des actions à venir du personnage (donc en préjuge), il le prive en théorie de la liberté qu'il a d'évoluer. L'intégration du narratif dans le descriptif ne serait pas source de suspension, mais au contraire paralyserait le narratif à venir.

Concernant la première forme du problème, l'inutilité du portrait, les auteurs de romans-mémoires paraissent conscients de la difficulté, et insistent souvent, de manière paradoxale, sur la nécessité absolue de la description. Ainsi la paysanne parvenue de Mouhy conclut-elle de cette manière un portrait de son ennemie, Mlle d'Elbieux :

> Sa physionomie est trompeuse, elle est douce et vous gagne ; mais elle cache un caractère noir et envieux. Je voudrais bien [...] pouvoir supprimer ce portrait ; mais il est impossible de conter mon histoire sans l'y comprendre [...][19].

La narratrice feint ici de présenter comme un principe indispensable ce qui est en fait une conclusion tirée après coup, et que le lecteur aurait pu tirer comme elle une fois lues les perfidies de Mlle d'Elbieux. Il serait tout à fait possible de conter l'histoire sans y faire figurer de portrait, si la narratrice acceptait de suivre l'ordre de ses connaissances. Sur un plan dramatique, le portrait n'apporte pas d'information qu'on n'aurait pas autrement, il sert simplement à donner au lecteur une position de surplomb par rapport aux événements. Et peut-être le portrait permet-il surtout à la narratrice d'exprimer d'emblée sa haine envers sa rivale : l'affirmation de la nécessité du portrait peut être

---

19   Mouhy, *La Paysanne parvenue ou Les Mémoires de Madame la Marquise de L. V.*, éd. H. Coulet, Paris, Desjonquères, 2005, p. 57.

interprétée comme une manifestation d'une mauvaise foi typiquement marivaldienne (« j'ai dit du mal, mais je n'ai pas pu faire autrement »).

Pour le second aspect du problème, à savoir le risque de paralysie de la narration par le portrait, nous nous contenterons de prendre un exemple, tiré cette fois de la veine « sérieuse » du roman-mémoires. Dans *Le Doyen de Killerine*, le doyen, qui est le narrateur, raconte l'histoire de sa famille, et se montre sans cesse en train d'essayer d'arranger les choses pour le mieux, de régler la vie de ses frères et sœurs, avec l'autorité que lui donne son statut d'aîné ; en croyant faire le bien, il provoque souvent des catastrophes. Au début du roman, le doyen fait un portrait de son frère Patrice :

> Mais ce qui était difficile à expliquer, c'est que Patrice était aussi insupportable à lui-même qu'il paraissait aimable aux yeux des autres. [...] Sous un visage enjoué et tranquille, il portait un fond secret de mélancolie et d'inquiétude [...], qui l'excitait sans cesse à désirer quelque chose qui lui manquait. [...] Je fais ce portrait de son cœur d'après celui qu'il m'a fait cent fois lui-même [...]. Voilà Patrice, tel que je l'ai connu pendant toute sa vie. [...] Je m'efforçai en vain de lui faire comprendre que ce qu'il regardait comme un malheur pour lui, était peut-être une faveur du Ciel, qui l'appelait particulièrement à son service [...]. Mes exhortations furent alors inutiles : [...] il n'avait point encore le goût de cette vertu sublime à laquelle je l'exhortais [...]. On verra par quels degrés il plut au Ciel de l'y conduire[20].

Il y a ici deux anticipations, de deux natures différentes. L'une est synthétique : à tout moment de sa vie, Patrice sera tel que le doyen le décrit (« Voilà Patrice, tel que je l'ai connu *pendant toute sa vie* »). L'autre est factuelle : le Ciel va conduire Patrice vers une vertu sublime. La première immobilise le personnage (dans un caractère), l'autre est plus dynamique (elle inscrit le personnage dans une histoire), mais la forme de suspension qu'elle ménage est restreinte, puisqu'elle ne laisse guère de liberté au personnage.

Or, le portrait va être progressivement retouché et comme « mis en mouvement ». D'abord par le doyen lui-même :

> Il était tel que je l'ai dépeint ; mais entre mille qualités excellentes, il en avait deux que le moindre excès pouvait changer en défauts. L'une était cette complaisance qui le rendait d'un commerce aimable, mais qui l'exposait sans cesse à la séduction des conseils et des exemples. L'autre, son

---

20   Prévost, *Le Doyen de Killerine*, op. cit., p. 19–20.

> inquiétude continuelle, et ce besoin d'être fixé qui lui faisait saisir sans discernement tout ce qui semblait promettre à son cœur le repos qu'il cherchait[21].

Puis par Patrice, qui, au second livre de cette première partie, sort du tableau pour retoucher son propre portrait :

> Vous vous souvenez de ce silence et de ces apparences de mélancolie dont vous me faisiez souvent des reproches. Vous étiez bien éloigné d'en pénétrer la cause. Peut-être en accusiez-vous mon inquiétude naturelle, et ce dégoût de tout ce que je possédais [...]. Mais figurez-vous au contraire que mon caractère était changé tout d'un coup, et que tous les mouvements de mon cœur s'étaient fixés. J'avais conçu une funeste passion qui les réunissait tous dans son objet[22].

En disant : « mon caractère était changé », Patrice contredit la déclaration initiale du doyen, qui affirmait avoir connu Patrice « toute sa vie » affecté de cette mélancolie vague et sans objet. Deux possibilités, qui, naturellement, ne sont pas exclusives, s'offrent à l'herméneute : considérer que la passion amoureuse de Patrice n'est qu'un accident, qui n'invalide pas profondément la description du doyen ; mettre en doute la description initiale du doyen, qui ne serait pas un peintre fiable. Quoi qu'il en soit, le portrait initial apparaît d'ores et déjà très fragilisé.

Enfin intervient une correction massive : Patrice finit ses jours en homme heureux et marié, et non dans un couvent, comme la fin du portrait initial le laissait supposer. La solution la moins coûteuse, ou la plus simple, est d'imaginer un changement de projet de l'auteur, pour qui le portrait initial serait trop contraignant. On serait ici dans la perspective de Marc Escola, qui insiste sur la fréquence de tels dysfonctionnements dans les œuvres publiées par parties séparées, et écrites « dans l'ignorance de leur fin[23] ». S'agissant de ce roman, c'est aussi l'hypothèse d'Aurelio Principato[24]. Or, le fait que Patrice n'entre pas

---

21   *Ibid.*, p. 42.
22   *Ibid.*, p. 54.
23   Voir, par exemple, « La fiction au long cours. Ces romans qui s'écrivent dans l'ignorance de leur fin », dans *La Taille des romans*, éd. A. Gefen et T. Samoyault, Paris, Classiques Garnier, 2012, p. 95–109.
24   « La phrase est suffisamment ambiguë pour qu'on puisse se demander si Prévost avait conçu une claustration effective et définitive pour Patrice. Telle semble être du moins la prévention du narrateur » (*Œuvres complètes, op. cit.*, t. 8, p. 224). Dans un article, Aurelio Principato ajoute : « La destinée de Patrice devait donc être une réplique de

au couvent est certainement un changement de projet de l'auteur, mais le fait que Patrice tombe amoureux n'en est sûrement pas un, puisque cette retouche au portrait intervient trop tôt dans le récit pour que l'on puisse raisonnablement penser qu'elle n'avait pas été prévue par Prévost. Même si nous faisons l'hypothèse que l'auteur a changé de projet au sujet de la retraite de Patrice, nous reconnaîtrons que ce changement s'inscrit dans la logique de l'œuvre, construite autour de la résistance des personnages à être figés dans le portrait que fait d'eux le narrateur ; autrement dit, si l'auteur peut se permettre de changer d'avis et de n'être pas « fiable », c'est sans doute parce qu'il est autorisé à le faire par l'absence de fiabilité du narrateur lui-même.

Dans le roman-mémoires du XVIIIe siècle, deux caractéristiques viennent donc nuancer l'idée que le portrait serait « paralysant » : l'une tient à la nature de l'œuvre, souvent longue et publiée sur des années, ce qui laisse au portrait le temps d'être oublié et fragilisé ; l'autre tient au fait que la synthèse opérée par avance par le portrait est toujours une interprétation : le descripteur n'est jamais tout à fait fiable et le lecteur est invité, une fois l'histoire lue, à dresser un autre portrait, qu'il pourra comparer et confronter au premier.

---

celle du marquis protagoniste des deux premiers tomes des *Mémoires*. [...] Mais, dans la suite du *Doyen de Killerine*, Patrice ne passera qu'une courte période au couvent [...]. L'explication de ce changement est, bien sûr, dans le fait, qu'en 1735, Prévost devait réparer les suites provoquées par les premiers tomes du *Cleveland*. Lorsqu'il écrit la fin du *Doyen de Killerine*, quatre ou cinq ans plus tard, beaucoup d'eau a coulé sous les ponts de la Seine et, en tout état de cause, la proscription des romans rend très relatif ce genre de préoccupations. La modification importante que subit l'histoire vers un dénouement sentimental n'enlève rien donc au fait que Prévost s'était bien engagé par ses anticipations » (« De l'effet appétissant des prolepses narratives », *La Partie et le tout. La composition du roman, de l'âge baroque au tournant des Lumières*, Louvain, éd. M. Escola, J. Herman, L. Omacini, P. Pelckmans, J.-P. Sermain, Peeters, 2011, p. 576–577).

Portraits de religieuses dans *La Vie de Marianne*

Sylviane Albertan-Coppola

S'agissant des portraits, Marivaux est doublement l'héritier des romanciers qui l'ont précédé. Il conçoit, suivant une longue tradition, l'apparence d'une personne comme le reflet de son âme et s'attache donc, dans ses descriptions, à rendre compte de l'intérieur par l'extérieur. D'autre part, tentant de rivaliser avec le peintre suivant le précepte d'Horace *ut pictura poesis*, il s'efforce de rendre sensible l'image du personnage au lecteur, en sorte que celui-ci puisse se représenter visuellement l'individu évoqué.

Cependant l'évolution du roman au XVIIIe siècle vers une sorte d'obsession de la vérité, qui met un frein à la pratique de l'idéalisation, et plus encore l'inclusion des portraits dans le roman-mémoires, avec toutes les contraintes narratives que ce genre impose ou plutôt les ressources narratives qu'il offre, amène Marivaux à prendre ses distances par rapport aux règles pour se forger un type de portrait qui lui est propre.

On peut distinguer dans *La Vie de Marianne*, après Henri Coulet[1], deux sortes de portraits : ceux des personnages qui sont en devenir (Marianne naturellement, mais aussi son prétendant Valville ou encore le faux dévot Climal) et ceux qui sont déjà devenus, comme Mme de Miran, la protectrice de Marianne, ou son amie Mme Dorsin. Seuls les seconds ont droit à des portraits en règle, les premiers se construisant au fil du récit.

En ce qui concerne les religieuses, on relève trois principaux portraits, même si le terme de « portrait » n'est pas toujours employé à leur sujet : celui de la Prieure du premier couvent dans lequel se réfugie Marianne, celui de l'Abbesse du second couvent, où elle est cette fois contrainte d'aller, celui de la religieuse Tervire, héroïne d'un récit intercalaire. L'analyse et la comparaison de ces trois portraits majeurs permettra de dégager quelques caractéristiques du portrait marivaudien.

---

1 Henri Coulet, *Marivaux romancier. Étude sur l'esprit et le cœur dans les romans de Marivaux*, Paris, Colin, 1975, p. 317. Il existe une analyse sur la technique des portraits chez Marivaux, due à Hendrik Kars, que malheureusement nous n'avons pas pu consulter : *Le Portrait chez Marivaux. Étude d'un type du segment textuel. Aspects métadiscursifs, définitionnels, formels*, Amsterdam, Rodopi, 1981.

1   La Prieure ou l'embonpoint religieux

Le personnage de la Prieure a droit à un portrait en règle dès le récit de sa première rencontre avec Marianne :

> Cette Prieure était une petite personne courte, ronde et blanche, à double menton et qui avait le teint frais et reposé. Il n'y a point de ces mines-là dans le monde ; c'est un embonpoint tout différent de celui des autres, un embonpoint qui s'est formé plus à l'aise et plus méthodiquement, c'est-à-dire où il entre plus d'art, plus de façon, plus d'amour de soi-même que dans le nôtre.
>
> D'ordinaire, c'est, ou le tempérament, ou la quantité de nourriture, ou l'inaction et la mollesse qui nous acquièrent le nôtre, et cela est tout simple ; mais pour celui dont je parle, on sent qu'il faut, pour l'avoir acquis, s'en être saintement fait une tâche : il ne peut être que l'ouvrage d'une délicate, d'une amoureuse et d'une dévote complaisance qu'on a pour le bien et pour l'aise de son corps ; il est non seulement un témoignage qu'on aime la vie saine, mais qu'on l'aime douce, oisive et friande ; et qu'en jouissant du plaisir de se porter bien, on s'accorde encore autant de douceurs et de privilèges que si on était toujours convalescente.
>
> Aussi cet embonpoint religieux n'a-t-il pas la forme du nôtre, qui a l'air plus profane ; aussi grossit-il moins un visage qu'il ne le rend grave et décent ; aussi donne-t-il à la physionomie non pas un air joyeux, mais tranquille et content.
>
> À voir ces bonnes filles, au reste, vous leur trouvez un extérieur affable et pourtant un intérieur indifférent. Ce n'est que leur mine, et non pas leur âme qui s'attendrit pour vous : ce sont de belles images qui paraissent sensibles, et qui n'ont que des superficies de sentiment et de bonté. Mais laissons cela, je ne parle ici que des apparences et ne décide point du reste. Revenons à la Prieure ; j'en ferai peut-être le portrait quelque part[2].

Selon son habitude, Marivaux part du physique pour aller au caractère, du visible pour accéder à l'invisible. Du physique, il relève un trait fondamental – ici l'embonpoint – autour duquel s'organise l'ensemble du portrait. Ce trait dominant est dans le cas présent l'indice de la sensualité du personnage.

---

[2] *La Vie de Marianne*, Paris, Le Livre de Poche classique, 2007, p. 214–215. Désormais, les indications de pages entre parenthèses renverront à cette édition.

Et l'auteur se sert de ce cas particulier pour énoncer des vérités générales, qui font partie de ces « réflexions » qui entrecoupent la narration de Marianne. D'ailleurs, significativement, à la fin de ces quatre paragraphes de réflexion sur l'« embonpoint religieux », Marianne annonce qu'elle revient à la Prieure, dont elle renvoie le portrait à plus tard, mais ce portrait ne viendra jamais, car dans ce roman-mémoires la réflexion prime sur la description. On ne peut afficher plus clairement que les quelques lignes de portrait de la Prieure ne comptent point, qu'elles ont seulement servi de tremplin à des considérations générales sur l'extérieur et l'intérieur des religieuses.

Narrativement parlant, ces généralités ne sont cependant pas des digressions inutiles, elles ne sont donc pas hors-sujet. Au contraire, elles ont partie liée avec l'intrigue, dans la mesure où elles expliquent par avance l'indifférence à venir de la Prieure pour le sort de Marianne. Le lien entre la pause descriptive et la suite du récit est du reste annoncée explicitement par la reprise insistante du terme de « superficies ». Le portrait, ou plutôt la réflexion tirée de l'amorce de portrait de la religieuse, s'achevait sur l'idée que « ces bonnes filles » à l'« extérieur affable » mais à « l'intérieur indifférent » n'ont que « des superficies de sentiment et de bonté ». Or, dès que reprend la narration, Marianne se dit « découragée » par « l'accueil de la Prieure » en raison de ces « superficies » dont elle parle avec le recul de la narratrice mais qu'elle sentait déjà confusément en tant que personnage sans pouvoir les *démêler* (p. 215). Un pont s'établit ainsi entre passé de l'histoire et présent de la narration, soulignant l'importance du portrait rétrospectif dans la compréhension des mouvements du cœur de l'héroïne, qui constitue l'objet essentiel du roman-mémoires.

Le récit qui suit ne fera que confirmer l'indifférence de la Prieure. Déjà, il signale en passant une différence entre l'attitude attentionnée de Mme de Miran et la distance observée par la Prieure, dont l'émotion ne s'exprime que par des mots ou des gestes plus démonstratifs que sincères : « Eh ! ma belle enfant, que vous me touchez ! me répondit la Prieure en me tendant les bras de l'endroit où elle était, pendant que la Dame me relevait affectueusement » (p. 216). Des mots dont l'insincérité ne tardera d'ailleurs pas à éclater, quand la Prieure apprendra que Marianne est sans ressources. Là encore, le comportement insensible de la religieuse entre en contraste avec celui de Mme de Miran :

> Je la vis qui s'essuyait les yeux ; cependant elle ne dit mot alors, et laissa répondre la Prieure, qui avait honoré mon récit de quelques gestes de main, de quelques mouvements de visage, qu'elle n'aurait pu me refuser avec décence ; mais il ne me parut pas que son cœur eût donné aucun signe de vie. (p. 219)

Dès lors, Marianne n'est plus appelée que Mademoiselle « car il n'y eut plus ni de ma belle enfant, ni de mon ange ; toutes ces douceurs furent supprimées » (*ibid.*). La véritable manifestation du cœur viendra de Mme de Miran, qui dissimulera sa volonté d'en savoir plus sur Marianne avant de s'engager à la protéger. La narratrice appelle ces délicatesses de « secrètes politesses de sentiment [...] parce que le cœur qui les a pour vous ne les compte point, ne veut point en charger votre reconnaissance » (p. 221).

Ce sont là autant de marques de la philosophie de l'âme de Marivaux, pour lequel le sentiment est premier et dans un second temps éclaire l'esprit. C'est ce qui se passe pour l'héroïne, elle-même dotée naturellement de « noblesse de cœur », de sorte qu'elle détecte aussitôt l'attention délicate de cette inconnue : « Pour moi, je fus au fait ; les gens qui ont eux-mêmes un peu de noblesse de cœur se connaissent en égards de cette espèce, et remarquent bien ce qu'on fait pour eux » (p. 221). En revanche, la Prieure n'est pas guidée par son cœur mais par son intérêt : de même qu'elle n'avait offert qu'« un air de compassion posée » (p. 219) en apprenant la pauvreté de Marianne, elle manifeste « plaisir et empressement », « toute radoucie » à l'annonce de la protection de Mme de Miran (p. 221). La manière fausse dont elle répète avec emphase « À merveille » à cette annonce s'oppose à l'attitude des habitants du « Monde vrai », évoquée dans les *Journaux* de Marivaux, où les paroles s'accordent avec les pensées et vice versa[3]. La portée du portrait de la Prieure dépasse par conséquent celle d'un simple procédé décoratif ou même celle d'un moyen satirique ; elle va au-delà en exprimant une conception philosophique de l'auteur.

2 L'Abbesse ou la prud'homie monacale

Par la suite, Marianne se fera enlever et conduire dans un autre couvent par une parente de Valville, soucieuse d'éviter à celui-ci la mésalliance. C'est l'occasion pour Marivaux de se livrer à un autre portrait d'abbesse, qui fait pendant à celui de la Prieure du premier couvent. Là aussi, la description de la physionomie précède l'étude de caractère :

> Cette Abbesse était âgée, d'une grande naissance, et me parut avoir été belle fille. Je n'ai rien vu de si serein, de si posée, et en même temps de si grave que cette physionomie-là.

---

[3] *Le Cabinet du philosophe*, dans *Journaux et œuvres diverses*, éd. F. Deloffre, Paris, Garnier, 1988, 6e–11e feuilles, p. 389–437.

> Je viens de vous dire qu'elle était âgée ; mais on ne remarquait pas cela tout d'un coup. C'était de ces visages qui ont l'air plus ancien que vieux ; on dirait que le temps les ménage, que les années ne s'y sont point appesanties, qu'elles n'y ont fait que glisser ; aussi n'y ont-elles laissé que des rides douces et légères.
>
> Ajoutez à tout ce que je dis là je ne sais quel air de dignité ou de prud'homie monacale et vous pourrez vous représenter l'abbesse en question, qui était grande et d'une propreté exquise. Imaginez-vous quelque chose de simple, mais d'extrêmement net et d'arrangé, qui rejaillit sur l'âme, et qui est comme une image de sa pureté, de sa paix, de sa satisfaction et de la sagesse de ses pensées. (p. 368-369)

On retrouve là les composantes obligées d'un portrait marivaudien : mention de la beauté ou de son contraire, indication de la position sociale, expression de l'intérieur par l'extérieur. Il existe même une sorte de circulation de l'un à l'autre puisque, inversement, ce « quelque chose de simple » qu'on peut voir sur la figure de l'Abbesse « rejaillit sur l'âme » (p. 369). On notera également que ce portrait ne correspond pas à l'impression née d'une première rencontre mais constitue le fruit d'une longue fréquentation. Il est composé rétrospectivement par la narratrice pour permettre à l'amie avec laquelle elle correspond de se représenter l'Abbesse, comme l'indique l'emploi de la forme verbale « Imaginez-vous », dont la racine est reprise dans le groupe nominal « une image de sa pureté ». On est frappé en outre, comme dans d'autres portraits de Marivaux (celui de Varthon par exemple), par l'absence de détails concrets et l'abstraction des notations (« quelque chose de », « qui est comme »). Notons enfin qu'à l'instar du portrait de la Prieure, celui de l'Abbesse aboutit à une généralisation sur la prud'homie monacale, comme si Marivaux avait à cœur dans son roman d'élaborer une sorte de typologie des religieuses.

De même que dans le portrait de la Prieure, la narratrice montre ensuite à l'œuvre le trait dominant du personnage, qui est la raison. L'Abbesse, en effet, commence par en appeler au caractère « raisonnable » de Marianne et tout son discours tend, comme elle dit, à lui faire « entendre raison » (p. 370) ; elle affirmera même plus loin ne pas parler « en religieuse » mais parler « le langage de la raison » (p. 373). Un discours auquel Marianne oppose le *cœur* et la *tendresse*, en réclamant *pitié, charité* et *bonté*. Cette fois, son émotion trouve un écho chez son interlocutrice, qui la regarde « avec amitié » mais ne va pas néanmoins jusqu'à mettre ses pensées en accord avec ses paroles comme dans le « Monde vrai » : « j'entre tout à fait dans vos raisons ; mais ne le dites pas » (p. 372).

3   Tervire ou la belle âme

Il en va tout autrement du portrait de Tervire, l'héroïne des trois dernières parties de ce roman inachevé (parties neuf à onze). L'histoire de cette religieuse est plusieurs fois annoncée comme imminente puis différée, mais son personnage apparaît, sans être nommé, dès la cinquième partie au cours d'une promenade de Marianne dans son premier couvent. D'emblée, elle est donnée par la narratrice pour une « fille d'un très bon esprit, qui s'était prise d'inclination pour [elle] ». De fait, elle défend Marianne contre la méchanceté d'une pensionnaire, en louant ses qualités. Dès lors, les périphrases par lesquelles la narratrice désigne ce nouveau personnage – « Mon amie la Religieuse », « cette Religieuse qui m'aimait » – seront toutes placées sous le signe de l'amour et de l'amitié (p. 300–303). Après ce portrait en action de la religieuse, Marianne dévoile une part du mystère en révélant que la religieuse dont elle a annoncé l'histoire et celle qui l'a vengée sont la même personne, en précisant à sa correspondante : « Vous avez dû sentir qu'elle n'avait point les petitesses ordinaires aux esprits de Couvent » (p. 304). Une fois de plus, le portrait singulier se découpe sur un fond de généralité.

Cette religieuse anonyme va réapparaître dans la septième partie, mais à travers un simple rappel de son amitié envers Marianne et de la façon dont elle a vengé l'injure qui lui avait été faite (p. 434). Tout se passe comme si Marivaux avait choisi de laisser le personnage dans l'ombre pour cultiver le mystère, en ne l'utilisant dans un premier temps que comme adjuvant de l'héroïne.

Ce n'est qu'à la huitième partie que le personnage de Tervire se dessine, au moment où la religieuse trouve Marianne accablée après la trahison de Valville. À grand renfort de « ma fille », « ma chère enfant » et « Mademoiselle », elle parvient alors à percer le secret de Marianne, envers laquelle elle manifeste une forte empathie, au point d'apparaître comme une sorte de double de l'héroïne : « Moi qui vous parle, je connais votre situation, je l'ai éprouvée, je m'y suis vue » (p. 463). A l'issue d'une longue tirade de consolation, dans laquelle elle lui prédit une heureuse destinée, elle devient sous la plume de la narratrice « ma Religieuse ». On voit même Marianne personnage laisser « tomber amicalement [son] bras sur elle » (p. 465–466). Le mince portrait de cette énigmatique religieuse s'accroît alors de quelques notations :

> Cette obligeante fille resta encore une heure avec moi, toujours à me dire des choses du monde les plus insinuantes, et qu'elle avait l'art de me faire trouver sensées. Il est vrai qu'elles l'étaient, je pense ; mais pour m'y rendre attentive, il fallait encore y joindre l'attrait de ce ton affectueux, de cette bonté de cœur avec laquelle elle me les disait. (p. 466)

Mis à part une brève allusion à « une Religieuse qui m'aime beaucoup » (p. 480) et l'évocation d'une soirée « avec mon amie la Religieuse » (p. 499), nous n'en apprendrons pas plus avant la fin de la huitième partie, où Marianne confie à sa religieuse son parti de devenir comme elle religieuse, avec pour motif principal le désir de trouver dans cet état « tranquillité » et « repos » (p. 510–511). Au plan narratif, le récit s'offre alors comme un moyen d'éclairer Marianne sur sa situation et de mesurer la valeur de l'engagement qu'elle s'apprête à prendre.

Il ne s'agit pas ici de faire le portrait de Tervire, auquel maints critiques se sont essayés. Avant d'être une religieuse, Tervire en effet a d'abord été une enfant puis une jeune fille malheureuse, dont la destinée rivalise en tragique avec celle de Marianne. La portée de son personnage excède donc sa vie de religieuse et il paraît difficile d'étudier son portrait exclusivement en tant que religieuse. D'abord parce qu'il n'existe pas de portrait en règle d'un personnage en évolution comme le sien. Ensuite parce que sa description comme religieuse ne peut concerner que le moment où sa route croise celle de Marianne et que le récit qu'elle lui fait à ce moment-là de sa propre vie comporte peu de détails sur sa vie religieuse. Enfin parce qu'il est délicat, d'un point de vue méthodologique, de distinguer ce qui dans son personnage relève de la religieuse de ce qui tient de l'héroïne de roman.

En tant que personnage, Tervire est campée dans *La Vie de Marianne*, à l'instar de laïques comme Mme de Miran ou Marianne, comme le modèle de la « belle âme » vouée au malheur. Elle incarne avant tout la vision héroïque d'un être qui se sacrifie par sens du devoir. De ce fait, elle joue dans le roman à la fois le rôle d'un pendant et d'un double de Marianne, avant d'en devenir le relais langagier. Elle permet ainsi à l'auteur de mettre en garde le lecteur contre les illusions de l'héroïsme et les dangers d'une sensibilité exacerbée, à caractère mécanique[4].

Mais c'est surtout par la place qu'elle occupe dans la galerie de portraits des religieuses qu'elle nous intéresse ici. De ce point de vue, le personnage de Tervire ne se contente pas de redoubler celui de Marianne ; il va plus loin dans l'effet de spécularité, qui prend dans son cas un tour vertigineux par la démultiplication des figures de religieuses, ainsi que l'a souligné Béatrice Didier :

> Ce thème – ne point se faire religieuse – va permettre une construction en abyme du plus pur effet baroque et qui ne peut manquer d'enchanter l'amateur de récits : en effet Tervire, elle aussi, avait connu une religieuse

---

4   Voir Ann Lewis, « Sensibilité, spectacle et séduction », dans *Nouvelles lectures de* La Vie de Marianne, dir. Florence Magnot-Ogilvy, Paris, Classiques Garnier, 2014, p. 271.

qui lui avait raconté son histoire et l'avait suppliée de ne pas entrer au couvent : elle l'avait momentanément convaincue, puisque Tervire songe alors au mariage, mais non définitivement, comme Marianne, puisqu'elle est religieuse lorsque l'héroïne la connaît et l'écoute. La construction en abyme est soulignée par les propos mêmes de la religieuse qui s'adresse à Tervire : « C'est à votre âge que je suis entrée ici ; on m'y mena d'abord comme on vous y mène ; je m'y attachai comme vous à une religieuse dont je fis mon amie » [p. 546]. Une chaîne sans fin se révèle et il ne tiendrait qu'à Marivaux de raconter l'histoire de la religieuse, amie de la religieuse, etc. Le romancier a simplement suscité cette minute de vertige chez son lecteur, sans l'exploiter. Il a, en revanche, développé toutes les ressources qu'il pouvait tirer de l'effet de miroir entre la vie de Marianne et celle de Tervire[5].

Il y a du *Jacques le fataliste* avant l'heure dans cet emboîtement potentiel d'histoires de religieuses. Ce dispositif narratif a des répercussions sur le « portrait » de Tervire, qui ne se conçoit pas sans sa filiation avec la religieuse qui la précède ni sans son ascendance sur celle qui pourrait la suivre. Marianne rompra-t-elle cette chaîne fatale qui conduit les jeunes filles malheureuses au cloître ? Le récit ne le dira pas, puisque le roman s'interrompt à l'issue du discours de Tervire[6], mais il est certain que l'image de Tervire, située en arrière-plan du récit de Marianne, nourrit en profondeur la représentation que la narratrice donne des religieuses dans *La Vie de Marianne*.

4 Les compagnes de Tervire ou la séduction monacale

Il existe dans les parties neuf à onze du roman toute une série de religieuses à peine esquissées ou présentées globalement, qui donnent lieu dans la bouche de Tervire à une dénonciation de leur influence insidieuse sur autrui. La critique est d'autant plus efficace qu'elle passe – comme celle des antiphilosophes dans *Le Neveu de Rameau*[7] – par l'emploi d'un « nous » inclusif qui la situe de l'intérieur. C'est la religieuse Tervire elle-même qui explique à Marianne,

---

5 Béatrice Didier, *La Voix de Marianne. Essai sur Marivaux*, Paris, Corti, 1987, p. 48.
6 Seul le sous-titre du roman, qui présente Marianne comme une Comtesse, nous donne à penser qu'elle n'est pas devenue religieuse (*La Vie de Marianne ou les Aventures de Madame la comtesse de ****).
7 Voir S. Albertan-Coppola, « Rira bien qui rira le dernier », dans *Autour du Neveu de Rameau*, Paris, Champion, 2016, p. 15–36.

potentielle victime de l'attrait de l'amitié d'une religieuse, le caractère passionné de l'attachement que peuvent inspirer les religieuses :

> [...] il est sûr que l'habit que nous portons, et qu'on ne voit qu'à nous, que la physionomie reposée qu'il nous donne, contribuent à cela, aussi bien que cet air de paix qui semble répandu dans nos maisons, et qui les fait imaginer comme un asile doux et tranquille ; enfin il n'y a pas jusqu'au silence qui règne parmi nous qui ne fasse une impression agréable sur une âme neuve et un peu vive. (p. 542)

De la sorte, Tervire s'offre elle-même en (contre-)exemple pour détourner Marianne de l'état religieux. On a affaire ici à une représentation répulsive, servant de mise en garde à l'héroïne. Cela nous vaut, sinon un portrait en forme, du moins une description vive et piquante, à la manière d'un caractère de La Bruyère, de la séduction monacale, qui s'incarne dans la parente d'une veuve du voisinage de Tervire qui s'employait à mener celle-ci au couvent :

> Elle y avait une parente qui était instruite de ses desseins, et qui s'y prêtait avec toute l'adresse monacale, avec tout le zèle mal entendu dont elle était capable. Je dis mal entendu, car il n'y a rien de plus imprudent, et peut-être rien de moins pardonnable, que ces petites séductions qu'on emploie en pareil cas pour faire venir à une jeune fille l'envie d'être Religieuse. (p. 542)

On voit ici comment le portrait, à la façon de celui de la Prieure ou de l'Abbesse, se généralise, s'étendant de la parente de la veuve à l'ensemble des religieuses placées dans la même situation pour condamner la séduction monacale. Une déclaration théorique qui ne tarde pas à trouver son application pratique, trois paragraphes plus loin, dans l'évocation précise des « petits attraits » provoqués par les manières insinuantes de cette religieuse et de ses compagnes :

> Pour moi, je les sentais quand j'allais à ce Couvent ; et il fallait voir comme ma Religieuse me serrait les mains dans les siennes, avec quelle sainte tendresse elle me parlait et jetait les yeux sur moi. Après cela venaient encore deux ou trois de ses compagnes aussi caressantes qu'elle, et qui m'enchantaient par la douceur des petits noms qu'elles me donnaient, et par leurs grâces simples et dévotes ; de sorte que je ne les quittais jamais que pénétrée d'attendrissement pour elle et pour leur maison. (p. 543)

Dans le récit de Tervire, on trouve aussi la figure d'une jeune religieuse mélancolique, qui donne lieu quant à elle à un véritable portrait, tout aussi dissuasif :

> Celle qui me parla alors était une personne de vingt-cinq à vingt-six ans, grande fille d'une figure aimable et intéressante, mais qui m'avait toujours paru moins gaie, ou, si vous le voulez, plus sérieuse que les autres ; elle avait quelquefois un air de mélancolie sur le visage, que l'on croyait naturel, et qui ne rebutait point, qui devenait même attendrissant par je ne sais quelle douceur qui s'y mêlait. Il me semble que je la vois encore avec ses grands yeux languissants : elle laissait volontiers parler les autres quand nous étions toutes ensemble ; c'était la seule qui ne m'eût point donné de petits noms, et qui se contentait de m'appeler Mademoiselle, sans que cela m'empêchât de la trouver aussi affable que ses compagnes. (p. 543-544)

Ce sont les larmes de cette religieuse anonyme qui désillusionnent Tervire, qui voit « son histoire dans la [s]ienne » (p. 547), sur le bonheur d'être religieuse. Son discours sur les caresses des religieuses produit une « grande révolution dans son esprit » à la faveur de laquelle elle est « entièrement guérie de l'envie d'être religieuse » (p. 550). Le portrait se charge dans ce cas d'une valeur fonctionnelle dans l'économie du récit, qui prend le pas sur sa portée théorique.

5   Converses, tourières et autres « utilités »

Il convient de mentionner, pour finir, la ribambelle de religieuses qui peuplent les différents couvents évoqués – dans lesquels Marianne comme Tervire passent beaucoup de temps – et qui accompagnent les événements de leur vie, en leur servant à l'occasion de miroirs, d'auxiliaires ou de repoussoirs, et parfois de guides, voire de mentors.

Il y a d'abord toutes celles qui s'extasient sur la beauté de Marianne (p. 276). Il y a également ces religieuses dont les regards indiscrets trahissent la compassion et l'amitié à son arrivée dans son premier couvent (p. 299), puis ces compagnes avec lesquelles elle rivalise de politesse et d'amitié (p. 304). Dans son second couvent aussi, Marianne sera très entourée, notamment par cette tourière compatissante qui l'accueille après son enlèvement et la sœur converse qui lui tient compagnie en disant son chapelet pendant qu'elle se morfond (p. 365, 367, 434).

Sortant de la masse, d'autres religieuses jouent un rôle plus important dans l'intrigue, comme cette tourière qui, sensible à la fois à la douleur et à la figure de Marianne, réfugiée dans une église après sa rupture avec Climal, la pousse à parler à quelqu'un du couvent (p. 213). Plus loin, une converse interrompt sa conversation avec Varthon, pour les avertir qu'il est temps d'aller souper, et l'empêche ainsi de lui révéler que son amant est le fils de la dame que celle-ci vient de voir (p. 437).

Les nombreuses autres converses, à savoir les religieuses chargées des travaux domestiques dans le couvent, jouent seulement les utilités dans le roman. Certaines font office de messagères : une sœur converse vient annoncer à Marianne dans sa chambre que Mme de Miran vient la chercher (p. 362), une autre lui apporte un billet de remerciement de Mlle Varthon (p. 500). D'autres accomplissent pour elle des tâches domestiques : une telle arrange ses hardes à son retour au couvent (p. 434), telle autre lui donne à souper et range sa chambre (p. 467). De même, de multiples tourières se contentent de remplir leur fonction de contact avec le monde extérieur. L'une est dépêchée auprès de Mme Dutour pour recueillir son témoignage sur la conduite de Marianne (p. 220). Une deuxième informe Marianne que le carrosse de sa bienfaitrice est dans la cour (p. 228). Une troisième est chargée par l'Abbesse d'aller faire ses compliments à Mme de Miran (p. 419). Une quatrième réceptionne le billet de Mme Miran apporté par un laquais (p. 438). Bref, sans jouer un rôle dramatique essentiel, ces personnages secondaires permettent à l'action des protagonistes de se dérouler.

Les religieuses sont donc légion dans *La Vie de Marianne*. Cette présence inhabituelle s'explique évidemment par le temps que Marianne passe dans les couvents et par sa tentation de devenir religieuse, qui motive le récit de la religieuse Tervire. On ne peut cependant manquer de s'interroger sur la signification de cette floraison de religieuses au sein d'un roman d'amour et d'aventures : faut-il lui attribuer une portée idéologique allant au-delà de la simple satire morale[8] ? La question sort du cadre d'un colloque sur le portrait mais elle mériterait d'être débattue à la lumière de l'ensemble de l'œuvre de Marivaux et des témoignages dont on dispose sur sa pensée[9].

---

8 À titre de comparaison, les figures de prêtres dans *Cleveland*, que nous avons eu l'occasion d'étudier dans un autre colloque d'Amiens, s'inscrivent dans le projet romanesque de Prévost qui vise à retracer l'histoire d'une conscience (« Figures de prêtres dans *Cleveland* », dans *Lectures de Cleveland*, dir. C. Duflo, F. Magnot et F. Salaün, Louvain-Paris-Walpole, Peeters, 2010, p. 205–219).

9 Sur la pensée de Marivaux, on peut voir notamment *Marivaux et les Lumières : l'éthique d'un romancier*, dir. Geneviève Goubier, Publications de l'Université de Provence, Aix-en-Provence, 1996; *Marivaux subversif ?*, dir. Franck Salaün, Paris, Desjonquères, 2003.

Au-delà de sa valeur ornementale ou de sa visée scopique, au-delà de son intention psychologique, au-delà même de sa fonction dramatique, accrue dans ce roman d'initiation au monde, le portrait de religieuse possède dans *La Vie de Marianne* une portée philosophique : le portrait réflexif, qui va du particulier au général, sert l'entreprise marivaudienne d'analyse de l'âme. Se dégageant des stéréotypes pour s'adapter à un projet d'auteur, il participe ainsi à la recherche du « Monde vrai », si chère à Marivaux.

Marivaux joue de la sorte admirablement des portraits en les modelant à sa manière : tout en sacrifiant à certaines des règles classiques, il parvient à élaborer un type particulier de portrait, qu'on pourrait appeler, en pensant au beau titre du livre d'Henri Coulet et de Michel Gilot sur l'« humanisme expérimental[10] » de Marivaux, « le portrait expérimental ». Cette forme originale de portrait fait partie intégrante de l'enquête phénoménologique sur le monde et les hommes que Marivaux poursuit à travers ses romans.

---

10   Henri Coulet et Michel Gilot, *Marivaux, un humanisme expérimental*, Paris, Larousse, 1982.

Portrait d'un ambassadeur

Jean Sgard

L'*Histoire d'une Grecque moderne* offre un cas-limite de fusion entre le factuel et le fictif. Le narrateur, Charles de Ferriol (1652–1722), dont le nom n'est jamais prononcé, mais dont la carrière est évoquée, est un personnage connu : il a réellement fréquenté la Turquie et servi de conseiller militaire au Pacha, avant de devenir ambassadeur à Constantinople de 1694 à 1709. La correspondance diplomatique de Turquie rapporte le détail de son ambassade ; des mémoires privés très informés comme les *Voyages* de La Mottraye nous fournissent en outre de nombreux détails sur son caractère, sur sa vie privée, sur les scandales qu'il a provoqués et sur son rappel en 1711[1]. Nous savons que Ferriol a acheté à Constantinople, sur le marché aux esclaves, près de Sainte-Sophie, une esclave, Haydée, pour le prix de 1500 £, qu'il l'a ramenée en France en août 1698, et l'a fait instruire au couvent des Nouvelles Catholiques, avant d'en faire sa maîtresse, qui vivra avec lui quatorze ans durant. Lui-même a contribué à former sa propre légende avec une *Relation de ce qui s'est passé* lors de sa prise de fonction, et dans un *Recueil de cent estampes* richement illustré[2]. Ajoutons que dans le cercle de Tencin, que Prévost a fréquenté, les aventures de Ferriol et de sa protégée, devenue Mlle Aïssé, étaient parfaitement connues. En fait, le roman était comme inscrit dans l'histoire, et l'on comprend que, pressé d'argent, Prévost l'ait écrit en deux mois au cours de l'été 1740. Le roman, entrepris selon le nouvelliste Gastelier au mois d'août, porte bien sur une histoire connue de tout le public parisien :

> [Prévost] travaille actuellement à une histoire qui a pour titre : *la vie d'une Grecque moderne*. Ce qui en fait le fonds, c'est celle d'une très belle fille qui a été connue sous le nom de Aïssé, amenée de Constantinople par M. de Ferriol à son retour de ce pays-là.

Le roman sort en librairie, chez Firmin Didot, le 22 septembre, et Gastelier, le 29 septembre, ne cache pas sa déception :

---

1 Aubry de La Mottraye, *Voyages du Sr. A. de La M. en Europe, Asie et Afrique*, La Haye, 1727, 2 vol. ; t. 2, p. 410–411.
2 *Relation de ce qui s'est passé entre M. de Feriol, ambassadeur du Roy de France à Constantinople, et les premiers ministres de l'Empire ottoman, touchant le cérémoniel qui se doit observer aux audiences solennelles*, 1700 ; *Recueil de cent estampes, représentant différentes nations du Levant*, 1714. On trouve indifféremment l'orthographe Fériol, Ferriol, Férioles.

> J'ai vu l'ouvrage de M. l'abbé Prévost intitulé *La belle Grecque*. J'en ai trouvé la lecture ennuyeuse par le ton dogmatique et la morale perpétuelle qui y règne d'un bout à l'autre, toujours des réflexions alambiquées sur une sorte de vertu guindée et impraticable.

Le titre faisait en effet attendre une histoire plus pimentée. Mais sur l'histoire elle-même, rien à reprendre. L'ambassadeur Ferriol (exactement nommé) a deux neveux qui défendent sa mémoire, d'Argental et Pont-de-Veyle ; et la « belle Aïssé », morte en 1733, est encore dans toutes les mémoires.

> La belle Aïssé, dont on m'avait dit que M. l'abbé Prévost faisait l'histoire, était aussi une jeune Grecque, que M. de Ferriol avait aussi amenée de Constantinople à Paris, mais il la donna à Mme la Maréchale d'Estrées auprès de laquelle elle a fini sa vie et est morte à son service, il n'y a que trois ou quatre ans[3].

Gastelier, qui se fournit directement chez Didot, a dû avoir vent également de l'intervention des neveux de Ferriol auprès du magistrat, pour empêcher que les personnages ne soient identifiables par leurs initiales. Cela signifie que tout le monde, le beau monde au moins, était suffisamment informé pour deviner le chevalier d'Aydie sous les initiales de « D ... ». Mais l'intervention des neveux laisse surtout penser qu'au vu du titre, ils craignaient de plus graves indiscrétions. Rassurés par une lecture de l'œuvre en présence du prince de Conti, ils s'estimèrent satisfaits et se contentèrent d'une correction de « chevalier » en « comte ». On en conclura que l'histoire familiale des Ferriol était bien connue ; après tout, un ambassadeur auprès de la Porte, beau-frère d'un ministre d'état, le cardinal de Tencin, d'une marquise tenant salon et de Mme de Tencin, tenant également salon, ne pouvait passer inaperçu. En 1740, Ferriol était mort, Aïssé également ; peut-être s'agissait-il surtout de ne pas faire allusion à la vie privée de la famille. Beaucoup plus tard, en novembre 1787, d'Argental protestera, vainement d'ailleurs, contre la publication des *Lettres de Mlle Aïssé à Mme Calandrini* à Lausanne[4] ; et comme ces lettres sont irréprochables, on peut

---

3 J.-É. Gastelier, *Lettres sur les affaires du temps*, H. Duranton, R. Granderoute, H. Guénot et F. Weil éd., Paris-Genève, Champion-Slatkine, 1993, p. 438, 456, 459.

4 *Journal de Paris*, 30 nov. 1787, lettre du 28 nov. de M. de Villars, témoignage corroboré par d'Argental, qui demande la suppression de l'édition. N'était la valeur littéraire de ces lettres, on pourrait, comme d'Argental, avoir des doutes sur une édition aussi tardive. Mlle Aïssé est morte en 1733, sa correspondance avait circulé dès 1727, Voltaire l'a eue en main en 1758 et l'a brièvement annotée. Voir le commentaire de M.-L. Swiderski dans le *Dictionnaire des femmes des lumières*, Champion, 2015, notice « Aïssé ».

seulement penser que Mme de Ferriol y apparaissait en quelques endroits sous un jour désagréable : c'est d'elle, essentiellement, qu'il s'agit. Toujours est-il que Prévost, assuré de la protection du prince de Conti, ne changea rien et garda même l'insolente dénégation de son Avertissement :

> Mais qu'on se garde bien aussi de confondre l'héroïne avec une aimable Circassienne qui a été connue et respectée d'une infinité d'honnêtes gens, et dont l'histoire n'a point eu de ressemblance avec celle-ci[5].

Après un tel avertissement, tout le monde était sûr qu'il s'agissait de Mlle Aïssé.

Que le narrateur fût le comte Charles de Ferriol, personne ne devait en douter non plus. Sans que son nom fût prononcé, sans qu'une date fût signalée, tout le monde pouvait le reconnaître. Le récit commence par un autoportrait : « J'étais employé aux affaires du Roi dans une cour dont personne n'a connu mieux que moi les usages et les intrigues ». Les événements qui suivent se rapportent à plusieurs faits marquants de son ambassade, d'autant plus faciles à reconnaître qu'il en avait publié lui-même le récit, sous forme de panégyrique. L'ordonnance des événements est pourtant corrigée discrètement par le romancier. De sa carrière militaire, et notamment de sa campagne aux côtés de Rakoczy en Hongrie, rien n'est dit : ce n'est pas le sujet. De sa première mission en Turquie en 1692, qui lui a permis de connaître la langue et les mœurs du pays, rien non plus. Le récit commence avec son ambassade de 1699 à 1709, mais cette ambassade est célèbre par l'esclandre que causa Ferriol en refusant de quitter son épée devant le Pacha : ce scandale, qui nuira à toute sa carrière turque, est passé sous silence. Dans le roman, son premier exploit est d'avoir su au contraire gagner la confiance de tous les seigneurs turcs, et de pouvoir ainsi visiter le sérail de l'un d'entre eux. D'où la rencontre de Théophé, événement fondateur. Autre fait notable, historique celui-là, la révolte des janissaires et la déposition du sultan Mustapha II par son frère, Ahmed III, le 22 août 1703 ; plusieurs amis de Ferriol sont compromis. Les faits sont connus, la *Gazette de France* en a donné le détail (20 octobre 1703), et Ferriol aussi dans son *Explication des cent estampes*. Cependant, comme Prévost omet les dates et bouscule les noms propres, on ignore que trois ans ont passé depuis son arrivée ; on comprend surtout que la confusion entraîne la dispersion des protagonistes, et que le sélictar amoureux, réfugié dans la maison de campagne de

---

5 J'utiliserai ici la belle édition fournie par Allan Holland dans les *Œuvres de Prévost*, dir. J. Sgard, t. IV, 1982, p. 9, notes dans le t. VIII. La référence à l'édition GF d'Alan Singerman (1990) est donnée en italique : p. *51*. J'ai donné dans mon édition (P.U.G., 1989) la reproduction des principales estampes du recueil de Ferriol.

Ferriol, devient un dangereux rival. Second fait historique, la fête tragique de 1704 à Galata, résidence d'été de l'ambassadeur Ferriol, qui fête son roi le jour de Saint Louis, et refuse de demander une seconde autorisation au nouveau vizir, Chorluly. Assiégé, il barricade la résidence et menace de la faire sauter. L'affaire, comme le souligne le narrateur, « a fait beaucoup de bruit en Europe » ; dans le roman, qui tire à sa fin, elle sert surtout à introduire un enlèvement manqué de Théophé, et l'évidence d'une altération d'esprit de l'ambassadeur, pris d'un « transport de fureur[6] ». C'est un dernier acte spectaculaire, après quoi, l'histoire de l'ambassade est terminée. Un peu brusquement : la fête avait eu lieu en 1704 et a donné lieu au soupçon de la folie de Ferriol, mais celui-ci ne quitte la Turquie qu'en 1711. Que s'est-il passé durant ces six ou sept ans ? Rien, sinon l'épisode raconté par La Mottraye, d'une hallucination et d'une crise de violence de Ferriol, qui donnera lieu à son rappel[7]. Deux faits historiques ont servi à structurer le roman, la révolte des janissaires et la fête de Galata, mais la succession historique n'est nullement évoquée ; elle donne lieu tout au plus à une remarque négligente :

> Cependant [mon aventure] fut suivie de quelques autres événements qui n'ont rapport à cet ouvrage que par l'occasion qu'ils donnèrent à mon retour dans ma patrie.

D'où une ellipse de six ans. En fait, sur cette ambassade qui a duré dix ans, deux années ont été évoquées mais sans aucune datation, et les deux événements narrés avec un minimum de précision servent à scander les grands moments de l'histoire intérieure du narrateur, la naissance de la jalousie et l'apparition de sa folie. S'agit-il de la carrière d'un ambassadeur ? À peine : on sait qu'il a des relations avec le pouvoir, qu'il peut protéger ses amis et défendre ce qu'il estime être l'honneur de sa nation ; mais rien ne correspond ici à ce que doit être et à ce que fut en partie l'action politique de l'ambassadeur : ses rapports avec les Échelles du Levant, sa défense des intérêts des missionnaires, son soutien discret aux révoltés de Hongrie, son intervention auprès de Charles XII[8], enfin

---

[6] Voir l'épisode de la révolte des janissaires p. 61 (*160*), la fête tragique de Galata p. 97 (*241*), l'altération d'esprit p. 99 (*243*) et le retour p. 99 (*245*).

[7] L'épisode de « l'altération d'esprit » de Ferriol date du printemps de 1709 ; un rapport du médecin Fonseca est envoyé au ministre des affaires étrangères, qui suspend l'ambassadeur et le remplace par Des Alleurs, mais nominalement, Ferriol garde le titre d'ambassadeur jusqu'en 1711. La « folie » de Ferriol pose problème. Le Grand Vizir, selon La Mottraye (p. 273), aurait dit à ce propos : « [fou ...] Il y a longtemps qu'il l'est, il s'est déclaré tel dès son arrivée ici ».

[8] Voir l'*Histoire de Charles XII*, éd. G. von Proschwitz, Voltaire Foundation, 1996, p. 386. Ferriol s'entremet vainement pour favoriser le retour de Charles XII par Marseille.

tout ce que comportent la correspondance politique de Turquie et les instructions du ministère, les lettres d'affaires, les paiements divers qui occupent une bonne partie de la correspondance manuscrite de Gand et du manuscrit Lebaudy à la bibliothèque de Versailles.

L'essentiel, pour le romancier, est de développer l'histoire intérieure d'un personnage hors du commun, dévoré par une jalousie maladive. Pour ce faire, il modifie d'emblée une histoire privée dont le public ne peut pas connaître le menu détail. Il met en valeur le drame d'une esclave, qui ressemble de façon frappante à Aïssé ; mais il nous cache que la merveilleuse Circassienne est née en 1694, au moment où Ferriol inaugurait son ambassade, et qu'il l'a tenue à l'abri jusqu'à son arrivée en France en 1711 ; elle avait quatre ans quand il l'a achetée, elle n'a pas été prostituée, sinon à Ferriol lui-même à son retour en France, quand elle avait dix-sept ans[9]. Toute la partie turque du récit est donc pure fiction ; tout au plus peut-on noter que Ferriol est coutumier des moeurs turques, qu'il a acheté d'autres esclaves, notamment Charlotte de Fontana qu'il a ramenée en France en même temps que Aïssé, d'où l'Avertissement ambigu ; on se gardera de confondre l'une avec l'autre : en un sens, c'est vrai, mais le public ne connaît que Mlle Aïssé, infiniment plus intéressante que la discrète Fontana. Il connaît bien par contre Charles de Ferriol, qui a défrayé la chronique en 1711 et dans les années qui ont suivi. La difficulté, pour le romancier, est alors de donner une face honorable à des exploits qui ne le sont pas, et dont le récit pourrait inquiéter la famille. Il commence donc par le portrait en pied d'un personnage officiel irréprochable : il s'agit d'un ambassadeur parfait, connaissant la langue turque, disposant d'un réseau de relations haut placées, ami du bacha, ami du sélictar, etc. Lors des troubles de 1703, on le voit intervenir en véritable ambassadeur ; d'où une belle conversation diplomatique, qui tourne d'ailleurs à l'avantage du grand vizir[10]. On entendra parler de sa « modération », ce qui surprend un peu, de sa « délicatesse » et même de ses « scrupules de délicatesse », qu'il contourne avec une mauvaise foi évidente ; son « élévation dans les principes », sa conviction d'appartenir à une caste supérieure et de respecter en toute circonstance des « principes d'honneur », toute cette supériorité naturelle dont il « se flatte » surprend, vu les circonstances, et nous laisse penser qu'en usant du politiquement correct, Prévost n'est pas dupe et fait preuve d'un discret humour. Il a certainement exploité ce discours tortueux, manié par un professionnel du beau langage : Ferriol parle admirablement, discute, trace des « plans », évoque d'ingénieux « desseins », analyse

---

9   Voir M. Andrieux, *Mademoiselle Aïssé*, Plon, 1952.
10   P. 61–62 (*163–164*). Voir ensuite p. 84 (*212*), 88 (*222*), 30 (*96*), 50 (*140*), 64 (*168*).

le discours de Théophé en véritable négociateur et déploie pour la séduire un arsenal inépuisable de mauvaises raisons, comme s'il avait affaire au Grand Turc ; mais on n'oublie pas qu'il veut acheter l'esclave sans se faire remarquer[11], la séduire et la priver de toute liberté, en se trompant constamment sur elle. L'*Histoire d'une Grecque* est le récit d'une immense négociation ratée. Peu à peu, la négociation se transforme en procès, procès qui, à quelques pages de la fin, n'est « instruit qu'à demi ».

On devine peu à peu les raisons de cet échec. On sait depuis le début qu'il est un Français, « versé dans le commerce des femmes », familier d'un « libertinage éclairé » et des « parties d'amour », un homme à femmes[12]. Cet homme si sûr de lui, mais peu à peu fasciné et constamment éconduit, cet homme en qui Jean Fabre voyait jadis le pantin d'une femme insaisissable[13], tombe dans l'exaspération et se livre à des accès de colère, de « fureur », à des « transports » de colère et de violence qu'on n'attendait pas de lui.

Cette violence est l'effet d'une jalousie qui naît en même temps que l'amour, qui se confond parfois avec l'amour et le transforme en passion. Ainsi quand au tout début du récit, Ferriol découvre dans le sélictar un rival inattendu, et dans les yeux de Théophé, une ombre de consentement :

> Un air de satisfaction qui se répandit sur son visage m'y fit découvrir plus de charmes que je n'y en avais aperçus depuis que je la connaissais. Je l'avais toujours vue triste ou inquiète. Le mouvement d'une cruelle jalousie me fit voir tous les feux de l'amour allumés dans ses yeux. Il devint un transport de fureur, en lui entendant ajouter qu'elle ne demandait que vingt-quatre heures pour se déterminer[14].

En un instant, tout est dit : ce charme de l'amour qui s'esquisse et qui lui échappe, le fantasme des feux de l'amour allumés par un autre, l'inquiétude de l'attente devenue transport de fureur. L'amour est un charme, la passion est une maladie qui le ravage d'emblée, et qui se développe à l'infini, côtoyant la folie. Ce visage « propre à jeter des flammes dans un cœur » obsède le narrateur, transforme sa vie en une « espèce de supplice[15] » et consume de

---

11   P. 16 (66).
12   P. 50 (138), 48 (134), 47 (133).
13   Jean Fabre, dans la conversation, aimait rapprocher l'*Histoire d'une Grecque* de *La Femme et le pantin* de Pierre Louÿs.
14   P. 44 (127). On note au passage le souvenir de Racine et en particulier de *Britannicus*, et même un alexandrin parfait (« tous les feux de l'amour allumés dans ses yeux »).
15   P. 82 (208).

l'intérieur le brillant ambassadeur. On le verra espionner sa protégée, la persécuter, s'enfermer lui-même dans son délire, lui proposer le mariage, pour enfin la cloîtrer, tout en la faisant surveiller : autant de conduites opposées à ces principes d'honneur et de délicatesse dont il se réclamait. L'illustre personnage est détruit peu à peu de façon implacable, transformé en vieillard infirme et maniaque. Rarement l'on n'aura vu à ce point la destruction du héros, et l'opposition radicale du public et du privé. Il reste à se demander pourquoi cette singulière entreprise dans la carrière du romancier.

On est tenté de croire que sa détresse financière l'y a poussé. Cette préoccupation, à vrai dire, ne l'a jamais quitté tout au long de sa vie. Mais elle ne le pousse pas n'importe où et ne l'empêche nullement d'écrire un chef d'œuvre. Elle le pousse seulement à écrire vite. À fond de train, Prévost écrit cette histoire dont il n'ignore aucun détail. Il plonge dans un immense monologue intérieur qu'il termine en moins de deux mois. Il s'y exprime en entier, comme naguère pour l'*Histoire du chevalier des Grieux* ; il s'agissait alors d'un deuil ; il s'agit en 1740 d'une jalousie passionnelle. Peu lui importe au fond l'histoire factuelle ; elle lui sert de décor ; il n'a guère besoin de ses sources, qu'il cite de mémoire, sans aucune précision, et souvent de façon fautive. L'histoire est pour lui une technique de crédibilité : elle donne à croire que tout, dans l'*Histoire d'une Grecque*, est vrai, que cette rencontre impossible entre le magnifique ambassadeur et la petite esclave a bien eu lieu. Elle a eu lieu, mais autrement.

Le risque, largement encouru par le romancier, est de suggérer des clés. Qu'un ambassadeur à la Sublime Porte tombe amoureux fou d'une esclave et la ramène en France, au vu et au su de toute l'aristocratie parisienne, il y avait de quoi faire parler. Pourtant, le public alerté par le ouï-dire et l'Avertissement de Prévost, fut déçu : le témoignage de Gastelier le prouve ; un seul baiser et rien d'autre, ce roman était finalement trop sérieux. Le risque pour le lecteur d'aujourd'hui, largement aidé par des éditions savantes, est de lire deux histoires à la fois, celle que raconte le romancier, et celle que nous fait connaître l'historien, et de croire que l'une aide à comprendre l'autre. Or rien dans la correspondance du comte de Ferriol ni dans les lettres de Mlle Aïssé ne répond aux questions posées par le roman sur la vertu d'Aïssé ou la folie de Ferriol. Le récit nous enferme en effet dans l'univers clos d'un homme en proie à un délire particulier, et dont la parole n'est jamais fiable.

Ce que raconte le roman est né, peut-on croire, d'un infime détail rapporté par La Mottraye dans ses *Voyages* à propos de l'hallucination de Ferriol :

> Mais ce qui mortifia davantage Mr. de Ferriol, fut qu'on éloigna d'auprès de lui une fille arménienne qu'il appelait *figlia d'anima*, ou sa *fille d'âme* (c'est ainsi qu'on nomme les personnes adoptées de ce sexe), et que la

médisance appelait sa *fille de corps*. Cette fille le suivait, et le tenait par la main, jusque dans les rues ...[16]

Ce passage énigmatique montre comment le romancier sélectionne ce qui l'intéresse dans un texte historique : il fait de l'Arménienne une Circassienne (réputée pour sa beauté), omet l'explication philologique sur la « fille d'âme », omet à vrai dire toute l'anecdote turque, et ne retient que la relation étrange entre cette *fille d'âme* et l'ambassadeur mortifié. De cette relation, il fera une admirable construction mentale : oui, l'ambassadeur a voulu posséder une *fille de corps*, mais en se heurtant à un interdit majeur qu'il a créé lui-même, car cette esclave a une âme, une conscience morale qui l'oppose à celui qu'elle considère comme un père. Et alors que la véritable Aïssé se soumet à l'ordre de son « aga », Théophé lui échappe définitivement. L'ambassadeur, torturé par la frustration et de jalousie, s'achemine vers la vieillesse et la maladie, tandis que sa victime s'évade, courtisée par toutes sortes de séducteurs supposés : le sélictar, Synèse, M. de S., le comte D. Derrière cet interdit, et tout particulièrement dans la relation équivoque qui fonde et détruit l'amour, on reconnaîtra l'un des thèmes souterrains qui hantent l'œuvre de Prévost, l'inceste entre un père et sa fille, ou entre la sœur et son frère, ou les deux ensemble[17]. Prévost connaît ses sources : dans le cas présent, il a lu Ferriol, Cantemir, La Mottraye ; il peut faire, dans le *Pour et Contre*, un compte rendu de leurs écrits. Quand il compose un roman, il manipule pourtant l'histoire à son gré. Le plus souvent, il prélèvera dans le texte historique un détail inexpliqué qui met son imagination en éveil : la déportation des filles dans *Manon*, le solitaire de Serrano dans *Cleveland*, le suicide de Brenner dans *Le Monde moral*, et il donne à l'anecdote une portée inattendue, le plus souvent dramatique. Il lui arrive de prendre dans la *Gazette* un fait divers inexpliqué et de lui donner une interprétation toute personnelle : la mort de Sœur Marianne de la Croix, fille d'un cardinal Infant, ou l'histoire du prince de Portugal dans les *Mémoires d'un homme de qualité*, ou encore, le détail des opérations d'Irlande dans les *Campagnes philosophiques*, pour apporter à la *Gazette* un ironique démenti[18]. Les « contes singuliers » du *Pour*

---

16   Ouvr. cité, t. I, p. 410.
17   L'affection sensuelle qui unit Synèse et Théophé à deux pas de l'ambassadeur rappelle entre autres le jeu de Des Grieux et de Manon sous les yeux du vieux G. M. On trouvera dans une nouvelle du *Pour et Contre* une réflexion très originale de Prévost sur l'inceste entre frère et sœur (*Contes singuliers*, Garnier, 2010, éd. J. Sgard) ; voir le commentaire p. 427-428.
18   Voir la fine étude de Jean Oudart, « La vérité de la guerre d'Irlande selon la *Gazette* et selon Prévost » dans les *Cahiers Prévost d'Exiles* n° 6, p. 39-48, ainsi que mon article « Prévost romancier et journaliste » dans *Vingt études sur Prévost d'Exiles*, ELLUG, 1995, p. 225-238.

et Contre sont pleins de ces contrepoints apportés le plus souvent à la presse anglaise. Ce qui le conduit à composer un récit, c'est un secret enfoui où peu à peu le roman nous conduit, comme au centre d'une pyramide ; mais il faut pour cela dépouiller l'histoire de tous ses détails inutiles. La composition romanesque est une lente opération de filtrage : il faut se débarrasser des fausses gloires, des préventions politiques ou religieuses, des censures imposées par le pouvoir et par les grandes familles, des questions d'argent, des temps morts, de toutes les habitudes mentales véhiculées par la tradition romanesque, pour parvenir enfin à l'essentiel, un récit nu.

On aimerait conclure en disant que l'histoire est du côté des faits avérés, et le roman du côté de l'intériorité, de l'unité d'un destin, de tout ce que Prévost appelle « le monde moral ». On aimerait dire que seul le roman exprime par un récit unifié la totalité d'un drame. Mais l'histoire aussi est un récit, et il y a autant d'historiens romanciers que de romanciers historiens[19] : c'est finalement un historien, Michelet, qui me fournira le plus beau texte sur mon ambassadeur et son esclave :

> Ce Fériol était un homme rude, étonnamment hautain, fort courageux, mais violent, colère jusqu'à devenir fou. On le remplaça en 1711, et il revint pour le malheur d'Aïssé. C'était alors une grande demoiselle, une Française de dix-sept ans, d'esprit très cultivé, précoce et déjà admirée dans le monde comme une jeune dame. Quel coup ce fut pour elle quand cet homme âgé, sombre, dur, arriva et se dit *son maître*. Elle ne le connaissait point du tout, ne l'ayant vu qu'à quatre ans. Elle fut pénétrée de terreur et sans doute essaya de se défendre et s'appuyer par celle qui l'avait élevée, madame de Fériol. Mais celle-ci, avare, qui attendait beaucoup de son beau-frère, et qui eût été désolée si, malgré l'âge, il eût pris femme, fut ravie au contraire de le voir réclamer sa petite maîtresse. Nous avons la lettre terrible où le barbare lui dénonce son sort : « Quand je vous achetai, je comptai profiter du *destin* et faire de vous ma fille ou ma maîtresse. Le même *destin* veut que vous soyez l'une et l'autre, etc. » Elle plia sous la fatalité[20].

Ainsi finit l'histoire de Ferriol et de Théophé. Et tout est dit.

---

19   Rappelons que Prévost fut successivement l'un et l'autre : l'*Histoire de Marguerite d'Anjou* et l'*Histoire d'une Grecque moderne* sortent à six mois d'intervalle en 1740.

20   *Histoire de France*, « La Régence », éd. P. Petitier et P. Viallaneix, Sainte-Marguerite-sur-mer, Éditions des Équateurs, 2008.

La mise en intrigue du portrait dans les *Mémoires d'un honnête homme* de Prévost d'Exiles

Coralie Bournonville

Les *Mémoires d'un honnête homme*[1] est un roman-Mémoires de Prévost publié en 1745. Après une préface fictionnelle qui déploie le *topos* du manuscrit trouvé, commencent les Mémoires d'un Français prisonnier en Allemagne, dont on ne connaît pas le nom mais seulement la qualité de « comte ». Dans la première partie du roman, le jeune protagoniste, qui a quitté sa province natale pour gagner Paris, fréquente différents cercles mondains et explore les mœurs du monde aristocratique parisien, à une époque qui pourrait être contemporaine de l'écriture du roman. Le personnage fréquente des sociétés mondaines et persifleuses, des sociétés de libertins, d'artistes et d'aristocrates, puis le cercle familial des B…, lorsqu'il tourne le dos à la société corrompue. Il rencontre, au début du roman, une certaine Mme de B…, dont il apprend qu'elle vit le plus souvent retirée du monde. Le protagoniste, immédiatement touché par la grâce de Mme de B…, est vite déçu d'apprendre qu'on la soupçonne d'entretenir une relation adultère. Intrigué, il trouve le moyen de se faire inviter chez M. et Mme de B… La première partie s'achève lorsque le personnage, grâce à une conversation avec M. de B…, est assuré de la grande vertu de son épouse et du dévouement de celle-ci à son mari. Il découvre que si la jeune femme vit retirée, c'est parce qu'elle veille sur son mari malade. La deuxième partie raconte alors la passion croissante du jeune homme, qui devient un ami intime du couple, pour Mme de B…, et les malheurs qui s'abattent sur lui. L'honnête homme est persécuté par Mlle de S. V…, une jeune fille qui, sur quelques « complaisances » accordées par le comte avant son départ pour Paris, s'estime déshonorée et lui demande de l'épouser. Le frère de la jeune amoureuse s'en mêle, provoque le héros en duel et celui-ci est grièvement blessé. Apparemment à l'article de la mort, le comte est rejoint par son père et par Mlle de S. V… et marié de force à celle-ci. Le roman prend fin sur cet épisode cruel. Il s'agit donc d'un roman inachevé, le premier de la carrière de romancier de Prévost, qui a déjà écrit et publié alors les *Mémoires et aventures d'un homme de qualité, Cleveland, Le Doyen de Killerine* et les trois romans de 1740–1741.

---

1 Toutes les citations de ce roman seront prises dans l'édition de poche : Prévost, *Mémoires d'un honnête homme* [1745], notes et postface d'Érik Leborgne, Vijon, Lampsaque, 1999.

Ce roman comporte de nombreux portraits, lesquels sont habituellement rares chez Prévost. Ce sont, pour la plupart, des éthopées. Les premiers sont le fait d'un personnage secondaire, une « intendante », qui propose au début du roman une galerie de portraits à charge[2]. Ces portraits prêtés à un personnage secondaire semblent imités de la pratique du persiflage mondain et de ses représentations littéraires antérieures, et pourraient sembler être développés pour le plaisir de cette imitation, d'autant qu'ils concernent, pour la plupart, des personnages dont les relations avec le protagoniste sont faibles. Hormis pour le cas du portrait de Mme de B..., on ne peut pas dire que les portraits de ce roman ont pour fonction de camper des personnages importants pour la suite du récit, car leur rôle dans la diégèse est quasi-nul. Cela semble *a priori* conforter une conception traditionnelle du portrait, souvent présenté par les poéticiens comme un moment de pause dans l'action et comme un cas particulier de description.

Pourtant, je voudrais montrer que la poétique des portraits dans ce roman est bien romanesque, et que ceux-ci sont l'objet d'une mise en intrigue qui ressort à la logique du récit fictionnel[3]. Bien loin que les portraits soient des morceaux détachables, ils constituent l'élément central d'une action intériorisée et un lieu de tension narrative, en particulier de suspense; cette mise en intrigue du portrait passe par différents procédés que je voudrais tenter de mettre en évidence.

Je montrerai aussi, ce faisant, que cette poétique du portrait sert une satire du persiflage mondain et une réflexion sur la connaissance de l'autre et de soi. Elle s'inscrit enfin dans une expérimentation romanesque qui a pour objet la constitution d'un protagoniste-mémorialiste au caractère singulier dans la production de Prévost.

1   La mise en intrigue des portraits

C'est dans la première partie du roman que se trouvent la plupart des portraits : pas moins de dix-neuf sur les cent pages de l'édition de poche, si l'on compte les portraits repris. Phénomène rare chez Prévost, le roman comporte, dans ses premières pages, une galerie de huit portraits, présentés par le personnage de l'intendante (p. 17–20) : le lendemain d'un dîner, le comte va remercier

---

2   Cette intendante n'est pas sans évoquer, ainsi que me le faisait remarquer Catherine Ramond, la Célimène du *Misanthrope*.
3   Voir Raphaël Baroni, « Histoires vécues, fictions, récits factuels », *Poétique*, mars 2007, n° 151, p. 259–277.

son hôtesse, et celle-ci taille le portrait, au sens péjoratif de l'expression, des convives de la veille. Les portraits sont inclus dans le discours direct prêté à l'intendante et sont qualifiés de « portraits » par le mémorialiste : « je ne pouvais rien opposer à ces portraits inconnus ».

Le premier est dressé sur le mode essentiellement négatif : à part une aimable figure et une rente conséquente, le « président » n'aurait rien pour lui. Il ne ferait que répéter à chaque dîner les mêmes cinq ou six contes qu'il connaît. Suit le portrait d'une « marquise », qui comporte également la mention de l'état de sa fortune, sa situation maritale, et le nombre d'amants qu'on lui compte. C'est un portrait de « réputation », comme le souligne le dernier mot. Puis l'intendante décrit un financier, en indiquant quelques traits de caractère et sa situation sociale : il aurait des « entêtements faux et ridicules de noblesse ». Enfin, elle fait le portrait de celle dont on saura plus tard qu'elle s'appelle Mme de B... et qui est pour l'instant « la femme du conseiller ». Ce portrait est mis en valeur, d'une part, par sa longueur : vingt-quatre lignes dans l'édition de poche contre deux à douze pour les autres portraits, et, d'autre part, par une incise du narrateur précisant le ton de l'intendante : « avec un air plus mystérieux ». Cette incise a une fonction intrigante, renforcée par la déclaration d'intention de l'intendante : « je veux vous la faire connaître à fond ». Le portrait en question en oppose deux : la première opinion que s'était faite l'intendante sur la jeune femme est rendue en un portrait qui accumule des termes abstraits désignant des qualités physiques (beauté) et morales (vertu, sagesse et modestie), mais ces qualités sont d'emblée présentées comme des « airs composés ». Puis le portrait intègre un passage narratif : l'intendante raconte le mariage de Mme de B... et de son mari, la tolérance de ce dernier, qui la laisse sortir dans « le monde », et enfin la supposée découverte de l'intendante : « elle meurt d'amour pour un clerc de M. le conseiller ». Suivent quatre autres portraits. Sans entrer dans le détail, je soulignerai qu'ils sont envahis par le pronom indéfini « on », qui est la source de bien des savoirs de l'intendante : « on prétend même », « si l'on ne m'avait assuré », « on prétend », et « on assure ». Ces portraits sont des portraits de rumeurs.

Si tous ces portraits deviennent des éléments d'intrigue, c'est d'abord parce qu'ils ont une fonction pragmatique interne. Juste après cette galerie, le texte mentionne l'effet que provoquent ces représentations sur le protagoniste, dans une proposition concessive : « quelqu'idée qu'elle m'eût fait prendre du caractère d'autrui ». Le portrait a produit un effet sur le personnage ; en bonne oratrice, l'intendante a communiqué à son interlocuteur l'« idée » qu'elle voulait lui faire prendre de chaque portraituré.

Or, cette idée est, dans la suite du roman, l'objet d'une mise à l'épreuve : elle est confrontée à l'expérience du personnage, et la correction des portraits initiaux devient l'objet vers lequel est tendu le récit. Le roman construit alors une intrigue qui a pour enjeu l'élaboration de portraits justes ou du moins la correction des médisances de l'intendante.

Cette mise en intrigue des portraits commence par une prolepse vague qui suit la galerie : « On verra bientôt les raisons qui m'en [les « peintures » de l'intendante] ont fait rappeler si fidèlement une partie » (p. 20). Alors que le personnage n'est pas, selon ses propres termes, « porté à [...] soupçonner [l'intendante] d'injustice » (*ibid.*), la prolepse invite à retenir ces portraits et à attendre des révélations ultérieures, créant un léger suspense, lequel relève, selon Umberto Eco et plus récemment Raphaël Baroni, de la combinaison entre une anticipation et une incertitude[4]. Ce suspense est rendu possible par le choix de ce que Dorrit Cohn appelle la *consonance*[5] : le récit énoncé par le mémorialiste fictionnel n'adopte pas le regard surplombant du mémorialiste, supposé connaître la valeur de ces portraits, mais celui de l'acteur (du « je » personnage) qui ignore l'avenir.

Suit alors le récit des expériences mondaines du protagoniste, qui sont l'occasion d'évaluer la pertinence ou plutôt l'impertinence des portraits reçus et de construire des contre-portraits. Cela commence très vite. Page suivante, l'après-midi de cet entretien, le personnage se rend pour une visite de courtoisie chez le président, celui qui est supposé n'avoir pour lui que ses cinq ou six contes. En un mélange de discours direct, indirect et narrativisé, le mémorialiste rapporte la conversation des personnages, dans laquelle il est question des livres que comporte la bibliothèque du président, de savoirs scientifiques, et des choix de vie du président. Les effets de cette conversation sont racontés au fur et à mesure et montrent l'évolution de l'opinion du protagoniste. Il reçoit d'abord les paroles du président au prisme du portrait de l'intendante : « Je me figurai qu'il voulait prendre un air de doctrine et d'application, qui ne pouvait servir qu'à joindre le ridicule à sa sottise » (p. 21). Les portraits de l'intendante ont donc eu une incidence sur le personnage : celle d'imprimer dans son imagination une « idée » du personnage portraituré, laquelle résiste pour un temps aux corrections que suggère la fréquentation personnelle. Mais la suite de la conversation l'oblige à revoir son jugement : « Un discours si grave et si

---

4   Umberto Eco, *Lector in fabula ou La coopération interprétative dans les textes narratifs* [*Lector in fabula*, 1979], texte traduit de l'italien par Myriem Bouzaher, Paris, Grasset, 1985, p. 142–145 et R. Baroni, *La Tension narrative. Suspense, curiosité, surprise*, Paris, Seuil, 2007, p. 92.

5   Dans *La Transparence intérieure : modes de représentation de la vie psychique dans le roman*, traduit par Alain Bony, Paris, Éditions du Seuil, 1981. La consonance dans l'auto-récit désigne le fait que le narrateur « n'attire [pas] l'attention du lecteur sur le présent de la narration, sur son moi narrateur, en mentionnant des informations, des opinions, des jugements qui n'auraient pu lui appartenir au temps de son expérience passée. », *ibid.*, p. 179.

judicieux, dans la bouche d'un homme qu'on avait représenté comme un imbécile, m'inspira autant de respect que d'étonnement » (p. 22). À la fausse image s'oppose une seconde, fruit de l'expérience. Il évoque plus loin son respect et sa vénération, avant de faire un contre-portrait : « Le président, qui avait pour lui les véritables qualités de l'esprit, avec les lumières du savoir, prenait en pitié les amusements folâtres ou ne s'y prêtait que pour l'entretien de la société » (p. 23). À l'occasion de cette découverte, le personnage fait des réflexions sur les lois absurdes de la réputation, que complète le savoir du mémorialiste nourri par une plus longue expérience. Plus tard, lors d'un autre souper mondain en compagnie du président, le regard du protagoniste est éclairé par ce savoir : « Je voyais qu'en homme sensé il entrait dans le torrent des propos les plus frivoles, pour ne gêner personne par la supériorité de ses lumières » (p. 29). L'idée imaginaire s'est transformée en perception éclairée : « je voyais ». Le lexique de la vue remplace celui de l'imagination.

Les autres portraits mondains sont ainsi progressivement contredits. Cette contradiction peut passer par la parole de personnages plus fiables. C'est le cas pour l'homme que l'intendante accusait d'avoir des prétentions absurdes à la noblesse : cette noblesse est confirmée par le président, qui révèle qu'il est son cousin. La correction des idées fausses passe également par la fréquentation personnelle du portraituré par le protagoniste, qui découvre les véritables qualités du personnage, comme dans l'exemple que l'on vient de voir. Et chaque fois « l'honnête homme » en tire des réflexions sur les mœurs du monde, de « nouveau[x] sujet[s] d'admirer la fausseté des jugements publics » (p. 34), racontés le plus souvent en discours narrativisé (comme « j'ajustais [son récit] à mes idées sur l'article des réputations », p. 72).

Le devenir-récit des portraits passe ainsi par ces corrections progressives et par le récit de la vie intérieure du protagoniste, lequel rapporte à la fois les effets des portraits reçus, sur le moment et dans la durée, et les réflexions que suscite la contradiction entre ce portrait et la connaissance acquise dans l'expérience.

La vérification de l'un des portraits de l'intendante est, lui, l'objet d'une quête du personnage, au sens narratologique du terme[6], celui de Mme de B..., qui a pour motivations non seulement le goût de la justice que se prête le comte, mais aussi le deuxième trait de caractère identifié par le mémorialiste dans son autoportrait, les « faiblesses d'un cœur trop tendre » (p. 14). Cette implication affective du personnage charge cette quête de suspense jusqu'à la fin de la première partie : au suspense sur le caractère de Mme de B... se joint la

---

6 Imposé par Algirdas Julien Greimas, *Sémantique structurale : recherche et méthode* [1966], Paris, Presses universitaires de France, 1986.

tension pathétique[7], qui tient à l'adoption du point de vue du « je » narré qui fait partager au lecteur l'ignorance du caractère de Mme de B... et les émotions du protagoniste. Le juste portrait de Mme de B... est sans cesse différé, non pas, comme dans *La Vie de Marianne* à propos de Mme Dorsin, parce que le narrateur promet qu'il le fera bientôt, mais parce que c'est le point de vue du protagoniste que nous suivons.

Plus loin (p. 86), le mémorialiste fait l'ébauche du portrait physique d'« une femme » entraperçue, en qui il ne reconnaît pas immédiatement Mme de B... ; ce portrait esquissé (il ne distingue que « la moitié du visage ») reprend les stéréotypes des romans précieux (« blancheur éblouissante », « air surprenant de douceur et de modestie », « port admirable »), leur usage des superlatifs (« la plus belle main du monde »), tout en portant l'accent sur l'effet produit par la « belle personne », au moyen d'adjectifs évaluatifs : « éblouissante », « surprenant », « admirable » ; tous ces adjectifs renvoient aux impressions du personnage. La tension narrative du passage tient à cette insistance sur le regard à l'origine du portrait et au fait que le personnage ne reconnaît pas immédiatement Mme de B... Puis, après que le personnage l'a reconnue, la tension vient du conflit intérieur qui se noue entre ces impressions et le souvenir des rumeurs qui circulent sur Mme de B... : ce portrait mêlé de récit de pensée est suivi du récit des réflexions qui suivent le mouvement d'admiration spontané, durant lesquelles il se rappelle le méchant caractère dépeint par l'intendante, ce qui refroidit ses ardeurs. Mais il hésite : « Je me demandais, en faveur d'une femme si aimable, s'il n'était pas possible que la malignité l'eût injustement noircie, comme tant d'autres dont j'avais déjà l'exemple » (p. 87). Grâce à cette focalisation interne sur le « je » narré, le texte retranscrit le débat intérieur et l'ignorance qui sont ceux du temps vécu par le personnage : Mme de B... n'a-t-elle que l'air de la douceur et de la modestie ou possède-t-elle en effet ces qualités ?

À la fin de la première partie, la vertu de Mme de B... est restaurée puisque le protagoniste a découvert que, loin d'être adultère, elle soutenait son mari malade nuit et jour. Et le contre-portrait final est proposé par le mari de Mme de B... : « Si Madame ne m'écoutait pas, je vous la donnerais, avec le plus sincère témoignage de mon cœur, pour la première personne de son sexe ». (p. 106) C'est là une simple prétérition parce qu'il fait bien ensuite un portrait de son

---

7 Gabriel Sevilla propose d'affiner la notion de « tension narrative » de Raphaël Baroni en la structurant en trois volets : tension chrono-topique (immersion spatio-temporelle), tension pathétique (*pathos*) et tension télique (suspense, curiosité, surprise). Gabriel Sevilla, « La triple tension narrative : chrono-topique, pathétique, télique », *Cahiers de narratologie* [en ligne], 2014, n° 26. http://narratologie.revues.org/6901.

épouse à travers le tableau de ses activités quotidiennes. La première partie s'achève alors sur un savoir fondé sur l'expérience, partagé par le « je » acteur et le « je » narrateur, un savoir particulier à propos des personnages et un savoir général sur la corruption du monde (« Le monde n'est pas seulement injuste dans ses jugements, il est aveugle et furieux à les soutenir [...] », p. 109).

Ainsi, alors que le choix énonciatif du roman-Mémoires, qui met en place une narration autodiégétique et rétrospective, permettrait de délivrer d'emblée un portrait fidèle, fruit de l'expérience du mémorialiste, comme le fait Marivaux dans *La Vie de Marianne* à propos de Mme Dorsin par exemple, Prévost opte pour une narration partiellement consonante qui lui permet d'investir le portrait en constitution de tension narrative. C'est dans cette expérience fictionnelle, dans ses effets passionnants, provoqués par cette tension narrative et par l'effet-personne du récit personnel[8], qu'est proposée une réflexion sur la possibilité de connaître autrui.

2   Les fondements du portrait fidèle

Ce que donne ainsi à expérimenter le roman-Mémoires, par ce travail sur les portraits, est une expérience intellectuelle : le trajet du préjugé à la connaissance, laquelle se fonde sur la comparaison entre des images reçues et les leçons de l'expérience. Ce parcours est motivé par les deux pôles du caractère du personnage qui ont été présentés dans son autoportrait : « un goût peut-être outré, de la vérité et de la justice » et ce qu'il appelle plus loin un « zèle pour la réputation d'autrui » (p. 67). Dans le parcours de ce moraliste se construit ainsi une satire du persiflage mondain et une invitation à ne se fier ni aux réputations ni aux premières apparences.

On pourrait objecter que le roman semble suggérer la possibilité d'une intuition immédiate de l'autre, qui relèverait de la sympathie. À l'égard de Mme de B..., l'erreur du personnage avant qu'il ne rende visite à M. et Mme de B... procède du persiflage de l'intendante, qui lui a proposé des portraits trompeurs, alors que le portrait physique de Mme de B... cité semble signifier, quant à lui, une connaissance spontanée des qualités de la personne, en l'occurrence de sa noblesse physique et morale – même si cette connaissance demeure bien vague et lacunaire, comme le figure peut-être le demi-visage de Mme de B... Et ce n'est pas la seule connaissance intuitive de ce roman : le comte devient également ami avec un personnage suite à l'un de ces effets de sympathie dont

---

8   Vincent Jouve, *L'Effet-personnage dans le roman*, Paris, Presses universitaires de France, 1992.

le roman sensible est coutumier[9]. L'apparence peut parfois dire vrai. Mais un autre exemple vient discréditer cette connaissance intuitive et indique que le cœur se trompe parfois. Il s'agit du portrait de Fanchon, qui est cette fois d'emblée fait par le protagoniste, dont le mémorialiste restitue le regard :

> Fanchon surtout m'inspirait une pitié si vive que j'en étais ramené aux plus sérieuses réflexions sur l'injustice de la nature et de la fortune. Outre la beauté des traits et la fraîcheur de la jeunesse, sa physionomie avait quelque chose de si noble et de si modeste que dans toute autre occasion je l'aurais prise pour une fille de qualité qui avait reçu la meilleure éducation. (p. 41)

La première impression du personnage, trompeuse, est racontée selon le point de vue du protagoniste, ce qui fait partager un temps au lecteur son illusion. Le comte croit déceler que Fanchon est au fond modeste, qu'elle est malheureuse de son état, et tente de la sortir de la prostitution. Mais la jeune femme profite de ses bonnes intentions pour le duper et lui soutirer de l'argent. Qu'elle ait été, comme l'explique le marquis, irrémédiablement corrompue par le monde, ou qu'elle soit trompeuse de tempérament, il apparaît en tout cas que l'apparence, pas plus que la réputation, ne donne un accès certain à la vérité du sujet observé. Seule l'expérience et la fréquentation durable de l'autre semble fiable, à qui sait en recevoir les leçons – ce qui est le cas de notre protagoniste dans l'épisode de Fanchon, au contraire de des Grieux face à Manon. C'est dans l'action que se fait connaître le sujet[10]. La mise en intrigue du portrait, rendue possible par le récit des pensées du protagoniste, implique alors, *in fine*, les contours d'une réception idéale, qui ne s'en laisse pas imposer par les images verbales mais adopte une méthode comparative[11]. Le parcours du protagoniste dans différents cercles mondains et dans l'espace privé de la maison des B… s'apparente à une formation du personnage par l'expérience de l'écart entre les différents portraits reçus, expérience et formation elles-mêmes données à éprouver au lecteur par l'usage prévostien du récit à la première personne.

---

9   « Je m'épuisais surtout en admiration pour un homme dont la physionomie et les manières m'avaient charmé » (p. 92). Il s'agit de M. de La … qui devient dès le lendemain son ami intime.

10 Mme de B… aurait peut-être réservé d'autres surprises si le roman avait été poursuivi par Prévost.

11 C'est aussi ce que suggère le long épisode de la levée du quiproquo entre Cleveland et Fanny dans *Le Philosophe anglais*. Voir sur ce sujet Nathalie Kremer, « Le philosophe aveugle. Voyage au-delà des apparences » dans Jean-Paul Sermain (ed.), *Cleveland de Prévost. L'épopée du XVIIIe siècle*, Paris, Desjonquères, 2006, p. 160–178.

Cet apprentissage fait du protagoniste des *Mémoires d'un honnête homme* un cas à part dans l'œuvre de Prévost. Car la capacité de ses héros à apprendre de leur expérience est habituellement pour le moins problématique. Nous voudrions ainsi achever ce parcours par un ultime portrait moral, celui du protagoniste et du narrateur de cette histoire, qui est, comme les précédentes éthopées, l'objet d'une mise à l'épreuve.

3   L'expérimentation d'un caractère

Les portraits de l'intendante ne sont pas les premiers du roman. Le premier est un autoportrait qui est une rapide éthopée : « Un goût peut-être outré de la vérité et de la justice, joint malheureusement aux faiblesses d'un cœur trop tendre, a causé toutes les infortunes de ma vie » (p. 13–14). Le portrait est l'objet d'un commentaire : « Je suis parvenu à pouvoir peindre ainsi mon caractère d'un seul trait. Mais de quelles épreuves et de combien d'années n'ai-je pas eu besoin pour me le développer à moi-même ? » (p. 14). Encore une fois, seule une longue fréquentation, en l'occurrence de soi-même, permet d'aboutir à un portrait fidèle du caractère, par ailleurs classiquement simple et immuable. Cet autoportrait invite à confronter ensuite l'action du personnage à cette présentation initiale. Or, ce portrait-là ne sera pas démenti, mais au contraire confirmé par l'action du personnage, qui à plusieurs reprises fait preuve de générosité et d'esprit de justice, puis par une réécriture et un approfondissement de cet autoportrait quelques dizaines de pages plus loin. L'autoportrait en deux temps suit en quelque sorte la leçon du roman puisque le mémorialiste se justifie ainsi d'avoir tardé à faire le détail de son éthopée : « Je n'ai pas voulu me faire honneur d'avoir reçu du ciel un caractère extraordinaire, avant que mes lecteurs aient pu s'apercevoir que j'ai quelque droit de me l'attribuer » (p. 67). Le portrait flatteur trouve son fondement dans le récit qui a précédé ; le lecteur peut vérifier la conformité du portrait proposé avec celui qui émerge de l'action du personnage, son esprit de justice s'actualisant dans ses quêtes de connaissance et sa sensibilité dans son amour pour Mme de B... Le dispositif constitue donc encore une manière de figurer la spécificité de la connaissance morale revendiquée par le genre du roman, celle d'une connaissance expérimentale, à la fois des personnages et du lecteur.

Si ce roman, très peu commenté par la critique, est étonnant, pour un lecteur de Prévost, c'est précisément parce qu'il fait coïncider le discours du mémorialiste et la diégèse, qu'il y a coïncidence entre le portrait des différents personnages auquel aboutit le comte et l'image que la diégèse donne de ces personnages, mais aussi coïncidence entre l'image que le narrateur donne de lui-même, son autoportrait, et l'image qui ressort de son action et des jugements des autres personnages. Le protagoniste et mémorialiste semble digne de l'adjectif qui le qualifie dans le titre[12]. Certes, les échecs de ses entreprises généreuses tendent à interroger leur pertinence et le mémorialiste semble peu enclin à se remettre en question sur ce point. Mais on n'observe guère, dans ce roman, les écarts si intéressants que construisent les autres romans de Prévost entre l'image d'eux-mêmes proposée par les mémorialistes fictifs et les images concurrentes qui émergent de la diégèse ou de la parole d'autres personnages. On sait avec quel talent les romans de Prévost exploitent le procédé du narrateur non-fiable identifié par Wayne Booth[13] : les paroles du narrateur semblent souvent motivées par un projet rhétorique, celui de dénigrer certains personnages ou de justifier son action passée, ou investies par les passions ou les illusions du mémorialiste, grâce à des formes de polyphonie qui font entendre des voix dissonantes.

Pourquoi cette différence ici ? C'est, me semble-t-il, que Prévost a voulu expérimenter un nouveau type de personnage et de narrateur, un honnête homme qui ne le soit pas que de nom mais par son action et son regard, un observateur intransigeant du dérèglement du monde, qui d'honnête homme ingénu est devenu un mémorialiste étonné du sort que réserve le « monde » aux gens de son espèce, qui n'écrit pas pour se justifier, mais pour lutter, dans sa prison, contre un ennui mortel, par le ressouvenir de son passé[14].

Le traitement des portraits découle de ce pari de concevoir un honnête homme malheureux, victime des espoirs qu'une jeune femme aurait fondés sur quelques échanges galants, victime, non sans ironie pour un personnage qui fait l'apprentissage de l'écart entre les mots et les choses, de ce qu'une

---

12   Cette « honnêteté » est d'autant plus surprenante que les trois précédents romans de Prévost, publiés quatre à cinq ans plus tôt, poussent plus loin que jamais la dégradation morale et romanesque de leur protagoniste.

13   Wayne C. Booth, *The Rhetoric of Fiction*, Londres, University of Chicago Press, 1961.

14   « Dans une prison sans fin, le plus grand de tous les biens est d'être remué par quelque intérêt vif, ne fût-il propre qu'à causer des sentiments de douleur, parce que dans une prison, le pire de tous les maux pour l'esprit et pour le cœur est de ne rien sentir », p. 12–13. Nous rejoignons René Démoris lorsqu'il écrit que ces explications du mémorialiste indiquent que Prévost était « conscient du caractère inhabituel de ces mémoires » : René Démoris, « Imposture narrative et identification dans les romans de Prévost entre 1740 et 1745 » dans Jean-Paul Sermain et Érik Leborgne (eds.), *Les Expériences romanesques de Prévost après 1740*, Louvain, Peeters, 2003, p. 31.

femme s'est livrée sans réserve au sens littéral de ses paroles[15]. D'où un narrateur plus lisse que ceux des autres romans de Prévost. Il faut peut-être penser, au regard de l'inachèvement de ce roman, que ce pari a finalement moins intéressé le romancier que le choix de narrateurs plus troubles, et conséquemment de portraits moins fidèles.

---

15   Après avoir lu une lettre où Mlle de S. V.... écrit « qu'on ne trait[e] point avec cette indifférence une personne à qui l'on a [...] donné sujet de croire qu'on l'aimait », le protagoniste s'étonne : « Je lui avais fait les politesses qu'on doit à son sexe. [...] mais ne lui ayant jamais prononcé le nom d'amour, je cherchais sur quoi elle avait pu fonder l'opinion qu'elle marquait de mes sentiments. » (p. 27–28).

Figures défigurées et cœurs formés :
Prévost romancier face aux insuffisances du portrait

Audrey Faulot

Lorsqu'on essaie de caractériser l'œuvre romanesque de Prévost, il apparaît rapidement que, par rapport à ses contemporains, Prévost est relativement avare en portraits[1]. Ce choix narratif contraste avec la production de son époque, notamment les autres romans-mémoires : Marianne s'emploie à décrire ceux qu'elle a rencontrés[2] ; Meilcour ménage dans ses Mémoires une place pour le portrait de son ancien maître Versac … Cet aspect de l'œuvre n'a pas échappé aux critiques : Frédéric Deloffre, dans sa préface aux *Illustres Françaises*, célèbre le portrait challien en lui opposant la « pauvreté des portraits[3] » prévostiens. En effet, tant dans ses romans-mémoires que dans ses romans historiques, Prévost n'a pas volontiers recours à des portraits en forme – entendons par là le portrait comme passage rhétoriquement codifié, plus ou moins isolé dans la narration par une pause descriptive et disposant d'une cohérence interne. On observe ce phénomène tant dans ses romans-mémoires que dans ses romans historiques, qui se distinguent pourtant par des organisations narratives profondément différentes : les premiers sont écrits par un personnage fictif qui compose le récit de sa propre vie en faisant appel à sa mémoire ; les seconds par un narrateur historien, parlant à la troisième personne de personnages dont il retrace la vie à partir de sources diverses. Les deux romans historiques de Prévost, les *Histoires* de Marguerite d'Anjou et Guillaume le Conquérant, ne présentent pas formellement les portraits de leurs héros respectifs et s'attardent peu sur ceux des acteurs secondaires. Dans les romans-mémoires, de la même façon, les mémorialistes composent rarement le portrait des autres personnages : on ne verra ainsi jamais passer le portrait de Bridge, le demi-frère de Cleveland que ce dernier fait pourtant parler pendant près d'un Livre dans ses Mémoires.

---

1 Excepté dans ses deux derniers romans, les *Mémoires d'un honnête homme* et *Le Monde moral*, qui marquent un changement d'inspiration romanesque plus ou moins imposé par le goût de l'époque.
2 La quatrième partie s'ouvre ainsi sur le programme d'un double portrait : ceux de madame de Miran et madame Dorsin.
3 Robert Challe, *Les Illustres françaises*, éd. Frédéric Deloffre, Paris, Les Belles Lettres, 1959, p. XXXIX.

Plus étonnant encore, on ne trouve pas dans ces romans-mémoires d'autoportraits en forme, alors que le genre, tout entier tourné vers l'exploration identitaire, en appellerait pourtant : au même moment, le Jacob de Marivaux se contemple dans le miroir à chaque bouleversement significatif de son parcours. Chez Prévost, les mémorialistes font des remarques sur leur caractère au milieu de la narration mémorielle. Quand le narrateur se représente formellement, c'est souvent au sein d'un discours adressé à un autre personnage. Les fragments d'autoportrait sont toujours pris dans des discours dont la finalité argumentative est apparente, ce qui contribue à les médiatiser, et, mis en abyme à l'intérieur de Mémoires qui doivent eux-mêmes être regardés comme un vaste autoportrait destiné à emporter l'adhésion du lecteur, à jeter le doute quant à leur fidélité. Plutôt que de pauvreté du portrait et l'autoportrait, il faudrait donc plutôt parler d'une certaine retenue, voire d'une défiance de Prévost pour le portrait. Par défiance, nous entendons que, si Prévost ne refuse pas de recourir aux portraits, il ne laisse pas, lorsqu'il y sacrifie, de questionner la capacité de ces portraits à délivrer une vérité intangible sur ceux qu'ils représentent. Notre étude vise à exhumer les causes anthropologiques de cette défiance et à envisager ses conséquences narratives sur la constitution des portraits dans le corpus prévostien. Il s'agira de montrer comment la défiance dans la pratique romanesque des portraits accompagne une réflexion sur la personne et la capacité – ou l'incapacité – du portrait à représenter cette dernière, à un moment où la catégorie de « personne » est en plein débat.

1   Retour sur un accident de l'histoire

Pour retracer l'origine de ce choix littéraire, il convient de le resituer dans l'œuvre de Prévost. Ce dernier aurait commencé sa carrière par un roman antiquisant, *Les Aventures de Pomponius*, publié en 1724[4]. Il a ensuite écrit huit romans-mémoires, de 1728 à 1763 – période interrompue par la rédaction de deux romans historiques, l'*Histoire de Marguerite d'Anjou* et l'*Histoire de Guillaume le Conquérant*, respectivement en juillet 1740 et mai 1742[5]. Si l'on considère *Les Aventures de Pomponius*, récit raconté par un narrateur omniscient, on remarque que l'œuvre est riche en portraits : le roman s'ouvre sur les portraits des trois protagonistes, Amise, Pomponius et Octavie, et l'intitulé même du chapitre II promet ces portraits au lecteur. Le narrateur s'attarde

---

[4] Sur l'attribution du texte, voir *Les Aventures de Pomponius, Œuvres de Prévost* (désormais OC), dir. Jean Sgard, Grenoble, PUG, 1977–1986, t. VII, p. 11–14.
[5] Pour toutes les dates, nous renvoyons à la chronologie des OC, t. VIII, p. 7–10.

longuement sur la description physique des personnages et sur les qualités de leurs « esprits », pour construire un triangle amoureux qui repose sur la différence entre leurs caractères. Présentés en début de roman, ces trois portraits, qui se suivent et précèdent les aventures, ont ainsi une forte valeur d'exposition[6]. Cependant, le recours à ce type de portrait disparaît dès le premier roman-mémoires de Prévost, les *Mémoires et aventures d'un homme de qualité*, dont la première partie est publiée en 1728. Notre hypothèse sera donc que c'est le passage de Prévost au roman-mémoires, caractérisé par le basculement dans une narration égocentrée, qui conduit au relatif abandon ou du moins à la transformation narrative des portraits. Même quand Prévost se met à écrire des romans historiques, racontés par un narrateur omniscient, il semble garder quelque chose de cette réflexion, puisque ni l'*Histoire de Marguerite* ni celle de Guillaume n'abondent en portraits.

Comparer l'économie des portraits dans les romans-mémoires et les romans historiques de Prévost pose un problème de méthode. Quand bien même on repérerait des différences notables, comment savoir si ces différences peuvent être attribuées à la seule variable du genre ? Un problème semblable se pose en épistémologie de l'enquête : lorsque l'on veut déterminer le rôle d'une variable en comparant des terrains, il est difficile de trouver des terrains qui présentent des situations suffisamment similaires pour pouvoir isoler l'effet de la variable en question. En économie expérimentale, il est possible, pour pallier ce problème, d'enquêter sur un accident de l'histoire – soit une anomalie, une situation qui présente une variante par rapport à la norme. Si l'on transpose la réflexion dans le champ littéraire, cet accident de l'histoire pourrait désigner une œuvre qui, en raison des aléas de sa rédaction ou de sa publication, n'a pas pu prendre la forme qu'elle aurait dû avoir. C'est le cas des *Campagnes philosophiques*, un roman-mémoires publié en 1741 qui peut par bien des aspects faire figure d'accident de l'histoire. Les *Campagnes philosophiques ou Histoire de M. de Montcal* se situent sur la ligne de faille qui conduit Prévost à s'interrompre dans la rédaction de romans-mémoires pour se mettre à écrire des romans historiques – transition assurée par le fait que Montcal est un personnage historique. L'œuvre présente les Mémoires fictifs de Montcal, aide de camp du maréchal de Schomberg pendant la guerre d'Irlande, de 1689 à 1692. Montcal, qui était protestant, avait dû passer en Angleterre et s'était mis au service du Maréchal de Schomberg pour combattre les troupes jacobites en Irlande. Le roman, écrit dans l'urgence au moment de la seconde fuite de Prévost, se caractérise par un décrochage narratif : pendant trois livres, Prévost livre les Mémoires de Montcal, du point de vue de ce dernier, mais à la fin du livre III,

---

6 *Les Aventures de Pomponius, op. cit.*, p. 22–23.

il poursuit le roman sous forme d'un « supplément aux Mémoires de la guerre d'Irlande » dans une narration à la troisième personne organisée par une instance historienne. Certes, ce décrochage narratif est largement contingent : Prévost cherchait probablement à écouler sa documentation[7] à une période de sa vie particulièrement chaotique. Mais elle offre un terrain idéal pour étudier quelles représentations sont faites du personnage de Montcal, d'une part sous forme d'autoportraits et de portraits dans la première partie de l'œuvre, et d'autre part sous forme de portraits dans le Supplément.

Les Mémoires de Montcal s'ouvrent sur une ébauche d'autoportrait : Montcal commence par s'y représenter en militaire frustré, aspirant à une vie d'études philosophiques incompatible avec le service. Il a choisi, en suivant l'exemple familial, la carrière militaire à laquelle il était destiné. Mais lorsqu'il s'examine, il croit percevoir en lui-même des aspirations étrangères à sa fonction :

> J'avais servi ma patrie l'espace de dix ans, en qualité de capitaine de cavalerie dans un des plus anciens régiments du royaume. Sans avoir eu l'occasion de me distinguer par des actions extraordinaires, je m'étais fait à trente ans la réputation d'un officier de quelque mérite ; et quand je consultais mes propres idées, je croyais trouver dans moi-même des dispositions beaucoup plus étendues que les bornes où j'étais resserré par mon emploi[8].

Montcal mémorialiste devient capable de décrire sa personnalité lorsqu'il prend conscience qu'il ne se limite pas à ce qu'il fait, ni à son statut ni même à ses actes. Il existerait donc des aspects du *moi* échappant totalement aux autres, uniquement accessibles par l'enquête introspective : l'ébauche d'autoportrait de Montcal prend pied sur ces considérations. Cet autoportrait, qui se fonde uniquement sur le sentiment du mémorialiste, dialogue dans tous les Mémoires avec des représentations de Montcal colportées par l'opinion, contre lesquelles il s'indigne, dont il mentionne l'existence mais qu'il ne restitue jamais dans sa propre narration. En effet, quoi que fasse Montcal au cours de ses aventures, ses actions sont constamment mal interprétées par les autres personnages. Le départ pour l'Angleterre protestante alors en guerre contre la France est vu par ses contemporains comme une trahison : Montcal semble s'être rallié aux ennemis de la France[9]. Plus encore, à la fin du Supplément, Montcal se retrouve dans une assemblée avec un officier qui, ne l'ayant pas

---

7 Voir les notes de Jean Oudart, OC, t. VIII, p. 373.
8 *Campagnes philosophiques ou Histoire de M. de Montcal*, OC, t. IV, p. 249.
9 *Ibid.*, p. 253.

reconnu, raconte *via* des sources erronées une expédition à laquelle le héros avait participé : il peine à se reconnaître dans l'image qui est donnée de lui[10]. Les Mémoires de Montcal ne restituent que les réactions et commentaires du narrateur-mémorialiste, non les portraits jugés infidèles : l'existence de ces derniers n'est signalée dans le roman que sous forme de cicatrices narratives.

Les Mémoires de Montcal s'apparentent ainsi à un vaste autoportrait en lutte avec des représentations erronées qu'il leur faudrait contrer. L'opinion publique, qui juge les actes, produit des représentations qui ne correspondent pas à la façon dont le narrateur-mémorialiste se perçoit. Le décrochage narratif du Supplément, qui entérine la disparition du héros dans un récit quasi exclusivement factuel, apparaît alors comme une suite logique : Montcal a été tellement dépossédé de sa propre histoire qu'il a fini par ne devenir qu'un personnage historique, constitué au gré des portraits faits par ses contemporains. Dans les *Campagnes philosophiques*, la présence ou l'absence signalée d'un portrait noue toujours un conflit de perceptions entre la façon dont le mémorialiste se perçoit et la façon dont les autres le considèrent. Ce clivage reprend celui qui divise la narration personnelle, censée proposer un autoportrait fidèle du mémorialiste car composé *en personne*, et la narration historienne, qui se fonde sur des portraits altérés par des sources diverses.

2   Figures défigurées

En étudiant cet « accident de l'histoire » que sont les Mémoires de Montcal, écrits à la charnière d'un changement d'inspiration générique entre roman-mémoires et roman historique, on a donc mis au jour une vaste crise du portrait comme outil de connaissance. Prévost historien sait que le portrait est aliéné, parce qu'il est construit à partir des discours des autres ; Prévost auteur de roman-mémoires sait que le portrait est aliénant, parce qu'il est hasardeux de manifester aux autres un *moi* auquel seul le sujet pensant peut accéder. Ceci détermine dans les romans-mémoires de Prévost un usage critique des portraits, au sens où chaque portrait fait systématiquement débat dans la narration où il prend place.

Ce phénomène touche même les portraits des personnages secondaires réalisés ou présentés par le narrateur-mémorialiste. Dans la première partie de ses Mémoires, Montcal reçoit une lettre d'une de ses amies, qui s'interroge sur une connaissance commune, mademoiselle Fidert. Il a croisé pour la première fois la route de mademoiselle Fidert au cours d'une de ses campagnes irlandaises.

---

10   *Ibid.*, p. 432.

Celle qui lui est d'abord apparue comme une pitoyable jeune femme s'est vite révélée une inquiétante créature : Montcal a appris avec horreur qu'elle avait tué son père dans un accès de folie. Alors qu'il a envoyé mademoiselle Fidert chez une amie, madame de Gien, il reçoit une lettre contenant un portrait de la jeune femme :

> Jamais portrait ne fut plus bizarre. Elle me la représentait comme un assemblage monstrueux de tout ce qu'il y a d'aimable et d'affreux dans le monde. La figure, l'esprit, le caractère : des prodiges de la nature ; madame de Gien ne connaissait rien qui les égalât. Mais autant que mademoiselle Fidert avait de charmes quand elle se montrait du bon côté, autant inspirait-elle d'horreur de l'autre à tous ceux dont elle se laissait approcher. Souvent au milieu d'un entretien où elle ne s'était attiré que de l'admiration, il lui prenait des mouvements qui faisaient douter si sa raison n'était pas troublée[11].

Le portrait de mademoiselle Fidert se limite à la description de ses comportements : ceux-ci sont juxtaposés dans le court récit qu'en donne madame de Gien – récit restitué, à son tour, par un narrateur qui le résume. Incapable de pénétrer l'intériorité de mademoiselle Fidert, le portrait se réduit alors à un « assemblage », une marqueterie de remarques qui mettent en exergue les sentiments des spectateurs – « horreur » et « admiration ». Mais le personnage décrit disparaît derrière les discours dont l'enveloppent tous ceux qui cherchent à expliquer son comportement sans pouvoir accéder à leur cause profonde. Le portrait ne parvient pas à donner sens au personnage décrit, à lever le mystère de son individualité. La multiplication des interlocuteurs – Montcal lit le point de vue de madame de Gien qui restitue elle-même le point de vue de ses invités sur mademoiselle Fidert – signe l'échec de ce portrait. Faute de pouvoir expliquer le caractère de mademoiselle Fidert, le mémorialiste la constitue en énigme inaccessible, recouverte par une carapace de discours et de points de vue qui lui font écran plus qu'ils ne l'éclairent. Le portrait du caractère est comme absorbé par la narration du mémorialiste, qui en recrache l'insuffisance.

Quand on trouve dans le corpus prévostien des portraits en forme, clairement signalés par des pauses descriptives dans le texte et par une organisation topique, ces portraits ne permettent généralement pas de restituer la singularité de ceux qu'ils représentent. Les *Mémoires pour servir à l'histoire de Malte*, publiés en 1741, racontent la relation entre le narrateur, un Chevalier

---

11   *Id.*, p. 273.

de Malte épris d'aventure, et Helena, une jeune fille qu'il a enlevée pour en faire sa maîtresse. Les Mémoires de l'ancien Chevalier, devenu Commandeur, ne présentent pas de portrait de la femme aimée pendant la majeure partie de l'ouvrage. Helena n'est décrite qu'à la toute fin du roman, quand elle a attrapé la petite vérole et que le narrateur la revoit sans la reconnaître :

> Elle parut enfin, ou plutôt apprenant qu'elle montait l'escalier, je commençais à me précipiter vers la porte, lorsque Perés l'ouvrit, et me présenta une jeune personne qui fut absolument inconnue pour moi. Je demeurai interdit, en cherchant à quoi cette plaisanterie pouvait aboutir. Je voyais une fille de la taille et de l'âge d'Helena ; mais j'avais vu peu de visages qui m'eussent paru aussi désagréables. Une peau difforme ; les yeux louches, une blancheur fade et dégoûtante. En fixant néanmoins mes regards sur ce fantôme, je ne laissais pas d'y démêler quelque chose qui ne m'était point étranger[12].

Le Chevalier s'attarde ici sur les détails ce visage ravagé par la maladie, au fil de périphrases de plus en plus déshumanisantes : il la désigne d'abord comme « une jeune personne [...] absolument inconnue pour [lui] », puis comme « une fille », et enfin comme « ce fantôme ». Au lieu de se trouver de façon attendue au début du roman, au moment de la rencontre visuelle entre les personnages, le portrait intervient à la fin de l'œuvre et signe leur rupture, leur étrangeté absolue l'un à l'autre[13]. De la même façon que le regard est violemment arrêté par l'apparence physique, le portrait joue ici comme un écran tendu entre les deux personnages.

Ceci conduit Prévost à mettre en place des stratégies descriptives pour faire le portrait de ses personnages sans tomber dans ce qu'il voit comme le principal écueil du portrait, soit son incapacité à donner accès à la personne décrite. Dans les *Mémoires d'un honnête homme*, le narrateur a entendu parler d'une femme, madame de B., qu'on lui présente à travers un premier portrait, fait par une mondaine, comme une femme adultère – ce qui est faux. « Pour [cette] dame [...], je veux vous la faire connaître à fond », dit la mondaine, « parce que ne recevant personne chez elle, vous n'aurez occasion de la voir que chez moi, où je ne veux pas que vous soyez la dupe de ses airs composés[14] ». Un jour, en

---

12   *Mémoires pour servir à l'histoire de Malte ou Histoire de la jeunesse du Commandeur de ****, OC, t. IV, p. 216.
13   D'autant que cette scène dialogue avec une pensée de Pascal qui concluait à l'impossibilité de connaître le *moi* de quelqu'un d'autre. Pascal, *Pensées*, éd. Philippe Sellier, Paris, Classiques Garnier, 2010, n° 567, p. 438.
14   *Mémoires d'un honnête homme*, OC, t. VI, p. 214.

allant à l'église, l'honnête homme voit une femme de dos et se sent particulièrement attiré par celle qu'il pressent remarquable. Puisqu'il ne voit pas son visage, il ne peut savoir qu'il s'agit de ladite madame de B. Cette dernière fait alors l'objet d'un portrait vu de dos :

> Je pris une chaise derrière celle d'une femme que je fus surpris de voir aussi matineuse que moi. [...] Sans aucune suite, je ne l'aurais pas moins prise à son air pour une femme de condition. Je ne parle que de sa taille et de sa posture, qui étaient encore les seuls avantages par lesquels je pouvais la distinguer. [...]. Étant passé de l'autre côté de l'église, je m'avançai un peu sur la même lignée ; de sorte qu'en tournant la tête, je crus découvrir aussitôt un visage connu. [...] J'y gagnais la vue de la plus belle main du monde, mais je ne découvrais que la moitié du visage. Enfin, pour me satisfaire entièrement, je fis deux pas de plus, qui me firent bientôt remettre, avec une extrême admiration, madame de B.[15].

En réalité, le visage, médium de la connaissance en société, est trompeur : il donne accès à une réputation préconçue qui prévient la rencontre des deux personnages. La société mondaine a attribué à madame de B. un masque qui ne correspond pas à sa véritable *persona*. Le portrait vu de dos prend alors tout son sens : il s'agit de décrire l'autre à travers ce qui n'a pas encore été corrompu par les discours des autres. C'est parce que l'honnête homme ne reconnaît pas madame de B. qu'il acquiert paradoxalement la possibilité de la connaître. Le portrait à caractère, celui de la mondaine, devient le masque de l'identité personnelle. Au contraire, la rencontre de personne à personne, comme celle que l'honnête homme fait de madame de B. à l'église, est une rencontre d'essence à essence – preuve en est qu'elle éveille des sentiments naturels. Le portrait est dévalué s'il ne donne pas accès à l'essence, mais seulement au caractère spéculé à partir des actes et des discours des autres. L'identité personnelle transparaît au premier abord : il s'agit d'une connaissance qui précède toute forme de reconnaissance. La société, au contraire, corrompt cette impression spontanée, littéralement, la défigure en dégradant le visage, médium de la rencontre, en pur masque. Or c'est l'essence de madame de B. que l'honnête homme entend découvrir.

---

15   *Id.*, p. 239-240.

3 Cœurs formés

Pour pouvoir accéder à l'identité, il faut donc faire taire tous les portraits. Chez Prévost, les visages et les corps deviennent informes : ils sont flous, comme le visage de Manon dont les traits se dissolvent à mesure que la jeune femme se dérobe à la connaissance de Des Grieux[16] ; ils se déforment, comme le visage d'Helena fondu par la petite vérole ; ils se morcellent, comme Mme de B., qui n'est plus qu'un dos. Le motif du visage informe est ici le signe d'une remise en cause du portrait comme forme de l'individu. En témoigne, dans le roman prévostien, la dissolution de nombreux portraits sur le plan formel. Les chevilles rhétoriques qui annonçaient le portrait disparaissent aisément : les pauses descriptives sont moins marquées, des remarques vagues et imprécises sont insérées à la narration mémorielle[17]. Formellement, certains portraits perdent leurs contours comme les visages les leurs, et se fondent dans la narration pour fusionner à sa mesure. Ceci correspond plus largement à la représentation du *moi* qu'ils mettent en place. Montcal disait « Je sentais que j'excédais les bornes de mon emploi » : de même, le portrait se dissout pour trouver un plus grand cadre qui puisse englober le *moi* dans sa totalité – et ce cadre sera celui du roman.

Voici comment Renoncour, le héros du premier roman-mémoires de Prévost, se présente à l'orée de ses Mémoires :

> La naissance et les grands biens ne sont pas toujours des moyens d'être heureux. On peut mener, avec l'un et l'autre, une vie très malheureuse, quand on a le cœur formé d'une certaine façon. Je n'expliquerai point aisément ce que j'entends par cette certaine façon dont on peut avoir le cœur formé ; mais on le comprendra sans peine en lisant les tristes accidents de ma vie[18].

Le mémorialiste commence par mentionner son statut (« la naissance et les grands biens »), mais ces deux éléments sont rapidement mis à distance. Le véritable critère de singularité est bien son cœur « formé d'une certaine façon ». Dans l'incipit d'un texte qui doit dire l'engendrement de soi par soi-même, ce terme polysémique évoque également une interrogation d'ordre poétique. La « façon », technique artistique, désigne d'abord la « manière » ou « figure dont

---

16   Voir Jacques Proust, « Le corps de Manon », *Littérature*, 1971, vol. 4, p. 5–21.
17   Voir par exemple un des vagues et brefs portraits de Manon, *Histoire du Chevalier Des Grieux*, OC, t. I, p. 377.
18   *Mémoires et aventures d'un homme de qualité*, OC, t. I, p. 13.

une forme est faite[19] ». Dans les catégories de la philosophie aristotélicienne, la forme permet en effet l'individuation de la matière. La « certaine façon » signale ici la singularité du mémorialiste, singularité d'autant plus manifeste que le narrateur lui refuse toute caractérisation, préférant le recours à l'indétermination du terme « certain », redoublé par une périphrase tautologique : feindre d'échouer à se représenter est aussi un moyen de se poser comme solipsisme. Ainsi l'autoportrait de Renoncour s'ouvre-t-il sur un geste fondateur : celui qui consiste à refuser des procédés de représentation, en s'identifiant absolument aux « tristes accidents de [sa] vie », comme si ceux-ci étaient la manifestation, à travers la diégèse, de cette « façon » qui le caractérise. Renoncour construit son texte autour d'une consubstantialité entre la « forme » de l'individu et son histoire personnelle : c'est désormais le livre entier qui servira d'autoportrait, et c'est pour cela qu'il faut refuser de se décrire. Autrement dit, ce n'est plus la forme du portrait qui individue la personne, mais la forme de l'œuvre elle-même. La représentation du *moi* par les Mémoires entiers doit alors se substituer au portrait comme morceau rhétorique. D'où la déformation des figures chez Prévost : littéralement, le portrait n'informe pas.

Cette réflexion se déploie chez Prévost à travers l'écriture de roman-mémoires, et détermine sans doute le recours privilégié à ce genre. Mais on en retrouve également la trace dans la façon dont il conçoit ses romans historiques. Bien que racontés par un narrateur extérieur à l'histoire, ils sont eux aussi conduits par l'idée que seul le parcours des héros permet de dégager leur caractère, qui échappe ainsi à tout portrait en forme. L'*Histoire de Marguerite d'Anjou* raconte la métamorphose d'une Reine, que rien ne prédisposait à l'ambition, en une héroïne qui se révèle à mesure que les aléas de l'histoire la forcent à *faire preuve* de caractère. Tout se passe comme si les accidents du destin, notamment la difficile fuite avec son jeune fils, mettaient en évidence ce qui de sa personne demeurait latent. Ironiquement, elle est mentionnée pour la première fois dans le roman par un portrait d'elle qu'on envoie au Roi Henri VI. Lorsque ce dernier rencontre sa femme, « il la [trouve] si supérieure à son portrait[20] » que sa passion se renforce aussitôt – présage de la révélation à venir. À ce portrait jamais décrit répond la double ekphrasis évitée sur laquelle se renferme le roman :

> Le portrait de cette princesse se trouve dans un *vitral* de l'église des cordeliers d'Angers, distingué apparemment par son nom ou par ses armes, puisqu'on ne me marque point sur quel témoignage on croit que c'est

---

19 *Dictionnaire de l'Académie*, édition de 1694.
20 *Histoire de Marguerite d'Anjou*, OC, t. V, p. 19.

elle qu'il représente. Dom Bernard de Montfaucon l'a fait graver dans ses *Monuments de la Monarchie française*, et l'on y reconnaît cette beauté qui fit l'admiration de son siècle. Mais tant de vertus héroïques, dont j'ai renouvelé la mémoire, doivent être, pour Marguerite d'Anjou, une recommandation bien plus glorieuse aux yeux de la postérité[21].

Prévost nous dit qu'un vitrail de l'église des cordeliers d'Angers est censé représenter Marguerite, mais il évite de décrire ce vitrail, ainsi que la gravure qui le reproduit. L'accumulation des portraits picturaux reprend la chaîne des sources historiques : tel portrait est copié de tel autre, sans qu'on s'attarde sur leurs difficultés d'attribution, de telle sorte que la postérité propage une image de plus en plus altérée de Marguerite. Au contraire, Prévost avertit le lecteur que les « vertus » de la reine sont bien plus sensibles dans son roman que dans ces portraits à l'authenticité douteuse. La fin du roman historique coïncide avec la suspension de l'ekphrasis : il s'agit de dire que désormais le portrait en forme est insuffisant et que la véritable représentation apparaîtra à l'échelle du roman. Ne reste qu'un cadre vide qui fait signe vers l'œuvre-cadre elle-même : Prévost dresse un cadre – la forme même des portraits qu'il mentionne – et le laisse vide, comme pour signifier l'effacement de ce qu'il contenait. Malgré des organisations narratives différentes, on peut donc repérer, dans les romans-mémoires et dans les romans historiques de Prévost, un recours similaire aux portraits – depuis la défiance pour ces derniers jusqu'à la constitution de l'œuvre comme faisant portrait –, qu'on peut attribuer à une même cause anthropologique : si « caractère » il y a, ce dernier n'apparaît qu'à travers une histoire particulière.

Le succès du portrait, dans les Mémoires réels et fictifs de l'époque, s'explique notamment par la croyance en sa capacité à donner accès à l'individuel. Le portrait mettrait en évidence le caractère particulier d'un individu : ce succès narratif s'appuie sur le développement d'une caractériologie essentialiste. Au moment où Prévost écrit, principalement dans les années 1730 et 1740, les catégories mêmes d'individu et de personne sont en débat, suite notamment aux travaux de Locke qui faisaient dépendre l'« identité personnelle » de la façon dont un individu se souvient de ce qu'il a fait et pensé au cours de sa vie[22]. Les subjectivités deviennent tellement constituées, tellement « formées », que seul l'individu semble désormais capable de se représenter en racontant sa propre histoire. Prévost semble ainsi prendre ses distances avec l'idée selon

---

21   *Id.*, p. 185.
22   Le chapitre xxvii du Livre II de l'*Essai philosophique concernant l'entendement humain* définit la personne selon des critères entièrement subjectifs.

laquelle le portrait pourrait donner accès, de façon totalement satisfaisante, à une individualité : il dénie à une certaine forme de portrait sa vertu identitaire pour la déporter sur la narration mémorielle, ou sur une narration historique attachée aux « vertus », soit ce que les actes révèlent d'un *moi*. Il y a toujours essence, celle-là même que le portrait du caractère entendait restituer, mais cette essence ne se manifeste qu'à travers un parcours : Renoncour dit avoir « le cœur formé », employant un participe passé qui suppose une histoire. La genèse de la subjectivité devient le véritable portrait : pour la plupart des mémorialistes de Prévost, ce sont leurs trajectoires qui révèlent ou incarnent leur *moi*, assurant le tremblement entre une anthropologie du caractère[23] et une anthropologie de l'identité personnelle.

---

23   Nous renvoyons par cette expression aux travaux de Louis Van Delft : le caractère est la « pierre angulaire de l'anthropologie classique ». Louis Van Delft, *Littérature et anthropologie : nature humaine et caractère à l'âge classique*, Paris, PUF, 1993.

Magies douteuses. À propos du portrait de Julie

Paul Pelckmans

À en croire une vulgate dont l'écho traîne encore dans pas mal de manuels, *La Nouvelle Héloïse* se composerait de deux moitiés d'inspiration à peu près contraire. La première préconiserait les droits inconditionnels de la passion et compatirait aux malheurs de deux amants séparés par un père tyrannique. La seconde se voudrait moralisatrice et engagerait la passion à s'incliner devant les sublimes devoirs d'une vie de famille exemplaire.

La critique récente ne se contente évidemment plus d'un contraste si abrupt. Cela ne signifie pas forcément que le grand roman de Jean-Jacques proposerait un message de part en part univoque, ni même que l'auteur ait tout à fait maîtrisé son entreprise ; on peut d'ailleurs se demander aussi en quoi elle consistait exactement et s'il se sera agi d'abord de proposer un idéal ou de se livrer au contraire à une expérience de pensée, qui explorerait les chances de succès mais aussi bien les risques inévitables, voire peut-être rédhibitoires, d'un très beau rêve. Toujours est-il que Jean-Jacques semble fort porté à penser que le bel amour de ses protagonistes, qu'il admire d'un bout à l'autre du roman, est surtout admirable par les beaux sacrifices dont il les rend capables et qui seraient aussi sa seule voie valable. Le romancier ne croit, pour dire les choses un peu vite, qu'à l'amour sublimé et estime qu'une passion qui ferait fi de tous devoirs pour ne chercher que sa seule satisfaction serait vouée à toutes les déchéances.

La première moitié du roman, dans ce sens, ne cherche sans doute pas seulement à chanter les droits imprescriptibles de l'amour. Il s'y agit au moins aussi d'indiquer la débâcle morale à laquelle les personnages, par la suite, n'échappent que par miracle. D'où toute une série, plus copieuse qu'on ne dirait au premier abord, de défaillances effectives commises ou au moins très sérieusement envisagées. Saint-Preux manque de se battre en duel avec Milord Edouard, ce qui serait d'autant plus honteux qu'il s'agirait de soutenir un mensonge : il est bien à ce moment, comme Milord l'avait deviné, l'amant secret de Julie. Il se livre ensuite à plus d'un accès de jalousie injustifiée et se rend coupable, pour finir, d'une infidélité assez crapuleuse. Julie, pour sa part, craint d'avoir causé la mort de sa mère et aura au moins assombri son agonie ; elle envisage un instant, juste avant le revirement qui la sauve à jamais, de profiter de son mariage pour renouer secrètement avec son amant.

L'épisode du portrait, auquel nous nous attarderons ici, n'engage rien de vraiment répréhensible, ni même, en dépit de quelques phrasés un peu 'haletants', rien de trop frénétique. Jean-Jacques y sacrifie à première vue à certaine mièvrerie sentimentale, qui est aussi une de ses tentations et qui semble le ramener en l'occurrence à une topique convenue assez insignifiante. La présente étude voudrait montrer qu'il en propose une mise en œuvre inattendue, qui souligne à sa façon que la passion livrée à elle-même n'est que trop portée aux chimères et aux inconséquences.

Le portrait de la bien-aimée n'est un objet topique que si son acquisition emprunte quelque voie singulière. Les romanciers ne se soucient pas trop, en règle générale, de décrire l'objet tel qu'en lui-même ou d'évaluer sa ressemblance avec l'original. Le roman d'Ancien Régime se contente le plus souvent, pour la physionomie de ses protagonistes, de quelques formules quasi abstraites[1] ; il n'en fait guère plus pour les images qui les représentent. Jean-Jacques, pour sa part, termine son épisode par une discussion assez technique sur le portrait de Julie, sur laquelle nous aurons à revenir ; lui aussi explique d'abord comment il parvient entre les mains de Saint-Preux.

Les choses se passent cette fois de la façon la plus simple : Saint-Preux peut aller chercher à la poste le paquet que Julie lui a envoyé et qu'elle lui avait annoncé par un bref billet. Les portraits ne sont difficiles à obtenir que pour les amants éconduits ou pas encore agréés, qui doivent d'une manière ou d'une autre détourner un objet qui ne saurait leur être destiné ; le don du portrait par l'intéressée vaudrait si bien un premier abandon que même son simple silence sur un vol qu'elle s'abstient de dénoncer peut paraître délectable. On se souvient comment Nemours, dans une scène célèbre, s'approprie chez un joaillier un portrait de Mme de Clèves et est enchanté de découvrir qu'elle a dû surprendre son geste, mais préfère garder le silence.

Julie, à ce moment du roman, n'a plus aucune raison de refuser son portrait à Saint-Preux. Cela ne facilite toujours rien parce qu'il faut encore que le don reste secret : la liaison qui l'autorise ne le fait bien sûr qu'aux yeux des amants eux-mêmes. La première question qui s'impose – et qui prolonge à sa façon la curiosité la plus habituelle du topos – est donc de savoir quels trésors d'ingéniosité Julie a dû dépenser pour aménager à son amant une surprise aussi délectable. Lui-même se le demande avant même d'avoir ouvert le paquet :

> Je tenais donc ce paquet avec une inquiète curiosité dont je n'étais pas le
> maître (...). Ce n'est pas qu'à son volume, à son poids, au ton de ta lettre,
> je n'eusse quelque soupçon de la vérité ; mais le moyen de concevoir

---

1 Cf. toujours, pour une belle vue d'ensemble, Pierre Fauchery, *La Destinée féminine dans le roman européen du dix-huitième siècle*, Paris, Colin, 1972, p. 181–183.

comment tu pouvais avoir trouvé l'artiste et l'occasion ? Voilà ce que je ne conçois pas encore ... (p. 279)[2]

Saint-Preux s'émerveille dès lors devant ce qu'il se plaît à considérer comme « un miracle de l'amour », qu'il se réjouit de ne pas comprendre : « plus il passe ma raison, plus il enchante mon cœur » (p. 279). La réponse de Julie explique que les choses auront été, pour une fois, très simples :

> Quant à la manière dont je m'y suis prise pour avoir ce portrait, c'est bien un soin de l'amour ; mais crois que s'il était vrai qu'il fît des miracles, ce n'est pas celui-là qu'il aurait choisi. Voici le mot de l'énigme. Nous eûmes il y a quelque temps ici un peintre en miniature venant d'Italie ; il avait des lettres de Milord Edouard, qui peut-être en les lui donnant avait en vue ce qui est arrivé. (p. 290)

La recommandation de Milord aboutit à quelques commandes, parmi lesquelles deux miniatures de Julie destinées à sa mère et à Claire ; Julie n'avait qu'à demander au peintre d'en faire « secrètement une seconde copie » (p. 290). La demande, à y réfléchir, aurait pu être tant soit peu délicate ; le texte choisit de n'y voir aucun hic et précise que le tout était tellement aisé et prévisible que Milord l'avait peut-être eu en vue en envoyant le peintre chez les d'Étange. Personne ne s'avise par la suite de jamais lui demander s'il avait effectivement poussé la prévoyance si loin ; le pronostic supposé prouve surtout que, parmi les difficultés que les amours de Julie et de Saint-Preux auront dû affronter, l'obtention ni l'envoi de la miniature n'ont pas dû être les plus rudes.

Ce contraste entre l'empressement de Saint-Preux à flairer un 'miracle' et l'explication très prosaïque qui suit n'a, je crois, rien d'anodin. Le premier rejoint en effet une propension majeure du roman sentimental, qui se montre tout au long du XVIIIe siècle très porté à auréoler les émois de ses belles âmes de diverses réverbérations surnaturelles, qui achèvent de les élever au-dessus du commun des mortels. Les âmes sensibles se flattent d'avoir été unies par le Ciel ou de rencontrer chez leurs partenaires des vertus ou des attraits vraiment divins ou célestes ; les romanciers se plaisent aussi quelquefois, au moins

---

[2] Références, dans le texte, à Jean-Jacques Rousseau, *Œuvres complètes II*, Bernard Gagnebin et Marcel Raymond éds, Paris, Gallimard, 1964. Je rappelle, pour les lecteurs qui se serviraient d'une autre édition, que les passages que nous aurons à citer se trouvent tous dans les lettres 20, 22, 24 et 25 de la *Seconde Partie* du roman.

depuis les grands romans de Prévost[3], à imaginer plus ou moins incidemment des effets mystérieux, qui semblent attester une intervention d'En-Haut et ou une efficace surhumaine des sentiments eux-mêmes et confirment du coup à leur manière que les choix sacrés du cœur méritent d'être préférés hautement à tous devoirs ou préjugés humains.

La Nouvelle Héloïse s'oppose à ce genre de prétentions. Les interventions les plus caractérisées du Ciel y viennent plutôt au secours de la vertu menacée. Cela n'empêche pas les amants, notamment dans la première moitié du roman, de prolonger d'abord à leur tour les envolées les plus ambitieuses des rhétoriques sentimentales ambiantes. Les lecteurs qui croyaient lire, dans ces trois premières *Parties*, une apologie inconditionnelle du cœur les prenaient forcément au mot ; on ne le leur reprochera pas parce que Saint-Preux et Julie bénéficient de l'éloquence de Jean-Jacques, qui suffisait à les faire paraître très convaincants. Je ne jurerais d'ailleurs pas que l'auteur lui-même ne se soit jamais laissé emporter par sa verve ...

L'épisode du portrait appelle de toute façon une lecture plutôt méfiante. Les prolongements mystérieux de l'amour s'y inscrivent de façon certes fort insistante, mais paraissent aussi très ostensiblement frelatés : Jean-Jacques force le trait pour mieux le dénoncer. Le bref couac autour du miracle finalement presque trop facile ne fait jamais qu'une fêlure mineure, qui pourrait à la rigueur relever d'une simple maladresse : l'enthousiasme de Saint-Preux devant un prodige incompréhensible ne serait pas la seule fois, loin de là, où une âme sensible s'emballe un peu à vide. Les spéculations autour des effets attribués au portrait sont moins incidentes et semblent bien cultiver de parti pris certain effet de dissonance.

Cela commence pourtant comme un simple badinage. Le bref billet où Julie annonce son envoi à Saint-Preux évite de préciser ce qu'elle compte envoyer et lui promet seulement

> une espèce d'amulette que les amants portent volontiers. La manière de s'en servir est bizarre. Il faut la contempler tous les matins un quart d'heure jusqu'à ce qu'on se sente pénétré d'un certain attendrissement. Alors on l'applique sur ses yeux, sur sa bouche et sur son cœur ; cela sert, dit-on, de préservatif durant la journée contre le mauvais air du pays

---

3 C'est notamment le cas dans quelques épisodes de *Cleveland* ; voir pour un rapide inventaire mon étude *Cleveland ou l'impossible proximité*, Amsterdam, Rodopi, 2002, p. 103–115. Je rappelle qu'un personnage de Prévost parle en toutes lettres d'un « miracle de l'amour » et affirme même, sans s'attarder et donc comme s'il s'agissait d'une évidence, qu'on aurait « vu mille fois » (Prévost, *Cleveland*, Jean Sgard et Philip Stewart eds, Paris, Desjonquères, 2003, p. 717) de tels prodiges.

> galant. On attribue encore à ces sortes de talismans une vertu électrique très singulière, mais qui n'agit qu'entre les amants fidèles. C'est de communiquer à l'un l'impression des baisers de l'autre à plus de deux-cents lieues de là. (p. 264)

Les gestes préconisés feraient penser à quelque relique ou encore au signe de la croix 'grec' que certains catholiques traditionnels font toujours volontiers en se levant, à la messe, pour écouter l'Évangile. Julie a pu penser aussi, et même plus vraisemblablement, aux contes de fées dont on redécouvre aujourd'hui l'immense popularité auprès du public des Lumières : on s'y régalait entre autres de tout un bric-à-brac d'objets magiques assortis de modes d'emploi hauts en couleur.

La source précise de ce badinage, à supposer qu'il en existe une, importe finalement peu. Toujours est-il que ces propos très évidemment fantaisistes se trouvent par la suite pris fort au sérieux. Saint-Preux, au reçu du portrait, croit aussitôt ressentir la « première influence du talisman » (p. 279) et s'adonne du coup à une adoration sentimentale qui exclut cette fois tout sourire :

> O ma Julie ! ... le voile est déchiré ... Je te vois ... je vois tes divins attraits ! Ma bouche et mon cœur leur rendent le premier hommage, mes genoux fléchissent ... Charmes adorés, encore une fois vous aurez enchanté mes yeux. Qu'il est prompt, qu'il est puissant, le magique effet de ces traits chéris ! (p. 279)

L'hommage enflammé se poursuit pendant une trentaine de lignes et serait donc un peu long à citer. Elles vont et viennent, sans se soucier apparemment de l'incongruité du voisinage, entre le lexique de la féerie et des phrasés liturgiques ou bibliques et finissent même, après une très brève hésitation, par escompter pour de bon des effets télépathiques fort concrets :

> Ô Julie, s'il était vrai qu'il pût transmettre à tes sens le délire et l'illusion des miens ... Mais pourquoi ne le ferait-il pas ? Pourquoi des impressions que l'âme porte avec tant d'activité n'iraient-elles pas aussi loin qu'elle ? Ah, chère amante ! où que tu sois, quoi que tu fasses au moment que j'écris cette lettre, au moment où ton portrait reçoit tout ce que ton idolâtre amant adresse à ta personne, ne sens-tu pas ton charmant visage inondé des pleurs de l'amour et de la tristesse ? Ne sens-tu pas tes yeux, tes joues, ta bouche, ton sein, pressés, comprimés, accablés de mes ardents baisers ? Ne te sens-tu pas embraser toute entière du feu de mes lèvres brûlantes ! ... (p. 280)

Ces emportements à la fois furieux et gratuits prouvent surtout que la passion est capable de se délecter de bien étranges chimères ; le portrait l'amène un bref moment aux bords de la folie.

Jean-Jacques aurait difficilement pu aller beaucoup plus loin. Comme le public du XVIIIe siècle ne savait pas encore sympathiser avec la démence caractérisée (ce sera un des 'progrès' du Romantisme), un accès de folie plus poussé aurait vite fait de paraître plus ridicule que pathétique, partant aussi de compromettre le sérieux du roman tout entier. Les transports de Saint-Preux sont donc heureusement[4] interrompus par l'arrivée d'« un importun », qui l'oblige à « cach(er s) on trésor » (p. 280). Saint-Preux lui souhaite, quasi inévitablement, de terribles chagrins d'amour :

> Maudit soit le cruel qui vient troubler des transports si doux !... Puisse-t-il ne jamais aimer ... Ou vivre loin de ce qu'il aime. (p. 280)

Il serait excessif de soupçonner que le fou furieux que Saint-Preux a failli devenir un instant aurait pu passer à de quelconques voies de fait sur son fâcheux. Un esprit plus rassis se serait toujours dit d'emblée que le visiteur inattendu ne pouvait vraiment pas se douter qu'il tombait si mal !

Julie, dans sa lettre-réponse, ne partage qu'une version très adoucie de ces folies :

> Admire ma simplicité. Depuis que j'ai reçu (ta) lettre, j'éprouve quelque chose des charmants effets dont elle parle, et ce badinage du Talisman, quoiqu'inventé par moi-même, ne laisse pas de me séduire et de me paraître une vérité. Cent fois le jour quand je suis seule un tressaillement me saisit comme si je te sentais près de moi. Je m'imagine que tu tiens mon portrait, et je suis si folle que je crois sentir l'impression des caresses que tu lui fais et des baisers que tu lui donnes ; ma bouche croit les recevoir, mon tendre cœur croit les goûter. (p. 289)

---

4 L'interruption est un peu surprenante parce que Saint-Preux s'est « enferm[é] dans [s]a chambre » (p. 279). Il lui suffirait, pour ne pas être dérangé, de ne pas ouvrir sa porte. On peut comprendre que, tout à ses transports, il n'avait pas la présence d'esprit nécessaire pour s'aviser d'une précaution aussi simple – ou imaginer encore qu'il aurait trahi sa présence en prononçant à haute voix les imprécations délirantes qui terminent la lettre II/22. Pareil monologue à haute voix accuserait l'*effet de folie* ; il est vrai qu'on peut supposer aussi, et plus simplement, que Jean-Jacques romancier ne se souciait pas (encore) de soigner à ce point le détail vériste de ses lettres.

Les fantaisies de Julie devaient rester plus discrètes que celles de son amant. Elles sont au moins un peu étranges : on n'oubliera pas que l'admiration demandée au premier mot du paragraphe n'implique pas, au XVIIIe siècle, un sens uniment positif, et que la 'simplicité' suggère plutôt, dans ce contexte, un esprit tant soit peu borné. Les « charmants effets » retrouvent un registre plus souriant ; toujours est-il qu'il s'agit aussi d'un 'effet' quasi obsédant (cent fois le jour ...), où Julie semble en outre imaginer très concrètement les caresses dont son portrait doit faire l'objet. Elle oublie certes moins que Saint-Preux qu'il ne s'agit que de « douces illusions » ; quand elle ajoute que ces « chimères » seraient les « dernières ressources des malheureux », qui devraient pouvoir leur « ten(ir) lieu de réalité » (p. 289), le lecteur se dit qu'elle aussi est prête à des dérives assez malsaines.

Il est vrai que la réaction délirante de Saint-Preux comporte, de son point de vue à elle, un côté rassurant, qui pouvait la rendre d'autant plus contagieuse. Quand son premier billet indiquait que son amulette pourra servir « de préservatif (...) contre le mauvais air du pays galant » (p. 264), la formule n'était pas qu'une plaisanterie : l'amant exilé à Paris ne peut manquer d'y côtoyer les « plus séduisantes personnes de l'univers » (p. 260). L'idée d'une « vertu électrique très singulière » et qui n'agirait « qu'entre les amants fidèles » (p. 264) le menace donc d'une manière de contrôle. Ses réactions au reçu du portrait lui valent dès lors, au début de la lettre où Julie parlera ensuite de sa propre folie douce, un *satisfecit* où l'on devine aussi comme un soupir de soulagement :

> Oui, oui, je le vois bien ; l'heureuse Julie t'est toujours chère. Ce même feu qui brillait jadis dans tes yeux, se fait sentir dans ta dernière lettre ... (p. 289)

La hantise de l'infidélité n'est pas le thème le plus étudié de *La Nouvelle Héloïse*, où l'on se presse peut-être un peu trop de voir seulement l'histoire d'un grand amour indéfectible. Je crois qu'on pourrait faire un bout de chemin – que nous n'avons pas le loisir de parcourir ici – en postulant que cette hantise est une inquiétude majeure du roman sentimental[5] et que Jean-Jacques se singularise, sur ce point comme sur beaucoup d'autres, en indiquant le risque avec une netteté inaccoutumée. Baculard d'Arnaud et les siens tendent plutôt à faire aveuglément confiance à leurs protagonistes et à n'imaginer la trahison possible que de la part de leurs méchants.

---

5   Je me permets de renvoyer pour plus de détails à mon essai *Les sociabilités du cœur. Pour une anthropologie du roman sentimental*, Amsterdam, Rodopi, 2013. Voir notamment p. 19–24, 143–152, 231–241 et *passim*.

Jean-Jacques, pour sa part, déconstruit si bien ce mirage qu'il indique à la fois le côté obsessionnel de la hantise de l'infidélité et, à l'inverse, son bien-fondé toujours possible. Le premier transparaît, pour en rester à notre épisode, quand Julie explique à Saint-Preux pourquoi elle a lui envoyé « le plus ressemblant » (p. 290) des trois portraits réalisés. Il ne serait pas agi seulement d'une simple faveur :

> Les hommages que tu rendrais à une autre figure que la mienne seraient une espèce d'infidélité d'autant plus dangereuse que mon portrait serait mieux que moi, et je ne veux point, comme que ce soit, que tu prennes du goût pour des charmes que je n'ai pas. (p. 290)

Saint-Preux risquerait en somme de se mettre à la recherche d'un double idéal de sa Julie, qui lui ressemblerait donc en mieux ; le danger paraît un peu recherché et montre que Julie est très portée à s'inquiéter. Les hommages enflammés au portrait 'ressemblant' devraient suffire à prouver qu'elle n'avait rien à craindre ; ce n'est sans doute pas un hasard s'ils sont suivis presque immédiatement, après une dernière lettre sur le portrait, par la missive où Saint-Preux avoue piteusement comment il s'est laissé entraîner, dans un mauvais lieu, à une infidélité complète. Il n'y aura eu qu'un pas de la préciosité sentimentale à la crapule.

Jean-Jacques aurait pu se contenter, pour la première, d'imaginer quelques 'charmants effets' inédits. Il souligne au contraire que, même dans cet épisode aussi convenu que foncièrement inoffensif, la passion donne lieu à des égarements qui ne la grandissent pas. La dernière lettre sur le portrait, qui est de nouveau le fait de Saint-Preux, change apparemment de registre. Non qu'elle préparerait à quelque degré que ce soit les aveux qui viennent tout de suite après : Jean-Jacques tient à son coup de tonnerre, que pas un mot ne laisse prévoir[6]. Le nouvel envoi diffère surtout du précédent parce qu'au lieu de s'émerveiller une fois de plus, Saint-Preux choisit cette fois de critiquer le portrait, dont il estime maintenant qu'il ne ressemble pas assez à son original.

En résulte un morceau de bravoure, qui aligne une longue série de menues et de moins menues différences entre la miniature et son modèle et qui prouve

---

[6] C'est sans doute la raison pour laquelle Julie n'est pas admise à répondre à la lettre II/25. Les brouillons conservent en effet un début de réponse, qui commence par : « Oh, tu fais le galant ; tu n'es donc plus guère amoureux ... » (éd. citée p. 1509, note (a) de la p. 293). Jean-Jacques a préféré ne pas poursuivre.

ainsi que Saint-Preux garde un souvenir très précis des traits de sa bien aimée[7]. C'est aussi une façon de rebondir sur un souci de Julie, qui préférait envoyer le portrait le plus ressemblant plutôt que le plus beau ; Saint-Preux regrette à son tour que le peintre n'ait pas été plus « exact » et qu'il n'ait pas seulement « omis quelques beautés », mais encore effacé « les défauts » (p. 291)[8] de Julie, que lui prétend apprécier tout autant :

> Je lui en sais fort mauvais gré : car ce n'est pas seulement de tes beautés que je suis amoureux, mais de toi tout entière telle que tu es. Si tu ne veux pas que le pinceau te prête rien, moi je ne veux pas qu'il t'ôte rien, et mon cœur se soucie aussi peu des attraits que tu n'as pas qu'il est jaloux de ce qui tient leur place. (p. 292)

Saint-Preux imagine donc de recruter à son tour un peintre, qui pourra « réformer » le portrait « selon (s)es idées » (p. 293) et qui commence apparemment à mettre la main à la pâte avec quelque succès. Nous n'apprendrons pas si l'entreprise aboutit ou non ; elle sert surtout à convoquer un homme de l'art, dont l'avis d'expert vaut un *satisfecit* de plus :

> Cet artiste ne peut se lasser d'admirer la subtilité de mes observations ; il ne comprend pas combien celui qui me les dicte est un maître plus savant que lui. (p. 293)

Ces 'observations' finissent par ébaucher un portrait écrit de Julie. Portrait atypique bien sûr, qui relève surtout des points de détail et qui, à la différence des portraits de roman de facture courante, s'attarde plus à la physionomie qu'au caractère de son modèle. Comme il est composé surtout de critiques, il pourrait valoir la peine de le comparer aux descriptions de portraits dans les *Salons* de Diderot, dont le premier date de 1759 ; il est vrai qu'à cette date les deux amis étaient déjà trop brouillés pour qu'on imagine encore un échange de manuscrits ou une quelconque influence de l'un sur l'autre. Les premiers lecteurs du roman, qui, sauf rarissimes exceptions, ne connaissaient pas plus les *Salons*, devaient se dire surtout que ce détail minutieux et, peut-être plus encore, le refus partagé de toutes perfections rajoutées prouvaient que la passion des

---

[7] Jean-Louis Lecercle note que « le but de cette page n'est pas tant de montrer Julie que le cœur de son amant qui, de mémoire, peut rectifier les plus insignifiantes erreurs » (J.-L. Lecercle, *Rousseau et l'art du roman*, Paris, Colin, 1969, p. 136).

[8] Quelques-uns, telle une « tache presque imperceptible [...] sous l'œil droit » ou une « petite cicatrice [...] sous la lèvre » (p. 291), sont d'ailleurs si minuscules qu'on se demande s'il aurait seulement été possible de les reporter sur une miniature.

amants avait bien résisté à l'éloignement : leur couple, si l'on me permet cette formule un peu trop moderne, n'a pas trop souffert de leur séparation.

Ce qui ne signifie pas pour autant que leur entente si bien préservée devait paraître, sur toute la ligne, admirable. La lettre II/25 est moins délirante que les précédentes ; on reste rêveur devant certains compliments qui témoignent d'une curieuse inconscience. Julie avait écrit qu'elle aurait préféré que le peintre l'eût représentée « un peu plus soigneusement vêtue » (p. 290) ; quand elle ajoutait qu'elle n'a jamais posé dans l'« ajustement » qu'il lui fait porter et dont il pouvait donc seulement imaginer l'effet, on devine qu'elle va au-devant de la jalousie d'un amant qui pouvait estimer que certains négligés devaient lui être réservés. Saint-Preux estime à son tour que la miniature ne la montre « pas vêtue avec assez de soin » (p. 292) ; le motif invoqué se veut plus vertueux, mais aboutit du coup à une moralité inévitablement un peu louche :

> Le portrait de Julie doit être modeste comme elle. Amour ! ces secrets n'appartiennent qu'à toi. (p. 292)

Saint-Preux connaît donc lesdits secrets ; cela ne l'empêche pas de créditer sa maîtresse d'une chasteté essentielle, que l'abandon n'aurait pas vraiment compromis. La tête et le buste de la miniature se contrediraient :

> Ton visage est trop chaste pour supporter le désordre de ton sein ; on voit que l'un de ces deux objets doit empêcher l'autre de paraître ; il n'y a que le délire de l'amour qui puisse les accorder, et quand sa main ardente ose dévoiler celui que la pudeur couvre, l'ivresse et le trouble de tes yeux dit alors que tu l'oublies et non que tu l'exposes. (p. 293)

Tartuffe n'aurait pas forcément dit beaucoup mieux ; Saint-Preux semble de bonne foi, mais s'obstine toujours à rêver d'un portrait qui refléterait aussi bien l'éminente vertu que les charmes du modèle :

> Ah ! que ton portrait serait bien plus touchant, si je pouvais inventer des moyens d'y montrer ton âme avec ton visage, et d'y peindre à la fois ta modestie et tes attraits. (p. 293)

Quelques lignes plus loin, la « modeste parure » que les amants auraient préférée finit même par faire figure de coquetterie suprême ; son principal effet serait d'« annoncer au cœur tous les charmes qu'elle recèle » (p. 293).

Le langage de la vertu va mal à un amant qui garde un souvenir brûlant de sa liaison et n'envisage pas encore d'y renoncer. On pourrait dire aussi, prenant les choses à l'envers, que sa vertu est bien près de rester toute verbale. L'infidélité crapuleuse dont il se confesse dès la lettre suivante abonde à son tour dans ce sens. Elle signe aussi la fin de notre épisode puisque la suite du roman ne reviendra qu'une seule fois au portrait.

Ce quasi oubli n'a rien d'exceptionnel. C'est même le régime le plus habituel du topos, qui fournit le plus souvent une anecdote plutôt périphérique[9], qu'on perd de vue dès que les personnages se voient requis par des problèmes plus sérieux. L'infidélité de Saint-Preux fait d'ailleurs pareillement une péripétie assez ponctuelle puisque Julie la lui pardonne aussitôt et que son ami ne lui en reparle plus. La dernière lettre de la *Seconde Partie* change définitivement la donne : la découverte de la correspondance par la mère de Julie enclenche la série d'événements dramatiques qui aboutiront au mariage et à la conversion de Julie.

Personne n'a alors le loisir de s'inquiéter du portrait, dont nous ne savons même pas si Saint-Preux l'aura emporté ou non dans son voyage autour du monde. Il refait surface, pour une seule et unique fois, quand il est enfin de retour et s'installe chez les Wolmar. Julie pense alors un moment qu'il serait plus convenable qu'il ne garde pas son portrait. Le texte ne motive pas son scrupule : Jean-Jacques a dû estimer qu'il avait son évidence propre et que, le portrait ayant été un don d'amour, l'amitié devenue vertueuse pouvait paraître tenue d'y renoncer.

Nous apprenons donc seulement que Julie, dans une lettre que le roman choisit de sous-entendre[10], aurait chargé Claire de redemander le portrait à Saint-Preux ; la question était assez délicate pour être déléguée. Sa cousine se voit obligée, pour finir, d'expliquer comment elle n'a pas réussi sa mission :

> Quant à la restitution dont tu me parles, il n'y faut plus songer. Après avoir épuisé toutes les raisons imaginables, je l'ai prié, pressé conjuré,

---

9   Le premier roman de Mme Riccoboni fait exception à la règle et aligne quelque douze allusions au portrait de Milord Alfred, que Juliette a apparemment devant elle à chaque fois qu'elle lui écrit ; cf. *Lettres de Juliette Catesby* in *Romans de femmes du XVIIIe siècle*, Raymond Trousson éd., Paris, Laffont, 1996, p. 208, 211, 215, 216, 225, 229, 233, 238, 241, 246, 250 et 255). Le cas est atypique à quelques autres égards encore : il s'agit pour une fois d'un portrait d'homme, qu'il pouvait en outre offrir à sa maîtresse sans la moindre difficulté puisque le Lord n'a apparemment de comptes à rendre à personne et qu'il n'avait sans doute pas à le commander : on l'imagine assez riche pour avoir, chez lui plusieurs exemplaires tout prêts sous la main.

10 Ce flou artistique élude aussi quelques questions qui auraient pu devenir gênantes. Un lecteur scrupuleux pourrait estimer que Julie aurait dû redemander son portrait dès le lendemain de son mariage. Et se dire aussi que, pour remplir tout à fait ses devoirs d'épouse, elle devrait, après l'échec de Claire, revenir elle-même à la charge....

> boudé, baisé, je lui ai pris les deux mains, je me serais mise à genoux s'il m'eût laissé faire, il ne m'a pas même écoutée. Il a poussé l'l'humeur et l'opiniâtreté jusqu'à jurer qu'il consentirait plutôt à ne plus te voir qu'à se dessaisir de ton portrait (p. 436-437)

La formule est si radicale qu'elle est de toute évidence, bien plus que le scrupule de Julie, l'enjeu central du paragraphe. Jean-Jacques aurait pu, sans le moindre problème, ne pas reparler du portrait ; il a tenu à raconter que Saint-Preux refusait de le rendre. Ce refus n'aura pas, en tant que tel, de conséquences concrètes pour la suite de l'intrigue ; on voit d'ailleurs mal à quoi de telles conséquences auraient pu ressembler.

À en croire Saint-Preux lui-même, elles n'auraient pu être qu'extrêmement dramatiques :

> Enfin dans un transport d'indignation, me [...] faisant toucher [le portrait] attaché sur son cœur : le voilà, m'a-t-il dit d'un ton si ému qu'il en respirait à peine, le voilà ce portrait, le seul bien qui me reste, et qu'on m'envie encore. Soyez sûre qu'il ne me sera jamais arraché qu'avec la vie. (p. 437)

Ce cri du cœur vaut une minute de la vérité. J'y verrais volontiers le premier chaînon de toute une série de notations qui n'en finiront pas d'indiquer, au long de la seconde moitié du roman, que la tentative d'intégrer l'amour sublimé de Saint-Preux au monde idéal de Clarens reste, quelque généreuse qu'elle soit, hautement problématique et qu'elle est peut-être en dernière analyse, malgré les efforts et la belle confiance de tout le monde, vouée à l'échec. Saint-Preux se montre souvent fort reconnaissant à l'égard de tout ce monde et sa gratitude paraît, de toute façon, amplement justifiée ; quand il se laisse aller à dire que le portrait de Julie est le seul bien qui lui reste, nous devinons un instant que tout ce qu'on prétend lui aménager en surplus n'est aussi, secrètement, qu'une mesure pour rien. Il consentirait, s'il le fallait, à ne plus voir Julie : ce n'est peut-être pas tout à fait un bonheur de l'avoir revue.

On me dira que c'est lire bien des choses dans une formule survoltée, qui a pu recourir dans l'émotion du moment à un phrasé extrême. Je rappelle seulement, faute de pouvoir aligner toutes les fêlures qui suivront, que la lettre d'adieux de Julie mourante, où le propos est forcément très réfléchi, en dit à sa façon autant :

> Il faut renoncer à nos projets. Tout est changé, mon bon ami ; souffrons ce changement sans murmure ; il vient d'une main plus sage que nous. Nous

> songions à nous réunir ; cette réunion n'était pas bonne. C'est un bienfait du Ciel de l'avoir prévenue … (p. 740)

Le cri de Saint-Preux n'est bien sûr pas si explicite. Il pouvait difficilement l'être sans couper court d'avance à toute l'expérience qui, à ce moment-là, ne fait que commencer. J'y verrais pourtant une première pierre d'attente dans ce sens. En s'obstinant à garder le portrait 'attaché sur son cœur', Saint-Preux montre qu'il ne peut pas renoncer pour de bon à sa passion, ni par conséquent collaborer tout à fait aux efforts pour la remplacer par une simple amitié. Les succès à venir seront donc très fragiles.

Le topos du portrait se prêtait sans doute d'autant mieux à un tel message qu'il amène le plus souvent des péripéties assez conventionnelles et foncièrement anodines. Quand Saint-Preux, qui n'avait même pas eu à voler le portrait, s'obstine à le garder, son refus, tout significatif qu'il est, reste en même temps assez inoffensif pour ne pas faire éclater aussitôt tout ce que Julie et les siens commencent à tenter en sa faveur.

On ne s'étonne donc pas que Claire ne semble pas trop s'inquiéter de son échec :

> Crois-moi, Cousine, soyons sages et laissons-lui le portrait. Que t'importe au fond qu'il lui demeure ? Tant pis pour lui s'il s'obstine à le garder. (p. 437)

Cet enjouement correspond à une manière habituelle du personnage. Il indique aussi, en renonçant de façon assez expéditive à une restitution qui avait d'abord paru indispensable, que la tentative de guérir Saint-Preux s'accommodera de bien des à peu près. Tant pis pour lui, en effet !

Portraits en série, des *Mémoires du comte de Grammont* aux romans de Crébillon fils et de Mme Riccoboni

Marianne Charrier-Vozel

Dans les *Heureux Orphelins* (1754)[1] et dans les *Lettres de Sophie de Vallière* (1772)[2], Crébillon fils et Mme Riccoboni mettent en scène la figure de l'enfant trouvé détournant les procédés d'une littérature d'abandon fondatrice de la Romancie au XVIIIe siècle.

À la lumière des *Mémoires du comte de Grammont*[3] d'Antoine Hamilton dont s'est notamment inspiré Crébillon fils pour créer le personnage du comte de Chester, nous proposons d'étudier la série des portraits du roman libertin au roman sentimental[4] : quelles sont les constantes et les transformations du portrait d'un univers et d'une forme à l'autre ? Que disent ces transformations des liens que les Mémoires, le roman libertin et le roman sentimental entretiennent avec la représentation du réel et la tentation de la fiction ? Enfin, comment se concilient, à travers le portrait qui n'est pas un simple ornement du récit, la progression de l'action et les intentions de l'auteur ?

1 Genre littéraire et portrait

Dans *Le Portrait littéraire*, Jean-Philippe Miraux observe avec justesse qu'« une bonne approche de la notion de portrait devra tenir rigoureusement compte des visées de l'auteur, des fonctions précises qui leur sont attachées et du milieu, de l'époque, des relations littéraires et philosophiques qu'entretenait l'écrivain avec la pensée et l'idéologie de son temps[5] ». Par conséquent, nous

---

1 Crébillon fils, *Les Heureux Orphelins, Histoire imitée de l'Anglois*, présentation de J. Dagen et annotation d'A. Feinsilber, Paris, Desjonquères, 1995.
2 Marie-Jeanne Riccoboni, *Lettres d'Élisabeth Sophie de Vallière à Louise Hortense de Canteleu son amie* (1772), Préface et notes de M. S. Kaplan, Paris, Ed. Indigo & Côté-Femmes, 2005.
3 Antoine Hamilton, *Mémoires du Comte de Grammont*, nouvelle édition revue d'après les meilleurs textes et précédée d'une notice sur l'auteur par M. Sainte-Beuve de l'Académie Française, Paris, Garnier Frères, Libraires-éditeurs, 1893.
4 Cette filiation apparaît également entre les *Lettres de Fanny Butlerd* de Mme Riccoboni et les *Lettres de la marquise de M.*** au comte de R.**** de Crébillon fils.
5 Jean-Philippe Miraux, *Le Portrait littéraire*, Paris, Hachette Supérieur, « Ancrages », 2003, p. 31.

proposons de nous intéresser dans un premier temps aux genres dans lesquels s'inscrivent les portraits ainsi qu'aux éditions des textes et à leur réception.

Les *Mémoires de la vie du Comte de Grammont, contenant particulièrement l'histoire amoureuse de la cour d'Angleterre sous le règne de Charles II* sont parus pour la première fois en 1713, à Cologne, chez P. Marteau[6], sans l'approbation du Censeur Français. Dans son Avis, le libraire relève que le lecteur découvrira, dans la seconde partie, quantité de « choses qui ont été tenues cachées jusqu'à présent et qui font voir jusqu'à quels excès on a porté les Dérèglements » dans la Cour de Charles II[7]. Le libraire inscrit ainsi les *Mémoires* dans la tradition des Anecdotes héritées de l'historien grec Procope de Césarée qui rapporte, si l'on se réfère à l'origine grecque *anekdota*, des « choses inédites », l'histoire secrète de la Cour de l'empereur Justinien. Dans la préface du recueil intitulé *L'Anecdote*, A. Montandon relève que « tout l'art de l'anecdotier réside d'abord dans le choix de l'histoire, dans le fait de prélever dans le continuum de l'expérience un événement que l'on retient, que l'on fixe, que l'on découpe, que l'on détache pour le mettre dans l'évidence d'une singularité piquante et significative ». L'anecdote « se termine par une pointe et un renversement qui dans ce cas la rapproche du mot d'esprit[8] ». Dans les *Mémoires du Comte de Grammont*, cet art de conter n'a pas échappé à Voltaire qui a vu un recueil dont « le fond est le plus mince [...] mais qui est paré du style le plus gai, le plus vif, le plus agréable. C'est le modèle d'une conversation enjouée plus que le modèle d'un livre[9] ». En 1772, Horace Walpole dédie à son amie Mme du Deffand, l'ouvrage devenu un classique dans les pays de l'Europe et qu'il publie à ses frais. En 1792, l'édition Edward[10] est ornée de soixante-dix-huit gravures dessinées par S. Harding et par F. Voet d'après les œuvres de différents peintres, notamment Sir Peter Lely. Sainte-Beuve, dans la *Causerie* du 12 novembre 1879, retiendra cette magnifique édition exécutée à Londres ainsi que ses portraits : « Je vois défiler les beautés diverses, l'escadron des filles d'honneur de la duchesse d'York et de la reine ; je relis le texte en regard et je trouve que c'est encore l'écrivain avec sa plume qui est le plus peintre [....]. Hamilton n'est pas le Van Dyck de cette cour,

---

6   Antoine Hamilton, *Mémoires de la vie du Comte de Grammont contenant particulièrement l'histoire amoureuse de la Cour d'Angleterre sous le règne de Charles II*, Cologne, P. Marteau, 1713.
7   Antoine Hamilton, *op. cit.*, 1713, p. IV.
8   *L'Anecdote*, dir. Alain Montandon, Faculté des Lettres et Sciences Humaines de l'Université Blaise-Pascal, Nouvelle série, fascicule 31, 1990, p. V.
9   Voltaire, *Le Siècle de Louis XIV*, tome 1, *Œuvres Complètes*, tome 14, nouvelle édition précédée de la Vie de Voltaire, par Condorcet et d'autres études biographiques, Paris, Garnier Frères, 1878, p. 78.
10 Antoine Hamilton, *Mémoires du comte de Grammont*, édition ornée de 78 portraits, gravés d'après les tableaux originaux, Londres, Edwards, 1792.

il n'a pas cette gravité du grand peintre royal ; mais il est un peintre à part, avec son pinceau doué de mollesse, de finesse et de malice[11] ». En France, le succès des *Mémoires* est confirmé dès 1737, par leur publication avec la *Princesse de Clèves* de Mme de Lafayette, chez Neaulme, dans la *Bibliothèque de campagne ou amusements de l'esprit et du cœur* : la notice ROMAN de *L'Encyclopédie* établit un lien entre l'univers de Mme de La Fayette et celui d'Hamilton car ils s'attachent tous les deux à décrire dans des « peintures véritables[12] », des êtres qui ont réellement existé. Dans cette perspective, Gustave Brunet publie en 1859, chez Charpentier[13], le texte accompagné d'extraits de journaux contemporains. Dans son introduction, il déplore que les éditions françaises, contrairement aux éditions anglaises, aient traité sans beaucoup d'exactitude les « notes historiques » qui « réclamaient une attention particulière[14] ». Alors que les éditeurs anglais apportent de nombreux détails généalogiques sur les personnages, Brunet cite abondamment le *Journal* de Samuel Pepy, « une espèce de Dangeau britannique », le *Journal* de John Evelyn ainsi que les dépêches du Comte de Comminges ambassadeur de France à Londres. Le paratexte éditorial établit ainsi un dialogue entre les *Mémoires* et l'Histoire, entre la fiction et la réalité. Enfin, en 1960, Etiemble qui traque les tricheries d'Hamilton avec les dates, tranche la question du genre d'un texte qu'il considère comme une « feintise des Mémoires[15] » en le classant dans la catégorie du roman. Mais que nous dit en définitive Hamilton sur ce point ?

Dès le premier chapitre, Hamilton, engageant un dialogue avec le lecteur, évoque la question de l'observation et de l'invention : se contentant de tenir la plume, il nous donne à « écouter[16] » les récits que Grammont lui dicte. Hamilton ne veut pas instruire mais « divertir » ; par conséquent il épargnera à son lecteur une « sévère érudition » et le prie d'excuser sa frivolité[17]. Selon

---

11   Antoine Hamilton, *op. cit.*, 1893, p. xxii.
12   Diderot et d'Alembert, *Encyclopédie ou Dictionnaire Universel raisonné des Sciences, des Arts et des Métiers par une société des gens de Lettres*, article de Jaucourt, "Roman", tome 14, À Neuchâtel, chez Samuel Faulche, 1765, p. 342.
13   *Mémoires du Chevalier de Grammont d'après les meilleures éditions anglaises, accompagnés d'un appendice contenant des extraits du Journal de Samuel Pepys et de celui de John Evelyn. Sur les faits et les personnages des Mémoires de Grammont, des dépêches du Comte de Cominges Ambassadeur français à Londres*, avec une introduction, de commentaires par M. Gustave Brunet, Paris, Charpentier, Libraire-Editeur, 1859.
14   Hamilton, *op. cit.*, 1859, p. 1.
15   A. Hamilton, *Mémoires du comte de Grammont*, dans *Romanciers du XVIIIe siècle*, Textes établis, présentés et annotés par Étiemble, Gallimard, « Bibliothèque de La Pléiade », 1960, p. 11–247.
16   A. Hamilton, *op. cit.*, 1893, p. 4.
17   *Ibid.*, p. 372.

une topique du genre, le mémorialiste s'affranchit ainsi des contraintes d'une chronologie qui respecterait l'ordre des événements. Hamilton s'autorise les digressions comme Plutarque, l'historien de l'Antiquité et le célèbre auteur des *Vies parallèles des hommes illustres* dont il revendique l'héritage. Mais si son « imagination » l'emporte sur la réalité, c'est paradoxalement pour être au plus près de la vérité de l'être : « Qu'importe, après tout, par où l'on commence un portrait, pourvu que l'assemblage des parties forme un tout qui rende parfaitement l'original ? ». Les *Mémoires* ne racontent donc pas toute la vie du chevalier. L'histoire commence avec l'arrivée du héros au siège de Trin, le 24 septembre 1643, mais, à partir du chapitre VI, Sainte-Beuve remarque dans la *Causerie* du 12 novembre 1849, que « la manière de l'historien change » :

> On entre dans une série de portraits et dans une complication d'aventures où l'on a quelque peine d'abord à se démêler [...]. Mais avec un peu d'attention, on finit par se reconnaître comme dans un bal de cour, au milieu de ce raout de beautés anglaises [...] dont le peintre a rendu avec distinction les moindres délicatesses[18].

Trois ans après la mort de Charles II, l'histoire des *Heureux Orphelins* de Crébillon fils commence en 1688 alors que Jacques II s'est exilé. Le roman fait écho à cet épisode historique puisque Mme de Suffolk est jacobite. En 1702, Anne, la fille de Jacques II, prend le pouvoir. Elle entend redresser les mœurs dépravées depuis le règne de Charles II. Le libertinage s'importe alors de France, où a séjourné Chester. Ancré dans la réalité historique du début du XVIIIe siècle, le roman de Crébillon fils paraît en 1754. L'auteur a trouvé avec *The Fortunate Foundlings*, le roman anglais d'Elisabeth Haywood paru à Londres dix ans plus tôt, une source d'inspiration ; il demande à sa femme Marie-Henriette Stafford de le traduire. Il publie les troisième et quatrième parties à son nom alors que les deux premières parties, les plus proches du roman anglais, sont anonymes. Le titre du roman est doublement ironique puisque Crébillon fils abandonne dès la deuxième partie le destin de Lucie et d'Edouard raconté par E. Haywood pour s'intéresser à Mme de Suffolk, trompée par Chester ainsi qu'aux lettres du libertin envoyées à son maître français.

Dans la *Correspondance Littéraire*, Grimm identifie une filiation féconde entre Crébillon fils et Georges Hamilton, comparant les portraits dans les *Mémoires du Comte de Grammont* et dans *les Heureux Orphelins*[19]. Dans

---

18   A. Hamilton, *op. cit.*, 1893, p. XVII.
19   Grimm, Diderot, Raynal et Meister, *Correspondance Littéraire, philosophique et critique*, Notice, notes, table générale par Maurice Tourneux, tome deuxième, Paris, Garnier frères, 1877, p. 372.

l'édition des *Heureux Orphelins* publiée en 1995, chez Desjonquères, Anne Feinsilber qui étudie les noms des personnages dans les deux œuvres, établit le lien entre Chester, le comte de Dorset et Rochester.

Dans les *Heureux Orphelins*, la figure de Chester se présente sous la forme d'un triple portrait, selon qu'il est décrit par Adeline Rutland, par Mme de Suffolk ou par lui-même, dans ses lettres. Ce triple portrait trouve son unité dans le projet de Chester qui a pour ambition de corrompre les mœurs anglaises selon le modèle du libertinage parisien. Dans les deux dernières parties, Chester fait œuvre d'anthropologue. Comme Hamilton qui se réfère à l'historien Plutarque, Chester trouve dans l'Antiquité une source d'inspiration : Tom le valet de Chester entend ainsi imiter le secrétaire Tiron, « auquel nous devons la précieuse collection des Lettres de Cicéron » ; il rassemble des lettres afin d'en faire un recueil « singulier[20] ». Les portraits de Mme de Sufflok, de Mme de Pembrook et de Mme de Raisel ainsi que les lettres de Chester participent de l'observation, de la méthode d'analyse et de l'illustration utilisées par celui qui entend connaître la « profondeur du genre humain[21] ».

Dans les *Lettres de Sophie de Vallière* publiées en 1771, Mme Riccoboni s'intéresse également au cœur humain. Pourtant, le 27 juillet 1768, elle confie à son ami anglais D. Garrick qu'elle se lasse de faire des romans. Elle a promis un an auparavant, à son éditeur Becket, un « roman mêlé d'Anglois, de François, de lettres et d'aventures[22] ». L'accueil en France est chaleureux ; deux critiques s'intéressent notamment aux portraits.

En février 1772, celui du *Mercure de France* propose à ses lecteurs un long extrait constitué du portrait de Mme de Moncenay, fait d'une « main de maître » : « nos meilleurs peintres dramatiques, La Bruyère même, n'ont pas mieux copié la nature[23] ».

Dans la *Correspondance Littéraire*, Grimm souligne néanmoins le portrait sommaire du marquis de Germeuil, regrettant que le lecteur ne puisse pas s'identifier au personnage alors que la beauté de Sophie de Vallière fait l'objet d'un long portrait qui la désigne comme l'héroïne du roman[24] : l'attente du

---

20 Crébillon fils, *op. cit.*, p. 237.
21 Crébillon fils, *op. cit.*, p. 179.
22 *Mme Riccoboni's letters to David Hume, David Garrick and sir Robert Liston : 1764–1783*, edited by James C. Nicholls, The Voltaire Foundation at the Taylor Institution, Oxford, 1976, Lettre du 14 novembre 1767, p. 119.
23 *Mercure de France dédié au Roi. Par une société de gens de Lettres*, 1er janvier 1772, Premier volume, À Paris, chez Lacombe, p. 128.
24 Grimm, Diderot, *Correspondance Littéraire, philosophique et critique depuis 1753 jusqu'en 1790*, nouvelle édition, tome septième, 1770–1772, À Paris, chez Furne, Libraire, 1839, p. 428.

lecteur n'est donc pas la même selon que le portrait décrit un personnage principal ou secondaire.

2 Portraits des héros et des héroïnes

Dans les *Mémoires du comte de Grammont*, l'ellipse du portrait du héros relève à la fois du pacte établi avec le lecteur et d'une coquetterie d'auteur. Hamilton annonce, afin ne pas ennuyer son lecteur, un portrait qu'il ne fera pas, car il a déjà été fait par Bussy-Rabutin dans l'*Histoire Amoureuse des Gaules*, et par Saint-Évremond dans son « Épitaphe ». Le second obstacle tient à la difficulté de saisir un être changeant dont le portrait serait nécessairement déformé[25]. L'ellipse du portrait suggère la relativité du point de vue, la projection de celui qui regarde, le rôle de l'expérience dans la perception de toute chose ainsi que la différence entre l'apparence et l'essence. Seul un portrait ou plutôt un autoportrait en action et recueilli directement, du point de vue du héros, pourra éclairer le lecteur sur son caractère. L'ellipse du portrait du héros relève paradoxalement du pacte de vérité qu'Hamilton, biographe de Grammont, contracte avec le lecteur. Dans le chapitre II, le portrait du héros s'inscrit en creux, dans celui de son ami fidèle, « plein de franchise et de probité[26] » rencontré lors du siège de Trin : selon le principe de complémentarité, l'honnêteté de Matta suggère la malice de Grammont le libertin.

Suivant en revanche une syntaxe narrative éprouvée, la rencontre avec Mlle Hamilton lors du bal de la reine, engendre un portrait détaillé dans le chapitre VII qui commence et s'achève par l'énonciation de deux vérités générales sur les charmes de la jeunesse et sur la modestie de celle qui en est dotée. La conquête de Mlle Hamilton s'annonce, dès le début de l'histoire comme un pari d'autant plus difficile à relever que la réputation de la jeune femme a précédé son apparition. Le portrait de Mlle Hamilton revêt une valeur sémiotique ; il souligne la position singulière de la jeune femme à la Cour de Charles II. La description de Mlle Hamilton, statique, suit le mouvement du général vers le particulier pour s'achever sur les qualités de la jeune femme qui ne parle qu'à propos et qui sait distinguer le « solide et le faux-brillant[27] ». La beauté physique s'accorde avec l'esprit qui est « à peu près comme sa figure ». La sœur du narrateur apparaît comme un modèle que toutes les femmes de la Cour copient. Le blason accumule les superlatifs pour décrire le front « ouvert, blanc et

---

25 A. Hamilton, *op. cit.*, 1893, p. 4.
26 *Ibid.*, p. 7.
27 A. Hamilton, *op. cit.*, 1893, p. 136.

uni », les « cheveux bien plantés et dociles », les yeux « vifs », le teint « frais », la bouche « pleine d'agrément » et le « tour du visage parfait ». Le portrait, empruntant la forme de l'anecdote, s'achève sur une pointe à valeur épidictique, « un petit nez délicat et retroussé », ornement d'un « visage tout aimable[28] ».

Dans les *Heureux Orphelins*, le portrait de Lucie est mené du point de vue de son père adoptif, le chevalier de Rutland, figure emblématique de l'honnête homme. Ce portrait[29] contient en germe la fatale scène de la tentative de viol qui provoque la fuite de l'héroïne et la rencontre fortuite avec le libertin Durham qui n'est autre que Chester ; il revêt une fonction cataphorique d'annonce[30]. Comme Mlle Hamilton, Lucie unit la beauté et l'esprit. Crébillon fils insiste sur l'ingénuité de l'orpheline aux origines inconnues ainsi que sur la noblesse de son cœur, substitut de la noblesse de sang. Dans une société fondée sur le droit du sang, le portrait de l'orpheline contient une interrogation sur l'identité, sur la valeur individuelle ainsi que sur la transmission des caractères.

Dans les *Lettres de Sophie de Vallière*, le portrait d'Emma suggère également les origines nobles de l'héroïne rejetée par les héritiers de Mme d'Auterive qui l'a secrètement adoptée. Le portrait de sa fille Sophie est mené selon trois points de vue selon qu'il est inséré dans une lettre de Mme d'Auterive adressée à son ami M. de Nancé, dans le procès-verbal hollandais qui raconte les circonstances dramatiques de la naissance de l'enfant, et dans la copie du cahier de Lindsey. Dans le roman épistolaire, la vision stéréoscopique[31] suggère une vérité relative et une nature changeante qui varie selon le point de vue de celui qui regarde. Dans le procès-verbal hollandais, le tableau qui peint la mort tragique du compagnon d'Emma annonce le destin singulier et la fatalité qui pèse sur l'orpheline et sur sa mère. Aux yeux de Mme d'Auterive, Emma apparaît comme une jeune femme « modeste, douce et d'une profonde tristesse ». Ce portrait entre en écho avec celui que fait milord Lindsey à la vue de Sophie en qui il reconnaît les traits de sa mère, miss Emma Nesby. Sophie ressemble à sa mère dont elle partage le même « air de dignité » : chez Crébillon fils et chez Mme Riccoboni, le portrait de l'orpheline se décline selon les paradigmes de la sensibilité et de la noblesse. Comme miss Rutland, l'héroïne de Mme Riccoboni embellit en grandissant, ce qui l'expose à de multiples dangers à la sortie du couvent. Le portrait de l'héroïne chez Crébillon fils et chez Mme Riccoboni marque le passage de l'enfance à l'âge adulte. Il suggère plus qu'il ne

---

28 *Ibid.*, p. 135.
29 Crébillon fils, *op. cit.*, p. 48.
30 Philippe Hamon, *Le Personnel du roman, Le système des personnages dans les Rougon-Macquart d'Emile Zola*, Genève, Droz, 1998, p. 184.
31 Régina Bochenek-Franczakowa, « Portraits en jeux de miroir », dans *Le Portrait littéraire*, dir. K. Kupisz, G.-A. Perouse, J.-Y. Debreuille, Presses Universitaires de Lyon, 1998, p. 147.

décrit une grâce et une beauté naturelles qui font écho à l'authenticité de l'être. La fraîcheur du teint revêt une signification métaphorique dans le portrait que fait M. de Nancé charmé par une miniature que lui a envoyée Mme d'Auterive :

> Le portrait de votre filleule vous a donc *enchanté* ? C'est un présent qu'elle vous devait. Non, il n'est point flatté. La *fraîcheur de l'Aurore,* l'air de la *plus jeune des Grâces,* des yeux où brillent tous *les feux de l'amour.* Comment, mon vieil ami, vous connaissez ce doux langage ? Je ne vous aurais pas soupçonné d'écrire dans ce style poétique[32].

La comparaison avec Aglaé, la plus jeune des Grâces, est empruntée aux récits galants de Mlle de Scudéry. Le portrait énonce l'analogie entre le corps, les postures et les qualités de l'âme. Il repose sur une série de signes dont la correspondance morale est explicitée suivant les principes de la physiognomonie inspirés par Lavater. Ainsi, la laideur de Mme Terville dont la « figure est désagréable » et dont l'air est « commun » fait écho à son caractère tyrannique et à sa méchanceté avec l'orpheline vulnérable. *Topoï* romanesques, la jeunesse et la beauté de Sophie annoncent une série d'obstacles à surmonter, entre jalousie et convoitise : le portrait programme le dénouement du roman sentimental qui s'achève par le mariage de l'héroïne[33]. Quelles sont alors les fonctions des portraits des personnages secondaires ?

3   Galeries de portraits

Dans les *Mémoires de Grammont*, les portraits de Mlle de Saint-Germain et de Mme de Sénantes se construisent selon un diptyque, procédé que le narrateur utilise également pour décrire Mlle Jennings et Miss Temple ainsi que Mme Middleton et Mlle de Warmestré. Le diptyque donne l'impression au lecteur de parcourir du regard une galerie de portraits ; il repose sur une figure du discours, le parallèle que Fontanier définit en ces termes :

> Le parallèle consiste dans deux descriptions consécutives ou mélangées, par lesquelles on rapproche l'un de l'autre, sous leurs rapports physiques

---

32   Mme Riccoboni, *op. cit.*, p. 35.
33   *Le Mariage et la loi dans la fiction narrative avant 1800*, Louvain, dir. Françoise Lavocat, avec la collaboration de Guiomar Hautcoeur, Paris, Walpole, MA, Peeters, « La République des Lettres » 53, 2014.

ou moraux, deux objets dont on veut montrer la ressemblance ou la différence[34].

Le parallèle souligne la duplicité de Grammont et le défi qu'il relève puisqu'il séduit les deux femmes en même temps. Aux cheveux noirs de Mlle de Saint-Germain s'oppose la blondeur de la marquise de Sénantes dont le portrait, sommaire, dévoile l'artifice de celle qui se surveille pour se conformer aux canons de la beauté :

> Une attention continuelle corrigeait ce qu'il pouvait y avoir de trop à ses agréments. Qu'importe, après tout, quand on est propre, si c'est par art ou naturellement ? Il faut être bien malin pour y regarder de si près[35].

Le commentaire ironique du narrateur établit une complicité avec le lecteur ; il inscrit le portrait dont il souligne le ridicule, dans l'art de la conversation mondaine. À l'artifice de Mme de Sénantes s'oppose également le naturel de Mlle de Saint Germain dont le portrait parodie la technique du blason littéraire auquel le narrateur semble se conformer pour mieux le déconstruire. En ouverture du portrait, la métaphore du premier printemps annonce pourtant le code de la pastorale. Chaque détail physique fait ensuite l'objet d'un éloge aussitôt démenti par un commentaire dépréciatif :

> Elle avait le teint vif et frais, quoiqu'il ne fût pas éclatant par sa blancheur ; [...] Elle avait les bras bien formés, une beauté singulière dans le coude, qui ne lui servait pas de grand'chose[36].

Le blason décrit le teint vif et frais, la bouche agréable, les dents belles, la gorge et la taille aimable. Puis sont évoqués les extrémités, les mains et les pieds. Le portrait énumère les différentes parties du corps depuis la tête jusqu'aux pieds selon un code emprunté à la rhétorique épidictique. L'impression d'ensemble est celle de l'harmonie entre l'esprit, l'humeur enjouée et l'apparence physique : « Tout cela coulait de source ; point d'inégalité[37] ». La conclusion suggère que le libertin trouve dans la conquête de Mlle de Saint-Germain un

---

34 Définition citée par Jean-Philippe Miraux dans *Le Portrait littéraire*, Paris, Hachette Supérieur, « Ancrages », 2003, p. 29.
35 A. Hamilton, *op. cit.*, 1893, p. 39.
36 *Ibid.*, p. 38.
37 *Idem.*

défi à relever comme Chester voit en Mme de Suffolk, Mme de Pembrook et Mme de Rindsey des proies à posséder.

Dans les *Heureux Orphelins*, Chester décrit ces trois femmes rencontrées à la Comédie, dans les lettres qu'il envoie à son maître français qui l'a formé dans l'art du libertinage.

Mme de Suffolk est une jeune veuve dont la beauté arrête le regard de Chester avec le « plus de complaisance » ; Mme de Pembrook est une femme dont le « genre est à peu près le même partout », quant à Mme de Rindsey, « sa figure [...] est, à quelques égards, comme son âme : celle-ci offre assez des apparences de la vertu et de bonheur, l'autre paraît bien faite ; toutes deux trompent[38] ».

Le portrait physique de Mme de Suffolk accumule les termes mélioratifs et hyperboliques[39]. Il suit comme celui de Mlle de Saint-Germain l'ordre descendant hérité des arts poétiques latins du Moyen Âge. Le portrait fait apparaître l'harmonie entre l'esprit, les connaissances, la vertu et les agréments d'une femme modeste : le récit de Mme de Suffolk, dans la deuxième partie, raconte le combat intérieur d'une belle âme entre la raison et le désir ; il illustre d'un autre point de vue et en actes, le portrait que le libertin destine à son maître.

Chester porte sur Mme de Pembrook un regard plus critique et méprisant. Le portrait progresse par touches successives et par antithèses selon un procédé observé dans les *Mémoires du comte de Grammont* :

> Elle a beaucoup de jargon, et en conséquence peu d'esprit. [...] Elle n'est pas gaie, mais elle rit beaucoup[40].

Maîtresse dans l'art de la pantomime, Mme de Pembroock, comme Mme de Rindsey, excelle dans la contrefaçon. Sous les « apparences de la vertu et du bonheur », sous un « grand air de candeur et de naïveté » se cache une âme noire si bien que Chester renonce même, non sans ironie, à décrire la réalité tant elle est détestable :

> Le reste de ses charmes ne vaut pas la peine d'être décrit : le détail des autres défauts de sa personne serait trop rebutant pour que je veuille l'entreprendre[41].

---

38   Crébillon fils, *op. cit.*, p. 185–186.
39   *Ibid.*, p. 159.
40   *Ibid.*, p. 165.
41   *Ibid.*, p. 186.

L'éthopée l'emporte sur la description physique ; elle décrit les mœurs et les vices de Mme de Rindsey et participe à ce titre du projet de Chester ethnographe. Formant un diptyque avec celui de son épouse, le portrait du mari de Mme de Rindsey illustre le traité des femmes à l'usage des maris que Chester envisage de composer. Le portrait satirique du chasseur de fox-hunters insiste sur la bêtise du personnage tout en révélant l'acuité du regard du libertin qui en « un instant » perce le secret de l'épouse mal mariée. Dans les *Mémoires du Comte de Grammont*, le portrait de M. de Sénantes joint à celui de son épouse contient également, en filigrane, la critique du mariage :

> Elle avait un mari que la sagesse même eût fait conscience d'épargner. Il se piquait d'être stoïcien, et faisait gloire d'être salope et dégoûtant en honneur de sa profession. Il y réussissait parfaitement ; et il était fort gros, et suait en hiver comme en été[42].

M. de Sénantes est un homme vulgaire et répugnant, alors que dans les *Lettres de Sophie de Vallière*, le portrait du futur époux de l'héroïne, que Grimm trouve sommaire, contraste avec ceux des maris présentés par Hamilton et Crébillon fils :

> On ne peut être à dix-neuf ans, mieux fait, plus poli, plus sage, plus instruit que le marquis de Germeuil [...]. Il a de la bonté, de la douceur, un naturel sensible, beaucoup de solidité ; très vif, point étourdi ; il a de la gaieté, et sa physionomie noble, ouverte, inspire de la confiance[43].

L'énumération d'adjectifs et de substantifs mélioratifs s'achève sur le constat d'une union fondée sur l'inclination personnelle et non sur le choix d'une mère tyrannique qui préfère à Sophie, Mlle de Sauve, un meilleur parti pour son fils. Dans le roman sentimental, les deux héros sont « destinés à se plaire et à se rendre mutuellement heureux[44] » : le portrait de Germeuil fait écho à celui de Sophie pour souligner la supériorité des qualités intérieures sur la fortune et le rang social.

Pour conclure, l'étude des portraits menée selon une approche sérielle, fait apparaître des constantes et des transformations révélatrices de la dialectique entre l'Histoire, les Mémoires et le roman, entre la réalité et la fiction.

---

42   A. Hamilton, *op. cit.*, 1893, p. 39.
43   Mme Riccoboni, *op. cit.*, p. 39.
44   *Idem.*

Dans les *Mémoires du comte de Grammont*, les portraits mettent en scène les gens de la cour de Charles II dont certains éditeurs se sont ensuite attachés à retracer avec précision la généalogie dans des notes détaillées. Dans cette perspective, les *Mémoires* pourraient s'apparenter, selon la définition qu'en donne Antoine Furetière en 1691, à des « Livres d'Historiens écrits par ceux qui ont eu part aux affaires ou qui en ont été témoins oculaires, ou qui contiennent leur vie ou leurs principales actions : Ce qui répond à ce que les Latins appelaient *Commentaires*[45] ». Cependant, les portraits dans les *Mémoires* empruntent la forme de l'anecdote suivant un art de la conversation achevé : le narrateur, selon une topique éprouvée, entend plus divertir qu'instruire ; il ne fait pas non plus œuvre de moraliste[46]. Le parallèle et la pointe soulignent avec ironie le jeu des apparences et l'acuité du regard du libertin : la galerie de portraits revêt une valeur sémiotique pour raconter les intrigues amoureuses et secrètes de la cour de Charles II.

Dans les deux dernières parties des *Heureux Orphelins*, les portraits faits par Chester constituent les illustrations de l'essai qu'il envisage d'écrire, non l'Histoire des « grands événements[47] » mais celle du cœur humain ; ces portraits relèvent de l'éthopée. Enfin, les portraits dans les deux premières parties du roman ainsi que dans les *Lettres de Sophie de Vallière* revêtent une signification métaphorique : *topos* romanesque, la beauté expose l'héroïne à de nombreux obstacles ; elle est également révélatrice des origines nobles de l'orpheline. La Romancie emprunte alors ses modèles à la pastorale et à l'Antiquité.

Entre tentation de la fiction et représentation du réel, l'art du portrait apparaît donc dans sa variété ; il participe au débat sur le dilemme du roman qui agite le XVIIIe siècle.

---

45   Antoine Furetière, *Dictionnaire Universel, contenant généralement tous les mots français tant vieux que modernes et les termes de toutes les sciences et des arts*, tome second, chez Arnout et Reinier Leers, à La Haye et à Rotterdam, 1690, p. 593.
46   Voir à ce sujet Marc Fumaroli, « Les Mémoires du XVIIe siècle au carrefour des genres en prose », *XVIIe siècle* 94–95 (1971), p. 7–37.
47   Crébillon fils, *op. cit.*, p. 179.

Les portraits libertins : entre littérature morale et fiction comique

Catherine Ramond

Alors que les portraits jouent un rôle essentiel dans les Mémoires et n'ont guère besoin d'y être justifiés, leur place et leur fonction dans le récit de fiction de l'âge classique sont problématiques : perçus comme des digressions qui menacent l'intérêt et le rythme du récit romanesque, ils s'y insèrent malaisément, surtout lorsqu'ils prennent des dimensions géantes, comme le portrait de Mme Dorsin dans *La Vie de Marianne*. Certains romanciers, tel Prévost, en font un usage parcimonieux : l'absence de tout portrait de Manon a été maintes fois relevée ; Diderot, qui n'aimait pas son portrait par Van Loo, prête à Jacques le propos suivant : « Je hais les portraits à la mort [...] C'est qu'ils ressemblent si peu, que si par hasard on vient à rencontrer les originaux, on ne les reconnaît pas[1] ». Qu'ils paralysent le récit ou le personnage en figeant son image, les portraits semblent contrarier le dynamisme de l'écriture romanesque et l'attente de ses lecteurs.

Le propre de la fiction du dix-huitième siècle est pourtant d'imiter les genres factuels, lettres ou Mémoires, et d'utiliser la narration à la première personne ce qui lui donne le statut de « feintise » ou imitation d'énoncés de réalité[2]. L'énonciateur fictionnel se trouve placé dans la même situation que le mémorialiste, faisant le portrait des personnages qu'il a rencontrés au cours d'une existence qu'il retrace de façon rétrospective, et constituant par ce récit même une sorte d'auto-portrait. Le roman-mémoires pourrait donc accueillir le portrait plutôt favorablement, dans la mesure où son intérêt ne réside pas uniquement dans les aventures du héros, mais aussi dans leur réverbération dans le récit et dans l'exploration de la vie intérieure (Marivaux donne cette inflexion particulière au roman-mémoires dans sa *Vie de Marianne*) ; il vaut également par sa peinture d'une société à une période donnée qui lui donne une allure référentielle (à l'opposé de la fiction affichée des grands romans). Dans les romans d'éducation libertins, qui prétendent à une utilité morale en racontant

---

1 Diderot, *Jacques le fataliste et son maître*, éd. Pierre Chartier, Paris, Le Livre de poche (Classiques), 2000, p. 327. Voir aussi Jeannette Geffriaud Rosso, *Diderot et le portrait*, Pise, Editrice Libreria Goliardica, 1998.
2 Cette expression est empruntée à Käte Hamburger, *Logique des genres littéraires* [*Die Logik der Dichtung*, 1977], trad. P. Cadiot, Paris, éditions du Seuil, « Poétique », 1986.

l'entrée dans le monde et les expériences d'un narrateur innocent à ses débuts, la structure narrative par succession et accumulation d'aventures (formule qui peut aller jusqu'au « roman-liste[3] ») facilite l'insertion de portraits, parfois mis en série, et dont l'attrait peut l'emporter sur la tension narrative du roman. C'est le point de vue exprimé par La Harpe à propos des *Confessions du comte de**** de Duclos, paru en 1741 : « [*Les Confessions*] ne sont qu'une galerie de portraits tous supérieurement tracés. Ce mérite, qui est à peu près le seul des *Confessions*, suffit alors pour leur procurer un grand succès, d'autant plus que quiconque trace des caractères est sûr qu'on y mettra des noms et la malignité ajoute à la vogue[4] ».

Cette hybridation du roman avec ce qu'on pourrait appeler un tableau des mœurs du siècle (qui se produit dès *Le Diable boiteux* de Lesage) s'explique par la critique récurrente des romans qui aboutit à leur proscription en 1737–1738 : lorsqu'il n'est pas pure fiction, à laquelle on ne peut croire, on reproche au roman son immoralité. C'est le dilemme du roman décrit par Georges May. Une des réponses à la critique, outre le maquillage du roman en récit factuel, est de lui donner une perspective morale. C'est ce qu'a fait Prévost dans l'Avis de l'auteur précédant *Manon Lescaut* : « L'ouvrage entier est un traité de morale réduit agréablement en exercice[5] ». Dans la préface des *Égarements du cœur et de l'esprit*, Crébillon prône un roman délivré des invraisemblances du grand roman (ceci contre Prévost), et qui puisse offrir, « comme la comédie, le tableau de la vie humaine » censurant « les vices et les ridicules » ; la conséquence logique de ce rapprochement de la comédie est l'application que chacun peut se faire des personnages présentés qui sont évidemment inspirés de leurs modèles factuels et de surcroît contemporains. Crébillon reprend ainsi l'argumentaire moliéresque en l'appliquant au roman :

> Que l'on peigne des Petits-Maîtres et des Prudes, ce ne seront ni Messieurs tels, ni Mesdames telles que l'on n'aura jamais vus, auxquels on aura pensé, mais il me paraît tout simple que si les uns sont Petits-Maîtres, et que les autres soient Prudes, il y ait, dans ces Portraits, des choses qui tiennent à eux ; [...]
>
> Je me suis étendu sur cet article, parce que ce Livre n'étant que l'histoire de la vie privée, des travers et des retours d'un homme de condition,

---

[3] Formule de Laurent Versini pour désigner *Les Confessions du comte de**** de Duclos, voir ses deux éditions du roman (Didier, TFM, 1969 et Desjonquères, 1992).
[4] La Harpe, *Cours de littérature ancienne et moderne*, Paris, 1818, t. XIV, p. 274.
[5] Prévost, *Manon Lescaut*, éd. F. Deloffre et R. Picard, Paris, Classiques Garnier, 1990, p. 6. Voir *Morale et fiction aux XVIIe et XVIIIe siècles*, Revue des Sciences humaines n° 254 (1999-2).

on sera peut-être d'autant plus tenté d'attribuer à des personnes aujourd'hui vivantes les Portraits qui y sont répandus et les aventures qu'il contient, qu'on le pourra avec plus de facilité[6].

Les portraits dont il est ici question s'écartent de la saisie de l'individuel et de la singularité qui est au fondement des portraits des mémorialistes ou des autobiographes pour toucher une catégorie plus générale, sociale ou « morale[7] », le petit-maître ou la prude[8], dans la même perspective que la comédie et avec les mêmes conséquences (chacun peut se trouver visé par telle ou telle figure de la fiction dramatique ou narrative qui pourtant ne désigne personne en particulier[9]). Le portrait n'est donc pas pure fiction, mais il n'a pas non plus un modèle authentique : comme le type ou le caractère, il est un condensé, une synthèse et représente un groupe. Ceci positionne les romans-mémoires dans cet entre-deux ambigu qui est celui de la « feintise », ni fiction assumée (parce qu'ils se prétendent Mémoires), ni récit factuel qui assignerait un modèle, un référent explicite aux personnages présentés (leurs noms ou les masques que sont les astéronymes trahissent la fiction romanesque). L'avertissement qui précède les *Confessions du comte de**** de Duclos est très proche du propos de Crébillon :

> Comme chaque vice et chaque ridicule sont communs à plusieurs personnes, il est impossible de peindre des caractères, sans qu'il s'y trouve quelques traits de ressemblance avec ceux-mêmes qui n'en ont pas été les objets. Ainsi l'on ne doute point que ces mémoires n'occasionnent des applications où l'auteur n'a jamais songé[10].

Ce même argument peut être repris sur un mode burlesque dans les « romans de filles », comme ici pour justifier une ellipse désinvolte dans *Margot la ravaudeuse* de Fougeret de Monbron : « Mais n'achevons pas son portrait de crainte que mes crayons n'occasionnent des applications injustes, et que le lecteur malin ne prenne Gautier pour Garguille[11] ». Le roman de filles manifeste par

---

6   Claude Crébillon, *Œuvres complètes*, t. II, dir. Jean Sgard, Paris, Classiques Garnier, 2000, p. 71.
7   Les deux vont de pair dans la typologie classique des caractères.
8   Crébillon désigne ici les personnages principaux de son roman, Mme de Lursay et Versac, mais ce sont aussi des types de la comédie.
9   Contrairement au roman à clef.
10 Duclos, *Les Confessions du comte de****, éd. L. Versini, Paris, Desjonquères, 1992, n. p.
11 *Margot la ravaudeuse*, dans *Romans libertins du XVIIIe siècle*, éd. R. Trousson, Paris, Laffont, « Bouquins », 1993, p. 722.

ce genre de déclaration une double parenté : d'une part avec le roman d'éducation libertin (et ce malgré la différence de rang social des protagonistes), d'autre part avec la tradition comique ou picaresque[12], ce que le portrait interrompu du prêtre confirme : « Qu'on se figure une espèce de satyre aussi velu que Lycaon, dont le visage pâle et maigre annonçait un tempérament des plus lascifs. L'incontinence et la lubricité perçaient à travers l'hypocrisie de ses regards ... ». On est plus proche ici du *Portier des chartreux* que des Mémoires ou pseudo-Mémoires d'aristocrates. Mais en utilisant le même argument que Crébillon ou Duclos (celui d'un modèle qui serait dissimulé derrière cette caricature), la narratrice se rattache implicitement à un genre plus élevé de roman libertin.

Le roman d'éducation libertin se prête très bien à l'insertion de portraits puisque le récit consiste généralement en une succession d'épisodes, répétitifs voire lassants s'ils n'étaient égayés par la variété apportée par le changement de partenaire, celui-ci occasionnant un portrait. Comme ces personnages n'ont qu'un rôle épisodique, le problème de leur évolution ne se pose pas (ce qui pouvait justifier les réticences d'un Prévost à l'égard de la fixité du portrait dans le cadre d'histoires au long cours). Les personnages sont même d'autant plus volontiers décrits sous forme de portrait qu'ils ne jouent quasiment aucun rôle dans le roman. Dans le « roman-liste », le seul point stable est l'énonciateur principal, environné d'un tourbillon d'aventures. Le principe même de la série est inscrit au cœur du phénomène libertin (c'est le catalogue des conquêtes de Don Juan) et suffit à justifier les galeries de portraits romanesques :

> Je ne rapporterai point le détail et toutes les circonstances des intrigues où je me suis trouvé engagé. La plupart commencent et finissent de la même manière. Le hasard forme ces sortes de liaisons ; les amants se prennent parce qu'ils se plaisent ou se conviennent, et ils se quittent parce qu'ils cessent de se plaire et qu'il faut que tout finisse. Je m'attacherai uniquement à distinguer les différents caractères de femmes avec qui j'ai eu quelque commerce[13].

Par cette composition lâche et cette disparate, le roman d'éducation libertin en forme de Mémoires a une parenté évidente avec les lettres fictionnelles, qui sont une autre forme de « feintise », telles les *Lettres galantes de Monsieur le chevalier d'Her**** de Fontenelle, recueil de lettres envoyées à des destinataires différents, en l'absence de toute intrigue qui unifierait le tout, et qui compose

---

12 Gautier-Garguille était un farceur du XVIIe siècle.
13 Duclos, *Les Confessions* ..., p. 64.

moins un roman qu'une sorte de tableau de mœurs et qu'une succession de portraits ébauchés, ou encore le premier roman de Crébillon, les *Lettres de la marquise de M*** au comte de R**** qui illustre la mode du portrait mondain satirique au moment de la Régence. Le roman comporte deux morceaux de bravoure brossés par la badine marquise : la description de la soirée chez sa mère avec la série de portraits au vitriol (lettre 19) et le récit des événements de la ville, alors que le comte est à la campagne (lettre 64) ; y figurent quelques croquis visuels ce qui rare chez un auteur aussi abstrait que Crébillon : « Le fade Marquis de***, moitié malade, moitié amoureux, la grande mouche au front, et le teint blafard[14] » ; ou encore : « La sèche Marquise médit toujours, met toujours du blanc, joue sans cesse, a conservé son goût pour le vin de Champagne, son teint couperosé, sa taille ridicule, son babil importun, sa vanité, ses vapeurs, son page et ses vieux amants. C'est une femme immuable celle-là[15] ! ». La forme du portrait est favorisée par la permanence des caractères héritée de la comédie classique, qui est aussi une incapacité ridicule à s'adapter au nouveau temps, tels les vieux marquis qui aiment à l'ancienne mode.

Le roman-mémoires libertin obéit donc à une logique de liste qui correspond à l'accumulation des conquêtes du narrateur ou de la narratrice : les portraits seront ainsi en majorité féminins chez les libertins, masculins dans les romans de filles. Laurent Versini a comptabilisé dans *Les Confessions* de Duclos « vingt-trois portraits de femmes habilement diversifiés par l'âge, l'ordre ou la classe sociale, la nationalité, le caractère[16] » qui forment une « galerie ». Ce serait le chapitre *Des femmes* de La Bruyère « mis en roman ». Les campagnes militaires du héros narrateur puis ses voyages occasionnent des liaisons avec des femmes de pays différents : l'espagnole Antonia, l'italienne Marcella, ou encore l'anglaise Milady B***, chacune donnant à l'histoire où elle intervient un caractère particulier, romanesque ou tragique pour la dernière qui se suicide (conformément à la topique de l'époque). Les micro-portraits qui ouvrent chaque aventure sont développés par le comportement et le caractère de ces différentes femmes. Le séjour en France au début de la Régence occasionne un tableau de la société qui passe en revue les femmes de diverses conditions qui sont les maitresses successives du narrateur. Ce fonctionnement du texte occasionne une série de portraits de femmes dotés de traits caractérisants et de noms de famille, mais qui illustrent surtout une catégorie sociale ou un type. Afin d'éviter la monotonie d'une succession de portraits, ceux-ci sont groupés en diptyques contrastés comme chez La Bruyère, par exemple ceux de madame

---

14   Claude Crébillon, *Œuvres complètes* t. I, éd. cit., p. 115.
15   *Ibid.*, p. 119–220.
16   Duclos, *Les Confessions* …, Présentation, p. 9.

de Persigny, la petite maîtresse (« elle était vive, parlait toujours, et ses reparties plus heureuses que justes n'en étaient souvent que plus brillantes[17] ») et de Madame de Gremonville la dévote (« une femme dont la beauté, la taille noble, l'air sérieux, modeste et doux attirèrent mon attention. Elle pensait finement et s'exprimait avec simplicité[18] »). La variété provient également des diverses conditions, le comte faisant se succéder les portraits d'une femme de robe (madame de***), d'une femme du monde (madame d'Albi) et d'une marchande (madame Pichon). Le fait que toutes ces femmes soient des caricatures de leur condition peut expliquer la satiété du narrateur et le passage incessant de l'une à l'autre. Voici par exemple madame de*** : « Sa jeunesse et une espèce de goût qu'elle prit pour moi m'arrêtèrent pendant quelque temps ; mais la platitude de la compagnie, les plaisanteries de la robe qui tiennent toujours du collège, la pédanterie de ses usages, et la triste règle de la maison me le rendirent bientôt insupportable[19] ». Madame de*** n'est rien en elle-même : elle illustre un milieu social, un mode de vie.

L'hybridation entre récit romanesque et tableau de mœurs culmine chez Duclos dans ses *Mémoires pour servir à l'histoire des mœurs du XVIIIe siècle*, qui se présentent comme une suite et un complément à ses *Considérations sur les mœurs de ce siècle*, essai sur les mœurs dépourvu de tout chapitre consacré aux femmes. Ce roman de formation à la première personne, qui utilise le *topos* du manuscrit trouvé, est entremêlé de nombreuses réflexions qui permettent l'insertion aisée de portraits tant la trame narrative est faible et repose sur le principe de la série. Malgré sa dénégation (« je ne m'arrêterai pas à faire des portraits détaillés des femmes à la mode. C'est un caractère et un manège uniformes ; qui en a vu une, les a toutes vues[20] »), le narrateur ne se prive pas absolument de tout portrait mais leur attribue une valeur générale, notamment par l'usage d'expressions telles que « c'était un de ces hommes qui » (pour son ami et rival Derville), ou encore pour l'intrigante Mme de S. Fal, « qui était une illustre dans ce genre-là[21] » ; chaque personnage entre ainsi dans une catégorie qui gomme sa singularité.

---

17   *Ibid.*, p. 65.
18   *Ibid.*, p. 68. De même la coquette libertine (madame de Vignolles) s'oppose à la coquette sage (madame de Lery), parallèle souligné dans la conclusion de l'épisode : « Je sortis de Paris bien convaincu que la coquette la plus sage est plus dangereuse dans la société que la femme la plus perdue » (p. 90).
19   *Ibid.*, p. 76.
20   C. Pinot Duclos, *Mémoires pour servir à l'histoire des mœurs du XVIIIe siècle*, éd. H. Coulet, Paris, Desjonquères, 1986, p. 46.
21   *Ibid.*, p. 57.

Ce type de portrait bref et intégré dans une série, qui convient au mieux à la structure du roman-liste, est encore plus nettement assumé dans les romans de filles qui l'orientent vers la satire. La galerie de portraits des hommes qui fréquentent tour à tour Margot (prostituée, fille d'opéra puis courtisane) forme un tableau pittoresque, voire burlesque, à l'aide de quelques traits caractérisant leur origine sociale ou nationale. Margot s'amuse ainsi à faire des croquis caricaturaux, par exemple celui du financier : « pour faire son portrait en trois mots, c'était un petit homme trapu, effroyablement laid, et d'environ soixante ans[22] » ou du baron allemand : « Il était haut d'une toise, cagneux et roux, bête au dernier degré, et ivrogne à toute outrance[23] » ; ils sont suivis du chevalier d'industrie, de l'ecclésiastique et de l'anglais. Florence Magnot a observé le même laconisme dans la pratique des paroles rapportées de ces romans, qui utilisent l'ellipse et l'échantillonnage : « La pratique de la citation par bribes épouse donc une vision satirique du monde qui, à chaque catégorie sociale, associe un langage reconnaissable parfois [...] à l'aide d'un seul mot[24] ». L'individualisation des personnages est aussi limitée que leur présence dans le roman reste épisodique.

Ces courts portraits satiriques sont assez vraisemblables dans le cadre d'une narration à la première personne : il n'en va pas de même des portraits plus développés, qui peuvent trahir, comme maint autre passage de ces romans (les citations latines ou les références culturelles par exemple) la présence de l'auteur derrière son énonciation postiche. Dans les romans libertins mondains, la compétence narrative est octroyée d'office au narrateur par son rang social élevé (les narrateurs de Crébillon et de Duclos appartiennent à la très haute société), auquel s'ajoute l'expérience acquise au cours de ses aventures. Les portraits sont souvent placés, comme dans tout récit rétrospectif, au moment de l'apparition du personnage, mais ils tiennent compte des relations ultérieures et de la connaissance qu'en a eue le narrateur. C'est ainsi que les grands portraits des *Égarements du cœur et de l'esprit*, ceux de Lursay, Versac, Senanges et Pranzi, placés au début des épisodes qui vont mettre en scène ces personnages, sont accompagnés de prolepses indiquant la place qu'ils ont tenue dans la vie ultérieure du narrateur (puisque le récit ne porte que sur une période très restreinte de sa vie) ; ces portraits doivent beaucoup aux catégories générales qui marquent durablement le roman libertin (et qu'on retrouve encore

---

22　*Margot la ravaudeuse*, éd. cit., p. 707.
23　*Ibid.*, p. 710.
24　Florence Magnot, « L'économie du discours et son image dans les romans-mémoires », dans *Histoire, histoires*, dir. M. Hersant, M.-P. Pilorge, C. Ramond et F. Raviez, Arras, APU, 2011, p. 312.

chez Laclos) : Mme de Lursay est « la prude », Mme de Senanges « une de ces femmes philosophes » et par ailleurs coquette défraîchie. L'âge, le manque de fraîcheur et de naturel des personnages (opposés à la très jeune et charmante Hortense) composent un tableau satirique d'une société mondaine décadente, comme dans les précédentes *Lettres de la marquise* ; ainsi du remarquable portrait de Mme de Senanges où le trait moraliste pointe derrière le récit à la première personne :

> Madame de Senanges avait été jolie, mais ses traits étaient effacés. Ses yeux languissants et abattus n'avaient plus ni feu, ni brillant. Le fard qui achevait de flétrir les tristes restes de sa beauté, sa parure outrée, son maintien immodeste, ne la rendaient que moins supportable. C'était enfin une femme à qui, de ses anciennes grâces, il ne restait plus que cette indécence que la jeunesse et les agréments font pardonner, quoiqu'elle déshonore l'un et l'autre, mais qui, dans un âge plus avancé, ne présente plus aux yeux qu'un tableau de corruption qu'on ne peut regarder sans horreur[25].

Chez Duclos, les portraits isolés ont une autre fonction : ils permettent de sortir du roman-liste, et d'opposer à l'éducation libertine le retour à la vertu. *Les Confessions* sont en deux volets, le second s'achevant par le mariage du héros, qui concilie amour et vertu. La figure salvatrice de la femme aimée bénéficie d'un traitement isolé et plus individualisé, qui s'oppose à la série et qui lui permet d'échapper au type. Ce rôle est joué par Mme de Selve dans *Les Confessions du comte de****[26] :

> La comtesse de Selve avait plus de raison que d'esprit, puisqu'on a voulu mettre une distinction entre l'une et l'autre, ou plutôt elle avait l'esprit plus juste que brillant. Ses discours n'avaient rien de ces écarts qui éblouissent dans le premier instant, et qui bientôt après fatiguent. On n'était jamais frappé, ni étonné de ce qu'elle disait, mais on l'approuvait toujours. Elle était estimée de toutes les personnes estimables, et respectée de celles qui l'étaient le moins. Sa figure inspirait l'amour, son caractère était fait pour l'amitié, son estime supposait la vertu. Enfin la plus belle âme unie au plus beau corps, c'était la comtesse de Selve. J'aperçus bientôt tout ce qu'elle était, je le sentis encore mieux ; j'en devins amoureux

---

25   Crébillon, *Les Égarements du cœur et de l'esprit*, OC II, p. 147.
26   La figure de Mme de Canaples dans les *Mémoires* est plus ambiguë : plus mère qu'amante, elle fait épouser au narrateur la très jeune Mlle de Foix.

sans le prévoir, et je l'aimais avec passion, quand je croyais simplement la respecter[27].

Les nuances de ce portrait apparaissent dans les tournures négatives ou comparatives, qui indiquent l'expérience acquise du narrateur, et soulignent implicitement le contraste entre Mme de Selve et la longue série des femmes qu'il a connues. Il lui oppose également son ultime rivale, la coquette madame Dorsigny, une femme caricaturale qui perpétue la série des types : « C'était une petite figure de fantaisie, vive, étourdie, parlant un moment avant de penser, et ne réfléchissant jamais. Sa jeunesse jointe à une habitude de plaisir et de coquetterie lui tenait lieu d'esprit, et suppléait souvent à l'usage du monde[28] ».

Les romans de filles traitent au contraire de façon désinvolte la question de la compétence des narratrices dans la rédaction des portraits qui sont de beaux morceaux, et s'affichent ainsi clairement comme des parodies des romans-mémoires et donc si l'on veut des pseudo-feintises. Ils essaient de tenir une position intermédiaire, souvent quelque peu acrobatique, entre la gaillardise populaire de la narratrice et le regard moraliste de l'auteur, entre l'ignorance de la première et la compétence du second ; le portrait est un élément clé de cette tension lorsqu'on sort du portrait court, burlesque et satirique déjà évoqué.

Dans *Félicia ou mes fredaines*, Nerciat prête à sa narratrice une compétence particulière en matière de portrait. Tout d'abord il lui octroie celle du moraliste, spécialiste du général (comme Marivaux l'avait déjà fait avec sa Marianne), avec une variation subtile sur l'expression « un de ces », ici employée négativement pour le portrait d'un prêtre nommé Béatin qui diffère du portrait-type du religieux coquet ou petit-maître : « Il n'était pas un de ces ecclésiastiques élégants qui, souvent plus recherchés dans leur ajustement que les gens du monde, n'en diffèrent que par des cheveux ronds et une tonsure[29] ». On retrouve la même expression, mais employée positivement, dans le portrait d'Éléonore, fille du président, qui fait partie d'une série de portraits des membres d'une même famille, dans un chapitre d'ailleurs intitulé *Portraits* (II, ch. 2) :

> Il faut que je trace le portrait de cette demoiselle Éléonore. C'était une belle fille ; un peu brune à la vérité, mais pourvue des attraits que comporte cette couleur. Une stature au-dessus de la médiocre, des yeux beaux, mais durs ; une bouche dédaigneuse et déplaisante, quoique

---

27 Duclos, *Les Confessions du comte de***, p. 143.
28 *Ibid.*, p. 163.
29 Andrea de Nerciat, *Félicia ou mes fredaines*, *Romans libertins du XVIIIe siècle*, p. 1082.

régulièrement bien formée. La taille était ce qu'on avait de mieux, mais un maintien guindé, théâtral en diminuait l'agrément. En tout, Éléonore était une de ces femmes dont on dit : *pourquoi ne plaît-elle pas*[30] ?

Cette expression « une de ces » ou « un de ces » insère le particulier dans une catégorie générale observée par le narrateur (ce qui suppose une bonne connaissance de la société et une vision globale de l'humanité) ; en réalité elle pourrait bien être une catégorie forgée *a priori* par le narrateur moraliste (et donc inversement une généralisation à partir du cas particulier présenté). Ce mouvement s'apparente à la démarche et à l'ambiguïté même de la feintise : faire croire qu'on décrit un monde alors même qu'on le construit (de même qu'on prétend « rapporter » des paroles qui sont en réalité « créées »). Le portrait sert ici de cas d'école dans ce jeu entre feintise et fiction[31].

Ce même chapitre contient une succession de portraits remarquables parmi lesquels se détache celui-ci :

> Je vais dire aussi quelle figure avait à peu près Monsieur le président. Cet homme, que le feu d'un demi-génie fort actif avait desséché, ressemblait beaucoup à une momie habillée à la française. De grands traits chargés de gros yeux brusques, saillants, bordés de fossés creux ; une bouche plate, un nez aquilin et un menton pointu, qui semblaient regretter de ne pouvoir se baiser, donnaient au personnage une physionomie folle, mais spirituelle et passablement bonne ; et sans un ridicule frappant dont cet honnête président était verni de la tête aux pieds, on se fût accoutumé volontiers à sa pittoresque laideur[32].

Ce portrait se situe dans la veine burlesque et satirique déjà constatée dans ce type de romans, mais il possède aussi une certaine singularité et un air de parenté avec certains portraits factuels en raison des tensions qui l'animent (« une physionomie folle, mais spirituelle et passablement bonne »). Incarnant une catégorie (ici la noblesse de robe), ce type de portrait s'en détache par quelques traits particuliers. C'est un hybride propre à la feintise, entre singularité factuelle et type romanesque.

---

30   *Ibid.*, p. 1121.
31   Hugo fera un usage immodéré de cette expression, forgeant des catégories dont le personnage semble être le seul exemple, ainsi « Courfeyrac, c'est-à-dire *un de ces* hommes qui rient dans toutes les occasions de la vie », *Les Misérables*, G-F., vol. II, p. 311.
32   *Félicia ou mes fredaines*, *id.*

Enfin, Félicia fait son auto-portrait en l'accompagnant d'un déni de fiction plutôt désinvolte : « Les romans ont coutume de débuter par les portraits de leurs héros. Comme, malgré la sincérité avec laquelle je me propose d'écrire, ceci ne laissera pas d'avoir l'air d'un roman, je me conforme à l'usage et vais donner aux lecteurs une idée de ma personne[33] ». Cet exercice n'est pas fréquent dans les romans-mémoires[34] où l'auto-portrait des narrateurs se fait généralement en creux, ou de façon disséminée et liée à l'action du roman (Marianne évoquant ses beaux cheveux lorsqu'elle ôte sa cornette devant Climal, qualité partagée par des Grieux à l'occasion de la scène du prince italien). Félicia s'amuse à brosser d'elle-même un tableau très flatteur en attribuant la liste de ses beautés au jugement perspicace de ses admirateurs[35]. Elle constitue une synthèse des grâces que les romanciers, tel Duclos, attribuent aux femmes des différentes nations, et rassemble les beautés des femmes les plus célèbres, Jeanne d'Arc et Agnès Sorel. Ce portrait parodie les portraits galants idéalisés qui glissent vers l'éloge et qui s'éloignent de la vérité singulière que les mémorialistes et les autobiographes cherchent à saisir dans les individus particuliers. Il peut également faire allusion au dialogue de Lucien intitulé « les portraits » où l'éloge de la belle Panthée est une combinaison d'éléments composites empruntés aux statues de Phidias ou de Praxitèle, aux portraits des peintres ou des poètes, qui fait de cette personne incomparable « le plus fidèle des portraits, révélant à la fois la beauté du corps et la vertu de l'âme[36] ». Félicia, qui ouvre sa narration en se moquant ouvertement des romans, comme le faisait Scarron, s'en tient au mode parodique, refusant au lecteur une image d'elle-même plus crédible et qui pourrait accréditer la « feintise ».

Il est bien difficile de confondre ces portraits de romans avec les portraits véritables animés de scrupules et d'inquiétude quant à leur véracité, imprégnés d'une nostalgie poignante quand ils évoquent des personnes réelles disparues. Plus proches de l'exercice de style, les portraits satiriques ou élogieux des romans-mémoires libertins illustrent bien le dilemme du roman et l'hybridité de la feintise. Menacés par l'interprétation (qui voit des modèles réels

---

33   *Ibid.*, p. 1069.
34   Alors qu'il abonde dans les portraits mondains, par exemple dans les *Divers Portraits* publiés par Mlle de Montpensier en 1659. Voir Jean Garapon, *La Culture d'une princesse. Écriture et autoportrait dans l'œuvre de la Grande Mademoiselle (1627–1693)*, Paris, Honoré Champion, 2003, p. 198–221.
35   Diderot procède ainsi dans *La Religieuse* pour le blason de Suzanne, élaboré par les yeux amoureux de la Supérieure de Saint-Eutrope, et complaisamment retranscrit par la narratrice.
36   Lucien, *Histoires vraies et autres œuvres*, trad. Guy Lacaze, Le Livre de Poche Classique, 2003, p. 113.

dans les personnages de fiction), mais aussi par la futilité de la pure fiction, ils se tournent vers la littérature morale pour se donner une dignité (ce qui leur donne la valeur d'un tableau du siècle), ou bien préfèrent en rire et présentent son envers burlesque dans la continuité des histoires comiques. La contiguïté de la feintise avec la littérature morale s'observe tout particulièrement dans la confection des portraits et dans l'invasion réflexive qui les accompagne[37]. Les portraits en série des romans libertins forment un tableau du théâtre du monde et se prétendent utiles ; ils ne cherchent pas vraiment à imiter la singularité du portrait factuel, cette « plénitude d'éléments réels et inattendus[38] » que Proust voyait dans la seconde ligne (« et véritablement un peu folle ») du portrait de Villars par Saint-Simon.

---

37   Celle-ci n'est pas également observable dans les Mémoires, dont E. Lesne écrit : « Ils ne semblent pas être le lieu propice à la généralisation de l'expérience », *La Poétique des Mémoires (1650–1685)*, Paris, H. Champion, 1996, p. 189.
38   *À la Recherche du temps perdu*, t. I (*À l'ombre des jeunes filles en fleurs*), Paris, Gallimard, « Bibliothèque de la Pléiade », 1987, p. 541.

SIXIÈME PARTIE

Textes hybrides

..

Figures du pouvoir : portraits croisés du roi et de son favori dans la fiction romanesque du premier XVIIe siècle : les *Polexandre* de Gomberville

Delphine Amstutz

À la charnière des XVIe et XVIIe siècles en Europe apparaît sur la scène publique un nouveau personnage politique, qui s'impose avec éclat et fracas dans l'actualité comme dans la littérature : le favori du roi, véritable « coqueluche » de la cour, selon l'image employée par Jean-Pierre Camus dans l'une de ses histoires dévotes[1]. Il connaît une brève mais spectaculaire carrière avant que l'absolutisme louis-quatorzien, qui triomphe en 1661, ne signe sa disparition. Épernon, Concini, Luynes, Saint-Simon, Richelieu, Mazarin, ces noms fameux impriment de leur sceau une époque où le pouvoir monarchique semble se dédoubler : la prudence du roi se reflète dans l'élection de son favori qui lui-même manifeste la toute-puissance transcendante et inconditionnée de la grâce royale. Rois et favoris forment ainsi un étrange couple politique et se peignent au miroir l'un de l'autre. Pour les auteurs du règne de Louis XIII, portraiturer celui-ci revient presque nécessairement à faire l'éloge – sublime ou paradoxal – de celui-là. Ces portraits croisés réverbèrent leurs effets spéculaires réciproques dans les épîtres dédicatoires, adressées au roi ou à son favori, au seuil des fictions romanesques. Les différentes versions du *Polexandre* de Gomberville, dont les parutions s'échelonnent de 1619 à 1637[2], illustrent exemplairement les entrelacs de la fiction et de l'histoire.

1 Rois et favoris au miroir des épîtres dédicatoires : portraits croisés

Quand *L'Exil de Polexandre et d'Ériclée* voit le jour en 1619, l'épître dédicatoire qui l'accompagne est signée de l'anagramme « Orile » et s'adresse à « [une] chère maistresse ». En 1629, Gomberville offre *L'Exil de Polexandre* (première partie) à la duchesse Nicole de Lorraine. En 1632, nouvelle livraison de *Polexandre* en

---

1 Jean-Pierre Camus, *Iphigène, rigueur sarmatique*, Lyon, Antoine Chard, 1626, 2 vol., t. 1, p. 98.
2 Le titre *Polexandre* recouvre en effet une succession discontinue de quatre romans : *L'Exil de Polexandre et d'Ériclée* (1619), *L'Exil de Polexandre* (1629), *La Premiere Partie de Polexandre, revue, changée et augmentée*, suivie de *La Seconde partie* (1632). En 1637, paraît la première version complète du roman en cinq volumes.

deux volumes, le premier donné au roi Louis XIII, le second au favori du jour, Saint-Simon. En 1637 enfin, ultime mouture de l'œuvre parachevée qui sollicite la faveur et l'attention de divers grands personnages de l'État : en premier lieu, Louis XIII et son principal ministre Richelieu, puis le chancelier Séguier et le maréchal de Schomberg. Cette stratégie dédicatoire concertée montre, comme l'écrit Bernard Teyssandier, que Marin le Roy de Gomberville opte d'emblée pour « une pratique professionnelle voire opportuniste de l'écriture[3] ». Il actualise en effet les dédicataires de ses œuvres – et par conséquent les clefs de la fiction – selon les événements politiques contemporains : en 1632, après la journée des Dupes, il n'est plus opportun de citer la cour de Lorraine, en délicatesse avec Richelieu ; en 1637, il est prudent de taire le nom de Saint-Simon, disgracié l'année précédente et de lui substituer celui de l'« éminentissime » cardinal-duc. L'actualité conditionne également la répartition de la matière romanesque : entre 1629 et 1632, la disposition narrative de l'œuvre est entièrement remaniée et les aventures de Phelismond, le favori danois auquel Saint-Simon est invité à s'identifier sont reversées, au prix d'une « analepse » audacieuse, dans le second volume pour que correspondent l'unité textuelle du volume et l'identité du dédicataire. Gomberville choisit ainsi systématiquement une stratégie dédicatoire spectaculaire mais risquée. En dédiant directement les versions successives de *Polexandre* aux favoris du jour, comme il avait en 1618 consacré son *Ode sur les heureux succès des actions du roi* au duc de Luynes[4], il court-circuite sciemment des solidarités intermédiaires sans doute plus fiables : il promet ainsi ses ouvrages à une large reconnaissance publique, mais les engage également dans un avenir incertain.

La valse des dédicaces entraîne par conséquent dans son sillage sinueux la fiction et ses personnages. L'orientation du rapport entre fiction et réalité s'inverse en effet au fil des éditions successives[5]. En 1632, Louis XIII et Saint Simon sont conviés par la voix nostalgique d'un écrivain laudateur des temps passés à prendre pour modèle éthique des personnages de fiction nécessairement

---

3 Bernard Teyssandier, *La Morale par l'image : La Doctrine des mœurs dans la vie et l'œuvre de Gomberville*, Paris, Honoré Champion, 2008, p. 96. Voir également : Laurence Plazenet, « Gomberville et le genre romanesque », *Cahiers de l'Association internationale des études françaises* 56 (2004), p. 359–378 et *L'Ébahissement et la délectation. Réception comparée et poétiques du roman grec en France et en Angleterre aux XVIe et XVIIe siècles*, Paris, H. Champion, 1997.
4 Marin Le Roy de Gomberville, *Ode sur les heureux succez des actions du Roy*, Paris, P. Chevalier, 1618.
5 B. Teyssandier, « Des fictions compensatrices ? Sur un usage détourné de l'histoire au XVIIe siècle, l'exemple de Marin Le Roy de Gomberville », *Les Songes de Clio, fiction et histoire sous l'Ancien régime*, dir. Sabrina Vervacke, Eric Van der Schueren, Thierry Belleguic, Laval, Presses universitaires, 2006, p. 171–200.

utopiques : les temps héroïques étant révolus, la gloire ne gît plus désormais que dans l'intériorité des consciences et non dans les répercussions d'actions illustres. Le roi et son favori sont jeunes, le pouvoir royal est à peine affermi après la journée des Dupes, la fiction s'offre comme une formation pédagogique, une institution royale, le miroir idéal mais terni d'un prince en devenir. Gomberville invite ainsi Louis XIII à imiter son héros Polexandre, « le second fondateur de la Monarchie françoise » :

> Il y a neuf cens ans que Polexandre faisoit sur les rives de la Meuse, du Rhin, de l'Elbe & du Danube, ce que vostre Majesté y fait à present, ou par ses armes victorieuses, ou par celles de ses alliez. Imitez sa perseverence, Sire, ne vous lassez point d'acquerir de la gloire, demeurez toute vostre vie l'Arbitre de la paix & de la guerre, & pour me servir de la pensée de ce fameux Monarque, Père de vostre Majesté, ne vous contentez pas de suivre les grands exemples que vous trouvez dans l'histoire, produisez en de plus beaux pour vous faire admirer aux Rois de tous les siecles advenir. Mais je ne voy pas, Sire, que mon zele est audacieux & qu'il m'emporte au-delà des bornes que le respect & le devoir m'ont prescrites[6].

En 1637, changement de décor : le pouvoir de Richelieu, qui combat sur les fronts intérieur et extérieur, arrime désormais fermement le régime. Ce sont les héros de fiction qui sont alors présentés comme les pâles épigones, les copies dégradées, du roi et de son ministre :

> [...] je ne puis m'empescher de croire, ou que Polexandre est Louis le Juste, ou que c'est un autre luy-mesme. Je diray davantage, Sire, c'est qu'il se remarque une si parfaite conformité entre les merveilles de vostre Majesté & celles de ce demy-Dieu, qu'il semble qu'une mesme ame faict mouvoir vos deux corps ; ou bien que ce Prince incomparable est né avec ce glorieux destin, d'estre en paix & en la guerre, la vivante Image de Vostre Majesté. [...] Si elle daigne baisser les yeux sur mon ouvrage, elle reconnoistra que j'ay travaillé pour sa gloire, quand j'ay travaillé pour celle de son Imitateur ; & que je ne pouvois donner une plus superbe & plus magnifique Preface à l'histoire de Louis le Juste que l'histoire mesme de Polexandre[7].

---

6 M. Le Roy de Gomberville, *L'Exil de Polexandre*, Paris, T. Du Bray, 1629, épître dédicatoire non paginée.

7 M. Le Roy de Gomberville, *La Premiere partie de Polexandre*, Paris, A. Courbé, 1637, épître dédicatoire non paginée.

La fiction n'est qu'un voile charmant qui obombre, pour que le spectateur puisse la contempler sans s'aveugler, la gloire des grands personnages de l'État.

À partir de 1632, les aventures de *Polexandre* prennent de l'ampleur, la tomaison de l'œuvre s'installe et avec elle, un principe de préséance : le premier volume est dédié au roi, le second à son ministre-favori. En 1632 également, à cause d'une obscure « maxime d'État[8] » qui se serait imposée à lui, comme il l'écrit dans l'« Avertissement aux honnêtes gens » qui clôt le cinquième volume de l'édition de 1637[9], Gomberville change la « condition » de son héros : d'aristocrate, favori manqué de Charles IX, il devient roi de France, nouveau Charles Martel, sauveur d'un royaume menacé, avant d'empoigner en 1637 le sceptre utopique des îles Canaries. Les volumes dialoguent entre eux, et les portraits des dédicataires se croisent et se répondent. En 1632, le portrait de Saint-Simon recourt aux lieux communs de l'éloge du favori : éloge de biais car le favori ne vaut et ne souffre d'être loué que par sa fonction d'intercesseur auprès du roi, de distributeur des grâces royales. Le portrait du favori se lit comme un éloge sublime du roi, qui, retiré de toute représentation, réside pourtant au principe de l'action politique. C'est pourquoi la peinture nostalgique de Saint-Simon se réduit à un portrait moral et privé qui signale la désuétude de la fonction politique de favori :

> Je ne vous propose pas, Monseigneur, les actions de ce Prince incomparable [Phelismond], pour vous donner de l'emulation & vous obliger à suivre des exemples qu'on doit admirer seulement. Nous ne sommes pas au temps des Heros ; leurs vertus sont mortes avec eux, & nos esprits qui se ressentent de la vieillesse du monde, ne sont point capables de ces hautes perfections. [...]. La corruption, ou pour parler plus civilement, l'infirmité estant si generale, je vous regarde, Monseigneur, comme une chose extraordinaire, & sçachant ce que vous valez, je me demande souvent à moy-mesme, par quelle assistance surnaturelle nostre siecle a pû faire ce dernier effort. Je diray franchement ce que je croy. Vous pouvez avoir plusieurs compagnons en fortune, mais vous n'en sçaurez gueres avoir en merite. Vostre ame a des mouvemens qui ne cedent point à ceux de Phelismond. Toutes vos inclinations sont genereuses. Vostre franchise

---

8   Sur les interprétations possibles de cette mystérieuse « maxime d'État », voir : Guy Turbet Delof, *L'Afrique barbaresque dans la littérature française aux XVIe et XVIIe siècles*, Genève, Droz, 1973, p. 211 et Delphine Denis, « Une poétique de l'irrégularité : la postface du *Polexandre* de Gomberville (1637) », *Poétique*, vol. 180, n°2, 2016, p. 175–185.

9   M. Le Roy de Gomberville, *La Suite de la Quatrième et dernière partie de Polexandre*, Paris, A. Courbé, 1637, p. 1325 et suivantes. Cette *Suite* est appelée *Cinquième et dernière partie de Polexandre* dans les éditions ultérieures.

s'est conservée parmy les artifices de la Cour. Vous avez terminé cette haine inveterée qui estoit entre la faveur & la courtoisie, & ce que je prise plus que tout, vous aimez ceux qui ne vous flattent point. [...] Quant à vous, Monseigneur, vieillissez dans cet heroïque mespris de la gloire. Contentez vous des seuls tesmoignages de vostre conscience [...][10].

Ce portrait flatté ne sombre pas dans la flagornerie car il tend au favori le miroir d'un devoir-être, il porte une exigence éthique qui doit garantir le royaume des débordements consécutifs aux fortunes spectaculaires des « archimignons » d'Henri III, de Concini ou de Luynes[11]. Comme l'écrit Francis Goyet, « l'artiste et le [dédicataire] sont réunis par une ambition commune, un troisième terme qui les dépasse l'un et l'autre, un horizon de grandeur et de bien public qui est réel comme visée même si la réalité est décevante. [...] C'est de la politique rêvée, d'un rêve qui a toute l'énergie de l'espoir[12] ». À ce portrait réel répond, comme un point de fuite au terme de la fiction, le portrait de Phelismond, favori du roi de Danemark Gadarique, dressé par Childebrand, le frère de Polexandre, pour son amante et future épouse Cintille, au seuil du cinquième et dernier livre du roman de 1632. Ce portrait se pose comme un miroir du parfait favori et une discrète allusion permet d'y voir se réfléchir le visage de Saint-Simon quand Cintille s'étonne qu'un favori si parfait puisse être Danois et lui soupçonne une origine française que Childebrand se garde bien de démentir :

[...] je ne retrancheray rien de la vie de cet incomparable Prince, & vous en feray un portrait le plus ressemblant qu'il me sera possible. On a fait accroire aux Roys qu'ils avoient cela par-dessus le reste des hommes, qu'ils n'estoient point sujets aux infirmitez de l'enfance mais qu'il soit ou qu'il ne soit pas, tant y a que ce privilege a esté accordé à Phelismond. Le Ciel en le donnant à la terre, ne luy donna qu'à condition qu'il auroit une destinée glorieuse & seroit mis au nombre de ceux qui dès leur naissance ont esté la felicité de leur siecle. Mais afin qu'il fut digne de cette extraordinaire fortune, il receut de Dieu seul des avantages que j'estime bien plus que ceux qu'il doit aux liberalitez du Roy son Maistre.

---

10   M. Le Roy de Gomberville, *La Première (seconde) Partie de Polexandre*, Paris, T. Du Bray, 1632, 2 vol., t. 2, épître dédicatoire non paginée.

11   Voir Nicolas Le Roux, « La Maison du roi sous les premiers Bourbons », dans *Les Cours d'Espagne et de France au XVIIe siècle*, dir. Chantal Grell et Benoît Pellistrandi, Madrid, Casa de Velásquez, 2007, p. 13–40 et *La Faveur du Roi. Mignons et courtisans au temps des derniers Valois*, Seyssel, Champ Vallon, 2001.

12   *Devenir roi. Essais sur la littérature adressée au Prince*, dir. Isabelle Cogitore et Francis Goyet, Grenoble, Ellug, 2001, introduction, p. 11.

> Vostre Majesté, sçait, Madame, que les hommes viennent au monde avec des esprits qui sont encore plus foibles que leurs corps : & qu'il leur faut beaucoup de temps, & beaucoup d'estude afin qu'ils se deffacent de leur originelle stupidité. La nature suspendit ces rigoureuses nescessitez en faveur de Phelismond & l'on peut dire qu'elle luy donna une ame toute sçavante, ou pour le moins qu'elle luy revela dés l'âge de quinze ans tous ces grands secrets que les premiers hommes du monde n'ont acquis qu'en vieillissant sur les livres & dans les affaires. Il ne fut pas plustost à la Cour qu'il attira sur soy les yeux de tous les honnestes gens. Il devint l'admiration de ceux qui estoient plus jeunes que luy, l'envie de ceux de son âge, la honte des hommes faits & l'exemple de tous. [...] Je ne diray point combien il a tousjours esté adroit à ménager l'esprit de Gadarique, combien genereux à souffrir aupres de luy les personnes qui n'y estoient que pour luy faire mal ; combien judicieux à se desmeler de la jalousie des Grands ; combien exact observateur de sa parole, combien ardant à prévenir les prieres de ceux qu'il pouvoit obliger ; & sur tout combien il a esté heureux a estre aimé des honnestes gens, & n'estre point importuné des sots[13].

Le portrait ineffable de Phelismond, amplifié par l'anaphore et la prétérition, roule sur le lieu commun du *puer senex*. Il ne comporte pas de description physique, mais une caractérisation morale suivie d'une présentation des actions accomplies par le favori. C'est le portrait en acte d'un favori qui vaut moins par sa naissance et son établissement que par ses accomplissements. En ce sens, le portrait fictif s'inscrit en léger porte-à-faux avec son référent réel, Saint-Simon, dont l'action politique est sciemment occultée dans le portrait dédicatoire au profit d'une exhortation au *contemptus mundi*. La fiction complète, compense et commente la chronique historique du règne.

En 1637, l'éloge de Saint-Simon, tombé en disgrâce, est supplanté par celui de Richelieu. Cependant la rhétorique employée diffère radicalement d'un favori à l'autre. L'éloge du favori ne sert plus ici un éloge indirect du roi dont la prudence n'a joué aucun rôle dans l'élection du cardinal, *tutor regni* envoyé par Dieu pour guider un monarque encore enfant quand lui échut le pouvoir royal. Richelieu, dont les actions héroïques sont célébrées, est prié de se reconnaitre dans le personnage de Polexandre et non dans celui de Phelismond. On sait, par les propos acides de Mathieu de Morgues, que Richelieu avait institué une véritable police du langage – un « joug » sur la langue comme l'écrit Balzac

---

13   M. Le Roy de Gomberville, *La Première (seconde) Partie de Polexandre, op. cit.*, p. 544.

dans son *Socrate chrétien*[14] – et qu'il prohibait que l'on utilisât à son endroit le terme « favori[15] ». Gomberville puise par conséquent ses métaphores louangeuses dans l'imaginaire royal :

> Vous estes un Soleil qui esbloüissez les yeux qui ozent vous regarder fixement. Vous estes un Abysme où se perdent tous les esprits qui ont la temerité de vouloir penetrer jusques au fond. [...] Dieu vous [a] fait le maistre absolu de vostre fortune. [...] j'ay crû que pour representer le grand CARDINAL DE RICHELIEU tel qu'il est, je veux dire pour le representer en Heros, je devois emprunter les pinceaux & les couleurs de la peinture parlante. C'est ce que j'ay fait, MONSEIGNEUR, dans l'Ouvrage que je prens la hardiesse de vous presenter. Si vous daignez y jetter les yeux, je me persuade que vous vous y reconnoistrez, autant de fois que vous verrez POLEXANDRE[16].

L'éloge outré du favori court ici le risque de se renverser en éloge paradoxal d'un roi absent et inutile, simple faire-valoir d'un ministre devenu « maistre absolu de sa fortune ». Comme l'écrit Hélène Merlin : « Comment louer un ministre comme on aurait loué le roi sans cependant accréditer l'idée qu'il usurpe la place royale ? L'éloge de Richelieu se joue sur la corde raide[17] ».

L'épître dédicatoire est un texte seuil où se noue le lien entre fiction et histoire contemporaine. Elle conditionne la réception du roman car elle entraîne une actualisation de la fiction soumise aux aléas du temps, elle se montre tout particulièrement sensible à la redéfinition progressive des rapports politique et affectif qui unissent roi et favoris. Au rebours cependant, la fiction s'émancipe de l'application strictement référentielle et propose une interprétation critique et polyphonique du présent que le récit historique ne permettrait ou ne tolérerait sans doute pas.

---

14   Jean-Louis Guez de Balzac, *Socrate chrétien*, éd. Jean Jehasse, Paris, Champion, 1991, « Discours neuviesme », p. 148.
15   Mathieu de Morgues, « Charitable remonstrance de Caton chrestien au Cardinal de Richelieu », dans *Recueil de pieces pour la defense de la reyne mere du Roy tres-chrestien Louis XIII, (...) derniere edition*, Anvers, [s.n.], 1643, p. 40.
16   M. Le Roy de Gomberville, *La Deuxiesme partie de Polexandre*, Paris, A. Courbé, 1637, épître dédicatoire non paginée.
17   Hélène Merlin, « Éloge et dissimulation : l'éloge du prince au XVIIe siècle, un éloge paradoxal ? », dans *Devenir roi, op. cit.*, p. 317–353, citation p. 328.

2   **Rois et favoris au miroir de la fiction : la fiction comme histoire critique et polyphonique du présent**

Les trois dernières moutures de *Polexandre* reproduisent une même intrigue centrale qui met aux prises Polexandre et Phelismond le favori du roi de Danemark. La trame du récit reste constante d'une version à l'autre mais des modifications significatives, qui concernent la voix narrative, la disposition ou les circonstances de cet épisode, lui confèrent une portée historique radicalement différente et modifient considérablement ses enjeux herméneutiques.

Dans le *Polexandre* de 1629, Phelismond, héritier d'une grande lignée aristocratique, mais mal en cour auprès de Charles IX, aime Olimpe, une princesse de sang royal que Charles IX promet, par une alliance politique, au favori du roi de Danemark Phelismond. Polexandre décide derechef d'aller combattre sur ses terres cet importun rival. L'épisode danois est raconté à la première personne mais rétrospectivement par Polexandre lui-même à deux hôtes indiens de Bajazet, Garrucas et Zelmatide. À son arrivée à Copenhague, Polexandre surprend dans un bois un homme en train d'en découdre avec plusieurs assaillants. Il vole au secours de l'inconnu qui, sans dévoiler son identité, lui remet, comme signe de reconnaissance, une boite contenant son portrait. Le soir, dans son gîte, Polexandre montre à son aubergiste le mystérieux portrait :

> Il me dit en branlant la teste, qu'il y avoit fort peu de gens qui eussent la curiosité que j'avois. Pourquoy, luy dije ; est ce le pourtrait de quelque homme fort hay ou fort peu considerable ? Il est le premier seulement, me respondit l'hoste. C'est le pourtrait de Phelismond le favory du Roy, ou pour parler plus franchement, le vray Roy de Danemarc. J'avouë que ce nom de Phelismond me surprit tellement, que j'en changeay de couleur, & fus contraint de m'asseoir pour avoir le loisir de me remettre […] je le priay de me dire particulierement qui estoit Phelismond. […] Il faut avoüer que Phelismond est vaillant & genereux, mais que des milliers de vices accompagnent ces deux vertus ! Il fait tout ce qu'il luy plaist, & se sert du nom du Roy pour authoriser toutes ses injustices & toutes ses extorsions. Il n'y a droictz en ce Royaume, qui n'ayent augmenté de moitié depuis qu'il gouverne, ny marchandise qui ne doive les deux tiers de ce qu'elle vaut. Cela n'est rien encores au prix des desseins qu'il fait a la foulle du peuple, & des guerres où il engage l'honneur & les forces du Roy. Je sçay que chascun dit qu'il est fort capable de commander ; mais en recompense il est si mal-heureux qu'il ne nous a jamais menez en lieu où nous n'ayons esté battus. La mer ne luy est pas plus favorable que la terre ; & l'on diroit qu'il s'entend avec les ennemis du Roy son maistre, pour leur

> acquerir de la gloire à nos depens. Si nous passons de sa vie publique à sa vie particuliere, nous n'y trouverons pas moins de deffauts. Il fait des depences où le Roy son Maistre n'oseroit avoir songé ; & pourveu que sa vanité éclate, il ne se soucie ny qui pleure, ny ce que l'Estat devient. Il n'y a femme de condition, a qui son orgueil ne luy fait faire les doux yeux ; & s'il ne prend garde à luy, il pourra bien rencontrer dans les bois d'où vous venez, des voleurs plus cruels que ceux qui vous ont blessé[18].

Dans cette première version, aucune épître dédicatoire ne vient orienter la réception de l'épisode ni offrir d'application historique à la fiction : l'époque narrée est proche, le roman n'a pas besoin de se référer au présent de biais car il s'enracine dans un passé récent dont le présent apparaît comme l'héritier direct. L'imaginaire de la faveur propre aux Valois et bien mis au jour par Nicolas Le Roux domine : à la faveur-amitié dont jouissait le père de Polexandre a succédé la faveur comme grâce qui perturbe le jeu politique et les anciennes fidélités. L'hôte de Polexandre, ancien soldat, offre une image sombre d'un favori incompétent et d'un roi fainéant, aliéné par ses passions. La fiction résume en Phelismond une topique diffamatoire éprouvée contre les archimignons d'Henri III, Concini ou Luynes.

Dans le *Polexandre* de 1632, la voix narrative ainsi que la disposition de l'épisode danois au sein de l'économie générale de l'œuvre changent. Le récit rétrospectif est placé dans la bouche de Childebrand, le frère de Polexandre, et il est situé à la toute fin de l'œuvre alors qu'un certain nombre d'effets d'annonce ont précédemment éveillé la curiosité du lecteur. Ces effets d'annonce permettent d'endiguer, en la canalisant par anticipation, la violence qui affecte, dans cette nouvelle version, la figure d'un roi devenu tyrannique et furieux. Phelismond reste favori mais prétend bientôt légalement et légitimement au titre de souverain car Gadarique le prend pour son héritier selon les lois de la monarchie danoise qui est élective. Phelismod devient ainsi l'égal de Polexandre, nouveau Charles Martel. Cet aménagement dans la caractérisation du personnage efface le soupçon d'usurpation qui menaçait la figure du favori en 1629 et avive la dimension pathétique du combat de générosité qui oppose Polexandre à Phelismond, mais il gauchit surtout l'application de la fiction car l'ombre portée de Richelieu s'étend désormais sur la figure de Phelismond, présentée, contrairement à la version précédente, sous un angle apologétique par l'aubergiste[19] ainsi que par le guide qui introduit Polexandre dans la demeure de Phelismond :

---

18   M. Le Roy de Gomberville, *L'Exil de Polexandre*, Paris, T. Du Bray, 1629, p. 798–801.
19   M. Le Roy de Gomberville, *La Première (seconde) Partie de Polexandre, op. cit.*, t. 2, p. 595.

> Vrayment, luy respondit Polexandre, je reconnoy tous les jours qu'il y a de tres-eminentes vertus en Phelismond, encore qu'il soit du nombre de ceux avec lesquels on a crû jusques icy, qu'elles estoient incompatibles. Il faut que les esprits du peuple soient bien meschans, puis qu'il y en a qui le sont assez, pour trouver à redire en ce que fait un si grand homme. Il se peut faire, luy respondit le guide, que quelqu'un a sujet de se plaindre du Prince. Je vous prie neanmoins de croire qu'on a grand tort de se prendre à luy des miseres publiques. Il travaille tous les jours pour les finir, & lors qu'il croit estre sur le point de soulager le peuple, certains esprits, nez pour le mal-heur de leur siecle, changent ses bons desseins, & le contraignent malgré luy d'accroistre les charges & les imposts, pour empescher la desolation entiere de l'Estat[20].

Les allusions concrètes à l'augmentation des « charges » et des « impôts » ou à la « desolation entiere de l'Estat », absentes du roman en 1629[21], renvoient très directement au « régime de l'extraordinaire[22] » mis en œuvre par Richelieu après la journée des Dupes de novembre 1630 pour asseoir l'autorité royale à l'intérieur comme à l'extérieur du Royaume, mais la fiction maintient volontairement à distance les clichés polémiques infâmants véhiculés par les libelles. L'épître dédicatoire offre une clé commode à la fiction (Phelismond représente Saint-Simon) mais elle peint également un trompe-l'œil en détournant le regard de Richelieu qui semble pourtant en être le référent véritable[23]. Si en 1629, Phelismond était campé en grand seigneur, méchant politique, en 1632 comme en 1637, il apparaît comme un héros généreux et un dirigeant avisé, injustement calomnié car la subtilité de sa politique, étrangère notamment, n'est pas comprise du vulgaire.

Peu de modifications dans le texte de 1637 : la représentation du roi danois est amendée dans un sens positif et l'affection qu'il nourrit à l'égard de son

---

20 *Ibid.*, p. 600–602.
21 M. Le Roy de Gomberville, *L'Exil de Polexandre, op. cit.*, p. 812.
22 Sur cette notion historiographique, voir Robert Descimon et Christian Jouhaud, *La France du premier XVIIe siècle, 1594–1661*, Paris, Belin, 1996; Jean-François Dubost, « Anne d'Autriche, reine de France : mise en perspective et bilan politique du règne (1615–1666) », dans *Anne d'Autriche, infante d'Espagne et reine de France*, dir. Chantal Grell, Paris, Perrin, 2009, p. 41–110. Selon J.-Fr. Dubost, le « régime de l'extraordinaire » se caractérise par : « le ministériat, le primat accordé à la guerre extérieure, le recours aux commissaires dans l'administration intérieure et une pression fiscale contribuant à placer la monarchie sous la dépendance des financiers » (p. 59).
23 Ainsi s'expliquerait le porte-à-faux entre la dédicace qui occulte les actions du favori pour se contenter d'un portrait moral et la fiction qui développe à loisir le rôle politique du favori.

favori ne l'entraîne plus dans de tyranniques débordements (séquestration, traquenard, attentat ou tentative de meurtre). Le changement principal affecte la voix narrative et la disposition de la matière narrée : le récit est conduit par un narrateur anonyme à la troisième personne (hétérodiégétique) qui conte les événements, pour la première fois, au présent de leur advenue. Ce nouveau mode narratif maintient la conscience de Polexandre dans une certaine opacité et contraint le lecteur à embrasser sa vision des choses : il assiste à ses différentes rencontres avec le favori, épouse d'abord ses préjugés puis se déniaise progressivement avant de basculer dans l'admiration. La fiction éduque le regard du lecteur et lui apprend à se méfier des stéréotypes diffamatoires qui escortent toujours les favoris. La fiction retrouve ainsi le sens de l'aventure et se dépouille des corsets narratifs qui l'entravaient. Elle saisit le sens du présent, de l'événement encore gros de possibles, ouverts sur l'avenir. En cultivant jusqu'à l'étourdissement la polyphonie narrative et les jeux de miroirs entre fiction et référence historique, Gomberville a su saisir la singularité d'un moment historique encore incertain et hasardeux – la naissance de l'absolutisme[24] – où Richelieu-Phelismond n'est encore qu'un favori dans l'entière dépendance du roi, où Richelieu-Polexandre est déjà plus qu'un favori, un principal ministre en quête d'une garantie institutionnelle ; où Louis le Juste-Polexandre est un roi de guerre, chef du monde chrétien ; où Louis XIII-Gadarique est un roi simplement homme, sujet aux débordements de ses passions.

Gomberville se complaît ainsi à des jeux spéculaires où le favori devient miroir du roi et la fiction anamorphose du réel. Grâce à ce dispositif narratif complexe, la fiction romanesque et ses entours dédicatoires se présentent au lecteur, non comme un pis-aller ou une œuvre de substitution, mais comme le seul récit à même d'écrire une histoire polyphonique et critique de l'événement présent.

---

24   Sur cette notion historiographique complexe, voir notamment Fanny Cosandey et Robert Descimon, *L'Absolutisme en France. Histoire et historiographie*, Paris, Seuil, 2002; Arlette Jouanna, *Le Pouvoir absolu. Naissance de l'imaginaire politique de la royauté*, Paris, Gallimard, 2013 et *Le Prince absolu. Apogée et déclin de l'imaginaire monarchique*, Paris, Gallimard, 2014.

Les portraits dans le « Dom Carlos » de Saint-Réal : Histoire et fiction

Giorgetto Giorgi

Le Savoyard César Vichard de Saint-Réal, après avoir acquis un remarquable bagage dans le domaine des études historiques en travaillant de 1665 à 1671 à la « Bibliothèque du Roi » sous la direction de l'archiviste et historien Antoine Varillas, a publié en 1671 un dense traité intitulé *De l'usage de l'histoire*[1]. Il y affirme que la science historique n'est utile que dans la mesure où elle permet à l'homme de s'affranchir de ses passions, ou tout au moins d'en limiter les effets néfastes, et qu'afin d'atteindre cet objectif il est nécessaire que l'historien renonce à toute flatterie à l'égard des Grands et mette au contraire en pleine lumière que ces derniers sont gouvernés, tout comme le commun des hommes, par les illusions de leur esprit et les faiblesses de leur cœur[2]. Les hommes du commun se sentiront de la sorte fortement concernés par le discours de l'historien, et s'efforceront de mettre un frein à leurs passions après avoir observé les graves dommages qu'elles produisent lorsque les Grands en sont possédés. Saint-Réal applique en somme à l'histoire le discours conduit par Aristote, dans la *Poétique*, sur l'effet cathartique, purificateur, du spectacle tragique, et voit en dernière analyse dans l'histoire une science auxiliaire de la morale[3].

Dom Carlos[4], la longue nouvelle que Saint-Réal a publiée un an après *De l'usage de l'histoire* (et dont le sous-titre significatif est *Nouvelle historique*[5]) est

---

1 César Vichard de Saint-Réal, *De l'usage de l'histoire* (1671), éd. Ch. Meurillon, in *Traités sur l'histoire (1638–1677). La Mothe le Vayer, Le Moyne, Saint-Réal, Rapin*, dir. G. Ferreyrolles, Paris, Champion, 2013, p. 467–563.
2 C'est ce qu'avaient déjà observé Pascal et La Rochefoucauld, remarque opportunément Gérard Ferreyrolles dans son « Introduction générale » aux *Traités sur l'histoire* [...], éd. cit., p. 88–98.
3 Sur les rapports entre l'histoire et la morale dans la pensée de Saint-Réal, voir l'ouvrage de Béatrice Guion, *Du bon usage de l'histoire. Histoire, morale et politique à l'âge classique*, Paris, Champion, 2008, p. 254–277.
4 Nous avons pris appui sur l'édition suivante : Saint-Réal, *Dom Carlos. Nouvelle historique*, dans *Nouvelles du XVIIe siècle*, éd. R. Picard et J. Lafond, Paris, Gallimard, « Bibliothèque de la Pléiade », 1997, p. 505–562. On consultera également avec fruit la suivante édition, qui cite les variantes de la nouvelle de 1672 à 1691 (date de la dernière édition imprimée avant la mort de l'auteur) : *Dom Carlos. Nouvelle historique (1672–1691)*, éd. G. Sale, Milan, LED, 2002.
5 Sur les traits distinctifs de la nouvelle historique durant le Grand Siècle, voir l'ouvrage de Christian Zonza, *La Nouvelle historique en France à l'âge classique (1657–1703)*, Paris, Champion, 2007.

une évidente illustration de cette conception de l'histoire, puisqu'elle a pour objet la jalousie de Philippe II d'Espagne à l'égard de son fils Dom Carlos (qu'il accuse non seulement de contrecarrer sa politique répressive envers les partisans de l'indépendance des Pays-Bas, mais aussi, et à tort, d'avoir une liaison avec la reine, la jeune et ravissante Élisabeth de Valois), jalousie qui le pousse à faire mettre sans hésitation à mort l'héritier du trône et, peu après, sa propre épouse.

La nouvelle (qui s'éloigne considérablement de la vérité historique, comme nous aurons l'occasion de le souligner) s'ouvre en 1556, c'est-à-dire au cours de l'année où s'interrompent, avec la trêve de Vaucelles, les hostilités entre la France et la Maison d'Autriche, et les puissances belligérantes décident de marier Élisabeth, fille du roi de France Henri II, avec Dom Carlos, neveu de l'empereur Charles Quint. La guerre, toutefois, ne tarde pas à reprendre, et de façon défavorable pour la France, de sorte que le successeur de Charles Quint sur le trône d'Espagne, Philippe II (dont la deuxième femme, Marie Tudor, était décédée en 1558), ne faisant aucun cas des sentiments de son fils (qui s'était entre temps habitué à l'idée de passer sa vie auprès d'Élisabeth), prétend et obtient en 1559, durant les pourparlers qui aboutirent à la paix de Cateau-Cambrésis, d'épouser cette princesse, de dix-huit ans plus jeune que lui. Après avoir reçu cette nouvelle, Dom Carlos éprouve un profond ressentiment à l'égard de son père, et lorsqu'il rencontre pour la première fois Élisabeth à son arrivée en Espagne, il est vivement frappé par sa beauté et profite quelques jours plus tard d'un des rares moments où ils sont seuls pour lui faire part de sa douleur et de son amour. La reine le console, mais lui cache cependant (et cache aussi à elle-même) d'éprouver les mêmes sentiments envers le prince, et le prie de faire dorénavant tout son possible pour l'éviter.

Après cette rapide introduction, Saint-Réal décrit, dans des pages d'une grande finesse et concision, les intrigues ourdies, de 1560 à 1566, par des courtisans ambitieux et dissolus, des ecclésiastiques intolérants et des ministres sans scrupules, qui finiront par entraîner à la ruine Élisabeth et Dom Carlos. Ces derniers, en effet, ne tardent pas à s'attirer l'hostilité de la princesse d'Éboli (épouse de Ruy Gómez, ministre du roi) et de Dom Juan d'Autriche, fils naturel de Charles Quint. La première, intrigante, lascive et avide de pouvoir, aspire à devenir la favorite de l'héritier du trône et médite la vengeance lorsqu'elle se voit éconduite, et le second, vaniteux et sensuel, tombe amoureux à première vue de la reine, et prend conscience peu après d'avoir un rival en Dom Carlos. La princesse d'Éboli et Dom Juan contractent donc une alliance dans le seul but de nuire à Dom Carlos, finissent par devenir amants, et découvrent qu'Élisabeth n'est pas insensibile aux attentions du fils du roi. Ce dernier, en outre, afin de défendre la mémoire de Charles Quint, s'abandonne à son tempérament impulsif et suscite la colère de l'Inquisition en protestant avec violence contre une sentence de ce tribunal qui condamnait au bûcher, en les accusant d'hérésie, quelques religieux qui avaient assisté l'empereur durant les dernières années de sa vie. Élisabeth, de plus, est en butte à l'animosité d'un autre ministre du roi, le duc d'Albe, qui apprend avec rage que la reine a fait échouer une conjuration concertée par l'Espagne pour livrer à l'Inquisition de puissants partisans de la religion réformée, à savoir la reine de Navarre et ses enfants. Ruy Gómez et le duc d'Albe, qui craignent la croissante influence que Dom Carlos exerce à la cour, poussent alors le secrétaire d'état Antonio Pérez à déclarer au souverain que la conjuration contre la reine de Navarre a échoué à la suite de l'intervention d'Élisabeth, qui a probablement agi de concert avec l'héritier du trône. Philippe II, se sentant gravement outragé dans son autorité et ses sentiments, décide par conséquent de faire étroitement surveiller Dom Carlos et la reine par la princesse d'Éboli.

Les pages suivantes représentent, de façon sobre et efficace, les épreuves subies par les deux protagonistes de 1566 à 1568. En 1566, en effet, les Pays-Bas se soulèvent contre l'Espagne et les représentants des révoltés flamands, arrivés à Madrid avec le mandat de réclamer une plus grande autonomie politique et religieuse pour les Flandres, se mettent immédiatement en contact avec le prince et la reine, dont ils espèrent obtenir un appui. Dom Carlos demande alors au roi de le nommer gouverneur des Pays-Bas, et cette résolution est approuvée par Élisabeth, qui voit dans une longue séparation le meilleur moyen de guérir le prince d'une passion dangereuse et sans issue. Étant donné, toutefois, que Philippe II, effrayé par l'ambition de son fils et manœuvré par des ministres hostiles à Dom Carlos et à une solution pacifique du conflit, donne non seulement une réponse negative à la requête du prince, mais fait aussi assassiner le marquis de Posa (qu'Élisabeth et l'héritier du trône avaient choisi comme confident pour échanger des messages, mais que le roi soupçonne d'avoir une liaison avec la reine) et charge, en outre, le duc d'Albe de se rendre en Flandre pour écraser l'insurrection, Dom Carlos finit par se convaincre que le roi est mû dans toutes ses actions par la jalousie et veut l'empêcher de s'éloigner de la cour pour pouvoir se venger de lui. Il intensifie alors ses rapports avec les révoltés flamands et accède à leurs instances, obtient le soutien des Turcs et des réformés français, et après avoir accumulé dans son appartement une grande quantité d'armes à feu, se prépare à partir en grand secret pour les Flandres. Ce dessein est cependant ingénieusement découvert par Dom Juan, qui se venge de Dom Carlos en avertissant le roi. Ce dernier, accompagné d'une escorte, se rend donc sans hésitation en pleine nuit dans la chambre du prince, le fait arrêter, et se saisit d'une cassette qui contient plusieurs documents compromettants, parmi lesquels il trouve quelques lettres des ennemis de l'Espagne et une missive de la reine. Élisabeth l'avait écrite au prince des années auparavant, lorsque Dom Carlos s'étant grièvement blessé en tombant de cheval à Alcalá de Henares, les médecins désespéraient de sa vie, de sorte qu'elle avait, dans une certaine mesure, suivi dans ce message la pente de ses sentiments, parce qu'elle était pratiquement certaine qu'elle ne reverrait jamais plus le fils du roi. Affolé par le danger qu'il a couru et en proie à une violente jalousie, Philippe II met le sort de son fils dans les mains de l'Inquisition, qui le condamne à une claustration dans sa chambre. Quelques mois plus tard, on laisse Dom Carlos libre de choisir de quelle façon mourir, et il décide, durant l'été de l'année 1568, de se faire ouvrir les veines dans un bain. Après avoir tenu longtemps cette mort secrète, le roi, fermement décidé à savourer pleinement sa vengeance, fait communiquer à Élisabeth que l'héritier du trône est décédé de mort naturelle, dans la certitude que cette terrible nouvelle compromettra encore davantage le précaire état de santé de la reine, arrivée non loin du terme d'une grossesse. Mais quand il s'aperçoit qu'Élisabeth est parfaitement au courant de la façon dont les choses se sont déroulées, et n'hésite pas à manifester un vif ressentiment, il décide de la faire empoisonner par la duchesse d'Albe quelques mois après le décès du prince[6].

La nouvelle contient deux portraits principaux, ceux de Dom Carlos et d'Élisabeth, brossés fort rapidement, même s'il faut dire que ces peintures sont intégrées, au fil du récit, par des notations psychologiques qui complètent la représentation du prince et de la reine. « Dom Carlos – écrit Saint-Réal dans les toutes premières pages de son ouvrage – n'était pas régulièrement bien fait. Mais outre qu'il avait le teint admirable et la plus belle tête du monde, il avait les yeux si pleins de feu et d'esprit et l'air si animé qu'on ne pouvait pas dire qu'il fût désagréable[7] ». Et par la suite l'auteur souligne tour à tour sa générosité, sa franchise, son humeur vive et ardente, ses inclinations héroïques. Quant à la reine, « Elle était née toute belle – observe Saint-Réal toujours dans les pages d'ouverture du récit – [...] [Elle] fut également adorée du peuple et de la Cour. Autant de fois qu'elle sortait en public, c'étaient autant de triomphes pour elle. Il était si difficile de la voir sans l'aimer qu'il n'y avait point d'homme sage qui osât la considérer en face[8] ». Et tout au long de la narration, l'auteur insiste sur le fait que cette grande beauté était accompagnée d'importantes qualités morales comme la sagesse, la vertu, la bonté et la douceur.

Mais dans quelle mesure le récit de Saint-Réal est-il fiable ? Force est de constater que même si ce dernier cite dans l'« Avis » de sa nouvelle, et dans

---

6 Les toutes dernières pages de la nouvelle couvrent un laps de temps qui va de 1568 à 1598, et mettent en lumière les châtiments subis par les principaux coupables : Ruy Gómes et Dom Juan d'Autriche sont assassinés, la princesse d'Éboli et Pérez emprisonnés, et Philippe II meurt tourmenté par un ulcère.
7 Saint-Réal, Dom Carlos. Nouvelle historique, dans Nouvelles du XVIIe siècle, éd. cit., p. 509.
8 Ibid., p. 511.

les nombreuses notes en bas de page au cours du récit, une quantité considérable de sources historiques des seizième et dix-septième siècles (dont la fonction est évidemment celle d'authentifier les événements qu'il raconte), le *Dom Carlos* nous présente une version des faits nettement éloignée de la vérité. L'auteur anonyme des *Sentiments d'un homme d'esprit sur la nouvelle intitulée « Dom Carlos »*, publiés en 1673, c'est-à-dire peu de temps après la parution de la nouvelle, s'en était d'ailleurs fort bien rendu compte, puisqu'il déclare :

> Il [Saint-Réal] sait si finement mêler la fable à l'histoire, qu'à peine peut-on les séparer. Quand je lis la nouvelle qu'il vient de donner au public et que son style sec m'a persuadé que c'est une relation véritable, je cours à l'histoire et je demeure surpris de trouver fabuleux tout ce que j'avais jugé historique[9].

C'est en tout cas grâce aux recherches pionnières d'un érudit du dix-neuvième siècle, Louis Prosper Gachard, qui a réuni et commenté une remarquable série de documents sur l'affaire Dom Carlos[10], que nous sommes à même de savoir avec une relative certitude (car quelques zones d'ombre n'ont pas encore été dissipées, dans la mesure où Philippe II ne s'est jamais clairement expliqué sur les motivations de son comportement à l'égard du prince) de quelle façon se sont selon toute probabilité déroulés les événements.

Dom Carlos, fils de Philippe, futur roi d'Espagne, et de Marie, infante de Portugal et nièce de Charles Quint, a vu la lumière en 1545. C'était un garçon presque difforme et d'une santé si fragile qu'il eut besoin de soins attentifs durant tout le cours de sa brève existence[11]. S'il est vrai qu'il fut fiancé à Élisabeth de Valois en 1556, lorsque Charles Quint et Henri II signèrent la trêve de Vaucelles, il ne semble pas avoir éprouvé de la jalousie à l'égard de son père quand celui-ci, trois ans après, épousa cette princesse, et l'on peut en outre catégoriquement exclure qu'il ait été amoureux de sa belle-mère dans les années

---

9   Les *Sentiments d'un homme d'esprit sur la nouvelle intitulée « Dom Carlos »* ont été republiés par Laurence Plazenet dans l'édition suivante qu'elle a procurée de la nouvelle de Saint-Réal : *Dom Carlos. Nouvelle historique*, Paris, Le Livre de poche classique, 2004. Le passage cité se trouve p. 159. Pour une analyse des *Sentiments*, voir la « Notice » à *Dom Carlos*, dans *Nouvelles galantes du XVIIe siècle*, éd. M. Escola, Paris, GF Flammarion, 2004, p. 117–132.

10 Louis Prosper Gachard, *Don Carlos et Philippe II*, Bruxelles, C. Muquardt, 1863, 2 vol.

11 En 1562, en outre, sa santé se détériora considérablement, car en se rendant à un rendez-vous amoureux à Alcalá de Henares, il tomba d'un escalier, se blessa grièvement à la tête, et dut subir une trépanation du crâne. Saint-Réal, dans sa nouvelle, ennoblit l'événement en affirmant que le prince montait un cheval qui s'était emballé, et s'était meurtri en se jetant à terre.

suivantes. En revanche, il est certain (et la chose est en effet amplement prouvée par les lettres que les ambassadeurs accrédités auprès de la cour d'Espagne ont transmises à leurs souverains, et que Louis Prosper Gachard a publiées en appendice à son ouvrage) que Dom Carlos était un jeune ambitieux, colérique, violent, réfractaire à tout frein, déterminé à avoir recours à n'importe quel expédient pour satisfaire ses passions, c'est-à-dire, en dernière analyse, déséquilibré et ingouvernable. S'il s'est laissé convaincre par les délégués des révoltés flamands, ce n'est aucunement parce qu'il était convaincu de l'opportunité de leurs revendications, mais plutôt parce qu'il ne tolérait pas l'autorité paternelle et voyait probablement dans la charge de gouverneur des Flandres un moyen pour réaliser son aspiration à l'autonomie. Mis au courant par Dom Juan d'Autriche du projet de fuite de Dom Carlos aux Pays-Bas, Philippe II, depuis longtemps convaincu que son fils était absolument inapte aux affaires d'État et représentait désormais un grave danger pour l'Espagne, lui infligea une véritable torture physique et morale en le faisant emprisonner pendant six mois dans une des tours de l'alcazar de Madrid. Dom Carlos y mourut de dysentérie à l'âge de vingt-trois ans, le 25 juillet 1568, et peu après s'éteignit également la reine (qui avait le même âge que le prince), à la suite de complications surgies après un accouchement prématuré.

Mais ces événements (qui contiennent, comme nous l'avons dit, quelques zones d'ombre) ont été interprétés de façons différentes par les nombreux auteurs que Saint-Réal cite dans l'« Avis » de sa nouvelle et dans les notes en bas de page au cours du récit. Et ces différences d'interprétation, souvent radicales, sont toujours dues, dans cette époque de grands troubles politiques et religieux, à la nationalité des auteurs en question ainsi qu'à la confession qu'ils ont professée.

Les auteurs espagnols, en parfait accord avec la politique étrangère et religieuse de Philippe II, fournissent une version des événements tout compte fait assez conforme à la vérité, et le principal d'entre eux, Luís Cabrera de Cordoba, brosse, dans son *Historia de Felipe Segundo, Rey de España*, de 1619, un portrait fort défavorable de Dom Carlos, qu'il définit « muchacho desfavorecido[12] », et selon son père « defetuoso en el juicio[13] ». Baltasar Porreño, en 1621[14], et

---

12 « Garçon avec des problèmes psychologiques ». On peut consulter la moderne édition suivante de l'ouvrage de Luís Cabrera de Cordoba : *Historia de Felipe Segundo, Rey de España*, éd. J. Martínez Millán, C. J. De Carlos Morales, Junta de Castilla y León, Consejería de Educación y Cultura, 1998, 4 vol. L'expression citée se trouve dans le t. I, p. 409. C'est nous qui traduisons.
13 « Dépourvu de discernement ». *Ibid.*, p. 410. C'est nous qui traduisons.
14 Baltasar Porreño, *Dichos y hechos del Señor Rey Don Felipe II* [...], Cuenca, Salvador Viader, 1621.

Lorenzo Van der Hammen y León, en 1625[15], se limitent à reprendre les analyses de Cabrera.

Les historiens italiens approuvent eux aussi généralement la politique de Philippe II, donnent une interprétation assez correcte des faits dont nous nous occupons, et font un portrait très négatif de l'héritier du trône. Natale Conti, dans ses *Universae Historiae sui temporis libri triginta* [...] publiées en 1581[16], et traduites en italien en 1589, affirme que Dom Carlos était « di tenue e debole complessione[17] ». Giovanni Battista Adriani, dans son *Istoria de' suoi tempi*, qui est parue en 1582, souligne que le prince « in tutte le sue azioni si mostrava senza giudizio[18] ». Le père jésuite Famiano Strada, dans son *De Bello Belgico*, publié de 1632 à 1647[19], et traduit en français par Pierre Du Ryer en 1650, fait le portrait physique suivant du fils de Philippe II : « Charles prince d'Espagne avait tout le corps défectueux, excepté la couleur et la chevelure ; il avait une épaule plus haute et une jambe plus longue que l'autre, et n'était pas moins désagréable par son naturel superbe et opiniâtre[20] ». Strada insiste, en outre, sur la cruauté du prince, qui s'est manifestée, dit-il, dès son adolescence, et il affirme l'avoir appris en consultant le rapport d'un ambassadeur accrédité auprès de la cour de Madrid. Louis Prosper Gachard cite, en effet, en le traduisant en français, le compte rendu suivant de l'ambassadeur vénitien en Espagne Federico Badoaro, transmis en 1557 à la Sérénissime, c'est-à-dire à l'époque où Dom Carlos avait à peine douze ans :

---

15   Lorenzo van der Hammen y León, *Don Felipe el prudente Segundo desde nombre Rey de las Españas y Nuevo-Mundo*, Madrid, Por la viuda de Alonso Martín, 1625.
16   *Natalis Comitis Universae Historiae sui temporis libri triginta* [...], Venetiis, apud J. Variscum, 1581.
17   « De complexion fragile et délicate », dans Natale Conti, *Delle historie de' suoi tempi*, trad. de Giovan Carlo Saraceni, Venetia, Damian Zenaro, 1589. Le fragment cité se trouve à la p. 383b du t. I. C'est nous qui traduisons.
18   « Dans toutes ses actions il faisait preuve de manque de discernement », dans Giovanni Battista Adriani, *Istoria de' suoi tempi*, Firenze, Giunti, 1582, p. 797.
19   Famiano Strada, *De Bello Belgico* [...], Romae, Typis Francisci Corbeletti, 1632–1647, 2 vol.
20   Famiano Strada, *Histoire de la guerre de Flandre*, trad. de Pierre Du Ryer, Paris, Augustin Courbé, 1650, p. 571. Un autre très rapide portrait contenu dans le *Dom Carlos* qui s'éloigne considérablement de la vérité est celui de la princesse d'Éboli, que Saint-Réal décrit de la façon suivante : « C'était la plus belle et la plus spirituelle personne de la Cour [...]. Cette princesse était de ces femmes qui, sans avoir tous les traits fort réguliers, ont quelque chose de plus touchant que beaucoup de beautés régulières » (*Dom Carlos*, dans *Nouvelles du XVIIe siècle*, éd. cit., p. 514–516). Ana de Mendoza de la Serna, Princesse d'Éboli, était en effet borgne. Voir, à ce sujet, l'entrée « Mendoza de la Serna », dans *Diccionario de historia de España*, dirigido por Germán Bleiberg, Madrid, Ediciones de la « Revista de Occidente », 1968, p. 1006–1007.

> Il [Dom Carlos] a la tête disproportionnée au reste du corps. Ses cheveux sont noirs. Faible de complexion, il annonce un caractère cruel. Un des traits qu'on cite de lui est que, lorsqu'on lui apporte des lièvres pris en chasse, ou d'autres animaux semblables, son plaisir est de les voir rôtir vivants. On lui avait fait cadeau d'une tortue de grande espèce : un jour, cet animal le mordit à un doigt ; aussitôt il lui arracha la tête avec les dents [...]. Il est colère autant qu'un jeune homme peut l'être, et obstiné dans ses opinions[21].

Les choses se compliquent nettement avec les auteurs français, dans la mesure où il est nécessaire de distinguer les catholiques des protestants. En ce qui concerne les premiers, il ressort qu'ils ont fait un portrait physique et moral de Dom Carlos qui ne diffère guère de ceux qu'ont esquissé les Espagnols et les Italiens. Brantôme, par exemple, dans *Les Vies des grands capitaines étrangers et français* (écrites entre 1583 et 1590, mais publiées en 1665 et 1666) déclare « [...] que ceux qui l'ont vu et connu disent qu'il était fort natre[22], étrange, et qu'[il] avait plusieurs humeurs bizarres [...]. Il menaçait, il frappait, il injuriait [...][23] ». Pierre Matthieu, dans son *Histoire de France* [...], publiée en 1631, observe « [Qu']il avait des façons niaises, brutes et sauvages ; il haïssait tout ce que son père aimait, et s'il savait qu'il y eût quelque chose par les jardins qui lui donnât du contentement, il le faisait arracher ou brûler[24] ». Mézeray, dans son *Histoire de France, depuis Faramond jusqu'à maintenant*, qui a vu le jour de 1643 à 1651, affirme que « Charles était d'un naturel bizarre, féroce, et souvent transporté hors du sens par des fumées noires : [...] il se montrait arrogant et incompatible avec les favoris qui avaient les premières charges de la cour, et outrageait tous ceux que son père lui donnait pour le servir, jusqu'à les battre [...][25] ». Ces historiens, en outre, font une reconstitution des événements assez fidèle à la réalité, même s'il faut dire qu'ils insistent sur un fait qui n'a rien d'historique, à savoir sur le ressentiment éprouvé par Dom Carlos à l'égard de son père lorsque lui fut ôtée Élisabeth, qui lui avait été promise au cours des pourparlers qui aboutirent à la trêve de Vaucelles. Quant à la reine, ils excluent évidemment qu'elle ait éprouvé un sentiment amoureux à l'égard

---

21   Louis Prosper Gachard, *Don Carlos et Philippe II*, éd. cit., t. I, p. 34.
22   C'est-à-dire « Méchant » (Edmond Huguet, *Dictionnaire de la langue française du seizième siècle*).
23   Brantôme, *Les Vies des grands capitaines étrangers et français*, dans Id., *Œuvres complètes*, t. I, Paris, R. Sabe, 1848, p. 126.
24   Pierre Matthieu, *Histoire de France* [...], Paris, Chez la Veuve de Nicolas Buon, 1631, t. I, p. 308.
25   François-Eudes de Mézeray, *Histoire de France depuis Faramond jusqu'à maintenant*, Paris, Mathieu Guillemot, 1646, t. II, p. 987–988.

du prince, et ils s'alignent tous sur le portrait qu'en a donné Brantôme dans *Les Vies des dames illustres françaises et étrangères* (écrites entre 1583 et 1584 et publiées en 1665 et 1666) où l'on peut lire qu'elle était « [...] toute belle, sage, vertueuse, spirituelle et bonne s'il en fut oncques [...][26] ».

Les protestants de France donnent une lecture fort différente du déroulement des faits. Ces derniers passent en effet sous silence ou atténuent considérablement les défauts physiques et les déportements de Dom Carlos, puisque Turquet de Mayerne, dans son *Histoire générale d'Espagne* [...], publiée en 1587, affirme que le prince « [...] de son naturel [...] n'était ni adonné à vices énormes, ni de mœurs plus farouches que l'ordinaire des grands du pays[27] », et de Thou (que l'on peut ranger, au prix d'une interprétation un peu forcée, parmi les protestants), dans ses *Historiarum sui temporis libri*, publiés en 1606 et 1607 (et dont Agrippa d'Aubigné s'inspirera dans son *Histoire universelle*, parue de 1616 à 1620[28]), se limite à observer que Dom Carlos était « [...] acer, vehemens, ac supra modum ambitiosus[29] ». Ces auteurs sont en outre évidemment hostiles à la politique religieuse de Philippe II et deux d'entre eux (de Thou et d'Aubigné) affirment qu'il a perpétré l'assassinat de son fils, et peut-être même d'Élisabeth, après avoir soupçonné la reine d'avoir une liaison avec l'héritier du trône et avoir appris que ce dernier soutenait les revendications des révoltés flamands, acquis à la Réforme.

Parmi les ouvrages flamands (ou inspirés par les Flamands), il faut au moins citer un violent pamphlet de 1582 contre Philippe II, écrit en français et en vers, et intitulé *Diogenes*[30], car l'auteur anonyme se présente lui-même cherchant en plein midi, une lanterne à la main (comme le philosophe grec), un homme de vertu qui ose s'opposer à la tyrannie du roi d'Espagne. Selon le poète, Dom Carlos (défini comme un « bon prince ») a été victime du ministre Ruy Gómez et du confesseur du roi qui l'ont tous deux calomnié auprès de son père. Le confesseur l'a accusé en effet de favoriser les hérétiques et de s'entendre avec les représentants des révoltés flamands, et Ruy Gómez a fait croire au roi que l'amitié qui régnait entre son fils et Élisabeth n'était guère honnête. Le roi

---

26 Brantôme, *Les Vies des dames illustres françaises et étrangères*, dans Id., *Œuvres complètes*, t. II, Paris, R. Sabe, 1848, p. 150.

27 Louis Turquet de Mayerne, *Histoire générale d'Espagne* [...] [1587], Paris, Abel Langelier, 1608, t. II, p. 1411.

28 Voir, à ce propos, de Théodore Agrippa d'Aubigné, le t. III (livre V) p. 218–221 de l'*Histoire universelle*, éd. A. Thierry, Genève, Droz, 1985.

29 « [...] Fier, violent et ambitieux outre mesure », dans Jacob Augustus Thuani, *Historiarum sui temporis libri* [...], Liber XLI, Offenbachi Ysemburgicorum, Nebeny, 1609, p. 852. C'est nous qui traduisons.

30 *Diogenes*, [Liège ?], 1582 (19 pages non numérotées).

ordonne donc la mise à mort de son fils, et peu après celle d'Élisabeth (définie comme une « bonne et courtoise princesse »), car cette dernière, offensée dans son honneur, avait adressé au souverain de furieux reproches.

Pour élaborer son *Dom Carlos*, Saint-Réal s'est donc de toute évidence principalement inspiré des ouvrages, peu dignes de foi, d'auteurs qui avaient adhéré à la Réforme, même s'il faut lui reconnaître le mérite d'avoir été le premier écrivain à donner une forme littéraire à la « légende noire », c'est-à-dire à l'histoire imaginaire des tragiques amours de Dom Carlos et Élisabeth de Valois, victimes innocentes de l'absolutisme, du fanatisme religieux et de la jalousie de Philippe II. Mais il faut surtout souligner que lorsque la nouvelle vit le jour, en 1672, la France était sortie depuis à peine quatre ans de la guerre de dévolution, combattue contre l'Espagne sans obtenir des effets vraiment résolutifs, et qu'elle avait nouvellement engagé les hostilités contre cette nation avec la guerre de Hollande, qui se termina en 1678 de façon défavorable pour la monarchie espagnole. C'est donc fort justement qu'un critique averti comme Gustave Dulong (dans une vieille mais toujours valable recherche sur l'ensemble de l'œuvre de Saint-Réal) a fait observer avec finesse que le romancier, en décrivant dans *Dom Carlos* « une infortunée fille de France, qui meurt tristement, loin de sa patrie, victime d'un sombre tyran espagnol[31] », avait su profiter avec adresse du moment historique. Toutefois, il nous semble discutable d'affirmer (comme fait justement Gustave Dulong) que Saint-Réal, en élaborant son *Dom Carlos*, a voulu manifester son adhésion à la politique anti-espagnole de Louis XIV, et a donc mené à terme, dans l'intention d'en tirer un quelque profit, une opération en dernière analyse opportuniste et de propagande. Pour illustrer sa conception de la science historique qu'il avait énoncée dans *De l'usage de l'histoire* (conception selon laquelle, comme nous l'avons souligné, les Grands de ce monde ne sont pas moins esclaves de leurs passions que le commun des hommes), l'auteur ne pouvait évidemment pas, par prudence, tirer la matière de son ouvrage de l'histoire française, et fixa par conséquent son attention sur l'Espagne du seizième siècle. De cette façon il réussit à donner corps (dans un récit mensonger mais fort attachant) à sa vision anticonformiste de l'histoire sans être inquiété par la censure. Son *Dom Carlos*, construit avec une remarquable habileté narrative, et riche en subtiles analyses psychologiques sur les replis de l'âme humaine, nous communique en effet une vérité qui n'a rien à voir avec la vérité au sens strict que l'on est en droit de prétendre des études historiques.

---

31 Gustave Dulong, *L'abbé de Saint-Réal. Étude sur les rapports de l'histoire et du roman au XVIIe siècle*, Paris, Champion, 1921, t. I, p. 117.

« Mignard ne l'a pas mieux fait » : l'art du portrait dans le *Mercure galant* de Donneau de Visé

Alexandre De Craim

En tant que genre abondamment investi par les acteurs de la galanterie, il eût été surprenant que l'art du portrait n'apparût point dans les pages du *Mercure galant*[1] de Donneau de Visé. Après quelques tentatives irrégulières de publication dès 1672, le périodique trouve un rythme de croisière dès les premiers mois de 1677 et se pose, notamment, en un recueil de « jeux d'esprit et d'autres petites pièces galantes[2] » que le *Mercure* entend consigner pour la postérité. Néanmoins, la galanterie n'étant jamais neutre d'un point de vue idéologique[3], Donneau ajoute dans la même déclaration d'intention que « les choses curieuses [dont le *Mercure* est rempli] pourront servir de mémoire à tous ceux qui travailleront un jour à l'Histoire de notre siècle[4] ». En tant que lecteur d'aujourd'hui, il convient donc de ne pas réduire cette publication à sa seule dimension littéraire ou culturelle dans la mesure où cette dernière est soigneusement articulée avec un objectif plus large – partisan et historiographique[5] – qui est également au cœur du projet éditorial du périodique.

Dans cette perspective, nous nous sommes intéressé aux multiples portraits qui apparaissent dans la publication et qui témoignent des intentions éditoriales ambivalentes du *Mercure*, d'une part, objet mondain de divertissement et, d'autre part, outil consignant la mémoire du royaume. Par conséquent, notre propos tentera d'éclairer les relations qu'entretiennent les portraits de personnes réelles ou fictionnelles, dont la peinture relève du jeu galant, avec la présentation figurée de personnalités historiques et politiques qui confère à la publication un intérêt mémoriel. De fait, l'aspect le plus curieux du *Mercure*

---

1 « Pour le portrait du roi », *Le Nouveau Mercure galant*, avril 1677, p. 131–134. Malgré la variété des titres, nous citons toujours le *Mercure galant* dans l'édition originale imprimée à Paris.
2 *Le Nouveau Mercure galant*, janvier-mars 1677, p. 1–26.
3 Alain Viala, « La belle société », *La France galante. Essai historique sur une catégorie culturelle, de ses origines jusqu'à la Révolution*, Paris, PUF (coll. « Les Littéraires »), 2008, p. 174–202.
4 *Le Nouveau Mercure Galant*, janvier–mars 1677, p. 1–26.
5 Sur les rapports qu'entretient le *Mercure* avec l'écriture de la *Gazette* ou de l'histoire, voir les actes de la journée d'étude « Auctorialité, voix et publics dans le *Mercure galant* » (dir. Déborah Blocker et Anne Piéjus), *XVIIe siècle* 270 (janvier 2016), p. 3–132. Voir également Monique Vincent, « *Le Mercure galant* à l'écoute de ses institutions », *Travaux de littérature* 19 (2006), p. 187–199.

galant réside moins dans l'inclusion de portraits – le genre fut à la mode tout au long du siècle – que dans l'assemblage d'une galerie hétérogène où se rassemble toute la diversité de la société galante, du petit marquis apparaissant au détour d'une fiction au souverain peint selon les codes de la peinture officielle (de Mignard ou de Rigaud, par exemple). Nous observerons donc les textes fictionnels ou poétiques afin d'observer le régime d'ambivalence d'une production artistique qui se veut, certes, le fruit de l'ingéniosité des contributeurs mais qui s'affirme également comme une peinture « au naturel » de la société louis-quatorzienne. Ensuite, nous examinerons, en miroir, tout ce que le portrait d'histoire ou d'actualité emprunte à l'écriture galante, encouragée aussi bien par les modes d'élaboration participatifs du périodique que par le désir d'offrir, à la curiosité des lecteurs, la peinture des moindres particularités physiques et morales des grands personnages de la scène politique européenne.

La particularité du *Mercure* serait donc de chercher un moyen terme dans l'écriture de ses portraits, en d'autres termes de « galantiser » la peinture de personnages historiques tout en « historicisant » en retour la peinture de la société galante. En cela, pour Donneau de Visé, l'art du portrait compléterait à juste titre l'intention historiographique de sa publication, puisqu'en élaborant cette écriture à la fois littéraire et visuelle, il permet à son périodique de capturer sur le vif les moments d'actualité et de soumettre à ses lecteurs – présents ou à venir – une galerie du temps présent construite, sans le moindre paradoxe, pour la postérité.

1   Portraits littéraires de galants ou portraits historiques de la galanterie ?

Afin d'assurer le succès et la diffusion du *Mercure galant*, Donneau compte en premier lieu sur l'insertion de nombreuses « nouvelles » et d'« histoires » qui exploitent un genre par lequel l'auteur s'est auparavant illustré lors de la parution des *Nouvelles nouvelles* en 1663. Les thèmes des nouvelles insérées dans le *Mercure* relèvent du registre léger et badin propre à l'auteur, mais leur mode de fonctionnement déroge peu au régime d'authenticité revendiqué par les nouvelles de la seconde moitié du XVIIe siècle[6] : les histoires du *Mercure*,

---

6   Sur le fait que les nouvelles galantes se déroulent dans des époques de plus en plus proches du lecteur, ce qui implique, pour l'auteur, l'élaboration d'une « poétique de l'illusion référentielle », voir Camille Esmein-Sarrazin, *L'Essor du roman. Discours théorique et constitution d'un genre littéraire au XVIIe siècle*, Paris, Honoré Champion (coll. « Lumière classique »), 2008, p. 305–308.

en plus de se dérouler dans un cadre récent et familier, se posent comme des anecdotes, des morceaux d'actualité dont la véracité est à plusieurs reprises, sinon fermement affirmée, du moins suggérée par Donneau de Visé. La forme relève, certes, de « l'historiette », mais le sujet tire son origine de faits qui seraient réellement advenus :

> [Dans le *Mercure galant*,] On y parleroit de Guerre, d'Amour, de Mort, de Mariages, d'Abbayes, d'Eveschez : *On assaisonneroit cela de quelque petite Nouvelle Galante, s'il arrivoit quelque chose d'extraordinaire qui pût estre tourné en Historiette*, & l'on pourroit mesme nous donner quelque leger Examen de tous les Ouvrages d'Esprit qui se feroient[7].

De la sorte, la nouvelle se pose comme un récit d'actualité, dont les divers rebondissements narratifs sont inspirés du quotidien de la société galante. Parmi les objets de ce quotidien qui visent à établir un effet de réel, figurent naturellement les portraits, toujours propices aux développements d'histoires et qui témoignent, si l'on en croit l'auteur, d'une réalité si concrète qu'elle a pu être peinte. Cette question de la transformation picturale d'un objet ou d'un personnage présenté comme réel – et, naturellement, du degré de véracité que cette représentation contient – apparaît centrale dans quelques histoires. En 1673, paraît une des premières nouvelles à abondamment recourir au portrait à la fois comme élément d'intrigue, mais aussi comme réflexion métapoétique interrogeant, au sein de l'œuvre, l'authenticité de toute représentation galante – et par voie de conséquence, de la nouvelle elle-même. Le récit s'intitule « L'échange par hasard, nouvelle[8] ». L'histoire est celle du parisien Cléandre, tombé amoureux du portrait d'Olimpe, jeune fille résidant à la campagne. Alors qu'il effectue le voyage pour l'épouser, il assiste à un bal où brille la séduisante Aristée. Cléandre, oublieux d'Olimpe, séduit Aristée, et ces deux jeunes gens finissent par se marier avant de s'établir à Paris. Or, il se fait qu'Aristée, par hasard, était promise à Argimon, meilleur ami de Cléandre. Cette mésaventure se résout lorsque Cléandre proposera à Arigimon d'épouser Olimpe, dont on ne connaît que le portrait : les deux hommes tombent d'accord et échangeront donc de maîtresses. Dans cette aventure, le portrait d'Olimpe, loin de n'être qu'un objet de rebondissement, pose une série de questions qui jouent avec les codes du portrait galant et interrogent les réalités que celui-ci entend reproduire. Tout d'abord, le récit commence sur un lieu commun, à savoir qu'un portrait peint ne sera jamais aussi beau que l'objet représenté,

---

7 *Le Nouveau Mercure Galant*, janvier–mars 1677, p. 1–26. Nous soulignons.
8 *Le Mercure galant*, tome IV, 1673, p. 178–224.

puisqu'il y manque les qualités de l'esprit. Olimpe paraît belle sur la toile, mais tous sont convaincus « que l'Original devoit estre beaucoup plus beau qu'on ne leur avoit dépeint, et que si l'esprit répondoit aux beautez du corps, il ne manquoit rien à cette charmante Personne pour la rendre parfaite[9] ». Cette idée sera développée, en creux, lorsque Cléandre assurera à Aristée « qu'il ne vouloit plus épouser Olimpe, qu'il demeuroit d'accord qu'elle estoit belle, si le Peintre ne l'avoit point flatée ; mais qu'il ne sçavoit pas si les charmes de son esprit répondoient à ceux de son corps, et qu'avec le visage le plus doux du monde, elle pouvoit avoir l'humeur la plus déraisonnable[10] ». Enfin, le récit s'achèvera, de manière heureuse, lorsque l'ami de Cléandre, Argimon, épousera Olimpe en concluant que « l'Original [n'était pas] moins beau que la copie[11] ». Par cette aventure, sont donc interrogées les frontières qui séparent la représentation picturale de son référent, alors que la nouvelle elle-même – comme l'ensemble des nouvelles – se pose comme une représentation ambiguë, à la fois réelle si l'on se fie aux déclarations de Donneau, mais aussi transfigurée, dans la mesure où le directeur ne cachera pas, quelques années plus tard, son habitude de « tourn[er] en historiette quelque chose d'extraordinaire ».

Il se pourrait donc que l'art du portrait permette au *Mercure* de penser ses propres rapports avec les événements qu'il représente, en établissant une poétique particulière qui s'attache à revendiquer une certaine authenticité grâce à une référence constante aux arts visuels, tout en invoquant le droit à certaines licences quant à l'agencement formel de la réalité dépeinte. Parmi les savants essais de l'abbé de la Valt publiés dans le *Mercure galant*, figure un traité en six lettres qui théorise les fictions[12]. Ce dernier terme est à entendre comme un genre à part entière des littératures galantes, au même titre que la nouvelle, le conte ou la poésie de salon. En effet, voulant assurer le succès de son périodique en publiant abondamment les textes de son lectorat, Donneau demande à ses lecteurs d'imaginer légendes, histoires de métamorphose et autres récits mythologiques expliquant la raison d'être de certains objets du quotidien comme, par exemple, les mouches galantes que les femmes disposent sur leur visage ou les sabliers[13]. L'abbé de la Valt entreprend alors de théoriser ce type d'écrit en réservant une place de choix à l'art du portrait, pierre de touche de sa poétique fictionnelle :

---

9   *Ibid.*, p. 189–190.
10   *Ibid.*, p. 212–213.
11   *Ibid.*, p. 214.
12   *Extraordinaire du Mercure galant*, tome IV, quartier d'octobre 1678, p. 118–152.
13   En ce qui concerne les fictions sur les mouches galantes, voir principalement l'*Extraordinaire du Mercure galant*, tome III, quartier de juillet 1678. Pour les fictions sur les sabliers, voir l'*Extraordinaire du Mercure galant*, tome IV, quartier d'octobre 1678.

> toute la beauté d'une Fiction est comme celle d'un Portrait, dont la perfection consiste à bien ressembler à l'Original. Nous faisons icy ce qui se pratique en amour durant l'absence. On se console par le Portrait d'une belle Personne, dont on est éloigné par les diférentes rencontres de la vie. [...] C'est ainsi, Monsieur, qu'estant fort éloignez de la verité, qui merite toute nostre estime, & cette forte inclination qui nous porte à la desirer ; c'est ainsi, dis-je, que pour nous consoler de son absence, ses Portraits nous charment, & les Fictions sont sans doute des extraits & des copies de la Verité[14].

S'il convient de nuancer que l'abbé de la Valt traite exclusivement de l'élaboration de textes apologétiques ou mythologiques (seules fictions qui vaillent) et qu'il exclut les nouvelles galantes (trop mensongères) de son étude, il est aussi à noter que Donneau de Visé s'embarrasse moins de ces distinctions dans la mesure où toute histoire qu'il publie se réclame du réel[15]. Par conséquent, les nouvelles galantes et autres textes de fiction du *Mercure* portraiturent, malgré leurs licences, une certaine forme de vérité : celle de l'histoire ou celle, plus modeste, de l'actualité galante, dont il faut convaincre de la véracité en frappant visuellement l'imagination du lecteur.

Ce régime d'ambivalence conduit Donneau à imaginer des histoires qui tirent pleinement parti de l'immixtion d'éléments réels dans un cadre pourtant fictionnel en affirmant qu'il existe des peintures véritables qui portraiturent les personnages présentés dans les nouvelles. Parue une première fois dans le *Mercure* en février 1695, l'« Histoire de la Marquise, Marquis de Banneville » paraît en deux parties en août et en septembre 1696, dans une version plus développée qui porte un titre légèrement différent (« Histoire de la Marquise-Marquis de Banneville[16] »). Cette histoire retrace la jeunesse d'une petite marquise qui fit les beaux jours des meilleures sociétés parisiennes alors qu'il s'agissait, en fait, d'un garçon ignorant tout de son propre sexe, sa mère ayant

---

14 *Extraordinaire du Mercure galant*, tome IV, quartier d'octobre 1678, p. 142–143.
15 Par exemple, en août 1679, Donneau publie une historiette en vers, « Le Duc de Valois », dont la source se trouve dans les écrits de Mézeray consacrés à François Ier. Conscient que l'histoire qu'il présente n'est pas conforme à celle qui fut consignée par l'historiographie officielle, Donneau se défend des libertés prises avec l'histoire de France. Il invoque le droit aux libertés permises par les fictions, droit qui s'applique donc, dans ce cas-ci, à une histoire qui se veut pourtant réelle. « Sur ce fondement, comme la Poësie a eu de tout temps l'entiere liberté des Fictions, l'Autheur de l'Historiete a suposé un rendez-vous qui ne fut jamais donné, Marie ayant toûjours esté aussi vertueuse qu'elle estoit aimable », annonce-t-il au lecteur. *Mercure galant*, août 1679, p. 156–157.
16 *Mercure galant*, février 1695, p. 12–101 ; *Mercure galant*, août 1696, p. 171–238 et *Mercure galant*, septembre 1696, p. 85–185.

pris soin de l'élever en fille. Au centre de cette histoire, la petite marquise entretient une relation avec un amant, qui se révélera être, à l'inverse, une jeune fille travestie. Prévenant l'incrédulité du lecteur, l'auteur prend soin d'indiquer que ces deux personnages furent peints au moment où leur liaison se faisait plus officielle, et que « les Curieux coururent en foule voir des Portraits aussi aimables[17] ». Plus de quatre pages sont consacrées à décrire les séances de pose de la petite marquise, la joie qui rayonnait sur son visage et que « la Peinture ne suivoit que de loin[18] ». Néanmoins, on ne saurait incriminer le peintre dans ce défaut, puisque le texte mentionne qu'il s'agit de Rigaud, « l'un des meilleurs Peintres de son siècle pour les Portraits[19] ». Loin de réserver au peintre le rôle de témoin muet, le texte rapporte, en outre, que Rigaud passa un quart d'heure de son temps à « dire qu'il n'avoit jamais peint un visage si gracieux[20] ». Dès lors, le *topos* de la beauté féminine impossible à reproduire est attesté par une preuve qui recourt non plus à la rhétorique galante, mais à un argument d'autorité offert à la faveur de l'actualité : en cette période, la cote de Rigaud grimpe à la cour et auprès de la bonne société parisienne. Sa présence dans l'histoire ne fait donc que prouver l'existence et l'excellence du modèle. D'ailleurs, le peintre n'est nullement mentionné dans la première version de cette nouvelle parue en 1695, alors que le peintre déplace temporairement ses activités à Perpignan. L'ajout de l'épisode du portrait, lorsque Rigaud rétablit ses activités à Paris, nous rappelle que le *Mercure galant* emploie les plus anodines de ses pages pour promouvoir les arts officiels – en l'occurrence les portraits de Rigaud, dont l'histoire assure ici la renommée – et aussi pour consigner certaines pratiques sociales, parmi lesquelles figure la mode galante de se faire portraiturer par les artistes les plus en vogue. La fictionnalisation du portraitiste le plus en vue de l'aristocratie parisienne témoigne de la double valeur des portraits de fiction, et, par voie de conséquence, de la double valeur des narrations du *Mercure* : à la fois vraisemblables et fictionnelles, elles sont des objets artistiques ressemblant de manière lointaine à la réalité – et en cela, les nouvelles utilisent trop abondamment l'ensemble des codes venus du romanesque pour que le lecteur puisse les confondre, sans réserve, avec celle-ci –, mais elles n'en consignent pas moins les pratiques amoureuses et galantes qui sont réellement en vigueur dans l'actualité des comportements mondains.

---

17   *Mercure galant*, septembre 1696, p. 123.
18   *Ibid.*, p. 122. Notons, au passage, que l'auteur met une nouvelle fois en question la fidélité d'un portrait vis-à-vis de son modèle.
19   *Ibid.*, p. 120.
20   *Ibid.*, p. 121.

2   L'adossement du *Mercure* avec les arts officiels

Si le *Mercure* entend persuader le lectorat que les nouvelles de fiction procèdent d'une peinture idéale mais non dépourvue de véracité au regard de la société galante, un mouvement corollaire tend à présenter les portraits consacrés aux grands personnages historiques – donc, à des modèles bien réels – comme étant des ouvrages ouverts au traitement galant. Rompant avec le modèle des *Divers portraits* de Mademoiselle de Montpensier dans lesquels la portraitiste revendiquait sans cesse l'importance de son rang dans son entreprise[21], le *Mercure* invite l'ensemble de la communauté galante, y compris ses plus modestes représentants, à portraiturer les principaux dirigeants de France et d'Europe.

Parmi les personnalités les plus représentées, c'est naturellement le roi qui se voit dédier le plus grand nombre de textes qui se revendiquent du genre du portrait. Ils apparaissent selon un dispositif éditorial récurrent mis en place afin d'accueillir les différents panégyriques liminaires : le *Mercure* s'ouvre traditionnellement par une louange des actes du souverain[22], suivie d'une composition encomiastique (poésie, lettre, discours) qui sera qualifiée à plus d'une douzaine de reprises de « portraits[23] ». Souvent l'œuvre d'auteurs occasionnels, parfois anonymes, ces quelques portraits valent davantage pour les indices qu'ils sèment à propos des buts éditoriaux poursuivis par Donneau de Visé que pour ce qu'ils dévoilent du souverain. En effet, si ces textes poétiques insistent, avec un certain conformisme, sur les vertus du roi, sa prudence, sa piété ou sa nature extraordinaire, ils indiquent néanmoins, par leur position initiale à l'ouverture des volumes, que le *Mercure* possède à la fois un frontispice gravé en page de titre – les armes du Dauphin, à qui la publication est dédiée – et un frontispice littéraire, qui réaffirme par les mots que la publication se veut en parfait accord avec la politique menée par le monarque. D'ailleurs, les diverses pensions royales qui furent accordées à Donneau font du *Mercure* un organe directement financé par le pouvoir. Cependant, puisque le *Mercure* demeure

---

21   Sara Harvey, *Entre littérature galante et objet précieux. Étude et édition critique des* Divers portraits *de Mademoiselle de Montpensier (1659)*, Paris, Hermann (coll. « La République des Lettres »), 2013, p. 37–154.

22   Ces actions, minutieusement suivies par le *Mercure*, incluent, par exemple, la guerre de Hollande entre 1672 et 1678, la répression du protestantisme dans les années 1680, la guerre de la Ligue d'Augsbourg dans les années 1690, ou la guerre de succession d'Espagne et ses prémices à la charnière du XVIIIe siècle.

23   Entre autres, dans les *Mercure galant* de juillet 1682 (lettre), juillet 1686, novembre 1686, août 1688, juin 1694 (portrait en prose), août 1694, mai 1695 (vers et prose), février 1700, juin 1701, mars 1702, février 1707 (discours en prose) et octobre 1707.

« galant », les innombrables portraits du souverain doivent remplir une double fonction : celle d'un texte galant créé à la faveur de l'activité spirituelle du lectorat et celle d'un objet idéologique inscrivant, à l'intérieur de la publication, la figure royale telle qu'elle se présente dans l'iconographie officielle.

Parmi les portraits du roi qui retiendront notre attention, figure celui imaginé par Guyonnet de Vertron dans les premières pages du volume de juin 1694[24]. Seul portrait du roi à se conformer, dans le *Mercure*, au genre du portrait littéraire tel que décrit par Jacqueline Plantié[25], cette composition se veut un complément au volume que Guyonnet de Vertron intitula *L'Homme immortel*, dont le périodique assure ici la publicité. L'intérêt de ce texte (somme toute assez conventionnel) réside principalement dans le fait que le portrait du souverain est encadré par deux lettres du père Mourgues qui examine les qualités du texte, non sans avoir rappelé à quel point il est « malaisé d'estre modéré sur les qualités [du] Corps et [de l']Âme [du souverain] »[26]. Par son enchâssement au sein de lettres qui posent avant tout un jugement sur un objet littéraire, Donneau publie non seulement un éloge royal en tout point conforme avec les discours de célébration officiels, mais aussi une discussion sur les qualités d'un ouvrage d'esprit qui relève, avec son commentaire, d'une conversation galante telle que promue par la publication. Dans le *Mercure*, la galanterie littéraire, avec ses modes de production collaboratifs et son ton spirituel, est un pinceau appréciable pour peindre la grandeur du roi ; d'ailleurs, en matière de portraits, l'art des galants surpasserait presque celui des peintres. Mourgues souligne cette idée, tout en indiquant, par une fausse mise en garde, que quiconque entreprend le portrait du roi réalise, dans un même mouvement, un panégyrique :

> les Peintres sçavent bien que tout tient du mouvement et de l'esprit dans [l']héroïque physionomie [du roi] ; le Pinceau n'attrapera point cela. Une plume sera plus heureuse, mais prenez garde encore ; vous ferez un Eloge au lieu d'un Portrait[27].

La concurrence des plumitifs galants avec les peintres est reformulée à plusieurs reprises dans le *Mercure*. Le ton de ces déclarations est toujours léger et

---

24   *Mercure galant*, juin 1694, p. 7–27.
25   La description s'attache d'abord au corps (c.-à-d. à l'« extérieur » du modèle), avant de s'acheminer aux qualités de l'esprit et de l'âme (l'« intérieur »). Jacqueline Plantié, *La mode du portrait littéraire en France (1641–1681)*, Paris, Honoré Champion (coll. « Lumière classique »), 1994, p. 357–364.
26   *Mercure galant*, juin 1694, p. 9.
27   *Ibid.*, p. 8–9.

badin, l'émulation entre les arts relevant du jeu galant. En témoigne une poésie parue en septembre 1682 :

> Rien n'estant plus difficile que de bien faire le Portrait du Roy, voicy un avis que Mr Bonpart, Sr de S. Victor, de Clermont en Auvergne, donne aux Sculpteurs et aux Peintres.
>
> *Peintres fameux ; sçavans Sculpteurs,*
> *En vain vous employez le Marbre, les couleurs* […].
> *Vous ferez sagement, si suivant mon conseil,*
> *Vous quitez les Pinceaux, les Cizeaux et la Regle.* […]
> *Ne sçavez-vous pas bien qu'il faut les yeux d'un Aigle*
> *Pour voir fixement le Soleil*[28] *?*

Ce conseil donné aux plasticiens demeure, avant tout, une position de principe destinée à amuser le public : de nombreux portraits sont menés à bien, malgré le fait que les critiques trouvent cet art malaisé. Toujours dans un souci de noter la grandeur irréductible de Louis XIV, une poésie du *Mercure* d'avril 1677 – intitulée « Pour le Portrait du Roy » – s'achève alors que la poétesse, Madame le Camus, s'avoue elle-même incapable de concrétiser le portrait en vers qu'elle a entrepris. Or, dans les faits, les vingt-cinq premiers vers nous ont bel et bien dépeint la personne royale. L'enseignement de ce non-portrait – pourtant réalisé – est que les plus grands peintres, comme les auteurs galants, se soumettent inexorablement à l'exercice de mener à bien l'impossible portrait du monarque.

> *Mes Dames je ne puis achever ce Portrait,*
> *Mon esprit en est incapable ;*
> *Si j'en conçoy l'idée, elle est inexprimable,*
> *Et Mignard ne l'a pas mieux fait*[29].

Toutefois, la mention de Mignard dans une poésie-portrait à moitié achevée ne doit en aucun cas être lue comme une minoration des qualités du peintre. Le *Mercure* affirme plutôt le lien qui l'unit à l'iconographie louis-quatorzienne : plume et pinceau font de leur mieux afin de rendre compte d'un sujet qui les excède. Le périodique adosse ses portraits à ceux des peintres d'État. Nous avons mentionné Hyacinthe Rigaud lorsque nous évoquions l'« Histoire du

---

28   *Mercure galant*, septembre 1682, p. 12–13.
29   *Le Nouveau Mercure galant*, avril 1677, p. 131–134.

Marquis-Marquise de Banneville », mais nous pouvons ajouter que le périodique consacra de nombreuses pages à décrire la grande galerie de Versailles en décembre 1684[30] (le texte signé François Lorne est probablement dû à Le Brun lui-même[31]), ou annonça, en grande pompe, l'exposition du célèbre portrait du roi en costume de sacre que Rigaud présenta, en janvier 1702, dans le grand appartement du château de Versailles[32].

Par ailleurs, les représentations traditionnelles du souverain en habits antiques connaissent également une version galante dans les pages du *Mercure* puisque, en novembre 1686, paraît un « Portrait de Louis le Grand en parallele avec celuy d'Auguste[33] ». En incitant le large public à s'approprier les codes de la peinture officielle, Donneau suscite l'émulation auprès de ses lecteurs : la création galante se veut un jeu participatif où chacun est invité à contribuer à la publication ainsi qu'à se mesurer les uns et les autres dans l'art du portrait louangeur adressé à Louis[34]. Dans cette perspective, Donneau n'aura de cesse d'attiser la curiosité du public en dirigeant l'attention de ce dernier sur les peintres consacrés par le pouvoir royal. En juillet 1682, le *Mercure* convie le lecteur à se pencher sur une énigme en vers dont le fin mot, dévoilé deux mois plus tard, est le portrait[35]. Cette énigme en vers est surtout le prétexte pour Donneau de Visé de prétendre que Mignard lui-même en est l'auteur, avant de développer une biographie laudative de ce dernier. Les divertissements du *Mercure* – énigmes, poésies de salon, nouvelles galantes … – sont toujours davantage que de simples divertissements : ils prennent toute leur valeur idéologique au regard des codes officiels de représentation qu'ils adaptent et qu'ils distillent dans des pratiques littéraires d'apparence anodine.

3   Le portrait comme poétique de l'écriture d'actualité

Dès lors, il se pourrait que l'art du portrait, dans les pages du *Mercure galant*, joue un rôle plus large que celui de simple rebondissement narratif des

---

30   *Mercure galant*, décembre 1684, p. 1–85.
31   Gérard Sabatier, *Versailles ou la figure du roi*, Paris, Albin Michel, 1999, p. 266.
32   *Mercure galant*, janvier 1702, p. 302–303.
33   *Mercure galant*, novembre 1686, p. 1–12. Le poème est présenté, sans précision, comme l'œuvre de « M^r l'Abbé de la Chaise ».
34   Sur les stratégies poursuivies par Donneau quant à la publication de textes de son lectorat, voir Sara Harvey, « Commerces et auctorialités dans les *Extraordinaire* du *Mercure galant* (1678–1680) », *XVIIe siècle* 270 (janvier 2016), p. 81–95.
35   Pour l'énigme, voir le *Mercure galant*, juillet 1682, p. 351–352. Pour la réponse, voir le *Mercure galant*, septembre 1682 (seconde partie), p. 353–340 [pagination erronée].

histoires insérées, ou d'héritier innocent des plaisirs de salons qui firent les beaux jours de la galanterie littéraire. Par ailleurs, la politique éditoriale qui sous-tend l'apparition de portraits littéraires entre en résonnance avec l'intention du directeur de publier un ouvrage abondamment illustré[36]. La galerie formée par les portraits gravés – tout comme celle qui rassemble les portraits littéraires – est caractérisée par une forte hétérogénéité quant à la sélection des personnages peints : au fil des volumes, les portraits d'un vieillard anglais[37], de divers ambassadeurs[38] ou de certains ecclésiastiques[39] peuvent côtoyer ceux consacrés à la Voisin[40] ou à Madame Royale[41]. Néanmoins, il est à noter que la forte majorité des portraits gravés sont des reproductions de médailles qui donnent à voir les principales personnalités de France et d'Europe (parmi lesquelles la Dauphine[42], le Bernin[43] ou l'abbé de la Trappe ...[44]) Une fois encore, la reproduction de médailles poursuit des buts multiples : elle assure la publicité d'ouvrages gravés que les libraires du *Mercure* mettent en vente, mais elle sollicite également la sagacité du lectorat qui goûte particulièrement l'art énigmatique des devises et qui peut se voir convié à dessiner ses propres revers de médailles pour célébrer le roi dans l'*Extraordinaire* du quartier de juillet 1678[45].

En faisant côtoyer les portraits de petits marquis de fiction avec l'art des médailles ou des portraitistes de la cour (Mignard, Le Brun, Rigaud), le *Mercure* souhaite représenter le plus visuellement possible l'actualité dans ses aspects les plus divers : historique, politique et surtout social. Dans cette perspective, on ne s'étonnera pas que le portrait de la Dauphine paru dans une épître de décembre 1684 insiste, par son dispositif, sur les modes de communication salonniers chargés de rendre plus vive cette actualité. Le portrait cite, pêle-mêle, une lettre qu'écrivit Madame de Maintenon au roi, un madrigal de Mademoiselle de Scudéry et deux extraits de correspondance, l'un de Colbert de Croissy et l'autre de la Duchesse de Richelieu. D'un point de vue idéologique, tous ces

---

36   Barbara Selmeci Castioni, « L'actualité gravée au temple de mémoire. La mise en place du programme d'illustration du *Mercure galant* au tournant de l'année 1678 », *Nouvelles de l'estampe* 292 (automne 2015), p. 54–68.
37   *Mercure galant*, juin 1687, p. 106.
38   Par exemple, l'ambassadeur du Maroc à la comédie, *Mercure galant*, février 1682, p. 323.
39   Par exemple, le pape Innocent XI, *Mercure galant* de janvier 1684, p. 312.
40   *Mercure galant*, février 1680, p. 347.
41   *Extraordinaire du Mercure galant*, tome V, quartier de janvier 1679, n. p.
42   *Mercure galant*, février 1683, p. 163.
43   *Mercure galant*, janvier 1681, p. 82.
44   *Mercure galant*, février 1696, p. 197.
45   *Extraordinaire du Mercure galant*, tome IV, quartier de juillet 1678, p. 395–397. Les revers-devises sélectionnés seront gravés dans le numéro suivant, *Extraordinaire du Mercure galant*, tome V, quartier d'octobre 1678, p. 349 *et seq*.

textes insistent sur les qualités galantes de la jeune femme. Spirituelle et gracieuse, elle ressemble aux membres de la bonne société galante peinte dans les fictions. Cependant, ce portrait de la Dauphine se pose comme une œuvre collaborative où chaque voix convoquée contribue à *donner à voir* la princesse, tandis que cette dernière défraie la chronique en offrant à la France ses héritiers. L'assemblage de citations parachève surtout le portrait galant d'une princesse omniprésente dans l'actualité.

Si les innombrables portraits – qui forment une vaste galerie au fil des volumes – servent à illustrer l'actualité, il se pourrait que cet art emprunté au domaine pictural participe à élaborer le ton particulier de la publication, qui se veut un regard posé – par le prisme du récit d'histoire ou de la fiction – sur la société galante en sa diversité. L'idée apparaît en toutes lettres dans le *Mercure galant* de septembre 1706 :

> Mes lettres n'estant composées que de portraits qui representent au naturel ce qui se fait tous les jours dans le monde, où l'on passe continuellement de la joye à la douleur, & de la douleur à la joye, les articles de morts que vous venez de lire, peuvent estre suivis de la Chanson que je vous envoie[46].

Cette transition abrupte entre une nécrologie et la transcription d'un air gravé est, d'un point de vue structurel, justifiée par Donneau de Visé grâce à un recours à l'art du portrait. Le coq-à-l'âne de la publication trouve un sens, une unité d'organisation dans une poétique *proto*-journalistique qui tire parti de cette discipline picturale. Le *Mercure* archive le tout-venant du quotidien galant en une succession de tableaux, en une galerie, qui en conservera la mémoire :

> ce Livre sera pour tout le monde : Outre les choses curieuses dont on le remplira, et qui pourront servir de memoire à ceux qui travailleront un jour à l'Histoire de nostre Siecle, on n'y oublîra rien de ce que vous avez demandé [...][47].

À considérer que le *Mercure galant* doit beaucoup de sa singularité aux activités de portraitiste de ses contributeurs, il apparaît que Donneau cherche une écriture vive et pittoresque, qui frappera durablement le lecteur, et, par voie de conséquence, perdurera dans l'histoire. Ce sont de véritables portraits,

---

46   *Mercure galant*, septembre 1706, p. 168–169.
47   *Le Nouveau Mercure galant*, janvier-mars 1677, p. 1–26.

éminemment travaillés, qu'il lègue à la postérité, comme en témoigne cette autre réflexion née à la faveur d'un compte rendu faisant état d'un prêche célébrant les victoires de Louis :

> Voilà un crayon grossier du Portrait de Loüis le Grand, en faisant la paix. Donnez-moi le temps d'y ajoûter des couleurs[48].

Pour conclure, loin d'apparaître comme petit genre galant au milieu d'une publication archivant ce type d'écrits, l'art du portrait est mobilisé par Donneau de Visé comme un mode d'écriture unifiant la disparate de sa composition. Le traitement réservé aux portraits d'histoire ou de galanterie tend à se confondre. L'auteur place avant tout l'accent de ses écrits sur la diffusion d'un idéal perceptible dans l'une et l'autre variété de textes : la Dauphine possède des qualités analogues à celles incarnées par les personnages de fiction, tandis que les poésies spirituelles et les nouvelles du *Mercure* déclinent, sur un mode mineur, l'art officiel conçu par les peintres d'état. En illustrant de manière vive l'actualité d'une société qu'il déclare peindre « au naturel », Donneau assure, par le recours à la mémoire visuelle, la diffusion d'un idéal galant qui transparaît dans chaque page de son périodique. Dans le *Mercure*, les archives de la galanterie se font archives officieuses du royaume de France, la société galante – qui triomphe à cette époque – y étant portraiturée grâce à des textes fictionnels, politiques et poétiques qui assurent son histoire et sa renommée.

---

48   *Mercure galant*, février 1698, p. 54.

Histoire moralisée et évocation lyrique dans le portrait d'Hippolyte de Seytres par Vauvenargues : récit et poésie en prose

Camille Guyon-Lecoq

« On ne peut avoir l'âme grande ou l'esprit un peu pénétrant, sans quelque passion pour les lettres » déclarait Vauvenargues dans l'*Introduction à la connaissance de l'esprit humain*[1]. Cette affirmation résolue aurait dû, à elle seule, engager les amis des lettres à faire à son œuvre une place plus grande que celle qui lui a été impartie dans nos modernes histoires non seulement de la pensée, mais aussi de la littérature. Si Vauvenargues nous est plutôt connu, comme littérateur, pour ses maximes et ses réflexions et, comme penseur important dans l'ordre de l'histoire des idées, pour son *Introduction à la connaissance de l'esprit humain*, pourtant, au seuil de la mort, trop tôt franchi, ce n'est pas à proprement parler à son œuvre de moraliste, ni à son œuvre de philosophe qu'il accorda le plus de soin. Le texte qu'il fit l'effort de polir et de retoucher encore sur son lit de mort[2], qu'il soumit à ses amis, le marquis de Saint-Vincens et Voltaire en particulier, pour solliciter jugements et corrections[3], comme nous l'apprend leur correspondance, est l'*Éloge funèbre d'Hippolyte de Seytres*.

Curieux panégyrique que ce texte adressé à Joseph de Seytres, marquis de Caumont, père d'Hippolyte, soldat dans le Régiment du Roi, mort à Prague à 18 ans en 1742 des suites de la guerre de Bohème. Si, classiquement, ce singulier éloge intègre un portrait moral du défunt et effleure à cette occasion le récit d'histoire, Hippolyte de Seytres ayant été le jeune compagnon d'armes de Vauvenargues, le récit de vie conjugue éloquence à la Bossuet – l'orateur sacré, plus peut-être que l'historien – et pastiches lyriques caractérisés – et pour

---

[1] *Introduction à la connaissance de l'esprit humain*, dans *Des Lois de l'esprit. Florilège philosophique*, éd. présentée, préfacée et annotée par Jean Dagen, Paris, Desjonquères, 1997, livre II, « De l'amour des sciences et des lettres », p. 69.

[2] Il subsiste ainsi plusieurs manuscrits de cet écrit auquel Vauvenargues tenait particulièrement. Nathalie Ravonneaux qui, au colloque « Vauvenargues a 300 ans » (13 et 14 mars 2015, organisé par J. Dagen et B. Guion à la Sorbonne) a présenté une communication intitulée « De l'*Éloge funèbre* à l'*Essai sur quelques caractères* : quête d'une poétique du portrait », nous a procuré la lecture exacte qu'elle a faite du texte sur la version manuscrite, encore non publiée, de la Fondation Bodmer. Nous prendrons la liberté – qu'elle nous a généreusement accordée – de nous y référer aussi, même si nous nous en tiendrons, le plus souvent, à la version publiée par J. Dagen, *op. cit. supra*, p. 249–256).

[3] *Ibid.*, p. 308, n. 1.

certains d'entre eux assez précisément identifiables – qui font surgir l'ombre du défunt dans une sorte d'invocation puis d'évocation dramatique, purement fictive, qui prolonge le portrait tracé par le moraliste. Quand le moraliste se fait l'historien non pas d'une vie seulement, ni d'un couple de soldats unis par l'amitié, ni même de toute une garnison, mais de toute une génération qui a souffert les horreurs de la guerre, et fait ainsi œuvre de moraliste en dessinant un portrait exemplaire, l'inspiration lyrique, curieusement peut-être, qui fait revivre le défunt pour nous le peindre à l'heure de la mort, personnalise le portrait, l'individualise.

Il ne s'agit donc pas ici de confronter deux textes qui correspondraient à deux modalités de l'écriture du portrait (l'un relevant de l'Histoire, l'autre de la fiction), mais, d'essayer de faire voir, dans un même portrait d'éloge, comment l'intrication du récit historique assumé par le moraliste et du discours proprement lyrique, qui semble d'un poète, construit un portrait d'une puissance expressive inhabituelle. Nous y lisons un morceau particulièrement achevé de ce que Vauvenargues nommait « l'éloquence harmonieuse », âme de la grande poésie en prose qu'il appelait de ses vœux. C'est l'idée neuve de la « poésie comme éloquence harmonieuse », idée que Vauvenargues dit emprunter à Voltaire[4] et que ce dernier formule précisément à partir d'une réflexion sur la tragédie en musique, qui nourrit et innerve ce portrait que nous croyons d'un genre nouveau en tant qu'il intègre au genre de l'éloge la rhétorique lyrique de manière particulièrement insistante. Si, en l'espèce, Vauvenargues appuie le trait, comme nous essaierons de le faire apparaître, il n'est plus aisé, pour nous, de l'apercevoir. En effet, ces opéras qu'il parodie pour faire œuvre nouvelle ne sont plus guère connus. Conséquemment, la rhétorique de ce portrait d'éloge pourrait être aisément confondue avec un décalque de l'éloquence de Bossuet, quand, au contraire, Vauvenargues trahit Bossuet autant et plus qu'il ne le prolonge, en puisant à pleins bras dans cette rhétorique de la scène chantée que, précisément, le digne Évêque de Meaux dénonçait, vomissait même, sur le ton de l'orateur sacré. Ne lire dans cet éloge funèbre qu'une imitation de Bossuet, ce serait comme supposer que Vauvenargues adhère inconditionnellement à la pensée de Pascal, pour cette raison qu'il ne l'imite pas moins. De Vauvenargues, moraliste précis et fin littérateur, nous tâcherons de ne pas être la dupe en faisant effort pour décrypter une nouvelle modalité, inouïe quand notre moraliste-poète écrivait, inaperçue aujourd'hui, d'un discours

---

4 *Dialogues* (posthumes), dans *Œuvres complètes*, Paris, Brière, 1821, vol. 3, p. 64 : Bossuet : « Je pense comme vous et comme un grand poète qui vous a suivi, mon cher Racine, la poésie est l'éloquence harmonieuse. »

d'inspiration proprement lyrique enchâssé dans le récit historique d'une vie qui vaut portrait moral.

1 Le choix singulier d'un héros singulier

Portrait « exemplaire » d'historien et de moraliste, il est vrai aussi, mais, en l'espèce, bien paradoxal : c'est ici le portrait d'un héros qui, mort trop jeune, sans avoir presque combattu, ne s'est précisément pas « illustré ». Portrait héroïque, si l'on veut, mais qui, par la force du sort, ne saurait être le portrait d'un héros historique, non plus que celui d'un homme illustre. Dans l'évocation des derniers moments d'Hippolyte de Seytres, en particulier, l'inspiration et la rhétorique proprement lyriques viennent se substituer, dans le portrait d'historien, au catalogue des hauts faits que le destin ne lui permit pas d'accomplir[5]. Elles viennent aussi déborder la caractérisation généralisante du portrait de moraliste qui s'attache à l'exemplarité des êtres : en mettant quasiment en scène, à grand renfort de pathétique, une vision extatique de l'instant de la mort, l'inspiration lyrique et la rhétorique propres à l'opéra dont Vauvenargues fait le choix délibéré, conduisent le moraliste à tracer un portrait qui met en valeur non l'exemplarité du héros, mais au contraire la singularité du jeune défunt.

L'enjeu ne relève pas de la simple élection d'une forme littéraire plutôt que d'une autre. C'est un choix philosophique en son fond, bien conforme au tableau que tracent Laurent Bove et Jean Dagen de la pensée de Vauvenargues, que de privilégier, jusque dans cet exercice, qui pourrait être formel, du portrait, l'expression de la singularité individuelle, au risque d'un discours qui s'abîme dans le silence, tentation du sublime plus que crainte d'échouer à faire sentir. Choix d'écrivain philosophe, encore, que de reléguer au second plan la généralité exemplaire qu'exprimerait une éloquence classique, trop prosaïque, insuffisamment « véhémente », pour nommer là une catégorie chère à Vauvenargues. Il y insiste dans la préface de ses *Caractères*, s'il n'a pas voulu être un moraliste classique qui dénonce les ridicules et les bassesses, il n'a pas pour autant osé développer « les qualités du cœur » ni ces « différences fines de l'esprit qui échappent parfois aux meilleurs yeux[6] », parce qu'il n'a pas entendu faire des « définitions », mais des « portraits » : « les hommes ne sont

---

5 « [...] celui qui fait le sujet de ce discours n'a pas dû subir cette loi [« chercher l'approbation du monde pendant tout le cours de [sa] vie » et ne glaner que la haine, le mépris, l'envie ou la crainte] : sa vertu timide et modeste n'irritait pas encore l'envie, il n'avait que dix huit ans. » (Éd. citée, p. 250).
6 *Caractères, op. cit*, p. 125.

vivement frappés que des images[7] ». Donner à voir, donc, et pour cela cultiver la « véhémence », dans le but d'échapper à ces défauts qu'il craint de se reconnaître : « le défaut d'imagination dans l'expression » et la « langueur du style[8] ». Ce n'est pas à dire, pourtant, que Vauvenargues accepte une conception tragique de l'homme : l'« imitation » de Pascal est un pastiche furieusement critique. Pour prendre les termes employés par Jean Dagen : « Vauvenargues lie sa pensée à une exigence du temps humain, évidemment court, obligatoirement consacré par chacun à l'exaltation de ses vertus individuelles à l'intérieur de l'espace d'une vie et d'une certaine histoire[9] ». Pour suivre le même interprète ou les analyses, connexes, de Laurent Bove, si Vauvenargues n'est pas « parfait spinoziste[10] », son agnosticisme « renvoie le sujet à sa responsabilité provisoire » (mais d'autant plus « essentielle » qu'elle est provisoire, justement) d'« être singulier épousant sa singularité et d'être social et historique[11] ». Il n'est donc pas philosophiquement indifférent que Vauvenargues ait poli jusqu'à son dernier souffle cet éloge d'Hippolyte de Seytres dont le *climax* se trouve être l'évocation dramatique (qui clôt le portrait) des derniers instants de l'homme privé devenu héros singulier, la peinture de cet instant où il va perdre « le seul bien que la nature concède à l'homme : celui de jouir de son être, et, par suite, de jouir des êtres[12] ». C'est pour dire la mort « la seule chose qui inspire de la terreur à l'esprit humain[13] », « le véritable champ du pathétique et du sublime[14] », que l'orateur ou le véritable poète (mais ce peut être tout un pour Vauvenargues) doit user de cette « éloquence harmonieuse », la « véritable » éloquence, dans laquelle entrent « le raisonnement et le sentiment, le naïf et le pathétique, l'ordre et le désordre, la force et la grâce, la douceur et la véhémence, etc.[15] ». Choix philosophique donc, et choix formel qui lui est étroitement associé qu'on s'étonnera peut-être moins de voir si bien servi par une rhétorique empruntée à la scène de l'Académie Royale de Musique plutôt qu'aux sermons sur la mort de la rhétorique sacrée.

---

7   Et il poursuit : « et ils entendent toujours mieux les choses par les yeux que par les oreilles » (*Ibid.*, p. 126).
8   *Ibid.*, « Préface », p. 127.
9   *Des Lois de l'Esprit*, éd. citée, p. 8.
10 *Ibid.*, p. 9.
11 *Ibid.*
12 « Nous ne jouissons que des hommes, le reste n'est rien », *ibid.*, p. 10.
13 *OC*, éd. citée, vol. 3, p. 61.
14 *Ibid.*
15 *Introduction à la connaissance de l'Esprit humain*, dans *OC*, XIII : Du langage et de l'éloquence, éd. citée, p. 30. Voir aussi *ICEH*, chronologie, introduction, notes et index par J. Dagen, Paris, GF, 1981, p. 55.

La méthode de lecture qui convient, selon nous, pour lire ce portrait, consiste, en somme, à faire ce même effort d'accommodation qu'on doit faire aussi quand on lit son imitation de Pascal, pour apercevoir d'un même regard ce qu'il y a, chez Vauvenargues à l'égard du port-royaliste, de distance et de participation. Contre Voltaire, Vauvenargues reconnaît comme maîtres incomparables en matière d'éloquence, non le seul Bossuet, mais aussi Pascal et Fénelon. Son imitation de Pascal n'en est pas moins un pastiche critique et même sarcastique auquel il ne faut pas se laisser prendre. On doit lire de même cet éloge dans son rapport à Bossuet : l'orateur sacré est là, sans doute aucun, comme modèle. Mais comme modèle revisité, détourné même, par l'opéra, en particulier par l'opéra profane à sujet sacré : plus précisément encore, le modèle de la *Jephté* de l'abbé Pellegrin, librettiste de Rameau pour *Hippolyte et Aricie*, relecture lyrique de Racine. Cette tragédie en musique, sur une musique de Montéclair, musicien qu'il admirait, Vauvenargues avait pu la voir, soit à Marseille, soit à Paris. Il en parle, en tout cas, et assez précisément[16]. Cet opéra a pour caractéristique de détourner une rhétorique d'orateur sacré au profit d'un lyrisme échevelé qui va directement puiser à la source des premiers opéras français, que Vauvenargues connaissait, aussi bien qu'il était informé de certains débats sur le genre lyrique impliquant Bossuet, Fénelon et Saint-Évremond. Ce lyrisme profane sur sujet sacré, en tant que tel, ne s'interdit pas de s'abreuver à la source tant biblique que mystique qui, plus encore que les tragédies lyriques antécédentes, l'inspire en profondeur. Le lyrisme de Vauvenargues apparemment imité de Bossuet va puiser, lui aussi, à la source des opéras dérivés de ce premier moment de l'histoire française du genre : ceux du premier quart du XVIIIe siècle dans lesquels abondent les scènes d'apparition d'ombres qui gémissent en « discours coupé ». Voltaire avait su les lire : témoin sa *Sémiramis*, pièce sur laquelle, précisément, nous disposons d'une correspondance entre Vauvenargues et lui qui témoigne de conversations non moins lettrées qu'amicales. Elles portèrent, pour partie, sur ce style coupé que Vauvenargues appréciait tant dans les tragédies de Voltaire, qui, si peu qu'il aimât devoir, avouait explicitement, pour sa part, en avoir trouvé le modèle dans l'*Armide* de Quinault et Lully. Leur correspondance l'atteste : au moment où Voltaire écrivait sa *Sémiramis*, au temps où Vauvenargues remettait inlassablement sur le métier son *Éloge d'Hippolyte de Seytres*, ils échangeaient sur ce fameux style « coupé » qui, dans cet éloge funèbre, caractérise le récit dramatisé, à la limite du discours, qui anime le récit éploré d'une mort singulière. Le portrait d'historien qui se poursuit en portrait de moraliste, ouvre sur la

---

16   *Réflexions et maximes*, dans *OC*, éd. citée, vol. 3, p. 238.

modernité d'un portrait décidément subjectif qui est, tout ensemble, et veut l'être[17], pastiche lyrique et poésie en prose.

2 Le « discours coupé » dans l'évocation de l'ombre défunte d'Hippolyte de Seytre

Dans l'*Éloge d'Hippolyte de Seytres*, l'usage que fait Vauvenargues d'une « rhétorique » qui cherche l'effet, et même la marque d'un « goût de l'effet » ont déjà été remarqués. Il y « succombe seulement », écrit Jean Dagen « dans ses morceaux d'un grand genre, ou dans des 'imitations', c'est-à-dire des parodies à portée satirique[18] ». Il n'est évidemment pas question de supposer ici une intention qui ne serait que de satire : cet éloge funèbre est bien un essai de « grand genre ». On pourra donc trouver intéressant que les modèles n'en soient pas seulement Bossuet, Pascal et Fénelon, mais encore la tragédie en musique. Que Vauvenargues, dans ce texte aussi éloquent que sensible, manifeste visiblement (en quoi il apparaît bien Moderne) que la parodie est instrument d'invention – d'un nouveau style, d'une nouvelle modalité de l'éloquence –, c'est ce que nous voudrions montrer en nous en tenant à un très petit nombre d'exemples, propres, nous l'espérons, à emporter la conviction.

On trouve à plusieurs reprises, dans cet éloge, des paragraphes à première vue surprenants, dans lesquels, après des considérations qui sentent à l'évidence le moraliste, on voit se déchaîner les invocations, les exclamations, les points suspensifs conjugués aux points interrogatifs et exclamatifs qui organisent le discours en un désordre aussi savant que passionné. Ils semblent droit sortis, non des pages de Bossuet, mais plutôt des tragédies de Voltaire et en particulier de leur style coupé. Le Patriarche de Ferney en dira le Quinault d'*Armide* l'inventeur incontestable ; dialoguant avec son *Alceste*, il en avait lui-même usé dans *Zaïre* ; enfin, en écho à la tragédie en musique du même nom de Pierre-Charles Roy, plutôt qu'à celle de Crébillon père, il en fit encore usage dans *Sémiramis*, tragédie contemporaine des conversations sur ce style

---

17   Dans le colloque cité *supra*, Nathalie Ravonneaux a procuré la transcription d'un des derniers manuscrits de *L'Éloge d'Hippolyte de Seytres* de la main de Vauvenargues : l'ampleur des repentirs et des remaniements montre assez que sur certaines expressions que nous commentons, Vauvenargues a beaucoup réfléchi et raturé avant d'en arriver à des formulations où l'on peut reconnaître la plume de ses inspirateurs, versés, à des titres fort divers, dans les débats sur la tragédie en musique. Nous nommons là Bossuet, Fénelon, l'Abbé de Villiers, Saint-Évremond, Dubos et Voltaire.

18   *Des Lois de l'Esprit*, éd. citée, p. 40.

coupé qu'il eut avec Vauvenargues qui polissait sensiblement à la même date son *Éloge*.

Dans ses *Réflexions critiques sur quelques poètes*[19], Vauvenargues souligne la valeur de *Mahomet*, de *Zaïre*, d'*Hérode*, d'*Alzire* et de *La Mort de César*. Il « donne » cependant « la préférence à *Mérope* » qu'il dit « encore mieux écrite, plus touchante et plus naturelle que les autres » :

> Ce que j'admire encore dans cette tragédie, c'est que les personnages y disent toujours ce qu'ils doivent dire, et sont grands sans affectation[20].

Vauvenargues souligne en particulier les « discours coupés » de Mérope, « véhéments, et tantôt remplis de violence, tantôt de hauteur[21] ». Il importe peu, selon lui, que les règles et la vraisemblance ne soient peut-être pas exactes :

> La pièce me serre le cœur dès son commencement, et me mène jusqu'à la catastrophe sans me laisser la liberté de respirer[22].

Il s'explique ensuite sur les raisons pour lesquelles l'utilisation des « discours coupés » fait que les personnages « disent toujours ce qu'ils doivent dire » :

> Aujourd'hui, on croit avoir fait un caractère, lorsqu'on a mis dans la bouche d'un personnage ce qu'on veut faire penser de lui, et qui est précisément ce qu'il doit taire. Une mère affligée dit qu'elle est affligée, et un héros dit qu'il est un héros. Il faudrait que les personnages fissent penser tout cela d'eux et que rarement ils le dissent. Mais tout au contraire, ils le disent et le font rarement penser. Le grand Corneille n'a pas été exempt de ce défaut, et cela a gâté tous ses caractères[23].

Pour louer le style « coupé » de *Mérope*, Vauvenargues fait un parallèle de Corneille et de Racine qui, au mépris désinvolte de la chronologie, nous conduit tout droit au modèle de Quinault. Il écrit, en effet, mais au sujet de Racine et de la *Mérope* de Voltaire, ce que ce dernier écrira de Quinault :

---

19 *Réflexions critiques*, « Sur quelques ouvrages de M. de Voltaire », éd. J. Dagen, Paris, GF, 1981, p. 286.
20 *Id.*
21 *Ibid.*
22 *Ibid.*
23 *Ibid.*, p. 287.

On peut voir dans la même tragédie que lorsque Roxane, blessée des froideurs de Bajazet, en marque son étonnement à Athalide et que celle-ci lui proteste que ce prince l'aime, Roxane répond brièvement :
Il y va de sa vie, au moins, que je le croie[24].

Et Vauvenargues – nous soulignons – de poursuivre :

Ainsi cette sultane ne s'amuse point à dire : « Je suis d'un caractère fier et violent. J'aime avec jalousie et avec fureur. Je ferai mourir Bajazet s'il me trahit ». Le poète tait ces détails qu'on pénètre assez d'un coup d'œil et Roxane se trouve caractérisée avec plus de force. Voilà la manière de peindre de Racine ; il est rare qu'il s'en écarte[25].

Cette formulation – « ne s'amuse point à dire » – évoque irrésistiblement un célèbre jugement de Voltaire. On lit, en effet, sous sa plume, dans un parallèle non de Corneille et de Racine, mais du petit Corneille et de la tragédie en musique de Quinault :

Qu'un amant passionné soit attendri, ému, troublé, qu'il soupire ; mais qu'il ne dise pas : « Voyez comme je suis attendri, comme je suis ému, comme je suis touché, comme je soupire[26] ».

Et Voltaire – nous soulignons encore – de poursuivre :

Armide *ne s'amuse point à dire* en vers faibles :
« Non ce n'est point par choix, ni par raison d'aimer,
Qu'en voyant ce qui plaît on se laisse enflammer ». (*Ariane*, I, 1)
Elle dit en voyant Renaud :
« Achevons —— je frémis —— Vengeons-nous —— je soupire —— ».
 (*Armide*, II, 5)
L'amour parle en elle et elle n'est point parleuse d'amour.

Les indices sûrs manquent pour attribuer l'idée *princeps* à l'un plutôt qu'à l'autre des deux amis. On doit être frappé, en tout cas, de lire chez l'un et chez l'autre une même idée formulée exactement dans les mêmes termes. Le

---

24   *Réflexions sur quelques poètes*, « Corneille et Racine », dans *OC*, éd. cit., vol. 3, p. 163.
25   *Ibid.*
26   *Commentaires sur Corneille*, « Remarques sur Sertorius », éd. Charles Lahure, Paris, L. Hachette, 1860, t. 16, p. 512.

« discours coupé », que Voltaire figure par quatre longs traits de plume qui marquent les soupirs, les respirations ou, au sens musical du mot, les silences, se marque dans les textes qui en usent par une désarticulation d'un discours que caractérise une débauche de ponctuations mêlées[27], issues de la scène lyrique. C'est bien cette rhétorique du pathétique, à la manière d'un Racine dont la noblesse[28] de style serait revisitée par la grandiloquence de l'opéra, que nous trouvons à plusieurs reprises dans l'éloge funèbre d'Hippolyte de Seytres. À l'orée du discours, Vauvenargues évoque la mort surgissant soudain et invoque son ami défunt qu'il voudrait voir ressuscité le temps d'entendre son propre éloge :

> « [...] la mort se glissait dans ton cœur et tu la portais dans le sein. Terrible, elle sort tout d'un coup au milieu des jeux qui la couvrent : tu tombes à la fleur de tes ans sous ses véritables efforts. [...] Ô mânes chéris, ombre aimable, victime innocente du sort, reçois dans le sein de la terre ces derniers et tristes hommages ! Réveille-toi, cendre immortelle ! sois sensible aux gémissements d'une si sincère douleur[29] ! »

Plus loin, quand l'ami semblait pourtant un instant résigné (« Mais il n'entendra plus ma voix. La mort a fermé son oreille, ses yeux ne s'ouvriront plus[30] ») et étendait d'abord son propos à toute l'armée, dans une adresse à sa « malheureuse patrie », à nouveau un fantasme surgi des enfers s'invite dans le tableau et particularise le propos :

> « Ô terre qui contiens la cendre de tes conquérants étonnés. Tombeaux, monuments effroyables des faveurs perfides du sort ! voyage fatal ! murs sanglants ! [...] la mort t'a traîné dans un piège affreux, tu respires un air infecté ; l'ombre du trépas t'environne. »

---

27 Les combinaisons les plus communes sont constituées de points interrogatifs ou exclamatifs précédés ou suivis de points suspensifs, une ou plusieurs fois par vers. Voir à ce sujet notre *Vertu des passions. L'esthétique et la morale au miroir de la tragédie lyrique (1672–1733)*, Paris, Champion, 2002, ch. XI, en part. p. 773–790.
28 Dans le dialogue cité *supra* dans lequel Bossuet et Racine entrent en conversation, le premier dit « Vos personnages ne disent jamais que ce qu'ils doivent, parlent avec noblesse et se caractérisent sans affectation » (*OC*, éd. citée, vol. 3, p. 60).
29 *Éloge*, éd. citée, p. 249.
30 *Ibid.*, p. 251.

Plus loin encore, « accabl[é] », Vauvenargues, pour dire les images qui s'emparent de son esprit, multiplie les interrogations comme les exclamations qui s'achèvent en points suspensifs :

> « [;] tu meurs ... ô rigueur lamentable ! Hippolyte ... cher Hippolyte, est-ce toi que je vois dans ces tristes débris ?... Restes mutilés de la mort, quel spectacle affreux vous m'offrez[31] !... »

Elles ouvrent sur une hallucination qu'on croirait vision d'un décor infernal plutôt que pure image mentale :

> « Où fuirai-je ? Je vois partout des lambeaux flétris et sanglants, un tombeau qui marche à mes yeux, des flambeaux et des funérailles[32]. »

Un spectacle d'horreur, insoutenable, s'impose à l'ami ; le moraliste, « voyant » un instant plus tôt, renvoie dans l'oubli, dirait-on, les fantasmes qui l'obsèdent, en rappelant son indéfectible fidélité en amitié, au-delà même de la mort :

> « Cesse de m'effrayer de ces noires images, chère ombre, je n'ai pas trahi la foi que je dois à ta cendre[33]. »

Dans son incantation qui répète avec insistance les mots d'« ombre » et de « cendre », termes usuels du théâtre lyrique et vocabulaire chrétien s'interpénètrent. On pourrait croire, il est vrai, que rôde dans de telles visions le décalque précis d'une ombre racinienne[34] et, sujet oblige, rapporter ce portrait d'éloge à la rhétorique de Bossuet. On fera cependant remarquer que, lors même qu'il enfle son discours pour lui donner une dimension proprement politique, Vauvenargues ouvre son paragraphe par un mot d'opéra et le conclut par un authentique pastiche lyrique :

---

31 *Ibid.*, p. 254.
32 *Ibid.*
33 *Ibid.*
34 Nous nous accordons bien volontiers avec Catherine Ramond (*La Voix racinienne dans les romans du XVIIIe siècle*, Paris, Champion, 2014) pour considérer que cette ombre est partout dans le XVIIIe siècle sensible, avec cette réserve, cependant, que nous croyons que, dès l'aube du siècle, c'est à travers le prisme de l'opéra (dont les leçons en matière de sentiment diffèrent notablement de celles que professe la tragédie déclamée) qu'on lit Racine – imité, certes, mais trahi aussi, par la scène lyrique.

« Ô chère patrie, quoi ! *mes yeux te revoient* après tant d'horreurs, en quel temps, en quelle détresse, en quel déplorable appareil ! [...] Fortuné Lorrain [...] la mort a servi ta colère ; les tombeaux regorgent de sang. [...] Tu n'as pas vaincu ; tu t'abuses ; une main plus puissante a détruit nos armées. [...] Écoute la voix qui te crie : je t'ai chassé du trône et du lit impérial [...]. J'élève et je brise les sceptres ; j'assemble et détruis les nations ; je donne à mon gré la victoire, le trépas, le trône et les fers ; *mortels : tout est né sous ma loi*[35] ».

On croit entendre, dans cette chute péremptoire, une basse-contre figurant un des grands dieux de l'Olympe, descendue des cintres pour venir chanter l'affirmation (dans les prologues) ou le retour (dans les finales) de la Loi et de l'Ordre. De la même façon, la formule qui ouvre le paragraphe, « mes yeux revoient », fleure bon l'opéra. Elle pourrait sembler un tantinet précieuse ou galante et il serait loisible de la tenir pour emblématique d'un certain évitement classique. Mais on remarquera qu'elle n'existe, à cette date, pour ce qui concerne la littérature profane du moins, que dans la tragédie en musique, dans les parodies d'opéra et, plus tard, sur la scène de l'opéra-comique[36]. La scène lyrique l'a reçue en héritage du discours mystique qu'elle a sécularisé, à la grande indignation de Bossuet. Si donc Vauvenargues rivalise avec ses *Oraisons funèbres*, il le fait en adoptant une pratique rhétorique et une sensibilité issues du genre lyrique que son supposé modèle abominait.

On pourra juger plus ou moins réussi le tissage d'un style net, précis, dépouillé de moraliste, une écriture « sans gras » pourrait-on dire, avec des accents pathétiques, à la limite parfois de la parataxe, dont l'origine, du moins pour partie, lyrique ne nous paraît pas douteuse, dans un propos savamment désarticulé qui multiplie les points de vue. Quel que soit, en tout cas, le jugement qu'on portera sur ces pages d'éloquence passionnée dont Voltaire pensait grand bien[37], reste qu'elles révèlent, sur pièces, ce que Vauvenargues entend par cette idée d'« éloquence harmonieuse », qui n'est pas tiède rigueur,

---

35   *Ibid.*, p. 252–253.
36   Pour une étude comparée des modalités du « voir » dans la tragédie déclamée et sur la scène lyrique, dans laquelle nous montrons à quelle forme de lyrisme il faut rapporter Vauvenargues, nous renvoyons à notre article « Poésie et musique chez Vauvenargues : réflexions sur l'"éloquence harmonieuse" ». Nous y appuyons notre réflexion sur une relecture de l'article, justement célèbre, « L'effet de sourdine dans le style classique : Racine », que Leo Spitzer a consacré à Racine dans ses *Études de style* (Paris, Gallimard, 1970, en part. p. 236–244).
37   Lettre de Voltaire, fin déc. 1745 : « Voici la première oraison funèbre que le cœur ait dictée, toutes les autres sont l'ouvrage de la vanité. » (Procurée dans *OC*, Paris, Brière, 1821, vol. 3, p. 338).

mais veut le pathétique, le véhément : « les grandes pensées viennent du cœur[38] » – et les grandes affections de la raison. Vauvenargues met cette ivresse d'un pathos ô combien senti au service de ce « portrait » d'un genre nouveau dont il ne dédaigne pas d'aller chercher aussi les mots et les rythmes sur la scène lyrique, comme le faisait Voltaire, comme le fit aussi toute une phalange du XVIIIe siècle sensible. Dans l'*Éloge funèbre d'Hippolyte de Seytres*, Vauvenargues, en tissant ensemble un portrait de moraliste qui emprunte au récit d'histoire et une évocation proprement lyrique qui redonne fictivement vie au défunt, à l'instant de la mort et dans la mort, fait l'essai d'un morceau de cette « éloquence harmonieuse » si chère à son cœur : elle prend la forme d'un discours qui s'attarde au récit pour se faire poésie en prose. Nous voyons moins là une « crise du portrait[39] » qu'une nouvelle voie qui, sous la plume de Vauvenargues, s'ouvre au genre, ancêtre peut-être du portrait tel que le pratiqueront les romanciers « voyants[40] ».

---

[38] *Réflexions et maximes*, 149 : « L'esprit est l'œil de l'âme, non sa force. Sa force est dans le cœur, c'est à dire dans les passions. La raison la plus éclairée ne donne pas d'agir et de vouloir [...] », 151 : « Nous devons peut-être aux passions les plus grands avantages de l'esprit », 154 : « Les passions ont appris aux hommes la raison. », *OC*, éd. citée, vol. 3, p. 28–29.

[39] C'était à la fois l'annonce liminaire et l'implicite final de la belle communication prononcée par Nathalie Ravonneaux citée *supra* : elle fournissait pourtant une matière et une réflexion d'une richesse qui aurait dû l'engager à préférer au terme de « crise » du portrait, celui de « renouveau ».

[40] Voir, dans le présent volume, la contribution de Riccardo Campi qui propose précisément les pensées et les réflexions de Vauvenargues comme jalon entre écriture moraliste et écriture romanesque d'un romancier « voyant » comme Balzac.

Chamfort et la crise du portrait

Riccardo Campi

C'est un fait avéré que l'œuvre de moraliste de Chamfort se veut paradoxale : parmi les moralistes classiques, Chamfort est le seul qui, par principe, se refuse à donner à ses propres « maximes » une « généralité » qui en ferait des lois, éventuellement des préceptes, dont la valeur serait universelle, leur objet étant la nature de l'homme en tant que telle (c'est-à-dire son essence intemporelle) : Chamfort, lui, désapprouve que « les moralistes [aient] trop généralisé, trop multiplié les maximes[1] », tout en taxant les lecteurs eux-mêmes de « médiocrité » et de « paresse » (§ 1). Car à leur tour ceux-ci aimeraient, selon lui, donner aux maximes « une généralité que l'auteur, à moins qu'il ne soit lui-même médiocre, ce qui arrive quelquefois, n'a pas prétendu [leur] donner », et cela pour s'épargner la peine de faire eux-mêmes « les observations qui ont mené l'auteur de la maxime au résultat dont il fait part à son lecteur » (§ 1). Cette aversion affichée pour toute prétention de généraliser des observations qui en fait ne sauraient être que personnelles et empiriques est telle que Chamfort arrive jusqu'à mettre en garde ses lecteurs contre le risque d'« être dupe de la charlatanerie des moralistes » (§ 293). Et, dans un *Éloge de Molière* de 1769 (donc bien avant de commencer[2] à remplir les « petits carrés de papier » avec les notes qui auraient dû composer les *Produits de la civilisation perfectionnée*), il avait déjà manifesté sa profonde méfiance à l'égard des « froids moralistes » ; à leur savoir « abstrait » et prétendument universel Chamfort déclarait préférer l'art du poète comique (en l'occurrence Molière) qui, lui, « n'a pas le droit d'ennuyer les hommes[3] ».

Ainsi, il n'est pas surprenant que dans l'œuvre d'un moraliste qui conteste la légitimité de toute généralisation en matière de morale et qui, par conséquent, se refuse de condenser en une maxime une loi générale (ou, du moins, qui puisse être généralisée), on ne trouve pas des « caractères » conformes au modèle transmis par la longue tradition qui remonte à Théophraste. Car il n'y

---

1 N. de Chamfort, *Maximes, Pensées, Caractères*, éd. Jean Dagen, Paris, Garnier-Flammarion, 1968, § 293, p. 119. Toute référence ultérieure à cette édition sera signalée entre parenthèse dans le texte.
2 Faute de documents plus précis, le seul témoignage sur lequel se fondent les historiens pour dater environ vers 1780 l'habitude de Chamfort de coucher sur papier ses « pensées » est la maxime 726.
3 N. de Chamfort, *Éloge de Molière*, dans *Œuvres complètes de Chamfort*, éd. P. R. Auguis, Paris, Chaumerot Jeune, 1824, t. I, p. 14.

aurait, selon Chamfort, aucun noyau essentiel autour duquel disposer et structurer les traits, les gestes, les actions et les paroles dispersées que le moraliste qui hante le monde peut observer et noter au fur et à mesure, sans pouvoir pourtant les réduire à l'unité d'un « caractère » universel : « Dans les choses, tout est *affaires mêlées* : dans les hommes, tout est *pièces de rapport*. Au moral et au physique, tout est mixte. Rien n'est un, rien n'est pur » (§ 126). Ce serait pour cela qu'il a été impossible à Chamfort de se conformer au modèle classique de « caractère », dont la structure avait été fixée une fois pour toute par Théophraste et reprise par la suite et imitée avec quelques petites variations jusqu'au XVIIe siècle[4] : d'après l'archétype classique, tout « caractère » comportait d'abord une définition, au sens aristotélicien de *horismós* (à savoir le discours qui définit l'*eidós*, la *forme*, c'est-à-dire l'essence immuable du *definiendum*), suivie de la description plus ou moins détaillée et dramatisée, ou narrativisée, des traits saillants de chaque caractère. Aux yeux de Chamfort, héritier du sensualisme antimétaphysique de son siècle, c'est par contre cette essence que le temps ne saurait modifier qui serait plutôt une chimère métaphysique. Tout comme l'universalité des maximes, l'unité et le fixisme essentialiste théophrastien (aristotélicien) sont remis alors en discussion par Chamfort, puisqu'ils seraient inadéquats à saisir les modes et les coutumes toujours changeantes de la société mondaine que le moraliste fréquente et observe.

D'autre part, dans l'*Éloge de Molière* qu'on vient de citer, Chamfort écrivait, avec des accents qui ne sont pas sans rappeler Jean-Jacques Rousseau, que « les caractères, semblables à ces monnaies dont le trop grand usage a effacé l'empreinte, ont été détruits par l'abus de la société poussé à l'excès[5] ». Ce qu'on voit percer ici, c'est l'histoire ; ce ne sera, si l'on veut, que la petite histoire anecdotique de la chronique scandaleuse, mais c'est toute de même la dimension temporelle de l'histoire qui ici commence à ébranler les assises de la caractériologie essentialiste traditionnelle. On pourrait dire que sur ce point Chamfort avait été devancé par La Bruyère, qui avait déjà entamé le procès de « désagrégation[6] » de ce noyau essentiel censé garantir l'unité morale et anthropologique, voire ontologique, des caractères : suivant cette interprétation, la conception de l'homme de La Bruyère serait « déjà 'existentielle' », car « dans une large mesure, l'existence contribue à modeler le caractère, à infléchir, à redessiner, à

---

4 Cf. L. van Delft, *Littérature et anthropologie. Nature humaine et caractère à l'âge classique*, Paris, P.U.F., 1993.
5 N. de Chamfort, *Éloge de Molière*, cit., p. 28.
6 Cf. L. van Delft, *Littérature et anthropologie*, cit., p. 138.

déformer même, la forme originelle[7] ». Et à l'appui de cette interprétation on pourra citer un aphorisme célèbre, qui semble nier toute possibilité de fixer et connaître les caractères des hommes : « Les hommes n'ont point de caractères, ou s'ils en ont, c'est celui de n'en avoir aucun qui soit suivi, qui ne se démente point, et où ils soient connoissables[8] ». Bien avant Chamfort, La Bruyère aurait ainsi introduit l'histoire et la société avec ses conventions et modes éphémères dans le cadre figé du « caractère » : dans un passage ajouté en 1694, il soulignait dans la *Préface* l'importance du sous-titre de son ouvrage : *Les caractères, ou les mœurs de ce siècle*, tout en précisant que pourtant son « plan » demeurait celui de « peindre les hommes en général[9] », ce qui finalement ne fait que ramener La Bruyère à la tradition théophrastienne. En définitive, ses « caractères » en tant que genre littéraire ne sortent pas du sillage traditionnel, qui d'ailleurs sera celui dans lequel marchera encore Vauvenargues un demi-siècle plus tard : dans un texte paru à titre posthume, celui-ci déclarera à son tour d'avoir « préféré rendre, autant qu'il a pu, ce qui convient, en général, à tous les hommes, plutôt que ce qui est particulier à quelques conditions[10] ».

Tant chez La Bruyère que chez Vauvenargues, chaque caractère porte un nom grec ou grécisant (ou latinisant), ce qui aurait précisément la fonction d'ajouter à son « universalité » en lui conférant un air d'ancienneté et d'intemporalité pour en cacher ces traits qui risqueraient d'être trop personnels (particuliers) ; même le lecteur avisé, au fait des affaires de la Cour et de la Ville,

---

7   *Ibid.*, p. 144.
8   J. de La Bruyère, *Les Caractères, ou les mœurs de ce siècle*, « De l'homme », 147, éd. R. Garapon, Paris, Classiques Garnier, 1962, p. 345.
9   *Ibid.*, p. 62 ; c'est la *Préface* que La Bruyère a revue et corrigée pour la huitième édition de son ouvrage, la dernière parue de son vivant.
10 Vauvenargues, *Préface à l'Essai sur quelques caractères*, dans *Œuvres complètes de Vauvenargues*, éd. H. Bonnier, Paris, Hachette, 1968, t. I, p. 286. Dès le XVIIe siècle, c'était par ailleurs un lieu commun de la littérature moraliste l'idée selon laquelle on ne pouvait connaître que l'homme en général. Il suffira d'évoquer l'autorité de La Rochefoucauld et de La Bruyère : d'après le premier, « il est plus aisé de connaître l'homme en général que de connaître un homme en particulier » (F. de La Rochefoucauld, *Maximes*, § 436, éd. J. Truchet, Paris, Classiques Garnier, 1967, p. 100 ; cette maxime ne fut insérée que dans la cinquième et dernière édition, parue en 1678) ; le second en convenait, et dès la première édition de 1688 des *Caractères*, il écrivait : « Ainsi tel homme au fond et en lui-même ne se peut définir : trop de choses qui sont hors de lui l'altèrent, le changent, le bouleversent ; il n'est point précisément ce qu'il est ou ce qu'il paroît être » (J. de La Bruyère, *Les Caractères, ou les mœurs de ce siècle*, « De l'homme », 18, cit., p. 308). En 1700, dans un texte intitulé *Théophraste moderne, ou nouveaux caractères des mœurs*, paru à La Haye et attribué à Pierre-Jacques Brillon (1671-1736), auteur d'œuvres juridiques, on retrouvera cette même idée, et presque les mêmes mots : « L'homme en général se peut définir ; l'homme en particulier ne se peut connaître » (on cite d'après la « nouvelle édition » de Paris, 1701, p. 440).

ne devrait pas pouvoir reconnaître, sous le « caractère » (général), le portrait (particulier) d'un quelconque personnage réel, ce qui en réduirait la portée générale ; c'est le cas – pour ne mentionner qu'un exemple qui nous permet de poursuivre le parallèle entre La Bruyère et Vauvenargues – des « caractères » de Cydias (chez le premier) et d'Isocrate (chez le second) qui incarnent tous les deux le caractère (général) du « bel esprit (moderne) », et que néanmoins le public reconnut toute de suite être deux portraits – passablement fidèles – de Fontenelle. Il n'en reste pas moins que, malgré certains traits qui semblent être pris sur le vif[11], le « caractère » de Cydias ne saurait aucunement être considéré comme un portrait de Fontenelle : ce que notent de préférence tant La Bruyère que Vauvenargues sont moins les détails physiques ou la tournure d'esprit qui pourraient aider à « individualiser » (particulariser) le portrait de Fontenelle que les traits qui définissent en général le type du « bel esprit ». Bref, Fontenelle s'efface en tant qu'individu pour devenir le modèle exemplaire – un tant soit peu caricatural – d'un « type » (humain et social) idéal, désigné à juste titre par des prénoms fictifs et antiquisants (qui fonctionnent comme de véritables masques de théâtre qui ne cachent le comédien que pour mieux caractériser le personnage).

Autant qu'on puisse en juger par l'état inachevé dans lequel on nous a transmis son œuvre majeure, on dirait que la perspective et le but de Chamfort sont bien différents de ceux de La Bruyère et de Vauvenargues, et même opposés : Chamfort « s'intéresse plus aux conditions [qui, comme on l'a vu, n'intéressaient pas Vauvenargues] qu'aux caractères[12] », ou, pour mieux dire, les caractères ne l'intéressent qu'en tant que « produits » d'une société, d'une époque, bref d'un moment historique bien déterminé. C'est pour cela qu'il est tellement difficile de différencier dans son œuvre les maximes des « caractères », les portraits des anecdotes – difficile pour nous autant que pour ses premiers éditeurs, Ginguené et Auguis, et apparemment pour Chamfort lui-même, s'il est vrai (à en croire Ginguené) qu'il ne classait pas ses « petits papiers », mais les « jetait pêle-mêle dans des cartons[13] ». On pourra donc se douter que cette

---

11   La Bruyère, en particulier, peint avec la plus grande précision le geste affecté de Cydias, qui, « après avoir toussé, relevé sa manchette, étendu sa main et ouvert les doigts, débite gravement ses pensées quintessenciées », J. de La Bruyère, *Les Caractères, ou les mœurs de ce siècle*, « De la société et de la conversation », 75, cit., p. 176.

12   S. Menant, « Chamfort : naissance d'un moraliste », *Cahiers de l'Association internationale des études françaises*, 30 (1978), p. 185 ; sur la curiosité de Chamfort pour les différents aspects de la vie sociale, cf. D. McCallam, « Chamfort entre mémoires, récits de voyage et littérature moraliste », *Cahiers de l'Association internationale des études françaises*, 59 (2007), p. 207–220.

13   Cité dans S. de Sacy, « Éditer Chamfort », *Mercure de France*, 1172 (1961), p. 698.

difficulté de classement relève moins de l'état d'inachèvement de son œuvre que de la manière dont Chamfort lui-même envisageait sa tâche de moraliste : il ne s'agissait plus pour lui de « peindre les hommes en général », mais d'en observer les comportements particuliers.

C'est l'anecdote qui par conséquent gagne en importance chez lui[14]. Court récit d'un fait (en apparence) accessoire ou tout simplement brève remarque enregistrant un détail curieux, une repartie brillante, une « singularité » (comme on disait à l'époque), l'anecdote devient une des formes littéraires principales de l'écriture aphoristique chamfortienne, au détriment tant de la forme du « caractère » que de celle du portrait ; on pourrait dire que Chamfort renvoie dos à dos ces deux formes traditionnelles de l'écriture moraliste — d'un côté, la (prétendue) universalité du « caractère » fait place à la contingence du détail (anecdotique, singulier) ; de l'autre, par leur nature ces mêmes détails particuliers ne parviennent pas à s'unifier pour faire un portrait. Ce qui reste, ce sont des « caractères » qui n'aboutissent à aucune essence immuable et des portraits volés en éclats. En revanche, Chamfort offre au lecteur des fragments anecdotiques présentés en tant que tels ; ce sera éventuellement à celui-ci d'essayer de reconstituer, à partir de cette pluralité de tesselles dispersées, un portrait dont rien pourtant ne pourra garantir la cohérence. Qu'on songe, à titre d'exemple, au portrait morcelé qu'on pourrait composer en assemblant tous les aphorismes qui concernent Fontenelle — ce qui nous permet d'ailleurs de mieux mesurer la distance qui sépare Chamfort de Vauvenargues et de La Bruyère. En fait, on ne dispose que d'une série d'aphorismes (une dizaine) assez disparates sur Fontenelle, où Chamfort a noté soit des anecdotes révélant la galanterie du vieillard (§§ 791 et 795), soit ses reparties spirituelles et ses bons mots (§§ 393, 633, 639, 768, 925 et 934), ou encore une variante de ses derniers mots à l'article de la mort (§ 937). En les assemblant et les lisant à la suite les unes après les autres, on pourrait en faire une sorte de portrait de Fontenelle : l'effet que produirait une telle opération (à la fois arbitraire et légitime) serait un portrait passablement « cubiste » du philosophe : le « bel esprit moderne » y serait décomposé en une multiplicité de plans juxtaposés, superposés, simultanés, qui feraient l'économie de toute unité organique.

Quoiqu'on puisse regretter ce morcellement, qui par surcroît contribue à ôter toute pertinence à la distinction même entre les genres du « caractère » et du portrait, il faut toutefois se rappeler que, longtemps après, Albert Camus

---

14   Cf. Ch. Todd, « Chamfort and the Anecdote », *Modern Language Review*, 74/2 (1979), p. 297-309 et D. McCallam, « Anecdote et Lumières : le cas de Chamfort », *SVEC*, 12 (2006), p. 185-195.

y verra justement une preuve du « très grand art » de Chamfort[15]. S'il est donc inutile de chercher à tout prix des portraits et des « caractères » bien finis et conformes aux lois du genre là, où selon toute évidence il n'y a qu'une multitude inorganisée de fragments, on peut tout de même, à l'instar de Camus, renverser la perspective : il serait alors possible de lire les anecdotes chamfortiennes comme autant de « traits infiniment justes dont chacun suppose un portrait ou plusieurs situations que l'esprit peut facilement rétablir après coup[16] ». L'état fragmentaire des *Produits de la civilisation perfectionnée* ne serait alors aucunement un fâcheux inconvénient, effet de leur inachèvement. Quant à l'intérêt marqué de Chamfort pour le détail anecdotique et le trait singulier, saisis et notés comme au vol, il n'aurait rien de déplorable non plus, ne comportant en fait aucune dégradation (« détérioration ») du « caractère » et du portrait « into gossipy anecdotage », comme pourtant on l'a dit[17]. Bien au contraire, ce penchant de Chamfort pour une écriture brève et fragmentaire semble être plutôt une conséquence naturelle de sa façon d'envisager les contradictions et les singularités des hommes telles que l'expérience mondaine les démasque : à ce propos, on a remarqué à juste titre que Chamfort « was naturally drawn to a form of expression which can sum up in a few memorable words a whole segment of experience and which is capable of conveying moral insight in a non-systematic way, reflecting the fragmented nature of life itself[18] ». Ceci expliquerait pourquoi il a renoncé à la tâche qui était encore celle de Vauvenargues de « rendre ce qui convient, en général, à tous les hommes » ; et son goût pour l'anecdote qui, chez lui, remplace désormais les formes littéraires du portrait et du « caractère » témoigne de sa curiosité et de son intérêt pour les « conditions », les actes et les propos des individus davantage que pour les caractères des hommes (en général) ; toutefois l'anecdote dont Chamfort est si friand se veut toujours significative, marquante, à savoir fonctionnelle à la peinture des individus et de leur caractère particulier. Car pour Chamfort un geste, un mot ou une repartie n'est remarquable que dans la mesure où il sert à peindre justement « ce qui est particulier à quelques conditions ». Chamfort ne pouvait s'expliquer plus clairement : après avoir décrit en six mots la posture paresseuse de Maupertuis (« étendu dans son fauteuil et bâillant ») et en avoir rapporté les propos oisifs (« Je voudrais dans ce moment-ci résoudre un beau problème qui ne fût pas difficile »), il ajoute pour tout commentaire : « Ce mot le peint

---

15 A. Camus, *Introduction aux « Maximes et anecdotes » de Chamfort*, dans *Œuvres complètes (1931–1944)*, Paris, Gallimard, « Pléiade », 2006, p. 926.
16 *Ibid.*
17 J. W. Smeed, *The Theophrastian 'Caracter'. The History of a Literary Genre*, Oxford-New York, Clarendon Press, 1985, p. 351.
18 R. S. Ridgway, « Camus's favourite moralist », SVEC, 199 (1981), p. 371.

tout entier » (§ 1137). Or, c'est en songeant précisément à cet aphorisme que Camus a pu remarquer, sans trop exagérer, que « ses traits ne concluent rien, ils peignent des caractères[19] » (où, selon toute évidence, le terme *caractère* est employé dans son sens courant, et imprécis, pour désigner à la fois la personnalité, le tempérament et l'« esprit » d'un individu).

L'aphorisme chamfortien, qui par principe ne vise à aucune généralisation, prendrait plutôt l'instantané d'un geste, d'une attitude, d'un comportement ; du point de vue de Chamfort, suivant Camus, dans la « matière » qui est celle du moraliste il n'y aurait « rien à légiférer, tout à peindre », et ses « remarques » pourraient « aussi bien entrer dans le cours d'un récit » (tout comme celles d'un Sade, renchérissait Camus). Chamfort se servirait ainsi des traits et des paroles qu'il note comme « des coups de sonde, des éclairages brusques[20] » pour peindre des individus, des situations, ce qui justifierait l'anachronisme éclatant et délibéré où aboutit l'interprétation de Camus : la « technique » de Chamfort ne serait enfin que « celle du roman et même du roman moderne. Les êtres sont toujours représentés dans leur action[21] ». Si Chamfort n'a laissé aucun portrait parachevé[22] (et très peu de « caractères » au sens traditionnel du terme, et de surcroît très courts ; par exemple, l'aphorisme 100 sur « l'homme d'honneur »), le lecteur peut quand même disposer de ceux que Camus engage à considérer comme les « matériaux complets, personnages et commentaires, d'une sorte de grande "comédie mondaine" »[23] : ces « matériaux », le lecteur les trouvera éparpillés sans ordre parmi les aphorismes de Chamfort, mais tout prêts à être utilisées pour composer des portraits (par exemple, celui de Fontenelle, comme on vient de le voir) peu conformes aux lois du genre, à la rigueur apocryphes, mais pour l'essentiel bien chamfortiens. Ces portraits morcelés s'ouvriraient ainsi au « romanesque », qu'il faudra ici entendre dans le sens assez vague où Roland Barthes employait ce terme pour désigner une notion sur laquelle il est souvent revenu tout au long des années 1970 sans jamais parvenir à la définir exactement. Et c'est cette indétermination même qui me permet de la reprendre à mon compte pour désigner une dimension potentielle de l'écriture aphoristique de Chamfort.

En 1974, Barthes avançait en passant que « le romanesque est distinct du roman, dont il est l'éclatement » (et mentionnait à titre d'exemple le *Nouveau*

---

19   A. Camus, *Introduction aux « Maximes et anecdotes »*, cit., p. 927.
20   *Ibid.*, p. 925.
21   *Ibid.*, p. 927.
22   On signalera pourtant, à titre d'exception, un « portrait de Rulhière » non daté et qui a été inséré par Auguis dans son édition posthume des *Œuvres complètes de Chamfort* (cit., t. III, pp. 463–464).
23   A. Camus, *Introduction aux « Maximes et anecdotes »*, cit., p. 926.

Monde amoureux de Fourier, où, selon lui, « le discours harmonien finit en *bribes de roman*[24] »). Le « romanesque » serait ainsi le roman sans ses conventions narratives contraignantes, en premier lieu l'intrigue et le développement[25]. L'année suivante, Barthes précisera que « le romanesque est un mode de discours qui n'est pas structuré selon une histoire ; un mode de notation, d'investissement, d'intérêt au réel quotidien, aux personnes, à tout ce qui se passe dans la vie[26] ». En d'autres termes, le « romanesque » serait le discours du roman débarrassé de sa structure narrative ; c'est dans ce sens qu'il faudra alors entendre l'« éclatement » du roman ; ce qui en reste ne sera donc qu'un roman potentiel, ou en puissance[27]. Ces quelques aperçus peuvent aider peut-être à éclairer (à titre d'hypothèse, bien entendu) les raisons de l'admiration de Camus pour le « romancier » qu'il reconnaissait en Chamfort, et qu'avec toute évidence il aimait bien davantage que le « moraliste » que tout le monde connaît.

Derrière la dispersion des fragments anecdotiques, Camus devinait une potentialité narrative de l'écriture « moraliste » chamfortienne : tous ces « matériaux » qui échappent aux formes littéraires convenues du portrait ou du « caractère » composeraient alors *en puissance* un « roman inorganisé [et] inavoué », voire « satyrique »[28]. Dit autrement : morcelé, le portrait se dynamise, se dramatise[29] ; une fois que le noyau essentialiste de la caractériologie s'est avéré creux et le cadre formel du portrait a éclaté, ce serait alors aux anecdotes d'exprimer, par bribes et par morceaux, une morale en action, « selon la

---

24 R. Barthes, *Au séminaire*, dans *Le bruissement de la langue*, Paris, Seuil, 1993, p. 394.
25 À la fin des années 1970, Barthes tranchera : « Le Romanesque n'est pas le Roman » (R. Barthes, *La Préparation du roman I et II. Notes des cours et séminaires au Collège de France 1978-1979 et 1979-1980*, texte établi par N. Léger, Paris, Seuil/IMEC, 2003, p. 42).
26 R. Barthes, *Vingt mots-clés pour Roland Barthes*, dans *Le grain de la voix. Entretiens 1962-1980*, Paris, Seuil, 1999, p. 239.
27 Sur la notion de « romanesque » chez Barthes, cf. G. M. Gallerani, *Roland Barthes e la tentazione del romanzo*, Milano, Morellini, 2013, pp. 109-111.
28 A. Camus, *Introduction aux « Maximes et anecdotes »*, cit., pp. 926 et 927.
29 On a d'ailleurs remarqué que l'anecdote fonctionne dans le texte de Chamfort comme une sorte d'« aparté théâtral dénué de toute trame dramatique » ; après avoir essayé sans trop de succès une carrière de dramaturge, Chamfort aurait enfin trouvé, grâce à son talent d'anecdotier, la manière d'exploiter « toutes les possibilités du dialogue théâtral, d'une mise en scène de la repartie, du commentaire social, sans l'enchevêtrement d'une intrigue usitée, sans l'élaboration de personnages caricaturaux et l'emploi d'un langage guindé » (D. McCallam, « Anecdote et Lumières », cit., p. 193) – on dirait que, libre des conventions qui réglaient l'art dramatique encore à la fin du XVIIIe siècle, Chamfort trouva dans la forme ouverte de l'anecdote la manière de pratiquer une sorte de théâtre sans « théâtralité », ni dramaturgie.

technique romanesque, c'est-à-dire indirectement[30] ». Car en fait ce que fixe chaque anecdote ce n'est qu'un instant ou un geste arraché au flux de l'existence : ce sera au lecteur, surtout s'il est suggestionné par la lecture croisée de Camus et de Barthes, d'y deviner un roman en puissance. Un roman où, en tout cas, la ligne de partage entre réalité et fiction sera presque entièrement estompée et où se confondent le « type » que le « caractère » était censé définir et l'individu que peint le portrait : parmi les dizaines de personnages célèbres et méconnus, anonymes et irrémédiablement oubliés, mais tous « produits » d'une même « civilisation », la différence entre figures historiques et personnages fictifs perd toute sa pertinence, car ils concourent tous à la mise en scène d'une même « comédie mondaine ». Plutôt qu'à Stendhal (dont le nom est dûment mentionné par Camus[31]), on songera alors à Balzac et à sa technique de composition romanesque, où la description des personnages sert autant à la présentation (statique) de types humains et sociaux qu'à déclencher le dispositif dramatique du roman en faisant avancer la narration (qu'on songe en particulier à *La Vieille Fille* de 1836 ; mais on pourra bien sûr penser à n'importe quel autre roman ou récit de Balzac[32], où les descriptions des personnages tant majeurs que mineurs, à la fois typiques et extrêmement singularisés, souvent jusqu'à la caricature, s'enchaînent et déterminent la progression de l'intrigue).

Pour conclure, si, comme on l'a dit, la mort de Chamfort en 1794 a marqué « comme la fin d'un vaste parcours[33] » – à savoir celui de l'écriture moraliste classique –, il est vrai aussi que son écriture aphoristique fournit à la réflexion sur les mœurs *de son siècle* une nouvelle modalité d'expression, fragmentaire, « ouverte », et qui pour être proche d'une forme potentiellement narrative, et même fictive, ne fut pas pour autant moins efficace – et destinée à un glorieux avenir.

---

30   A. Camus, *Introduction aux « Maximes et anecdotes »*, cit., p. 928.
31   *Ibid.*, p. 926 ; sur la présence de Chamfort chez Stendhal, cf. J. C. Alciatore, « Stendhal, Sterne et Chamfort », *Modern Language Notes*, LXXV, 7 (1960), pp. 582–585.
32   Sur l'art du portrait chez Balzac, cf. P. Abraham, *Créatures chez Balzac*, Paris, Gallimard, 1931 [1ere édition 1912], chap. IV, pp. 109–122 ; pour ce qui concerne la connaissance que Balzac avait de l'œuvre de Chamfort, cf. P. Citron, « Balzac lecteur de Chamfort », *Année balzacienne* (1969), pp. 293–301.
33   L. van Delft, *Littérature et anthropologie*, cit., p. 4.

À la croisée des genres : Le portrait dans *Les Martyrs* de Chateaubriand

Fabienne Bercegol

Chateaubriand publie en 1809 *Les Martyrs ou le Triomphe de la religion chrétienne*, œuvre dans laquelle s'affiche son ambition de s'illustrer dans l'épopée, encore placée au sommet de la hiérarchie des genres littéraires, et de donner à la France le chef-d'œuvre qui lui manque selon lui dans ce domaine. Il y raconte les ultimes « combats des Chrétiens[1] » au IIIe siècle de notre ère, avant l'établissement du christianisme comme religion officielle de l'Empire romain. Son épopée est donc « la glose narrative d'un épisode connu, historique[2] », hors du commun, qui engage le destin d'une collectivité à travers l'affrontement de deux mondes, de deux cultures, l'Antiquité païenne et le christianisme primitif, et qui célèbre un événement qui marque l'avènement d'une nouvelle civilisation. Mais il ne faut pas oublier que cette épopée de fondation rédigée en prose, sur le modèle des *Aventures de Télémaque* de Fénelon[3], fut d'abord conçue comme un roman historique, intitulé *Les Martyrs de Dioclétien*[4], commencé à Rome au lendemain de la mort de Pauline de Beaumont[5]. Certes, contrairement à ce qu'il fera pour *Les Natchez*, finalement publiés en 1826 en l'état, c'est-à-dire sous la forme d'un récit composite dont la transposition épique reste inachevée, Chateaubriand s'est livré ici, sous la houlette de Fontanes, à une récriture complète de son roman, mais en dépit des remaniements et des suppressions effectués, des traces de la première version demeurent, des modèles romanesques

---

[1] Chateaubriand, *Les Martyrs*, *Œuvres romanesques et Voyages II*, éd. M. Regard, Paris, Gallimard, Bibliothèque de la Pléiade, 1969, livre I, p. 105. Nous utiliserons désormais cette édition.

[2] Trait distinctif de l'épopée, selon Jean-Marie Roulin. Voir son article, « La "Romanisation" du héros dans l'épopée du tournant des Lumières », dans *Le Romanesque dans l'épique*, dir. D. Boutet, *Littérales* 31 (2003), p. 256.

[3] Dont Chateaubriand se réclame dans la « Préface de la première et de la seconde édition », *Les Martyrs*, p. 37–40.

[4] Et édité par B. d'Andlau à la Librairie classique Eugène Belin, en 1951. On retrouve cette première version à travers les variantes relevées par Maurice Regard dans l'édition de la Pléiade.

[5] « J'ai commencé *Les Martyrs* à Rome, dès l'année 1802, quelques mois après la publication du *Génie du christianisme* », précise Chateaubriand. Voir : « Préface de la première et de la seconde édition », *Les Martyrs*, p. 36.

sont toujours opératoires[6] et produisent donc une hybridation générique persistante, qui a retenu l'attention de la critique. Les Martyrs sont ainsi apparus comme un morceau de choix pour illustrer le processus de romanisation qui affecte les structures du genre épique dès la fin des Lumières[7]. Dans la continuité de ces travaux, nous montrerons ici que la pratique du portrait reflète cette orientation et qu'elle est plus généralement travaillée par les tensions qui traversent Les Martyrs, grand tableau d'Histoire répondant pour l'essentiel au canon de l'esthétique néoclassique, mais qui s'ouvre aussi à d'autres poétiques contemporaines, issues du roman noir et de la mode ossianique. Ce faisant, nous verrons que les portraits nous conduisent au cœur de la pensée de l'Histoire de Chateaubriand, notamment de sa réflexion sur la causalité historique, sur le rôle des passions humaines et sur les mérites du recours à la fiction.

Dans l'« Examen des Martyrs » qui tient lieu de préface à la troisième édition de l'œuvre, Chateaubriand a dû se justifier d'avoir « invent[é] [s]es personnages principaux » et de n'avoir pas retenu comme premier protagoniste de son épopée l'empereur Constantin, comme l'y invitaient les conventions d'un genre qui, encore au XVIIIe siècle, choisit souvent un souverain pour héros. Il a beau faire remarquer que, « afin d'ennoblir Eudore et de le rendre, pour ainsi dire, historique », il l'a fait « descendre d'une famille de héros, et surtout du dernier des Grecs, Philopœmen », de même qu'il a tenu à faire de Cymodocée, « inventée sur le même modèle », « la fille d'Homère[8] », sa décision de donner le premier rôle à de simples particuliers, fruits de son imagination, a fortement contribué à la réforme du personnel épique et a été perçue comme un indice de l'infléchissement romanesque du genre au tournant des Lumières. La distribution des portraits dans Les Martyrs rend compte de cette inversion de la hiérarchie traditionnelle. Reprenant la convention qui veut que les personnages principaux soient présentés au début de l'œuvre, Chateaubriand commence par brosser le portrait d'Eudore et de Cymodocée, certes rapidement, et en s'en tenant pour l'essentiel à la description de leur physique[9], mais ces portraits inauguraux sont ensuite complétés par d'autres séquences descriptives qui permettent de présenter Cymodocée et Eudore à des moments clés, comme leur martyre, donc de montrer leur comportement en situation et de suivre la maturation de leur caractère au fur et à mesure que s'accomplit leur

---

6 De nombreux critiques se sont employés à retrouver les sources romanesques de Chateaubriand. Citons, par exemple, l'article de Maurice Regard, « Tradition et originalité dans Les Martyrs », CAIEF 20 (1968), p. 73–83, et plus récemment, Nicolas Perot, « Les Martyrs et L'Astrée », Bulletin de la Société Chateaubriand 52 (2009), p. 93–102.
7 C'est l'objet de l'article de Jean-Marie Roulin déjà cité.
8 Chateaubriand, Les Martyrs, p. 79–80.
9 Ibid., livre I, p. 110 et p. 113.

destinée. Ce procédé du portrait par touches successives en lien avec une circonstance particulière est particulièrement bien choisi pour Cymodocée, dont il accompagne la métamorphose de jeune païenne consacrée aux Muses en épouse chrétienne préparée au martyre. Quant aux autres personnages, historiques, qu'une épopée traditionnelle aurait mis au premier plan, ils sont seulement dépeints au moment où le couple central autour duquel s'organise le récit les rencontre. Ainsi en va-t-il au livre IV, où Chateaubriand regroupe des séries de portraits, statiques, bien délimités, correspondant à une pause narrative alors qu'Eudore éprouve le besoin de présenter les amis, Augustin, Jérôme, le prince Constantin, qu'il a côtoyés pendant sa jeunesse dissipée à Rome, puis de décrire le personnel politique et religieux du moment. Le même procédé se retrouve par la suite : Chateaubriand continue d'introduire des portraits individualisés correspondant aux nouvelles rencontres d'Eudore, mais surtout, il se sert de son voyage initiatique chez les Francs puis chez les Gaulois pour enrichir son épopée de portraits cette fois-ci collectifs qui dégagent les caractéristiques physiques et morales de ces peuples. Il s'agit alors pour lui de satisfaire la curiosité de ses contemporains pour le mélange « de mœurs, de religions, de civilisation, de barbarie[10] » qu'offrent les peuples primitifs, et de fait, si le personnage de Velléda a tant séduit, c'est notamment parce que Chateaubriand a su fixer, à travers son portrait physique et moral, les contours du mythe Barbare qu'il lègue aux romantiques[11]. En illustrant ainsi la réforme du personnel épique, la sélection et la répartition des portraits deviennent le signe d'une nouvelle conception de l'Histoire qui traverse tous les genres, tous les récits, factuels ou fictifs, et qui conduit à redonner toute leur place aux humbles qui sont les témoins, les victimes, parfois les acteurs des grands bouleversements historiques. De ce point de vue-là, on passe sans solution de continuité de l'épopée des *Martyrs* aux *Mémoires d'outre-tombe*, de l'hommage rendu, dans un cas, « par un martyre oublié de l'histoire », aux « pauvres ignorés du monde, qui vont souffrir pour la foi[12] », à la célébration dans l'autre cas des héros du peuple, tels le paysan vendéen[13], auquel le mémorialiste consacre un long portrait élogieux pour compenser les lacunes de l'Histoire officielle, longtemps accusée de ne s'intéresser qu'aux grands. Dans l'épopée comme

---

10   *Ibid.*, livre IX, p. 249.
11   Voir notre article, « Velléda ou la passion selon Chateaubriand », dans *La Pensée du paradoxe. Approches du romantisme, Hommage à Michel Crouzet*, dir. F. Bercegol et D. Philippot, Paris, PUPS, 2006, p. 617–640.
12   Chateaubriand, *Les Martyrs*, livre III, p. 147.
13   Chateaubriand, *Mémoires d'outre-tombe*, éd. J.-C. Berchet, Paris, Classiques de Poche, 1989, livre XI, chap. 3, t. I, p. 691–693. Voir notre étude de ce portrait dans *Penser l'Histoire*, dir. M.-C. Bellosta, Paris, Belin, 2007, p. 132–140.

dans les *Mémoires*, Chateaubriand se sert de la même façon du portrait pour rappeler le rôle décisif qu'ont pu tenir des anonymes dans le déroulement de l'Histoire et pour les hisser au rang de héros.

Une étude plus détaillée de ces portraits permettrait de revenir sur les conséquences du choix fait le plus souvent par Chateaubriand de décrire les personnages dans un cadre privé, voire intime, qui rapproche l'épopée du roman en donnant une importance inhabituelle à l'histoire d'amour par rapport aux enjeux collectifs[14]. Elle montrerait également que, dans la fiction comme ensuite dans ses *Mémoires*, Chateaubriand ne prend pas la peine de caractériser longuement le physique de ses personnages. Mis au service du déchiffrement de l'intériorité, le portrait physique dessine les contours d'une personnalité dont il se soucie peu d'analyser longuement les particularités psychologiques. C'est qu'il veut dépasser l'analyse psychologique pour proposer une métaphysique des passions qui fait de cette épreuve le moment décisif dans la destinée spirituelle du personnage, appelé à se perdre ou à se sauver. Rien ne le montre mieux que sa décision, en dépit de l'anachronisme, de donner Augustin et Jérôme pour compagnons à Eudore, qui, au cours de son récit, brosse d'eux des portraits dont l'objectif est, dans la lignée du « vague des passions » défini dans le *Génie du christianisme*, de faire apparaître les racines spirituelles de la mélancolie[15]. Tel qu'il est décrit, le mal-être d'Augustin et de Jérôme que partage Eudore doit se comprendre comme l'expression de l'« inquiétude blanche » qui, dans la pensée augustinienne, fait de l'insatisfaction chronique des plaisirs et de la nostalgie de l'absolu qu'elle trahit, l'occasion de la découverte de la vocation surnaturelle de l'homme, fait pour Dieu. Loin d'être de simples études de cas moraux, les portraits d'Augustin et de Jérôme ont ainsi une fonction exemplaire, dans la mesure où ils ouvrent la voie de la conversion à Eudore, qui se retrouve dans le malaise de ses amis. Ils revêtent surtout une dimension allégorique, pour autant que Chateaubriand dépeint à travers eux l'homme déchu, exilé de sa patrie véritable, dont la mélancolie d'origine ontologique procède du décalage ressenti entre sa vie présente et celle à laquelle il se sent promis.

Cette façon d'utiliser le portrait physique et moral pour éclairer les enjeux spirituels de la condition humaine se retrouve dans la présentation de Hiéroclès, auquel Chateaubriand donne le rôle stéréotypé du « méchant[16] ». Il en a le physique caricatural qui, notamment par le biais de comparaisons

---

14   Le premier portrait d'Eudore découvert dans son sommeil par Cymodocée étayerait particulièrement bien ce propos. Voir notre essai, *Chateaubriand : une poétique de la tentation*, Paris, Garnier, 2009, p. 559 *sqq*.
15   Chateaubriand, *Les Martyrs*, livre IV, p. 163.
16   *Ibid.*, livre XIII, p. 311 (« tel est l'effet de l'apparition du méchant »).

animales, rend immédiatement lisible l'emprise du Mal sur son âme, vendue à Satan, dont il seconde les menées contre le genre humain[17]. On a reconnu Fouché sous les traits de cet homme laid, criminel, vicieux, dont Chateaubriand tient à rapporter la fin humiliante et surtout à représenter la condamnation éternelle, quitte à déplacer la scène dans l'au-delà pour le montrer précipité dans les « profondeurs brûlantes » de l'Enfer[18]. Lire ce portrait, comme ceux des autres personnages de la cour de Dioclétien, comme des portraits à clef est un moyen d'expliquer leur introduction dans la version épique des *Martyrs*. Chateaubriand invite à une telle interprétation lorsque, dès le début du portrait de Hiéroclès, il fait de lui un type historique, en présentant sa personnalité et le rôle qu'il se donne comme récurrents en certaines circonstances. Il tient en effet à préciser que « c'est un de ces hommes que les révolutions introduisent au conseil des grands, et qui leur deviennent utiles par une sorte de talent pour les affaires communes, par une facilité peu désirable à parler promptement sur tous les sujets[19] ». On a en outre remarqué que Chateaubriand a accentué d'un commentaire à l'autre la teneur polémique de son épopée, en la présentant comme une attaque en règle du tyran Napoléon et de ses sbires[20]. Si l'on ne saurait réduire à cette actualité les portraits du personnel politique des *Martyrs*, il est par contre incontestable que Chateaubriand y a mis au point une écriture du portrait-charge dont il reprendra les procédés dans les *Mémoires d'outre-tombe*, notamment dans la présentation des « amants de la mort[21] » que sont pour lui les hommes de la Terreur. On y retrouve en effet la description du physique comme symptôme de la dépravation morale, de la violence qui les anime, tandis que l'influence du roman noir se fait toujours sentir, avec la prédilection pour les registres de l'horreur et de la monstruosité, la déshumanisation par le biais de la caricature animale, le face-à-face manichéen entre les bourreaux et leurs victimes. On constate également que Chateaubriand continue de prêter une attention particulière au récit de la mort d'un personnage, car il est convaincu que son caractère s'y révèle alors pleinement et que c'est au moment où son destin se scelle que se fixe l'image que l'on va garder de lui.

---

17   Pour une analyse plus fouillée de ce portrait, voir notre essai *Chateaubriand : une poétique de la tentation*, p. 506 *sqq*.

18   Chateaubriand, *Les Martyrs*, livre XXIII, p. 471.

19   *Ibid.*, livre IV, p. 167.

20   Voir par exemple l'« Examen des *Martyrs* », p. 104 (« les allusions étaient si frappantes dans le portrait de Galérius et dans la peinture de la cour de Dioclétien, qu'elles ne pouvaient échapper à la police impériale »), repris dans les *Mémoires d'outre-tombe*, livre XVIII, chap. 6, t. II, p. 293. Cette lecture politique des *Martyrs* a été développée par Marc Fumaroli dans son essai *Chateaubriand. Poésie et terreur*, Paris, Éditions de Fallois, 2003, p. 420 *sqq*.

21   Chateaubriand, *Mémoires d'outre-tombe*, livre IX, chap. 4, t. I, p. 566.

Cela donne parfois les mêmes retournements ironiques que dans la fiction : ainsi en va-t-il de Danton qui, tel Hiéroclès, finit victime de la violence dont il a été l'instigateur[22].

Les portraits des révolutionnaires et ceux des personnages de l'épopée, tel Hiéroclès, se rejoignent encore par l'illustration qu'ils proposent de la façon dont les passions conduisent l'action humaine et deviennent ainsi le moteur de l'Histoire. C'est une autre conséquence de la décision prise dans *Les Martyrs* de faire passer au premier plan l'intrigue amoureuse et de subordonner l'action aux rebondissements provoqués par le désir insatisfait, aiguillonné par la jalousie. En effet, Chateaubriand fait de Hiéroclès l'homme d'une passion, qui mène la persécution des Chrétiens en fonction des chances qu'elle lui procure de s'emparer de Cymodocée, qu'il convoite. Ce faisant, Hiéroclès devient sans le savoir l'instrument du conflit qui oppose les puissances infernales aux Chrétiens, soutenus par Dieu, qui dirige tout, y compris les projets de Satan et de ses troupes. Dans le cadre de l'épopée, Chateaubriand se sert du merveilleux, qui en est un élément attendu, pour faire intervenir les démons, par exemple sous la forme d'apparitions en songe, et pour montrer comment ils s'y prennent pour allumer, puis diriger les passions. Certes, ainsi qu'il l'avait préconisé dans le *Génie*, il a soin de donner « la première et la plus grande place » aux hommes et à leurs passions[23], mais l'ouverture ménagée sur ce qui se trame dans le Ciel et dans l'Enfer et sur les agissements des anges et des démons auprès des hommes lui permet de poser la question de la causalité historique, et en l'occurrence d'illustrer « les *ruses* de la sagesse divine », qui fait du « remuement des cœurs par le fil secret des passions[24] » l'un des ressorts de l'Histoire. En cela encore, *Les Martyrs* s'inscrivent dans la lignée du *Génie*, qui présente l'Histoire comme manifestation de la Providence, mise en œuvre de la volonté de Dieu qui a décidé dans ce cas de la nécessité d'un nouveau sacrifice salvateur pour ranimer « les vertus des Chrétiens » affaiblies « dans la prospérité » et pour placer définitivement « la Croix [...] sur le trône de l'univers[25] ». Une telle conception de l'Histoire fait peu de place à l'initiative humaine, et du reste, « la liberté de l'homme et la prescience de Dieu » sont rangées dans le livre III des *Martyrs* parmi les « vérités incompréhensibles au ciel même[26] ».

---

22   Sur ces portraits, voir notre livre *La Poétique de Chateaubriand : le portrait dans les Mémoires d'outre-tombe*, Paris, Champion, 1997, p. 343 *sqq*.
23   Chateaubriand, *Génie du christianisme*, éd. M. Regard, Paris, Gallimard, Bibliothèque de la Pléiade, 1978, p. 629.
24   *Ibid.*, p. 831.
25   Chateaubriand, *Les Martyrs*, livre I, p. 106.
26   *Ibid.*, livre III, p. 145.

Ainsi le destin des principaux protagonistes de l'épopée est d'emblée scellé, programmé par Dieu qui gouverne le cours de l'Histoire.

Dans les *Mémoires d'outre-tombe*, Chateaubriand condamne le merveilleux « *direct* » tel qu'il y a eu recours dans son épopée[27], mais on trouve des traces dans les portraits des révolutionnaires de ce jeu des passions manipulées depuis l'au-delà. Certes, Chateaubriand ne va pas jusqu'à confondre hommes et démons, et il ne fait plus intervenir directement les puissances divines et infernales. Mais il n'a pas oublié la leçon de Milton, et notamment la dimension politique que ce dernier a su donner à son tableau de l'Enfer dans le *Paradis perdu*. Ainsi les allégories démoniaques décrites dans l'épopée lui servent de grilles de lecture pour comprendre la personnalité et les mobiles des révolutionnaires, et lui fournissent des motifs pour les représenter. Il importe toutefois de garder en tête que Chateaubriand ne réduit pas la Révolution à un complot satanique que Dieu aurait laissé monter pour punir les hommes de leurs crimes, et notamment du régicide. Il est également important de se rappeler qu'il tient malgré tout à préserver une marge pour la liberté humaine, à poser que la volonté humaine s'exprime aussi dans l'Histoire, ne serait-ce que pour préserver la responsabilité morale de ceux qui la font[28]. Mais jusque dans les *Mémoires*, il reste fidèle à une interprétation providentielle de l'Histoire, ce qui le conduit par exemple à déclarer que, derrière « l'intelligence des faits coordonnés les uns aux autres », il faut voir « la preuve de l'action cachée de la Providence, quand elle veut changer la face des empires[29] ». Chateaubriand reste porté par l'espérance que « Dieu se lève derrière les hommes », mais il reconnaît qu'il est difficile de s'élever à cette hauteur de vues, d'avoir la patience de croire en ce gouvernement providentiel de l'Histoire qui évite de sombrer dans le désespoir, en considérant l'état du présent. Dès lors, la mission qu'il se donne notamment dans les portraits est de tenter de voir « loin au-delà de l'horizon visible[30] », pour déceler comment les hommes participent le plus

---

27 Chateaubriand, *Mémoires d'outre-tombe*, livre XVIII, chap. 6, t. II, p. 292.
28 Aude Déruelle a par ailleurs montré que, dans *Les Martyrs*, le parcours d'Eudore introduit une historicité du sujet qu'il est difficile de concilier avec la lecture providentielle de l'Histoire promue par l'épopée. Voir son article, « La question de l'histoire dans *Les Martyrs* », *Bulletin de la Société Chateaubriand* 52 (2009), p. 83–91.
29 Chateaubriand, *Mémoires d'outre-tombe*, livre IX, chap. 3, t. I, p. 557. Chateaubriand ne remet jamais totalement en cause l'explication providentielle de l'Histoire qu'il a exposée dans le *Génie* et qu'il reprend donc dans les *Mémoires*, mais comme l'a bien montré Patrizio Tucci, ses vues sur le sujet sont mouvantes. Voir son article, « Histoire et causalité chez Chateaubriand », dans *Chateaubriand, penser et écrire l'Histoire*, dir. I. Rosi et J.-M. Roulin, Publications de l'Université de Saint-Étienne, 2009, p. 29–46.
30 Chateaubriand, *Mémoires d'outre-tombe*, livre XLII, chap. 16, t. IV, p. 599. Le chapitre s'intitule : « L'idée chrétienne est l'avenir du monde ».

souvent à leur insu au mouvement d'une société qu'il espère toujours guidé par l'idée chrétienne.

Dès *Les Martyrs*, la composition des portraits est donc représentative de l'écriture de l'Histoire que défendra plus tard Chateaubriand, en particulier dans la préface des *Études historiques*. Chateaubriand y félicite les historiens descriptifs qui, à l'exemple d'Augustin Thierry, dont on connaît l'admiration pour *Les Martyrs*, se préoccupent de donner du passé un « tableau » fidèle et particularisé, visant à une représentation pittoresque des faits et des personnages. Il légitime ainsi le portrait, mais à condition qu'il ne soit pas seulement doté d'une fonction ornementale, car il s'empresse de rappeler que le récit historique ne doit pas être qu'une narration plaisante, axée sur « le simple narré des événements » et sur « la peinture des mœurs ». Pour lui, l'historien doit interpréter le passé qu'il rapporte, juger les acteurs, dégager les « vérités éternelles » qui sont à la base de la société humaine, donc avoir la position de surplomb qui lui permet de jauger le mouvement de l'Histoire et d'en faire l'occasion de réflexions politiques, morales, voire religieuses[31]. Tels qu'ils sont conçus, les portraits des *Martyrs* traduisent cette position de l'historien herméneute, qui refuse de décrire seulement pour satisfaire la curiosité du lecteur et pour agrémenter sa narration de détails piquants, et qui se soucie de toujours faire servir l'analyse du caractère, l'étude du jeu des passions à l'élucidation du cours de l'Histoire et à la révélation des forces qui la dirigent. C'est bien ce que montrent encore les portraits des hommes de la cour de Dioclétien, que Chateaubriand n'envisage pas comme des études de cas psychologiques, mais qu'il présente systématiquement comme le moyen de comprendre, d'après leur personnalité, le rôle que ces hommes ont tenu dans l'Histoire. Il est d'autant plus conduit à cette utilisation du portrait qu'il a alors affaire à des personnages historiques dont le destin est connu par avance du lecteur, lequel évalue en fonction de ce savoir préalable la justesse du portrait, et par conséquent, la perspicacité de son auteur. Ce procédé qui revient à aller chercher dans le caractère l'explication d'une action déjà connue a été interprété comme renforçant la « fermeture du texte », en renchérissant sur le déterminisme des personnages, décidément privés de toute liberté[32]. À y regarder de plus près, on s'aperçoit que Chateaubriand, même s'il se dit convaincu que le suspense n'a pas vraiment lieu d'être dans le genre épique[33], s'est néanmoins arrangé pour que ces portraits ne programment pas totalement l'action. Du moins insiste-t-il sur les différentes possibilités d'action qu'ouvrait le caractère de ces personnages, ce

---

31   Chateaubriand, Préface des *Études historiques*, Paris, Garnier, 1861, p. 55-56.
32   Ce que rappelle Aude Déruelle, art. cit., p. 86.
33   Voir : « Examen des *Martyrs* », p. 51.

qui est une façon de réintroduire de l'aléatoire dans ces vies déjà tracées et de prêter un peu de liberté à des hommes qui seront *in fine* mis au service d'un plan providentiel. Pour cela, Chateaubriand a soin de les décrire avant qu'ils n'entrent vraiment dans l'arène de l'Histoire ou qu'ils n'accomplissent l'action qui les rendra illustres. Ainsi le fait de montrer Augustin et Jérôme avant leur conversion lui permet d'indiquer les lignes de vie très contrastées que semble leur promettre leur caractère, et dans le cas d'Augustin, de présenter comme seulement possible ce que l'on sait déjà : « si jamais Augustin entre dans le sein de l'Église, ce sera le Platon des Chrétiens[34] ». Inversement, Chateaubriand se plaît à imaginer que le cours de l'Histoire aurait pu être différent, si Galérius s'était « renfermé dans l'enceinte des camps » et s'il n'avait pas été influencé par les « lâches courtisans » de l'espèce de Hiéroclès. Loin de s'enfermer dans un système explicatif, il lui arrive de reconnaître que le caractère ne rend pas toujours compte de l'action des personnages historiques. C'est le cas de Dioclétien, « si habile dans la connaissance des hommes », dont on ne peut par conséquent comprendre pourquoi il s'est rapproché de Galérius. Ici, le portrait moral conduit à une impasse, mais c'est pour mieux justifier l'interprétation métaphysique, providentielle de l'Histoire, puisque Chateaubriand conclut qu'on ne peut expliquer un tel fait « que par les arrêts de la Providence qui rend vaines les pensées des princes, et dissipe les conseils des nations[35] ». Qu'il s'agisse de la prise en compte des possibles ou du constat des anomalies de l'Histoire, ce sont autant de procédés et de réflexions que l'on retrouve dans les récits factuels de Chateaubriand qui tient à faire ressortir ce que l'Histoire garde d'aléatoire, d'accidentel, d'incohérent et d'énigmatique, sauf à s'en remettre à Dieu et à ses plans insaisissables par la raison humaine.

S'il est indéniable que *Les Martyrs* ont contribué au rapprochement de l'épopée et du roman, notre étude des portraits que Chateaubriand y a insérés montre combien il est difficile, et sans doute vain, de séparer chez lui écriture de la fiction et écriture de l'Histoire. Certes, Chateaubriand a pris ses distances par rapport au roman historique pratiqué par Walter Scott et par ses disciples[36], et l'on se souvient qu'il conclut *Les Martyrs* par des adieux à la Muse qui semblent définitivement entériner la différence exclusive entre la pratique de la fiction et celle de l'Histoire. Chateaubriand annonce en effet qu'il va « fermer [...] le livre de la Poésie » et « ouvrir les pages de l'Histoire », qu'il renonce à « la riante peinture du mensonge » à laquelle il a consacré « l'âge des illusions »

---

34   Chateaubriand, *Les Martyrs*, livre IV, p. 162.
35   *Ibid.*, p. 166.
36   Dans les *Mémoires d'outre-tombe*, livre XII, chap. 2, t. I, p. 718.

pour employer « l'âge des regrets au tableau sévère de la vérité », mais il se reprend aussitôt en se demandant s'il n'a « point déjà quitté le doux pays du mensonge », tant « les maux que Galérius a fait souffrir aux Chrétiens ne sont pas de vaines fictions[37] ». Il commence donc par reprendre l'opposition posée dans le *Génie* entre l'épopée, définie comme une fiction qui relève de l'invention, et l'Histoire, récit de faits attestés qui vise à la vérité, puis il reconnaît qu'en fait, l'Histoire a déjà pénétré la fiction épique, qui vaut comme représentation fiable, sinon totalement authentique, du fait historique qu'est la persécution contre les Chrétiens[38]. Du reste, dans les préfaces et notes qui accompagnent *Les Martyrs*, il ne cesse de mettre en avant l'exactitude historique des portraits, ce qui l'amène à confondre discours historique et création poétique, puisqu'il déclare : « J'ai parlé comme l'histoire, et jamais poète n'observera plus strictement la vérité des mœurs[39] ». Cette équivalence posée entre récit historique et fiction au nom de la capacité de cette dernière à représenter le vrai est reprise dans les *Études historiques*, puisque Chateaubriand se permet de renvoyer aux portraits des personnages historiques tracés dans l'épopée, qui devient ainsi le complément autorisé de la narration. Il déclare en effet : « J'ai tracé dans *Les Martyrs* les portraits de Dioclétien, de Galérius et de Constantin avec la fidélité historique la plus scrupuleuse : au lieu de les refaire, qu'il me soit permis de les rappeler[40] ». Ainsi est établie la perméabilité des genres, tandis que s'impose le constat de l'omniprésence de l'Histoire dans la littérature, à laquelle il devient impossible d'échapper, à partir du moment où l'on pense la nature historique du Moi comme caractéristique de la société révolutionnée. *Les Martyrs* constituent donc un jalon important dans cette prise de conscience du brouillage des genres lié à la pénétration de l'Histoire dans toutes les formes de récits[41]. Mais si Chateaubriand peut passer sans solution de continuité de l'écriture des portraits dans la fiction à la composition de ceux qu'il intégrera dans ses ouvrages historiques ou dans ses *Mémoires*, c'est aussi qu'il pense l'Histoire traversée par la fiction, et notamment par les mythes auxquels finissent par donner lieu les

---

37   Chateaubriand, *Les Martyrs*, livre XXIV, p. 483.
38   Sur l'ambiguïté de cet adieu et du statut qu'il confère à son auteur, voir l'article d'Alain Vaillant, « Chateaubriand et ses adieux à la littérature », *Revue d'Histoire Littéraire de la France* 3 (2007), p. 571–591.
39   Chateaubriand, « Examen des *Martyrs* », p. 59. Jean-Claude Berchet a insisté sur le souci de Chateaubriand de produire un récit fondé sur des sources fiables dans son article, « Chateaubriand historien : le statut du document », dans *Chateaubriand, penser et écrire l'Histoire*, p. 47–59.
40   Chateaubriand, *Études historiques*, p. 334, note.
41   « Les temps où nous vivons sont si fort des temps historiques, qu'ils impriment leur sceau sur tous les genres de travail », note Chateaubriand. Voir : *ibid.*, p. 94.

vies les plus illustres. La technique de ses portraits et la finalité qu'il leur assigne ne changent guère, car, dans tous les cas, Chateaubriand se pose à la fois comme homme de savoir et comme homme d'imagination, qui entend bien mettre son érudition, ses observations au service de l'intelligibilité de l'Histoire dans un récit factuel dûment documenté, mais qui sait aussi combien il a besoin des structures du roman, de l'épopée et du mythe pour atteindre l'étoffe légendaire des vies qui est paradoxalement leur vérité la plus essentielle[42].

---

42   On se souvient du constat auquel il parvient en écrivant la *Vie de Rancé* : « Les annales humaines se composent de beaucoup de fables mêlées à quelques vérités : quiconque est voué à l'avenir a au fond de sa vie un roman, pour donner naissance à la légende, mirage de l'histoire » (éd. N. Perot, Paris, Classiques de Poche, 2003, p. 95).

Bibliographie théorique et critique

Abiven, Karine, *L'Anecdote ou la fabrique du petit fait vrai, de Tallemant des Réaux à Voltaire, 1650–1750*, Paris, Classiques Garnier, 2015.

Abraham, Pierre, *Créatures chez Balzac*, Paris, Gallimard, 1931 [1ere édition 1912].

Agamben, Giorgio, *Homo sacer. Le pouvoir souverain et la vie nue*, trad. de l'italien par Marilène Raiola, Paris, Seuil, 1997 [1995].

Albertan-Coppola, Sylviane, « Rira bien qui rira le dernier », dans *Autour du Neveu de Rameau*, Paris, Champion, 2016, p. 15–36.

Alciatore, J. C., « Stendhal, Sterne et Chamfort », *Modern Language Notes*, LXXV, 7, 1960, p. 582–585.

Audet, René et Gefen, Alexandre (dir.), *Frontières de la fiction*, Modernités n° 17, Presses Universitaires de Bordeaux, 2001, p. 3–13.

Auerbach, Erich, *Mimésis, La représentation de la réalité dans la littérature occidentale*, trad. de l'allemand par Cornélius Heim, Paris, Gallimard, « Tel », 1968 [1946].

Bachelard, Gaston, *Poétique de la rêverie*, Paris, PUF, 1960.

Badiou-Monferran, Claire et Denis, Delphine (dir.), *Le Narrateur en question(s) dans les fictions d'ancien régime : récits parlés, récits montrés*, Le Français moderne, 2012/1.

Bakhtine, Mikhaïl, *L'Œuvre de François Rabelais et la culture populaire au Moyen-âge et sous la Renaissance*, Paris, Gallimard, 1970.

Bakhtine, Mikhaïl, *La Poétique de Dostoïevski*, trad. du russe par Isabelle Kolitcheff, Paris, Le Seuil, 1970.

Bakhtine, Mikhaïl, *Esthétique et théorie du roman*, textes trad. par Daria Olivier, Paris, Gallimard, 1975.

Bakhtine, Mikhaïl, *Esthétique de la création verbale*, trad. du russe par Alfred Aucouturier, Paris, Gallimard, 1984.

Banfield, Ann, *Phrases sans parole : théorie du récit et du style indirect libre* [*Unspeakable sentences*, 1982], trad. C. Veken, Paris, Seuil, « Poétique », 1995.

Bann, Stephan, *The clothing of Clio, A Study of the representation of History in nineteenth-century Britain and France*, Cambridge University Press, 1984.

Baroni, Raphaël, *La Tension narrative. Suspense, curiosité, surprise*, Paris, Seuil, 2007.

Baroni, Raphaël, « Histoires vécues, fictions, récits factuels », *Poétique*, n° 151, mars 2007, p. 259–277.

Barthes, Roland, « Le discours de l'histoire », *Information sur les sciences sociales*, vol. VI, n° 4, 1967, p. 65–75.

Barthes, Roland, *Le Bruissement de la langue*, Paris, Seuil, 1993.

Barthes, Roland, *Le Grain de la voix. Entretiens 1962–1980*, Paris, Seuil, 1999.

Barthes, Roland, *La Préparation du roman I et II. Notes des cours et séminaires au Collège de France 1978–1979 et 1979–1980*, texte établi par N. Léger, Paris, Seuil/IMEC, 2003.

Belleguic, Thierry, Van Der Schueren, Claire, Vervacke, Sabrina (dir.), *Les Songes de Clio : fiction et histoire sous l'Ancien Régime*, Presses de l'Université de Laval, 2006.

Bely, Lucien, *Les Relations internationales en Europe. XVIIe–XVIIIe siècles*, Paris, PUF, 1992, 4e édition 2007.

Benabou, Marie-Erica, *La Prostitution et la police des mœurs au XVIIIe siècle*, Paris, Perrin, « Présence de l'histoire », 1987.

Benrekassa, Georges, *Fables de la personne*, Paris, PUF, 1985.

Benveniste, Émile, *Problèmes de linguistique générale*, Paris, Gallimard, « Tel », 1966.

Benveniste, Émile, « Les relations de temps dans le verbe français », dans *Problèmes de linguistique générale*, Paris, Gallimard, 1966, vol. 1, p. 237–250.

Bercegol, Fabienne, *La Poétique de Chateaubriand : le portrait dans les Mémoires d'outre-tombe*, Paris, Champion, 1997.

Bercegol, Fabienne, « Velléda ou la passion selon Chateaubriand », dans *La Pensée du paradoxe. Approches du romantisme, Hommage à Michel Crouzet*, dir. F. Bercegol et D. Philippot, Paris, PUPS, 2006, p. 617–640.

Bercegol, Fabienne, *Chateaubriand : une poétique de la tentation*, Paris, Garnier, 2009.

Bertaud, Madeleine et Cuche, François-Xavier (dir.), *Le Genre des Mémoires. Essai de définition*, Actes du colloque de Strasbourg (mai 1994), Paris, Klincksieck, 1995.

Bertière, André, *Le cardinal de Retz mémorialiste*, Paris, Librairie Klincksieck, 2005 [1977].

Beugnot, Bernard, « Œdipe et le Sphinx : essai de mise au point sur le problème des clés au XVIIe », *Le Statut de la littérature, mélanges offerts à Paul Bénichou*, éd. M. Fumaroli, Genève, Droz, 1982, p. 71–85.

Blanc, André, « Au dernier livre de Télémaque : rencontre du père ou passage du divin ? », repris dans *Je ne sais quoi de pur et de sublime*, dir. A. Lanavère, Orléans, Paradigmes, 2000, p. 243–251.

Blanchard, Bates, *Literary Portraiture in the Historical Narrative of the French Renaissance*, New York, Stechert, LLC, 2011.

Blévis, Marcianne, *La Jalousie. Délices et tourments*, Paris, Seuil, 2006.

Boch, Julie, *Approches de la pensée des Lumières*, préface par Martin Rueff, Reims, Éditions et Presses universitaires de Reims, « Épure », 2012.

Bochenek-Franczakowa, Régina, « Portraits en jeux de miroir », dans *Le Portrait littéraire*, dir. K. Kupisz, G.-A. Perouse, J.-Y. Debreuille, Presses Universitaires de Lyon, 1998.

Bombosch, Ruth, « Casanova et la pensée politique de Voltaire », *Casanova fin de siècle, Actes du colloque international, Grenoble, 8,9,10 octobre 1998*, textes réunis et présentés par Marie-Francoise Luna, Paris, Honoré Champion, 2002, p. 247–271.

Booth, Wayne, *The rhetoric of fiction*, Chicago, London, The University of Chicago Press, 1961.

Bosquet, Marie-Françoise, « Du *Pornographe* aux *Gynographes*, une image contrastée de la féminité », *Études rétiviennes*, n° 36, décembre 2004, p. 83–105.

Briot, Frédéric, *Usage du monde, usage de soi, Enquête sur les mémorialistes d'Ancien Régime*, Paris, Éditions du Seuil, 1994.

Brody, Jules, « Structures de personnalité et vision du monde dans les *Mémoires* de Saint-Simon », dans *Approches textuelles des « Mémoires » de Saint-Simon*, éd. L. Spiter et J. Brody, Tübingen, Narr, 1980, p. 47–78.

Calmette, Joseph et Périnelle, Georges, *Louis XI et l'Angleterre (1461–1483)*, Paris, Auguste Picard, 1930.

Cave, Terence, *Pré-histoires. Textes troublés au seuil de la modernité*, Genève, Droz, 2000.

Cave, Terence, *Recognitions. A Study in Poetics*, Oxford, Clarendon Press, 1988.

Certeau, Michel de, *L'Écriture de l'histoire*, Paris, Gallimard, 1975.

Charbonneau, Frédéric, *Les Silences de l'Histoire, Les Mémoires français du XVIIe siècle*, Sainte-Foy (Québec, Canada), Presses de l'Université de Laval, 2001.

Charbonneau, Frédéric, « Introduction », *Portraits d'hommes et de femmes remarquables, de Commynes à Chateaubriand*, Paris, Klincksieck, 2006.

Charbonneau, Frédéric, « La singularité est-elle une catégorie du mémorable ? L'exemple de Saint-Simon », dans *L'Expression de l'inoubliable dans les Mémoires d'Ancien Régime*, dir. J. Garapon, Nantes, Cécile Defaut, 2005, p. 167–176.

Chartier, Roger, *Au bord de la falaise, l'histoire entre certitudes et inquiétude*, Paris, Albin Michel, 1998.

Citron, Pierre, « Balzac lecteur de Chamfort », *Année balzacienne* (1969), p. 293–301.

Cogitore, Isabelle et Goyet, Francis (dir.), *Devenir roi. Essais sur la littérature adressée au Prince*, Grenoble, Ellug, 2001.

Cohn, Dorrit, « Narrated monologue : definition of a fictional Style », *Comparative Literature*, vol. 18, n° 2, 1966, p. 101–102.

Cohn, Dorrit, *La Transparence intérieure : modes de représentation de la vie psychique dans le roman* [*Transparent minds*, 1978], trad. A. Bony, Paris, Seuil, « Poétique », 1981.

Cohn, Dorrit, *Le Propre de la fiction* [*The distinction of fiction*, 1999], trad. C. Hary-Schaeffer, Paris, Seuil, « Poétique », 2001.

Coirault, Yves, *Les « Additions » de Saint-Simon au « Journal » de Dangeau. Perspectives sur la genèse des « Mémoires »*, Paris, Armand Colin, 1965.

Coirault, Yves, *L'Optique de Saint-Simon, Essai sur les formes de son imagination et de sa sensibilité d'après les « Mémoires »*, Paris, Armand Colin, 1965.

Coirault, Yves, *Un La Bruyère à la Tacite*, C.A.I.E.F., XVIII, mars 1966.

Coirault, Yves, « Autobiographie et Mémoires (XVIIe–XVIIIe siècles) ou existence et naissance de l'autobiographie », *Revue d'histoire littéraire de la France*, novembre–décembre 1975, p. 937–956.

Coirault, Yves, « De Retz à Chateaubriand : des Mémoires aristocratiques à l'autobiographie symbolique », RHLF, janvier-février 1989, p. 57–70.

Cosandey, Fanny et Descimon, Robert, L'Absolutisme en France. Histoire et historiographie, Paris, Seuil, 2002.

Cottrell, Robert D., Brantôme. The Writers as Portraitist of his Age, Genève, Droz, 1970.

Coulet, Henri, Le Roman jusqu'à la Révolution, Paris, A. Colin, 1968.

Coulet, Henri, Marivaux romancier, Essai sur le cœur et l'esprit dans les romans de Marivaux, Paris, Colin, 1975.

Coulet, Henri, « Marivaux et Malebranche », Cahiers de l'Association internationale des études françaises, n° 25, 1973, p. 141–160.

Coulet, Henri et Gilot, Michel, Marivaux, un humanisme expérimental, Paris, Larousse, 1982.

Dagen, Jean, Histoire de l'esprit humain dans la pensée française de Fontenelle à Condorcet, Paris, Klincksieck, 1977.

Deleuze, Gilles, Le Pli : Leibniz et le baroque, Paris, Minuit, 1988.

Deloffre, Frédéric, Une Préciosité nouvelle, Marivaux et le marivaudage, Paris, A. Colin, 1971.

Delon, Michel (dir.), Dictionnaire des Lumières, Paris, P.U.F., 1997.

Delon, Michel, L'Invention du boudoir, Zulma, 1999.

Delon, Michel, Le Savoir-vivre libertin, Hachette littératures, 2000.

Démoris, René, Le Roman à la première personne du classicisme aux Lumières [Colin, 1975], Genève, Droz, 2002.

Denis, Delphine, La Muse galante. Poétique de la conversation dans l'œuvre de Madeleine de Scudéry, Paris, Champion, 1997.

Denis, Delphine, « L'échange complimenteur : un "lieu commun" du bien-dire », Franco-Italica, n° 15–16, 1999, p. 143–161.

Denis, Delphine, « De quelques Scrupules sur le style narratif : Du Plaisir théoricien du récit "désintéressé" (1683) », Le Français moderne, 2012/1, p. 45–54.

Denis, Delphine, « L'honnête raillerie des conversations de L'Astrée », dans Par les siècles et les genres. Mélanges en l'honneur de Giorgetto Giorgi, dir. É. Schulze-Busacker et V. Fortunati, Paris, Classiques Garnier, 2014, p. 273–283.

Denis, Delphine, « Historien ou narrateur ? Vers une approche non-communicationnelle du récit de fiction à l'âge classique », La Représentation de la vie psychique dans les récits factuels et fictionnels de l'époque classique, Leiden/Boston, Brill/Rodopi, 2015, p. 21–29.

Deruelle, Aude, « La question de l'histoire dans Les Martyrs », Bulletin de la Société Chateaubriand, 52, 2009, p. 83–91.

Deruelle, Benjamin, De papier, de fer et de sang : chevaliers et chevalerie à l'épreuve du XVIe siècle, Paris, Publications de la Sorbonne, 2015.

Descimon, Robert et Jouhaud, Christian, *La France du premier XVIIe siècle, 1594–1661*, Paris, Belin, 1996.

De Weerdt-Pilorge, Marie-Paule, « Les discours rapportés chez quelques théoriciens de l'histoire aux XVIIe et XVIIIe siècles », dans *Histoire, histoires. Nouvelles approches de Saint-Simon et des récits des XVIIe et XVIIIe siècles*, dir. Marc Hersant, Marie-Paule Pilorge, Catherine Ramond, François Raviez, Arras, Artois Presses Université, 2011, p. 175–186.

Didier, Béatrice, *La Voix de Marianne. Essai sur Marivaux*, Paris, Corti, 1987.

Doiron, Normand, *L'Art de voyager. Le déplacement à l'époque classique*, Sainte Foy/Paris, Presses de l'Université de Laval/Klincksieck, 1995.

Dornier, Carole, « Toutes les histoires sont-elles des fictions ? », dans *Esthétique du témoignage*, dir. Carole Dornier, Renaud Dulong, Paris, Éditions de la Maison des sciences de l'homme, 2005, p. 91–106.

Drévillon, Hervé, « Du guerrier au militaire », dans *Histoire de la virilité*, dir. Alain Corbin, Jean-Jacques Courtine, Georges Vigarello, Paris, Le Seuil, t. I, p. 289–321.

Dubost, Jean-François, « Anne d'Autriche, reine de France : mise en perspective et bilan politique du règne (1615–1666) », dans *Anne d'Autriche, infante d'Espagne et reine de France*, dir. Chantal Grell, Paris, Perrin, 2009, p. 41–110.

Dufour, Philippe, *La Pensée romanesque du langage*, Paris, Seuil, « Poétique », 2004.

Dumora, Florence, *L'œuvre nocturne : songe et représentation au XVIIe siècle*, Paris, Honoré Champion, 2005.

Duprat, Anne, *Vraisemblances, Poétiques et théories de la fiction du cinquecento à Jean Chapelain (1500–1670)*, Paris, Honoré Champion, 2009.

Duprat, Anne et Lavocat, Françoise (dir.), *Fiction et cultures : théories de la fiction*, Lucie Éditions, 2010.

Eichel-Lojkine, Patricia, *Le Siècle des grands hommes. Les recueils de Vies d'hommes illustres avec portraits du XVIe siècle*, préface de D. Ménager, Louvain, Peeters, 2001.

Eigeldinger, Marc, *Jean-Jacques Rousseau et la réalité de l'imaginaire*, Neuchâtel, La Baconnière, 1962.

Ellis, Harold A., *Boulainvilliers and the French monarchy : aristocratic politics in early eighteenth century France*, Ithaca, Cornell University Press, 1988.

Engel, Claire-Éliane, *Figures et aventures du XVIIIe siècle. Voyages et découvertes de l'abbé Prévost*, Paris, éditions « Je sers », 1939.

Esmein, Camille, *Poétiques du roman. Scudéry, Huet, Du Plaisir et autres textes théoriques et critiques du XVIIe siècle sur le genre romanesque*, Paris, Champion, 2004, p. 137–138.

Esmein, Camille, *L'Essor du roman. Discours théorique et constitution d'un genre littéraire au XVIIe siècle*, Paris, Champion, 2008.

Fauchery, Pierre, *La Destinée féminine dans le roman européen du dix-huitième siècle*, Paris, Colin, 1972.

Favre, Roger, « Anti-portraits chez Diderot et Furetière », dans *Le Portrait littéraire*, dir. K. Kupisz, G.-A. Pérouse, J.-Y. Debreuille, Lyon, PUL, 1988, p. 141-146.

Francès, Cyril, *Casanova : La Mémoire du désir*, Paris, Garnier, 2014.

Francès, Cyril, « 'J'entendais parfaitement le langage de son âme'. Les mirages de l'intériorité dans l'*Histoire de ma vie* de Casanova », dans *La Représentation de la vie psychique dans les récits factuels et fictionnels de l'époque classique*, dir. Marc Hersant et Catherine Ramond, Leiden/Boston, Brill/Rodopi, 2015, p. 175-188.

Forestier, Georges, « Littérature de fiction et histoire au XVIIe siècle : une suite de raisonnements circulaires », dans *La Représentation de l'histoire au XVIIe siècle*, Éditions Universitaires de Dijon, 1999, p. 123-137.

Foucault, Michel, *Histoire de la folie à l'âge classique*, Paris, Gallimard, 2010 [1964].

Foucault, Michel, *Histoire de la sexualité II. L'Usage des plaisirs*, Paris, Gallimard, 1984.

Foucault, Michel, « *Il faut défendre la société* ». *Cours au Collège de France. 1976*, Paris, Gallimard-Seuil, 1997.

Fumaroli, Marc, « Les Mémoires du XVIIe siècle au carrefour des genres en prose », *XVIIe siècle*, n° 94-95, 1971.

Fumaroli, Marc, « Apprends ma confidente, apprends à me connaître. Les *Mémoires* de Retz et le traité du sublime », *Commentaire*, n° 15, automne 1981, p. 27-56.

Fumaroli, Marc et Grell, Chantal (dir.), *Historiographie de la France et mémoire du royaume au XVIIIe siècle*, Paris, Champion, 2006.

Gailliard, Michel, *Le Langage de l'obscénité, Étude stylistique des romans de Sade : Les Cent Vingt Journées de Sodome, les trois Justine et Histoire de Juliette*, Paris, Honoré Champion, 2006.

Gallerani, G. M., *Roland Barthes e la tentazione del romanzo*, Milano, Morellini, 2013.

Garapon, Jean, *La Culture d'une princesse. Écriture et autoportrait dans l'œuvre de la Grande Mademoiselle (1627-1693)*, Paris, Honoré Champion, 2003.

Garaud, Christian, « Les pseudonymes dans l'Histoire Amoureuse des Gaules », *Romanische Forschungen*, 1968, p. 510-520.

Garidel, Delphine Mouquin de, *Poétique de Saint-Simon : Cours et détours du récit historique dans Les Mémoires*, Paris, Honoré Champion, « Lumière classique », 2005.

Genet, J. Ph. (dir.), *La vérité. Vérité et crédibilité : construire la vérité dans le système de communication de l'Occident (XIIIe-XVIIe siècle)*, Paris et Rome, Publications de la Sorbonne, École Française de Rome, 2015.

Genette, Gérard, *Figures III*, Paris, Seuil, « Poétique », 1972.

Genette, Gérard, « Frontières du récit », *Communications* 8, rééd. Paris, Éd. du Seuil, 1981, p. 49-69.

Genette, Gérard, *Nouveau Discours du récit*, Paris, Seuil, « Poétique », 1983.

Genette, Gérard, *Fiction et diction*, Paris, Seuil, « Poétique », 1991.

Gilot, Michel, *L'Esthétique de Marivaux*, Paris, Sedes, 1999.

Ginzburg, Carlo, « The Rhetoric of History and the History of Rhetoric : On Hayden White's Tropes » [1981], *Settimo Contributo alla storia degli studi classici e del mondo antico*, Roma, Edizioni di storia e letteratura, 1984, p. 49-59.

Ginzburg, Carlo, *Rapports de force. Histoire, rhétorique, preuve*, trad. de l'italien par Jean-Pierre Bardos, Paris, Gallimard/Le Seuil, 2003 [2000].

Ginzburg, Carlo, *À distance. Neuf essais sur le point de vue en histoire*, trad. de l'italien par Pierre-Antoine Fabre, Paris, Gallimard, 2001 [1998].

Golopentja, S., « Interaction et histoire conversationnelle », dans *Échanges sur la conversation*, dir. J. Cosnier, N. Gelas, C. Kerbrat-Orecchioni, Lyon, Éd. du C.N.R.S., Centre Régional de Publication de Lyon, 1988.

Goubier, Geneviève (dir.), *Marivaux et les Lumières : l'éthique d'un romancier*, Aix-en-Provence, Publications de l'Université de Provence, 1996.

Grande, Nathalie, *Le Rire galant, Usage comique dans les fictions narratives de la seconde moitié du XVIIe siècle*, Paris, Champion, 2011.

Greiner, Frank, « La juridiction des sentiments : tribunaux et cours d'amour dans trois romans de l'âge baroque », dans *Du Roman courtois au roman baroque*, éd. E. Bury et F. Mora, Paris, Les Belles Lettres, 2004, p. 181-194.

Grémy-Deprez, Sandra, « Une source privilégiée du *Télémaque* : *Les Vies des hommes illustres* de Plutarque », *Littératures classiques*, 70, 2009, p. 225-242.

Grimaldi, Anne, *Brantôme et le sens de l'histoire*, Paris, Nizet, 1981.

Guellec, Laurence et Volpilhac-Auger, Catherine (dir.), *Des Voix dans l'histoire*, *La Licorne* n° 89, Rennes, Presses Universitaires de Rennes, 2010.

Guion, Béatrice, *Du bon usage de l'histoire. Histoire, morale et politique à l'âge classique*, Paris, Champion, 2008.

Guyon-Lecoq, Camille, *Vertu des passions. L'esthétique et la morale au miroir de la tragédie lyrique (1672-1733)*, Paris, Champion, 2002.

Hallowell, R. E., « L'Hercule Gallique : expression et image politique », dans *Lumières de la Pléiade*, Paris, Vrin, 1966, p. 243-254.

Hamburger, Käte, *Logique des genres littéraires* [Die Logik der Dichtung, 1977], trad. P. Cadiot, Paris, Seuil, « Poétique », 1986.

Hamon, Philippe, *L'Ironie littéraire. Essai sur les formes de l'écriture oblique*, Paris, Hachette, 1996.

Hamon, Philippe, *Le Personnel du roman, Le système des personnages dans les Rougon-Macquart d'Emile Zola*, Genève, Droz, 1998.

Haßler, Gerda, « L'Apport sémantique du paradigme épistémologique du sensualisme au lexique des émotions », dans *Le Lexique des émotions*, dir. Iva Novakova et Agnès Tutin, Grenoble, Ellug, 2009, p. 25.

Harrison, Robert, *Forêts. Essai sur l'imaginaire occidental*, Paris, Flammarion, 1992.

Harvey, Sara, « Commerces et auctorialités dans les *Extraordinaire* du *Mercure galant* (1678-1680) », *XVIIe siècle* 270, janvier 2016, p. 81-95.

Hazard, Paul, *La Crise de la conscience européenne*, Paris, Fayard, 1961.

Herman, Jan, *Le Récit génétique au XVIIIe siècle*, Oxford, Voltaire Foundation, 2009.

Herman, Jan, « La chambre secrète du roman », dans *Topique(s) du public et du privé dans la littérature romanesque d'Ancien Régime*, dir. Marta Teixeira Anacleto, Louvain, Peeters, 2014.

Hersant, Marc, *Le Discours de vérité dans les « Mémoires » du duc de Saint-Simon*, Paris, Honoré Champion, « les XVIIIe siècles », 2009.

Hersant, Marc, *Voltaire : écriture et vérité*, Louvain, Peeters, 2015.

Hersant, Marc, *Saint-Simon*, Paris, Gallimard, « Folio biographies », 2016.

Hersant, Marc, « Étude littéraire de la galerie de portraits des *Mémoires* du cardinal de Retz », *l'Information littéraire*, n° 1, 2006, p. 30–39.

Hersant, Marc, « Le Commentaire historique sur les œuvres de l'auteur de la *Henriade* : Voltaire historien de lui-même », *Cahiers Voltaire* n° 7, 2007, p. 73–89.

Hersant, Marc, « Anonymat, signature et vérité dans les écrits du duc de Saint-Simon », dans *Écriture, identité, anonymat au XVIIIe siècle*, éd. Nicole-Jacques Lefèvre et Marie Leca-Tsiomis, *Littérales* n° 37, 2007, p. 129–148.

Hersant, Marc, « L'historien et le conteur : Histoire et merveilleux dans les récits de l'époque classique (Perrault, Saint-Simon) », *XVIIe siècle*, oct–déc 2008, p. 657–676.

Hersant, Marc, « Les *Mémoires* de Mme de Staal-Delaunay et la tentation de l'insignifiance », dans *Écrire en mineur au XVIIIe siècle*, éd. Ch. Bahier-Porte et R. Jomand-Baudry, Paris, Desjonquères, 2009, p. 103–119.

Hersant, Marc, « Le jeu de l'anecdote et du conte dans les *Mémoires* de Saint-Simon », *Féeries*, n° 6, coordonné par Aurélia Gaillard et Jean-François Perrin, 2009, p. 47–62.

Hersant, Marc, « Hercule travesti : la fiction, une impasse pour l'interprétation des *Mémoires* de Saint-Simon », dans *Théorie, analyse et interprétation des récits, Theory, analysis, interpretation of narratives*, dir. Sylvie Patron, Peter Lang, 2011, p. 247–268.

Hersant, Marc, « Discordances narratives et vérité dans les *Mémoires* du cardinal de Retz et dans les *Mémoires* du duc de Saint-Simon », communication au 41e Colloque Annuel de la North-American Society for Seventeenth-Century French Literature organisé par Benoît Bolduc et Henriette Goldwyn, New York University, 21–23 mai 2009, Volume I (Biblio 17, volume 194), p. 177–185.

Hersant, Marc, « L'écriture de l'histoire et la question du singulier chez Saint-Simon », communication à la Journée Saint-Simon 2013 sur l'écriture du singulier chez le mémorialiste, *Cahiers Saint-Simon*, n° 41, 2013, p. 23–34.

Hersant, Marc, « Saint-Simon omniscient de lui-même : la « Note Saint-Simon » des *Notes sur tous les duchés-pairies* », dans *La Représentation de la vie psychique dans les récits historiques et les récits fictionnels du XVIIe et du XVIIIe siècles*, Leiden/Boston, Brill/Rodopi, « Faux-titre », 2014, p. 144–159.

Hersant, Marc, « Écriture du portrait de libertin et individuation du personnage dans le roman sadien », *Romantisme*, n° 176, 2017, p. 15–24, dans un dossier sur le portrait dirigé par Fabienne Bercegol.

Hersant, Marc, Ramond, Catherine, Pilorge, Marie-Paule de Weerdt-, Raviez, François (dir.), *Histoire, Histoires. Nouvelles approches de Saint-Simon et des récits des XVIIe et XVIIIe siècles*, Arras, Artois Presses Université, 2011.

Hersant, Marc, Ramond, Catherine (dir.), *La Représentation de la vie psychique dans les récits historiques et fictionnels du XVIIe et du XVIIIe siècle*, Leiden/Boston, Rodopi/Brill, « Faux titre », 2015.

Hersant, Marc, Jeannelle, Jean-Louis, Zanone, Damien (dir.), *Le Sens du passé. Pour une nouvelle approche des Mémoires*, La Licorne n° 104, Presses Universitaires de Rennes, 2013.

Herman, Jan, Kozul, Mladen, Kremer, Nathalie, *Le Roman véritable : stratégies préfacielles au XVIIIe siècle*, Oxford, Voltaire Foundation, SVEC, 2008/08.

Hillenaar, Hank, *Le Secret de Télémaque*, Paris, PUF, 1994.

Hipp, Marie-Thérèse, *Mythes et réalités, enquête sur le roman et les mémoires (1660–1700)*, Paris, Klincksieck, 1976.

Huizinga, Johan, *L'Automne du Moyen Âge*, précédé d'un entretien avec Jacques Le Goff, Paris, Payot, 1932, réédition 2002.

Igalens, Jean-Christophe, *Casanova. L'écrivain en ses fictions*, Paris, Garnier, 2011.

Ionescu, Christina, « A Gallery of Ordinary Portraits in Words and Images : Restif de la Bretonne's *Les Contemporaines du commun* (1782–1783) », *Journal for Eighteenth-Century Studies*, 31.3, 2008.

Jauss, Hans-Robert, « Expérience historique et fiction », dans *Certitudes et incertitudes de l'histoire*, dir. Gilbert Gadoffre, Paris, PUF, 1987.

Jauss, Hans-Robert, « L'usage de la fiction en histoire », *Le Débat*, n° 54, mars–avril 1989, « Questions à la littérature », p. 89–113.

Jeanneret, Michel, *Versailles. Ordre et chaos*, Paris, Gallimard, 2012.

Jolles, André, *Formes simples*, Traduit de l'allemand par Antoine Marie Buguet, Paris, Le Seuil, 1972.

Jolles, André et Huizinga, Johan, « Clio et Melpomène », échange de lettres publié dans *Poétique*, n° 100, novembre 1994, p. 487–505.

Jouanna, Arlette, *Le Pouvoir absolu. Naissance de l'imaginaire politique de la royauté*, Paris, Gallimard, 2013.

Jouanna, Arlette, *Le Prince absolu. Apogée et déclin de l'imaginaire monarchique*, Paris, Gallimard, 2014.

Jouve, Vincent, *L'Effet-personnage dans le roman*, Paris, Presses universitaires de France, 1992.

Jung, Marc-René, *Hercule dans la littérature française du XVIe siècle*, Genève, Droz, 1966.

Kantorowicz, Ernst, *The King's two Bodies, a Study in Mediaeval Political Theology*, Princeton, Princeton University Press, 1957, trad. de l'anglais par J.-P. Genet et Nicole Genet.

Kantorowicz, Ernst, *Les Deux corps du roi*, Paris, Gallimard, 1989.

Kars, Hendrik, *Le Portrait chez Marivaux. Étude d'un type du segment textuel. Aspects métadiscursifs, définitionnels, formels*, Amsterdam, Rodopi, 1981.

Kerbrat-Orecchioni, Catherine (dir.), *Les Interactions verbales*, Paris, A. Colin, 1990-1994.

Koselleck, Reinhart, *Le futur passé, Contribution à la sémantique des temps historiques*, Paris, Éditions de l'École des Hautes Études en Sciences Sociales, 2000.

Kozul, Mladen, « Séduction poétique, séduction amoureuse : du livre au corps », dans *Le Roman véritable. Stratégies préfacielles au XVIIIe siècle*, Jan Herman, Mladen Kozul et Nathalie Kremer, Oxford, Voltaire Foundation, 2008.

Kremer, Nathalie, « Le philosophe aveugle. Voyage au-delà des apparences » dans *Cleveland de Prévost. L'épopée du XVIIIe siècle*, éd. Jean-Paul Sermain, Paris, Desjonquères, 2006, p. 160-178.

Kuroda, S.-Y., « Reflections on the foundations of narrative theory : from a linguistic point of view », dans *Pragmatics of Language and Literature*, éd. Teun A. van Dijk, Amsterdam et New York, North-Holland Publishing Company, 1976, p. 107-140, [« Réflexions sur les fondements de la théorie de la narration », trad. Tiên Fauconnier, dans *Langue, discours, société. Pour Émile Benveniste*, éds. Julia Kristeva, Jean-Claude Milner et Nicolas Ruwet, Paris, Le Seuil, 1975, p. 260-293].

Kuroda, S.-Y., *Pour une théorie poétique de la narration*, trad. et présentation Sylvie Patron, Armand Colin, 2012.

Lallemand, Marie-Gabrielle, « Les poèmes d'Honoré d'Urfé insérés dans *L'Astrée* », *XVIIe siècle*, n° 235, avril 2007, p. 295-313.

Lavocat, Françoise, *Fait et fiction, Pour une frontière*, Paris, Le Seuil, 2016.

Lavocat, Françoise, *La Théorie littéraire des mondes possibles*, Littera Linguis, 2010.

Lavocat, Françoise (dir.), *Usages et théories de la fiction : le débat contemporaion à l'épreuve des textes anciens (XVIe-XVIIIe siècles)*, Presses Universitaires de Rennes, 2004.

Lazard, Madeleine, *Pierre de Bourdeille, seigneur de Brantôme*, Paris, Fayard, 1995.

Leborgne, Érik, *L'Humour noir des Lumières*, Paris, Classiques Garnier, 2018.

Leborgne, Érik, « L'humour noir des Lumières : Diderot, Casanova, Freud », *Eighteenth-Century Fiction*, 26 (4), July 2014, p. 651-658.

Leborgne, Érik et Sermain, Jean-Paul (dir.), *Les Expériences romanesques de Prévost après 1740*, Louvain, Peeters, 2003.

Le Borgne, Françoise, « Le Paris d'un pornographe », *Études rétiviennes*, n° 41, décembre 2009, p. 103-117.

Lebrun, Annie, *Soudain un bloc d'abîme, Sade*, Paris, Pauvert, 1986.

Le Brun, Jacques, « Idoménée et le meurtre du fils. Le trompe-l'œil de l'utopie », dans *Fénelon. Philosophie et spiritualité*, dir. D. Leduc-Fayette, Genève, Droz, 1996, p. 77–93.

Lecercle, Jean-Louis, *Rousseau et l'art du roman*, Paris, Colin, 1969.

Leplatre, Olivier, « Le sommeil et l'éveil dans *Les Aventures de Télémaque* », dans *Lectures de Fénelon. Les Aventures de Télémaque*, dir. I. Trivisani-Moreau, Rennes, PUR, 2009, p. 147–168.

Le Roux, Nicolas, *La Faveur du Roi. Mignons et courtisans au temps des derniers Valois*, Seyssel, Champ Vallon, 2001.

Le Roux, Nicolas, « La Maison du roi sous les premiers Bourbons », dans *Les Cours d'Espagne et de France au XVIIe siècle*, dir. Chantal Grell et Benoît Pellistrandi, Madrid, Casa de Velásquez, 2007, p. 13–40.

Lesne, Emmanuelle, *La Poétique des mémoires (1650–1685)*, Paris, Honoré Champion, 1996.

Levi-Strauss, Claude, *La Pensée sauvage*, Paris, Plon, 1962.

Lotterie, Florence, « Madame de Staël. La littérature comme 'philosophie sensible' », *Romantisme*, n° 124, 2004, p. 19–30.

Lotterie, Florence, *Le Genre des Lumières*, Paris, Classiques Garnier, 2013.

Luna, Marie-Françoise, *Casanova mémorialiste*, Paris, Honoré Champion, 1998.

MacDonald, Katherine, « Colorer les faits : le statut du portrait graphique chez Brantôme », *Seizième Siècle*, N° 3, 2007, p. 207–223.

Magnot-Ogilvy, Florence, *La Parole de l'autre dans le roman-mémoires (1720–1770)*, Paris/Louvain/Dudley, Peeters, 2004.

Magnot-Ogilvy, Florence, « L'économie du discours et son image dans les romans-mémoires », dans *Histoire, histoires*, dir. M. Hersant, M-P. Pilorge, C. Ramond et F. Raviez, Arras, APU, 2011, p. 307–321.

Man, Paul de, *Allégories de la lecture*, Paris, Galilée, 1989.

Masson, Nicole, « Les rencontres féminines de Nicolas », *Études rétiviennes*, n° 9, décembre 1988, p. 5–16.

Massonnaud, Dominique, *Faire vrai, Balzac ou l'invention de l'œuvre-monde*, Genève, Droz, 2014.

May, Georges, *L'autobiographie*, Paris, PUF, 1979.

May, Georges, « L'histoire a-t-elle engendré le roman ? », *Revue d'Histoire Littéraire de la France*, avril–juin 1955, p. 155–176.

McCallam, D., « Chamfort entre mémoires, récits de voyage et littérature moraliste », *Cahiers de l'Association internationale des études françaises*, 59, 2007, p. 207–220.

Mckenna, Anthony et Rivara, Annie (dir.), *Le Roman des années trente : la génération de Prévost et Marivaux*, P.U. Saint-Étienne, 1998.

Mendilow, Adam Abraham, *Time and the Novel*, Londres, P. Nevill, 1952.

Menant, Sylvain, « Chamfort : naissance d'un moraliste », *Cahiers de l'Association internationale des études françaises*, 30, 1978, p. 181–194.

Méricam-Bourdet, Myrtille, *Voltaire et l'écriture de l'histoire, un enjeu politique*, Oxford, Voltaire Foundation, SVEC 2012/02.

Merlin-Kajman, Hélène, « Théophile de Viau : moi libertin, moi abandonné », *La Liberté de pensée. Hommage à Maurice Laugaa*, Études réunies et présentées par François Lecercle, Poitiers, *La Licorne* n° 61, 2002, p. 123-136.

Merlin-Kajman, Hélène (éd.), *Les Émotions publiques et leur langage à l'âge classique*, *Littératures classiques*, n° 68, Paris, Champion, 2009.

Merlin-Kajman, Hélène, « Sentir, ressentir : émotion privée, langage public », *Littératures classiques*, n° 68, 2009/1, p. 335-354.

Merlin-Kajman, Hélène, « Le partage du sensible dans les lettres de Madame de Sévigné », dans *Connivences épistolaires ? autour de Madame de Sévigné (lettres de l'année 1671)*, journée d'agrégation décembre 2012, Université Lyon 3, publication en ligne : http://facdeslettres.univ-lyon3.fr/recherche/gadges/publications/le-partage-du-sensible-dans-les-lettres-de-l-annee-1671-de-la-correspondance-de-mme-de-sevigne-625308.kjsp?RH=1206110864985 (2013).

Meter, Helmut, « Enjeux idéologiques de l'écran. Modèles italiens et taxinomie du désir féminin dans *Les Dames galantes* », dans *L'écran de la représentation. Théorie littéraire. Littérature et peinture du XVIe au XXe siècle*, dir. S. Lojkine, Paris, L'Harmattan, « Champs visuels », 2001, p. 159-170.

Miraux, Jean-Philippe, *Le Portrait littéraire*, Paris, Hachette Supérieur, « Ancrages », 2003.

Momigliano, Arnaldo, *Problèmes d'historiographie ancienne et moderne*, trad. de l'italien par Alain Tachet, Évelyne Cohen, Louis Évrard et Antoine Malamoud, Paris, Gallimard, « Bibliothèque des histoires », 1983.

Mouligneau, Geneviève, *Mme de Lafayette romancière ?*, Bruxelles, éd. de l'Université Libre de Bruxelles, 1980.

Mouligneau, Geneviève, *Mme de Lafayette historienne ?* Bruxelles, Académie royale de langue et de littérature française de Bruxelles, 1990.

Mühlethaler, Jean-Claude, « Quand Fortune, ce sont les hommes. », dans *La Fortune. Thèmes, représentations, discours*, études rassemblées par Yasmina Foehr-Janssens et Emmanuelle Métry, Genève, Droz, 2003, p. 177-206.

Neaimi, Sadek, *L'Islam au siècle des Lumières. Image de la civilisation islamique chez les philosophes français du XVIIIe siècle*, Paris, L'Harmattan, 2003.

Néraudau, Jean-Pierre, *L'Olympe du Roi-Soleil. Mythologie et idéologie royale au Grand Siècle*, Paris, Les Belles Lettres, 1986.

Orlando, Francesco, *Illuminismo, barocco e retorica freudiana*, Turin, Einaudi, 1997.

Orlando, Francesco, *Lecture freudienne de 'Phèdre'*, trad. de l'italien par Danièle et Thomas Aron, Paris, Les Belles Lettres, 1986.

Orlando, Francesco, *Per una teoria freudiana della letteratura*, Turin, Einaudi, 1992.

Orlando, Francesco, « Codes littéraires et référents chez Auerbach », dans *Erich Auerbach : la littérature en perspective*, ed. Paolo Tortonese, Paris, Presses Sorbonne Nouvelle, 2009, p. 211-62.

Orlando, Francesco, *Les Objets désuets dans l'imagination littéraire*, Paris, Classiques Garnier, 2010.

Oudart, Jean, « La vérité de la guerre d'Irlande selon la *Gazette* et selon Prévost », dans les *Cahiers Prévost d'Exiles*, n° 6, p. 39-48.

Patron, Sylvie, *La Sociabilité des cœurs : pour une anthropologie du roman sentimental*, Amsterdam/New York, Rodopi, 2013.

Patron, Sylvie, *Le Narrateur, introduction à la théorie narrative*, Paris, Colin, 2009.

Patron, Sylvie (dir.), *Théorie, analyse, interprétation des récits/Theory, Analysis, Interpretation of Narratives*, Berne, Peter Lang, 2011.

Patron, Sylvie (dir.), *Introduction à la narratologie postclassique : les nouvelles directions de la recherche sur le récit*, Villeneuve d'Ascq, Septentrion, 2018.

Pelckmans, Paul, *Le Sacre du père : fictions des Lumières et historicité d'Œdipe 1699-1775*, Amsterdam/New York, Rodopi, 1983.

Périgot, B., *Dialectique et littérature : les avatars de la dispute entre Moyen âge et Renaissance*, Paris, H. Champion, 2005.

Perot, Nicolas, « *Les Martyrs* et *L'Astrée* », *Bulletin de la Société Chateaubriand*, 52, 2009, p. 93-102.

Perrin, Jean-François, *Le Chant de l'origine : la mémoire et le temps dans* Les Confessions *de Jean-Jacques Rousseau*, Oxford, SVEC, 1996.

Perrin, Jean-François, « Dire l'implicite : les *Journaux* de Marivaux », dans *Marivaux journaliste*, textes réunis par R. Jomand-Baudry, Publications de l'université de Saint-Étienne, 2009, p. 63-75.

Philippe, Gilles, « Existe-t-il un appareil formel de la fiction ? », dans D. Denis et A. Jaubert, *Des procédures de fictionnalisation, Le français moderne*, 2005/1, p. 75-88.

Philippe, Gilles, « L'appareil formel de l'effacement énonciatif et la pragmatique des textes sans locuteur », *Pragmatique et Analyse des textes*, dir. R. Amossy, Presses de l'Université de Tel-Aviv, 2002.

Pierse, Siofra, *Voltaire historiographer : narrative paradigms*, Oxford, Voltaire Foundation, SVEC 2008/05.

Plantié, Jacqueline, *La Mode du portrait littéraire en France. 1641-1681*, Paris, Honoré Champion, 1994.

Plazenet, Laurence, *L'Ébahissement et la délectation. Réception comparée et poétiques du roman grec en France et en Angleterre aux XVIe et XVIIe siècles*, Paris, H. Champion, 1997.

Plazenet, Laurence, « Gomberville et le genre romanesque », *Cahiers de l'Association internationale des études françaises*, 56, 2004, p. 359-378.

Pomian, Krzysztof, *L'Ordre du temps*, Paris, Gallimard, 1984.

Pomian, Krzysztof, *Sur l'histoire*, Paris, Gallimard, 1999.

Pommier, Édouard, *Théories du portrait de la Renaissance aux Lumières*, Gallimard, 1998.

Poulet, Georges, *Études sur le temps humain* [1949], Paris, Pocket Agora, 1989.

Principato, Aurelio, « De l'effet appétissant des prolepses narratives », dans *La Partie et le tout. La composition du roman, de l'âge baroque au tournant des Lumières*, éd. M. Escola, J. Herman, L. Omacini, P. Pelckmans, J.-P. Sermain, Louvain, Peeters, 2011, p. 567–580.

Proust, Jacques, « Le corps de Manon », *Littérature*, 1971, vol. 4, p. 5–21.

Pujol, Stéphane, *Le Dialogue d'idées au dix-huitième siècle*, Oxford, SVEC, 2005/06.

Ramond, Catherine (dir.), *Claude Crébillon ou les mouvements du cœur : Lettres de la Marquise de M*** au Comte de R****, Paris, PUF/CNED, 2010.

Ramond, Catherine, « Qui parle ? Les stratégies du discours rapporté dans quelques récits du XVIIIe siècle (Challe, Prévost, Sade) », dans *Histoire, Histoires*, dir. M. Hersant, M.-P. Pilorge, C. Ramond, F. Raviez, Arras, APU, 2011, p. 323–342.

Ramond, Catherine, « Entre deux siècles, entre deux genres : quelques 'monstres littéraires' au tournant du siècle », dans *Entre deux eaux. Les secondes Lumières et leurs ambiguïtés (1789–1815)*, dir. Anouchka Vasak, Paris, Éditions Le Manuscrit, 2012, p. 327–351.

Ramond, Catherine, *La Voix racinienne dans les romans du XVIIIe siècle*, Paris, H. Champion, 2014.

Rancière, Jacques, *Les Mots de l'histoire, Essai de poétique du savoir*, Paris, Le Seuil, 1992.

Rawson, Claude, « Savage indignation revisited : Swift, Yeats and the 'cry' of liberty », dans *Swift's Angers*, Cambridge, Cambridge University Press, 2014, 239–267.

Regard, Maurice, « Tradition et originalité dans *Les Martyrs* », CAIEF 20, 1968, p. 73–83.

Ricœur, Paul, « L'imagination dans le discours et dans l'action », dans *Savoir, faire, espérer : les limites de la raison*, Bruxelles, Publications des Facultés universitaires Saint-Louis, tome 1, 1976, p. 209.

Ricœur, Paul, *Histoire et vérité*, Paris, Le Seuil, 1955.

Ricœur, Paul, *Temps et récit 1, L'intrigue et le récit historique*, Paris, Le Seuil, 1983.

Ricœur, Paul, *Temps et récit 2, La configuration dans le récit de fiction*, Paris, Le Seuil, 1984.

Ricœur, Paul, *Temps et récit 3, Le temps raconté*, Paris, Le Seuil, 1985.

Ricœur, Paul, *De l'interprétation*, Paris, Éditions du Seuil, « Points essais », [1965] 1995.

Ricœur, Paul, *La Mémoire, l'Histoire, l'oubli*, Paris, Seuil, 2003.

Rigney, Ann, « Du récit historique, La prise de la Bastille par Michelet (1847) », *Poétique*, n° 75, septembre 1988, p. 267–278.

Rives, Childs, *Casanova. A Biography Based on New Documents*, London, George Allen and Unwin LTD, 1961.

Rosellini, Michèle, « Curiosité et théorie du roman dans le dernier tiers du XVIIe siècle : entre éthique et esthétique », dans *Curiosité et* Libido sciendi *de la Renaissance aux Lumières*, éd. N. Jacques-Chaquin et S. Houdard, Paris, ENS Éditions, 1998, t. I, p. 137-156.

Rosellini, Michèle, « L'entreprise critique de Sorel : une œuvre de "novateur" ? », dans *Naissance de la critique littéraire*, dir. P. Dandrey, *Littératures classiques*, 86, 2015, p. 187-214.

Rosier, Laurence, *Le Discours rapporté en français*, Paris, Ophrys, 2008.

Roulin, Jean-Marie, « La "Romanisation" du héros dans l'épopée du tournant des Lumières », dans *Le Romanesque dans l'épique*, dir. D. Boutet, *Littérales*, 31, 2003.

Rousset, Jean, *La Littérature de l'âge baroque en France – Circé et le paon*, Paris, Librairie José Corti, 1954.

Rousset, Jean, *Forme et signification, Essai sur les structures littéraires de Corneille à Claudel*, Paris, Corti, 1962.

Rousset, Jean, *Narcisse romancier, Essai sur la première personne dans le roman*, Paris, Corti, 1973.

Roux, Brigitte, *Mondes en miniatures*, Genève, Droz, 2009.

Ryan, Marie-Laure, « Frontière de la fiction : digitale ou analogique ? », *Frontières de la fiction*, *Modernités*, n° 17, Presses Universitaires de Bordeaux, Éditions Nota Bene, 2001, p. 17-42.

Sabatier, Gérard, *Versailles ou la figure du roi*, Paris, Albin Michel, 1999.

Sabatier, Gérard (dir.), *Claude-François Ménestrier : les Jésuites et le monde des images*, Grenoble, Presses universitaires de Grenoble, 2009.

Sabbah, Pierre, *La Galerie des Illustres dans les Mémoires du Cardinal de Retz*, Publications de l'Université de Saint-Etienne, 2000.

Salaün, Franck (dir.), *Marivaux subversif ?*, Paris, Desjonquères, 2003.

Sarrazin-Cani, Véronique, « Formes et usages du calendrier dans les almanachs parisiens au XVIIIe siècle », *Bibliothèque de l'école des chartes*, 157.2, 1999, p. 417-446.

Schaeffer, Jean-Marie, *Pourquoi la fiction ?*, Paris, Le Seuil, 1999.

Sellier, Philippe, *Pascal et saint Augustin*, Paris, Armand Colin, 1970.

Selmeci Castioni, Barbara, « L'actualité gravée au temple de mémoire. La mise en place du programme d'illustration du *Mercure galant* au tournant de l'année 1678 », *Nouvelles de l'estampe*, 292, automne 2015, p. 54-68.

Senellart, Michel, *Les Arts de gouverner. Du regimen médiéval au concept de gouvernement*, Paris, Seuil, 1995.

Sermain, Jean-Paul, *Rhétorique et roman au XVIIIe siècle*, Oxford, Voltaire Foundation, 1985.

Sermain, Jean-Paul, *Métafictions (1670–1730). La réflexivité dans la littérature d'imagination*, Paris, Honoré Champion, 2002.

Sermain, Jean-Paul, « B. Lamy et l'expression verbale des émotions », dans *Les Émotions publiques et leur langage à l'âge classique*, dir. Hélène Merlin, *Littératures classiques* n° 68, 2009, p. 203–210.

Sevilla, Gabriel, « La triple tension narrative : chrono-topique, pathétique, télique », *Cahiers de narratologie* [en ligne], n° 26, 2014. http://narratologie.revues.org/6901.

Sgard, Jean, « Prévost romancier et journaliste », dans *Vingt études sur Prévost d'Exiles*, ELLUG, 1995, p. 225–238.

Sgard, Jean, *L'Abbé Prévost, labyrinthes de la mémoire*, Paris, PUF, 1986.

Sigu, Véronique, *Médiévisme et Lumières. Le Moyen âge dans la Bibliothèque universelle des romans*, Oxford, Voltaire Foundation, University of Oxford, 2013.

Simon, Renée, *Henry de Boulainvilliers : historien, politique, philosophe, astrologue*, Paris, Boivin, 1940.

Smeed, J. W., *The Theophrastian 'Caracter'. The History of a Literary Genre*, Oxford/New York, Clarendon Press, 1985.

Spica, Anne-Élisabeth, *Savoir peindre en littérature. La description dans le roman au XVIIe siècle : Georges et Madeleine de Scudéry*, Paris, Champion, 2002.

Spitzer, Leo, *Études de style*, Paris, Gallimard, 1970.

Stefanovska, Malina, *Saint-Simon, un historien dans les marges*, Paris, Honoré Champion, « Les dix-huitièmes siècles », 1998.

Testud, Pierre, *Rétif de la Bretonne et la Création littéraire*, Genève, Paris, Droz, 1977.

Testud, Pierre, « Rétif et la création romanesque », en ligne : http://retifdelabretonne.net/retif-et-la-creation-romanesque/.

Testud, Pierre, « Rétif, historien et romancier de la prostitution », *Études rétiviennes*, n° 36, décembre 2004, p. 107–131.

Teyssandier, Bernard, *La Morale par l'image : La Doctrine des mœurs dans la vie et l'œuvre de Gomberville*, Paris, Honoré Champion, 2008.

Teyssandier, Bernard, « Des fictions compensatrices ? Sur un usage détourné de l'histoire au XVIIe siècle, l'exemple de Marin Le Roy de Gomberville », dans *Les Songes de Clio, fiction et histoire sous l'Ancien régime*, dir. Sabrina Vervacke, Eric Van der Schueren, Thierry Belleguic, Laval, Presses universitaires, 2006, p. 171–200.

Tholozan, Olivier, *Henri de Boulainvilliers. L'anti-absolutisme aristocratique légitimé par l'histoire*, Aix-Marseille, Presses universitaires d'Aix-Marseille, 1999.

Thomas, Chantal, *Casanova. Un voyage libertin*, Paris, Denoël, 1985.

Tolan, John, « Miroir de nos phantasmes ? L'islam dans l'imaginaire européen : perspectives historiques », 2013, (https://halshs.archives-ouvertes.fr/halshs-00737964v2).

Trémolières, François, *Fénelon et le sublime*, Paris, Honoré Champion, 2009.

Tsimbidy, Myriam, « Libertinage et rabutinage ou comment définir le libertinage-rabutin ? », *Horizons libertins, Rabutinages*, n° 24, 2014, p. 5–16.

Turbet Delof, Guy, *L'Afrique barbaresque dans la littérature française aux XVIe et XVIIe siècles*, Genève, Droz, 1973.

Tucci, Patrizio, « Histoire et causalité chez Chateaubriand », dans *Chateaubriand, penser et écrire l'Histoire*, dir. I. Rosi et J.-M. Roulin, Publications de l'Université de Saint-Étienne, 2009, p. 29-46.

Uomini, Steve, *Cultures historiques dans la France du XVIIe siècle*, Paris, L'Harmattan, 1998.

Vaillant, Alain, « Chateaubriand et ses adieux à la littérature », *Revue d'Histoire Littéraire de la France*, 3, 2007, p. 571-591.

Van Delft, Louis, *Littérature et anthropologie : nature humaine et caractère à l'âge classique*, Paris, PUF, 1993.

Van Delft, Louis, *Les Spectateurs de la vie. Généalogie du regard moraliste*, Presses de l'Université de Laval, 2005, rééd. Paris, Hermann, 2013.

Van der Cruysse, Dirk, *Le Portrait dans les* Mémoires *de Saint-Simon. Fonctions, techniques et anthropologie. Étude statistique et analytique*, Paris, Nizet, 1971.

Vaucheret, Étienne, *Brantôme mémorialiste et conteur*, Paris, Honoré Champion, 2010.

Venturino, Diego, *Le ragioni della tradizione. Nobilità e mondo moderno in Boulainvilliers (1658-1722)*, Turin, Le Lettere, 1993.

Venturino, Diego, « Un prophète philosophe ? Une *Vie de Mahomed* à l'aube des Lumières », *Dix-huitième siècle*, 24, 1992, p. 321-331.

Vernant, Jean-Pierre, *Mythe et pensée chez les grecs*, Paris, Maspero, 1965, rééd. Paris, La Découverte, 1996.

Viala, Alain, *La France galante, Essai historique sur une catégorie culturelle, de ses origines jusqu'à la révolution*, Paris, Presses universitaires de France, 2008.

Vincent, Monique, « *Le Mercure galant* à l'écoute de ses institutions », *Travaux de littérature*, 19, 2006, p. 187-199.

Volpilhac-Auger, Catherine, *Tacite en France de Montesquieu à Chateaubriand*, Oxford, Voltaire Foundation, 1993.

Volpilhac-Auger, Catherine, « La parole et ses représentations dans le récit historique à l'âge classique », dans *Des Voix dans l'histoire*, dir. L. Guellec et C. Volpilhac-Auger, *La Licorne* n° 89, PU Rennes, 2010, p. 11-32.

Volpilhac-Auger, Catherine, « Parler au peuple, parler au roi : la question des harangues (XVII-XVIIIe siècles) », *Des Voix dans l'histoire*, p. 57-74.

Watt, Ian, *The Rise of the novel. Studies in Defoe, Richardson and Fielding* [1957], Berkeley/Los Angeles, University of California Press, 2001.

Weinrich, Harald, *Le Temps, le récit et le commentaire*, trad. de l'allemand par Michel Lacoste, Paris, Le Seuil, 1973.

White, Hayden, *Metahistory, The historical imagination in XIXth century Europe*, Baltimore/London, The Johns Hopkins University Press, 1973.

White, Hayden, *Tropics of discourse, essays in cultural criticism*, Baltimore/London, The Johns Hopkins University Press, 1985.

White, Hayden, *The content of form, Narrative discourse and historical representation*, Baltimore/London, The Johns Hopkins University Press, 1987.

Wild, Francine, « La Rochefoucauld, Retz, Mme de Motteville, Mme de la Fayette et la représentation de la vie psychique : enquête chez les mémorialistes », dans *Représenter la vie psychique*, dir. F. Wild, *Elseneur* n° 25, 2010, p. 71–84.

Williams, Harold, *The Prose Writings of Jonathan Swift*, Oxford, Blackwell, 1964, Vol. 7, p. ix–xxviii.

Woodall, Joanna (dir.), *Portraiture : Facing the Subject*, Manchester, Manchester University Press, 1997.

Zanone, Damien, *Écrire son temps. Les Mémoires en France de 1815 à 1848*, Lyon, Presses Universitaires de Lyon, 2006.

Zonza, Christian, *La Nouvelle historique en France à l'âge classique (1657–1703)*, Paris, Honoré Champion, 2007.

Index

Abdolonyme   79
Abiven, Karine   8
Adriani, Giovanni Battista   454
Agamben, Giorgio   105, 107
Aïssé, Mlle   366, 367, 368, 370, 372, 373, 374
Albertan-Coppola, Sylviane   8, 361,
Alexandre le Grand   76, 77, 78, 79, 80, 81, 83, 194, 199, 200, 206,
Alexandre VII (pape)   210, 211, 215, 216
Alfieri, Vittorio   72
Amstutz, Delphine   8
Amyot, Jacques   251
Andilly, Arnaud d'   268, 269
Apulée   121
Aristote   129, 141, 448
Arnaud, Claude   3
Aubigné, Agrippa d'   456
Auerbach, Erich   177
Auguste, empereur romain   60
Augustin (saint)   266, 267, 268, 269, 270, 271, 274
Aulnoy, Marie-Catherine Le Jumel de Barneville, baronne d'   102, 103

Bacon, Francis   60
Baculard d'Arnaud   404
Badoaro, Federico   454
Baker, Richard   47, 48
Bakhtine, Mikhaïl   109
Balzac, Honoré de   113, 115, 118, 169, 175, 482, 491
Balzac, Jean-Louis Guez de   443
Baroni, Raphaël   376, 378, 380
Barthes, Roland   489, 490
Bates, Blanchard W.   187
Beaufort, Edmond, duc de Somerset (1406-1455)   104
Beaufort, Henri, cardinal (1375-1447)   101
Beauharnais, Joséphine de   286
Beaumont, Pauline de   492
Belkahla, Ilhem   8
Belleau, Rémy   142
Bély, Lucien   97, 99
Benabou, Marie-Erica   298
Benveniste, Émile   348

Bercegol, Fabienne   494
Berchet, Jean-Claude   494
Berlan, Françoise   152
Bernis, cardinal de   325
Bertière, André   208, 211
Bertière, Simone   18, 21, 29, 348
Beugnot, Bernard   39
Birch, Thomas   60
Blanc, André   151
Blanchot, Maurice   293
Blévis, Marcianne   23
Boccace   191
Boch, Julie   153
Bochenek-Franczakowa, Regina   417
Boileau, Nicolas   80
Bolot, Annabelle   8
Bombosch, Ruth   312
Bonnefon, Paul   236
Booth, Wayne   384
Bosquet, Marie-Françoise   301
Bossuet, Jacques-Bénigne   200, 471, 472, 475, 476, 479, 480, 481
Boulainvilliers, Henri, comte de   7, 87, 88, 89, 90, 91, 92, 93, 94, 95, 96, 97, 98, 147, 263
Bourgogne, Marie-Adélaïde de Savoie, duchesse de   260
Bourgogne, Louis de France, duc de   87, 97, 144, 145, 146, 171, 232, 256, 265, 266, 267, 268, 269, 270, 271, 272, 273, 274, 275
Bournonville, Coralie   8
Bove, Laurent   473
Brantôme, Pierre de Bourdeilles, dit   3, 7, 19, 175, 181, 182, 183, 184, 185, 186, 187, 188, 189, 190, 191, 455, 456,
Brézé, Pierre de (1410-1465)   107
Brienne le Jeune (Louis Henri de Loménie, comte de)   230, 231, 232, 233, 234, 235, 236, 237, 238, 239, 240, 241
Briot, Frédéric   7
Brody, Jules   253
Brunet, Gustave   413
Buffon, Georges-Louis Leclerc de   173
Bussy-Rabutin, Roger, comte de   3, 6, 16, 17, 19, 24, 38, 39, 40, 41, 42, 43, 44, 46, 194, 198, 199, 200, 201, 202, 203, 205, 290, 416

Cabanis, Pierre Jean Georges   114
Cabrera de Cordoba, Luis   453
Calmette, Joseph   99
Campanella, Tommaso   159
Campi, Riccardo   8, 482
Camus, Albert   487, 488, 489, 490, 491
Camus, Jean-Pierre   437
Cantemir, Dimitrie   373
Carmontelle   111
Carpani, Giuseppe   111, 113
Carreno de Miranda, Juan   59
Casanova, Giacomo   8, 289, 292, 305, 306, 307, 308, 309, 310, 311, 312, 313, 314, 315, 316, 317, 318, 319, 320, 321, 322, 323, 324, 325, 326, 327, 328
Castiglione, Balthazar   130
Catherine de Médicis   181
Catherine II de Russie   305, 308, 313, 316
Cervantès   82, 341
César, Jules   77, 78, 79, 88, 194, 199, 200, 206, 215
Challe, Robert   219, 225, 226, 227, 228, 229, 386
Chamfort, Sébastien-Roch Nicolas de   8, 483, 484, 485, 486, 487, 488, 489, 490, 491
Charbonneau, Frédéric   8, 242, 245, 247
Charlemagne   7, 87, 88, 89, 90, 91, 92, 93, 94, 95, 96, 97, 98
Charles II   59, 412, 414, 422
Charles IX   188, 251, 252, 440, 444
Charles le Téméraire   99
Charles Quint   251, 449, 452
Charles VII, roi de France   101
Charles XII, roi de Suède   7, 75, 76, 77, 78, 79, 80, 81, 82, 83, 84, 85, 86, 369
Charles, Lise   8
Charrier-Vozel, Marianne   8
Chastellain, Georges   107
Chateaubriand, François-René de   3, 4, 8, 209, 218, 242, 492, 493, 494, 495, 496, 497, 498, 499, 500, 501, 502
Cheneville, Mme de   40, 42, 44, 45, 46
Chevreuse, Charles-Honoré d'Albert, duc de   97
Childs, Rives   306
Choisy, François Timoléon, abbé de   244, 245, 247, 248, 249

Clouet, Jean et François   183
Cochin, Charles-Nicolas   163
Cohn, Dorrit   2, 378
Coirault, Yves   172, 232, 246, 253, 255, 265, 277
Colbert   220
Colbran, Isabella   116
Coligny   188
Concini, Concino   437, 443, 445
Condé, Louis II de Bourbon-Condé, le grand Condé   8, 16, 40, 170, 193, 194, 195, 196, 197, 198, 199, 200, 201, 202, 203, 204, 205, 206, 215
Conti, Armand de Bourbon, prince de   16, 17, 18, 170, 200
Conti, Natale   454
Corneille, Pierre   80, 477, 478
Cosandey, Fanny   447
Cosnac, Daniel de   34
Cossé-Brissac, Timoléon de   188
Cottrell, Robert D.   181, 183
Coulet, Henri   130, 332, 350, 354, 365, 428
Courtilz de Sandras   77
Craim, Alexandre de   8
Crébillon, Claude   8, 169, 412, 414, 415, 417, 420, 421, 424, 425, 426, 427, 429, 430
Crébillon, Prosper Jolyot de   308, 476
Crowne, John   55

Dagen, Jean   332, 411, 471, 473, 474, 476, 477, 483,
Dandrey, Patrick   6, 127, 138, 142
Dangeau, Philippe de Courcillon, marquis de   261, 275, 413
Daniel, Gabriel   92, 265
Daniel, Samuel   47
Danton   497
Darius   83
Daviel, Jacques   310
Debaisieux, Martine   135, 142, 156, 162, 293,
Deffand, Marie de Vichy-Chamrond, marquise du   81, 412
Defoe, Daniel   76, 77, 82
Del Litto, Victor   113
Deleuze, Gilles   217
Delft, Louis van   397, 484, 491
Della Casa, Giovanni   130
Deloffre, Frédéric   357, 386, 424

INDEX   523

Delon, Michel   165, 291, 317, 325, 327,
Démétrios de Phalère   123
Démoris, René   4, 7, 141, 252, 316, 384
Denis, Delphine   7, 39, 440
Déruelle, Aude   498, 499
Deruelle, Benjamin   97
Descimon, Robert   446, 447
Desmolets, Pierre Nicolas   4
Diderot, Denis   8, 115, 116, 118, 139, 175, 239, 317, 322, 337, 340, 406, 413, 414, 415, 423, 433,
Didier, Béatrice   7, 360, 361
Dimier, Louis   181
Dioclétien   492, 496, 499, 500, 501
Doiron, Normand   110
Dom Carlos   449, 450, 451, 452, 453, 454, 455, 456, 457
Donneau de Visé   8, 12, 458, 459, 460, 461, 462, 463, 464, 465, 466, 467, 468, 469, 470
Dostoïevski, Fiodor   340
Drévillon, Hervé   97
Dryden, John   60
Du Bellay, Joaquim   130, 142
Du Plaisir   121
Du Ryer, André   92
Du Ryer, Pierre   454
Dubois, abbé puis cardinal   176
Dubost, Jean-François   446
Duchêne, Roger   26, 30, 41
Duclos, Charles Pinot   291, 424, 425, 426, 427, 428, 429, 430, 431, 433
Dulong, Gustave   457
Duprat, Anne   7
Duval, Suzanne   127

Eco, Umberto   313
Edouard IV, roi d'Angleterre   59
Eginhard   92, 93, 98
Eichel-Lojkine, Patricia   191
Ellis, Harold A.   87, 97
Engel, Claire-Éliane   102
Épernon, duc d'   437
Érasme   121, 144
Ernest, Frédéric, baron de Fabrice   75
Escola, Marc   352, 353, 452
Esmein-Sarrazin, Camille   22, 26, 27, 31, 121, 131, 244, 459,

Esquier, Suzelle   113
Etiemble   413
Evelyn, John   413

Fabert, Abraham   40
Fabre, Jean   371
Fauchery, Pierre   399
Faulot, Audrey   8
Favre, Roger   139
Feinsilber, Anne   411
Fénelon, François de Salignac de la Mothe   7, 97, 144, 145, 146, 147, 148, 149, 150, 151, 152, 153, 154, 159, 230, 475, 476, 492
Ferrand, Anne   22
Ferreyrolles, Gérard   448
Ferriol, Charles de   366, 367, 358, 369, 370, 371, 372, 373, 374
Fielding, Henry   47, 52, 53, 54, 55, 61
Fontanier, Pierre   418
Fontenelle, Bernard Le Bouyer de   426, 486, 487, 489
Fortescue, Sir John   103
Foucault, Michel   15, 98, 236
Fougeret de Monbron, Louis-Charles   425
Fouquet, Nicolas   40, 43, 45
Fourier, Charles   490
Fragonard, Jean-Honoré   116
Francès, Cyril   318
François Ier 462
Frédéric II, roi de Prusse   81, 306
Fuller, Thomas   60
Fumaroli, Marc   39, 232, 422, 496
Furetière, Antoine   125, 134, 136, 137, 139, 215, 217, 422

Gachard, Louis Prosper   452, 453, 454, 455
Gailliard, Michel   167
Galland, Antoine   92
Garapon, Jean   245, 433, 485
Garaud, Christian   39
Garidel, Delphine Mouquin de   266
Gastelier, Jacques-Élie   366
Gaston Jean-Baptiste, dit Monsieur, duc d'Orléans   18, 42, 170
Geffriaud Rosso, Jeannette   423
Genette, Gérard   1, 248, 348
Géricault, Théodore   115
Gilot, Michel   343, 365

Giorgi, Giorgetto   8, 130, 144
Gloucester, Humprey de Lancastre, duc de   101
Golopentja, Sanda   123
Gomberville, Marin Le Roy de   8, 437, 438, 439, 440, 441, 442, 443, 445, 446, 447
Goudar, Ange   310
Goyet, Francis   441
Gracián, Baltasar   246
Gramont, Antoine III, duc de   196
Gramont, comte de   250
Grande, Nathalie   39
Greimas, Algirdas   109, 379
Greiner, Franck   127
Grémy-Deprez, Sandra   145
Griffiths, Ralph A.   104
Grimaldi, Anne   181
Grimm, Friedrich Melchior   414
Grivel, Guillaume   157
Guazzo, Stefano   130
Guiche, Armand de Gramont, comte de   28, 29, 31, 32, 34, 35, 41
Guillaume Ier 48
Guillaume II   48
Guion, Béatrice   94, 243, 448, 471
Guyon-Lecoq, Camille   8
Guyonnet de Vertron, Claude-Charles   465

Hallowell, R. E.   128
Hamburger, Käte   1, 2, 7, 423
Hamilton, Antoine   411, 412, 413, 414, 415, 417, 419, 421
Hamilton, Mlle   416
Hamon, Philippe   417
Hardy, Thomas   30
Harlay, Achille de   246, 248, 249, 250
Harrison, Robert   108
Harvey, Sara   464, 467
Hautcoeur, Guiomar   418
Haydn, Franz Joseph   111, 112, 113, 114
Haywood, Eliza   52, 414
Henri II de Bourbon-Condé   194, 200
Henri II, roi de France   36, 449, 452
Henri III, roi de France   19, 187, 217, 441, 445
Henri IV, roi de France   91, 103, 182, 185, 305
Henri VI, roi d'Angleterre   99, 100, 101, 102, 103, 105, 395
Henriette d'Angleterre   21, 22, 23, 24, 25, 26, 28, 256

Herman, Jan   101, 228, 353
Hérodote   145
Hersant, Marc   1, 2, 5, 7, 21, 91, 94, 130, 231, 238, 266, 272, 273, 318, 429
Hésiode   142
Hillenaar, Hank   151
Hipp, Marie-Thérèse   26
Holinshed, Raphael   47, 48, 60
Homère   142, 493
Horace   56, 99, 133, 141, 354
Hugo, Victor   432
Huizinga, Johan   102
Hume, David   47, 415
Huxelles, Nicolas Chalon du Blé, marquis d'   244

Igalens, Jean-Christophe   8, 314, 315, 321
Innocent XI, pape   468
Ionescu, Christina   287

Jacoebée, Pierre   340
Jacques II   414
Jauss, Hans Robert   101, 251
Jeanne d'Albret   185
Jeanne d'Arc   433
Jeanne Ière de Naples   191
Jeanneret, Michel   148, 156
Johnson, Esther   56
Jolles, André   251, 272
Jouanna, Arlette   447
Jouhaud, Christian   446
Jouvancy, Joseph de   122
Jouve, Vincent   381
Jung, Marc René   128
Juvénal   56

Kantorowicz, Ernst   102
Kars, Hendrik   354
Kerbrat-Orecchioni, Catherine   123
Koselleck, Reinhart   243, 250, 251
Kozul, Mladen   101
Kremer, Nathalie   101, 382

L'Arioste, Ludovico Ariosto, dit   317
La Bruyère, Jean de   140, 147, 161, 253, 279, 362, 415, 427, 484, 485, 486, 487
La Châtre, marquis de   281
Lafayette (ou La Fayette), Mme de   12, 13, 15, 16, 20, 21, 22, 23, 26, 413

INDEX 525

La Fontaine, Jean de   205
La Harpe, Jean-François de   424
La Mottraye, Aubry de   366, 369, 372, 373
La Rochefoucauld, François, duc de   17, 18, 19, 21, 29, 161, 197, 199, 201, 232, 268, 448, 485
La Vallière, Mlle de   35
Lahouati, Gérard   309, 320
Lalanne, Ludovic   16, 181, 194,
Lallemand, Marie-Gabrielle   125
Lauzun, Antonin Nompar de Caumont, duc de   244, 248, 279, 280, 281, 282
Lavater, Gaspard   115, 418
Lavocat, Françoise   8, 418
Laynesmith, Joanna   103
Lazard, Madeleine   181
Le Bernin   212, 216, 468
Le Borgne, Françoise   303
Le Brun, Annie   165
Le Brun, Jacques   144, 146, 151, 159
Le Laboureur, Jean   182
Le Lannou, Jean-Michel   153, 154
Le Moyne, Pierre   94, 448
Le Roux, Nicolas   441, 445
Leborgne, Erik   315, 322, 375, 384
Lecercle, Jean-Louis   406
Lée, Catherine   102
Lenet, Pierre   194, 195, 198, 202, 203
Leplatre, Olivier   151, 153
Lesage   4, 424
Lesne, Emmanuèle   8, 242, 248, 434
Leszczinsky, Stanislas   79
Lévi-Strauss, Claude   35
Lewis, Ann   360
Ligne, Charles-Joseph, prince de   292
Lignereux, Yann   87
Limiers, Henri Philippe   75
Lobkowitz, prince   114
Locke, John   95, 396
Longin   149
Longueville, Mme de   17
Lotterie, Florence   337
Louis XI   99, 103, 106, 109
Louis XIII   41, 258, 437, 438, 439, 443
Louis XIV   35, 36, 88, 96, 97, 98, 146, 148, 165, 193, 199, 228, 232, 244, 247, 248, 250, 253, 255, 257, 259, 305, 308, 457, 466
Louis XV   163, 292, 305, 306, 307, 308, 311, 316, 318, 319, 320, 321, 322, 328

Louis XVI   305, 308, 322
Louvois   147
Louys, Pierre   371
Lucien de Samosate   55, 138, 141, 433
Lully, Jean-Baptiste   475
Luna, Marie-Françoise   312
Luynes, Charles d'Albert de   437, 438, 441, 445
Lykinos de Crotone   138
Lyons, John D.   247

MacDonald, Katherine   182, 189
Machiavel   148, 246, 313
Macky, John   50
Magnot, Florence   360, 364, 429
Mahomet (Muhammad)   7, 87, 89, 92, 93, 95, 97, 98
Maine, Anne Louise Bénédicte de Bourbon, duchesse du   280
Maine, Louis-Auguste de Bourbon, duc du   176, 231
Maintenon, Françoise d'Aubigné, marquise de   232, 253, 256, 259, 260, 468
Malebranche, Nicolas   217
Mall, Laurence   8
Malraux, André   340
Mann, Thomas   118
Manzoni, Alessandro   340
Marcellin, Ammien   48
March, archevêque   51
Marguerite d'Anjou   99, 100, 101, 102, 106, 107, 108, 108, 386, 387, 395, 396
Marguerite de Navarre   184, 186
Marivaux   8, 331, 332, 333, 334, 337, 338, 339, 340, 341, 343, 344, 345, 346, 349, 354, 355, 356, 357, 358, 359, 360, 361, 362, 363, 364, 365, 381, 387, 423, 431
Marmontel, Jean-François   315, 316
Martin, Carole   8
Martin, François   226, 227, 228
Masson, Nicole   300
Massonnaud, Dominique   169
Matthieu, Pierre   455
Maupertuis   488
Maxime, Valère   242
May, Georges   424
Mazarin, Jules, Cardinal   40, 41, 42, 65, 209, 210, 212, 233, 234, 235, 236, 237, 238, 239, 240, 241, 437

Médicis, Catherine de   181
Melville, Herman   340
Menant, Sylvain   486
Mendilow, Adam Abraham   348
Ménestrier, Claude-François   92
Mercier, Louis-Sébastien   155, 160, 163
Méricam-Bourdet, Myrtille   84, 85
Merlin-Kajman, Hélène   6, 12, 443
Métastase   111, 112
Mézeray, François-Eudes de   5, 92, 455, 462
Mézières, marquis de   279
Michel, Christian   156
Michelet, Jules   342, 374
Mignard, Pierre   458, 459, 466, 467, 468
Millet, Baudouin   6
Milton, John   175
Mirabeau, Honoré Gabriel Riqueti, comte de   293
Miraux, Jean-Philippe   419
Molière, Jean-Baptiste Poquelin, dit   31, 139, 161, 483, 484
Molinié, Georges   141
Montaigne, Michel Eyquem, seigneur de   3, 28, 150, 184
Montandon, Alain   412
Montesquieu   147, 340
Montglat, marquis de   196, 197, 200
Montmorency, Anne de   189
Montpensier, Mlle de, la Grande Mademoiselle   3, 15, 193, 195, 198, 199, 200, 202, 289, 433, 464
More, Thomas   159
Motteville, Françoise Bertaud de   30, 34, 193, 194, 197, 198, 200, 201
Mouhy, Charles de Fieux, chevalier de   350
Mozart   111, 112, 114, 115, 117, 291
Mühlethaler, Jean-Claude   101

Napoléon Bonaparte   63, 64, 65, 66, 67, 68, 69, 71, 72, 339, 496
Neaimi, Sadek   87
Necker, Jacques   62, 63, 64, 65, 66, 68, 69, 70, 71, 339
Néraudau, Jean-Pierre   148
Nerciat, Andréa de   431
Neville, Anne   102
Nicole, Pierre   270
Noille-Clauzade, Christine   144

Omacini, Lucia   6, 62, 69, 339, 353
Oudart, Jean   373
Ovide   142

Pascal, Blaise   267, 392, 448, 472, 474, 476
Paschoud, Adrien   5, 119
Patron, Sylvie   7
Patu, Claude-Pierre   307
Pelckmans, Paul   8, 353
Pellegrin, abbé   475
Pelvilain, Sergine   7
Pepy, Samuel   413
Périgot, Béatrice   130
Périnelle, Georges   99, 107
Perot, Nicolas   493, 502
Pétrarque   191, 339
Phaulkon, Constance   220, 221, 222, 223, 228
Phidias   138, 433
Philippe d'Orléans, le Régent   166, 231, 232, 252, 255, 256, 257
Philippe de France, duc d'Orléans, Monsieur   26, 255, 256, 257, 258, 259, 260, 261, 262
Philippe II d'Espagne   449, 450, 451, 452, 453, 454, 455, 456, 457
Philippe IV, roi d'Espagne   59
Philippe le Bon, duc de Bourgogne   107
Philippe V, roi d'Espagne   171, 282
Pierre Ier de Russie   4, 75, 83, 85, 86, 177
Pierse, Siofra   84
Pigozzo, Francesco   7
Plantagenêt, Richard, duc d'York (1411–1460)   105
Plantié, Jacqueline   2, 11, 13, 20, 38, 133, 136, 137, 242, 465
Platon   121, 144, 500
Plazenet, Laurence   438, 452
Pline l'Ancien   99
Plutarque   44, 49, 144, 145, 146, 151, 215, 218, 244, 245, 247, 414, 415
Pollet, Camille   7
Pommier, Édouard   293
Pompadour, Mme de   307
Pontchartrain, comte de   279
Porreño, Baltasar   453
Poulet, Françoise   7, 156
Praxitèle   138, 433
Prévost   3, 7, 8, 99, 100, 101, 102, 103, 104, 106, 107, 109, 110, 348, 351, 352, 353, 364, 366,

367, 368, 370, 372, 373, 374, 375, 376, 381,
  382, 383, 384, 385, 386, 387, 388, 389,
  392, 393, 394, 395, 396, 397, 401, 423,
  424, 426
Primi Visconti   197, 198, 199, 248, 250,
Principato, Aurelio   348, 352
Procope de Césarée   412
Proschwitz, Gunnar von   75, 78, 79, 80, 81,
  82, 83, 84, 369
Proust, Jacques   394
Proust, Marcel   177, 209, 264, 280, 335, 340,
  341, 394, 434
Pujol, Stéphane   309

Quaglia, Claire   7
Quinault, Philippe   475, 476, 477, 478
Quinte-Curce   79, 80, 81
Quintilien   99, 122, 249

Racine, Jean   80, 268, 371, 472, 475, 477, 478,
  479, 480, 481, 495
Rameau, Jean-Philippe   475
Ramond, Catherine   1, 2, 8, 94, 130, 295, 318,
  331, 376, 429, 480
Rancé, Armand le Bouthillier, abbé de   209,
  218, 272, 276, 502
Rapin, René   94, 244, 448
Raunié, Émile   290
Raviez, François   1, 94, 429
Ravonneaux, Nathalie   471, 476, 482
Raymond, Pierre   225, 226, 227
Regard, Maurice   492, 493
Rétif de la Bretonne, Nicolas-Edme   4, 8,
  285, 286, 288, 289, 290, 291, 292, 294,
  295, 297, 298, 299, 300, 301, 302, 303,
  304
Retz, Jean François Paul de Gondi, cardinal
  de   3, 5, 7, 13, 18, 21, 22, 23, 24, 29, 30, 170,
  196, 197, 199, 200, 208, 209, 210, 211, 212,
  213, 214, 215, 216, 217, 218, 232, 239, 263,
  348
Reynolds, Joshua   112
Ribard, Dinah   87
Ricoboni, Marie-Jeanne   408, 411, 415, 417,
  421
Richelieu, Armand Jean du Plessis, cardinal
  et duc de   41, 65, 210, 234, 235, 437, 438,
  439, 442, 443, 445, 446, 447, 468
Richelieu, Maréchal de   321

Ricœur, Paul   1, 275
Rigaud, Hyacinthe   276, 277, 459, 463, 466,
  467, 468
Rivarol, Antoine de   290
Rives, Childs   306, 308
Rivière, François de   344
Romagnino, Roberto   122
Ronsard, Pierre de   130, 142
Ronzeaud, Pierre   147
Rosellini, Michèle   142
Rosier, Laurence   250
Rosset, François   7, 156
Rossini, Gioachino   111, 113, 116, 117
Roulin, Jean-Marie   492, 493, 498
Rousseau, Jean-Jacques   4, 5, 6, 8, 335, 340,
  400, 406, 484
Rousset, Jean   212, 217
Roux, Brigitte   228
Roy, Pierre-Charles   476

Sabatier, Gérard   92, 467
Sabbah, Pierre   211
Sade, Donatien Alphonse François, marquis
  de   3, 165, 166, 167, 168, 169, 170, 171, 172,
  173, 174, 175, 176, 177, 237, 298, 303, 337,
  489
Sainte-Beuve, Charles-Augustin de   411, 412,
  414
Saint-Évremond, Charles de   194, 200, 205,
  206, 416, 475, 476
Saint-Hilaire   195, 196, 198, 200
Saint-Réal, César Vichard de   251, 252, 263,
  448, 449, 451, 452, 453, 454, 457
Saint-Simon, Louis de Rouvroy, duc de   3,
  5, 6, 7, 94, 97, 170, 171, 172, 173, 174, 175,
  176, 177, 230, 231, 232, 233, 238, 245, 246,
  249, 252, 253, 255, 256, 257, 258, 261,
  262, 264, 265, 266, 267, 270, 271, 272,
  273, 274, 275, 276, 277, 278, 279, 281, 282,
  283, 305, 308, 342, 434
Saint-Simon, Claude de Rouvroy, duc de
  437, 438, 439, 440, 441, 442, 446
Sambix, Jean   182, 183
Sand, George   118
Sarrazin-Cani, Véronique   291
Scarron, Paul   6, 132, 133, 433
Scott, Walter   112
Scudéry, Georges de   3, 11, 121, 122, 129, 133,
  136, 244

Scudéry, Madeleine de 3, 11, 30, 133, 136, 137, 346, 418, 468
Sellier, Philippe 267, 268, 269, 270, 392
Selmeci Castioni, Barbara 468
Senellart, Michel 104
Sermain, Jean-Paul 8, 353, 382, 384
Sévigné, Marie de Rabutin-Chantal, marquise de 15, 16, 20, 21, 23, 30, 34, 38, 40, 42, 44, 46, 232
Sevilla, Gabriel 380
Seytres, Hippolyte de 471, 473, 474, 475, 476, 479, 482
Seytres, Joseph de 471
Sgard, Jean 8, 99, 348, 368, 373, 387, 401, 425
Sheridan, Thomas 48, 50
Sigu, Véronique 110
Simon, Renée 87, 95
Singerman, Alan 368
Smollett, Tobias 47, 52, 53, 54, 55, 61
Soarez, Cypriano de 122
Socrate 121, 144, 443
Sophocle 151
Sorel, Agnès 433
Sorel, Charles 133, 134, 135, 136, 137, 138, 140, 141, 142, 143, 156, 161, 162, 163, 164, 293
Spanheim, Ézéchiel 171
Spica, Anne-Élisabeth 3, 133, 135
Spinoza, Baruch 95
Spitzer, Leo 481
Staël, Auguste de 62
Staël, Germaine de 4, 6, 62, 63, 64, 65, 66, 67, 69, 70, 71, 72, 339, 342
Stafford, Marie-Henriette 414
Stefanovska, Malina 8, 273
Stendhal, Henri Beyle dit 4, 7, 111, 112, 113, 114, 115, 116, 117, 340, 491
Sterne, Laurence 69, 239, 491
Strada, Famiano 454
Strozzi, Philippe 188, 189
Suffolk, William de la Pole, comte de 102
Swiderski, Marie-Laure 367
Swift, Jonathan 47, 48, 49, 50, 51, 52, 53, 54, 55, 56, 57, 58, 59, 60, 61, 264

Tachard, Guy 219, 220, 221, 222, 223, 224, 225, 228, 229
Tallemant des Réaux, Gédéon 3, 175, 305
Tavannes, Jacques de Saux, comte de 196, 198

Tencin, Mme de 333, 366
Tesser, Stefania 62
Testud, Pierre 285, 290, 291, 292, 294, 295, 299, 304
Teyssandier, Bernard 438
Théocrite 125
Théophile de Viau 236
Thierry, Augustin 499
Thiriot, Nicolas-Claude 84
Tholozan, Olivier 87, 94
Thomas d'Aquin 144
Thomas, Chantal 289, 292, 326
Thou, François-Auguste de 456
Tiphaigne de La Roche, Charles-François 155, 156
Todorov, Tzvetan 3
Tolan, John 94
Trémolières, François 153
Trudel, Marcel 220
Tsimbidy, Myriam 6, 40
Tucci, Patrizio 498
Tudor, Henri 102
Turbet Delof, Guy 440
Turenne, Henri de La Tour d'Auvergne, dit 13, 38, 40, 43, 45, 46, 194, 200, 201, 205, 206, 215
Turquet de Mayerne, Louis 456

Uomini, Steve 243
Urfé, Honoré d' 121, 122, 125, 130, 131, 244,
Ursins, princesse des 282, 283

Vaillant, Alain 501
Vairasse d'Allais, Denis 157, 158
Valerius, Julius 77
Valois, Élisabeth de 449, 452, 457
Valois, Marguerite de 19, 20, 187, 190
Valt, abbé de la 461, 462
Van Delft, Louis 106, 110, 397, 484, 491
Van der Cruysse, Dirk 3, 230, 231, 252, 253, 265, 267
Van der Hammen y León, Lorenzo 454
Van Dyck, Antoine 234, 240, 412
Varillas, Antoine 243, 448
Vaubrun, abbé de 279
Vaucheret, Étienne 181
Vauvenargues, Luc de Clapiers, marquis de 8, 471, 472, 473, 474, 475, 476, 477, 478, 479, 480, 481, 482, 485, 486, 487, 488

Vélasquez, Diego   59
Venturino, Diego   87, 94
Vernant, Jean-Pierre   107
Vernière, Paul   95
Versini, Laurent   291, 424, 425, 427
Viala, Alain   38, 458
Villars, Claude Louis Hector, maréchal-duc de   231, 252, 253, 280, 281, 434
Villeroi, François de Neufville, maréchal-duc de   231, 256, 277, 278, 282, 283
Vincent, Monique   458
Virgile   60, 125, 142
Voltaire, François-Marie Arouet, dit   2, 3, 4, 5, 7, 63, 75, 77, 78, 79, 80, 81, 82, 83, 84, 85, 86, 91, 99, 101, 193, 197, 200, 312, 340, 342, 367, 369, 412, 415, 471, 472, 475, 476, 477, 478, 479, 481, 482

Wald Lasowski, Patrick   169
Walpole, Horace   412
Weerdt-Pilorge, Marie-Paule de   1, 94, 429
Werner, Joseph   148
Westminster, Edouard de   102
Williams, Harold   49
Woodall, Joanna   2, 187
Woodville, Elisabeth   102

Xénophon   144

Zeuxis   138, 141
Zonza, Christian   448